DESCUBRE | 2
Lengua y cultura del mundo hispánico

SECOND EDITION

VISTA
HIGHER LEARNING

Boston, Massachusetts

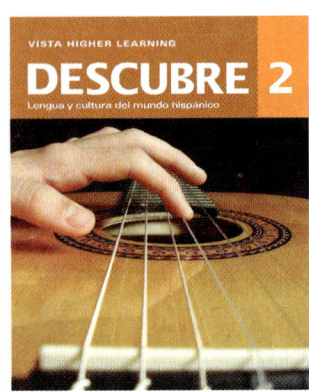

Publisher: José A. Blanco
President: Janet Dracksdorf
Vice President, Editorial Director: Amy Baron
Senior National Language Consultant: Norah Lulich Jones
Executive Editor: Sharla Zwirek
Editorial Development: Diego García, Erica Solari
Project Management: Maria Rosa Alcaraz, Sharon Inglis, Adriana Lavergne, Elvira Ortiz
Technology Editorial: Lauren Krolick, Paola Ríos Schaaf
Design and Production Director: Marta Kimball
Senior Creative Designer, Print & Web/Interactive: Susan Prentiss
Production Manager: Oscar Díez
Design and Production Team: Liliana Bobadilla, María Eugenia Castaño, Michelle Groper, Mauricio Henao, Andrés Vanegas, Nick Ventullo

© 2014 Vista Higher Learning, Inc. All rights reserved.

No part of this work may be reproduced or distributed in any form or by any means, electronic or mechanical, including photocopying and recording, or by any information storage or retrieval system without prior written permission from Vista Higher Learning, 500 Boylston Street, Suite 620, Boston, MA 02116-3736

Printed in the United States of America.

DESCUBRE Level 2 Student Edition ISBN: 978-1-61857-199-1

Library of Congress Control Number: 2012945955

5 6 7 8 9   WC   17 16 15

DESCUBRE | 2

Lengua y cultura del mundo hispánico

SECOND EDITION

Table of Contents

Map of the
   Spanish-Speaking World x
Map of Mexico............. xii
Map of Central America
   and the Caribbean xiii
Map of South America xiv

así somos / así lo hacemos

Lección preliminar

así somos
- Present tense of ser and estar 2
- Articles 2
- Adjectives and agreement 3

así lo hacemos
- Present tense of –ar, –er, –ir verbs 4
- Present tense of tener and venir 4
- Present tense of the verb ir 5
- Verbs with stem changes and irregular yo forms 5

contextos / fotonovela

Lección 1
En el consultorio

contextos
- Health and medical terms 18
- Parts of the body 18
- Symptoms and medical conditions 18
- Health professions............ 18

fotonovela
- ¡Qué dolor! 22
- Ortografía y pronunciación
   El acento y las sílabas fuertes 25

Lección 2
La tecnología

contextos
- Home electronics 54
- Computers and the Internet ... 54
- The car and its accessories ... 56

fotonovela
- En el taller 58
- Ortografía y pronunciación
   La acentuación de palabras similares 61

Map of Spain xv	Studying Spanish xx
Video Programs. xvi	Getting Started. xxviii
Supersite xviii	Acknowledgments. xxix
Icons xix	Bios xxxi

cultura | así pasó | así nos gusta

En detalle: Unas vacaciones de voluntario 8
Perfil: Hacer surf al estilo hispano 9

Preterite tense of regular verbs 10
Preterite of **ser** and **ir** 10
Other irregular preterites 11
Verbs that change meaning in the preterite. . .11

Direct and indirect object pronouns 14
Gustar and similar verbs 15
Double object pronouns 15

cultura | estructura | adelante

En detalle: Servicios de salud 26
Perfil: Curanderos y chamanes 27

1.1 The imperfect tense 28
1.2 The preterite and the imperfect 32
1.3 Constructions with **se** . . . 36
1.4 Adverbs 40
Recapitulación 42

Lectura: *Libro de la semana* . . . 44
Escritura 46
Escuchar 47
En pantalla 48
Flash cultura 49
Panorama: Costa Rica 50

En detalle: El teléfono celular 62
Perfil: Los mensajes de texto 63

2.1 Familiar commands 64
2.2 **Por** and **para** 68
2.3 Reciprocal reflexives. 72
2.4 Stressed possessive adjectives and pronouns 74
Recapitulación 78

Lectura: A comic strip 80
Escritura 82
Escuchar 83
En pantalla 84
Flash cultura 85
Panorama: Argentina 86

Table of Contents

	contextos	fotonovela
Lección 3 **La vivienda** 	Parts of a house .... 90 Household chores .... 90 Table settings 92	**Los quehaceres** .... 94 **Ortografía y pronunciación** Mayúsculas y minúsculas ... 97

Lección 4
La naturaleza

	Nature 128
	The environment 128
	Recycling
	  and conservation 130
		**Aventuras en
		  la naturaleza** 132
		Ortografía y pronunciación
		Los signos de puntuación .. 135

Lección 5 **En la ciudad** 	City life .... 162 Daily chores .... 162 Money and banking .... 162 At a post office 164	**Corriendo por la ciudad** .... 166 **Ortografía y pronunciación** Las abreviaturas 169
Lección 6 **El bienestar** 	Health and well-being ...... 194 Exercise and physical activity .... 194 Nutrition 196	**Chichén Itzá** .... 198 **Ortografía y pronunciación** Las letras **b** y **v** 201

cultura

En detalle: El patio central 98
Perfil: Las islas flotantes del lago Titicaca 99

En detalle: ¡Los Andes se mueven! 136
Perfil: La Sierra Nevada de Santa Marta 137

En detalle: Paseando en metro 170
Perfil: Luis Barragán: arquitectura y emoción 171

En detalle: Spas naturales ... 202
Perfil: Las frutas y la salud 203

estructura

3.1 Relative pronouns 100
3.2 Formal commands 104
3.3 The present subjunctive 108
3.4 Subjunctive with verbs of will and influence 112
Recapitulación 116

4.1 The subjunctive with verbs of emotion 138
4.2 The subjunctive with doubt, disbelief, and denial 142
4.3 The subjunctive with conjunctions 146
Recapitulación 150

5.1 The subjunctive in adjective clauses 172
5.2 **Nosotros/as** commands 176
5.3 Past participles used as adjectives 179
Recapitulación 182

6.1 The present perfect 204
6.2 The past perfect 208
6.3 The present perfect subjunctive............211
Recapitulación 214

adelante

Lectura: *Bienvenidos al Palacio de las Garzas* 118
Escritura 120
Escuchar 121
En pantalla 122
Flash cultura 123
Panorama: Panamá 124

Lectura: Dos fábulas de Félix María Samaniego y Tomás de Iriarte 152
Escritura 154
Escuchar 155
En pantalla 156
Flash cultura 157
Panorama: Colombia 158

Lectura: *Esquina peligrosa* de Marco Denevi 184
Escritura 186
Escuchar 187
En pantalla 188
Flash cultura 189
Panorama: Venezuela 190

Lectura: *Un día de éstos* de Gabriel García Márquez 216
Escritura 218
Escuchar 219
En pantalla 220
Flash cultura 223
Panorama: Bolivia 224

Table of Contents

	contextos	fotonovela

Lección 7
El mundo del trabajo

Professions and occupations 228
The workplace 228
Job interviews 230

La entrevista de trabajo 232
Ortografía y pronunciación
  Las letras **y, ll** y **h** 235

Lección 8
Un festival de arte

The arts 262
Movies 264
Television 264

Una sorpresa para Maru 266
Ortografía y pronunciación
  Las trampas ortográficas ... 269

Lección 9
Las actualidades

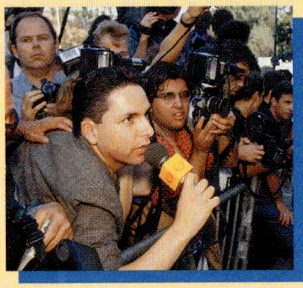

Current events and politics ... 296
The media 296
Natural disasters 296

Hasta pronto, Marissa 300
Ortografía y pronunciación
  Neologismos y anglicismos 303

Consulta

Apéndice A
Glossary of Grammatical Terms 328
Apéndice B
Verb Conjugation Tables 332
Vocabulario
Spanish-English Vocabulary 342
English-Spanish Vocabulary 360

cultura	estructura	adelante
En detalle: Beneficios en los empleos .... 236 **Perfil:** César Chávez 237	7.1 The future............ 238 7.2 The future perfect ...... 242 7.3 The past subjunctive.... 244 **Recapitulación** 248	**Lectura:** *A Julia de Burgos* de Julia de Burgos .... 250 **Escritura** .... 252 **Escuchar** .... 253 **En pantalla** .... 254 **Flash cultura**............. 255 **Panorama:** Nicaragua y La República Dominicana .. 256
En detalle: Museo de Arte Contemporáneo de Caracas .... 270 **Perfil:** Fernando Botero: un estilo único 271	8.1 The conditional .... 272 8.2 The conditional perfect.. 276 8.3 The past perfect subjunctive............ 279 **Recapitulación** 282	**Lectura:** Tres poemas de Federico García Lorca ..... 284 **Escritura** .... 286 **Escuchar** .... 287 **En pantalla** .... 288 **Flash cultura**............. 289 **Panorama:** El Salvador y Honduras 290
En detalle: Protestas sociales .... 304 **Perfil:** El rostro de la revolución estudiantil chilena......... 305	9.1 *Si* clauses............ 306 9.2 Summary of the uses of the subjunctive ...... 310 **Recapitulación** 314	**Lectura:** *Don Quijote de la Mancha* de Miguel de Cervantes.... 316 **Escritura** .... 318 **Escuchar** .... 319 **En pantalla** .... 320 **Flash cultura**............. 321 **Panorama:** Paraguay y Uruguay 322

References............................... 377
Índice...................................... 389
Credits.................................... 391

The Spanish-Speaking World

Mexico

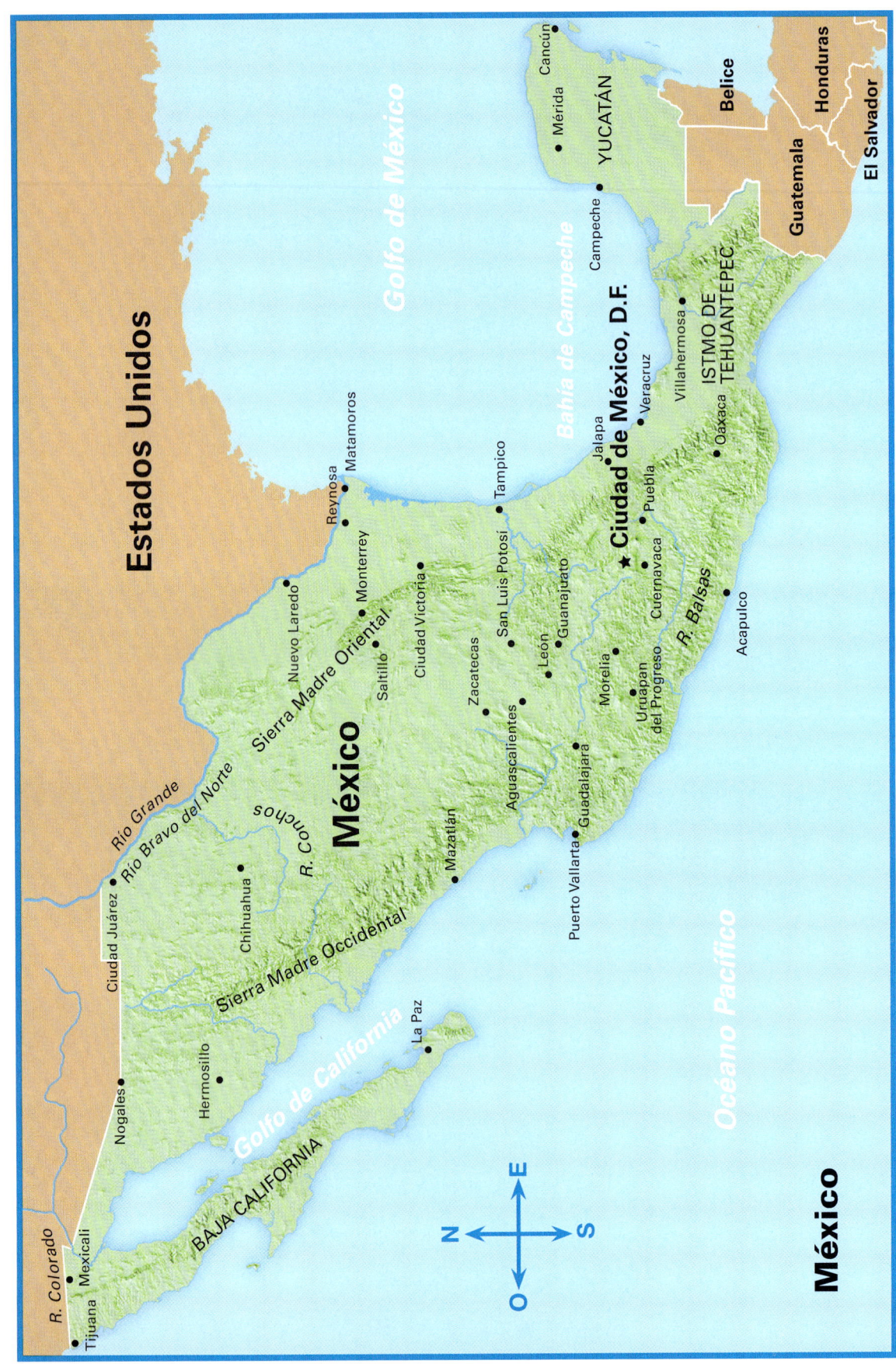

Central America and the Caribbean

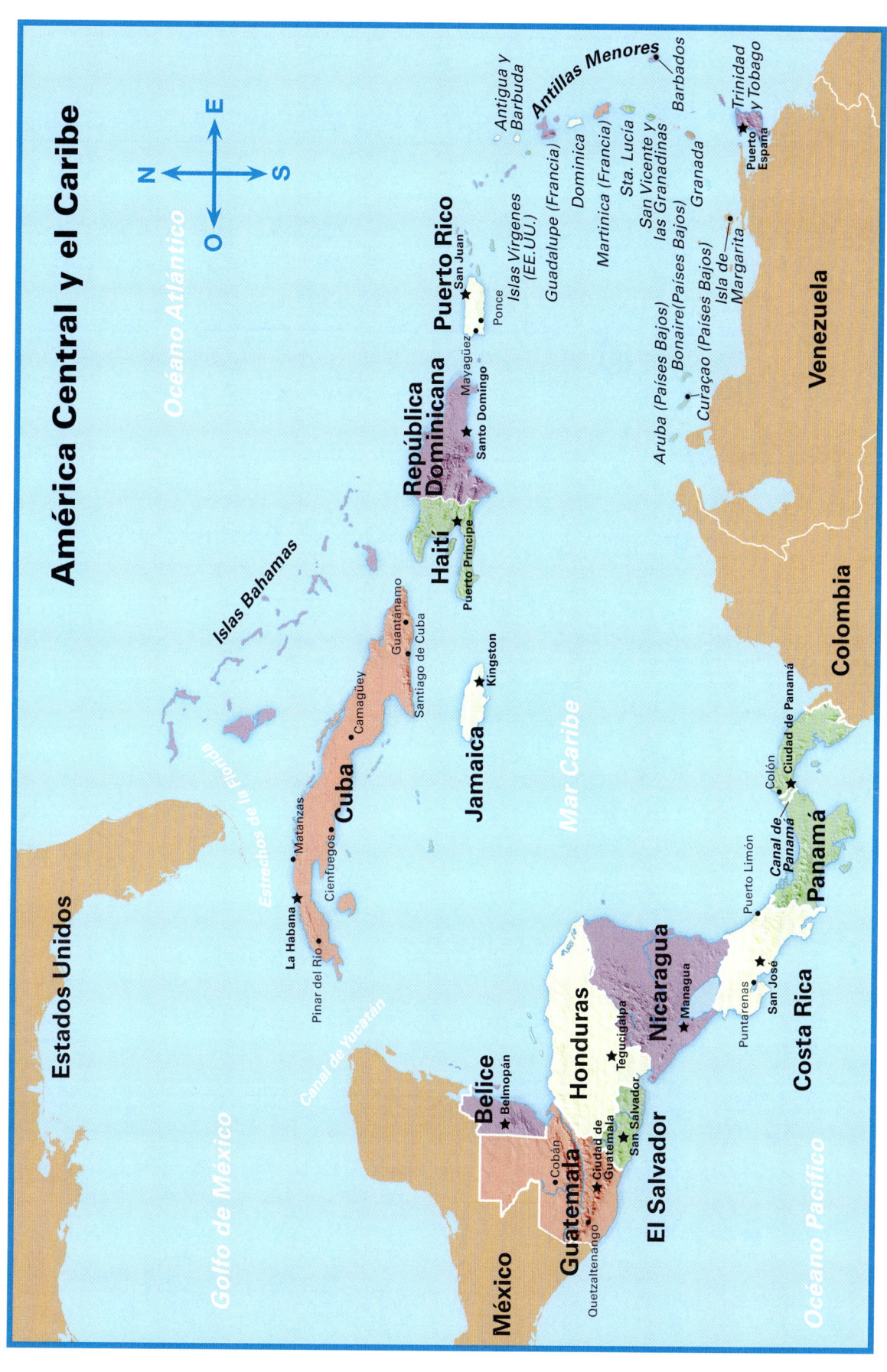

South America

Spain

Video Programs

FOTONOVELA VIDEO PROGRAM

The cast NEW!
Here are the main characters you will meet in the **Fotonovela** Video:

From Mexico,
Jimena Díaz Velázquez

From Argentina,
Juan Carlos Rossi

From Mexico,
Felipe Díaz Velázquez

From the U.S.,
Marissa Wagner

From Mexico,
María Eugenia (Maru)
Castaño Ricaurte

From Spain,
Miguel Ángel
Lagasca Martínez

Brand-new and fully integrated with your text, the **DESCUBRE 2/e Fotonovela** Video is a dynamic and contemporary window into the Spanish language. The new video centers around the Díaz family, whose household includes two college-aged children and a visiting student from the U.S. Over the course of an academic year, Jimena, Felipe, Marissa, and their friends explore **el D.F.** and other parts of Mexico as they make plans for their futures. Their adventures take them through some of the greatest natural and cultural treasures of the Spanish-speaking world, as well as the highs and lows of everyday life.

The **Fotonovela** section in each textbook lesson is actually an abbreviated version of the dramatic episode featured in the video. Therefore, each **Fotonovela** section can be done before you see the corresponding video episode, after it, or as a section that stands alone.

In each dramatic segment, the characters interact using the vocabulary and grammar you are studying. As the storyline unfolds, the episodes combine new vocabulary and grammar with previously taught language, exposing you to a variety of authentic accents along the way. At the end of each episode, the **Resumen** section highlights the grammar and vocabulary you are studying.

We hope you find the new **Fotonovela** Video to be an engaging and useful tool for learning Spanish!

EN PANTALLA VIDEO PROGRAM

The **DESCUBRE** Supersite features an authentic video clip for each lesson. Clip formats include commercials, TV shows, and even a short film. These clips, many **NEW!** to the Second Edition, have been carefully chosen to be comprehensible for students learning Spanish, and are accompanied by activities and vocabulary lists to facilitate understanding. More importantly, though, these clips are a fun and motivating way to improve your Spanish!

Here are the countries represented in each lesson in **En pantalla**:

Lesson 1 Spain	Lesson 6 Mexico
Lesson 2 Colombia	Lesson 7 Uruguay
Lesson 3 Spain	Lesson 8 Mexico
Lesson 4 Argentina	Lesson 9 Mexico
Lesson 5 Uruguay	

FLASH CULTURA VIDEO PROGRAM

In the dynamic **Flash cultura** Video, young people from all over the Spanish-speaking world share aspects of life in their countries with you. The similarities and differences among Spanish-speaking countries that come up through their adventures will challenge you to think about your own cultural practices and values. The segments provide valuable cultural insights as well as linguistic input; the episodes will introduce you to a variety of accents and vocabulary as they gradually move into Spanish.

PANORAMA CULTURAL VIDEO PROGRAM

The **Panorama cultural** Video is integrated with the **Panorama** section in each lesson. Each segment is 2–3 minutes long and consists of documentary footage from each of the countries featured. The images were specially chosen for interest level and visual appeal, while the all-Spanish narrations were carefully written to reflect the vocabulary and grammar covered in the textbook.

Supersite

Each section of your textbook comes with resources and activities on the DESCUBRE Supersite. You can access them from any computer with an Internet connection. Visit **vhlcentral.com** to get started.

Audio: Vocabulary Tutorials, Games	**CONTEXTOS** ▶ Listen to audio of the **Vocabulary**, watch dynamic **Presentations** and **Tutorials**, and practice using Flashcards, **Games**, and activities that give you immediate feedback.
Video: *Fotonovela* **Record and Compare**	**FOTONOVELA** ▶ Travel with Marissa to Mexico and meet her host family. Watch the **Video** again at home to see the characters use the vocabulary in a real context.
Audio: Explanation Record and Compare	**ORTOGRAFÍA Y PRONUNCIACIÓN** ▶ Improve your accent by listening to native speakers, then **recording** your voice and **comparing** it to the samples provided.
Reading, Additional Reading	**CULTURA** ▶ Explore cultural topics through the *Conexión Internet* activity or **reading** the *Más cultura* selection.
Explanation Tutorial	**ESTRUCTURA** ▶ Review the **Explanation** or watch an animated **Tutorial**, and then play the games to make sure you got it.
Audio: Synched Reading Additional Reading **Video: TV Clip** **Video:** *Flash cultura* **Interactive Map Video:** *Panorama cultural*	**ADELANTE** ▶ Listen along with the **Audio-Synched Reading**. Watch the *En pantalla*, *Flash cultura*, and *Panorama cultural* **Videos** again outside of class so that you can pause and repeat to really understand what you hear. Use the **Interactive Map** to explore the places you might want to visit. There's lots of additional practice, including Internet searches and auto-graded activities.
Audio: Vocabulary Flashcards **Diagnostics Remediation Activities**	**VOCABULARIO - RECAPITULACIÓN** ▶ Just what you need to get ready for the test! Review the **vocabulary** with **audio**. Complete the Diagnostic *Recapitulación* to see what you might still need to study. Get additional **Remediation Activities**.

Icons

Icons

Familiarize yourself with these icons that appear throughout **DESCUBRE**.

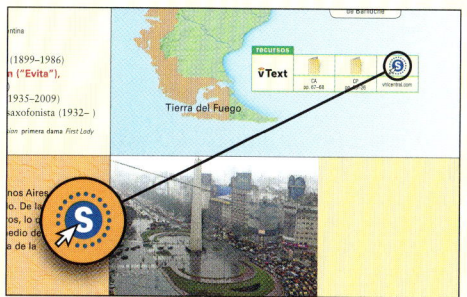
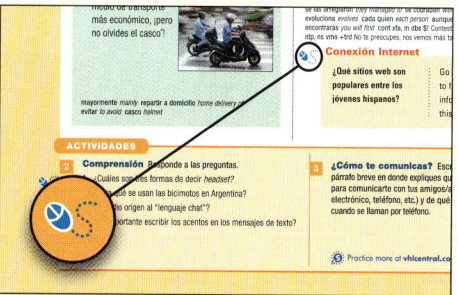
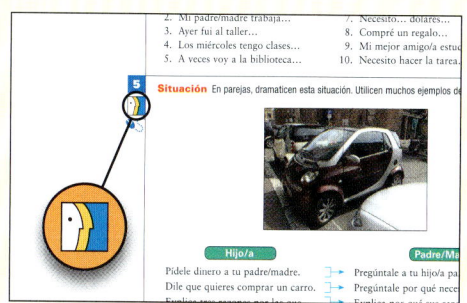

Supersite
Additional practice on the Supersite, not included in the textbook, is indicated with this icon.

Activity Online
The mouse icon indicates when an activity is also available on the Supersite.

Pair/Group Activities
Two faces indicate a pair activity, and three indicate a group activity.

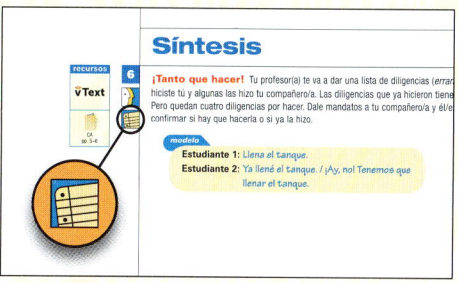
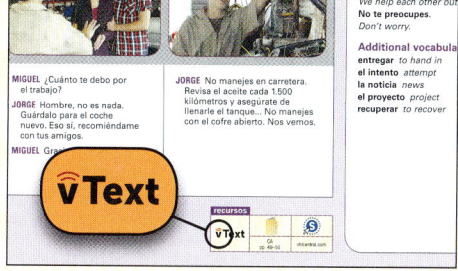

Listening
The Listening icon indicates that audio is available. You will see it in the lesson's **Contextos**, **Pronunciación**, **Escuchar**, and **Vocabulario** sections, as well as with all activities that require audio.

Handout
The activities marked with this icon require handouts that your teacher will give you to help you complete the activity.

vText
Material is also available in the interactive online textbook.

Recursos

Recursos boxes let you know exactly which print and technology ancillaries you can use to reinforce and expand on every section of the lessons in your textbook. They even include page numbers when applicable.

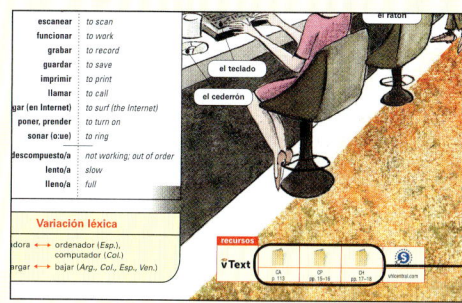

Cuaderno de actividades comunicativas

Cuaderno de práctica
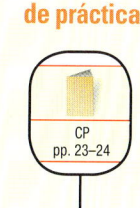

Cuaderno para hispanohablantes
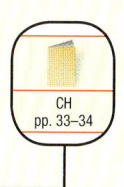

Studying Spanish

The Spanish-Speaking World

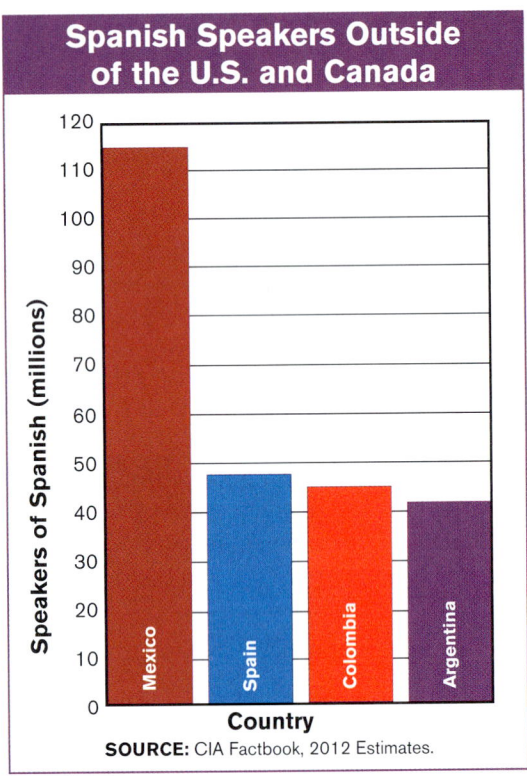

Spanish Speakers Outside of the U.S. and Canada

(Mexico ~115, Spain ~48, Colombia ~46, Argentina ~42)

SOURCE: CIA Factbook, 2012 Estimates.

Do you know someone whose first language is Spanish? Chances are you do! More than approximately forty million people living in the U.S. speak Spanish; after English, it is the second most commonly spoken language in this country. It is the official language of twenty-two countries and an official language of the European Union and United Nations.

The Growth of Spanish

Have you ever heard of a language called Castilian? It's Spanish! The Spanish language as we know it today has its origins in a dialect called Castilian (**castellano** in Spanish). Castilian developed in the 9th century in north-central Spain, in a historic provincial region known as Old Castile. Castilian gradually spread towards the central region of New Castile, where it was adopted as the main language of commerce. By the 16th century, Spanish had become the official language of Spain and eventually, the country's role in exploration, colonization, and overseas trade led to its spread across Central and South America, North America, the Caribbean, parts of North Africa, the Canary Islands, and the Philippines.

Spanish in the United States

1500 — **1600** — **1700**

16th Century
Spanish is the official language of Spain.

1565
The Spanish arrive in Florida and found St. Augustine.

1610
The Spanish found Santa Fe, today's capital of New Mexico, the state with the most Spanish speakers in the U.S.

Spanish in the United States

Spanish came to North America in the 16th century with the Spanish who settled in St. Augustine, Florida. Spanish-speaking communities flourished in several parts of the continent over the next few centuries. Then, in 1848, in the aftermath of the Mexican-American War, Mexico lost almost half its land to the United States, including portions of modern-day Texas, New Mexico, Arizona, Colorado, California, Wyoming, Nevada, and Utah. Overnight, hundreds of thousands of Mexicans became citizens of the United States, bringing with them their rich history, language, and traditions.

This heritage, combined with that of the other Hispanic populations that have immigrated to the United States over the years, has led to the remarkable growth of Spanish around the country. After English, it is the most commonly spoken language in 43 states. More than 12 million people in California alone claim Spanish as their first or "home" language.

You've made a popular choice by choosing to take Spanish in school. Not only is Spanish found and heard almost everywhere in the United States, but it is the most commonly taught foreign language in classrooms throughout the country! Have you heard people speaking Spanish in your community? Chances are that you've come across an advertisement, menu, or magazine that is in Spanish. If you look around, you'll find that Spanish can be found in some pretty common places. For example, most ATMs respond to users in both English and Spanish. News agencies and television stations such as CNN and **Telemundo** provide Spanish-language broadcasts. When you listen to the radio or download music from the Internet, some of the most popular choices are Latino artists who perform in Spanish. Federal government agencies such as the Internal Revenue Service and the Department of State provide services in both languages. Even the White House has an official Spanish-language webpage! Learning Spanish can create opportunities within your everyday life.

1800 — 1900 — 2010

1848
Mexicans who choose to stay in the U.S. after the Mexican-American War become U.S. citizens.

1959
After the Cuban Revolution, thousands of Cubans emigrate to the U.S.

2010
Spanish is the 2nd most commonly spoken language in the U.S., with more than approximately 40 million speakers.

Studying Spanish

Why Study Spanish?

Learn an International Language

There are many reasons to learn Spanish, a language that has spread to many parts of the world and has along the way embraced words and sounds of languages as diverse as Latin, Arabic, and Nahuatl. Spanish has evolved from a medieval dialect of north-central Spain into the fourth most commonly spoken language in the world. It is the second language of choice among the majority of people in North America.

Understand the World Around You

Knowing Spanish can also open doors to communities within the United States, and it can broaden your understanding of the nation's history and geography. The very names Colorado, Montana, Nevada, and Florida are Spanish in origin. Just knowing their meanings can give you some insight into, of all things, the landscapes for which the states are renowned. Colorado means "colored red;" Montana means "mountain;" Nevada is derived from "snow-capped mountain;" and Florida means "flowered." You've already been speaking Spanish whenever you talk about some of these states!

State Name	Meaning in Spanish
Colorado	"colored red"
Florida	"flowered"
Montana	"mountain"
Nevada	"snow-capped mountain"

Connect with the World

Learning Spanish can change how you view the world. While you learn Spanish, you will also explore and learn about the origins, customs, art, music, and literature of people in close to two dozen countries. When you travel to a Spanish-speaking country, you'll be able to converse freely with the people you meet. And whether in the U.S., Canada, or abroad, you'll find that speaking to people in their native language is the best way to bridge any culture gap.

Why Study Spanish?

Expand Your Skills

Studying a foreign language can improve your ability to analyze and interpret information and help you succeed in many other subject areas. When you first begin learning Spanish, your studies will focus mainly on reading, writing, grammar, listening, and speaking skills. You'll be amazed at how the skills involved with learning how a language works can help you succeed in other areas of study. Many people who study a foreign language claim that they gained a better understanding of English. Spanish can even help you understand the origins of many English words and expand your own vocabulary in English. Knowing Spanish can also help you pick up other related languages, such as Italian, Portuguese, and French. Spanish can really open doors for learning many other skills in your school career.

Explore Your Future

How many of you are already planning your future careers? Employers in today's global economy look for workers who know different languages and understand other cultures. Your knowledge of Spanish will make you a valuable candidate for careers abroad as well as in the United States or Canada. Doctors, nurses, social workers, hotel managers, journalists, businessmen, pilots, flight attendants, and many other professionals need to know Spanish or another foreign language to do their jobs well.

Studying Spanish

How to Learn Spanish

Start with the Basics

As with anything you want to learn, start with the basics and remember that learning takes time! The basics are vocabulary, grammar, and culture.

Vocabulary Every new word you learn in Spanish will expand your vocabulary and ability to communicate. The more words you know, the better you can express yourself. Focus on sounds and think about ways to remember words. Use your knowledge of English and other languages to figure out the meaning of and memorize words like **conversación, teléfono, oficina, clase,** and **música**.

Grammar Grammar helps you put your new vocabulary together. By learning the rules of grammar, you can use new words correctly and speak in complete sentences. As you learn verbs and tenses, you will be able to speak about the past, present, or future, express yourself with clarity, and be able to persuade others with your opinions. Pay attention to structures and use your knowledge of English grammar to make connections with Spanish grammar.

Culture Culture provides you with a framework for what you may say or do. As you learn about the culture of Spanish-speaking communities, you'll improve your knowledge of Spanish. Think about a word like **salsa**, and how it connects to both food and music. Think about and explore customs observed on **Nochevieja** (New Year's Eve) or at a **fiesta de quince años** (a girl's fifteenth birthday party). Watch people greet each other or say good-bye. Listen for idioms and sayings that capture the spirit of what you want to communicate!

Teenagers celebrating at a **fiesta de quince años.**

Listen, Speak, Read, and Write

Listening Listen for sounds and for words you can recognize. Listen for inflections and watch for key words that signal a question such as **cómo** (*how*), **dónde** (*where*), or **qué** (*what*). Get used to the sound of Spanish. Play Spanish pop songs or watch Spanish movies. Borrow books on CD from your local library, or try to visit places in your community where Spanish is spoken. Don't worry if you don't understand every single word. If you focus on key words and phrases, you'll get the main idea. The more you listen, the more you'll understand!

Speaking Practice speaking Spanish as often as you can. As you talk, work on your pronunciation, and read aloud texts so that words and sentences flow more easily. Don't worry if you don't sound like a native speaker, or if you make some mistakes. Time and practice will help you get there. Participate actively in Spanish class. Try to speak Spanish with classmates, especially native speakers (if you know any), as often as you can.

Reading Pick up a Spanish-language newspaper or a pamphlet on your way to school, read the lyrics of a song as you listen to it, or read books you've already read in English translated into Spanish. Use reading strategies that you know to understand the meaning of a text that looks unfamiliar. Look for cognates, or words that are related in English and Spanish, to guess the meaning of some words. Read as often as you can, and remember to read for fun!

Writing It's easy to write in Spanish if you put your mind to it. And remember that Spanish spelling is phonetic, which means that once you learn the basic rules of how letters and sounds are related, you can probably become an expert speller in Spanish! Write for fun—make up poems or songs, write e-mails or instant messages to friends, or start a journal or blog in Spanish.

Studying Spanish

Tips for Learning Spanish

- **Listen** to Spanish radio shows. Write down words that you can't recognize or don't know and look up the meaning.
- **Watch** Spanish TV shows or movies. Read subtitles to help you grasp the content.
- **Read** Spanish-language newspapers, magazines, or blogs.
- **Listen** to Spanish songs that you like—anything from Shakira to a traditional mariachi melody. Sing along and concentrate on your pronunciation.

- **Seek** out Spanish speakers. Look for neighborhoods, markets, or cultural centers where Spanish might be spoken in your community. Greet people, ask for directions, or order from a menu at a Mexican restaurant in Spanish.
- **Pursue** language exchange opportunities (**intercambio cultural**) in your school or community. Try to join language clubs or cultural societies, and explore opportunities for studying abroad or hosting a student from a Spanish-speaking country in your home or school.

Practice, practice, practice!

Seize every opportunity you find to listen, speak, read, or write Spanish. Think of it like a sport or learning a musical instrument—the more you practice, the more you will become comfortable with the language and how it works. You'll marvel at how quickly you can begin speaking Spanish and how the world that it transports you to can change your life forever!

- **Connect** your learning to everyday experiences. Think about naming the ingredients of your favorite dish in Spanish. Think about the origins of Spanish place names in the U.S., like Cape Canaveral and Sacramento, or of common English words like *adobe*, *chocolate*, *mustang*, *tornado*, and *patio*.
- **Use** mnemonics, or a memorizing device, to help you remember words. Make up a saying in English to remember the order of the days of the week in Spanish (L, M, M, J, V, S, D).
- **Visualize** words. Try to associate words with images to help you remember meanings. For example, think of a **paella** as you learn the names of different types of seafood or meat. Imagine a national park and create mental pictures of the landscape as you learn names of animals, plants, and habitats.
- **Enjoy** yourself! Try to have as much fun as you can learning Spanish. Take your knowledge beyond the classroom and find ways to make the learning experience your very own.

Getting Started

Useful Spanish Expressions

The following expressions will be very useful in getting you started learning Spanish. You can use them in class to check your understanding or to ask and answer questions about the lessons. Read **En las instrucciones** ahead of time to help you understand direction lines in Spanish, as well as your teacher's instructions. Remember to practice your Spanish as often as you can!

Expresiones útiles	*Useful expressions*
¿Cómo se dice _____ en español?	How do you say _____ in Spanish?
¿Cómo se escribe _____?	How do you spell _____?
¿Comprende(n)?	Do you understand?
Con permiso.	Excuse me.
De acuerdo.	Okay.
De nada.	You're welcome.
¿De veras?	Really?
¿En qué página estamos?	What page are we on?
Enseguida.	Right away.
Más despacio, por favor.	Slower, please.
Muchas gracias.	Thanks a lot.
No entiendo.	I don't understand.
No sé.	I don't know.
Perdone.	Excuse me.
Pista	Clue
Por favor.	Please.
Por supuesto.	Of course.
¿Qué significa _____?	What does _____ mean?
Repite, por favor.	Please repeat.
Tengo una pregunta.	I have a question.
¿Tiene(n) alguna pregunta?	Do you have questions?
Vaya(n) a la página dos.	Go to page 2.

En las instrucciones	*In direction lines*
Cierto o falso	True or false
Completa las oraciones de una manera lógica.	Complete the sentences logically.
Con un(a) compañero/a...	With a classmate...
Contesta las preguntas.	Answer the questions.
Corrige la información falsa.	Correct the false information.
Di/Digan...	Say...
En grupos...	In groups...
En parejas...	In pairs...
Entrevista...	Interview...
Forma oraciones completas.	Create/Make complete sentences.
Háganse preguntas.	Ask each other questions.
Haz el papel de...	Play the role of...
Haz los cambios necesarios.	Make the necessary changes.
Indica/Indiquen si las oraciones...	Indicate if the sentences...
Lee/Lean en voz alta.	Read aloud.
...que mejor completa...	...that best completes...
Toma nota...	Take note...
Tomen apuntes.	Take notes.
Túrnense...	Take turns...

Getting Started

Common Names

Get started learning Spanish by using a Spanish name in class. You can choose from the lists on these pages, or you can find one yourself. How about learning the Spanish equivalent of your name? The most popular Spanish female names are Ana, Isabel, Elena, Sara, and María. The most popular male names in Spanish are Alejandro, Jorge, Juan, José, and Pedro. Is your name, or that of someone you know, in the Spanish top five?

Más nombres masculinos	Más nombres femeninos
Alfonso	Alicia
Antonio (Toni)	Beatriz (Bea, Beti, Biata)
Carlos	Blanca
César	Carolina (Carol)
Diego	Claudia
Ernesto	Diana
Felipe	Emilia
Francisco (Paco)	Irene
Guillermo	Julia
Ignacio (Nacho)	Laura
Javier (Javi)	Leonor
Leonardo	Lourdes
Luis	Lucía
Manolo	Margarita (Marga)
Marcos	Marta
Oscar (Óscar)	Noelia
Rafael (Rafa)	Paula
Sergio	Rocío
Vicente	Verónica

Los 5 nombres masculinos más populares	Los 5 nombres femeninos más populares
Alejandro	Ana
Jorge	Elena
José (Pepe)	Isabel
Juan	María
Pedro	Sara

Acknowledgments

On behalf of its authors and editors, Vista Higher Learning expresses its sincere appreciation to the many instructors and teachers across the U.S. and Canada who contributed their ideas and suggestions. Their insights and detailed comments were invaluable to us as we created **DESCUBRE**.

In-depth reviewers

Patrick Brady
Tidewater Community College, VA

Christine DeGrado
Chestnut Hill College, PA

Martha L. Hughes
Georgia Southern University, GA

Aida Ramos-Sellman
Goucher College, MD

Reviewers

Kathleen Aguilar
Fort Lewis College, CO

Aleta Anderson
Grand Rapids Community College, MI

Gunnar Anderson
SUNY Potsdam, NY

Nona Anderson
Ouachita Baptist University, AR

Ken Arant
Darton College, GA

Vicki Baggia
Phillips Exeter Academy, NH

Jorge V. Bajo
Oracle Charter School, NY

Ana Basoa-McMillan
Columbia State Community College, TN

Timothy Benson
Lake Superior College, MN

Georgia Betcher
Fayetteville Technical Community College, NC

Teresa Borden
Columbia College, CA

Courtney Bradley
The Principia, MO

Vonna Breeze-Marti
Columbia College, CA

Christa Bucklin
University of Hartford, CT

Mary Cantu
South Texas College, TX

Christa Chatrnuch
University of Hartford, CT

Tina Christodouleas
SUNY Cortland, NY

Edwin Clark
SUNY Potsdam, NY

Donald Clymer
Eastern Mennonite University, VA

Ann Costanzi
Chestnut Hill College, PA

Patricia Crespo-Martin
Foothill College, CA

Miryam Criado
Hanover College, KY

Thomas Curtis
Madison Area Technical College, WI

Patricia S. Davis
Darton College, GA

Danion Doman
Truman State University, MO

Deborah Dubiner
Carnegie Mellon University, PA

Benjamin Earwicker
Northwest Nazarene University, ID

Deborah Edson
Tidewater Community College, VA

Matthew T. Fleming
Grand Rapids Community College, MI

Ruston Ford
Indian Hills Community College, IA

Marianne Franco
Modesto Junior College, CA

Elena García
Muskegon Community College, MI

María D. García
Fayetteville Technical Community College, NC

Lauren Gates
East Mississippi Community College, MS

Marta M. Gómez
Gateway Academy, MO

Danielle Gosselin
Bishop Brady High School, NH

Charlene Grant
Skidmore College, NY

Betsy Hance
Kennesaw State University, GA

Marti Hardy
Laurel School, OH

Dennis Harrod
Syracuse University, NY

Fanning Hearon
Brunswick School, CT

Richard Heath
Kirkwood Community College, IA

Óscar Hernández
South Texas College, TX

Yolanda Hernández
Community College of Southern Nevada, North Las Vegas, NV

Martha L. Hughes
Georgia Southern University, GA

Martha Ince
Cushing Academy, MA

Acknowledgments

Reviewers

Stacy Jazan
 Glendale Community College, CA

María Jiménez Smith
 Tarrant County College, TX

Emory Kinder
 Columbia Prep School, NY

Marina Kozanova
 Crafton Hills College, CA

Tamara Kunkel
 Alice Lloyd College, KY

Anna Major
 The Westminster Schools, GA

Armando Maldonado
 Morgan Community College, CO

Molly Marostica Smith
 Canterbury School of Florida, FL

Jesús G. Martínez
 Fresno City College, CA

Laura Martínez
 Centralia College, WA

Daniel Millis
 Verde Valley School, AZ

Deborah Mistron
 Middle Tennessee State University, TN

Mechteld Mitchin
 Village Academy, OH

Anna Montoya
 Florida Institute of Technology, FL

Robert P. Moore
 Loyola Blakefield Jesuit School, MD

S. Moshir
 St. Bernard High School, CA

Javier Muñoz-Basols
 Trinity School, NY

William Nichols
 Grand Rapids Community College, MI

Bernice Nuhfer-Halten
 Southern Polytechnic State University, GA

Amanda Papanikolas
 Drew School, CA

Elizabeth M. Parr
 Darton College, GA

Julia E. Patiño
 Dillard University, LA

Martha Pérez
 Kirkwood Community College, IA

Teresa Pérez-Gamboa
 University of Georgia, GA

Marion Perry
 The Thacher School, CA

Molly Perry
 The Thacher School, CA

Melissa Pytlak
 The Canterbury School, CT

Ana F. Sache
 Emporia State University, KS

Celia S. Samaniego
 Cosumnes River College, CA

Virginia Sánchez-Bernardy
 San Diego Mesa College, CA

Frank P. Sanfilippo
 Columbia College, CA

Piedad Schor
 South Kent School, CT

David Schuettler
 The College of St. Scholastica, MN

Romina Self
 Ankeny Christian Academy, IA

David A. Short
 Indian Hills Community College, IA

Carol Snell-Feikema
 South Dakota State University, SD

Matias Stebbings
 Columbia Grammar & Prep School, NY

Mary Studer Shea
 Napa Valley College, CA

Cathy Swain
 University of Maine, Machias, ME

Cristina Szterensus
 Rock Valley College, IL

John Tavernakis
 College of San Mateo, CA

David E. Tipton
 Circleville Bible College, OH

Larry Thornton
 Trinity College School, ON

Linda Tracy
 Santa Rosa Junior College, CA

Beverly Turner
 Truckee Meadows Community College, OK

Christine Tyma DeGrado
 Chestnut Hill College, PA

Fanny Vera de Viacava
 Canterbury School, CT

Luis Viacava
 Canterbury School, CT

María Villalobos-Buehner
 Grand Valley State University, MI

Hector Villarreal
 South Texas College, TX

Juanita Villena-Álvarez
 University of South Carolina, Beaufort, SC

Marcella Anne Wendzikowski
 Villa Maria College of Buffalo, NY

Doug West
 Sage Hill School, CA

Paula Whittaker
 Bishop Brady High School, NH

Mary Zold-Herrera
 Glenbrook North High School, IL

Bios

About the Authors

José A. Blanco founded Vista Higher Learning in 1998. A native of Barranquilla, Colombia, Mr. Blanco holds degrees in Literature and Hispanic Studies from Brown University and the University of California, Santa Cruz. He has worked as a writer, editor, and translator for Houghton Mifflin and D.C. Heath and Company, and has taught Spanish at the secondary and university levels. Mr. Blanco is also the co-author of several other Vista Higher Learning programs: **Vistas, Panorama, Aventuras,** and **¡Viva!** at the introductory level; **Ventanas, Facetas, Enfoques, Imagina,** and **Sueña** at the intermediate level; and **Revista** at the advanced conversation level.

Philip Redwine Donley received his M.A. in Hispanic Literature from the University of Texas at Austin in 1986 and his Ph.D. in Foreign Language Education from the University of Texas at Austin in 1997. Dr. Donley taught Spanish at Austin Community College, Southwestern University, and the University of Texas at Austin. He published articles and conducted workshops about language anxiety management and the development of critical thinking skills, and was involved in research about teaching languages to the visually impaired. Dr. Donley was also the co-author of **Vistas, Aventuras,** and **Panorama,** three introductory college Spanish textbook programs published by Vista Higher Learning. Dr. Donley passed away in 2003.

About the Illustrators

Yayo, an internationally acclaimed illustrator, was born in Colombia. He has illustrated children's books, newspapers, and magazines, and has been exhibited around the world. He currently lives in Montreal, Canada.

Pere Virgili lives and works in Barcelona, Spain. His illustrations have appeared in textbooks, newspapers, and magazines throughout Spain and Europe.

Born in Caracas, Venezuela, **Hermann Mejía** studied illustration at the *Instituto de Diseño de Caracas*. Hermann currently lives and works in the United States.

Lección preliminar

Communicative Goals

I will be able to:
- Identify myself and others
- Describe people and things
- Discuss everyday activities
- Tell what happened in the past
- Express preferences

VOICE BOARD

pages 2–3
- Present tense of **ser** and **estar**
- Articles
- Adjectives and agreement

pages 4–7
- Present tense of –**ar**, –**er**, –**ir** verbs
- Present tense of **tener** and **venir**
- Present tense of the verb **ir**
- Verbs with stem changes and irregular **yo** forms

pages 8–9
- Unas vacaciones de voluntario

pages 10–13
- Preterite tense of regular verbs
- Preterite of **ser** and **ir**
- Other irregular preterites
- Verbs that change meaning in the preterite

pages 14–16
- Direct and indirect object pronouns
- **Gustar** and similar verbs
- Double object pronouns

así somos

así lo hacemos

cultura

así pasó

así nos gusta

P así somos

Lección preliminar

1 Completar
Complete the sentences with the correct form of the verb **ser**.

1. Maite _____ de España, ¿verdad?
2. ¿Quiénes _____ los chicos en el autobús?
3. Juan y yo _____ estudiantes.
4. ¿De dónde _____ tú?
5. _____ las nueve de la mañana.

2 El primer día de clases
Fill in the blanks in the conversation below with the correct form of **estar**.

—Hola, Martín. ¿Cómo (1) _____ (tú)?
—Bien. Oye, ¿sabes dónde (2) _____ el gimnasio? Mis compañeros del equipo de béisbol (3) _____ allí.
—Pero, hombre, ¡yo también (4) _____ en el equipo! Vamos juntos al gimnasio, (5) (nosotros) _____ muy cerca.

3 ¿Ser o estar?
Complete with the correct forms of **ser** or **estar**.

Me llamo Julio. Mis padres (1) _____ de México, pero mi familia (2) _____ en Arizona ahora. Mi padre (3) _____ médico en el hospital; la agencia de viajes de mi mamá (4) _____ cerca de nuestra casa. Nosotros tres (5) _____ altos y morenos. Yo (6) _____ estudiante de décimo grado. Mis clases (7) _____ buenas, pero a veces (yo) (8) _____ aburrido. Todos los estudiantes (9) _____ nerviosos hoy porque hoy empiezan los exámenes finales.

4 Género y número
Add the appropriate definite or indefinite article for each noun.

Definidos
1. ___ comunidad
2. ___ pintores
3. ___ programa
4. ___ natación
5. ___ revistas

Indefinidos
6. ___ lápiz
7. ___ pasajeros
8. ___ computadoras
9. ___ traje de baño
10. ___ lección

1.1 Present tense of ser and estar

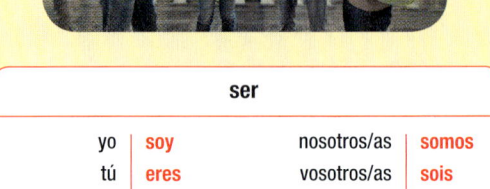

¿Y ustedes de dónde son?

Yo soy de Buenos Aires, Argentina. Miguel es de España.

ser			
yo	soy	nosotros/as	somos
tú	eres	vosotros/as	sois
Ud./él/ella	es	Uds./ellos/ellas	son

▶ Uses of **ser**: nationality, origin, profession or occupation, characteristics, generalizations, possession, what something is made of, time and date, time and place of events

estar			
yo	estoy	nosotros/as	estamos
tú	estás	vosotros/as	estáis
Ud./él/ella	está	Uds./ellos/ellas	están

▶ Uses of **estar**: location, health, physical states and conditions, emotional states, weather expressions, ongoing actions

▶ **Ser** and **estar** can both be used with many of the same adjectives, but the meaning will change.

Juan **es** delgado.   Juan **está** más delgado hoy.
Juan is thin.   *Juan looks thinner today.*

1.2 Articles

▶ Articles tell the gender (masculine/feminine) and number (singular/plural) of the nouns they precede.

Definite articles

| **el** libro | **la** lección |
| **los** programas | **las** profesoras |

Indefinite articles

| **un** chico | **una** silla |
| **unos** chicos | **unas** sillas |

Lección preliminar

1.3 Adjectives and agreement

> Eres gordo, antipático y muy feo.

> Yucatán es una península bonita. Los cenotes son hermosos.

▶ Adjectives are words that describe nouns. In Spanish, adjectives agree with, or match, the nouns they modify in both gender and number.

Descriptive Adjectives

Masculine		Feminine	
Singular	Plural	Singular	Plural
alto	altos	alta	altas
inteligente	inteligentes	inteligente	inteligentes
trabajador	trabajadores	trabajadora	trabajadoras

▶ Descriptive adjectives and adjectives of nationality follow the noun:

el chico rubio, la mujer española

▶ Adjectives of quantity precede the noun:

muchos libros, dos turistas

Note: When placed before a masculine noun, these adjectives are shortened.

bueno → buen   malo → mal   grande → gran

Possessive Adjectives

Singular		Plural	
mi	nuestro/a	mis	nuestros/as
tu	vuestro/a	tus	vuestros/as
su	su	sus	sus

▶ Possesive adjectives are always placed before the nouns they modify.

nuestros amigos   mi madre

---

5 Opuestos Complete the sentences with the appropriate form of **ser** or **estar** and an adjective with the opposite meaning of the adjective in italics.

> **modelo**
> La biblioteca está *cerrada* hoy, pero los bancos <u>están</u> <u>abiertos</u>.

1. La habitación de mi hermana siempre está *sucia*, pero mi habitación (ser/estar) _____ _____.
2. Estoy *contento* porque estamos de vacaciones, pero mis padres (ser/estar) _____ _____ porque tienen que trabajar.
3. Tu primo es *alto* y *moreno*, pero tú (ser/estar) _____ _____ y _____.
4. Mi amigo Fernando dice que las matemáticas son *difíciles*, pero yo creo que (ser/estar) _____ _____.

6 Entrevista Write down as many descriptive adjectives about yourself as you can in three minutes. Then, in pairs, use **ser** or **estar** to ask your partner if he/she has the same characteristics. Finally, tell the class what you have in common.

> **modelo**
> (Yo): delgada, morena, trabajadora, contenta, simpática.
> (Preguntas): ¿Tú eres trabajadora? ¿Estás contenta?
> (Oraciones): Somos morenas, estamos contentas y somos trabajadoras.

7 Posesivos Write the appropriate form of each possessive adjective. The first item has been done for you.

1. Él es <u>mi</u> (*my*) hermano.
2. _____ (*Your*, fam.) familia es muy simpática.
3. _____ (*Our*) sobrino es italiano.
4. ¿Ella es _____ (*his*) profesora?
5. _____ (*Your*, form.) maleta es de color verde.
6. _____ (*Her*) amigos son de Colombia.
7. Son _____ (*our*) compañeras de clase.
8. _____ (*My*) padres están en el trabajo.

8 Mi familia y mis amigos Write a brief description of your family, your relatives, and your friends. Use as many possessive adjectives as possible to identify the person or persons you are describing.

Practice more at **vhlcentral.com**.

P así lo hacemos
Lección preliminar

1 Completar
Complete each sentence with the appropriate form of the verb.

1. Rosa _____ (bailar) un tango en el teatro.
2. Mis amigos _____ (hablar) francés muy bien.
3. Yo _____ (abrir) la ventana cuando hace calor.
4. Mi hermano y yo _____ (aprender) a nadar en la piscina.
5. ¿Dónde _____ (vivir) ustedes?
6. ¿Tú _____ (recibir) regalos el día de tu cumpleaños?
7. Los estudiantes _____ (correr) a casa por la tarde.
8. Nosotros _____ (mirar) la televisión.
9. Usted nunca _____ (comer) comida picante, ¿verdad?
10. Mis hermanos y yo _____ (practicar) el fútbol después de las clases.
11. Ustedes siempre _____ (desayunar) en la cafetería.
12. ¿_____ (Viajar) tus padres a Roma esta semana?

2 Tener
Look at the drawings and describe these people, using an expression with **tener**.

1. _____ 2. _____

3. _____ 4. _____

5. _____ 6. _____

2.1 Present tense of –ar, –er, –ir verbs

Tomo cuatro clases.

▶ To create the present-tense forms of most regular verbs, drop the infinitive endings (-ar, -er, -ir) and add the appropriate endings that correspond to the different subject pronouns.

hablar			
yo	hablo	nosotros/as	hablamos
tú	hablas	vosotros/as	habláis
Ud./él/ella	habla	Uds./ellos/ellas	hablan

comer		escribir	
como	comemos	escribo	escribimos
comes	coméis	escribes	escribís
come	comen	escribe	escriben

2.2 Present tense of tener and venir

Tengo una hermana que se llama Jimena.

tener		venir	
tengo	tenemos	vengo	venimos
tienes	tenéis	vienes	venís
tiene	tienen	viene	vienen

▶ **Tener** is used in many common phrases expressing feelings and age.

tener... años	to be... years old
tener calor	to be hot
tener frío	to be cold
tener ganas de + inf.	to feel like doing something
tener hambre	to be hungry
tener prisa	to be in a hurry
tener razón	to be right
tener sed	to be thirsty
tener que + inf.	to have to do something

Lección preliminar

2.3 Present tense of the verb **ir**

ir

yo	voy	nosotros/as	vamos
tú	vas	vosotros/as	vais
Ud./él/ella	va	Uds./ellos/ellas	van

▶ **Ir** has many everyday uses, including expressing future plans:

ir a + [*infinitivo*] = *to be going to* + [*infinitive*]

vamos a [*infinitivo*] = *let's do something*

2.4 Verbs with stem changes and irregular **yo** forms

La familia almuerza en Xochimilco.

e:ie o:ue u:ue stem-changing verbs

	empezar	volver	jugar
yo	empiezo	vuelvo	juego
tú	empiezas	vuelves	juegas
Ud./él/ella	empieza	vuelve	juega
nosotros/as	empezamos	volvemos	jugamos
vosotros/as	empezáis	volvéis	jugáis
Uds./ellos/ellas	empiezan	vuelven	juegan

Other **e:ie** verbs: **cerrar, comenzar, entender, pensar, perder, preferir, querer**

Other **o:ue** verbs: **almorzar, contar, dormir, encontrar, mostrar, poder, recordar**

e:i stem-changing verbs

pedir

yo	pido	nosotros/as	pedimos
tú	pides	vosotros/as	pedís
Ud./él/ella	pide	Uds./ellos/ellas	piden

Other **e:i** verbs: **conseguir, decir, repetir, seguir**

Verbs with irregular yo forms

hacer	poner	salir	suponer	traer
hago	pongo	salgo	supongo	traigo

ver: veo, ves, ve, vemos, veis, ven
oír: oigo, oyes, oye, oímos, oís, oyen

---

3 **Ir** Complete this paragraph with the present-tense forms of **ir**.

El sábado yo (1) _____ al Museo de Bellas Artes porque mi artista favorito (2) _____ a presentar una exposición. Mis amigos no (3) _____ al museo conmigo porque todos (4) _____ a jugar al fútbol, pero yo (5) _____ a ir porque yo (6) _____ a ser artista. ¿(7) _____ (tú) al museo también? ¿Por qué no (8) _____ juntos?

4 **Verbos** Complete the chart with the correct verb forms.

Infinitive	yo	nosotros/as	ellos/as
	puedo		
comenzar		comenzamos	
		hacemos	hacen
oír			
	juego		
repetir			repiten

5 **Oraciones** Arrange the words in the correct order to form complete logical sentences. ¡Ojo! Remember to conjugate the verbs according to the subject.

1. amigos / unos / tener / interesantes / tú / muy
   _____

2. autobús / yo / en / comercial / centro / venir / del
   _____

3. tener / dinero / no / suficiente / ellos
   _____

4. sábados / cine / todos / los / ir / yo / al
   _____

6 **Conversación** Complete this conversation with the appropriate forms of the verbs. Then act it out with a partner.

PABLO Óscar, voy al centro ahora.

ÓSCAR ¿A qué hora (1)_____ (pensar) volver? El partido de fútbol (2)_____ (empezar) a las dos.

PABLO (3)_____ (Volver) a la una. (4)_____ (Querer) ver el partido.

ÓSCAR (5)¿_____ (Recordar) (tú) que nuestro equipo es muy bueno? (6)¡ _____ (Poder) ganar!

PABLO No, (7)_____ (pensar) que vamos a (8)_____ (perder). Los jugadores de Guadalajara son salvajes (*wild*) cuando (9)_____ (jugar).

7 Un día típico

Complete the paragraph with the appropriate forms of the verbs in the word list. Not all verbs will be used. Some may be used more than once.

almorzar	ir	salir
cerrar	jugar	seguir
empezar	mostrar	ver
hacer	querer	volver

¡Hola! Me llamo Marta y vivo en Guadalajara, México. ¿Cómo es un día típico en mi vida? Pues, por la mañana desayuno con mis padres y juntos (1) _____ las noticias (*news*) en la televisión. A las siete y media, (yo) (2) _____ de mi casa y tomo el autobús. Es bueno llegar temprano a la escuela porque siempre (3) _____ a mis amigos en la cafetería. Conversamos y planeamos lo que (4) _____ hacer cada día. A las ocho y cuarto, mi amiga Susana y yo (5) _____ al laboratorio de lenguas. La clase de francés (6) _____ a las ocho y media. ¡Es mi clase favorita! A las doce y media (yo) (7) _____ en la cafetería con mis amigos. Después, (yo) (8) _____ con mis clases. Por las tardes, mis amigos (9) _____ a sus casas, pero yo (10) _____ al vóleibol con el equipo de mi escuela.

8 Describir

Use a verb from the list to describe what these people are doing.

| almorzar | contar | encontrar |
| cerrar | dormir | mostrar |

1. las niñas
2. yo 
3. nosotros 
4. tú 
5. Pedro 
6. Teresa

Lección preliminar

9 Contestar Answer these questions.

> **modelo**
> ¿Qué pides en la cafetería?
> En la cafetería, yo pido pizza.

1. ¿Cuántas horas duermes cada noche? ¿Tienes sueño ahora?
2. ¿Cuándo haces la tarea de matemáticas?
3. ¿Adónde sales con tus amigos?
4. ¿Prefieres ver películas en el cine o en casa? Cuando ves películas en el cine, ¿con quién vas?
5. ¿Qué traes a la clase de español?
6. ¿Quién pone (*sets*) la mesa en tu casa?
7. ¿A qué hora almuerzas en la escuela? ¿Qué comes? ¿Traes comida de tu casa o compras comida?
8. ¿Oyes música cuando estudias? ¿Qué música tienes?
9. ¿Practicas deportes o prefieres los juegos (*games*) de mesa? ¿Qué juegas?
10. ¿Crees que esta clase va a ser fácil o difícil?

10 Preguntas Use four different verbs from the list to ask a partner four questions about his or her life. In total, you and your partner should use at least eight verbs.

almorzar	hacer	poder
dormir	ir	preferir
empezar	pedir	tener

> **modelo**
> **Estudiante 1:** ¿Tienes hermanos?
> **Estudiante 2:** Sí, tengo dos hermanos.

11 Una carta Write a letter to a friend describing what you do on a typical day and your plans for this weekend. Use at least six verbs from pages 4–5, **ir a** + *infinitive* to talk about your plans for the weekend, and **tener que** + *infinitive* to talk about your obligations. You may use the paragraph in **Actividad 7** as a model.

Un día típico

Hola, me llamo Julia y vivo en Vancouver, Canadá. Por la mañana, yo...

Practice more at vhlcentral.com.

cultura

Lección preliminar

EN DETALLE

Unas vacaciones de voluntario

¿Qué hiciste durante las vacaciones de verano? Muchos estudiantes de secundaria contestarían° esta pregunta con historias sobre cómo disfrutaron° su tiempo libre. Pero otra actividad ha ganado° atención recientemente: el trabajo voluntario durante las vacaciones.

En Latinoamérica, se le llama **aprendizaje-servicio**°, una combinación de educación formal y voluntariado°. En países como México, Argentina y Chile, los jóvenes reciben crédito académico mientras° usan su creatividad y su talento en beneficio de los demás°. Así se promueve° la participación activa de los jóvenes estudiantes en la sociedad. Los voluntarios también ganan experiencias que no podrían° obtener en el salón de clases: en Buenos Aires, un grupo de adolescentes de los colegios más exclusivos ayuda con las tareas en centros comunitarios; en una escuela de Resistencia, en Argentina, los chicos de barrios marginales° les enseñan computación a los adultos desocupados° de su propia comunidad.

En 2001, la Secretaría de Educación de Argentina creó el Programa Nacional de Escuela y Comunidad para los proyectos de aprendizaje-servicio por todo el país. ¿Hay algún requisito° de servicio comunitario para graduarse en tu escuela?

Otras vacaciones de voluntarios

En León, Nicaragua, 16 estudiantes costarricenses° construyeron casas para familias nicaragüenses como parte del programa Hábitat para la Humanidad. Adrián, un voluntario, dijo: "Fue una experiencia increíble. Podía° divertirme y al mismo tiempo hacer algo útil° y de beneficio para otros durante mis vacaciones".

Los estudiantes de la escuela técnica de Junín de los Andes adaptaron molinos de viento° a las necesidades de las poblaciones mapuches°. Por este proyecto ganaron un premio° en la Feria Mundial de Ciencias de 1999.

contestarían would answer *disfrutaron* they enjoyed *ha ganado* has gained *aprendizaje-servicio* service learning *voluntariado* volunteerism *mientras* while *los demás* others *Así se promueve* Thus it promotes *no podrían* they could not *barrios marginales* disadvantaged neighborhoods *desocupados* unemployed *requisito* requirement *costarricenses* Costa Rican *Podía* I was able to *útil* useful *molinos de viento* windmills *mapuches* indigenous people of Central and Southern Chile and Southern Argentina *premio* prize

ACTIVIDADES

1 **¿Cierto o falso?** Indica si lo que dice cada oración es **cierto** o **falso**. Corrige la información falsa.

1. El aprendizaje-servicio consiste en ir a cursos de verano.
2. En este programa, los jóvenes voluntarios aprenden cosas que no se aprenden en el salón de clases.
3. Los estudiantes de Resistencia, Argentina les enseñan computación a los chicos de los colegios más exclusivos.
4. En 2001, la Secretaría de Educación de Argentina creó un programa nacional de aprendizaje-servicio.
5. De su experiencia como voluntario en Nicaragua, el joven Adrián dijo: "Fue una experiencia horrible".
6. Los estudiantes de una escuela técnica adaptaron molinos de viento a las necesidades de las poblaciones indígenas de su país.

Lección preliminar

ASÍ SE DICE

el buceo	diving
el ciclismo	cycling
el colegio	high school, elementary school, middle school
la ola	[ocean] wave
los países hispanohablantes	países donde se habla español
surfear, hacer surf	to surf
el/la surfista, el/la surfero/a, el/la surfo/a, tablista	surfer

EL MUNDO HISPANO

Deportes importantes

No cabe duda° que el fútbol y el vóleibol son los deportes más populares en Latinoamérica. Sin embargo°, también se practican otros deportes en el mundo hispano.

Deporte	Lugar(es)
el béisbol	el Caribe (esp. la República Dominicana y Cuba), México, Venezuela
el ciclismo	Colombia, España y otras regiones montañosas
el rugby	Argentina, Chile
el baloncesto (básquetbol)	España, Puerto Rico, Colombia, Centroamérica
el jai-alai°	Originado en el País Vasco (España), también es popular en México
la equitación (montar a caballo)	México, Argentina, España
el surf	las Islas Canarias (España), México, Chile, Perú, etc.

no cabe duda there is no doubt **sin embargo** nevertheless **jai-alai** Basque sport played with a small ball hurled at high speeds

PERFIL

Hacer surf al estilo hispano

"Hay que sentir la ola. Cuando la sientes, te paras en la tabla° y la agarras". La frase "agarrar° una ola" nunca tendrá° el mismo significado para alguien que no ha practicado° el deporte del surf. Originado en Hawai, es popular en muchas partes del mundo, incluso en el mundo hispano. Sólo necesitas una tabla y una costa marina.

Gabriel Villarán es probablemente el surfista hispanoamericano más famoso del mundo. Nació en 1984 en Lima, Perú, donde su madre, su padre y su hermano eran° surfistas. Villarán fue el campeón° latinoamericano dos veces, ganó el primer lugar en los Juegos Panamericanos de Surf en 2006 y fue sub-campeón mundial en 2010.

A los once años, la argentina **Ornella Pellizari** se compró una tabla con el dinero que había ahorrado°. A los dieciocho años, ganó el Campeonato Latinoamericano de Surf Profesional femenino. Dice **Pellizari**: "Una vez que empecé a surfear, no salí más del agua".

La surfista argentina Ornella Pellizari

te paras you stand **la tabla** surfboard **agarrar** to grab **nunca tendrá** will never have **no ha practicado** has not practiced **eran** were **el campeón** champion **había ahorrado** she had saved

ACTIVIDADES

2 Comprensión Completa las oraciones.
1. El deporte del surf se originó en _____.
2. Gabriel Villarán nació en _____.
3. Junto con el fútbol, el _____ es uno de los deportes más populares en Latinoamérica.
4. A los dieciocho años, Pellizari ganó el Campeonato Latinoamericano de Surf Profesional para _____.
5. El deporte del _____ tiene su origen en el País Vasco.

3 ¿Qué vamos a hacer? Your class has the opportunity to go on a week's vacation. Working in a small group, decide whether **el aprendizaje-servicio** or **los deportes** best suits the group's talents and interests. Plan activities you can agree on, including where you might go, and the type of volunteering or sport activity. Present your vacation plans to the class.

Practice more at **vhlcentral.com**.

así pasó

Lección preliminar

1 Completar
Complete each sentence with the appropriate preterite form.

1. Yo _____ (cerrar) las ventanas anoche.
2. Los estudiantes _____ (escribir) las respuestas en la pizarra.
3. María y yo _____ (nadar) en la piscina el sábado.
4. Tú _____ (vivir) en la casa amarilla, ¿no?
5. Mis abuelos no _____ (gastar) mucho dinero.
6. Enrique no _____ (beber) ni té ni café.
7. ¿_____ (Tomar) tú la última galleta?
8. Todos los jugadores _____ (oír) las malas noticias.
9. Yo _____ (decidir) comer más frutas y verduras.
10. Ellos _____ (olvidar) la dirección de la tienda.

2 El fin de semana pasado
Complete the paragraph by choosing the correct verb and conjugating it in the appropriate preterite form.

El sábado a las diez de la mañana, mi hermano (1) _____ (costar, usar, ganar) un partido de tenis. A la una, yo (2) _____ (llegar, compartir, llevar) a la tienda con mis amigos y nosotros (3) _____ (costar, comprar, abrir) dos o tres cosas. A las tres, mi amigo Pepe (4) _____ (pasear, nadar, llamar) a su novia por teléfono. ¿Y el domingo? Mis primos me (5) _____ (salir, gastar, visitar) y nosotros (6) _____ (hablar, traer, pedir) por horas. Mi mamá (7) _____ (mostrar, leer, preparar) mi comida favorita y mis primos (8) _____ (vender, comer, empezar) con nosotros. Después, (yo) (9) _____ (salir, ver, servir) una película en la televisión.

3 ¿Ser o ir?
Complete these sentences with the appropriate preterite form of **ser** or **ir**. Indicate the infinitive of each verb form.

1. Los viajeros _____ a Perú.
2. Usted _____ muy amable.
3. Yo _____ muy cordial.
4. Patricia _____ a la cafetería.
5. Guillermo y yo _____ a ver una película.
6. Ellos _____ simpáticos.
7. Yo _____ a su casa.
8. Él _____ a Machu Picchu.
9. Tú _____ pronto a clase.
10. Tomás y yo _____ muy felices.
11. Tú _____ muy generoso.
12. Este semestre los exámenes _____ muy difíciles.
13. Cuatro estudiantes no _____ a la fiesta.
14. La película _____ muy divertida.
15. Mi amiga y yo _____ al gimnasio el domingo.

3.1 Preterite tense of regular verbs

▶ The preterite tense is used to describe actions or states that were completed at a definite time in the past.

▶ The preterite of regular verbs is formed by dropping the infinitive ending (-ar, -er, -ir) and adding the preterite endings. Note that the endings of regular -er and -ir verbs are identical in the preterite tense.

comprar	vender	escribir
compré	vendí	escribí
compraste	vendiste	escribiste
compró	vendió	escribió
compramos	vendimos	escribimos
comprasteis	vendisteis	escribisteis
compraron	vendieron	escribieron

▶ These verbs have spelling changes in the preterite:

-car: bus**car** → yo bus**qué**
-gar: lle**gar** → yo lle**gué**
-zar: empe**zar** → yo empe**cé**

creer: creí, creíste, creyó, creímos, creísteis, creyeron
leer: leí, leíste, leyó, leímos, leísteis, leyeron
oír: oí, oíste, oyó, oímos, oísteis, oyeron
ver: vi, viste, vio, vimos, visteis, vieron

▶ -ar and -er verbs that have a stem change in the present tense are regular in the preterite.

jugar (u:ue): Él **jugó** al fútbol ayer.
volver (o:ue): Ellas **volvieron** tarde anoche.

▶ -ir verbs that have a stem change in the present tense also have a stem change in the preterite.

pedir (e:i): La semana pasada, él **pidió** tacos.

3.2 Preterite of ser and ir

¿Por qué no te afeitaste por la mañana?

▶ The preterite forms of **ser** and **ir** are identical. Context will determine the meaning.

ser and ir	
fui	fuimos
fuiste	fuisteis
fue	fueron

Lección preliminar

3.3 Other irregular preterites

▶ The preterite forms of the following verbs are also irregular. Pay attention to the different stem changes.

Los amigos estuvieron de vacaciones en Yucatán.

u-stem	estar poder poner saber tener	estuv- pud- pus- sup- tuv-	-e, -iste, -o, -imos, -isteis, -ieron
i-stem	hacer querer venir	hic- quis- vin-	-e, -iste, -o, -imos, -isteis, -ieron
j-stem	conducir decir traducir traer	conduj- dij- traduj- traj-	-e, -iste, -o, -imos, -isteis, -eron

Preterite of **dar**: d**i**, d**iste**, d**io**, d**imos**, d**isteis**, d**ieron**

Preterite of **hay** (*inf.* **haber**): **hubo**

3.4 Verbs that change meaning in the preterite

Maru y Miguel se conocieron en la playa.

▶ The verbs **conocer, saber, poder,** and **querer** change meanings when used in the preterite.

	Present	Preterite
conocer	to know	to meet
saber	to know information	to find out; to learn
poder	to be able; can	to succeed
querer	to want; to love	to try

4 ¿Cuándo?
In pairs, use the time expressions from the word list to ask and answer questions about when you and others did the activities.

anoche	ayer	el año pasado	la semana pasada
anteayer	dos veces	el mes pasado	una vez

modelo
Estudiante 1: ¿Cuándo escribiste una carta?
Estudiante 2: Yo escribí una carta anoche.

1. mi compañero/a: llegar tarde a clase
2. mi mejor (*best*) amigo/a: volver de Brasil
3. mis padres: ver una película
4. yo: llevar un traje/vestido
5. el presidente de los EE.UU.: no escuchar a la gente
6. mis amigos y yo: comer en un restaurante

5 Verbos
Complete the chart with the preterite form of the verbs.

Infinitive	yo	ella	nosotros
conducir			
hacer			
saber			

6 Cambiar
Change each verb from present to preterite.

modelo
Escucho la canción.
Escuché la canción.

1. **Tengo** que ayudar a mi padre. _____
2. La maestra **repite** la pregunta. _____
3. ¿**Vas** al cine con tu amigo? _____
4. Mis padres **piden** arroz en el restaurante del barrio. _____
5. El camarero les **sirve** papas fritas. _____
6. **Vengo** de la escuela en autobús. _____
7. El concierto **es** a las ocho. _____
8. ¿Dónde **pones** las llaves del auto? _____
9. ¿Y ellos cómo lo **saben**? _____
10. ¿Quién **trae** la comida? _____

7 Oraciones
Form complete sentences using the information provided in the correct order. Use the preterite tense of the verbs.

1. ir / al / semana / pasada / yo / dentista / la
2. parque / Pablo / y / correr / perro / su / por / el
3. día / leer / ellos / periódicos / tres / cada
4. nunca / la historia / Doña Rita / la verdad / saber / de

8 Escoger
Choose the most logical option.

1. Ayer te llamé varias veces, pero tú no contestaste.
   a. Quise hablar contigo.   b. Pude hablar contigo.
2. Las chicas fueron a la fiesta. Cantaron y bailaron mucho.
   a. Ellas pudieron divertirse.   b. Ellas no supieron divertirse.
3. Yo no hice lo que ellos me pidieron. ¡Tengo mis principios!
   a. No supe hacerlo.   b. No quise hacerlo.

9 ¿Presente o pretérito?
Choose the correct form of the verbs in parentheses.

1. Después de muchos intentos (*tries*), (podemos/pudimos) hacer una piñata.
2. —¿Conoces a Pepe?
   —Sí, lo (conozco/conocí) en tu fiesta.
3. Como no es de aquí, Cristina no (sabe/supo) mucho de las celebraciones locales.
4. Yo no (quiero/quise) ir a un restaurante grande, pero tú decides.
5. Ellos (quieren/quisieron) darme una sorpresa, pero Nina me lo dijo todo.
6. Mañana se terminan las clases; por fin (podemos/pudimos) divertirnos.
7. Ayer no (tengo/tuve) tiempo de llamarte.
8. ¿(Quieres/Quisiste) ir al cine conmigo esta tarde?
9. Todavía no sabemos quiénes lo (dicen/dijeron), pero mañana lo vamos a saber.
10. Dos veces al año, mi hermano y yo (hacemos/hicimos) algo especial juntos.

10 Preguntas
Pretend that your friend or parent keeps checking up on what you did. Respond that you already (**ya**) did what he/she asks. (Switch roles every two questions.)

modelo
leer la lección
Estudiante 1: ¿Leíste la lección?
Estudiante 2: Sí, ya la leí.

1. escribir el correo electrónico
2. lavar (*to wash*) la ropa
3. oír las noticias
4. practicar los verbos
5. empezar la tarea
6. buscar las llaves

Lección preliminar

trece 13

11 **Una película** Working with a partner, prepare a brief summary of a movie you have seen. First, make a list of verbs you will use to describe the film's plot. Then present your summary to the class and have the other students guess what movie you described.

> **modelo**
>
> decidir, decir, llegar, tener miedo, traducir, ver
> Un día, Anakin decidió...

12 **Conversar** In small groups, ask each other what you did yesterday or last weekend. Use the word list and keep track of the activities that more than one person did so you can share them later with the class.

asistir a una reunión	ir al centro comercial
cenar en un restaurante	ir de compras
dar una fiesta	limpiar la habitación
dar un regalo	mirar la televisión
empezar una novela	pasarlo bien
escribir una carta	poner un anuncio en el periódico
escribir un correo electrónico	tener una idea
escuchar música	tener un sueño (*dream*)
hacer la tarea	traducir un poema
ir al cine	visitar a un amigo

13 **Escribir** Describe a dream (**un sueño**) you had recently, or invent one. Use at least six preterite verbs, including a minimum of two irregular verbs. You may write your description as a paragraph or as a poem.

AYUDA

soñar con =
to dream about

Practice more at **vhlcentral.com.**

P así nos gusta
Lección preliminar

1 Vacaciones Ramón is going to San Juan, Puerto Rico with his friends, Javier and Marcos. Express his thoughts more succinctly using direct object pronouns.

> **modelo**
> Quiero hacer una excursión.
> Quiero hacerla./La quiero hacer.

1. Voy a hacer mi maleta.
2. Necesitamos llevar los pasaportes.
3. Marcos está pidiendo el folleto turístico.
4. Javier debe llamar a sus padres.
5. Ellos esperan visitar el Viejo San Juan.
6. Puedo llamar a Javier por la mañana.
7. Prefiero llevar mi cámara.
8. No queremos perder nuestras reservaciones de hotel.

2 Oraciones Form complete sentences using the information provided. Use indirect object pronouns and the present tense of the verbs.

1. Javier / prestar / el abrigo / a Gabriel
   _____
2. nosotros / vender / ropa / a los clientes
   _____
3. el vendedor / traer / las camisetas / a mis amigos y a mí
   _____
4. yo / querer dar / consejos / a ti
   _____
5. ¿tú / ir a comprar / un regalo / a mí?
   _____
6. Carmen y Sofía / mostrar / las fotos / a Milena
   _____

3 ¿Directo o indirecto? Restate the sentences, replacing the underlined words with the correct direct or indirect object pronoun.

> **modelo**
> Lidia quiere ver <u>una película</u>. → Lidia la quiere ver./
> Lidia quiere verla.

1. Siempre digo la verdad <u>a mi madre</u>.
2. Juan Carlos puede traer <u>los refrescos</u> a la fiesta.
3. ¿No quieres ver <u>las pinturas</u> (*paintings*) en el museo?
4. Raquel va a comprar un regalo <u>para su prima</u>.
5. Leí <u>el último libro de Harry Potter</u> anoche.
6. Voy a regalar estos libros <u>a mis padres</u>.

4.1 Direct and indirect object pronouns

> ¿La bolsa? Acabo de comprarla.

▸ Direct and indirect object pronouns take the place of nouns.
▸ Direct object pronouns directly receive the action of the verb.

Direct object pronouns

Singular		Plural	
me	lo	nos	los
te	la	os	las

In affirmative sentences:
  Adela practica **el tenis**. → Adela **lo** practica.
In negative sentences:
  Adela no **lo** practica.
With an infinitive:
  Adela **lo** va a practicar. / Adela va a practicar**lo**.
With the present progressive:
  Adela **lo** está practicando. / Adela está practicándo**lo**.

▸ Indirect object pronouns identify *to whom* or *for whom* an action is done.

> Jimena le dice a Felipe: "¡No seas grosero!"

Indirect object pronouns

Singular	Plural
me	nos
te	os
le	les

▸ Place an indirect object pronoun in a sentence in the same position where a direct object pronoun would go.
▸ Both the indirect object pronoun and the person to which it refers may be used together in a sentence for clarity or extra emphasis. Use the construction **a** + [*prepositional pronoun*].

  Su madre **les** ofrece una solución **a los niños**.

Lección preliminar

4.2 Gustar and similar verbs

▶ Though **gustar** is translated as *to like*, its literal meaning is *to please*. **Gustar** is preceded by an indirect object pronoun indicating who is pleased. It is followed by a noun (the subject) indicating *the thing that pleases*. Many verbs follow this pattern.

> Me gusta viajar y salir con mis amigos.

aburrir	faltar	importar	molestar
encantar	fascinar	interesar	quedar

▶ With singular subjects or verbs in the infinitive, use the third person singular form.

Me **gusta** la clase.

No nos **interesó** el proyecto.

Les **fascina** ir al cine.

▶ With plural subjects, use the third person plural form.

Te **quedaron** diez dólares.

Le **aburren** los documentales.

▶ The construction **a** + [*noun/pronoun*] may be added for clarity or emphasis.

A mí me encanta bailar, ¿y a ti?

4.3 Double object pronouns

> ¿Me las vendes por 480?

▶ When direct and indirect object pronouns are used together, the indirect object pronoun always goes before the direct object pronoun.

Nos van a servir los platos. → **Nos los** van a servir. / Van a servír**noslos**.

▶ The indirect object pronouns **le** and **les** always change to **se** when they precede **lo, la, los,** and **las**.

Le escribí una carta. → **Se la** escribí.

▶ Spanish speakers often clarify to whom the pronoun **se** refers by adding **a usted, a él, a ella, a ustedes, a ellos,** or **a ellas**.

---

4 La música
Complete each sentence with the correct indirect object pronoun and verb form. Use the present tense.

1. A Adela ___ _____ (gustar) la música de Enrique Iglesias.
2. A mí ___ _____ (encantar) las canciones (*songs*) de Maná.
3. A mis amigos no ___ _____ (molestar) la música alta (*loud*).
4. A nosotros ___ _____ (fascinar) los grupos de pop latino.
5. A mi padre no ___ _____ (interesar) los cantantes (*singers*) de hoy.
6. ¿Qué tipo de música ___ _____ (gustar) a ti?

5 Descripciones
Look at the pictures and describe what is happening. Use the verbs from the word bank.

| encantar | interesar | molestar | quedar |

1. a ti
2. a Sara 
3. a Ramón 
4. a nosotros 

6 En el restaurante
Complete each sentence with the missing direct or indirect object pronoun.

Objeto directo

1. ¿La ensalada? El camarero nos _la_ sirvió.
2. ¿El salmón? La dueña me ___ recomienda.
3. ¿La comida? Voy a preparárte___.
4. ¿Las bebidas? Estamos pidiéndose___.
5. ¿Los refrescos? Te ___ puedo traer ahora.

Objeto indirecto

1. ¿Puedes traerme tu plato? No, no _te_ lo puedo traer.
2. ¿Quieres mostrarle la carta? Sí, voy a mostrár___la ahora.
3. ¿Les serviste la carne? No, no ___ la serví.
4. ¿Vas a leerle el menú? No, no ___ lo voy a leer.
5. ¿Me recomiendas la langosta? Sí, ___ la recomiendo.

7 ¿Quién?
Ms. Cervallos had a dinner party and is now remembering the different things people did to help her. Change the underlined nouns to direct object pronouns and make any other necessary changes.

modelo
¿Quién me trajo la carne del supermercado? (mi esposo)
Mi esposo me la trajo.

1. ¿Quién mandó las invitaciones a mis sobrinas Raquel y María Eugenia? (mi hija)
2. No pude ir a la tienda para buscar bebidas. ¿Quién me compró el agua mineral? (mi hijo)
3. ¿Quién me prestó los platos? (mi mamá)
4. Los entremeses fueron todos muy ricos. ¿Quién nos preparó los entremeses? (Silvia y Renata)
5. No hubo suficientes sillas en el comedor (*dining room*). ¿Quién nos trajo las sillas que faltaban (*were lacking*)? (Héctor y Lorena)
6. No tuve tiempo de pedirle la sal y la pimienta a Mónica. ¿Quién le pidió la sal y la pimienta a Mónica? (mi hijo)
7. Muchas personas estuvieron en la fiesta. ¿Quién sirvió el pastel de chocolate a los invitados? (mis hijos)

8 Entrevista
Interview a classmate (or friend/relative) using all the **gustar**-like verbs in the box on page 15. Write down his or her answers and report to the class. (There will be three sentences per verb, as in the model.)

modelo
Pregunta: ¿Qué te molesta mucho (a ti)?
Respuesta: A mí me molestan las preguntas estúpidas.
A la clase: A mi amigo Arturo le molestan las preguntas estúpidas.

9 En la tienda
In groups of three, write a brief conversation between a salesperson and two friends who are out shopping. Each person should use at least two verbs like **gustar**, two direct and indirect object pronouns, and one sentence with double object pronouns. Use the instructions as a guide or invent your own details.

modelo
Dependiente: Buenas tardes. ¿En qué les puedo servir?
Clienta 1: Hola, necesito un vestido, pero éstos no me gustan.
Dependiente: ¡Ay, tengo unos que le van a quedar perfecto! Voy a traérselos.
Clienta 2: A mí me fascinan estos zapatos. Los voy a comprar.

Dependiente/a
- Saluda a los/las clientes/as y pregúntales en qué les puedes servir.
- Habla de los gustos de los/las clientes/as y empieza a mostrarles la ropa.
- Da opiniones favorables (las botas le quedan fantásticas)...

Clientes/as
- Saluden al/a la dependiente/a y díganle (*tell him/her*) qué quieren comprar.
- Hablen de los colores y estilos que más les interesan.
- Decidan cuáles son las cosas que les gustan y qué van a comprar.

Practice more at vhlcentral.com.

En el consultorio

1

Communicative Goals

I will be able to:
- Describe how I feel physically
- Talk about health and medical conditions

VOICE BOARD

contextos
pages 18–21
- Health and medical terms
- Parts of the body
- Symptoms and medical conditions
- Health professions

fotonovela
pages 22–25
While out with a friend, Jimena comes down with a bug. Despite medical remedies from friends and family, she still needs to see a doctor.

cultura
pages 26–27
- Health services in Spanish-speaking countries
- Healers and shamans

estructura
pages 28–43
- The imperfect tense
- The preterite and the imperfect
- Constructions with **se**
- Adverbs
- **Recapitulación**

adelante
pages 44–51
Lectura: An interview with Carla Baron
Escritura: A past experience
Escuchar: A phone conversation
En pantalla
Flash cultura
Panorama: Costa Rica

A PRIMERA VISTA
- ¿Están en una farmacia o en un hospital?
- ¿El hombre es doctor o dentista?
- ¿Qué hace él, una operación o un examen médico?
- ¿Crees que la paciente está nerviosa?

1 contextos

Lección 1

En el consultorio

Audio: Vocabulary Tutorials, Games

Más vocabulario

la clínica	clinic
el consultorio	doctor's office
el/la dentista	dentist
el examen médico	physical exam
la farmacia	pharmacy
el hospital	hospital
la operación	operation
la sala de emergencia(s)	emergency room
el cuerpo	body
el oído	(sense of) hearing; inner ear
el accidente	accident
la salud	health
el síntoma	symptom
caerse	to fall (down)
darse con	to bump into; to run into
doler (o:ue)	to hurt
enfermarse	to get sick
estar enfermo/a	to be sick
poner una inyección	to give an injection
recetar	to prescribe
romperse (la pierna)	to break (one's leg)
sacar(se) un diente	to have a tooth removed
sufrir una enfermedad	to suffer an illness
torcerse (o:ue) (el tobillo)	to sprain (one's ankle)
toser	to cough

Variación léxica

gripe ↔ gripa (Col., Gua., Méx.)
resfriado ↔ catarro (Cuba, Esp., Gua.)
sala de emergencia(s) ↔ sala de urgencias (Arg., Col., Esp., Méx.)
romperse ↔ quebrarse (Arg., Gua.)

Síntomas y condiciones médicas

el dolor (de cabeza)	(head)ache; pain
la gripe	flu
el resfriado	cold
la tos	cough
congestionado/a	congested; stuffed up
embarazada	pregnant
grave	grave; serious
mareado/a	dizzy; nauseated
médico/a	medical
saludable	healthy
sano/a	healthy
tener dolor (m.)	to have pain
tener fiebre	to have a fever

Labels on illustration: el corazón, el paciente, el ojo, la nariz, la doctora, la cabeza, la oreja, el cuello, la boca, la garganta, el estómago, el dedo, la rodilla, el pie, el dedo del pie

SALIDA

recursos

vText | CA p. 109 | CP pp. 1–2 | CH pp. 1–2 | vhlcentral.com

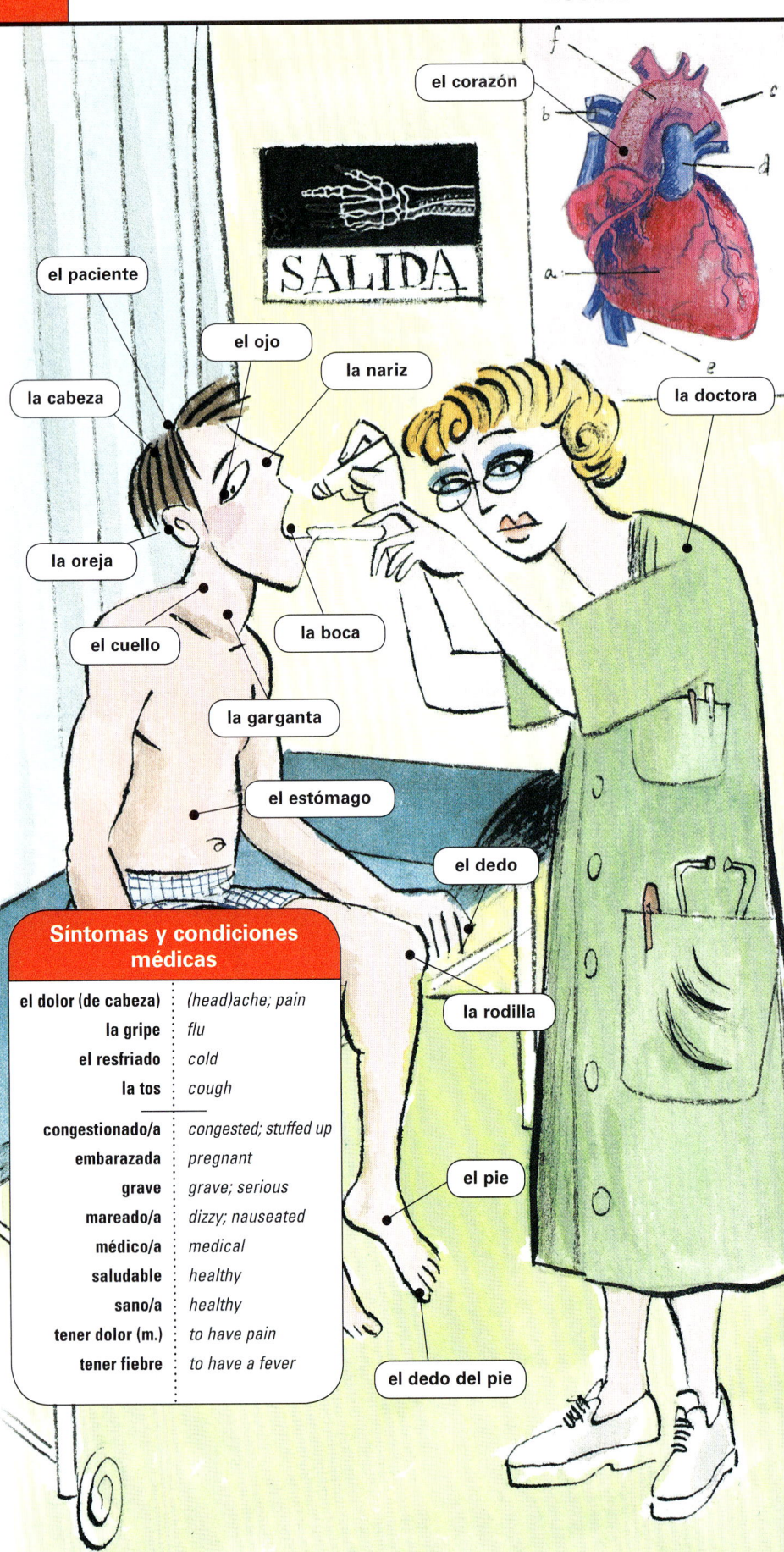

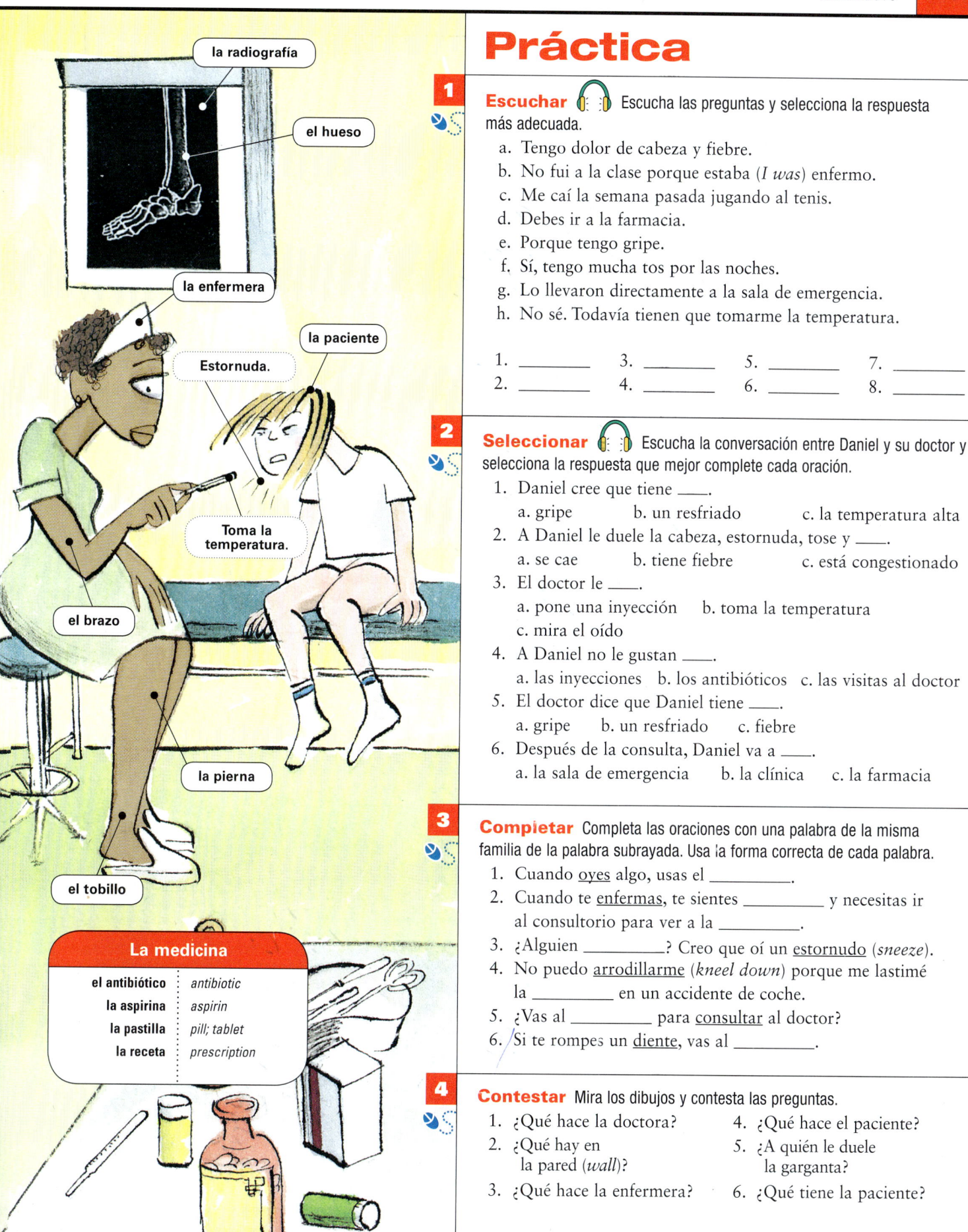

En el consultorio

diecinueve 19

Labels on illustration:
- la radiografía
- el hueso
- la enfermera
- la paciente
- Estornuda.
- Toma la temperatura.
- el brazo
- la pierna
- el tobillo

La medicina
el antibiótico	antibiotic
la aspirina	aspirin
la pastilla	pill; tablet
la receta	prescription

Práctica

1 Escuchar 🎧 Escucha las preguntas y selecciona la respuesta más adecuada.

a. Tengo dolor de cabeza y fiebre.
b. No fui a la clase porque estaba (*I was*) enfermo.
c. Me caí la semana pasada jugando al tenis.
d. Debes ir a la farmacia.
e. Porque tengo gripe.
f. Sí, tengo mucha tos por las noches.
g. Lo llevaron directamente a la sala de emergencia.
h. No sé. Todavía tienen que tomarme la temperatura.

1. _____   3. _____   5. _____   7. _____
2. _____   4. _____   6. _____   8. _____

2 Seleccionar 🎧 Escucha la conversación entre Daniel y su doctor y selecciona la respuesta que mejor complete cada oración.

1. Daniel cree que tiene ____.
   a. gripe   b. un resfriado   c. la temperatura alta
2. A Daniel le duele la cabeza, estornuda, tose y ____.
   a. se cae   b. tiene fiebre   c. está congestionado
3. El doctor le ____.
   a. pone una inyección   b. toma la temperatura
   c. mira el oído
4. A Daniel no le gustan ____.
   a. las inyecciones   b. los antibióticos   c. las visitas al doctor
5. El doctor dice que Daniel tiene ____.
   a. gripe   b. un resfriado   c. fiebre
6. Después de la consulta, Daniel va a ____.
   a. la sala de emergencia   b. la clínica   c. la farmacia

3 Completar Completa las oraciones con una palabra de la misma familia de la palabra subrayada. Usa la forma correcta de cada palabra.

1. Cuando <u>oyes</u> algo, usas el _____.
2. Cuando te <u>enfermas</u>, te sientes _____ y necesitas ir al consultorio para ver a la _____.
3. ¿Alguien _____? Creo que oí un <u>estornudo</u> (*sneeze*).
4. No puedo <u>arrodillarme</u> (*kneel down*) porque me lastimé la _____ en un accidente de coche.
5. ¿Vas al _____ para <u>consultar</u> al doctor?
6. Si te rompes un <u>diente</u>, vas al _____.

4 Contestar Mira los dibujos y contesta las preguntas.

1. ¿Qué hace la doctora?
2. ¿Qué hay en la pared (*wall*)?
3. ¿Qué hace la enfermera?
4. ¿Qué hace el paciente?
5. ¿A quién le duele la garganta?
6. ¿Qué tiene la paciente?

5 Asociaciones
Trabajen en parejas para identificar las partes del cuerpo que ustedes asocian con estas actividades. Sigan el modelo.

modelo
nadar
Estudiante 1: Usamos los brazos para nadar.
Estudiante 2: Usamos las piernas también.

1. hablar por teléfono
2. tocar el piano
3. correr en el parque
4. escuchar música
5. ver una película
6. toser
7. llevar zapatos
8. comprar perfume
9. estudiar biología
10. comer lomo a la plancha

AYUDA
Remember that in Spanish, parts of the body are usually referred to with an article and not a possessive adjective: **Me duelen los pies.** The indirect object pronoun **me** is used to express the concept of *my*.

6 Cuestionario
Contesta el cuestionario seleccionando las respuestas que reflejen mejor tus experiencias. Suma (*Add*) los puntos de cada respuesta y anota el resultado. Después, con el resto de la clase, compara y analiza los resultados del cuestionario y comenta lo que dicen de la salud y de los hábitos de todo el grupo.

¿Tienes buena salud?

27–30 puntos	Salud y hábitos excelentes
23–26 puntos	Salud y hábitos buenos
22 puntos o menos	Salud y hábitos problemáticos

1. **¿Con qué frecuencia te enfermas? (resfriados, gripe, etc.)**
   Cuatro veces por año o más. (1 punto)
   Dos o tres veces por año. (2 puntos)
   Casi nunca. (3 puntos)

2. **¿Con qué frecuencia tienes dolores de estómago o problemas digestivos?**
   Con mucha frecuencia. (1 punto)
   A veces. (2 puntos)
   Casi nunca. (3 puntos)

3. **¿Con qué frecuencia sufres de dolores de cabeza?**
   Frecuentemente. (1 punto)
   A veces. (2 puntos)
   Casi nunca. (3 puntos)

4. **¿Comes verduras y frutas?**
   No, casi nunca como verduras ni frutas. (1 punto)
   Sí, a veces. (2 puntos)
   Sí, todos los días. (3 puntos)

5. **¿Eres alérgico/a a algo?**
   Sí, a muchas cosas. (1 punto)
   Sí, a algunas cosas. (2 puntos)
   No. (3 puntos)

6. **¿Haces ejercicios aeróbicos?**
   No, casi nunca hago ejercicios aeróbicos. (1 punto)
   Sí, a veces. (2 puntos)
   Sí, con frecuencia. (3 puntos)

7. **¿Con qué frecuencia te haces un examen médico?**
   Nunca o casi nunca. (1 punto)
   Cada dos años. (2 puntos)
   Cada año y/o antes de empezar a practicar un deporte. (3 puntos)

8. **¿Con qué frecuencia vas al dentista?**
   Nunca voy al dentista. (1 punto)
   Sólo cuando me duele un diente. (2 puntos)
   Por lo menos una vez por año. (3 puntos)

9. **¿Qué comes normalmente por la mañana?**
   No como nada por la mañana. (1 punto)
   Tomo una bebida dietética. (2 puntos)
   Como cereal y fruta. (3 puntos)

10. **¿Con qué frecuencia te sientes mareado/a?**
    Frecuentemente. (1 punto)
    A veces. (2 puntos)
    Casi nunca. (3 puntos)

AYUDA
Remember that the word **médico/a** means *doctor*, and can be used interchangeably with **doctor(a)**. It can also be used as an adjective to mean *medical*, as in **examen médico**.

Practice more at vhlcentral.com.

Comunicación

7 **¿Qué les pasó?** Trabajen en un grupo de dos o tres personas. Hablen de lo que les pasó y de cómo se sienten las personas que aparecen en los dibujos.

1. Adela 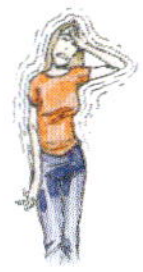
2. Francisco 
3. Pilar 
4. Pedro 
5. Cristina 
6. Félix

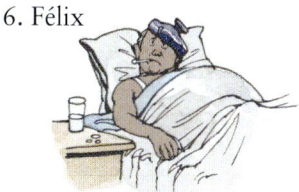

8 **Un accidente** Cuéntale a la clase de un accidente o una enfermedad que tuviste. Incluye información que conteste estas preguntas.

- ✓ ¿Qué ocurrió?
- ✓ ¿Dónde ocurrió?
- ✓ ¿Cuándo ocurrió?
- ✓ ¿Cómo ocurrió?
- ✓ ¿Quién te ayudó y cómo?
- ✓ ¿Tuviste algún problema después del accidente o después de la enfermedad?
- ✓ ¿Cuánto tiempo tuviste el problema?

9 **Crucigrama** Tu profesor(a) les va a dar a ti y a un(a) compañero/a un crucigrama (*crossword*) incompleto. Tú tienes las palabras que necesita tu compañero/a y él/ella tiene las palabras que tú necesitas. Tienen que darse pistas para completarlo. No pueden decir la palabra necesaria; deben utilizar definiciones, ejemplos y frases.

modelo
10 horizontal: La usamos para hablar.
14 vertical: Es el doctor que examina los dientes.

1 fotonovela

Lección 1

¡Qué dolor!

Jimena no se siente bien y tiene que ir al doctor.

PERSONAJES ELENA JIMENA

Video: *Fotonovela*
Record and Compare

1

ELENA ¿Cómo te sientes?
JIMENA Me duele un poco la garganta. Pero no tengo fiebre.
ELENA Creo que tienes un resfriado. Te voy a llevar a casa.

2

ELENA ¿Don Diego ya fue a la farmacia? ¿Cuánto tiempo hace que lo llamaste?
JIMENA Hace media hora. Ay, qué cosas, de niña apenas me enfermaba. No perdí ni un solo día de clases.
ELENA Yo tampoco.

3

ELENA Nunca tenía resfriados, pero me rompí el brazo dos veces. Mi hermana y yo estábamos paseando en bicicleta y casi me di con un señor que caminaba por la calle. Me caí y me rompí el brazo.

6

(La Sra. Díaz llama a Jimena.)
JIMENA Hola, mamá. Don Diego me trajo los medicamentos... ¿Al doctor? ¿Estás segura? Allá nos vemos. (*A Elena*) Mi mamá ya hizo una cita para mí con el Dr. Meléndez.

7

SRA. DÍAZ ¿Te pusiste un suéter anoche?
JIMENA No, mamá. Se me olvidó.
SRA. DÍAZ Doctor, esta jovencita salió anoche, se le olvidó ponerse un suéter y parece que le dio un resfriado.

8

DR. MELÉNDEZ Jimena, ¿cuáles son tus síntomas?
JIMENA Toso con frecuencia y me duele la garganta.
DR. MELÉNDEZ ¿Cuánto tiempo hace que tienes estos síntomas?
JIMENA Hace dos días que me duele la garganta.

En el consultorio

DON DIEGO **SRA. DÍAZ**  **DR. MELÉNDEZ**

4

JIMENA ¿Qué es esto?
ELENA Es té de jengibre. Cuando me dolía el estómago, mi mamá siempre me hacía tomarlo. Se dice que es bueno para el dolor de estómago.
JIMENA Pero no me duele el estómago.

5

JIMENA Hola, don Diego. Gracias por venir.
DON DIEGO Fui a la farmacia. Aquí están las pastillas para el resfriado. Se debe tomar una cada seis horas con las comidas. Y no se deben tomar más de seis pastillas al día.

9

DR. MELÉNDEZ Muy bien. Aquí no tienes infección. No tienes fiebre. Te voy a mandar algo para la garganta. Puedes ir por los medicamentos inmediatamente a la farmacia.

10

SRA. DÍAZ Doctor, ¿cómo está? ¿Es grave?
DR. MELÉNDEZ No, no es nada grave. Jimena, la próxima vez, escucha a tu mamá. ¡Tienes que usar suéter!

Expresiones útiles

Discussing medical conditions
¿Cómo te sientes?
How do you feel?
Me duele un poco la garganta.
My throat hurts a little.
No me duele el estómago.
My stomach doesn't hurt.
De niño/a apenas me enfermaba.
As a child, I rarely got sick.
¡Soy alérgico/a a chile!
I'm allergic to chili powder!

Discussing remedies
Se dice que el té de jengibre es bueno para el dolor de estómago.
They say ginger tea is good for stomach aches.
Aquí están las pastillas para el resfriado.
Here are the pills for your cold.
Se debe tomar una cada seis horas.
You should take one every six hours.

Expressions with hacer
Hace + [*period of time*] **que** + [*present /preterite*]
¿Cuánto tiempo hace que tienes estos síntomas?
How long have you had these symptoms?
Hace dos días que me duele la garganta.
My throat has been hurting for two days.
¿Cuánto tiempo hace que lo llamaste?
How long has it been since you called him?
Hace media hora.
It's been a half hour (since I called).

Additional vocabulary
canela *cinnamon*
miel *honey*
terco/a *stubborn*

¿Qué pasó?

1 ¿Cierto o falso? Decide si lo que dicen estas oraciones sobre Jimena es **cierto** o **falso**. Corrige las oraciones falsas.

	Cierto	Falso
1. Dice que de niña apenas se enfermaba.	○	○
2. Tiene dolor de garganta y fiebre.	○	○
3. Olvidó ponerse un suéter anoche.	○	○
4. Hace tres días que le duele la garganta.	○	○
5. El doctor le dice que tiene una infección.	○	○

2 Identificar Identifica quién puede decir estas oraciones.

1. Como dice tu mamá, tienes que usar suéter.
2. Por pasear en bicicleta me rompí el brazo dos veces.
3. ¿Cuánto tiempo hace que toses y te duele la garganta?
4. Tengo cita con el Dr. Meléndez.
5. Dicen que el té de jengibre es muy bueno para los dolores de estómago.
6. Nunca perdí un día de clases porque apenas me enfermaba.

DR. MELÉNDEZ
ELENA
JIMENA

3 Ordenar Pon estos sucesos en el orden correcto.

a. Jimena va a ver al doctor. _____
b. El doctor le dice a la Sra. Díaz que no es nada serio. _____
c. Elena le habla a Jimena de cuando se rompió el brazo. _____
d. El doctor le receta medicamentos. _____
e. Jimena le dice a Elena que le duele la garganta. _____
f. Don Diego le trae a Jimena las pastillas para el resfriado. _____

4 En el consultorio Trabajen en parejas para representar los papeles de un(a) doctor(a) y su paciente. Usen las instrucciones como guía.

El/La doctor(a)
- Pregúntale al / a la paciente qué le pasó.
- Pregúntale cuánto tiempo hace que se cayó.
- Mira el dedo. Debes recomendar un tratamiento (*treatment*) al / a la paciente.

El/La paciente
- Dile que te caíste en casa. Describe tu dolor.
- Describe la situación. Piensas que te rompiste el dedo.
- Debes hacer preguntas al / a la doctor(a) sobre el tratamiento (*treatment*).

AYUDA
Here are some useful expressions:
¿Cómo se lastimó...?
¿Qué le pasó?
¿Cuánto tiempo hace que...?
Tengo...
Estoy...
¿Es usted alérgico/a a algún medicamento?
Usted debe...

Practice more at vhlcentral.com.

Ortografía y pronunciación
El acento y las sílabas fuertes

In Spanish, written accent marks are used on many words. Here is a review of some of the principles governing word stress and the use of written accents.

Audio: Explanation Record and Compare

| as-pi-**ri**-na | **gri**-pe | **to**-man | **an**-tes |

In Spanish, when a word ends in a vowel, **-n**, or **-s**, the spoken stress usually falls on the next-to-last syllable. Words of this type are very common and do not need a written accent.

| a-**sí** | in-**glés** | in-fec-**ción** | **hé**-ro-e |

When a word ends in a vowel, **-n**, or **-s**, and the spoken stress does *not* fall on the next-to-last syllable, then a written accent is needed.

| hos-pi-**tal** | na-**riz** | re-ce-**tar** | to-**ser** |

When a word ends in any consonant *other* than **-n** or **-s**, the spoken stress usually falls on the last syllable. Words of this type are very common and do not need a written accent.

| **lá**-piz | **fút**-bol | **hués**-ped | **sué**-ter |

When a word ends in any consonant *other* than **-n** or **-s** and the spoken stress does *not* fall on the last syllable, then a written accent is needed.

| far-**ma**-cia | bio-lo-**gí**-a | **su**-cio | **frí**-o |

Diphthongs (two weak vowels or a strong and weak vowel together) are normally pronounced as a single syllable. A written accent is needed when a diphthong is broken into two syllables.

| **sol** | **pan** | **mar** | **tos** |

Spanish words of only one syllable do not usually carry a written accent (unless it is to distinguish meaning: **se** and **sé**.)

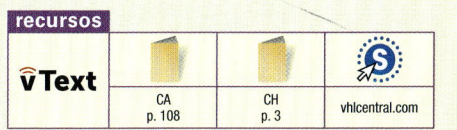

CONSULTA
In Spanish, **a**, **e**, and **o** are considered strong vowels, while **i** and **u** are weak vowels.

Práctica Busca las palabras que necesitan acento escrito y escribe su forma correcta.

1. sal-mon
2. ins-pec-tor
3. nu-me-ro
4. fa-cil
5. ju-go
6. a-bri-go
7. ra-pi-do
8. sa-ba-do
9. vez
10. me-nu
11. o-pe-ra-cion
12. im-per-me-a-ble
13. a-de-mas
14. re-ga-te-ar
15. an-ti-pa-ti-co
16. far-ma-cia
17. es-qui
18. pen-sion
19. pa-is
20. per-don

El ahorcado Juega al ahorcado (*hangman*) para adivinar las palabras.

1. _ l _ _ _ _ _ a   Vas allí cuando estás enfermo.
2. _ _ _ e _ c _ _ n   Se usa para poner una vacuna (*vaccination*).
3. _ _ d _ o _ _ _ _ _ a   Permite ver los huesos.
4. _ _ _ i _ o   Trabaja en un hospital.
5. a _ _ _ b _ _ _ _ _ _   Es una medicina.

cultura

Lección 1

EN DETALLE

Servicios de salud

¿Sabías que en los países hispanos no necesitas pagar por los servicios de salud? Ésta es una de las diferencias que hay entre países como los Estados Unidos y los países hispanos.

En la mayor parte de estos países, el gobierno ofrece servicios médicos muy baratos o gratuitos° a sus ciudadanos°. Los turistas y extranjeros también pueden tener acceso a los servicios médicos a bajo° costo. La Seguridad Social y organizaciones similares son las responsables de gestionar° estos servicios.

Naturalmente, esto no funciona igual° en todos los países. En Ecuador, México y Perú, la situación varía según las regiones. Los habitantes de las ciudades y pueblos grandes tienen acceso a más servicios médicos, mientras que quienes viven en pueblos remotos sólo cuentan con° pequeñas clínicas.

Cruz verde de farmacia en Madrid, España

Por su parte, Costa Rica, Colombia, Cuba y España tienen sistemas de salud muy desarrollados°. En España, por ejemplo, todas las personas tienen acceso a ellos y en muchos casos son completamente gratuitos. Según un informe de la Organización Mundial de la Salud, el sistema de salud español ocupa el séptimo° lugar del mundo. Esto se debe no sólo al buen funcionamiento° del sistema, sino también al nivel de salud general de la población. Impresionante, ¿no?

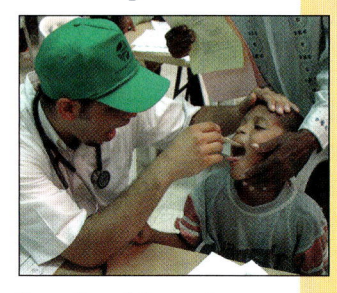

Consulta médica en la República Dominicana

Las farmacias

Farmacia de guardia: Las farmacias generalmente tienen un horario comercial. Sin embargo°, hay farmacias de guardia que abren las veinticuatro horas del día.

Productos farmacéuticos: Todavía hay muchas farmacias tradicionales que están más especializadas en medicinas y productos farmacéuticos. No venden una gran variedad de productos.

Recetas: Muchos medicamentos se venden sin receta médica. Los farmacéuticos aconsejan° a las personas sobre problemas de salud y les dan las medicinas.

Cruz° verde: En muchos países, las farmacias tienen como símbolo una cruz verde. Cuando la cruz verde está encendida°, la farmacia está abierta.

gratuitos *free (of charge)* ciudadanos *citizens* bajo *low* gestionar *to manage* igual *in the same way* cuentan con *have* desarrollados *developed* séptimo *seventh* funcionamiento *operation* Sin embargo *However* aconsejan *advise* Cruz *Cross* encendida *lit (up)*

ACTIVIDADES

1 ¿Cierto o falso? Indica si lo que dicen las oraciones es cierto o falso. Corrige la información falsa.

1. En los países hispanos los gobiernos ofrecen servicios de salud accesibles a sus ciudadanos.
2. En los países hispanos los extranjeros tienen que pagar mucho dinero por los servicios médicos.
3. El sistema de salud español es uno de los mejores del mundo.
4. Las farmacias de guardia abren sólo los sábados y domingos.
5. En los países hispanos las farmacias venden una gran variedad de productos.
6. Los farmacéuticos de los países hispanos aconsejan a los enfermos y venden algunas medicinas sin necesidad de receta.
7. En México y otros países, los pueblos remotos cuentan con grandes centros médicos.
8. Muchas farmacias usan una cruz verde como símbolo.

En el consultorio

ASÍ SE DICE
La salud

el chequeo (Esp., Méx.)	el examen médico
la droguería (Col.)	la farmacia
la herida	injury; wound
la píldora	la pastilla
los primeros auxilios	first aid
la sangre	blood

EL MUNDO HISPANO
Remedios caseros° y plantas medicinales

- **Achiote°** En Suramérica se usa para curar inflamaciones de garganta. Las hojas° de achiote se cuecen° en agua, se cuelan° y se hacen gárgaras° con esa agua.

- **Ají** En Perú se usan cataplasmas° de las semillas° de ají para aliviar los dolores reumáticos y la tortícolis°.

- **Azúcar** En Nicaragua y otros países centroamericanos se usa el azúcar para detener° la sangre en pequeñas heridas.

- **Sábila°** En Latinoamérica, el jugo de las hojas de sábila se usa para reducir cicatrices°. Se recomienda aplicarlo sobre la cicatriz dos veces al día, durante varios meses.

Remedios caseros *Home remedies* Achiote *Annatto* hojas *leaves* se cuecen *are cooked* se cuelan *they are drained* hacer gárgaras *gargle* cataplasmas *pastes* semillas *seeds* tortícolis *stiff neck* detener *to stop* sábila *aloe vera* cicatrices *scars*

PERFIL
Curanderos° y chamanes

¿Quieres ser doctor(a), juez(a)°, político/a o psicólogo/a? En algunas sociedades de las Américas **los curanderos** y **los chamanes** no tienen que escoger entre estas profesiones porque ellos son mediadores de conflictos y dan consejos a la comunidad. Su opinión es muy respetada.

Códice Florentino, México, siglo XVI

Desde las culturas antiguas° de las Américas muchas personas piensan que la salud del cuerpo y de la mente sólo puede existir si hay un equilibrio entre el ser humano y la naturaleza. Los curanderos y los chamanes son quienes cuidan este equilibrio.

Los curanderos se especializan más en enfermedades físicas, mientras que los chamanes están más relacionados con los males° de la mente y el alma°. Ambos° usan plantas, masajes y rituales y sus conocimientos se basan en la tradición, la experiencia, la observación y la intuición.

Cuzco, Perú

Curanderos *Healers* juez(a) *judge* antiguas *ancient* males *illnesses* alma *soul* Ambos *Both*

Conexión Internet

¿Cuáles son algunos hospitales importantes del mundo hispano?

Go to **vhlcentral.com** to find more cultural information related to this **Cultura** section.

ACTIVIDADES

2 Comprensión Responde a las preguntas.
1. ¿Cómo se les llama a las farmacias en Colombia?
2. ¿Qué parte del achiote se usa para curar la garganta?
3. ¿Cómo se aplica la sábila para reducir cicatrices?
4. En algunas partes de las Américas, ¿quiénes mantienen el equilibrio entre el ser humano y la naturaleza?
5. ¿Qué usan los curanderos y chamanes para curar?

3 ¿Qué haces cuando tienes gripe? Escribe cuatro oraciones sobre las cosas que haces cuando tienes gripe. Explica si vas al doctor, si tomas medicamentos o si sigues alguna dieta especial. Después, comparte tu texto con un(a) compañero/a.

Practice more at **vhlcentral.com**.

recursos

vText

CH p. 4

vhlcentral.com

1 estructura
Lección 1

1.1 The imperfect tense

ANTE TODO In **Descubre, nivel 1,** you learned the preterite tense. You will now learn the imperfect, which describes past activities in a different way.

The imperfect of regular verbs

		cantar	beber	escribir
SINGULAR FORMS	yo	cant**aba**	beb**ía**	escrib**ía**
	tú	cant**abas**	beb**ías**	escrib**ías**
	Ud./él/ella	cant**aba**	beb**ía**	escrib**ía**
PLURAL FORMS	nosotros/as	cant**ábamos**	beb**íamos**	escrib**íamos**
	vosotros/as	cant**abais**	beb**íais**	escrib**íais**
	Uds./ellos/ellas	cant**aban**	beb**ían**	escrib**ían**

¡ATENCIÓN! Note that the imperfect endings of -**er** and -**ir** verbs are the same. Also note that the **nosotros** form of -**ar** verbs always carries an accent mark on the first **a** of the ending. All forms of -**er** and -**ir** verbs in the imperfect carry an accent on the first **i** of the ending.

De niña apenas me enfermaba.

Cuando me dolía el estómago, mi mamá me daba té de jengibre.

▶ There are no stem changes in the imperfect.

entender (e:ie) **Entendíamos** japonés.
We used to understand Japanese.

servir (e:i) El camarero les **servía** el café.
The waiter was serving them coffee.

doler (o:ue) A Javier le **dolía** el tobillo.
Javier's ankle was hurting.

▶ The imperfect form of **hay** is **había** *(there was; there were; there used to be)*.

▶ **¡Atención!** **Ir, ser,** and **ver** are the only verbs that are irregular in the imperfect.

The imperfect of irregular verbs

		ir	ser	ver
SINGULAR FORMS	yo	ib**a**	er**a**	ve**ía**
	tú	ib**as**	er**as**	ve**ías**
	Ud./él/ella	ib**a**	er**a**	ve**ía**
PLURAL FORMS	nosotros/as	**í**b**amos**	**é**r**amos**	ve**íamos**
	vosotros/as	ib**ais**	er**ais**	ve**íais**
	Uds./ellos/ellas	ib**an**	er**an**	ve**ían**

AYUDA

Like **hay, había** can be followed by a singular or plural noun.
Había un solo doctor en la sala. **Había** dos pacientes allí.

En el consultorio

> **CONSULTA**
> You will learn more about the contrast between the preterite and the imperfect in **Estructura 1.2**, pp. 32–33.

Uses of the imperfect

▶ As a general rule, the imperfect is used to describe actions which are seen by the speaker as incomplete or "continuing," while the preterite is used to describe actions which have been completed. The imperfect expresses what was happening at a certain time or how things used to be. The preterite, in contrast, expresses a completed action.

—¿Qué te **pasó**?
What happened to you?

—Me **torcí** el tobillo.
I sprained my ankle.

—¿Dónde **vivías** de niño?
Where did you live as a child?

—**Vivía** en San José.
I lived in San José.

▶ These expressions are often used with the imperfect because they express habitual or repeated actions: **de niño/a** (*as a child*), **todos los días** (*every day*), **mientras** (*while*).

Uses of the imperfect

1. Habitual or repeated actions . . . . **Íbamos** al parque los domingos.
   We used to go to the park on Sundays.

2. Events or actions that were in progress **Yo leía** mientras él **estudiaba**.
   I was reading while he was studying.

3. Physical characteristics . . . . **Era** alto y guapo.
   He was tall and handsome.

4. Mental or emotional states . . . . **Quería** mucho a su familia.
   He loved his family very much.

5. Telling time . . . . **Eran** las tres y media.
   It was 3:30.

6. Age . . . . Los niños **tenían** seis años.
   The children were six years old.

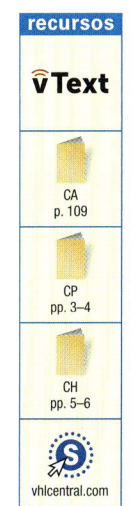

¡INTÉNTALO! Indica la forma correcta de cada verbo en el imperfecto.

1. Mis hermanos ___veían___ (ver) televisión todas las tardes.
2. Yo _____ (viajar) en el tren de las 3:30.
3. ¿Dónde _____ (vivir) Samuel de niño?
4. Tú _____ (hablar) con Javier.
5. Leonardo y yo _____ (correr) por el parque.
6. Ustedes _____ (ir) a la clínica.
7. Nadia _____ (bailar) merengue.
8. ¿Cuándo _____ (asistir) tú a clase de español?
9. Yo _____ (ser) muy feliz.
10. Nosotras _____ (comprender) las preguntas.

> **recursos**
> vText
> CA p. 109
> CP pp. 3–4
> CH pp. 5–6
> vhlcentral.com

Práctica

1 **Completar** Primero, completa las oraciones con el imperfecto de los verbos. Luego, pon las oraciones en orden lógico y compáralas con las de un(a) compañero/a.

a. El doctor dijo que no _____ (ser) nada grave. _____
b. El doctor _____ (querer) ver la nariz del niño. _____
c. Su mamá _____ (estar) dibujando cuando Miguelito entró llorando. _____
d. Miguelito _____ (tener) la nariz hinchada (*swollen*). Fueron al hospital. _____
e. Miguelito no _____ (ir) a jugar más. Ahora quería ir a casa a descansar. _____
f. Miguelito y sus amigos _____ (jugar) al béisbol en el patio. _____
g. _____ (Ser) las dos de la tarde. _____
h. Miguelito le dijo a la enfermera que le _____ (doler) la nariz. _____

2 **Transformar** Forma oraciones completas para describir lo que hacían Julieta y César. Usa las formas correctas del imperfecto y añade todas las palabras necesarias.

1. Julieta y César / ser / paramédicos
2. trabajar / juntos y / llevarse / muy bien
3. cuando / haber / accidente, / siempre / analizar / situación / con cuidado
4. preocuparse / mucho / por / pacientes
5. si / paciente / tener / mucho / dolor, / ponerle / inyección

3 **En la escuela de medicina** Usa los verbos de la lista para completar las oraciones con las formas correctas del imperfecto. Algunos verbos se usan más de una vez.

caerse	enfermarse	ir	querer	tener
comprender	estornudar	pensar	sentirse	tomar
doler	hacer	poder	ser	toser

1. Cuando Javier y Victoria _____ estudiantes de medicina, siempre _____ que ir al doctor.
2. Cada vez que él _____ un examen, a Javier le _____ mucho la cabeza.
3. Cuando Victoria _____ ejercicios aeróbicos, siempre _____ mareada.
4. Todas las primaveras, Javier _____ mucho porque es alérgico al polen.
5. Victoria también _____ de su bicicleta camino a la escuela.
6. Después de comer en la cafetería, a Victoria siempre le _____ el estómago.
7. Javier _____ ser doctor para ayudar a los demás.
8. Pero no _____ por qué él _____ con tanta frecuencia.
9. Cuando Victoria _____ fiebre, no _____ ni leer el termómetro.
10. A Javier _____ los dientes, pero nunca _____ ir al dentista.
11. Victoria _____ mucho cuando _____ congestionada.
12. Javier y Victoria _____ que nunca _____ a graduarse.

Practice more at **vhlcentral.com**.

Comunicación

4 Entrevista Trabajen en parejas. Un(a) estudiante usa estas preguntas para entrevistar a su compañero/a. Luego compartan los resultados de la entrevista con la clase.

1. Cuando eras estudiante de primaria, ¿te gustaban tus profesores/as?
2. ¿Veías mucha televisión cuando eras niño/a?
3. Cuando tenías diez años, ¿cuál era tu programa de televisión favorito?
4. Cuando eras niño/a, ¿qué hacía tu familia durante las vacaciones?
5. ¿Cuántos años tenías en 2006?
6. Cuando estabas en el quinto año escolar, ¿qué hacías con tus amigos/as?
7. Cuando tenías once años, ¿cuál era tu grupo musical favorito?
8. Antes de tomar esta clase, ¿sabías hablar español?

5 Describir En parejas, túrnense para describir cómo eran sus vidas cuando eran niños. Pueden usar las sugerencias de la lista u otras ideas. Luego informen a la clase sobre la vida de su compañero/a.

> **modelo**
> De niña, mi familia y yo siempre íbamos a Tortuguero. Tomábamos un barco desde Limón, y por las noches mirábamos las tortugas (*turtles*) en la playa. Algunas veces teníamos suerte, porque las tortugas venían a poner (*lay*) huevos. Otras veces, volvíamos al hotel sin ver ninguna tortuga.

- las vacaciones
- ocasiones especiales
- qué hacías durante el verano
- celebraciones con tus amigos/as
- celebraciones con tu familia
- cómo era tu escuela
- cómo eran tus amigos/as
- los viajes que hacías
- a qué jugabas
- qué hacías cuando te sentías enfermo/a

NOTA CULTURAL

El Parque Nacional Tortuguero está en la costa del Caribe, al norte de la ciudad de Limón, en Costa Rica. Varias especies de tortuga (*turtle*) van a las playas del parque para poner (*lay*) sus huevos. Esto ocurre de noche, y hay guías que llevan pequeños grupos de turistas a observar este fenómeno biológico.

Síntesis

6 En el consultorio Tu profesor(a) te va a dar una lista incompleta con los pacientes que fueron al consultorio del doctor Donoso ayer. En parejas, conversen para completar sus listas y saber a qué hora llegaron las personas al consultorio y cuáles eran sus problemas.

1.2 The preterite and the imperfect

ANTE TODO Now that you have learned the forms of the preterite and the imperfect, you will learn more about how they are used. The preterite and the imperfect are not interchangeable. In Spanish, the choice between these two tenses depends on the context and on the point of view of the speaker.

> Me rompí el brazo cuando estaba paseando en bicicleta.

> Tenía dolor de cabeza, pero me tomé una aspirina y se me fue.

COMPARE & CONTRAST

Use the preterite to...

1. Express actions that are viewed by the speaker as completed
   Sandra **se rompió** la pierna.
   Sandra broke her leg.

   Fueron a Buenos Aires ayer.
   They went to Buenos Aires yesterday.

2. Express the beginning or end of a past action
   La película **empezó** a las nueve.
   The movie began at nine o'clock.

   Ayer **terminé** el proyecto para la clase de química.
   Yesterday I finished the project for chemistry class.

3. Narrate a series of past actions or events
   La doctora me **miró** los oídos, me **hizo** unas preguntas y **escribió** la receta.
   The doctor looked in my ears, asked me some questions, and wrote the prescription.

   Me di con la mesa, **me caí** y **me lastimé** el pie.
   I bumped into the table, I fell, and I injured my foot.

Use the imperfect to...

1. Describe an ongoing past action with no reference to its beginning or end
   Sandra **esperaba** al doctor.
   Sandra was waiting for the doctor.

   El médico **se preocupaba** por sus pacientes.
   The doctor worried about his patients.

2. Express habitual past actions and events
   Cuando **era** joven, **jugaba** al tenis.
   When I was young, I used to play tennis.

   De niño, Eduardo **se enfermaba** con mucha frecuencia.
   As a child, Eduardo used to get sick very frequently.

3. Describe physical and emotional states or characteristics
   La chica **quería** descansar. **Se sentía** mal y **tenía** dolor de cabeza.
   The girl wanted to rest. She felt ill and had a headache.

   Ellos **eran** altos y **tenían** ojos verdes.
   They were tall and had green eyes.

   Estábamos felices de ver a la familia.
   We were happy to see our family.

AYUDA

These words and expressions, as well as similar ones, commonly occur with the preterite: **ayer, anteayer, una vez, dos veces, tres veces, el año pasado, de repente.** They usually imply that an action has happened at a specific point in time.

AYUDA

These words and expressions, as well as similar ones, commonly occur with the imperfect: **de niño/a, todos los días, mientras, siempre, con frecuencia, todas las semanas.** They usually express habitual or repeated actions in the past.

En el consultorio

▶ The preterite and the imperfect often appear in the same sentence. In such cases the imperfect describes what *was happening*, while the preterite describes the action that "interrupted" the ongoing activity.

Miraba la tele cuando **sonó** el teléfono.
I was watching TV when the phone rang.

Felicia **leía** el periódico cuando **llegó** Ramiro.
Felicia was reading the newspaper when Ramiro arrived.

▶ You will also see the preterite and the imperfect together in narratives such as fiction, news, and the retelling of events. The imperfect provides background information, such as time, weather, and location, while the preterite indicates the specific events that occurred.

Eran las dos de la mañana y el detective ya no **podía** mantenerse despierto. **Se bajó** lentamente del coche, **estiró** las piernas y **levantó** los brazos hacia el cielo oscuro.
It was two in the morning, and the detective could no longer stay awake. He slowly stepped out of the car, stretched his legs, and raised his arms toward the dark sky.

La luna **estaba** llena y no **había** en el cielo ni una sola nube. De repente, el detective **escuchó** un grito espeluznante proveniente del parque.
The moon was full and there wasn't a single cloud in the sky. Suddenly, the detective heard a piercing scream coming from the park.

Un médico colombiano desarrolló una vacuna contra la malaria

En 1986, el doctor colombiano Manuel Elkin Patarroyo creó la primera vacuna sintética para combatir la malaria. Esta enfermedad parecía haberse erradicado hacía décadas en muchas partes del mundo. Sin embargo, justo cuando Patarroyo terminó de elaborar la inmunización, los casos de malaria empezaban a aumentar de nuevo. En mayo de 1993, el doctor colombiano cedió la patente de la vacuna a la Organización Mundial de la Salud en nombre de Colombia. Los grandes laboratorios farmacéuticos presionaron a la OMS porque querían la vacuna. Las presiones no tuvieron éxito y, en 1995, el doctor Patarroyo y la OMS pactaron continuar con el acuerdo inicial: la vacuna seguía siendo propiedad de la OMS.

¡INTÉNTALO! Elige el pretérito o el imperfecto para completar la historia. Explica por qué se usa ese tiempo verbal en cada ocasión.

1. ___Eran___ (Fueron/Eran) las doce.
2. _____ (Hubo/Había) mucha gente en la calle.
3. A las doce y media, Tomás y yo _____ (entramos/entrábamos) en el restaurante Tárcoles.
4. Todos los días yo _____ (almorcé/almorzaba) con Tomás al mediodía.
5. El camarero _____ (llegó/llegaba) inmediatamente, para darnos el menú.
6. Nosotros _____ (empezamos/empezábamos) a leerlo.
7. Yo _____ (pedí/pedía) el pescado.
8. De repente, el camarero _____ (volvió/volvía) a nuestra mesa.
9. Y nos _____ (dio/daba) una mala noticia.
10. Desafortunadamente, no _____ (tuvieron/tenían) más pescado.
11. Por eso Tomás y yo _____ (decidimos/decidíamos) comer en otro lugar.
12. _____ (Llovió/Llovía) mucho cuando _____ (salimos/salíamos) del restaurante.
13. Así que _____ (regresamos/regresábamos) al restaurante Tárcoles.
14. Esta vez, _____ (pedí/pedía) arroz con pollo.

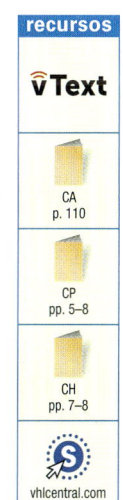

recursos
vText
CA p. 110
CP pp. 5–8
CH pp. 7–8
vhlcentral.com

Práctica

1 **En el periódico** Completa esta noticia con la forma correcta del pretérito o el imperfecto.

Un accidente trágico

Ayer temprano por la mañana (1)_____ (haber) un trágico accidente en el centro de San José cuando el conductor de un autobús no (2)_____ (ver) venir un carro. La mujer que (3)_____ (manejar) el carro (4)_____ (morir) al instante y los paramédicos (5)_____ (tener) que llevar al pasajero al hospital porque (6)_____ (sufrir) varias fracturas. El conductor del autobús (7)_____ (decir) que no (8)_____ (ver) el carro hasta el último momento porque (9)_____ (estar) muy nublado y (10)_____ (llover). Él (11)_____ (intentar) (to attempt) dar un viraje brusco (to swerve), pero (12)_____ (perder) el control del autobús y no (13)_____ (poder) evitar (to avoid) el accidente. Según nos informaron, no (14)_____ (lastimarse) ningún pasajero del autobús.

AYUDA

Reading Spanish-language newspapers is a good way to practice verb tenses. You will find that both the imperfect and the preterite occur with great regularity. Many newsstands carry international papers, and many Spanish-language newspapers (such as Spain's **El País**, Mexico's **Reforma**, and Argentina's **Clarín**) are on the Web.

2 **Seleccionar** Utiliza el tiempo verbal adecuado, según el contexto.

1. La semana pasada, Manolo y Aurora _____ (querer) dar una fiesta. _____ (Decidir) invitar a seis amigos y servirles mucha comida.
2. Manolo y Aurora _____ (estar) preparando la comida cuando Elena _____ (llamar). Como siempre, _____ (tener) que estudiar para un examen.
3. A las seis, _____ (volver) a sonar el teléfono. Su amigo Francisco tampoco _____ (poder) ir a la fiesta, porque _____ (tener) fiebre. Manolo y Aurora _____ (sentirse) muy tristes, pero _____ (tener) que preparar la comida.
4. Después de otros quince minutos, _____ (sonar) el teléfono. Sus amigos, los señores Vega, _____ (estar) en camino (en route) al hospital: a su hijo le _____ (doler) mucho el estómago. Sólo dos de los amigos _____ (poder) ir a la cena.
5. Por supuesto, _____ (ir) a tener demasiada comida. Finalmente, cinco minutos antes de las ocho, _____ (llamar) Ramón y Javier. Ellos _____ (pensar) que la fiesta _____ (ser) la próxima semana.
6. Tristes, Manolo y Aurora _____ (sentarse) a comer solos. Mientras _____ (comer), pronto _____ (llegar) a la conclusión de que _____ (ser) mejor estar solos: ¡La comida _____ (estar) malísima!

3 **Completar** Completa las frases de una manera lógica. Usa el pretérito o el imperfecto. En parejas, comparen sus respuestas.

1. De niño/a, yo...
2. Yo conducía el auto mientras...
3. Anoche mi hermano/a...
4. Ayer el/la profesor(a)...
5. La semana pasada un(a) amigo/a...
6. Con frecuencia mis padres...
7. Esta mañana en la cafetería...
8. Hablábamos con el doctor cuando...

Practice more at **vhlcentral.com**.

Comunicación

4 **Entrevista** Usa estas preguntas para entrevistar a un(a) compañero/a acerca de la primera persona que conoció de un país hispanohablante. Si quieres, puedes añadir otras preguntas.

1. ¿Cómo se llamaba?
2. ¿Cuántos años tenían ustedes cuando se conocieron?
3. ¿Cómo era él/ella?
4. ¿Qué le gustaba hacer?
5. ¿Le interesaban los deportes?
6. ¿Por cuánto tiempo fueron amigos?
7. ¿Qué hacían ustedes juntos?
8. ¿Alguna vez se fueron de viaje?

5 **La sala de emergencias** En parejas, miren la lista e inventen qué les pasó a estas personas que están en la sala de emergencias.

modelo

Eran las tres de la tarde. Como todos los días, Pablo jugaba al fútbol con sus amigos. Estaba muy contento. De repente, se cayó y se rompió el brazo. Después fue a la sala de emergencias.

Paciente	Edad	Hora	Estado
1. Pablo Romero	9 años	15:20	hueso roto (el brazo)
2. Estela Rodríguez	45 años	15:25	tobillo torcido
3. Lupe Quintana	29 años	15:37	embarazada, dolores
4. Manuel López	52 años	15:45	infección de garganta
5. Marta Díaz	3 años	16:00	congestión, fiebre
6. Roberto Salazar	32 años	16:06	dolor de oído
7. Marco Brito	18 años	16:18	daño en el cuello, posible fractura
8. Ana María Ortiz	66 años	16:29	reacción alérgica a un medicamento

6 **Situación** Anoche alguien robó (*stole*) el examen de la **Lección 1** del escritorio de tu profesor(a) y tú tienes que averiguar quién lo hizo. Pregúntales a tres compañeros dónde estaban, con quién estaban y qué hicieron entre las ocho y las doce de la noche.

Síntesis

7 **La primera vez** En grupos, cuéntense cómo fue la primera vez que les pusieron una inyección, se rompieron un hueso, pasaron la noche en un hospital, estuvieron mareados/as, etc. Incluyan estos datos en su conversación: una descripción del tiempo que hacía, sus edades, qué pasó y cómo se sentían.

1.3 Constructions with se

ANTE TODO In **Lección 7** of **Descubre, nivel 1** you learned how to use **se** as the third-person reflexive pronoun (**Él se despierta. Ellos se visten. Ella se baña.**). **Se** can also be used to form constructions in which the person performing the action is not expressed or is de-emphasized.

Se + verb

▶ In Spanish, verbs that are not reflexive can be used with **se** to form statements in which the person performing the action is not defined.

Se habla español en Costa Rica.
Spanish is spoken in Costa Rica.

Se puede leer en la sala de espera.
You can read in the waiting room.

Se hacen operaciones aquí.
They perform operations here.

Se necesitan medicinas enseguida.
They need medicine right away.

▶ **¡Atención!** Note that the third person singular verb form is used with singular nouns and the third person plural form is used with plural nouns.

Se vende ropa.   **Se venden** camisas.

▶ You often see **se** in signs, advertisements, and directions.

SE PROHÍBE NADAR

Se necesitan programadores
Grupo Tecno
Tel. 778-34-34

ENTRADA
Se entra por la izquierda

AYUDA

In English, the passive voice or indefinite subjects (*you, they, one*) are used where Spanish uses constructions with **se**.

Se for unplanned events

¿Te pusiste un suéter anoche?

No, mamá. Se me olvidó.

▶ **Se** also describes accidental or unplanned events. In this construction, the person who performs the action is de-emphasized, implying that the accident or unplanned event is not his or her direct responsibility. Note this construction.

se + [INDIRECT OBJECT PRONOUN] + [VERB] + [SUBJECT]

Se   me   cayó   la pluma.

En el consultorio

▶ In this type of construction, what would normally be the direct object of the sentence becomes the subject, and it agrees with the verb, not with the indirect object pronoun.

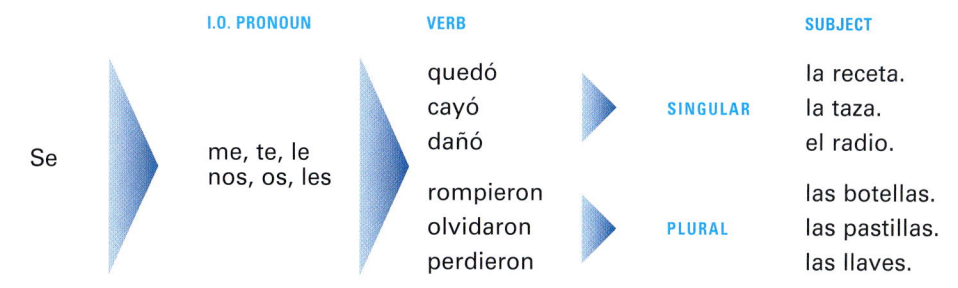

I.O. PRONOUN	VERB		SUBJECT
Se + me, te, le, nos, os, les	quedó / cayó / dañó	SINGULAR	la receta. / la taza. / el radio.
	rompieron / olvidaron / perdieron	PLURAL	las botellas. / las pastillas. / las llaves.

▶ These verbs are the ones most frequently used with **se** to describe unplanned events.

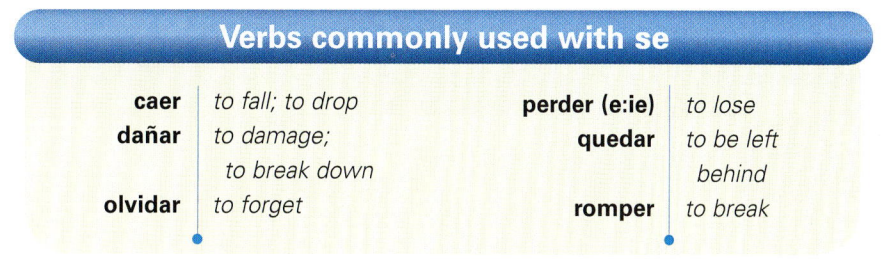

Verbs commonly used with se

caer	to fall; to drop	**perder (e:ie)**	to lose
dañar	to damage; to break down	**quedar**	to be left behind
olvidar	to forget	**romper**	to break

Se me perdió el teléfono de la farmacia.
I lost the pharmacy's phone number.

Se nos olvidaron los pasajes.
We forgot the tickets.

▶ **¡Atención!** While Spanish has a verb for *to fall* (**caer**), there is no direct translation for *to drop*. **Dejar caer** (*To let fall*) or a **se** construction is often used to mean *to drop*.

El médico **dejó caer** la aspirina.
The doctor dropped the aspirin.

A mí **se me cayeron** los cuadernos.
I dropped the notebooks.

▶ To clarify or emphasize who the person involved in the action is, this construction commonly begins with the preposition **a** + [*noun*] or **a** + [*prepositional pronoun*].

Al paciente se le perdió la receta.
The patient lost his prescription.

A ustedes se les quedaron los libros en casa.
You left the books at home.

¡INTÉNTALO! Completa las oraciones con **se** + la forma correcta del verbo.

A

1. _Se enseñan_ (enseñar) cinco lenguas en esta escuela.
2. _____ (comer) muy bien en Las Delicias.
3. _____ (vender) muchas camisetas allí.
4. _____ (servir) platos exquisitos cada noche.

Completa las oraciones con **se** y los verbos en pretérito.

B

1. _Se me rompieron_ (*I broke*) las gafas.
2. _____ (*You* (fam., sing.) *dropped*) las pastillas.
3. _____ (*They lost*) la receta.
4. _____ (*You* (form., sing.) *left*) aquí la radiografía.

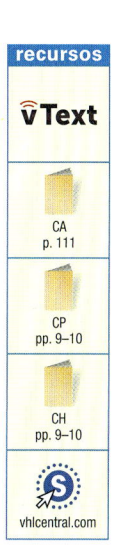

Práctica

1 **¿Cierto o falso?** Lee estas oraciones sobre la vida en 1901. Indica si lo que dice cada oración es **cierto** o **falso**. Luego corrige las oraciones falsas.

1. Se veía mucha televisión.
2. Se escribían muchos libros.
3. Se viajaba mucho en tren.
4. Se montaba a caballo.
5. Se mandaba mucho correo electrónico.
6. Se preparaban muchas comidas en casa.
7. Se llevaban minifaldas.
8. Se pasaba mucho tiempo con la familia.

2 **Traducir** Traduce estos letreros (*signs*) y anuncios al español.

1. Nurses needed
2. Eating and drinking prohibited
3. Programmers sought
4. English is spoken
5. Computers sold
6. No talking
7. Teacher needed
8. Books sold
9. Do not enter
10. Spanish is spoken

3 **¿Qué pasó?** Mira los dibujos e indica lo que pasó en cada uno.

1. camarero / pastel
2. Sr. Álvarez / espejo 
3. Arturo / tarea 
4. Sra. Domínguez / llaves 
5. Carla y Lupe / botellas de refresco 
6. Juana / platos 

Practice more at **vhlcentral.com.**

En el consultorio

Comunicación

4 **¿Distraído/a yo?** Trabajen en parejas y usen estas preguntas para averiguar cuál de los/las dos es más distraído (*absentminded*).

¿Alguna vez…
1. se te olvidó invitar a alguien a una fiesta o comida? ¿A quién?
2. se te quedó algo importante en la casa? ¿Qué?
3. se te perdió algo importante durante un viaje? ¿Qué?
4. se te rompió algo muy caro? ¿Qué?

¿Sabes…
5. si se permite el ingreso (*admission*) de perros al parque cercano a tu casa?
6. si en el supermercado se aceptan cheques?
7. dónde se arreglan zapatos y botas?
8. qué se sirve en la cafetería de la escuela los lunes?

5 **Opiniones** En parejas, terminen cada oración con ideas originales. Después, comparen los resultados con la clase para ver qué pareja tuvo las mejores ideas.

1. No se tiene que dejar propina cuando…
2. Antes de viajar, se debe…
3. Si se come bien, …
4. Para tener una vida sana, se debe…
5. Se sirve la mejor comida en…
6. Se hablan muchas lenguas en…

Síntesis

6 **Anuncios** En grupos, preparen dos anuncios de televisión para presentar a la clase. Usen el imperfecto y por lo menos dos construcciones con **se** en cada uno.

> **modelo**
> Se me cayeron unos libros en el pie y me dolía mucho. Pero ahora no, gracias a SuperAspirina 500. ¡Dos pastillas y se me fue el dolor! Se puede comprar SuperAspirina 500 en todas las farmacias Recetamax.

1.4 Adverbs

ANTE TODO Adverbs are words that describe how, when, and where actions take place. They can modify verbs, adjectives, and even other adverbs. In previous lessons, you have already learned many Spanish adverbs, such as the ones below.

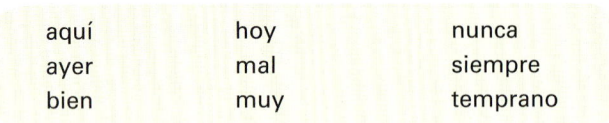

aquí	hoy	nunca
ayer	mal	siempre
bien	muy	temprano

▸ The most common adverbs end in **-mente**, equivalent to the English ending *-ly*.

verdaderamente *truly, really*   **generalmente** *generally*   **simplemente** *simply*

▸ To form these adverbs, add **-mente** to the feminine form of the adjective. If the adjective does not have a special feminine form, just add **-mente** to the standard form.
¡Atención! Adjectives do not lose their accents when adding **-mente**.

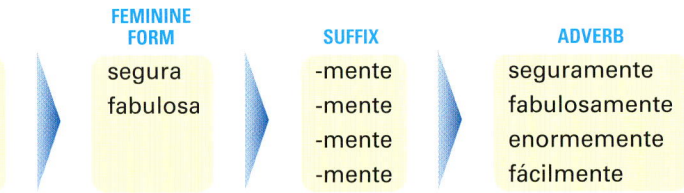

ADJECTIVE	FEMININE FORM	SUFFIX	ADVERB
seguro	segura	-mente	seguramente
fabuloso	fabulosa	-mente	fabulosamente
enorme		-mente	enormemente
fácil		-mente	fácilmente

▸ Adverbs that end in **-mente** generally follow the verb, while adverbs that modify an adjective or another adverb precede the word they modify.

Maira dibuja **maravillosamente**.
Maira draws wonderfully.

Sergio está **casi siempre** ocupado.
Sergio is almost always busy.

Common adverbs and adverbial expressions

a menudo	often	así	like this; so	menos	less
a tiempo	on time	bastante	enough; rather	muchas veces	a lot; many times
a veces	sometimes	casi	almost		
además (de)	furthermore; besides	con frecuencia	frequently	poco	little
				por lo menos	at least
apenas	hardly; scarcely	de vez en cuando	from time to time	pronto	soon
		despacio	slowly	rápido	quickly

¡ATENCIÓN!
When a sentence contains two or more adverbs in sequence, the suffix **-mente** is dropped from all but the last adverb.
Ex: **El médico nos habló simple y abiertamente.** *The doctor spoke to us simply and openly.*

¡ATENCIÓN!
Rápido functions as an adjective (**Ella tiene una computadora rápida**) as well as an adverb (**Ellas corren rápido**). Note that as an adverb, **rápido** does not need to agree with any other word in the sentence. You can also use the adverb **rápidamente** (**Ella corre rápidamente**).

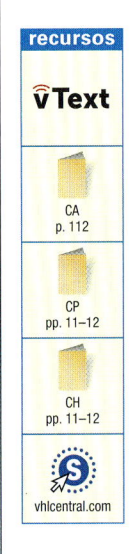

¡INTÉNTALO! Transforma los adjetivos en adverbios.

1. alegre _alegremente_
2. constante _____
3. gradual _____
4. perfecto _____
5. real _____
6. frecuente _____
7. tranquilo _____
8. regular _____
9. maravilloso _____
10. normal _____
11. básico _____
12. afortunado _____

Práctica

1 **Escoger** Completa la historia con los adverbios adecuados.

1. La cita era a las dos, pero llegamos _____. (mientras, nunca, tarde)
2. El problema fue que _____ se nos dañó el despertador. (aquí, ayer, despacio)
3. La recepcionista no se enojó porque sabe que normalmente llego _____. (a veces, a tiempo, poco)
4. _____ el doctor estaba listo. (Por lo menos, Muchas veces, Casi)
5. _____ tuvimos que esperar cinco minutos. (Así, Además, Apenas)
6. El doctor dijo que nuestra hija Irene necesitaba cambiar su rutina diaria _____. (temprano, menos, inmediatamente)
7. El doctor nos explicó _____ las recomendaciones del Secretario de Sanidad (*Surgeon General*) sobre la salud de los jóvenes. (de vez en cuando, bien, apenas)
8. _____ nos dijo que Irene estaba bien, pero tenía que hacer más ejercicio y comer mejor. (Bastante, Afortunadamente, A menudo)

Practice more at **vhlcentral.com**.

NOTA CULTURAL

La doctora Antonia Novello, de Puerto Rico, fue la primera mujer y la primera hispana en tomar el cargo de **Secretaria de Sanidad** (*Surgeon General*) de los Estados Unidos (1990–1993).

Comunicación

2 **Aspirina Alivirina** Lee el anuncio y responde a las preguntas con un(a) compañero/a.

No hay tiempo para el dolor de cabeza.

Si tienes prisa, o simplemente quieres que tu dolor de cabeza se vaya muy pronto, piensa en Alivirina. Se asimila mejor y actúa rápidamente. Ya no se puede perder tiempo por un dolor de cabeza.

ALIVIRINA

1. ¿Cuáles son los adverbios que aparecen en el anuncio?
2. Según el anuncio, ¿cuáles son las ventajas (*advantages*) de este tipo de aspirina?
3. ¿Tienen ustedes dolores de cabeza? ¿Qué toman para curarlos?
4. ¿Qué medicamentos ven con frecuencia en los anuncios de televisión? Escriban descripciones de varios de estos anuncios. Usen adverbios en sus descripciones.

Recapitulación

Diagnostics / Remediation Activities

Completa estas actividades para repasar los conceptos de gramática que aprendiste en esta lección.

1 Completar Completa el cuadro con la forma correcta del imperfecto. *12 pts.*

yo/Ud./él/ella	tú	nosotros	Uds./ellos/ellas
era			
	cantabas		
		veníamos	
			querían

2 Adverbios Escoge el adverbio correcto de la lista para completar estas oraciones. Lee con cuidado las oraciones; los adverbios sólo se usan una vez. No vas a usar uno de los adverbios. *8 pts.*

a menudo	apenas	fácilmente
a tiempo	casi	maravillosamente
además	despacio	por lo menos

1. Pablito se cae _____: un promedio (*average*) de cuatro veces por semana.
2. No me duele nada y no sufro de ninguna enfermedad; me siento _____ bien.
3. —Doctor, ¿cómo supo que tuve una operación de garganta?
   —Muy _____, lo leí en su historial médico.
4. ¿Le duele mucho la espalda? Entonces tiene que levantarse _____.
5. Ya te sientes mucho mejor, ¿verdad? Mañana puedes volver al trabajo; tu temperatura es _____ normal.
6. Es importante hacer ejercicio con regularidad, _____ tres veces a la semana.
7. El examen médico no comenzó ni tarde ni temprano. Comenzó _____, a las tres de la tarde.
8. Parece que ya te estás curando del resfriado. _____ estás congestionada.

RESUMEN GRAMATICAL

1.1 The imperfect tense *pp. 28–29*

The imperfect of regular verbs

cantar	beber	escribir
cantaba	bebía	escribía
cantabas	bebías	escribías
cantaba	bebía	escribía
cantábamos	bebíamos	escribíamos
cantabais	bebíais	escribíais
cantaban	bebían	escribían

▶ There are no stem changes in the imperfect:
   entender (e:ie) → entendía; servir (e:i) → servía; doler (o:ue) → dolía

▶ The imperfect of **hay** is **había**.

▶ Only three verbs are irregular in the imperfect.
   ir: iba, ibas, iba, íbamos, ibais, iban
   ser: era, eras, era, éramos, erais, eran
   ver: veía, veías, veía, veíamos, veíais, veían

1.2 The preterite and the imperfect *pp. 32–33*

Preterite	Imperfect
1. Completed actions	1. Ongoing past action
Fueron a Buenos Aires ayer.	De niño, usted **jugaba** al fútbol.
2. Beginning or end of past action	2. Habitual past actions
La película **empezó** a las nueve.	Todos los domingos yo **visitaba** a mi abuela.
3. Series of past actions or events	3. Description of states or characteristics
Me **caí** y me **lastimé** el pie.	Ella **era** alta. **Quería** descansar.

1.3 Constructions with se *pp. 36–37*

Se + verb

	prohíbe fumar.
Se	habla español.
	hablan varios idiomas.

En el consultorio

Se for unplanned events		
Se	me, te, le, nos, os, les	cayó la taza.
		dañó el radio.
		rompieron las botellas.
		olvidaron las llaves.

1.4 Adverbs p. 40

Formation of adverbs		
fácil	→	fácilmente
seguro	→	seguramente
verdadero	→	verdaderamente

3 **Un accidente** Escoge el imperfecto o el pretérito según el contexto para completar esta conversación. `10 pts.`

NURIA Hola, Felipe. ¿Estás bien? ¿Qué es eso? ¿(1) (Te lastimaste/Te lastimabas) el pie?

FELIPE Ayer (2) (tuve/tenía) un pequeño accidente.

NURIA Cuéntame. ¿Cómo (3) (pasó/pasaba)?

FELIPE Bueno, (4) (fueron/eran) las cinco de la tarde y (5) (llovió/llovía) mucho cuando (6) (salí/salía) de la casa en mi bicicleta. No (7) (vi/veía) a una chica que (8) (caminó/caminaba) en mi dirección, y los dos (9) (nos caímos/nos caíamos) al suelo (*ground*).

NURIA Y la chica, ¿está bien ella?

FELIPE Sí. Cuando llegamos al hospital, ella sólo (10) (tuvo/tenía) dolor de cabeza.

4 **Oraciones** Escribe oraciones con **se** a partir de los elementos dados (*given*). Usa el tiempo especificado entre paréntesis y añade pronombres cuando sea necesario. `10 pts.`

> **modelo**
> Carlos / quedar / la tarea en casa (pretérito)
> A Carlos se le quedó la tarea en casa.

1. en la farmacia / vender / medicamentos (presente)
2. ¿(tú) / olvidar / las llaves / otra vez? (pretérito)
3. (yo) / dañar / la computadora (pretérito)
4. en esta clase / prohibir / hablar inglés (presente)
5. ellos / romper / las gafas / en el accidente (pretérito)

5 **En la consulta** Escribe al menos cinco oraciones sobre tu última visita al médico. Incluye cinco verbos en pretérito y cinco en imperfecto. Habla de qué te pasó, cómo te sentías, cómo era el/la doctor(a), qué te dijo, etc. Usa tu imaginación. `10 pts.`

6 **Refrán** Completa el refrán con las palabras que faltan. `¡2 puntos EXTRA!`

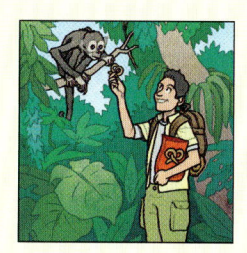

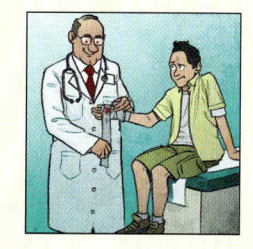

"Lo que _____ (*well*) se aprende, nunca _____ pierde."

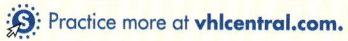

Practice more at **vhlcentral.com**.

adelante

Lección 1

Lectura
Audio: Synched Reading / Additional Reading

Antes de leer

Estrategia
Activating background knowledge

Using what you already know about a particular subject will often help you better understand a reading selection. For example, if you read an article about a recent medical discovery, you might think about what you already know about health in order to understand unfamiliar words or concepts.

Examinar el texto
Utiliza las estrategias de lectura que tú consideras más efectivas para hacer algunas observaciones preliminares acerca del texto. Después trabajen en parejas para comparar sus observaciones acerca del texto. Luego contesten estas preguntas:
- Analicen el formato del texto: ¿Qué tipo de texto es? ¿Dónde creen que se publicó este artículo?
- ¿Quiénes son Carla Baron y Tomás Monterrey?
- Miren la foto del libro. ¿Qué sugiere el título del libro sobre su contenido?

Conocimiento previo
Ahora piensen en su conocimiento previo° sobre el cuidado de la salud en los viajes. Consideren estas preguntas:
- ¿Viajaron alguna vez a otro estado o a otro país?
- ¿Tuvieron problemas durante sus viajes con el agua, la comida o el clima del lugar?
- ¿Olvidaron poner en su maleta algún medicamento que después necesitaron?
- Imaginen que su compañero/a se va de viaje. Díganle por lo menos cinco cosas que debe hacer para prevenir cualquier problema de salud.

conocimiento previo *background knowledge*

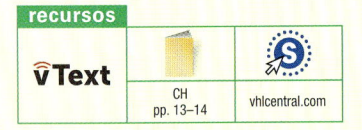

recursos
vText | CH pp. 13–14 | vhlcentral.com

Libro de la semana

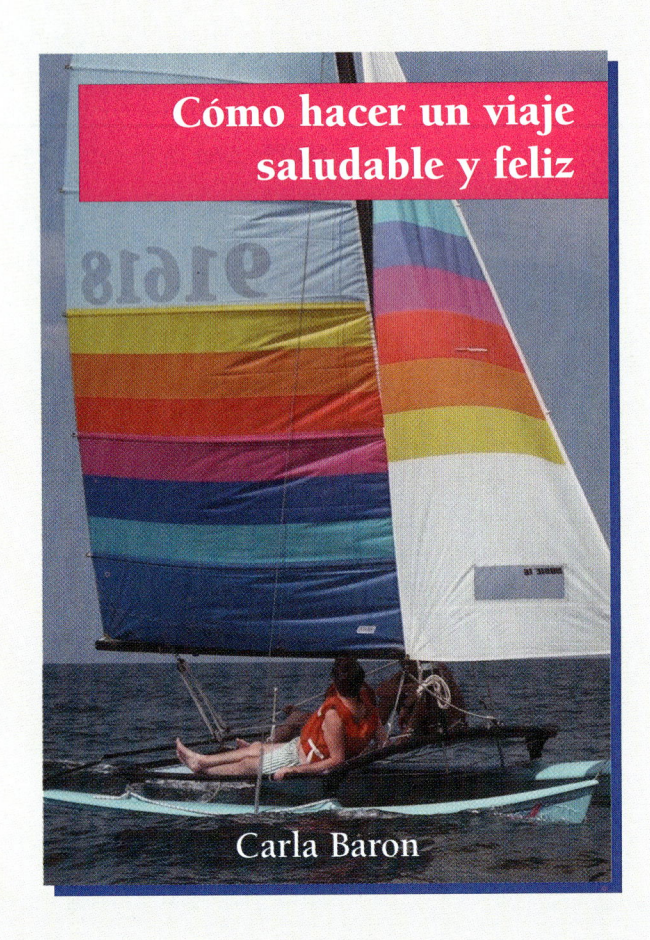

Cómo hacer un viaje saludable y feliz

Carla Baron

Después de leer

Correspondencias
Busca las correspondencias entre los problemas y las recomendaciones.

Problemas
1. el agua _____
2. el sol _____
3. la comida _____
4. la identificación _____
5. el clima _____

Recomendaciones
a. Hay que adaptarse a los ingredientes desconocidos (*unfamiliar*).
b. Toma sólo productos purificados (*purified*).
c. Es importante llevar ropa adecuada cuando viajas.
d. Lleva loción o crema con alta protección solar.
e. Lleva tu pasaporte.

Entrevista a Carla Baron
por Tomás Monterrey

Tomás: ¿Por qué escribió su libro *Cómo hacer un viaje saludable y feliz*?

Carla: Me encanta viajar, conocer otras culturas y escribir. Mi primer viaje lo hice cuando era estudiante universitaria. Todavía recuerdo el día en que llegamos a San Juan, Puerto Rico. Era el panorama ideal para unas vacaciones maravillosas, pero al llegar a la habitación del hotel, bebí mucha agua de la llave° y luego pedí un jugo de frutas con mucho hielo°. El clima en San Juan es tropical y yo tenía mucha sed y calor. Los síntomas llegaron en menos de media hora: pasé dos días con dolor de estómago y corriendo al cuarto de baño cada diez minutos. Desde entonces, siempre que viajo sólo bebo agua mineral y llevo un pequeño bolso con medicinas necesarias como pastillas para el dolor y también bloqueador solar, una crema repelente de mosquitos y un desinfectante.

Tomás: ¿Son reales° las situaciones que se narran en su libro?

Carla: Sí, son reales y son mis propias° historias°. A menudo los autores crean caricaturas divertidas de un turista en dificultades. ¡En mi libro la turista en dificultades soy yo!

Tomás: ¿Qué recomendaciones puede encontrar el lector en su libro?

Carla: Bueno, mi libro es anecdótico y humorístico, pero el tema de la salud se trata° de manera seria. En general, se dan recomendaciones sobre ropa adecuada para cada sitio, consejos para protegerse del sol, y comidas y bebidas adecuadas para el turista que viaja al Caribe o Suramérica.

Tomás: ¿Tiene algún consejo para las personas que se enferman cuando viajan?

Carla: Muchas veces los turistas toman el avión sin saber nada acerca del país que van a visitar. Ponen toda su ropa en la maleta, toman el pasaporte, la cámara fotográfica y ¡a volar°! Es necesario tomar precauciones porque nuestro cuerpo necesita adaptarse al clima, al sol, a la humedad, al agua y a la comida. Se trata de° viajar, admirar las maravillas del mundo y regresar a casa con hermosos recuerdos. En resumen, el secreto es "prevenir en vez de° curar".

llave faucet *hielo* ice *reales* true *propias* own *historias* stories
se trata is treated *¡a volar!* Off they go! *Se trata de* It's a question of
en vez de instead of

Seleccionar
Selecciona la respuesta correcta.

1. El tema principal de este libro es _____.
   a. Puerto Rico   b. la salud y el agua   c. otras culturas
   d. el cuidado de la salud en los viajes

2. Las situaciones narradas en el libro son _____.
   a. autobiográficas   b. inventadas
   c. ficticias   d. imaginarias

3. ¿Qué recomendaciones no vas a encontrar en este libro? _____
   a. cómo vestirse adecuadamente
   b. cómo prevenir las quemaduras solares
   c. consejos sobre la comida y la bebida
   d. cómo dar propina en los países del Caribe o de Suramérica

4. En opinión de la señorita Baron, _____.
   a. es bueno tomar agua de la llave y beber jugo de frutas con mucho hielo
   b. es mejor tomar solamente agua embotellada (*bottled*)
   c. los minerales son buenos para el dolor abdominal
   d. es importante visitar el cuarto de baño cada diez minutos

5. ¿Cuál de estos productos no lleva la autora cuando viaja a otros países? _____
   a. desinfectante   b. crema repelente
   c. detergente   d. pastillas medicinales

Practice more at vhlcentral.com.

Escritura

Estrategia
Mastering the simple past tenses

In Spanish, when you write about events that occurred in the past you will need to know when to use the preterite and when to use the imperfect tense. A good understanding of the uses of each tense will make it much easier to determine which one to use as you write.

Look at the summary of the uses of the preterite and the imperfect and write your own example sentence for each of the rules described.

Preterite vs. imperfect

Preterite
1. Completed actions
   _____
   _____
2. Beginning or end of past actions
   _____
   _____
3. Series of past actions
   _____
   _____

Imperfect
1. Ongoing past actions
   _____
   _____
2. Habitual past actions
   _____
   _____
3. Mental, physical, and emotional states and characteristics in the past
   _____
   _____

Get together with a few classmates to compare your example sentences. Then use these sentences and the chart as a guide to help you decide which tense to use as you are writing a story or other type of narration about the past.

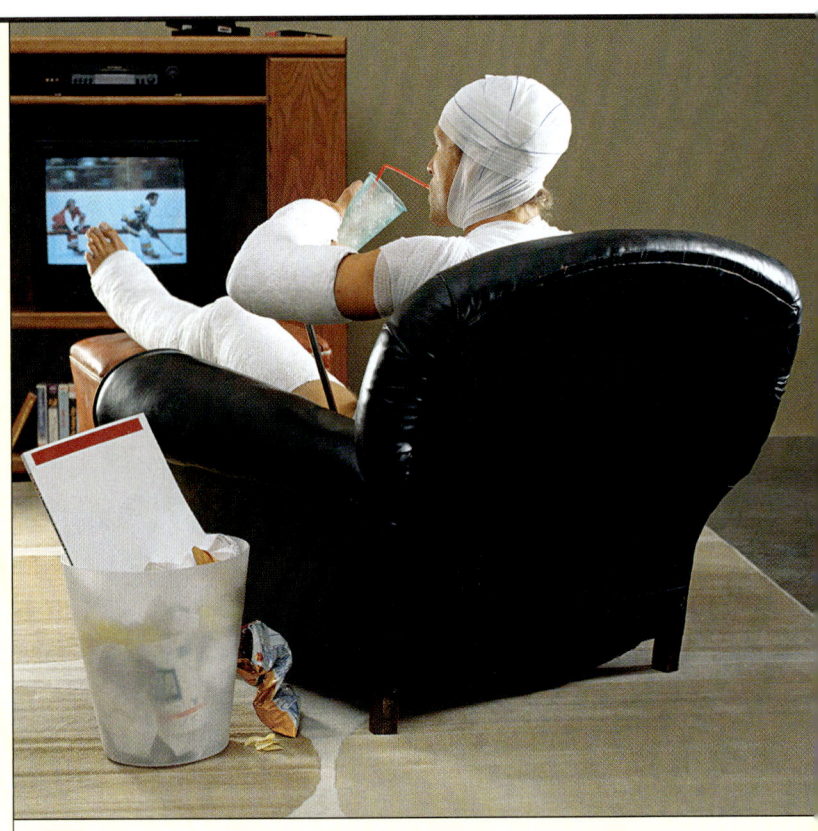

Tema

Escribir una historia

Escribe una historia acerca de una experiencia tuya° (o de otra persona) con una enfermedad, accidente o problema médico. Tu historia puede ser real o imaginaria y puede tratarse de un incidente divertido, humorístico o desastroso. Incluye todos los detalles relevantes. Consulta la lista de sugerencias° con detalles que puedes incluir.

▶ Descripción del/de la paciente
  nombre y apellidos
  edad
  características físicas
  historial médico°

▶ Descripción de los síntomas
  enfermedades
  accidente
  problemas médicos

▶ Descripción del tratamiento°
  tratamientos
  recetas
  operaciones

tuya *of yours* **sugerencias** *suggestions*
historial médico *medical history*
tratamiento *treatment*

En el consultorio

Escuchar

Estrategia

Listening for specific information

You can listen for specific information effectively once you identify the subject of a conversation and use your background knowledge to predict what kinds of information you might hear.

To practice this strategy, you will listen to a paragraph from a letter Marta wrote to a friend about her fifteenth birthday celebration. Before you listen to the paragraph, use what you know about this type of party to predict the content of the letter. What kinds of details might Marta include in her description of the celebration? Now listen to the paragraph and jot down the specific information Marta relates. Then compare these details to the predictions you made about the letter.

Preparación

Mira la foto. ¿Con quién crees que está conversando Carlos Peña? ¿De qué están hablando?

Ahora escucha

Ahora escucha la conversación de la señorita Méndez y Carlos Peña. Marca las frases donde se mencionan los síntomas de Carlos.

1. ____ Tiene infección en los ojos.
2. ____ Se lastimó el dedo.
3. ____ No puede dormir.
4. ____ Siente dolor en los huesos.
5. ____ Está mareado.
6. ____ Está congestionado.
7. ____ Le duele el estómago.
8. ____ Le duele la cabeza.
9. ____ Es alérgico a la aspirina.
10. ____ Tiene tos.
11. ____ Le duele la garganta.
12. ____ Se rompió la pierna.
13. ____ Tiene dolor de oído.
14. ____ Tiene frío.

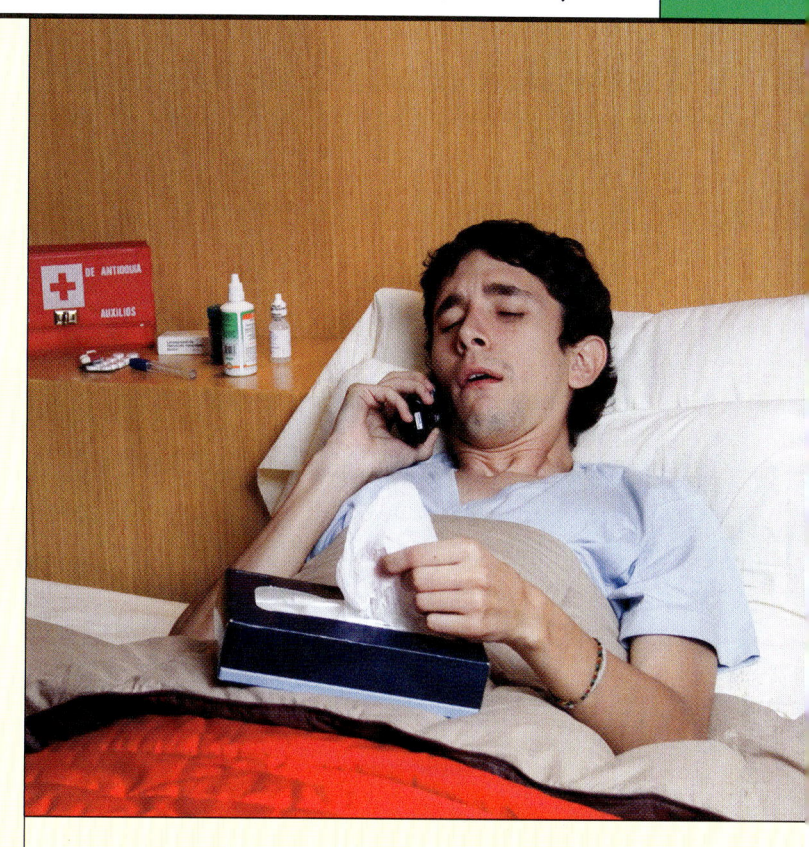

Comprensión

Preguntas

1. ¿Tiene fiebre Carlos?
2. ¿Cuánto tiempo hace que le duele la garganta a Carlos?
3. ¿Qué tiene que hacer el médico antes de recetarle algo a Carlos?
4. ¿A qué hora es su cita con el médico?
5. Después de darle una cita con el médico, ¿qué otra información le pide a Carlos la señorita del consultorio?
6. En tu opinión, ¿qué tiene Carlos? ¿Gripe? ¿Un resfriado? ¿Alergias? Explica tu opinión.

Diálogo

Con un(a) compañero/a, escribe el diálogo entre el Dr. Aguilar y Carlos Peña en el consultorio del médico. Usa la información del diálogo telefónico para pensar en lo que dice el médico mientras examina a Carlos. Imagina cómo responde Carlos y qué preguntas le hace al médico. ¿Cuál es el diagnóstico del médico?

recursos

vText
vhlcentral.com

Practice more at **vhlcentral.com**.

En pantalla   Video: TV Clip

Algunas personas piensan que los países hispanos no cuentan con° la más reciente tecnología. La verdad es que sí se tiene acceso a ella, pero muchas personas prefieren conservar cosas como aparatos electrónicos o muebles° sin importar las modas temporales y los constantes avances tecnológicos. Esto es por el aprecio° que les tienen a las cosas más que por limitaciones económicas o tecnológicas. Este fenómeno se ve especialmente en las piezas que se quedan en una familia por varias generaciones, como, por ejemplo, el tocadiscos° que un bisabuelo compró en 1910.

Vocabulario útil

| suaviza | soothes |
| alivio | relief |

Ordenar

Ordena las palabras o expresiones según aparecen en el anuncio. No vas a usar tres de estas palabras.

_____ a. gargantas irritadas   _____ e. pastillas
_____ b. receta   _____ f. alivio
_____ c. comienzan   _____ g. a menudo
_____ d. calma   _____ h. dolor

Tu música

En el anuncio se escucha un tango muy emotivo como música de fondo (*background*). Escribe el título de una canción que refleje cómo te sientes en cada una de estas situaciones. Después comparte tus ideas con tres compañeros/as.

- tienes un dolor de cabeza muy fuerte
- terminaron las clases
- te sacaron un diente
- estás enamorado/a
- te sientes mareado/a
- estás completamente saludable

no cuentan con *don't have*   muebles *furniture*   aprecio *appreciation*
tocadiscos *record player*   pinchazo *sharp pain (lit. puncture)*

Anuncio de Strepsils

... los problemas de garganta...

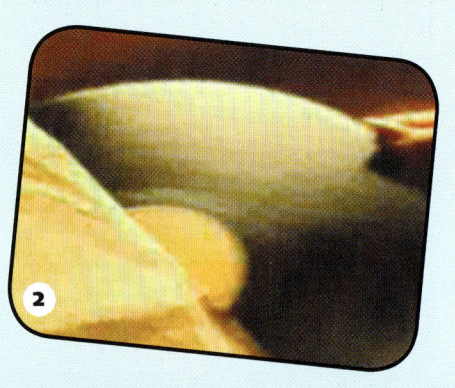

comienzan...

... con un pinchazo°.

En el consultorio

Flash CULTURA

Video: Flash cultura

La salud

Argentina tiene una gran tradición médica influenciada desde el siglo XIX por la medicina francesa. Tres de los cinco premios Nobel de esta nación están relacionados con investigaciones médicas que han hecho° grandes aportes° al avance de las ciencias de la salud. Además, existen otros adelantos° de médicos argentinos que han hecho historia. Entre ellos se cuentan el *bypass* coronario, desarrollado° por el cirujano° René Favaloro en 1967, y una técnica extraordinaria de cirugía cardiovascular desarrollada en 1978 por Federico Benetti, quien es considerado uno de los padres de la cirugía cardíaca moderna.

Vocabulario útil	
la cita previa	previous appointment
la guardia	emergency room
Me di un golpe.	I got hit.
la práctica	rotation (hands-on medical experience)

Preparación
¿Qué haces si tienes un pequeño accidente o quieres hacer una consulta? ¿Visitas a tu doctor general o vas al hospital? ¿Debes pedir un turno (*appointment*)?

¿Cierto o falso?
Indica si las oraciones son **ciertas** o **falsas**.
1. Silvina tuvo un accidente en su automóvil.
2. Silvina fue a la guardia del hospital.
3. La guardia del hospital está abierta sólo durante el día y es necesario tener cita previa.
4. Los entrevistados (*interviewees*) tienen enfermedades graves.
5. En Argentina, los médicos reciben la certificación cuando terminan la práctica.

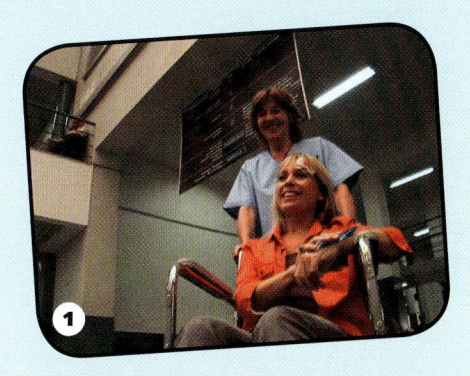

¿Le podría° pedir que me explique qué es la guardia?

Nuestro hospital público es gratuito para todas las personas.

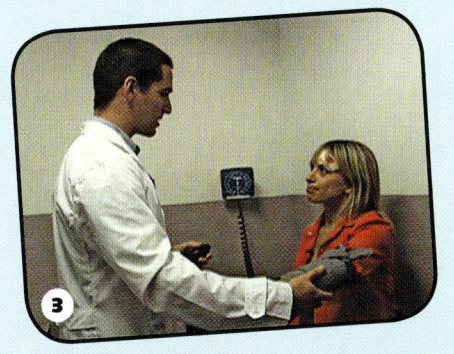

... la carrera de medicina comienza con el primer año de la universidad.

han hecho *have done* aportes *contributions* adelantos *advances* desarrollado *developed* cirujano *surgeon* podría *could*

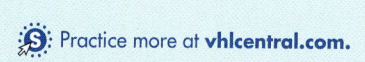

1 panorama

Lección 1

Costa Rica

Interactive Map
Video: *Panorama cultural*

El país en cifras

▸ **Área:** 51.100 km² (19.730 millas²), aproximadamente el área de Virginia Occidental°
▸ **Población:** 4.957.000

Costa Rica es el país de Centroamérica con la población más homogénea. El 94% de sus habitantes es blanco y mestizo°. Más del 50% de la población es de ascendencia° española y un alto porcentaje tiene sus orígenes en otros países europeos.

▸ **Capital:** San José—1.655.000
▸ **Ciudades principales:** Alajuela, Cartago, Puntarenas, Heredia

SOURCE: Population Division, UN Secretariat

▸ **Moneda:** colón costarricense
▸ **Idioma:** español (oficial)

Bandera de Costa Rica

Costarricenses célebres

▸ **Carmen Lyra,** escritora (1888–1949)
▸ **Chavela Vargas,** cantante (1919–)
▸ **Óscar Arias Sánchez,** ex presidente de Costa Rica (1941–)
▸ **Claudia Poll,** nadadora° olímpica (1972–)

Óscar Arias recibió el Premio Nobel de la Paz en 1987.

Virginia Occidental *West Virginia* **mestizo** *of indigenous and white parentage* **ascendencia** *descent* **nadadora** *swimmer* **ejército** *army* **gastos** *expenditures* **invertir** *to invest* **cuartel** *barracks*

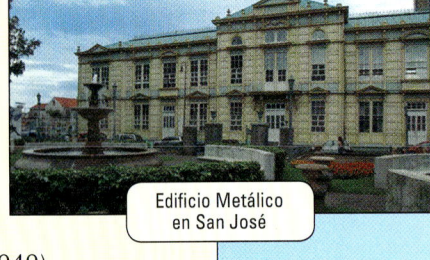

Niñas en el carnaval de Limón

Vista del volcán Arenal

Río Tempisque · Cordillera de Guanacaste · Río San Juan · Volcán Arenal · Cordillera Central · Cordillera de Tilarán · Alajuela · Puntarenas · Río Grande de Tárcoles · Heredia · San José · Volcán Irazú · Cartago · Océano Pacífico · Cordillera de

Edificio Metálico en San José

Basílica de Nuestra Señora de los Ángeles en Cartago

ESTADOS UNIDOS · OCÉANO ATLÁNTICO · COSTA RICA · OCÉANO PACÍFICO · AMÉRICA DEL SUR

recursos
vText | CA pp. 65–66 | CP pp. 13–14 | vhlcentral.com

¡Increíble pero cierto!

Costa Rica es el único país latinoamericano que no tiene ejército°. Sin gastos° militares, el gobierno puede invertir° más dinero en la educación y las artes. En la foto aparece el Museo Nacional de Costa Rica, antiguo cuartel° del ejército.

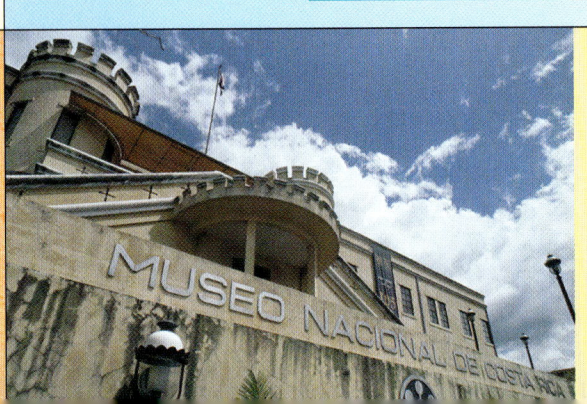

En el consultorio

cincuenta y uno 51

Lugares • Los parques nacionales

El sistema de parques nacionales de Costa Rica ocupa aproximadamente el 12% de su territorio y fue establecido° para la protección de su biodiversidad. En los parques, los ecoturistas pueden admirar montañas, cataratas° y una gran variedad de plantas exóticas. Algunos ofrecen también la oportunidad de ver quetzales°, monos°, jaguares, armadillos y mariposas° en su hábitat natural.

Economía • Las plantaciones de café

Costa Rica fue el primer país centroamericano en desarrollar° la industria del café. En el siglo° XIX, los costarricenses empezaron a exportar esta semilla a Inglaterra°, lo que significó una contribución importante a la economía de la nación. Actualmente, más de 50.000 costarricenses trabajan en el cultivo del café. Este producto representa cerca del 15% de sus exportaciones anuales.

Sociedad • Una nación progresista

Costa Rica es un país progresista. Tiene un nivel de alfabetización° del 96%, uno de los más altos de Latinoamérica. En 1870, esta nación centroamericana abolió la pena de muerte° y en 1948 eliminó el ejército e hizo obligatoria y gratuita° la educación para todos sus ciudadanos.

Parque Morazán en San José

¿Qué aprendiste? Responde a las preguntas con oraciones completas.

1. ¿Cómo se llama la capital de Costa Rica?
2. ¿Quién es Claudia Poll?
3. ¿Qué porcentaje del territorio de Costa Rica ocupan los parques nacionales?
4. ¿Para qué se establecieron los parques nacionales?
5. ¿Qué pueden ver los turistas en los parques nacionales?
6. ¿Cuántos costarricenses trabajan en las plantaciones de café hoy día?
7. ¿Cuándo eliminó Costa Rica la pena de muerte?

Conexión Internet Investiga estos temas en **vhlcentral.com**.

1. Busca información sobre Óscar Arias Sánchez. ¿Quién es? ¿Por qué se le considera *(is he considered)* un costarricense célebre?
2. Busca información sobre los artistas de Costa Rica. ¿Qué artista, escritor o cantante te interesa más? ¿Por qué?

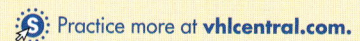

Practice more at **vhlcentral.com**.

establecido *established* cataratas *waterfalls* quetzales *type of tropical bird* monos *monkeys* mariposas *butterflies* en desarrollar *to develop* siglo *century* Inglaterra *England* nivel de alfabetización *literacy rate* pena de muerte *death penalty* gratuita *free*

vocabulario

El cuerpo

la boca	mouth
el brazo	arm
la cabeza	head
el corazón	heart
el cuello	neck
el cuerpo	body
el dedo	finger
el dedo del pie	toe
el estómago	stomach
la garganta	throat
el hueso	bone
la nariz	nose
el oído	(sense of) hearing; inner ear
el ojo	eye
la oreja	(outer) ear
el pie	foot
la pierna	leg
la rodilla	knee
el tobillo	ankle

La salud

el accidente	accident
el antibiótico	antibiotic
la aspirina	aspirin
la clínica	clinic
el consultorio	doctor's office
el/la dentista	dentist
el/la doctor(a)	doctor
el dolor (de cabeza)	(head)ache; pain
el/la enfermero/a	nurse
el examen médico	physical exam
la farmacia	pharmacy
la gripe	flu
el hospital	hospital
la infección	infection
el medicamento	medication
la medicina	medicine
la operación	operation
el/la paciente	patient
la pastilla	pill; tablet
la radiografía	X-ray
la receta	prescription
el resfriado	cold (illness)
la sala de emergencia(s)	emergency room
la salud	health
el síntoma	symptom
la tos	cough

Verbos

caerse	to fall (down)
dañar	to damage; to break down
darse con	to bump into; to run into
doler (o:ue)	to hurt
enfermarse	to get sick
estar enfermo/a	to be sick
estornudar	to sneeze
lastimarse (el pie)	to injure (one's foot)
olvidar	to forget
poner una inyección	to give an injection
prohibir	to prohibit
recetar	to prescribe
romper	to break
romperse (la pierna)	to break (one's leg)
sacar(se) un diente	to have a tooth removed
sufrir una enfermedad	to suffer an illness
tener dolor (m.)	to have a pain
tener fiebre	to have a fever
tomar la temperatura	to take someone's temperature
torcerse (o:ue) (el tobillo)	to sprain (one's ankle)
toser	to cough

Adjetivos

congestionado/a	congested; stuffed-up
embarazada	pregnant
grave	grave; serious
mareado/a	dizzy; nauseated
médico/a	medical
saludable	healthy
sano/a	healthy

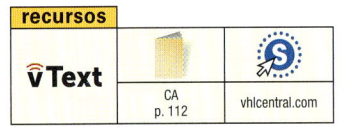

Adverbios

a menudo	often
a tiempo	on time
a veces	sometimes
además (de)	furthermore; besides
apenas	hardly; scarcely
así	like this; so
bastante	enough; rather
casi	almost
con frecuencia	frequently
de niño/a	as a child
de vez en cuando	from time to time
despacio	slowly
menos	less
mientras	while
muchas veces	a lot; many times
poco	little
por lo menos	at least
pronto	soon
rápido	quickly
todos los días	every day

Expresiones útiles	See page 23.

La tecnología

2

Communicative Goals

I will be able to:
- Talk about using technology and electronics
- Use common expressions on the telephone
- Talk about car trouble

VOICE BOARD

contextos
pages 54–57
- Home electronics
- Computers and the Internet
- The car and its accessories

fotonovela
pages 58–61
Miguel's car has broken down again, and he has to take it to a mechanic. In the meantime, Maru has a similar streak of bad luck with her computer. Can their problems with technology be resolved?

cultura
pages 62–63
- Cell phones in the Spanish-speaking world
- Cybercafés in Latin America

estructura
pages 64–79
- Familiar commands
- **Por** and **para**
- Reciprocal reflexives
- Stressed possessive adjectives and pronouns
- **Recapitulación**

adelante
pages 80–87
Lectura: A comic strip
Escritura: A personal ad
Escuchar: A commercial about computers
En pantalla
Flash cultura
Panorama: Argentina

A PRIMERA VISTA
- ¿Se llevan ellos bien o mal?
- ¿Crees que hace mucho tiempo que se conocen?
- ¿Son saludables?
- ¿Qué partes del cuerpo se ven en la foto?

2 contextos

Lección 2

La tecnología

Audio: Vocabulary Tutorials, Games

Más vocabulario

la cámara digital/de video	digital (video) camera
el canal	(TV) channel
el cibercafé	cybercafé
el correo de voz	voice mail
el estéreo	stereo
el *fax*	fax (machine)
la pantalla táctil	touch screen
el reproductor de CD	CD player
la televisión por cable	cable television
el video	video
el archivo	file
la arroba	@ symbol
el blog	blog
la conexión inalámbrica	wireless connection
la dirección electrónica	e-mail address
Internet	Internet
el mensaje de texto	text message
la página principal	home page
el programa de computación	software
la red	network; Web
el sitio web	website
apagar	to turn off
borrar	to erase
descargar	to download
escanear	to scan
funcionar	to work
grabar	to record
guardar	to save
imprimir	to print
llamar	to call
navegar (en Internet)	to surf (the Internet)
poner, prender	to turn on
sonar (o:ue)	to ring
descompuesto/a	not working; out of order
lento/a	slow
lleno/a	full

Variación léxica

computadora ←→ ordenador (*Esp.*), computador (*Col.*)
descargar ←→ bajar (*Arg., Col., Esp., Ven.*)

Labels in image:
- el televisor
- la pantalla
- el reproductor de DVD
- la impresora
- la computadora (portátil)
- el monitor
- el (teléfono) celular
- el ratón
- el teclado
- el cederrón

recursos

vText
CA p. 113
CP pp. 15–16
CH pp. 17–18
vhlcentral.com

La tecnología

cincuenta y cinco 55

Práctica

1 Escuchar 🎧 Escucha la conversación entre dos amigas. Después completa las oraciones.

1. María y Ana están en _____.
   a. una tienda   b. un cibercafé   c. un restaurante
2. A María le encantan _____.
   a. los celulares   b. las cámaras digitales   c. los cibercafés
3. Ana prefiere guardar las fotos en _____.
   a. la pantalla   b. un archivo   c. un cederrón
4. María quiere tomar un café y _____.
   a. poner la computadora   b. sacar fotos digitales
   c. navegar en Internet
5. Ana paga por el café y _____.
   a. el uso de Internet   b. la impresora   c. el cederrón

2 ¿Cierto o falso? 🎧 Escucha las oraciones e indica si lo que dice cada una es **cierto** o **falso**, según el dibujo.

1. _____   5. _____
2. _____   6. _____
3. _____   7. _____
4. _____   8. _____

3 Oraciones Escribe oraciones usando estos elementos. Usa el pretérito y añade las palabras necesarias.

1. yo / descargar / fotos / Internet
2. tú / apagar / televisor / diez / noche
3. Daniel y su esposa / comprar / computadora portátil / ayer
4. Sara y yo / ir / cibercafé / para / navegar en Internet
5. Jaime / decidir / comprar / reproductor de MP3
6. teléfono celular / sonar / pero / yo / no contestar

4 Preguntas Mira el dibujo y contesta las preguntas.

1. ¿Qué tipo de café es?
2. ¿Cuántas impresoras hay? ¿Cuántos ratones?
3. ¿Por qué vinieron estas personas al café?
4. ¿Qué hace el camarero?
5. ¿Qué hace la mujer en la computadora? ¿Y el hombre?
6. ¿Qué máquinas están cerca del televisor?
7. ¿Dónde hay un cibercafé en tu comunidad?
8. ¿Por qué puedes tú necesitar un cibercafé?

Más vocabulario

la autopista, la carretera	highway
la calle	street
la circulación, el tráfico	traffic
el garaje, el taller (mecánico)	(mechanic's) garage; repair shop
la licencia de conducir	driver's license
el/la mecánico/a	mechanic
la policía	police (force)
la velocidad máxima	speed limit
arrancar	to start
arreglar	to fix; to arrange
bajar(se) de	to get off of/out of (a vehicle)
conducir, manejar	to drive
estacionar	to park
parar	to stop
subir(se) a	to get on/into (a vehicle)

En la gasolinera

Labels: el capó, el cofre; Revisa el aceite. (revisar); el carro, el coche; el parabrisas; Llena el tanque. (llenar); el radio; la gasolina; el navegador GPS; el baúl; el volante; la llanta

---

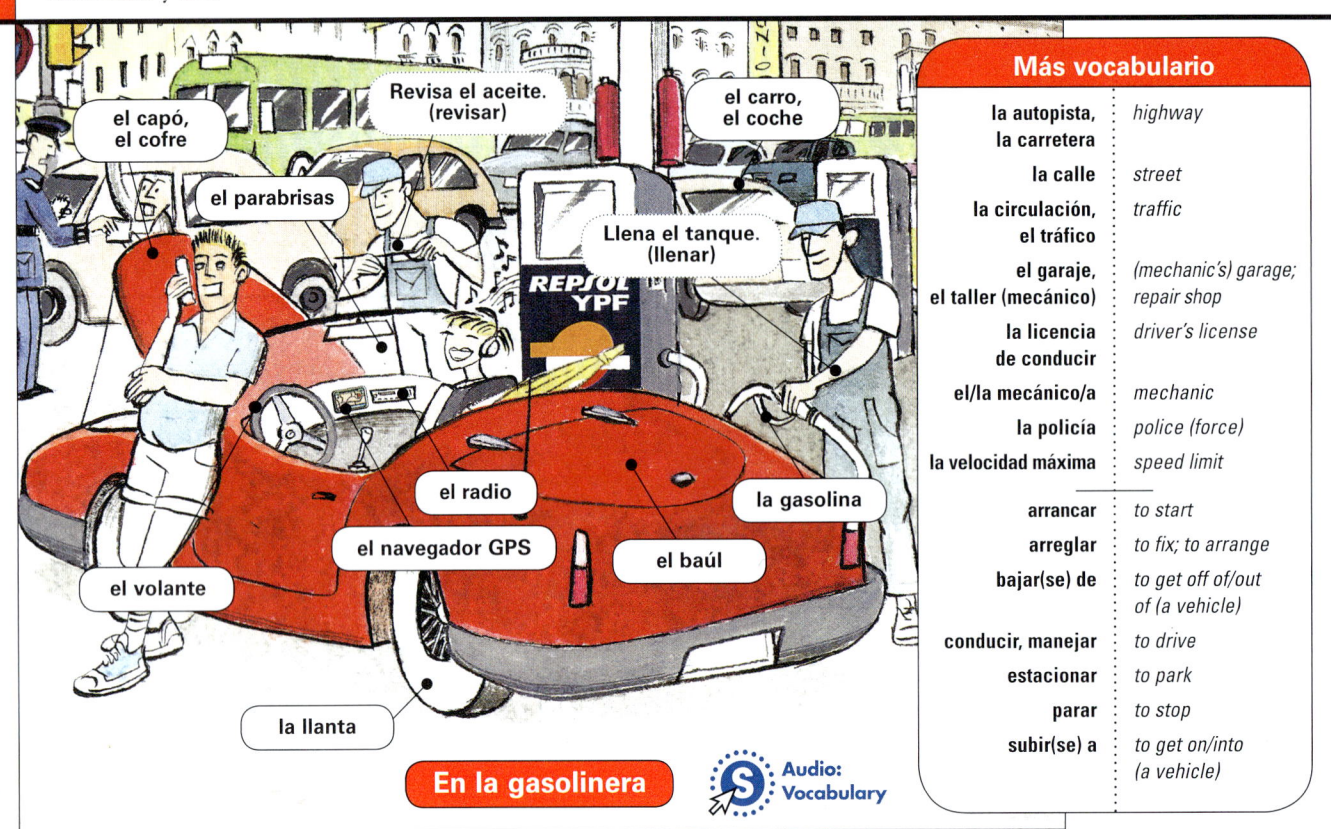

5 Completar Completa estas oraciones con las palabras correctas.

1. Para poder conducir legalmente, necesitas…
2. Puedes poner las maletas en…
3. Si tu carro no funciona, debes llevarlo a…
4. Para llenar el tanque de tu coche, necesitas ir a…
5. Antes de un viaje largo, es importante revisar…
6. Otra palabra para autopista es…
7. Mientras hablas por teléfono celular, no es buena idea…
8. Otra palabra para coche es…

6 Conversación Completa la conversación con las palabras de la lista. No vas a usar dos de las palabras.

| el aceite | la gasolina | llenar | el parabrisas | el taller |
| el baúl | las llantas | manejar | revisar | el volante |

EMPLEADO Bienvenido al _____ mecánico Óscar. ¿En qué le puedo servir?

JUAN Buenos días. Quiero _____ el tanque y revisar _____, por favor.

EMPLEADO Con mucho gusto. Si quiere, también le limpio _____.

JUAN Sí, gracias. Está un poquito sucio. La próxima semana tengo que _____ hasta Buenos Aires. ¿Puede cambiar _____? Están gastadas (*worn*).

EMPLEADO Claro que sí, pero voy a tardar (*it will take me*) un par de horas.

JUAN Mejor regreso mañana. Ahora no tengo tiempo. ¿Cuánto le debo por _____?

EMPLEADO Sesenta pesos. Y veinticinco por _____ y cambiar el aceite.

Practice more at vhlcentral.com.

CONSULTA
For more information about **Buenos Aires**, see **Panorama**, p. 86.

Comunicación

7 Preguntas Trabajen en grupos y túrnense para contestar estas preguntas. Después compartan sus respuestas con la clase.

1. a. ¿Tienes un teléfono celular? ¿Para qué lo usas?
   b. ¿Qué utilizas más: el teléfono o el correo electrónico? ¿Por qué?
   c. En tu opinión, ¿cuáles son las ventajas (*advantages*) y desventajas de los diferentes modos de comunicación?
2. a. ¿Con qué frecuencia usas la computadora?
   b. ¿Para qué usas Internet?
   c. ¿Tienes tu propio blog? ¿Cómo es?
3. a. ¿Miras la televisión con frecuencia? ¿Qué programas ves?
   b. ¿Dónde miras tus programas favoritos, en la tele o en la computadora?
   c. ¿Ves películas en la computadora? ¿Cuál es tu película favorita de todos los tiempos (*of all time*)?
   d. A través de (*By*) qué medio escuchas música: ¿radio, estéreo, reproductor de MP3 o computadora?
4. a. ¿Tienes licencia de conducir?
   b. ¿Cuánto tiempo hace que la conseguiste?
   c. ¿Tienes carro? Descríbelo.
   d. ¿Llevas tu carro al taller? ¿Para qué?

NOTA CULTURAL

Algunos sitios web utilizan códigos para identificar su país de origen. Éstos son los códigos para algunos países hispanohablantes:

Argentina .ar
Colombia .co
España .es
México .mx
Venezuela .ve

CONSULTA

To review expressions like **hace…que**, see **Lección 1, Expresiones útiles**, p. 23.

8 Postal En parejas, lean la tarjeta postal. Después contesten las preguntas.

---

19 julio de 1979

Hola, Paco:

¡Saludos! Estamos de viaje por unas semanas. La Costa del Sol es muy bonita. No hemos encontrado (*we haven't found*) a tus amigos porque nunca están en casa cuando llamamos. El teléfono suena y suena y nadie contesta. Vamos a seguir llamando.

Sacamos muchas fotos muy divertidas. Cuando regresemos y las revelemos (*get them developed*), te las voy a enseñar. Las playas son preciosas. Hasta ahora el único problema fue que la oficina en la cual reservamos un carro perdió nuestros papeles y tuvimos que esperar mucho tiempo.

También tuvimos un pequeño problema con el hotel. La agencia de viajes nos reservó una habitación en un hotel que está muy lejos de todo. No podemos cambiarla, pero no me importa mucho. A pesar de eso, estamos contentos.

Tu hermana, Gabriela

Francisco Jiménez
San Lorenzo 3250
Rosario, Argentina 2000

---

1. ¿Cuáles son los problemas que ocurren en el viaje de Gabriela?
2. Con la tecnología de hoy, ¿existen los mismos problemas cuando se viaja? ¿Por qué?
3. Hagan una comparación entre la tecnología de los años 70 y 80 y la de hoy.
4. Imaginen que la hija de Gabriela escribe un correo electrónico sobre el mismo tema con fecha de hoy. Escriban ese correo, incorporando la tecnología actual (teléfonos celulares, Internet, cámaras digitales, etc.). Inventen nuevos problemas.

2 | fotonovela

Lección 2

En el taller

El coche de Miguel está descompuesto y Maru tiene problemas con su computadora.

PERSONAJES MIGUEL   JORGE

Video: *Fotonovela*
Record and Compare

1

MIGUEL ¿Cómo lo ves?
JORGE Creo que puedo arreglarlo. ¿Me pasas la llave?

2

JORGE ¿Y dónde está Maru?
MIGUEL Acaba de enviarme un mensaje de texto: "Última noticia sobre la computadora portátil: todavía está descompuesta. Moni intenta arreglarla. Voy para allá".

3

JORGE ¿Está descompuesta tu computadora?
MIGUEL No, la mía no, la suya. Una amiga la está ayudando.
JORGE Un mal día para la tecnología, ¿no?

6

MARU Estamos en una triste situación. Yo necesito una computadora nueva, y Miguel necesita otro coche.
JORGE Y un televisor nuevo para mí, por favor.

7

MARU ¿Qué vamos a hacer, Miguel?
MIGUEL Tranquila, cariño. Por eso tenemos amigos como Jorge y Mónica. Nos ayudamos los unos a los otros.

8

JORGE ¿No te sientes afortunada, Maru? No te preocupes. Sube.
MIGUEL ¡Por fin!
MARU Gracias, Jorge. Eres el mejor mecánico de la ciudad.

La tecnología

MARU

4

MIGUEL Ella está preparando un proyecto para ver si puede hacer sus prácticas profesionales en el Museo de Antropología.

JORGE ¿Y todo está en la computadora?

MIGUEL Y claro.

5

MARU Buenos días, Jorge.

JORGE ¡Qué gusto verte, Maru! ¿Cómo está la computadora?

MARU Mi amiga Mónica recuperó muchos archivos, pero muchos otros se borraron.

9

MIGUEL ¿Cuánto te debo por el trabajo?

JORGE Hombre, no es nada. Guárdalo para el coche nuevo. Eso sí, recomiéndame con tus amigos.

MIGUEL Gracias, Jorge.

10

JORGE No manejes en carretera. Revisa el aceite cada 1.500 kilómetros y asegúrate de llenarle el tanque... No manejes con el cofre abierto. Nos vemos.

Expresiones útiles

Giving instructions to a friend
¿Me pasas la llave?
Can you pass me the wrench?
No lo manejes en carretera.
Don't drive it on the highway.
Revisa el aceite cada 1.500 kilómetros.
Check the oil every 1,500 kilometers.
Asegúrate de llenar el tanque.
Make sure to fill up the tank.
No manejes con el cofre abierto.
Don't drive with the hood open.
Recomiéndame con tus amigos.
Recommend me to your friends.

Taking a phone call
Aló./Bueno./Diga.
Hello.
¿Quién habla?/ ¿De parte de quién?
Who is speaking/calling?
Con él/ella habla.
Speaking.
¿Puedo dejar un recado?
May I leave a message?

Reassuring someone
Tranquilo/a, cariño.
Relax, sweetie.
Nos ayudamos los unos a los otros.
We help each other out.
No te preocupes.
Don't worry.

Additional vocabulary
entregar *to hand in*
el intento *attempt*
la noticia *news*
el proyecto *project*
recuperar *to recover*

¿Qué pasó?

1 **Seleccionar** Selecciona las respuestas que completan correctamente estas oraciones.

1. Jorge intenta arreglar ____.
   a. la computadora de Maru b. el coche de Miguel c. el teléfono celular de Felipe
2. Maru dice que se borraron muchos ____ de su computadora.
   a. archivos b. sitios web c. mensajes de texto
3. Jorge dice que necesita un ____.
   a. navegador GPS b. reproductor de DVD c. televisor
4. Maru dice que Jorge es el mejor ____.
   a. mecánico de la ciudad b. amigo del mundo c. compañero de la clase
5. Jorge le dice a Miguel que no maneje su coche en ____.
   a. el tráfico b. el centro de la ciudad c. la carretera

2 **Identificar** Identifica quién puede decir estas oraciones.

1. Cómprate un coche nuevo y recomiéndame con tus amigos.
2. El mensaje de texto de Maru dice que su computadora todavía está descompuesta.
3. Mi amiga Mónica me ayudó a recuperar muchos archivos, pero necesito una computadora nueva.
4. No conduzcas con el cofre abierto y recuerda que el tanque debe estar lleno.
5. Muchos de los archivos de mi computadora se borraron.

MARU
MIGUEL
JORGE

3 **Problema mecánico** Trabajen en parejas para representar los papeles de un(a) mecánico/a y un(a) cliente/a que está llamando al taller porque su carro está descompuesto. Usen las instrucciones como guía.

Mecánico/a	Cliente/a
Contesta el teléfono con un saludo y el nombre del taller.	Saluda y explica que tu carro está descompuesto.
Pregunta qué tipo de problema tiene exactamente.	Explica que tu carro no arranca cuando hace frío.
Di que debe traer el carro al taller.	Pregunta cuándo puedes llevarlo.
Ofrece una hora para revisar el carro.	Acepta la hora que ofrece el/la mecánico/a.
Da las gracias y despídete.	Despídete y cuelga (*hang up*) el teléfono.

Ahora cambien los papeles y representen otra conversación. Ustedes son un(a) técnico/a y un(a) cliente/a. Usen estas ideas:

Practice more at **vhlcentral.com**.

Ortografía y pronunciación

La acentuación de palabras similares

Although accent marks usually indicate which syllable in a word is stressed, they are also used to distinguish between words that have the same or similar spellings.

Él maneja **el** coche.   **Sí**, voy **si** quieres.

Although one-syllable words do not usually carry written accents, some *do* have accent marks to distinguish them from words that have the same spelling but different meanings.

Sé cocinar.   **Se** baña.   ¿Tomas **té**?   **Te** duermes.

Sé (*I know*) and **té** (*tea*) have accent marks to distinguish them from the pronouns **se** and **te**.

para **mí**   **mi** cámara   **Tú** lees.   **tu** estéreo

Mí (*Me*) and **tú** (*you*) have accent marks to distinguish them from the possessive adjectives **mi** and **tu**.

¿**Por qué** vas?   Voy **porque** quiero.

Several words of more than one syllable also have accent marks to distinguish them from words that have the same or similar spellings.

Éste es rápido.   **Este** módem es rápido.

Demonstrative pronouns have accent marks to distinguish them from demonstrative adjectives.

¿**Cuándo** fuiste?   Fui **cuando** me llamó.
¿**Dónde** trabajas?   Voy al taller **donde** trabajo.

Adverbs have accent marks when they are used to convey a question.

Práctica Marca los acentos en las palabras que los necesitan.

ANA   Alo, soy Ana. ¿Que tal?
JUAN Hola, pero... ¿por que me llamas tan tarde?
ANA   Porque mañana tienes que llevarme a la escuela. Mi auto esta dañado.
JUAN ¿Como se daño?
ANA   Se daño el sabado. Un vecino (*neighbor*) choco con (*crashed into*) el.

Crucigrama Utiliza las siguientes pistas (*clues*) para completar el crucigrama. ¡Ojo con los acentos!

Horizontales
1. Él _____ levanta.
4. No voy _____ no puedo.
7. Tú _____ acuestas.
9. ¿_____ es el examen?
10. Quiero este video y _____.

Verticales
2. ¿Cómo _____ usted?
3. Eres _____ mi hermano.
5. ¿_____ tal?
6. Me gusta _____ suéter.
8. Navego _____ la red.

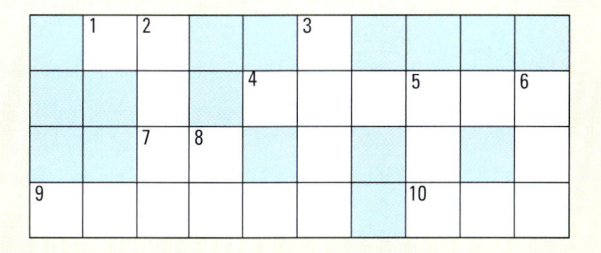

cultura

EN DETALLE

El teléfono celular

¿Cómo te comunicas con tus amigos y con tu familia? En países como Argentina y España, el servicio de teléfono común° es bastante caro, por lo que **el teléfono celular**, más accesible y barato, es el favorito de mucha gente.

El servicio más popular entre los jóvenes es el sistema de tarjetas prepagadas°, porque no requiere de un contrato ni de cuotas° extras. En muchos países puedes encontrar estas tarjetas en cualquier° tienda o recargar el saldo° de tu celular por Internet.

Los celulares de los años 80 eran grandes e incómodos, eran un símbolo de estatus y estaban limitados al uso de la voz°. Las funciones que entonces° sólo existían en la ciencia ficción, ahora son una realidad. Los celulares de hoy tienen muchas funciones: cámara de fotos o de video, agenda°, navegador GPS, juegos, conexión a Internet, reproductor de MP3... Con los teléfonos actuales se puede interactuar en las redes sociales° de Internet y, gracias a la tecnología táctil, acceder a sus aplicaciones de forma diferente y rápida.

Con la evolución de los celulares, muchas personas han dejado de usar ciertos aparatos°: para qué tener una cámara, un reproductor de música y un celular separados si puedes tener todo en uno°?

El uso de los celulares

- En el mundo se intercambian cerca de 500 mil millones de mensajes de texto al año.
- En los EE.UU., el 53% de los hispanos con celular lo usan para conectarse a Internet y el 84% de los hispanos menores de 30 años tiene un celular.
- América Latina tiene 179 millones de usuarios de teléfonos celulares. De ellos, el 73% utiliza programas de mensajería instantánea, el 82% navega por Internet y el 55% transfiere datos como videos y fotos.

común *ordinary* prepagadas *prepaid* cuotas *fees* cualquier *any* recargar el saldo *to buy more minutes* voz *voice* entonces *back then* agenda *personal calendar* redes sociales *social networks* aparatos *devices* todo en uno *all in one*

ACTIVIDADES

1 ¿Cierto o falso? Indica si lo que dicen estas oraciones es **cierto** o **falso**. Corrige la información falsa.

1. El teléfono común es un servicio caro en algunos países.
2. Muchas personas usan más el teléfono celular que el teléfono común.
3. Es difícil encontrar tarjetas prepagadas en los países hispanos.
4. En los años 80 los celulares eran un símbolo de estatus.
5. Los primeros teléfonos celulares eran muy cómodos y pequeños.
6. Hoy en día muy pocas personas usan el celular para sacar fotos y oír música.
7. En los EE.UU., el 12% de los hispanos usa el celular para conectarse a Internet.

La tecnología

ASÍ SE DICE
La tecnología

los audífonos (Méx., Col.), los auriculares (Arg.), los cascos (Esp.)	headset; earphones
el móvil (Esp.)	el celular
el manos libres (Amér. S.)	hands-free system
la memoria	memory
mensajear (Méx.)	enviar y recibir mensajes de texto

EL MUNDO HISPANO
Las bicimotos

- **Argentina** El *ciclomotor* se usa mayormente° para repartir a domicilio° comidas y medicinas.
- **Perú** La *motito* se usa mucho para el reparto a domicilio de pan fresco todos los días.
- **México** La *Vespa* se usa para evitar° el tráfico en grandes ciudades.
- **España** La población usa el *Vespino* para ir y volver al trabajo cada día.
- **Puerto Rico** Una *scooter* es el medio de transporte favorito en las zonas rurales.
- **República Dominicana** Las *moto-taxis* son el medio de transporte más económico, ¡pero no olvides el casco°!

mayormente *mainly* repartir a domicilio *home delivery of* evitar *to avoid* casco *helmet*

PERFIL
Los mensajes de texto

¿Qué tienen en común un **mensaje de texto** y un telegrama?: la necesidad de decir lo máximo en el menor espacio posible —y rápidamente—. Así como los abuelos se las arreglaron° para hacer más baratos sus telegramas, que se cobraban° por número de palabras, ahora los jóvenes buscan ahorrar° espacio, tiempo y dinero, en sus mensajes de texto. Esta economía del lenguaje dio origen al **lenguaje chat**, una forma de escritura muy creativa y compacta. Olvídate de la gramática, la puntuación y la ortografía: es tan flexible que evoluciona° todos los días con el uso que cada quien° le da, aunque° hay muchas palabras y expresiones ya establecidas°. Fácilmente encontrarás° abreviaturas (**xq?**, "¿Por qué?"; **tkm**, "Te quiero mucho."), sustitución de sonidos por números (**a2**, "Adiós."; **5mntrios**, "Sin comentarios."), símbolos (**ad+**, "además") y omisión de vocales y acentos (**tb**, "también"; **k tl?**, "¿Qué tal?"). Ahora que lo sabes, si un amigo te envía: **cont xfa, m dbs $!**°, puedes responderle: **ntp, ns vms + trd**°.

se las arreglaron *they managed to* se cobraban *were charged* ahorrar *to save* evoluciona *evolves* cada quien *each person* aunque *although* establecidas *fixed* encontrarás *you will find* cont xfa, m dbs $! *Contesta, por favor, ¡me debes dinero!* ntp, ns vms +trd *No te preocupes, nos vemos más tarde.*

Conexión Internet

¿Qué sitios web son populares entre los jóvenes hispanos?

Go to **vhlcentral.com** to find more cultural information related to this **Cultura** section.

ACTIVIDADES

2 Comprensión Responde a las preguntas.
1. ¿Cuáles son tres formas de decir *headset*?
2. ¿Para qué se usan las bicimotos en Argentina?
3. ¿Qué dio origen al "lenguaje chat"?
4. ¿Es importante escribir los acentos en los mensajes de texto?

3 ¿Cómo te comunicas? Escribe un párrafo breve en donde expliques qué utilizas para comunicarte con tus amigos/as (correo electrónico, teléfono, etc.) y de qué hablan cuando se llaman por teléfono.

Practice more at **vhlcentral.com**.

recursos: vText, CH p. 20, vhlcentral.com

2 estructura

2.1 Familiar commands

ANTE TODO In Spanish, the command forms are used to give orders or advice. You use **tú** commands (**mandatos familiares**) when you want to give an order or advice to someone you normally address with the familiar **tú**.

Affirmative tú commands

Infinitive	Present tense él/ella form	Affirmative tú command
hablar	habla	**habla** (tú)
guardar	guarda	**guarda** (tú)
prender	prende	**prende** (tú)
volver	vuelve	**vuelve** (tú)
pedir	pide	**pide** (tú)
imprimir	imprime	**imprime** (tú)

▶ Affirmative **tú** commands usually have the same form as the **él/ella** form of the present indicative.

Guarda el documento antes de cerrarlo.
Save the document before closing it.

Imprime tu tarea para la clase de inglés.
Print your homework for English class.

▶ There are eight irregular affirmative **tú** commands.

Irregular affirmative tú commands

decir	**di**	salir	**sal**
hacer	**haz**	ser	**sé**
ir	**ve**	tener	**ten**
poner	**pon**	venir	**ven**

¡**Sal** ahora mismo!
Leave at once!

Haz los ejercicios.
Do the exercises.

▶ Since **ir** and **ver** have the same **tú** command (**ve**), context will determine the meaning.

Ve al cibercafé con Yolanda.
Go to the cybercafé with Yolanda.

Ve ese programa… es muy interesante.
See that program… it's very interesting.

Súbete al coche y préndelo.

No lo manejes en la carretera.

Lección 2

La tecnología

sesenta y cinco 65

▶ The negative **tú** commands are formed by dropping the final **-o** of the **yo** form of the present tense. For **-ar** verbs, add **-es**. For **-er** and **-ir** verbs, add **-as**.

Negative tú commands

Infinitive	Present tense yo form	Negative tú command
hablar	hablo	**no hables** (tú)
guardar	guardo	**no guardes** (tú)
prender	prendo	**no prendas** (tú)
volver	vuelvo	**no vuelvas** (tú)
pedir	pido	**no pidas** (tú)

Héctor, **no pares** el carro aquí.   **No prendas** la computadora todavía.
Héctor, don't stop the car here.   *Don't turn on the computer yet.*

▶ Verbs with irregular **yo** forms maintain the same irregularity in their negative **tú** commands. These verbs include **conducir, conocer, decir, hacer, ofrecer, oír, poner, salir, tener, traducir, traer, venir,** and **ver**.

No pongas el cederrón en la computadora.   **No conduzcas** tan rápido.
Don't put the CD-ROM in the computer.   *Don't drive so fast.*

▶ Note also that stem-changing verbs keep their stem changes in negative **tú** commands.

No p**ie**rdas tu celular.   No v**ue**lvas a esa gasolinera.   No rep**i**tas las instrucciones.
Don't lose your cell phone.   *Don't go back to that gas station.*   *Don't repeat the instructions.*

▶ Verbs ending in **-car, -gar,** and **-zar** have a spelling change in the negative **tú** commands.

sa**car**	c → qu	no sa**qu**es
apa**gar**	g → gu	no apa**gu**es
almor**zar**	z → c	no almuer**c**es

▶ The following verbs have irregular negative **tú** commands.

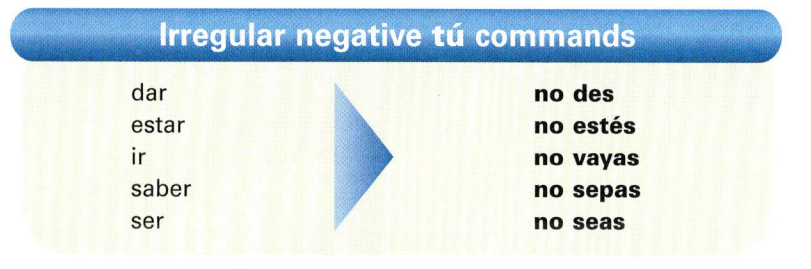

Irregular negative tú commands

dar	no des
estar	no estés
ir	no vayas
saber	no sepas
ser	no seas

¡ATENCIÓN!

In affirmative commands, reflexive, indirect, and direct object pronouns are always attached to the end of the verb. In negative commands, these pronouns always precede the verb.

Bórralos./No los borres.
Escríbeles un correo electrónico./**No les escribas** un correo electrónico.

• • •

When a pronoun is attached to an affirmative command that has two or more syllables, an accent mark is added to maintain the original stress:

borra → bórralos
prende → préndela
imprime → imprímelo

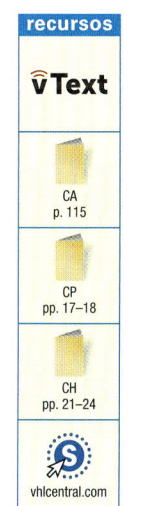

recursos

v̂Text

CA p. 115

CP pp. 17–18

CH pp. 21–24

vhlcentral.com

¡INTÉNTALO!

Indica los mandatos familiares afirmativos y negativos de estos verbos.

1. correr   __Corre__ más rápido.   No __corras__ más rápido.
2. llenar   _____ el tanque.   No _____ el tanque.
3. salir   _____ ahora.   No _____ ahora.
4. descargar   _____ ese documento.   No _____ ese documento.
5. levantarse   _____ temprano.   No _____ temprano.
6. hacerlo   _____ ya.   No _____ ahora.

Práctica

1 Completar Tu mejor amigo no entiende nada de tecnología y te pide ayuda. Completa los comentarios de tu amigo con el mandato de cada verbo.

1. No _____ en una hora. _____ ahora mismo. (venir)
2. _____ tu tarea después. No la _____ ahora. (hacer)
3. No _____ a la tienda a comprar papel para la impresora. _____ a la cafetería a comprarme algo de comer. (ir)
4. No _____ que no puedes abrir un archivo. _____ que el programa de computación funciona sin problemas. (decirme)
5. _____ generoso con tu tiempo y no _____ antipático si no entiendo fácilmente. (ser)
6. _____ mucha paciencia y no _____ prisa. (tener)
7. _____ tu teléfono celular, pero no _____ la computadora. (apagar)

2 Cambiar Pedro y Marina no pueden ponerse de acuerdo (*agree*) cuando viajan en el carro. Cuando Pedro dice que algo es necesario, Marina expresa una opinión diferente. Usa la información entre paréntesis para formar las órdenes que Marina le da a Pedro.

modelo
Pedro: Necesito revisar el aceite del carro. (seguir hasta el próximo pueblo)
Marina: *No revises el aceite del carro. Sigue hasta el próximo pueblo.*

1. Necesito conducir más rápido. (parar el carro)
2. Necesito poner el radio. (hablarme)
3. Necesito almorzar ahora. (comer más tarde)
4. Necesito sacar los discos compactos. (manejar con cuidado)
5. Necesito estacionar el carro en esta calle. (pensar en otra opción)
6. Necesito volver a esa gasolinera. (arreglar el carro en un taller)
7. Necesito leer el mapa. (pedirle ayuda a aquella señora)
8. Necesito dormir en el carro. (acostarse en una cama)

3 Problemas Tú y tu compañero/a son voluntarios en el centro de computadoras de la escuela. Muchos estudiantes están llegando con problemas. Denles órdenes para ayudarlos a resolverlos.

modelo
Problema: No veo nada en la pantalla.
Tu respuesta: *Prende la pantalla de tu computadora.*

| apagar... | descargar... | funcionar... | guardar... | navegar... |
| borrar... | escanear... | grabar... | imprimir... | prender... |

1. No me gusta este programa de computación.
2. Tengo miedo de perder mi documento.
3. Prefiero leer este sitio web en papel.
4. Mi correo electrónico funciona muy lentamente.
5. Busco información sobre los gauchos de Argentina.
6. Tengo demasiados archivos en mi computadora.
7. Mi computadora se congeló (*froze*).
8. Quiero ver las fotos del cumpleaños de mi hermana.

Practice more at **vhlcentral.com**.

NOTA CULTURAL

Los gauchos (*nomadic cowboys*), conocidos por su habilidad (*skill*) para montar a caballo y utilizar el lazo, viven en la Región Pampeana, una llanura muy extensa ubicada en el centro de Argentina y dedicada a la agricultura (*agriculture*).

Comunicación

4 **Órdenes** Circula por la clase e intercambia mandatos negativos y afirmativos con tus compañeros/as. Debes seguir los mandatos que ellos te dan o reaccionar apropiadamente.

modelo

Estudiante 1: Dame todo tu dinero.
Estudiante 2: No, no quiero dártelo. Muéstrame tu cuaderno.
Estudiante 1: Aquí está.
Estudiante 3: Ve a la pizarra y escribe tu nombre.
Estudiante 4: No quiero. Hazlo tú.

5 **Anuncios** Miren este anuncio. Luego, en grupos pequeños, preparen tres anuncios adicionales para tres escuelas que compiten (*compete*) con ésta.

INFORMÁTICA ARGENTINA

Toma nuestros cursos y aprende a usar la computadora

abre y lee tus archivos

imprime tus documentos

entra al campo de la tecnología

¡Ponte en contacto con nosotros llamando al **11-4-129-1508 HOY!**

Síntesis

6 **¡Tanto que hacer!** Tu profesor(a) te va a dar una lista de diligencias (*errands*). Algunas las hiciste tú y algunas las hizo tu compañero/a. Las diligencias que ya hicieron tienen esta marca ✔. Pero quedan cuatro diligencias por hacer. Dale mandatos a tu compañero/a y él/ella responde para confirmar si hay que hacerla o si ya la hizo.

modelo

Estudiante 1: Llena el tanque.
Estudiante 2: Ya llené el tanque. / ¡Ay, no! Tenemos que llenar el tanque.

2.2 Por and para

ANTE TODO Unlike English, Spanish has two words that mean *for*: **por** and **para**. These two prepositions are not interchangeable. Study the following charts to see how they are used.

▸ **Por** and **para** are most commonly used to describe aspects of movement, time, and action, but in different circumstances.

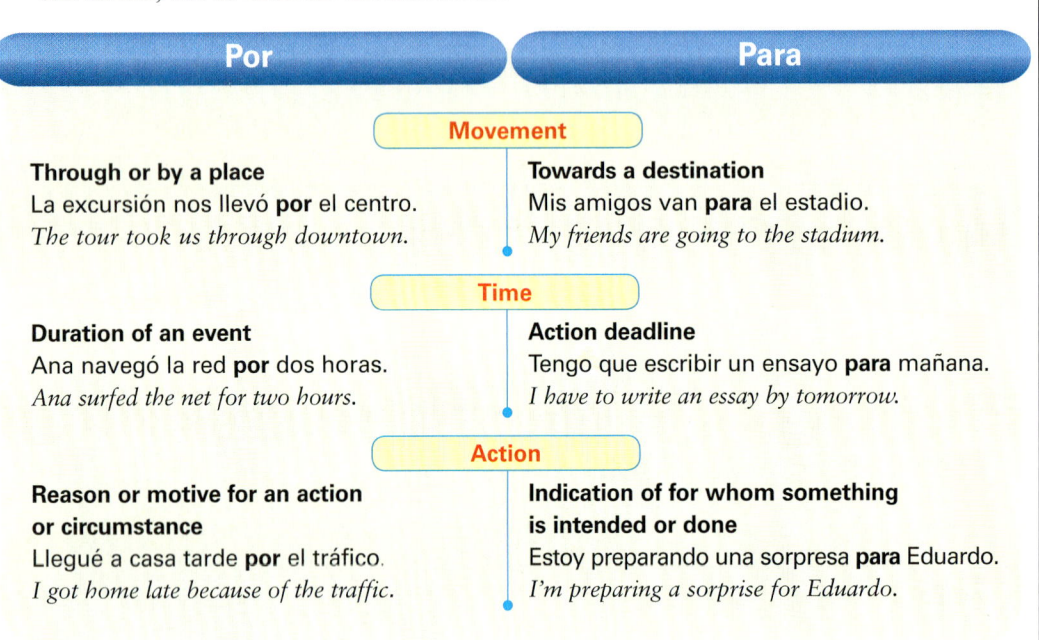

Por | Para

Movement

Por	Para
Through or by a place	Towards a destination
La excursión nos llevó **por** el centro.	Mis amigos van **para** el estadio.
The tour took us through downtown.	*My friends are going to the stadium.*

Time

Por	Para
Duration of an event	Action deadline
Ana navegó la red **por** dos horas.	Tengo que escribir un ensayo **para** mañana.
Ana surfed the net for two hours.	*I have to write an essay by tomorrow.*

Action

Por	Para
Reason or motive for an action or circumstance	Indication of for whom something is intended or done
Llegué a casa tarde **por** el tráfico.	Estoy preparando una sorpresa **para** Eduardo.
I got home late because of the traffic.	*I'm preparing a surprise for Eduardo.*

▸ Here is a complete list of all of the uses of **por** and **para**.

Por is used to indicate...

1. **Movement:** Motion or a general location (around, through, along, by)
   Pasamos **por** el parque y **por** el río.
   We passed by the park and along the river.

2. **Time:** Duration of an action (for, during, in)
   Estuve en la Patagonia **por** un mes.
   I was in Patagonia for a month.

3. **Action:** Reason or motive for an action (because of, on account of, on behalf of)
   Lo hizo **por** su familia.
   She did it on behalf of her family.

4. **Object of a search** (for, in search of)
   Vengo **por** ti a las ocho.
   I'm coming for you at eight.
   Manuel fue **por** su cámara digital.
   Manuel went in search of his digital camera.

5. **Means by which something is done** (by, by way of, by means of)
   Ellos viajan **por** la autopista.
   They travel by (by way of) the highway.

6. **Exchange or substitution** (for, in exchange for)
   Le di dinero **por** el reproductor de MP3.
   I gave him money for the MP3 player.

7. **Unit of measure** (per, by)
   José manejaba a 120 kilómetros **por** hora.
   José was driving 120 kilometers per hour.

¡ATENCIÓN!

Por is also used in several idiomatic expressions, including:
por aquí *around here*
por ejemplo *for example*
por eso *that's why; therefore*
por fin *finally*

AYUDA

Remember that when giving an exact time, **de** is used instead of **por** before **la mañana, la tarde,** or **la noche**. La clase empieza a las nueve **de** la mañana.

• • •

In addition to **por**, **durante** is also commonly used to mean *for* when referring to time. Esperé al mecánico **durante** cincuenta minutos.

La tecnología

Para is used to indicate...

1. **Movement: Destination** . . . . Salimos **para** Córdoba el sábado.
   (*toward, in the direction of*) — *We are leaving for Córdoba on Saturday.*

2. **Time: Deadline or a specific time in the future** . . . . Él va a arreglar el carro **para** el viernes.
   (*by, for*) — *He will fix the car by Friday.*

3. **Action: Purpose or goal** + [*infinitive*] . . . . Juan estudia **para** (ser) mecánico.
   (*in order to*) — *Juan is studying to be a mechanic.*

4. **Purpose** + [*noun*] . . . . Es una llanta **para** el carro.
   (*for, used for*) — *It's a tire for the car.*

5. **The recipient of something** . . . . Compré una impresora **para** mi abuelo.
   (*for*) — *I bought a printer for my grandfather.*

6. **Comparison with others or an opinion** . . **Para** un joven, es demasiado serio.
   (*for, considering*) — *For a young person, he is too serious.*
   Para mí, esta lección no es difícil.
   For me, this lesson isn't difficult.

7. **In the employment of** . . . . Sara trabaja **para** Telecom Argentina.
   (*for*) — *Sara works for Telecom Argentina.*

▶ In many cases it is grammatically correct to use either **por** or **para** in a sentence. The meaning of the sentence is different, however, depending on which preposition is used.

Caminé **por** el parque.   Caminé **para** el parque.
I walked through the park.   *I walked to (toward) the park.*

Trabajó **por** su padre.   Trabajó **para** su padre.
He worked for (in place of) his father.   *He worked for his father('s company).*

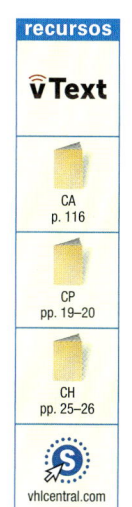

¡INTÉNTALO!

Completa estas oraciones con las preposiciones **por** o **para**.

1. Fuimos al cibercafé __por__ la tarde.
2. Necesitas un navegador GPS _____ encontrar la casa de Luis.
3. Entraron _____ la puerta.
4. Quiero un pasaje _____ Buenos Aires.
5. _____ arrancar el carro, necesito la llave.
6. Arreglé el televisor _____ mi amigo.
7. Estuvieron nerviosos _____ el examen.
8. ¿No hay una gasolinera _____ aquí?
9. El reproductor de MP3 es _____ usted.
10. Juan está enfermo. Tengo que trabajar _____ él.
11. Estuvimos en Canadá _____ dos meses.
12. _____ mí, el español es fácil.
13. Tengo que estudiar la lección _____ el lunes.
14. Voy a ir _____ la carretera.
15. Compré dulces _____ mi novia.
16. Compramos el auto _____ un buen precio.

Práctica

1 Completar Completa este párrafo con las preposiciones **por** o **para**.

El mes pasado mi familia y yo hicimos un viaje a Buenos Aires y sólo pagamos dos mil dólares (1)_____ los pasajes. Estuvimos en Buenos Aires (2)_____ una semana y paseamos por toda la ciudad. Durante el día caminamos (3)_____ la plaza San Martín, el microcentro y el barrio de La Boca, donde viven muchos artistas. (4)_____ la noche fuimos a una tanguería, que es una especie de teatro, (5)_____ mirar a la gente bailar tango. Dos días después decidimos hacer una excursión (6)_____ las pampas (7)_____ ver el paisaje y un rodeo con gauchos. Alquilamos (*We rented*) un carro y manejamos (8)_____ todas partes y pasamos unos días muy agradables. El último día que estuvimos en Buenos Aires fuimos a Galerías Pacífico (9)_____ comprar recuerdos (*souvenirs*) (10)_____ nuestros parientes. Compramos tantos regalos que tuvimos que pagar impuestos (*duties*) en la aduana al regresar.

2 Oraciones Crea oraciones originales con los elementos de las columnas. Une los elementos usando **por** o **para**.

modelo

Fuimos a Mar del Plata por razones de salud para visitar a un especialista.

(no) fue al mercado	por/para	comprar frutas	por/para	¿?
(no) fuimos a las montañas	por/para	tres días	por/para	¿?
(no) fuiste a Mar del Plata	por/para	razones de salud	por/para	¿?
(no) fueron a Buenos Aires	por/para	tomar el sol	por/para	¿?

NOTA CULTURAL

Mar del Plata es un centro turístico en la costa de Argentina. La ciudad es conocida como "la perla del Atlántico" y todos los años muchos turistas visitan sus playas y casinos.

3 Describir Usa **por** o **para** y el tiempo presente para describir estos dibujos.

1. _____
2. _____
3. _____
4. _____
5. _____
6. _____

Practice more at **vhlcentral.com**.

Comunicación

4 **Descripciones** Usa **por** o **para** y completa estas frases de manera lógica. Luego, compara tus respuestas con las de un(a) compañero/a.

1. En casa, hablo con mis amigos...
2. Mi padre/madre trabaja...
3. Ayer fui al taller...
4. Los miércoles tengo clases...
5. A veces voy a la biblioteca...
6. Esta noche tengo que estudiar...
7. Necesito... dólares...
8. Compré un regalo...
9. Mi mejor amigo/a estudia...
10. Necesito hacer la tarea...

5 **Situación** En parejas, dramaticen esta situación. Utilicen muchos ejemplos de **por** y **para**.

Hijo/a

Pídele dinero a tu padre/madre.

Dile que quieres comprar un carro.

Explica tres razones por las que necesitas un carro.

Dile que por no tener un carro tu vida es muy difícil.

Padre/Madre

Pregúntale a tu hijo/a para qué lo necesita.

Pregúntale por qué necesita un carro.

Explica por qué sus razones son buenas o malas.

Decide si vas a darle el dinero y explica por qué.

Síntesis

6 **Una subasta (*auction*)** Cada estudiante debe traer a la clase un objeto o una foto del objeto para vender. En grupos, túrnense para ser el/la vendedor(a) y los postores (*bidders*). Para empezar, el/la vendedor(a) describe el objeto y explica para qué se usa y por qué alguien debe comprarlo.

modelo

Vendedora: Aquí tengo un reproductor de CD. Pueden usarlo para disfrutar su música favorita o para escuchar canciones en español. Sólo hace un año que lo compré y todavía funciona perfectamente. ¿Quién ofrece $1.500 para empezar?

Postor(a) 1: Pero los reproductores de CD son anticuados. Te doy $20.

Vendedora: Ah, pero éste es muy especial porque viene con el CD que grabé cuando quería ser cantante de ópera.

Postor(a) 2: Ah, ¡entonces te doy $100!

2.3 Reciprocal reflexives

ANTE TODO You have learned that reflexive verbs indicate that the subject of a sentence does the action to itself. Reciprocal reflexives (**los reflexivos recíprocos**), on the other hand, express a shared or reciprocal action between two or more people or things. In this context, the pronoun means *(to) each other* or *(to) one another*.

Luis y Marta **se** miran en el espejo.
Luis and Marta look at themselves in the mirror.

Luis y Marta **se** miran.
Luis and Marta look at each other.

▶ Only the plural forms of the reflexive pronouns (**nos**, **os**, **se**) are used to express reciprocal actions because the action must involve more than one person or thing.

Cuando **nos vimos** en la calle, **nos abrazamos**.
When we saw each other on the street, we hugged (one another).

Ustedes **se** van a **encontrar** en el cibercafé, ¿no?
You are meeting (each other) at the cybercafé, right?

Nos ayudamos cuando usamos la computadora.
We help each other when we use the computer.

Las amigas **se saludaron** y **se besaron**.
The friends greeted each other and kissed (one another).

¡ATENCIÓN!

Here is a list of common verbs that can express reciprocal actions:

abrazar(se) *to hug; to embrace (each other)*
ayudar(se) *to help (each other)*
besar(se) *to kiss (each other)*
encontrar(se) *to meet (each other); to run into (each other)*
saludar(se) *to greet (each other)*

¡INTÉNTALO!

Indica el reflexivo recíproco adecuado y el presente o el pretérito de estos verbos.

presente

1. (escribir) Los novios _se escriben_.
   Nosotros _____.
   Ana y Ernesto _____.
2. (escuchar) Mis tíos _____.
   Nosotros _____.
   Ellos _____.
3. (ver) Nosotros _____.
   Fernando y Tomás _____.
   Ustedes _____.
4. (llamar) Ellas _____.
   Mis hermanos _____.
   Pepa y yo _____.

pretérito

1. (saludar) Nicolás y tú _se saludaron_.
   Nuestros vecinos _____.
   Nosotros _____.
2. (hablar) Los amigos _____.
   Elena y yo _____.
   Nosotras _____.
3. (conocer) Alberto y yo _____.
   Ustedes _____.
   Ellos _____.
4. (encontrar) Ana y Javier _____.
   Los primos _____.
   Mi hermana y yo _____.

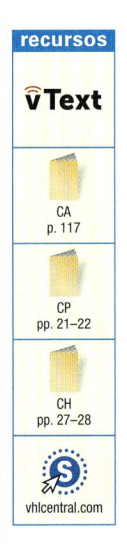

Práctica

1 **Un amor recíproco** Describe a Laura y a Elián usando los verbos recíprocos.

modelo
Laura veía a Elián todos los días. Elián veía a Laura todos los días.
Laura y Elián *se veían* todos los días.

1. Laura conocía bien a Elián. Elián conocía bien a Laura.
2. Laura miraba a Elián con amor. Elián la miraba con amor también.
3. Laura entendía bien a Elián. Elián entendía bien a Laura.
4. Laura hablaba con Elián todas las noches por teléfono. Elián hablaba con Laura todas las noches por teléfono.
5. Laura ayudaba a Elián con sus problemas. Elián la ayudaba también con sus problemas.

2 **Describir** Mira los dibujos y describe lo que estas personas hicieron.

1. Las hermanas _____.
2. Ellos _____. 
3. Gilberto y Mercedes _____ / _____ / _____. 
4. Tú y yo _____ / _____. 

Practice more at **vhlcentral.com**.

Comunicación

3 **Preguntas** En parejas, túrnense para hacerse estas preguntas.

1. ¿Se vieron tú y tu mejor amigo/a ayer? ¿Cuándo se ven ustedes normalmente?
2. ¿Dónde se encuentran tú y tus amigos?
3. ¿Se ayudan tú y tu mejor amigo/a con sus problemas?
4. ¿Se entienden bien tú y tu hermano/a menor?
5. ¿Dónde se conocieron tú y tu mejor amigo/a? ¿Cuánto tiempo hace que se conocen ustedes?
6. ¿Cuándo se dan regalos tú y tus amigos?
7. ¿Se escriben tú y tus amigos mensajes de texto o prefieren llamarse por teléfono?
8. ¿Siempre se llevan bien tú y tus parientes? Explica.

2.4 Stressed possessive adjectives and pronouns

ANTE TODO Spanish has two types of possessive adjectives: the unstressed (or short) forms you learned in **Descubre, nivel 1** and the stressed (or long) forms. The stressed forms are used for emphasis or to express *of mine*, *of yours*, and so on.

Stressed possessive adjectives

Masculine singular	Feminine singular	Masculine plural	Feminine plural	
mío	mía	míos	mías	my; (of) mine
tuyo	tuya	tuyos	tuyas	your; (of) yours (fam.)
suyo	suya	suyos	suyas	your; (of) yours (form.); his; (of) his; her; (of) hers; its
nuestro	nuestra	nuestros	nuestras	our; (of) ours
vuestro	vuestra	vuestros	vuestras	your; (of) yours (fam.)
suyo	suya	suyos	suyas	your; (of) yours (form.); their; (of) theirs

▶ **¡Atención!** Used with **un/una**, these possessives are similar in meaning to the English expression *of mine/yours/*etc.

> Juancho es **un** amigo **mío**.
> *Juancho is a friend of mine.*
>
> Ella es **una** compañera **nuestra**.
> *She is a classmate of ours.*

▶ Stressed possessive adjectives agree in gender and number with the nouns they modify. While unstressed possessive adjectives are placed before the noun, stressed possessive adjectives are placed after the noun they modify.

> **su** impresora
> *her printer*
>
> **nuestros** televisores
> *our television sets*
>
> ➤ la impresora **suya**
> *her printer*
>
> los televisores **nuestros**
> *our television sets*

▶ A definite article, an indefinite article, or a demonstrative adjective usually precedes a noun modified by a stressed possessive adjective.

> Me encantan { **unos** discos compactos **tuyos**. *I love some of your CDs.*
> **los** discos compactos **tuyos**. *I love your CDs.*
> **estos** discos compactos **tuyos**. *I love these CDs of yours.*

▶ Since **suyo, suya, suyos,** and **suyas** have more than one meaning, you can avoid confusion by using the construction: [*article*] + [*noun*] + **de** + [*subject pronoun*].

> **el** teclado **suyo** ➤ el teclado **de él/ella/usted** *his/her keyboard*
> el teclado **de ustedes/ellos/ellas** *your/their keyboard*

La tecnología

Possessive pronouns

▶ Possessive pronouns (**los pronombres posesivos**) are used to replace a noun + [*possessive adjective*]. In Spanish, the possessive pronouns have the same forms as the stressed possessive adjectives, and they are preceded by a definite article.

la cámara **nuestra**	**la nuestra**
el navegador GPS **tuyo**	**el tuyo**
los archivos **suyos**	**los suyos**

▶ A possessive pronoun agrees in number and gender with the noun it replaces.

—Aquí está **mi coche**. ¿Dónde está **el tuyo**?
Here's my car. Where is yours?

—**El mío** está en el taller de mi hermano.
Mine is at my brother's garage.

—¿Tienes **las revistas** de Carlos?
Do you have Carlos' magazines?

—No, pero tengo **las nuestras**.
No, but I have ours.

¿También está descompuesta tu computadora?

No, la mía no, la suya.

¡INTÉNTALO!

Indica las formas tónicas (*stressed*) de estos adjetivos posesivos y los pronombres posesivos correspondientes.

	adjetivos	pronombres
1. su cámara digital	la cámara digital suya	la suya
2. mi televisor		
3. nuestros discos compactos		
4. tus direcciones electrónicas		
5. su monitor		
6. mis videos		
7. nuestra impresora		
8. tu estéreo		
9. nuestro cederrón		
10. mi computadora		

setenta y cinco 75

Práctica

1 **Oraciones** Forma oraciones con estas palabras. Usa el presente y haz los cambios necesarios.

1. un / amiga / suyo / vivir / Mendoza
2. ¿me / prestar / computadora / tuyo?
3. el / coche / suyo / nunca / funcionar / bien
4. no / nos / interesar / problemas / suyo
5. yo / querer / cámara digital / mío / ahora mismo
6. un / amigos / nuestro / manejar / como / loco

2 **¿Es suyo?** Un policía ha capturado (*has captured*) al hombre que robó (*robbed*) en tu casa. Ahora quiere saber qué cosas son tuyas. Túrnate con un(a) compañero/a para hacer el papel del policía y usa las pistas (*clues*) para contestar las preguntas.

> **modelo**
> no/viejo
> **Policía:** Esta impresora, ¿es suya?
> **Estudiante:** No, no es mía. La mía era más vieja.

1. sí
2. no/pequeño 
3. sí 
4. sí 
5. no/grande 
6. no/caro 

3 **Conversaciones** Completa estas conversaciones con las formas adecuadas de los pronombres posesivos.

1. —La casa de ellos estaba en la Avenida Alvear. ¿Dónde estaba la casa de ustedes?
   —_____ estaba en la calle Bolívar.
2. —A Carmen le encanta su monitor nuevo.
   —¿Sí? A José no le gusta _____.
3. —Puse mis discos aquí. ¿Dónde pusiste _____, Alfonso?
   —Puse _____ en el escritorio.
4. —Se me olvidó traer mis llaves. ¿Trajeron ustedes _____?
   —No, dejamos _____ en casa.
5. —Yo compré mi computadora en una tienda y Marta compró _____ en Internet. Y _____, ¿dónde la compraste?
   —_____ es de Cibermax.

Practice more at **vhlcentral.com**.

Comunicación

4 **Vendedores competitivos** Trabajen en grupos de tres. Uno/a de ustedes va a una tienda a comprar un aparato tecnológico (reproductor de MP3, computadora portátil, monitor, etc.). Los/as otros/as dos son empleados/as de dos marcas rivales y compiten para convencer al/a la cliente/a de que compre su producto. Usen los adjetivos posesivos y túrnense para comprar y vender. ¿Quién es el/la mejor vendedor/a?

modelo

Estudiante 1: Buenos días, quiero comprar un reproductor de MP3.
Estudiante 2: Tengo lo que necesita. El mío, tiene capacidad para 500 canciones.
Estudiante 3: El tuyo es muy viejo, con el mío también puedes ver videos...

5 **Comparar** Trabajen en parejas. Intenta (*Try to*) convencer a tu compañero/a de que algo que tú tienes es mejor que lo que él/ella tiene. Pueden hablar de sus reproductores de MP3, teléfonos celulares, clases, horarios o amigos/as.

modelo

Estudiante 1: Mi computadora tiene una pantalla de quince pulgadas (*inches*). ¿Y la tuya?
Estudiante 2: La mía es mejor porque tiene una pantalla de diecisiete pulgadas.
Estudiante 1: Pues la mía...

Síntesis

6 **Inventos locos** En grupos pequeños, imaginen que construyeron un aparato tecnológico revolucionario. Dibujen su invento y descríbanlo contestando estas preguntas. Incluyan todos los detalles que crean (*that you believe*) necesarios. Luego, compártanlo con la clase. Utilicen los posesivos, **por** y **para** y el vocabulario de **Contextos**.

modelo

Nuestro aparato se usa para cocinar huevos y funciona de una manera muy fácil...

- ¿Para qué se usa?
- ¿Cómo es?
- ¿Cuánto cuesta?
- ¿Qué personas van a comprar este aparato?

Recapitulación

Diagnostics Remediation Activities

Completa estas actividades para repasar los conceptos de gramática que aprendiste en esta lección.

1 Completar Completa la tabla con las formas de los mandatos familiares. **8 pts.**

Infinitivo	Mandato Afirmativo	Mandato Negativo
comer	come	no comas
hacer		
sacar		
venir		
ir		

2 Por y para Completa el diálogo con **por** o **para**. **10 pts.**

MARIO Hola, yo trabajo (1) _____ el periódico de la escuela. ¿Puedo hacerte unas preguntas?

INÉS Sí, claro.

MARIO ¿Navegas mucho (2) _____ la red?

INÉS Sí, todos los días me conecto a Internet (3) _____ leer mi correo y navego (4) _____ una hora. También me gusta hablar (5) _____ Skype con mis amigos. Es muy bueno y, (6) _____ mí, es divertido.

MARIO ¿Y qué piensas sobre hacer la tarea en la computadora?

INÉS En general, me parece bien, pero (7) _____ ejemplo, anoche hice unos ejercicios (8) _____ la clase de álgebra y al final me dolieron los ojos. (9) _____ eso a veces prefiero hacer la tarea a mano.

MARIO Muy bien. Muchas gracias (10) _____ tu ayuda.

3 Posesivos Completa las oraciones y confirma de quién(es) son las cosas. **6 pts.**

1. —¿Éste es mi bolígrafo? —Sí, es el _____ (*fam.*).
2. —¿Ésta es la cámara de tu papá? —Sí, es la _____.
3. —¿Ese teléfono es de Pilar? —Sí, es el _____.
4. —¿Éstos cederrones son de ustedes? —No, no son _____.
5. —¿Ésta es tu computadora portátil? —No, no es _____.
6. —¿Ésas son mis fotos? —Sí, son las _____ (*form.*).

RESUMEN GRAMATICAL

2.1 Familiar commands pp. 64–65

tú commands

Infinitive	Affirmative	Negative
guardar	guard**a**	no guard**es**
volver	vuelv**e**	no vuelv**as**
imprimir	imprim**e**	no imprim**as**

▶ Irregular **tú** command forms

dar → no des saber → no sepas
decir → di salir → sal
estar → no estés ser → sé, no seas
hacer → haz tener → ten
ir → ve, no vayas venir → ven
poner → pon

▶ Verbs ending in **-car, -gar, -zar** have a spelling change in the negative **tú** commands:

sacar → no sa**qu**es
apagar → no apa**gu**es
almorzar → no almuer**c**es

2.2 Por and para pp. 68–69

▶ Uses of **por**:

motion or general location; duration; reason or motive; object of a search; means by which something is done; exchange or substitution; unit of measure

▶ Uses of **para**:

destination; deadline; purpose or goal; recipient of something; comparison or opinion; in the employment of

2.3 Reciprocal reflexives p. 72

▶ Reciprocal reflexives express a shared or reciprocal action between two or more people or things. Only the plural forms (**nos, os, se**) are used.

Cuando **nos vimos** en la calle, **nos abrazamos**.

▶ Common verbs that can express reciprocal actions:

abrazar(se), ayudar(se), besar(se), conocer(se), encontrar(se), escribir(se), escuchar(se), hablar(se), llamar(se), mirar(se), saludar(se), ver(se)

La tecnología

2.4 Stressed possessive adjectives and pronouns
pp. 74–75

Stressed possessive adjectives	
Masculine	Feminine
mío(s)	mía(s)
tuyo(s)	tuya(s)
suyo(s)	suya(s)
nuestro(s)	nuestra(s)
vuestro(s)	vuestra(s)
suyo(s)	suya(s)

la impresora suya → la suya
las llaves mías → las mías

4 **Ángel y diablito** A Juan le gusta pedir consejos a su ángel y a su diablito imaginarios. Completa las respuestas con mandatos familiares desde las dos perspectivas. **8 pts.**

1. Estoy manejando. ¿Voy más rápido?
   - Á No, no _____ más rápido.
   - D Sí, _____ más rápido.
2. Es el disco compacto favorito de mi hermana. ¿Lo pongo en mi mochila?
   - Á No, no _____ en tu mochila.
   - D Sí, _____ en tu mochila.
3. Necesito estirar (*to stretch*) las piernas. ¿Doy un paseo?
   - Á Sí, _____ un paseo.
   - D No, no _____ un paseo.
4. Mi amigo necesita imprimir algo. ¿Apago la impresora?
   - Á No, no _____ la impresora.
   - D Sí, _____ la impresora.

5 **Oraciones** Forma oraciones para expresar acciones recíprocas con el tiempo indicado. **6 pts.**

> **modelo**
> tú y yo / conocer / bien (presente) *Tú y yo nos conocemos bien.*

1. José y Paco / llamar / una vez por semana (imperfecto)
2. mi novia y yo / ver / todos los días (presente)
3. los compañeros de clase / ayudar / con la tarea (pretérito)
4. tú y tu mamá / escribir / por correo electrónico / cada semana (imperfecto)
5. mis hermanas y yo / entender / perfectamente (presente)
6. los profesores / saludar / con mucho respeto (pretérito)

6 **La tecnología** Escribe al menos seis oraciones diciéndole a un(a) amigo/a qué hacer para tener "una buena relación" con la tecnología. Usa mandatos familiares afirmativos y negativos. **12 pts.**

7 **Saber compartir** Completa la expresión con los dos pronombres posesivos que faltan. **¡2 puntos EXTRA!**

"Lo que° es _____ es _____."

Lo que *What*

Practice more at vhlcentral.com.

recursos
vText
vhlcentral.com

2 adelante

Lección 2

Lectura
Audio: Synched Reading
Additional Reading

Antes de leer

Estrategia
Recognizing borrowed words

One way languages grow is by borrowing words from each other. English words that relate to technology often are borrowed by Spanish and other languages throughout the world. Sometimes the words are modified slightly to fit the sounds of the languages that borrow them. When reading in Spanish, you can often increase your understanding by looking for words borrowed from English or other languages you know.

Examinar el texto
Observa la tira cómica°. ¿De qué trata°? ¿Cómo lo sabes?

Buscar
Esta lectura contiene una palabra tomada° del inglés. Trabaja con un(a) compañero/a para encontrarla.

_____

Repasa° las palabras nuevas relacionadas con la tecnología que aprendiste en **Contextos** y expande la lista de palabras tomadas del inglés.

_____   _____
_____   _____
_____   _____

Sobre el autor
Juan Matías Loiseau (1974). Más conocido como Tute, este artista nació en Buenos Aires, Argentina. Estudió diseño gráfico, humorismo y cine. Sus tiras cómicas se publican en los Estados Unidos, Francia y toda Latinoamérica.

tira cómica *comic strip* ¿De qué trata? *What is it about?*
tomada *taken* Repasa *Review*

recursos
vText | CH pp. 30–32 | vhlcentral.com

La tecnología

ochenta y uno **81**

Después de leer

Comprensión
Indica si las oraciones son **ciertas** o **falsas**. Corrige las falsas.

Cierto **Falso**

_____ _____ 1. Hay tres personajes en la tira cómica: un usuario de teléfono, un amigo y un empleado de la empresa (*company*) telefónica.

_____ _____ 2. El nuevo servicio de teléfono incluye las llamadas telefónicas únicamente.

_____ _____ 3. El empleado duerme en su propia (*own*) casa.

_____ _____ 4. El contrato de teléfono dura (*lasts*) un año.

_____ _____ 5. El usuario y el amigo están trabajando (*working*).

Preguntas
Responde a estas preguntas con oraciones completas. Usa el pretérito y el imperfecto.

1. ¿Al usuario le gustaba usar el teléfono celular todo el tiempo?
   _____

2. ¿Por qué el usuario decidió tirar el teléfono al mar?
   _____

3. Según el amigo, ¿para qué tenía el usuario que tirar el teléfono celular al mar?
   _____

4. ¿Qué ocurrió cuando el usuario tiró el teléfono?
   _____

5. ¿Qué le dijo el empleado al usuario cuando salió del mar?
   _____

Conversar
En grupos pequeños, hablen de estos temas.

1. ¿Se sienten identificados/as con el usuario de teléfono de la tira cómica? ¿Por qué?

2. ¿Cuáles son los aspectos positivos y los negativos de tener teléfono celular?

3. ¿Cuál es para ustedes el límite que debe tener la tecnología en nuestras vidas?

te viene *comes with* **tipo** *guy, dude* **te avisa** *alerts you* **escuchás** *hear (Arg.)* **distraídos** *people who are forgetful* **piso** *floor* **bolsa de dormir** *sleeping bag* **darle de baja** *to suspend* **harto** *fed up* **revolear** *throw (something) away* **bien hecho** *well done* **llamada perdida** *missed call*

Practice more at **vhlcentral.com**.

Escritura

Estrategia
Listing key words

Once you have determined a topic for a piece of writing, it is helpful to make a list of key words you can use while you write. If you were to write a description of your school's campus, for example, you would probably need a list of prepositions that describe location, such as **en frente de, al lado de,** and **detrás de.** Likewise, a list of descriptive adjectives would be useful to you if you were writing about the people and places of your childhood.

By preparing a list of potential words ahead of time, you will find it easier to avoid using the dictionary while writing your first draft. You will probably also learn a few new words in Spanish while preparing your list of key words.

Listing useful vocabulary is also a valuable organizational strategy, since the act of brainstorming key words will help you to form ideas about your topic. In addition, a list of key words can help you avoid redundancy when you write.

If you were going to help someone write a personal ad, what words would be most helpful to you? Jot a few of them down and compare your list with a partner's. Did you choose the same words? Would you choose any different or additional words, based on what your partner wrote?

1. _____
2. _____
3. _____
4. _____
5. _____
6. _____

Tema

Escribir instrucciones

Uno de tus amigos argentinos quiere crear un sitio web sobre películas estadounidenses. Te pide sugerencias sobre qué información puede incluir y no incluir en su sitio web.

Escríbele un correo en el que le explicas claramente° cómo organizar el sitio web y qué información puede incluir.

Cuando escribas tu correo, considera esta información:

▶ una sugerencia para el nombre del sitio web
▶ mandatos afirmativos para describir en detalle lo que tu amigo/a puede incluir en el sitio web
▶ una lista de las películas americanas más importantes de todos los tiempos (en tu opinión)
▶ mandatos negativos para sugerirle a tu amigo/a qué información no debe incluir en el sitio web

claramente *clearly*

Escuchar

Estrategia

Recognizing the genre of spoken discourse

You will encounter many different genres of spoken discourse in Spanish. For example, you may hear a political speech, a radio interview, a commercial, a message on an answering machine, or a news broadcast. Try to identify the genre of what you hear so that you can activate your background knowledge about that type of discourse and identify the speakers' motives and intentions.

To practice this strategy, you will now listen to two short selections. Identify the genre of each one.

Preparación

Mira la foto de Ricardo Moreno. ¿Puedes imaginarte qué tipo de discurso vas a oír?

Ahora escucha

Mientras escuchas a Ricardo Moreno, responde a las preguntas.

1. ¿Qué tipo de discurso es?
   a. las noticias° por radio o televisión
   b. una conversación entre amigos
   c. un anuncio comercial
   d. una reseña° de una película

2. ¿De qué habla?
   a. del tiempo   c. de un producto o servicio
   b. de su vida   d. de algo que oyó o vio

3. ¿Cuál es el propósito°?
   a. informar   c. relacionarse con alguien
   b. vender   d. dar opiniones

noticias *news* reseña *review* propósito *purpose*

recursos
vText
vhlcentral.com

Comprensión

Identificar

Indica si esta información está incluida en el discurso; si está incluida, escribe los detalles que escuchaste.

	Sí	No
1. El anuncio describe un servicio.	○	○
2. Explica cómo está de salud.	○	○
3. Informa sobre la variedad de productos.	○	○
4. Pide tu opinión.	○	○
5. Explica por qué es la mejor tienda.	○	○
6. Informa sobre el tiempo para mañana.	○	○
7. Informa dónde se puede conseguir el servicio.	○	○
8. Informa sobre las noticias del mundo.	○	○

Haz un anuncio

Con tres o cuatro compañeros, hagan un anuncio comercial de algún producto. No se olviden de dar toda la información necesaria. Después presenten su anuncio a la clase.

Practice more at vhlcentral.com.

En pantalla

Video: TV Clip

No sólo del fútbol y el béisbol viven los aficionados hispanos; también del automovilismo°. En Argentina es el segundo deporte más popular después del fútbol. En la Fórmula 1, la leyenda del argentino Juan Manuel Fangio aún sigue viva. España tiene circuitos importantes, como Jerez y Montmeló, y pilotos reconocidos como Fernando Alonso y Pedro de la Rosa. En México encontramos la tradicional Copa Turmex y las *NASCAR Corona Series*, y pilotos como Adrián Fernández y Esteban Gutiérrez. En NASCAR, el colombiano Juan Pablo Montoya y el cubano-americano Aric Almirola han hecho un buen papel°.

Vocabulario útil

¿Cómo quedó?	How does it look?
cuénteme	tell me
la llama	flame; llama (the animal)
malinterpretar	misunderstand
veamos	let's see

Preparación
¿Alguna vez le pediste a alguien que hiciera algo y te malinterpretó o se lo pediste a la persona equivocada?

Ordenar
Ordena cronológicamente estas oraciones.
 a. El dueño del taller malinterpretó el pedido.
 b. El cliente se sorprendió cuando lo vio y se le cayó el casco (*helmet*).
 c. Pensó que el cliente no se refería a (*didn't refer to*) las llamas de fuego sino a los animales.
 d. El cliente pidió que pintaran (*painted*) su carro con llamas.
 e. El dueño estaba muy orgulloso (*proud*) cuando le mostró al cliente cómo quedó el carro.

¿Cómo terminó?
En parejas, imaginen el final de la historia. ¿Cómo se sentían el cliente y el dueño del taller? ¿Qué ocurrió después? ¿Encontraron una solución? Usen el pretérito y el imperfecto.

Anuncio de Davivienda

Don Álex, lo estábamos esperando.

Cuénteme. ¿Cómo quedó mi carro?

Quedó espectacular [...] Llamas por arriba, por los lados...

---

automovilismo *car racing* han hecho un buen papel *have done a good job*

Practice more at **vhlcentral.com**.

recursos
vText
vhlcentral.com

La tecnología

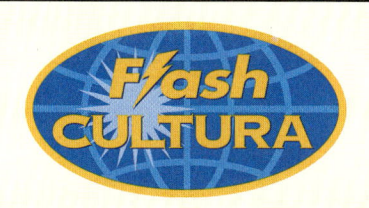

Flash Cultura

Video: Flash cultura

Hoy día, en cualquier ciudad grande latinoamericana puedes encontrar **un cibercafé**. Allí uno puede disfrutar de° un refresco o un café mientras navega en Internet, escribe correo electrónico o chatea°. De hecho°, el negocio° del cibercafé está mucho más desarrollado° en Latinoamérica que en los Estados Unidos. En una ciudad hispana, es común ver varios en una misma cuadra°. Los cibercafés ofrecen servicios especializados que permiten su coexistencia. Por ejemplo, mientras que el cibercafé Videomax atrae° a los niños con videojuegos, el Conécta-T ofrece servicio de chat con cámara para jóvenes, y el Mundo° Ejecutivo atrae a profesionales, todos en la misma calle.

Vocabulario útil

chateando	chatting
comunidad indígena	indigenous community
localizados	located
usuarios	users

Preparación
¿Con qué frecuencia navegas en Internet? ¿Dónde lo haces, en tu casa o en un lugar público?

Elegir
Indica cuál de las dos opciones resume mejor este episodio.
   a. En Cuzco, Internet es un elemento importante para las comunidades indígenas que quieren vender sus productos en otros países. Con Internet inalámbrica, estas comunidades chatean con clientes en otros países.
   b. En Cuzco, la comunidad y los turistas usan la tecnología de los celulares e Internet para comunicarse con sus familias o vender productos. Para navegar en Internet, se pueden visitar las cabinas de Internet o ir a la Plaza de Armas con una computadora portátil.

disfrutar de *enjoy* **chatea** *chat (from the English verb* to chat*)* **De hecho** *In fact* **negocio** *business* **desarrollado** *developed* **cuadra** *(city) block* **atrae** *attracts* **Mundo** *World*

Maravillas de la tecnología

... los cibercafés se conocen comúnmente como "cabinas de Internet" y están localizados por todo el país.

... el primer *hotspot* de Cuzco [...] permite a los usuarios navegar de manera inalámbrica...

Puedo usar Internet en medio de la plaza y nadie me molesta.

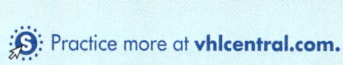

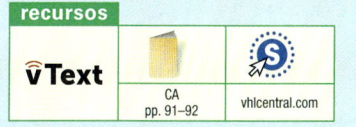

panorama

Argentina

Interactive Map
Video: *Panorama cultural*

El país en cifras

▸ **Área:** 2.780.400 km² (1.074.000 millas²)
Argentina es el país de habla española más grande del mundo. Su territorio es dos veces el tamaño° de Alaska.

▸ **Población:** 42.548.000

▸ **Capital:** Buenos Aires (y su área metropolitana)—13.401.000 En el gran Buenos Aires vive más del treinta por ciento de la población total del país. La ciudad es conocida° como el "París de Suramérica" por su estilo parisino°.

▸ **Ciudades principales:**
Córdoba—1.552.000, Rosario—1.280.000, Mendoza—956.000

SOURCE: Population Division, UN Secretariat

▸ **Moneda:** peso argentino
▸ **Idiomas:** español (oficial), lenguas indígenas

Bandera de Argentina

Argentinos célebres

▸ **Jorge Luis Borges,** escritor (1899–1986)
▸ **María Eva Duarte de Perón ("Evita"),** primera dama° (1919–1952)
▸ **Mercedes Sosa,** cantante (1935–2009)
▸ **Leandro "Gato" Barbieri,** saxofonista (1932–)

tamaño size conocida known parisino Parisian primera dama First Lady ancha wide mide it measures campo field

Buenos Aires
Gaucho de las pampas
Las cataratas del Iguazú
Monte Fitz Roy (Chaltén)
Vista de San Carlos de Bariloche

¡Increíble pero cierto!

La Avenida 9 de Julio en Buenos Aires es la calle más ancha° del mundo. De lado a lado mide° cerca de 140 metros, lo que es equivalente a un campo° y medio de fútbol. Su nombre conmemora el Día de la Independencia de Argentina.

Lección 2

recursos
vText | CA pp. 67–68 | CP pp. 25–26 | vhlcentral.com

La tecnología ochenta y siete **87**

Historia • Inmigración europea
Se dice que Argentina es el país más "europeo" de toda Latinoamérica. Después del año 1880, inmigrantes italianos, alemanes, españoles e ingleses llegaron para establecerse en esta nación. Esta diversidad cultural ha dejado° una profunda huella° en la música, el cine y la arquitectura argentinos.

Artes • El tango
El tango es uno de los símbolos culturales más importantes de Argentina. Este género° musical es una mezcla de ritmos de origen africano, italiano y español, y se originó a finales del siglo XIX entre los porteños°. Poco después se hizo popular entre el resto de los argentinos y su fama llegó hasta París. Como baile, el tango en un principio° era provocativo y violento, pero se hizo más romántico durante los años 30. Hoy día, este estilo musical tiene adeptos° en muchas partes del mundo°.

Lugares • Las cataratas del Iguazú
Las famosas cataratas° del Iguazú se encuentran entre las fronteras de Argentina, Paraguay y Brasil, al norte de Buenos Aires. Cerca de ellas confluyen° los ríos Iguazú y Paraná. Estas extensas caídas de agua tienen hasta 80 metros (262 pies) de altura° y en época° de lluvias llegan a medir 4 kilómetros (2,5 millas) de ancho. Situadas en el Parque Nacional Iguazú, las cataratas son un destino° turístico muy visitado.

Artesano en Buenos Aires

¿Qué aprendiste? Responde a cada pregunta con una oración completa.
1. ¿Qué porcentaje de la población de Argentina vive en el gran Buenos Aires?
2. ¿Quién era Mercedes Sosa?
3. Se dice que Argentina es el país más europeo de Latinoamérica. ¿Por qué?
4. ¿Qué tipo de baile es uno de los símbolos culturales más importantes de Argentina?
5. ¿Dónde y cuándo se originó el tango?
6. ¿Cómo era el baile del tango originalmente?
7. ¿En qué parque nacional están las cataratas del Iguazú?

Conexión Internet Investiga estos temas en **vhlcentral.com**.
1. Busca información sobre el tango. ¿Te gustan los ritmos y sonidos del tango? ¿Por qué? ¿Se baila el tango en tu comunidad?
2. ¿Quiénes fueron Juan y Eva Perón y qué importancia tienen en la historia de Argentina?

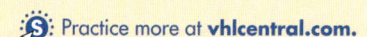

ha dejado *has left* huella *mark* género *genre* porteños *people of Buenos Aires* en un principio *at first* adeptos *followers* mundo *world* cataratas *waterfalls* confluyen *converge* altura *height* época *season* destino *destination*

vocabulario

Audio: Vocabulary Flashcards

La tecnología

la cámara digital/ de video	digital/video camera
el canal	(TV) channel
el cibercafé	cybercafé
el control remoto	remote control
el correo de voz	voice mail
el disco compacto	CD
el estéreo	stereo
el *fax*	fax (machine)
la pantalla táctil	touch screen
el radio	radio (set)
el reproductor de CD	CD player
el reproductor de MP3	MP3 player
el (teléfono) celular	cell phone
la televisión por cable	cable television
el televisor	televison set
el video	video
apagar	to turn off
funcionar	to work
llamar	to call
poner, prender	to turn on
sonar (o:ue)	to ring
descompuesto/a	not working; out of order
lento/a	slow
lleno/a	full

Verbos

abrazar(se)	to hug; to embrace (each other)
ayudar(se)	to help (each other)
besar(se)	to kiss (each other)
encontrar(se) (o:ue)	to meet (each other); to run into (each other)
saludar(se)	to greet (each other)

La computadora

el archivo	file
la arroba	@ symbol
el blog	blog
el cederrón	CD-ROM
la computadora (portátil)	(portable) computer; (laptop)
la conexión inalámbrica	wireless (connection)
la dirección electrónica	e-mail address
el disco compacto	CD
la impresora	printer
Internet	Internet
el mensaje de texto	text message
el monitor	(computer) monitor
la página principal	home page
la pantalla	screen
el programa de computación	software
el ratón	mouse
la red	network; Web
el reproductor de DVD	DVD player
el sitio web	website
el teclado	keyboard
borrar	to erase
descargar	to download
escanear	to scan
grabar	to record
guardar	to save
imprimir	to print
navegar (en Internet)	to surf (the Internet)

El carro

la autopista, la carretera	highway
el baúl	trunk
la calle	street
el capó, el cofre	hood
el carro, el coche	car
la circulación, el tráfico	traffic
el garaje, el taller (mecánico)	garage; (mechanic's) repair shop
la gasolina	gasoline
la gasolinera	gas station
la licencia de conducir	driver's license
la llanta	tire
el/la mecánico/a	mechanic
el navegador GPS	GPS
el parabrisas	windshield
la policía	police (force)
la velocidad máxima	speed limit
el volante	steering wheel
arrancar	to start
arreglar	to fix; to arrange
bajar(se) de	to get off of/out of (a vehicle)
conducir, manejar	to drive
estacionar	to park
llenar (el tanque)	to fill (the tank)
parar	to stop
revisar (el aceite)	to check (the oil)
subir(se) a	to get on/into (a vehicle)

Otras palabras y expresiones

por aquí	around here
por ejemplo	for example
por eso	that's why; therefore
por fin	finally

Por and **para**	See pages 68–69.
Stressed possessive adjectives and pronouns	See pages 74–75.
Expresiones útiles	See page 59.

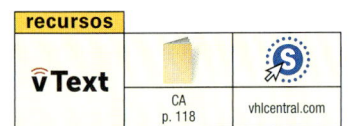

La vivienda

3

Communicative Goals

I will be able to:
- Welcome people to my home
- Describe my house or apartment
- Talk about household chores
- Give instructions

VOICE BOARD

contextos
pages 90–93
- Parts of a house
- Household chores
- Table settings

fotonovela
pages 94–97
Felipe and Jimena have promised to clean the apartment in exchange for permission to take a trip to the Yucatan Peninsula. Can Marissa and Juan Carlos help them finish on time?

cultura
pages 98–99
- The central patio
- The floating islands of Lake Titicaca

estructura
pages 100–117
- Relative pronouns
- Formal (**usted/ustedes**) commands
- The present subjunctive
- Subjunctive with verbs of will and influence
- **Recapitulación**

adelante
pages 118–125
Lectura: El Palacio de las Garzas
Escritura: A rental agreement
Escuchar: A conversation about finding a home
En pantalla
Flash cultura
Panorama: Panamá

A PRIMERA VISTA
- ¿Están los chicos en casa?
- ¿Viven en una casa o en un apartamento?
- ¿Ya comieron o van a comer?
- ¿Están de buen humor o de mal humor?

3 contextos

Lección 3

La vivienda

Más vocabulario

las afueras	suburbs; outskirts
el alquiler	rent (payment)
el ama (m., f.) de casa	housekeeper; caretaker
el barrio	neighborhood
el edificio de apartamentos	apartment building
el/la vecino/a	neighbor
la vivienda	housing
el balcón	balcony
la entrada	entrance
la escalera	stairs; stairway
el garaje	garage
el jardín	garden; yard
el patio	patio; yard
el sótano	basement; cellar
la cafetera	coffee maker
el electrodoméstico	electrical appliance
el horno (de microondas)	(microwave) oven
la lavadora	washing machine
la luz	light; electricity
la secadora	clothes dryer
la tostadora	toaster
el cartel	poster
la mesita de noche	night stand
los muebles	furniture
alquilar	to rent
mudarse	to move (from one house to another)

Variación léxica

dormitorio ↔ aposento (Rep. Dom.); recámara (Méx.)
apartamento ↔ departamento (Arg., Chile, Méx.); piso (Esp.)
lavar los platos ↔ lavar/fregar los trastes (Amér. C., Rep. Dom.)

el dormitorio

- el altillo
- la cómoda
- el armario
- el cuadro/la pintura
- Hace la cama. (hacer)
- la almohada
- la manta

Los quehaceres domésticos

arreglar	to neaten; to straighten up
barrer el suelo	to sweep the floor
cocinar	to cook
ensuciar	to get (something) dirty
hacer quehaceres domésticos	to do household chores
lavar (el suelo, los platos)	to wash (the floor, the dishes)
limpiar la casa	to clean the house
planchar (la ropa)	to iron (the clothes)
quitar la mesa	to clear the table
quitar el polvo	to dust

la sala

- las cortinas
- la lámpara
- la mesita
- el sofá
- la alfombra
- Pasa la aspiradora. (pasar)

recursos

vText
CA p. 119
CP pp. 27–28
CH pp. 35–36
vhlcentral.com

La vivienda

Práctica

1. Escuchar
Escucha la conversación y completa las oraciones.

1. Pedro va a limpiar primero _____.
2. Paula va a comenzar en _____.
3. Pedro va a _____ en el sótano.
4. Pedro también va a limpiar _____.
5. Ellos están limpiando la casa porque _____.

2. Respuestas
Escucha las preguntas y selecciona la respuesta más adecuada. Una respuesta no se va a usar.

____ a. Sí, la alfombra estaba muy sucia.
____ b. No, porque todavía se están mudando.
____ c. Sí, sacudí la mesa y el estante.
____ d. Sí, puse el pollo en el horno.
____ e. Hice la cama, pero no limpié los muebles.
____ f. Sí, después de sacarla de la secadora.

3. Escoger
Escoge la letra de la respuesta correcta.

1. Cuando quieres tener una lámpara y un despertador cerca de tu cama, puedes ponerlos en _____.
   a. el barrio   b. el cuadro   c. la mesita de noche
2. Si no quieres vivir en el centro de la ciudad, puedes mudarte _____.
   a. al alquiler   b. a las afueras   c. a la vivienda
3. Guardamos (*We keep*) los pantalones, las camisas y los zapatos en _____.
   a. la secadora   b. el armario   c. el patio
4. Para subir de la planta baja al primer piso, usamos _____.
   a. la entrada   b. el cartel   c. la escalera
5. Ponemos cuadros y pinturas en _____.
   a. las paredes   b. los quehaceres   c. los jardines

4. Definiciones
En parejas, identifiquen cada cosa que se describe. Luego inventen sus propias descripciones de algunas palabras y expresiones de **Contextos**.

modelo
Estudiante 1: *Es donde pones los libros.*
Estudiante 2: *el estante*

1. Es donde pones la cabeza cuando duermes.
2. Es el quehacer doméstico que haces después de comer.
3. Algunos de ellos son las cómodas y los sillones.
4. Son las personas que viven en tu barrio.
5. _____
6. _____

---

la oficina
- la pared
- Sacude los muebles. (sacudir)
- el estante
- el sillón

la cocina
- el refrigerador
- el congelador
- la cocina, la estufa
- el horno
- el lavaplatos
- Saca la basura. (sacar)

el comedor

Pone la mesa. (poner)

el vaso • la copa • la cuchara • la taza • la servilleta • el cuchillo • el tenedor • el plato

5 Completar
Completa estas frases con las palabras más adecuadas.

1. Para comer una ensalada necesitas...
2. Para tomar café necesitas...
3. Para poner la comida en la mesa necesitas...
4. Para limpiarte la boca después de comer necesitas...
5. Para cortar (*to cut*) un bistec necesitas...
6. Para tomar agua necesitas...
7. Para tomar sopa necesitas...

6 Los quehaceres
Trabajen en grupos para indicar quién hace estos quehaceres domésticos en sus casas. Luego contesten las preguntas.

barrer el suelo	lavar la ropa	planchar la ropa
cocinar	lavar los platos	sacar la basura
hacer las camas	pasar la aspiradora	sacudir los muebles

modelo
Estudiante 1: ¿Quién pasa la aspiradora en tu casa?
Estudiante 2: Mi hermano y yo pasamos la aspiradora.

1. ¿Quién hace más quehaceres, tú o tus compañeros/as?
2. ¿Quiénes hacen la mayoría de los quehaceres, los hombres o las mujeres?
3. ¿Piensas que debes hacer más quehaceres? ¿Por qué?

Practice more at **vhlcentral.com**.

Comunicación

7 **La vida doméstica** En parejas, describan las habitaciones que ven en estas fotos. Identifiquen y describan cinco muebles o adornos (*accessories*) de cada foto y digan dos quehaceres que se pueden hacer en cada habitación.

8 **Mi apartamento** Dibuja el plano (*floor plan*) de un apartamento amueblado (*furnished*) imaginario y escribe los nombres de las habitaciones y de los muebles. En parejas, siéntense espalda contra espalda (*sit back to back*). Uno/a de ustedes describe su apartamento mientras su compañero/a lo dibuja según la descripción. Cuando terminen, miren el segundo dibujo. ¿Es similar al dibujo original? Hablen de los cambios que se necesitan hacer para mejorar el dibujo. Repitan la actividad intercambiando papeles.

9 **¡Corre, corre!** Tu profesor(a) va a darte una serie incompleta de dibujos que forman una historia. Tú y tu compañero/a tienen dos series diferentes. Descríbanse los dibujos para completar la historia.

> **modelo**
> **Estudiante 1:** Marta quita la mesa.
> **Estudiante 2:** Francisco...

fotonovela

Lección 3

Los quehaceres

Jimena y Felipe deben limpiar el apartamento para poder ir de viaje con Marissa

PERSONAJES JIMENA FELIPE

Video: *Fotonovela*
Record and Compare

1

SR. DÍAZ Quieren ir a Yucatán con Marissa, ¿verdad?

SRA. DÍAZ Entonces, les sugiero que arreglen este apartamento. Regresamos más tarde.

SR. DÍAZ Les aconsejo que preparen la cena para las 8:30.

2

MARISSA ¿Qué pasa?

JIMENA Nuestros papás quieren que Felipe y yo arreglemos toda la casa.

FELIPE Y que, además, preparemos la cena.

MARISSA ¡Pues, yo les ayudo!

3

MARISSA Mis padres siempre quieren que mis hermanos y yo ayudemos con los quehaceres. No me molesta ayudar. Pero odio limpiar el baño.

JIMENA Lo que más odio yo es sacar la basura.

6

MARISSA Yo lleno el lavaplatos... después de vaciarlo.

DON DIEGO Juan Carlos, ¿por qué no terminas de pasar la aspiradora? Y Felipe, tú limpia el polvo. ¡Ya casi acaban!

7

(*Los chicos preparan la cena y ponen la mesa.*)

JUAN CARLOS ¿Dónde están los tenedores?

JIMENA Allá.

JUAN CARLOS ¿Y las servilletas?

MARISSA Aquí están.

8

FELIPE La sala está tan limpia. Le pasamos la aspiradora al sillón y a las cortinas. ¡Y también a las almohadas!

JIMENA Yucatán, ¡ya casi llegamos!

La vivienda

noventa y cinco 95

SRA. DÍAZ | **SR. DÍAZ** | **MARISSA** | **JUAN CARLOS** | **DON DIEGO**

4

JUAN CARLOS Hola, Jimena. ¿Está Felipe? (*a Felipe*) Te olvidaste del partido de fútbol.

FELIPE Juan Carlos, ¿verdad que mi papá te considera como de la familia?

JUAN CARLOS Sí.

5

(*Don Diego llega a ayudar a los chicos.*)

FELIPE Tenemos que limpiar la casa hoy.

JIMENA ¿Nos ayuda, don Diego?

DON DIEGO Claro. Recomiendo que se organicen en equipos para limpiar.

9

(*Papá y mamá regresan a casa.*)

SRA. DÍAZ ¡Qué bonita está la casa!

SR. DÍAZ Buen trabajo, muchachos. ¿Qué hay para cenar?

JIMENA Quesadillas. Vengan.

10

SRA. DÍAZ Don Diego, quédese a cenar con nosotros. Venga.

SR. DÍAZ Sí, don Diego. Pase.

DON DIEGO Gracias.

Expresiones útiles

Making recommendations
Le(s) sugiero que arregle(n) este apartamento.
I suggest you tidy up this apartment.
Le(s) aconsejo que prepare(n) la cena para las ocho y media.
I recommend that you have dinner ready for eight thirty.

Organizing work
Recomiendo que se organicen en equipos para limpiar.
I recommend that you divide yourselves into teams to clean.
Yo lleno el lavaplatos... después de vaciarlo.
I'll fill the dishwasher... after I empty it.
¿Por qué no terminas de pasar la aspiradora?
Why don't you finish vacuuming?
¡Ya casi acaban!
You're almost finished!
Felipe, tú quita el polvo.
Felipe, you dust.

Making polite requests
Don Diego, quédese a cenar con nosotros.
Don Diego, stay and have dinner with us.
Venga.
Come on.
Don Diego, pase.
Don Diego, come in.

Additional vocabulary
el plumero *duster*

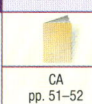

¿Qué pasó?

1 **¿Cierto o falso?** Indica si lo que dicen estas oraciones es **cierto** o **falso**. Corrige las oraciones falsas.

	Cierto	Falso
1. Felipe y Jimena tienen que preparar el desayuno.	○	○
2. Don Diego ayuda a los chicos organizando los quehaceres domésticos.	○	○
3. Jimena le dice a Juan Carlos dónde están los tenedores.	○	○
4. A Marissa no le molesta limpiar el baño.	○	○
5. Juan Carlos termina de lavar los platos.	○	○

2 **Identificar** Identifica quién puede decir estas oraciones.

1. Yo les ayudo, no me molesta hacer quehaceres domésticos.
2. No me gusta sacar la basura, pero es necesario hacerlo.
3. Es importante que termines de pasar la aspiradora, Juan Carlos.
4. ¡La casa está muy limpia! ¡Qué bueno que pasamos la aspiradora!
5. ¡Buen trabajo, chicos! ¿Qué vamos a cenar?

JIMENA   DON DIEGO   FELIPE   SR. DÍAZ   MARISSA

3 **Completar** Los chicos y don Diego están haciendo los quehaceres. Adivina en qué cuarto está cada uno de ellos.

1. Jimena limpia el congelador. Jimena está en _____.
2. Don Diego limpia el escritorio. Don Diego está en _____.
3. Felipe pasa la aspiradora debajo de la mesa y las sillas. Felipe está en _____.
4. Juan Carlos sacude el sillón. Juan Carlos está en _____.
5. Marissa hace la cama. Marissa está en _____.

4 **Mi casa** Dibuja el plano de una casa o de un apartamento. Puede ser el plano de la casa o del apartamento donde vives o de donde te gustaría (*you would like*) vivir. Después, trabajen en parejas y describan lo que se hace en cuatro de las habitaciones. Para terminar, pídanse (*ask for*) ayuda para hacer dos quehaceres domésticos. Pueden usar estas frases en su conversación.

Quiero mostrarte...	Al fondo hay...
Ésta es (la cocina).	Quiero que me ayudes a (sacar la basura).
Allí yo (preparo la comida).	Por favor, ayúdame con...

Practice more at **vhlcentral.com**.

Ortografía y pronunciación
Mayúsculas y minúsculas

Here are some of the rules that govern the use of capital letters (**mayúsculas**) and lowercase letters (**minúsculas**) in Spanish.

Los estudiantes llegaron al aeropuerto a las dos.
Luego fueron al hotel.

In both Spanish and English, the first letter of every sentence is capitalized.

Rubén **B**lades   **P**anamá   **C**olón   los **A**ndes

The first letter of all proper nouns (names of people, countries, cities, geographical features, etc.) is capitalized.

Cien años de soledad   **D**on **Q**uijote de la **M**ancha
El **P**aís   **M**uy **I**nteresante

The first letter of the first word in titles of books, films, and works of art is generally capitalized, as well as the first letter of any proper names. In newspaper and magazine titles, as well as other short titles, the initial letter of each word is often capitalized.

la **s**eñora Ramos   **d**on Francisco
el **p**residente   **S**ra. Vives

Titles associated with people are *not* capitalized unless they appear as the first word in a sentence. Note, however, that the first letter of an abbreviated title is capitalized.

Último   **Á**lex   MEN**Ú**   PERD**Ó**N

Accent marks should be retained on capital letters. In practice, however, this rule is often ignored.

lunes   **v**iernes   **m**arzo   **p**rimavera

The first letter of days, months, and seasons is not capitalized.

español   **e**stadounidense   **j**aponés   **p**anameños

The first letter of nationalities and languages is not capitalized.

Profesor Herrera, ¿es cierto que somos venenosas°?

Sí, Pepito. ¿Por qué lloras?

Práctica Corrige las mayúsculas y minúsculas incorrectas.

1. soy lourdes romero. Soy Colombiana.
2. éste Es mi Hermano álex.
3. somos De panamá.
4. ¿es ud. La sra. benavides?
5. ud. Llegó el Lunes, ¿no?

Palabras desordenadas Lee el diálogo de las serpientes. Ordena las letras para saber de qué palabras se trata. Después escribe las letras indicadas para descubrir por qué llora Pepito.

m n a a P á ☐☐☐☐☐☐
s t e m r a ☐☐☐☐☐☐
i g s l é n ☐☐☐☐☐☐
y a U r u g u ☐☐☐☐☐☐☐
r o ñ e s a ☐☐☐☐☐☐

¡ ☐orque ☐e acabo de morder° la ☐en☐u☐!

Respuestas: Panamá, martes, inglés, Uruguay, señora.
¡Porque me acabo de morder la lengua!

venenosas *venomous* **morder** *to bite*

cultura

EN DETALLE

El patio central

En las tardes cálidas° de Oaxaca, México; Córdoba, España; o Popayán, Colombia, es un placer sentarse en **el patio central** de una casa y tomar un refresco disfrutando de° una buena conversación. De influencia árabe, esta característica arquitectónica° fue traída° a las Américas por los españoles. En la época° colonial, se construyeron casas, palacios, monasterios, hospitales y escuelas con patio central. Éste es un espacio privado e íntimo en donde se puede disfrutar del sol y de la brisa° estando aislado° de la calle.

El centro del patio es un espacio abierto. Alrededor de° él, separado por columnas, hay un pasillo cubierto°. Así, en el patio hay zonas de sol y de sombra°. El patio es una parte importante de la vivienda familiar y su decoración se cuida° mucho. En el centro del patio muchas veces hay una fuente°, plantas e incluso árboles°. El agua es un elemento muy importante en la cultura islámica porque simboliza la purificación del cuerpo y del alma°.

Por esta razón y para disminuir° la temperatura, el agua en estas construcciones es muy importante. El agua y la vegetación ayudan a mantener la temperatura fresca y el patio proporciona° luz y ventilación a todas las habitaciones.

La distribución

Las casas con patio central eran usualmente las viviendas de familias adineradas°. Son casas de dos o tres pisos. Los cuartos de la planta baja son las áreas comunes: cocina, comedor, sala, etc., y tienen puertas al patio. En los pisos superiores están las habitaciones privadas de la familia.

cálidas *hot* disfrutando de *enjoying* arquitectónica *architectural* traída *brought* época *era* brisa *breeze* aislado *isolated* Alrededor de *Surrounding* cubierto *covered* sombra *shade* se cuida *is looked after* fuente *fountain* árboles *trees* alma *soul* disminuir *lower* proporciona *provides* adineradas *wealthy*

ACTIVIDADES

1 ¿Cierto o falso? Indica si lo que dicen las oraciones es **cierto** o **falso**. Corrige las falsas.

1. Los patios centrales de Latinoamérica tienen su origen en la tradición indígena.
2. Los españoles llevaron a América el concepto del patio.
3. En la época colonial las casas eran las únicas construcciones con patio central.
4. El patio es una parte importante en estas construcciones, y es por eso que se le presta atención a su decoración.
5. El patio central es un lugar de descanso que da luz y ventilación a las habitaciones.
6. Las fuentes en los patios tienen importancia por razones culturales y porque bajan la temperatura.
7. En la cultura española el agua simboliza salud y bienestar del cuerpo y del alma.
8. Las casas con patio central eran para personas adineradas.
9. Los cuartos de la planta baja son privados.
10. Las alcobas están en los pisos superiores.

La vivienda

ASÍ SE DICE
La vivienda

el ático, el desván	el altillo
la cobija (Col., Méx.), la frazada (Arg., Cuba, Ven.)	la manta
el escaparate (Cuba, Ven.), el ropero (Méx.)	el armario
el fregadero	kitchen sink
el frigidaire (Perú); el frigorífico (Esp.), la nevera	el refrigerador
el lavavajillas (Arg., Esp., Méx.)	el lavaplatos

EL MUNDO HISPANO
Los muebles

- **Mecedora°** La mecedora es un mueble típico de Latinoamérica, especialmente de la zona del Caribe. A las personas les gusta relajarse mientras se mecen° en el patio.

- **Mesa camilla** Era un mueble popular en España hasta hace algunos años. Es una mesa con un bastidor° en la parte inferior° para poner un brasero°. En invierno, las personas se sentaban alrededor de la mesa camilla para conversar, jugar a las cartas o tomar café.

- **Hamaca** Se cree que los taínos hicieron las primeras hamacas con fibras vegetales. Su uso es muy popular en toda Latinoamérica para dormir y descansar.

Mecedora *Rocking chair* se mecen *they rock themselves* bastidor *frame* inferior *bottom* brasero *container for hot coals*

PERFIL
Las islas flotantes del lago Titicaca

Bolivia y Perú comparten **el lago Titicaca**, donde viven **los uros**, uno de los pueblos indígenas más antiguos de América. Hace muchos años, los uros fueron a vivir al lago escapando de **los incas**. Hoy en día, siguen viviendo allí en cuarenta **islas flotantes** que ellos mismos hacen con unos juncos° llamados **totora**. Primero tejen° grandes plataformas. Luego, con el mismo material, construyen sus casas sobre las plataformas. La totora es resistente, pero con el tiempo el agua la pudre°. Los habitantes de las islas necesitan renovar continuamente las plataformas y las casas. Sus muebles y sus barcos también están hechos° de juncos. Los uros viven de la pesca y del turismo; en las islas hay unas tiendas donde venden artesanías° hechas con totora.

juncos *reeds* tejen *they weave* la pudre *rots it* hechos *made* artesanías *handcrafts*

Conexión Internet

¿Cómo son las casas modernas en los países hispanos?

Go to **vhlcentral.com** to find more cultural information related to this **Cultura** section.

ACTIVIDADES

2 Comprensión Responde a las preguntas.
1. Tu amigo mexicano te dice: "La **cobija** azul está en el **ropero**". ¿Qué quiere decir?
2. ¿Quiénes hicieron las primeras hamacas? ¿Qué material usaron?
3. ¿Qué grupo indígena vive en el lago Titicaca?
4. ¿Qué pueden comprar los turistas en las islas flotantes del lago Titicaca?

3 Viviendas tradicionales Escribe cuatro oraciones sobre una vivienda tradicional que conoces. Explica en qué lugar se encuentra, de qué materiales está hecha y cómo es.

Practice more at **vhlcentral.com**.

3.1 Relative pronouns

ANTE TODO In both English and Spanish, relative pronouns (**pronombres relativos**) are used to combine two sentences or clauses that share a common element, such as a noun or pronoun. Study this diagram.

Mis padres me regalaron **la pintura**.
My parents gave me the painting.

La pintura es muy bonita.
The painting is very beautiful.

La pintura **que** me regalaron mis padres es muy bonita.
The painting that my parents gave me is very beautiful.

Lourdes es muy inteligente.
Lourdes is very intelligent.

Lourdes estudia español.
Lourdes is studying Spanish.

Lourdes, **quien** estudia español, es muy inteligente.
Lourdes, who studies Spanish, is very intelligent.

Te olvidaste del partido que es a la una.

¿Dónde están las servilletas que estaban sobre el refrigerador?

▶ Spanish has three frequently-used relative pronouns. **¡Atención!** Even though interrogative words (**qué**, **quién**, etc.) always carry an accent, relative pronouns never carry a written accent.

que	that; which; who
quien(es)	who; whom; that
lo que	that which; what

▶ **Que** is the most frequently used relative pronoun. It can refer to things or to people. Unlike its English counterpart, *that*, **que** is never omitted.

¿Dónde está la cafetera **que** compré?
Where is the coffee maker (that) I bought?

El hombre **que** limpia es Pedro.
The man who is cleaning is Pedro.

▶ The relative pronoun **quien** refers only to people, and is often used after a preposition or the personal **a**. **Quien** has two forms: **quien** (singular) and **quienes** (plural).

¿Son las chicas **de quienes** me hablaste la semana pasada?
Are they the girls (that) you told me about last week?

Eva, **a quien** conocí anoche, es mi nueva vecina.
Eva, whom I met last night, is my new neighbor.

La vivienda

¡LENGUA VIVA!
In English, it is generally recommended that *who(m)* be used to refer to people, and that *that* and *which* be used to refer to things. In Spanish, however, it is perfectly acceptable to use **que** when referring to people.

▶ **Quien(es)** is occasionally used instead of **que** in clauses set off by commas.

Lola, **quien** es cubana, es médica.
Lola, who is Cuban, is a doctor.

Su tía, **que** es alemana, ya llegó.
His aunt, who is German, already arrived.

▶ Unlike **que** and **quien(es)**, **lo que** doesn't refer to a specific noun. It refers to an idea, a situation, or a past event and means *what*, *that which*, or *the thing that*.

Lo que me molesta es el calor.
What bothers me is the heat.

Lo que quiero es una casa.
What I want is a house.

Este supermercado tiene todo **lo que** necesito.

A Samuel no le gustó **lo que** le dijo Violeta.

¡INTÉNTALO! Completa estas oraciones con pronombres relativos.

1. Voy a utilizar los platos __que__ me regaló mi abuela.
2. Ana comparte un apartamento con la chica a _____ conocimos en la fiesta de Jorge.
3. Esta oficina tiene todo _____ necesitamos.
4. Puedes estudiar en el dormitorio _____ está a la derecha de la cocina.
5. Los señores _____ viven en esa casa acaban de llegar de Centroamérica.
6. Los niños a _____ viste en nuestro jardín son mis sobrinos.
7. La piscina _____ ves desde la ventana es la piscina de mis vecinos.
8. Fue Úrsula _____ ayudó a mamá a limpiar el refrigerador.
9. Ya te dije que fue mi padre _____ alquiló el apartamento.
10. _____ te dijo Pablo no es cierto.
11. Tengo que sacudir los muebles _____ están en el altillo una vez al mes.
12. No entiendo por qué no lavaste los vasos _____ te dije.
13. La mujer a _____ saludaste vive en las afueras.
14. ¿Sabes _____ necesita este dormitorio? ¡Unas cortinas!
15. No quiero volver a hacer _____ hice ayer.

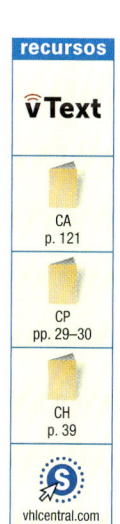

recursos
vText
CA p. 121
CP pp. 29–30
CH p. 39
vhlcentral.com

Práctica

1 Combinar Combina elementos de la columna A y la columna B para formar oraciones lógicas.

A
1. Ése es el hombre _____.
2. Rubén Blades, _____.
3. No traje _____.
4. ¿Te gusta la manta _____?
5. ¿Cómo se llama el programa _____?
6. La mujer _____.

B
a. con quien bailaba es mi vecina
b. que te compró Cecilia
c. quien es de Panamá, es un cantante muy bueno
d. que arregló mi lavadora
e. lo que necesito para la clase de matemáticas
f. que comiste en el restaurante
g. que escuchaste en la radio anoche

NOTA CULTURAL

Rubén Blades es un cantante, compositor y actor panameño muy famoso. Este versátil abogado fue también Ministro de Turismo en su país (2004–2009) y fue nombrado Embajador contra el racismo por las Naciones Unidas en el 2000.

2 Completar Completa la historia sobre la casa que Jaime y Tina quieren comprar, usando los pronombres relativos **que, quien, quienes** o **lo que**.

1. Jaime y Tina son las personas a _____ conocí la semana pasada.
2. Quieren comprar una casa _____ está en las afueras de la ciudad.
3. Es una casa _____ era de una artista famosa.
4. La artista, a _____ yo conocía, murió el año pasado y no tenía hijos.
5. Ahora se vende la casa con todos los muebles _____ ella tenía.
6. La sala tiene una alfombra _____ ella trajo de Kuwait.
7. La casa tiene muchos estantes, _____ a Tina le encanta.

3 Oraciones Javier y Ana acaban de casarse y han comprado (*they have bought*) una casa y muchas otras cosas. Combina sus declaraciones para formar una sola oración con los pronombres relativos **que, quien(es)** y **lo que**.

modelo
Vamos a usar los vasos nuevos mañana. Los pusimos en el comedor.
Mañana vamos a usar los vasos nuevos que pusimos en el comedor.

1. Tenemos una cafetera nueva. Mi prima nos la regaló.
2. Tenemos una cómoda nueva. Es bueno porque no hay espacio en el armario.
3. Esos platos no nos costaron mucho. Están encima del horno.
4. Esas copas me las regaló mi amiga Amalia. Ella viene a visitarme mañana.
5. La lavadora está casi nueva. Nos la regalaron mis suegros.
6. La vecina nos dio una manta de lana. Ella la compró en México.

Practice more at **vhlcentral.com.**

La vivienda

Comunicación

4 **Entrevista** En parejas, túrnense para hacerse estas preguntas.

1. ¿Qué es lo que más te gusta de vivir en las afueras o en la ciudad?
2. ¿Cómo son las personas que viven en tu barrio?
3. ¿Cuál es el quehacer doméstico que menos te gusta? ¿Y el que más te gusta?
4. ¿Quién es la persona que hace los quehaceres domésticos en tu casa?
5. ¿Quiénes son las personas con quienes más sales los fines de semana? ¿Quién es la persona a quien más llamas por teléfono?
6. ¿De qué vecino es el coche que más te gusta?
7. ¿Cuál es el barrio de tu ciudad que más te gusta y por qué?
8. ¿Quién es la persona a quien más llamas cuando tienes problemas?
9. ¿Cuál es el lugar de la casa donde te sientes más cómodo/a?
10. ¿Qué es lo que más te gusta de tu barrio?
11. ¿Qué hace el vecino que más llama la atención?
12. ¿Qué es lo que menos te gusta de tu barrio?

5 **Adivinanza** En grupos, túrnense para describir distintas partes de una vivienda usando pronombres relativos. Los demás compañeros tienen que hacer preguntas hasta que adivinen (*they guess*) la palabra.

> **modelo**
>
> **Estudiante 1:** Es lo que tenemos en el dormitorio.
> **Estudiante 2:** ¿Es el mueble que usamos para dormir?
> **Estudiante 1:** No. Es lo que usamos para guardar la ropa.
> **Estudiante 3:** Lo sé. Es la cómoda.

Síntesis

6 **Definir** En parejas, definan las palabras. Usen los pronombres relativos **que, quien(es)** y **lo que.** Luego compartan sus definiciones con la clase.

alquiler	flan	patio	tenedor
amigos	guantes	postre	termómetro
aspiradora	jabón	sillón	vaso
enfermera	manta	sótano	vecino

> **modelo**
>
> lavadora Es lo que se usa para lavar la ropa.
> pastel Es un postre que comes en tu cumpleaños.

AYUDA

Remember that **de**, followed by the name of a material, means *made of*.
Es de algodón.
It's made of cotton.

• • •

Es un tipo de means *It's a kind/sort of…*
Es un tipo de flor.
It's a kind of flower.

3.2 Formal (usted/ustedes) commands

ANTE TODO As you learned in **Lección 2**, the command forms are used to give orders or advice. Formal commands are used with people you address as **usted** or **ustedes**. Observe these examples, then study the chart.

Hable con ellos, don Francisco.
Talk with them, Don Francisco.

Coma frutas y verduras.
Eat fruits and vegetables.

Laven los platos ahora mismo.
Wash the dishes right now.

Beban menos té y café.
Drink less tea and coffee.

Formal commands (Ud. and Uds.)

Infinitive	Present tense yo form	Ud. command	Uds. command
limpiar	limpi**o**	limpi**e**	limpi**en**
barrer	barr**o**	barr**a**	barr**an**
sacudir	sacud**o**	sacud**a**	sacud**an**
decir (e:i)	dig**o**	dig**a**	dig**an**
pensar (e:ie)	piens**o**	piens**e**	piens**en**
volver (o:ue)	vuelv**o**	vuelv**a**	vuelv**an**
servir (e:i)	sirv**o**	sirv**a**	sirv**an**

▶ The **usted** and **ustedes** commands, like the negative **tú** commands, are formed by dropping the final **-o** of the **yo** form of the present tense. For **-ar** verbs, add **-e** or **-en**. For **-er** and **-ir** verbs, add **-a** or **-an**.

> Don Diego, quédese a cenar con nosotros.

> No se preocupen, yo los ayudo.

▶ Verbs with irregular **yo** forms maintain the same irregularity in their formal commands. These verbs include **conducir, conocer, decir, hacer, ofrecer, oír, poner, salir, tener, traducir, traer, venir,** and **ver**.

Oiga, don Manolo...
Listen, Don Manolo...

¡Salga inmediatamente!
Leave immediately!

Ponga la mesa, por favor.
Set the table, please.

Hagan la cama antes de salir.
Make the bed before leaving.

▶ Note also that verbs maintain their stem changes in **usted** and **ustedes** commands.

e:ie
No **pierda** la llave.
Cierren la puerta.

o:ue
Vuelva temprano, joven.
Duerman bien, chicos.

e:i
Sirva la sopa, por favor.
Repitan las frases.

AYUDA
By learning formal commands, it will be easier for you to learn the subjunctive forms that are presented in **Estructura 3.3**, p. 108.

La vivienda ciento cinco **105**

AYUDA

It may help you to study the following five series of syllables. Note that within each series, the consonant sound doesn't change.

ca que qui co cu
za ce ci zo zu
ga gue gui go gu
ja ge gi jo ju

▶ Verbs ending in **-car, -gar,** and **-zar** have a spelling change in the command forms.

sa**car**	c → qu	sa**que**, sa**qu**en
ju**gar**	g → gu	jue**gue**, jue**gu**en
almor**zar**	z → c	almuer**ce**, almuer**cen**

▶ These verbs have irregular formal commands.

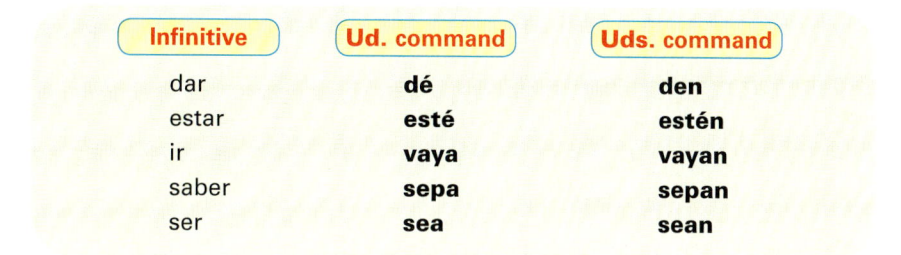

Infinitive	Ud. command	Uds. command
dar	dé	den
estar	esté	estén
ir	vaya	vayan
saber	sepa	sepan
ser	sea	sean

▶ To make a formal command negative, simply place **no** before the verb.

No ponga las maletas en la cama.
Don't put the suitcases on the bed.

No ensucien los sillones.
Don't dirty the armchairs.

▶ In affirmative commands, reflexive, indirect and direct object pronouns are always attached to the end of the verb.

Siénten**se**, por favor.
Síga**me**, Laura.

Acuéstense ahora.
Pónganlas en el suelo, por favor.

▶ **¡Atención!** When a pronoun is attached to an affirmative command that has two or more syllables, an accent mark is added to maintain the original stress.

limpie → límpielo   lean → léanlo
diga → dígamelo   sacudan → sacúdanlos

▶ In negative commands, these pronouns always precede the verb.

No **se** preocupe.   No **los** ensucien.
No **me lo** dé.   No **nos las** traigan.

▶ **Usted** and **ustedes** can be used with the command forms to strike a more formal tone. In such instances, they follow the command form.

Muéstrele usted la foto a su amigo.
Show the photo to your friend.

Tomen ustedes esta mesa.
Take this table.

recursos

v̂Text

CA
pp. 11–12, 122

CP
pp. 31–32

CH
pp. 40–43

vhlcentral.com

¡INTÉNTALO! Indica los mandatos (*commands*) afirmativos y negativos correspondientes.

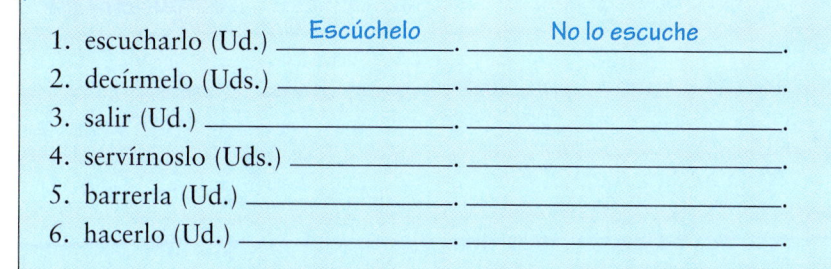

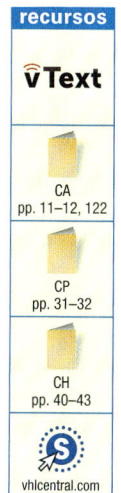

1. escucharlo (Ud.) _Escúchelo_ . _No lo escuche_ .
2. decírmelo (Uds.) _____ . _____ .
3. salir (Ud.) _____ . _____ .
4. servírnoslo (Uds.) _____ . _____ .
5. barrerla (Ud.) _____ . _____ .
6. hacerlo (Ud.) _____ . _____ .

Práctica

1 **Completar** La señora González quiere mudarse de casa. Ayúdala a organizarse. Indica el mandato formal de cada verbo.

1. _____ los anuncios del periódico y _____. (Leer, guardarlos)
2. _____ personalmente y _____ las casas usted misma. (Ir, ver)
3. Decida qué casa quiere y _____ al agente. _____ un contrato de alquiler. (llamar, Pedirle)
4. _____ un camión (*truck*) para ese día y _____ la hora exacta de llegada. (Contratar, preguntarles)
5. El día de la mudanza (*On moving day*) _____ tranquila. _____ a revisar su lista para completar todo lo que tiene que hacer. (estar, Volver)
6. Primero, _____ a todos en casa que usted va a estar ocupada. No _____ que usted va a hacerlo todo. (decirles, decirles)
7. _____ tiempo para hacer las maletas tranquilamente. No _____ las maletas a los niños más grandes. (Sacar, hacerles)
8. No _____. _____ que todo va a salir bien. (preocuparse, Saber)

2 **¿Qué dicen?** Mira los dibujos y escribe un mandato lógico para cada uno. Usa palabras que aprendiste en **Contextos**.

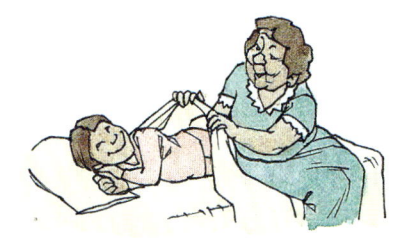

1. _____ 2. _____

3. _____ 4. _____

5. _____ 6. _____

Practice more at **vhlcentral.com**.

Comunicación

3 Solucionar Trabajen en parejas. Un(a) estudiante presenta los problemas de la columna A y el/la otro/a los de la columna B. Usen mandatos formales y túrnense para ofrecer soluciones.

modelo

Estudiante 1: Vilma se torció un tobillo jugando al tenis. Es la tercera vez.
Estudiante 2: No juegue más al tenis. / Vaya a ver a un especialista.

A

1. Se me perdió el libro de español con todas mis notas.
2. A Vicente se le cayó la botella de agua mineral para la cena.
3. ¿Cómo? ¿Se le olvidó traer el traje de baño a la playa?
4. Se nos quedaron los boletos en la casa. El avión sale en una hora.

B

1. Mis hermanas no se levantan temprano. Siempre llegan tarde a la escuela.
2. A mi abuela le robaron (*stole*) las maletas. Era su primer día de vacaciones.
3. Nuestra casa es demasiado pequeña para nuestra familia.
4. Me preocupo constantemente por Roberto. Trabaja demasiado.

4 Conversaciones En parejas, escojan dos situaciones y preparen conversaciones para presentar a la clase. Usen mandatos formales.

modelo

Lupita: Señor Ramírez, siento mucho llegar tan tarde. Mi niño se enfermó. ¿Qué debo hacer?
Sr. Ramírez: No se preocupe. Siéntese y descanse un poco.

SITUACIÓN 1 Profesor Rosado, no vine la semana pasada porque el equipo jugaba en Boquete. ¿Qué debo hacer para ponerme al día (*catch up*)?

SITUACIÓN 2 Los invitados de la boda llegan a las cuatro de la tarde, las mesas están sin poner y el champán sin servir. Son las tres de la tarde y los camareros apenas están llegando. ¿Qué deben hacer los camareros?

SITUACIÓN 3 Mi novio es un poco aburrido. No le gustan ni el cine, ni los deportes, ni salir a comer. Tampoco habla mucho. ¿Qué puedo hacer?

▶ **SITUACIÓN 4** Tengo que preparar una presentación para mañana sobre el Canal de Panamá. ¿Por dónde comienzo?

NOTA CULTURAL

El 31 de diciembre de 1999, los Estados Unidos cedió el control del **Canal de Panamá** al gobierno de Panamá, terminando así con casi 100 años de administración estadounidense.

Síntesis

5 Presentar En grupos, preparen un anuncio de televisión para presentar a la clase. El anuncio debe tratar de un detergente, un electrodoméstico o una agencia inmobiliaria (*real estate agency*). Usen mandatos formales, los pronombres relativos (**que, quien(es)** o **lo que**) y el **se** impersonal.

modelo

Compre el lavaplatos Destellos. Tiene todo lo que usted desea. Es el lavaplatos que mejor funciona. Venga a verlo ahora mismo... No pierda ni un minuto más. Se aceptan tarjetas de crédito.

3.3 The present subjunctive

ANTE TODO With the exception of commands, all the verb forms you have been using have been in the indicative mood. The indicative is used to state facts and to express actions or states that the speaker considers to be real and definite. In contrast, the subjunctive mood expresses the speaker's attitude toward events, as well as actions or states the speaker views as uncertain or hypothetical.

> Por favor, quiten los platos de la mesa.

> Les aconsejo que preparen la cena.

▶ The present subjunctive is formed very much like **usted**, **ustedes** commands and *negative* **tú** commands. From the **yo** form of the present indicative, drop the **-o** ending, and replace it with the subjunctive endings.

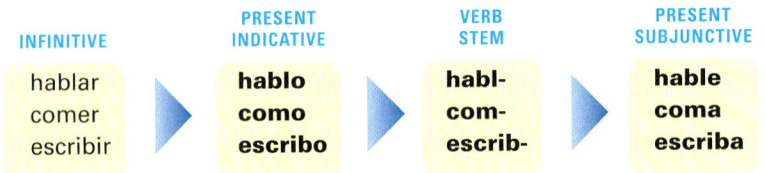

INFINITIVE	PRESENT INDICATIVE	VERB STEM	PRESENT SUBJUNCTIVE
hablar	hablo	habl-	hable
comer	como	com-	coma
escribir	escribo	escrib-	escriba

▶ The present subjunctive endings are:

-ar verbs

-e	-emos
-es	-éis
-e	-en

-er and -ir verbs

-a	-amos
-as	-áis
-a	-an

Present subjunctive of regular verbs

		hablar	comer	escribir
SINGULAR FORMS	yo	hable	coma	escriba
	tú	hables	comas	escribas
	Ud./él/ella	hable	coma	escriba
PLURAL FORMS	nosotros/as	hablemos	comamos	escribamos
	vosotros/as	habléis	comáis	escribáis
	Uds./ellos/ellas	hablen	coman	escriban

Explanation Tutorial

AYUDA

Note that, in the present subjunctive, **-ar** verbs use endings normally associated with present tense **-er** and **-ir** verbs. Likewise, **-er** and **-ir** verbs in the present subjunctive use endings normally associated with **-ar** verbs in the present tense. Note also that, in the present subjunctive, the **yo** form is the same as the **Ud./él/ella** form.

¡LENGUA VIVA!

You may think that English has no subjunctive, but it does! While once common, it now survives mostly in set expressions such as *If I were you...* and *Be that as it may...*

La vivienda

▶ Verbs with irregular **yo** forms show the same irregularity in all forms of the present subjunctive.

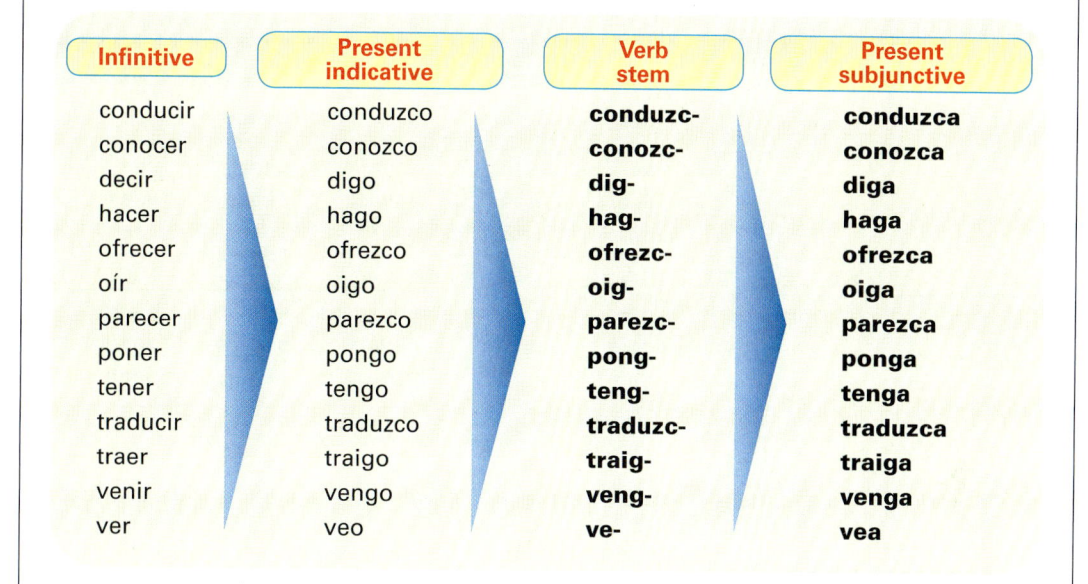

Infinitive	Present indicative	Verb stem	Present subjunctive
conducir	conduzco	conduzc-	conduzca
conocer	conozco	conozc-	conozca
decir	digo	dig-	diga
hacer	hago	hag-	haga
ofrecer	ofrezco	ofrezc-	ofrezca
oír	oigo	oig-	oiga
parecer	parezco	parezc-	parezca
poner	pongo	pong-	ponga
tener	tengo	teng-	tenga
traducir	traduzco	traduzc-	traduzca
traer	traigo	traig-	traiga
venir	vengo	veng-	venga
ver	veo	ve-	vea

▶ To maintain the **-c, -g,** and **-z** sounds, verbs ending in **-car, -gar,** and **-zar** have a spelling change in all forms of the present subjunctive.

sacar: saque, saques, saque, saquemos, saquéis, saquen

jugar: juegue, juegues, juegue, juguemos, juguéis, jueguen

almorzar: almuerce, almuerces, almuerce, almorcemos, almorcéis, almuercen

Present subjunctive of stem-changing verbs

AYUDA
Note that stem-changing verbs and verbs that have a spelling change have the same ending as regular verbs in the present subjunctive.

▶ **-Ar** and **-er** stem-changing verbs have the same stem changes in the subjunctive as they do in the present indicative.

pensar (e:ie): piense, pienses, piense, pensemos, penséis, piensen
mostrar (o:ue): muestre, muestres, muestre, mostremos, mostréis, muestren
entender (e:ie): entienda, entiendas, entienda, entendamos, entendáis, entiendan
volver (o:ue): vuelva, vuelvas, vuelva, volvamos, volváis, vuelvan

▶ **-Ir** stem-changing verbs have the same stem changes in the subjunctive as they do in the present indicative, but in addition, the **nosotros/as** and **vosotros/as** forms undergo a stem change. The unstressed **e** changes to **i,** while the unstressed **o** changes to **u.**

pedir (e:i): pida, pidas, pida, pidamos, pidáis, pidan
sentir (e:ie): sienta, sientas, sienta, sintamos, sintáis, sientan
dormir (o:ue): duerma, duermas, duerma, durmamos, durmáis, duerman

Irregular verbs in the present subjunctive

▶ These five verbs are irregular in the present subjunctive.

Irregular verbs in the present subjunctive

	dar	estar	ir	saber	ser
SINGULAR FORMS					
yo	dé	esté	vaya	sepa	sea
tú	des	estés	vayas	sepas	seas
Ud./él/ella	dé	esté	vaya	sepa	sea
PLURAL FORMS					
nosotros/as	demos	estemos	vayamos	sepamos	seamos
vosotros/as	deis	estéis	vayáis	sepáis	seáis
Uds./ellos/ellas	den	estén	vayan	sepan	sean

▶ **¡Atención!** The subjunctive form of **hay** (*there is, there are*) is also irregular: **haya**.

General uses of the subjunctive

▶ The subjunctive is mainly used to express: 1) will and influence, 2) emotion, 3) doubt, disbelief, and denial, and 4) indefiniteness and nonexistence.

▶ The subjunctive is most often used in sentences that consist of a main clause and a subordinate clause. The main clause contains a verb or expression that triggers the use of the subjunctive. The conjunction **que** connects the subordinate clause to the main clause.

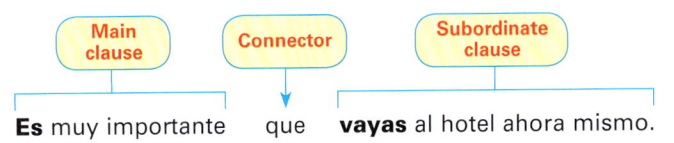

Main clause	Connector	Subordinate clause
Es muy importante	que	**vayas** al hotel ahora mismo.

▶ These impersonal expressions are always followed by clauses in the subjunctive:

Es bueno que... *It's good that...*
Es mejor que... *It's better that...*
Es malo que... *It's bad that...*
Es importante que... *It's important that...*
Es necesario que... *It's necessary that...*
Es urgente que... *It's urgent that...*

¡INTÉNTALO! Indica el presente del subjuntivo de estos verbos.

1. (alquilar, beber, vivir) que yo _alquile, beba, viva_
2. (estudiar, aprender, asistir) que tú _____
3. (encontrar, poder, tener) que él _____
4. (hacer, pedir, dormir) que nosotras _____
5. (dar, hablar, escribir) que ellos _____
6. (pagar, empezar, buscar) que ustedes _____
7. (ser, ir, saber) que yo _____
8. (estar, dar, oír) que tú _____

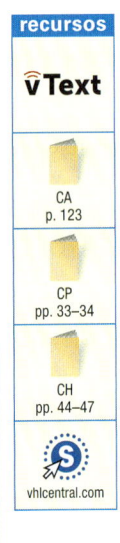

recursos

vText

CA p. 123

CP pp. 33–34

CH pp. 44–47

vhlcentral.com

Práctica y Comunicación

1 **Completar** Completa las oraciones con el presente del subjuntivo de los verbos entre paréntesis. Luego empareja las oraciones del primer grupo con las del segundo grupo.

A

1. Es mejor que _____ en casa. (nosotros, cenar) _____
2. Es importante que _____ las casas colgadas de Cuenca. (tú, visitar) _____
3. Señora, es urgente que le _____ el diente. Tiene una infección. (yo, sacar) _____
4. Es malo que Ana les _____ tantos dulces a los niños. (dar) _____
5. Es necesario que _____ a la una de la tarde. (ustedes, llegar) _____
6. Es importante que _____ temprano. (nosotros, acostarse) _____

B

a. Es importante que _____ más verduras. (ellos, comer)
b. No, es mejor que _____ a comer. (nosotros, salir)
c. Y yo creo que es bueno que _____ a Madrid después. (yo, ir)
d. En mi opinión, no es necesario que _____ tanto. (nosotros, dormir)
e. ¿Ah, sí? ¿Es necesario que me _____ un antibiótico también? (yo, tomar)
f. Para llegar a tiempo, es necesario que _____ temprano. (nosotros, almorzar)

NOTA CULTURAL

Las casas colgadas (*hanging*) de Cuenca, España, son muy famosas. Estas casas están situadas en un acantilado (*cliff*) y forman parte del paisaje de la ciudad.

2 **Minidiálogos** En parejas, completen los minidiálogos con expresiones impersonales de una manera lógica.

modelo

Miguelito: Mamá, no quiero arreglar mi cuarto.
Sra. Casas: Es necesario que lo arregles. Y es importante que sacudas los muebles también.

1. **MIGUELITO** Mamá, no quiero estudiar. Quiero salir a jugar con mis amigos.
   SRA. CASAS _____

2. **MIGUELITO** Mamá, es que no me gustan las verduras. Prefiero comer pasteles.
   SRA. CASAS _____

3. **MIGUELITO** ¿Tengo que poner la mesa, mamá?
   SRA. CASAS _____

4. **MIGUELITO** No me siento bien, mamá. Me duele todo el cuerpo y tengo fiebre.
   SRA. CASAS _____

3 **Entrevista** Trabajen en parejas. Entrevístense usando estas preguntas. Expliquen sus respuestas.

1. ¿Es importante que los niños ayuden con los quehaceres domésticos?
2. ¿Es urgente que los norteamericanos aprendan otras lenguas?
3. Si un(a) norteamericano/a quiere aprender francés, ¿es mejor que lo aprenda en Francia?
4. En su escuela, ¿es necesario que los estudiantes coman en la cafetería?
5. ¿Es importante que todas las personas asistan a la universidad?

Practice more at **vhlcentral.com**.

3.4 Subjunctive with verbs of will and influence

ANTE TODO You will now learn how to use the subjunctive with verbs and expressions of will and influence.

Quiero que tengas dientes más blancos.

▸ Verbs of will and influence are often used when someone wants to affect the actions or behavior of other people.

Enrique **quiere** que salgamos a cenar.
Enrique wants us to go out to dinner.

Paola **prefiere** que cenemos en casa.
Paola prefers that we have dinner at home.

▸ Here is a list of widely used verbs of will and influence.

Verbs of will and influence

aconsejar	to advise	pedir (e:i)	to ask (for)
desear	to wish; to desire	preferir (e:ie)	to prefer
importar	to be important; to matter	prohibir	to prohibit
		querer (e:ie)	to want
insistir (en)	to insist (on)	recomendar (e:ie)	to recommend
mandar	to order	rogar (o:ue)	to beg; to plead
necesitar	to need	sugerir (e:ie)	to suggest

▸ Some impersonal expressions, such as **es necesario que, es importante que, es mejor que,** and **es urgente que,** are considered expressions of will or influence.

▸ When the main clause contains an expression of will or influence, the subjunctive is required in the subordinate clause, provided that the two clauses have different subjects.

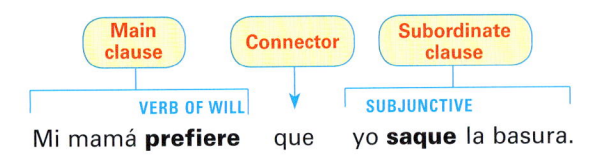

Main clause — **Connector** — **Subordinate clause**

VERB OF WILL → SUBJUNCTIVE

Mi mamá **prefiere** que yo **saque** la basura.

¡ATENCIÓN!
In English, verbs or expressions of will and influence often use the infinitive, such as *I want you to go*. This is not the case in Spanish, where the subjunctive would be used in a subordinate clause.

La vivienda

> Les sugiero que arreglen este apartamento.

> Recomiendo que se organicen en equipos.

▸ Indirect object pronouns are often used with the verbs **aconsejar, importar, mandar, pedir, prohibir, recomendar, rogar,** and **sugerir.**

Te aconsejo que estudies.
I advise you to study.

Le sugiero que vaya a casa.
I suggest that he go home.

Les recomiendo que barran el suelo.
I recommend that you sweep the floor.

Le ruego que no venga.
I'm begging him not to come.

▸ Note that all the forms of **prohibir** in the present tense carry a written accent, except for the **nosotros/as** form: **prohíbo, prohíbes, prohíbe, prohibimos, prohibís, prohíben.**

Ella les **prohíbe** que miren la televisión.
She prohibits them from watching TV.

Nos **prohíben** que nademos en la piscina.
They prohibit that we swim in the swimming pool.

▸ The infinitive is used with words or expressions of will and influence if there is no change of subject in the sentence.

No quiero **sacudir** los muebles.
I don't want to dust the furniture.

Paco prefiere **descansar**.
Paco prefers to rest.

Es importante **sacar** la basura.
It's important to take out the trash.

No es necesario **quitar** la mesa.
It's not necessary to clear the table.

¡INTÉNTALO! Completa cada oración con la forma correcta del verbo entre paréntesis.

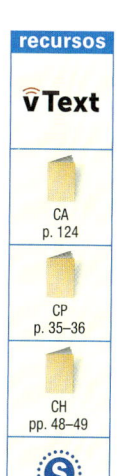

1. Te sugiero que ___vayas___ (ir) con ella al supermercado.
2. Él necesita que yo le _____ (prestar) dinero.
3. No queremos que tú _____ (hacer) nada especial para nosotros.
4. Mis papás quieren que yo _____ (limpiar) mi cuarto.
5. Nos piden que la _____ (ayudar) a preparar la comida.
6. Quieren que tú _____ (sacar) la basura todos los días.
7. Quiero _____ (descansar) esta noche.
8. Es importante que ustedes _____ (limpiar) los estantes.
9. Su tía les manda que _____ (poner) la mesa.
10. Te aconsejo que no _____ (salir) con él.
11. Mi tío insiste en que mi prima _____ (hacer) la cama.
12. Prefiero _____ (ir) al cine.
13. Es necesario _____ (estudiar).
14. Recomiendo que ustedes _____ (pasar) la aspiradora.

Práctica

1 Completar Completa el diálogo con palabras de la lista.

cocina	haga	quiere	sea
comas	ponga	saber	ser
diga	prohíbe	sé	vaya

IRENE Tengo problemas con Vilma. Sé que debo hablar con ella. ¿Qué me recomiendas que le (1)_____?

JULIA Pues, necesito (2)_____ más antes de darte consejos.

IRENE Bueno, para empezar me (3)_____ que traiga dulces a la casa.

JULIA Pero chica, tiene razón. Es mejor que tú no (4)_____ cosas dulces.

IRENE Sí, ya lo sé. Pero quiero que (5)_____ más flexible. Además, insiste en que yo (6)_____ todo en la casa.

JULIA Yo (7)_____ que Vilma (8)_____ y hace los quehaceres todos los días.

IRENE Sí, pero siempre que hay fiesta me pide que (9)_____ los cubiertos y las copas en la mesa y que (10)_____ al sótano por las servilletas y los platos. ¡Es lo que más odio: ir al sótano!

JULIA Mujer, ¡Vilma sólo (11)_____ que ayudes en la casa!

2 Aconsejar En parejas, lean lo que dice cada persona. Luego den consejos lógicos usando verbos como **aconsejar, recomendar** y **prohibir**. Sus consejos deben ser diferentes de lo que la persona quiere hacer.

> **modelo**
> **Isabel:** Quiero conseguir un comedor con los muebles más caros del mundo.
> **Consejo:** *Te aconsejamos que consigas unos muebles menos caros.*

1. **DAVID** Pienso poner el cuadro del lago de Maracaibo en la cocina.
2. **SARA** Voy a ir en bicicleta a comprar unas copas de cristal.
3. **SR. ALARCÓN** Insisto en comenzar a arreglar el jardín en marzo.
4. **SRA. VILLA** Quiero ver las tazas y los platos de la tienda El Ama de Casa Feliz.
5. **DOLORES** Voy a poner servilletas de tela (*cloth*) para los cuarenta invitados.
6. **SR. PARDO** Pienso poner todos mis muebles nuevos en el altillo.
7. **SRA. GONZÁLEZ** Hay una fiesta en casa esta noche, pero no quiero limpiarla.
8. **CARLITOS** Hoy no tengo ganas de hacer las camas ni de quitar la mesa.

NOTA CULTURAL

En el **lago de Maracaibo**, en Venezuela, hay casas suspendidas sobre el agua que se llaman **palafitos**. Este tipo de construcciones les recordó a los conquistadores la ciudad de Venecia, Italia, de donde viene el nombre "Venezuela", que significa "pequeña Venecia".

3 Preguntas En parejas, túrnense para contestar las preguntas. Usen el subjuntivo.

1. ¿Te dan consejos tus amigos/as? ¿Qué te aconsejan? ¿Aceptas sus consejos? ¿Por qué?
2. ¿Qué te sugieren tus profesores que hagas antes de terminar las clases que tomas?
3. ¿Insisten tus amigos/as en que salgas mucho con ellos?
4. ¿Qué quieres que te regalen tu familia y tus amigos/as en tu cumpleaños?
5. ¿Qué le recomiendas tú a un(a) amigo/a que no quiere salir los sábados con su novio/a?
6. ¿Qué les aconsejas a los nuevos estudiantes de tu escuela?

Practice more at **vhlcentral.com**.

La vivienda ciento quince 115

Comunicación

4 Inventar En parejas, preparen una lista de seis personas famosas. Un(a) estudiante da el nombre de una persona famosa y el/la otro/a le da un consejo.

> **modelo**
>
> **Estudiante 1:** Judge Judy.
> **Estudiante 2:** Le recomiendo que sea más simpática con la gente.
> **Estudiante 2:** Orlando Bloom.
> **Estudiante 1:** Le aconsejo que haga más películas.

5 Hablar En parejas, miren la ilustración. Imaginen que Gerardo es su hermano y necesita ayuda para arreglar su casa y resolver sus problemas románticos y económicos. Usen expresiones impersonales y verbos como **aconsejar, sugerir** y **recomendar**.

> **modelo**
>
> Es mejor que arregles el apartamento más a menudo.
> Te aconsejo que no dejes para mañana lo que puedes hacer hoy.

Síntesis

6 La doctora Salvamórez Hernán tiene problemas con su madre y le escribe a la doctora Salvamórez, columnista del periódico *Panamá y su gente*. Ella responde a las cartas de personas con problemas familiares. En parejas, lean el mensaje de Hernán y después usen el subjuntivo para escribir los consejos de la doctora.

> Estimada doctora Salvamórez:
> Mi madre nunca quiere que yo salga de casa. No le molesta que vengan mis amigos a visitarme. Pero insiste en que nosotros sólo miremos los programas de televisión que ella quiere. Necesita saber dónde estoy en cada momento, y yo necesito que ella me dé un poco de independencia. ¿Qué hago?
>
> Hernán

Recapitulación

Diagnostics Remediation Activities

Completa estas actividades para repasar los conceptos de gramática que aprendiste en esta lección.

1 Completar Completa el cuadro con la forma correspondiente del presente de subjuntivo. **12 pts.**

yo/él/ella	tú	nosotros/as	Uds./ellos/ellas
limpie			
	vengas		
		queramos	
			ofrezcan

2 El apartamento ideal Completa este folleto (*brochure*) informativo con la forma correcta del presente de subjuntivo. **8 pts.**

¿Eres joven y buscas tu primera vivienda? Te ofrezco estos consejos:

- Te sugiero que primero (tú) (1) _____ (escribir) una lista de las cosas que quieres en un apartamento.

- Quiero que después (2) _____ (pensar) muy bien cuáles son tus prioridades. Es necesario que cada persona (3) _____ (tener) sus prioridades claras, porque el hogar (*home*) perfecto no existe.

- Antes de decidir en qué área quieren vivir, les aconsejo a ti y a tu futuro/a compañero/a de apartamento que (4) _____ (salir) a ver la ciudad y que (5) _____ (conocer) los distintos barrios y las afueras.

- Pidan que el agente les (6) _____ (mostrar) todas las partes de cada casa.

- Finalmente, como consumidores, es importante que nosotros (7) _____ (saber) bien nuestros derechos (*rights*); por eso, deben insistir en que todos los puntos del contrato (8) _____ (estar) muy claros antes de firmarlo (*signing it*).

¡Buena suerte!

RESUMEN GRAMATICAL

3.1 Relative pronouns pp. 100–101

Relative pronouns	
que	that; which; who
quien(es)	who; whom; that
lo que	that which; what

3.2 Formal commands pp. 104–105

Formal commands (Ud. and Uds.)		
Infinitive	Present tense yo form	Ud(s). command
limpiar	limpio	limpie(n)
barrer	barro	barra(n)
sacudir	sacudo	sacuda(n)

▶ Verbs with stem changes or irregular **yo** forms maintain the same irregularity in the formal commands:

hacer: yo **hago** → **Hagan** la cama.

Irregular formal commands	
dar	dé (Ud.); den (Uds.)
estar	esté(n)
ir	vaya(n)
saber	sepa(n)
ser	sea(n)

3.3 The present subjunctive pp. 108–110

Present subjunctive of regular verbs		
hablar	comer	escribir
hable	coma	escriba
hables	comas	escribas
hable	coma	escriba
hablemos	comamos	escribamos
habléis	comáis	escribáis
hablen	coman	escriban

La vivienda

3 Relativos Completa las oraciones con **lo que**, **que** o **quien(es)**. *8 pts.*

1. Me encanta la alfombra _____ está en el comedor.
2. Mi amiga Tere, con _____ trabajo, me regaló ese cuadro.
3. Todas las cosas _____ tenemos vienen de la casa de mis abuelos.
4. Hija, no compres más cosas. _____ debes hacer ahora es organizarlo todo.
5. La agencia de decoración de _____ le hablé se llama Casabella.
6. Esas flores las dejaron en la puerta mis nuevos vecinos, a _____ aún (*yet*) no conozco.
7. Leonor no compró nada, porque _____ le gustaba era muy caro.
8. Mi amigo Aldo, a _____ visité ayer, es un cocinero excelente.

Irregular verbs in the present subjunctive		
dar		dé, des, dé, demos, deis, den
estar	est- +	-é, -és, -é, -emos, -éis, -én
ir	vay- +	
saber	sep- +	-a, -as, -a, -amos, -áis, -an
ser	se- +	

3.4 Subjunctive with verbs of will and influence
pp. 112–113

▶ Verbs of will and influence: **aconsejar, desear, importar, insistir (en), mandar, necesitar, pedir** (e:i), **preferir** (e:ie), **prohibir, querer** (e:ie), **recomendar** (e:ie), **rogar** (o:ue), **sugerir** (e:ie)

4 Los señores Mejía Martín y Ángela Mejía van a hacer un curso de verano en Costa Rica y una vecina va a cuidarles (*take care of*) la casa mientras ellos no están. Completa las instrucciones de la vecina con mandatos formales. Usa cada verbo una sola vez y añade pronombres de objeto directo o indirecto si es necesario. *10 pts.*

| arreglar | dejar | hacer | pedir | sacudir |
| barrer | ensuciar | limpiar | poner | tener |

Primero, (1) _____ ustedes las maletas. Las cosas que no se llevan a Costa Rica, (2) _____ en el altillo. Ángela, (3) _____ las habitaciones y Martín, (4) _____ usted la cocina y el baño. Después, los dos (5) _____ el suelo y (6) _____ los muebles de toda la casa. Ángela, no (7) _____ sus joyas (*jewelry*) en el apartamento. (8) _____ cuidado ¡y (9) _____ nada antes de irse! Por último, (10) _____ a alguien que recoja (*pick up*) su correo.

5 Los quehaceres A tu hermano no le gusta ayudar con los quehaceres. Escribe al menos seis oraciones dándole consejos sobre cómo hacer más divertidos los quehaceres. *12 pts.*

modelo
Te sugiero que pongas música mientras lavas los platos…

6 El circo Completa esta famosa frase que tiene su origen en el circo (*circus*). *¡2 puntos EXTRA!*

"¡_____ (Pasar) ustedes y _____ (ver)! El espectáculo va a comenzar."

3 adelante

Lección 3

Lectura
Audio: Synched Reading / Additional Reading

Antes de leer

Estrategia
Locating the main parts of a sentence

Did you know that a text written in Spanish is an average of 15% longer than the same text written in English? Since the Spanish language tends to use more words to express ideas, you will often encounter long sentences when reading in Spanish. Of course, the length of sentences varies with genre and with authors' individual styles. To help you understand long sentences, identify the main parts of the sentence before trying to read it in its entirety. First locate the main verb of the sentence, along with its subject, ignoring any words or phrases set off by commas. Then reread the sentence, adding details like direct and indirect objects, transitional words, and prepositional phrases.

Examinar el texto
Mira el formato de la lectura. ¿Qué tipo de documento es? ¿Qué cognados encuentras en la lectura? ¿Qué te dicen sobre el tema de la selección?

¿Probable o improbable?
Mira brevemente el texto e indica si estas oraciones son probables o improbables.

1. Este folleto° es de interés turístico.
2. Describe un edificio moderno cubano.
3. Incluye algunas explicaciones de arquitectura.
4. Espera atraer° a visitantes al lugar.

Oraciones largas
Mira el texto y busca algunas oraciones largas. Con un(a) compañero/a, identifiquen las partes principales de la oración y después examinen las descripciones adicionales. ¿Qué significan las oraciones?

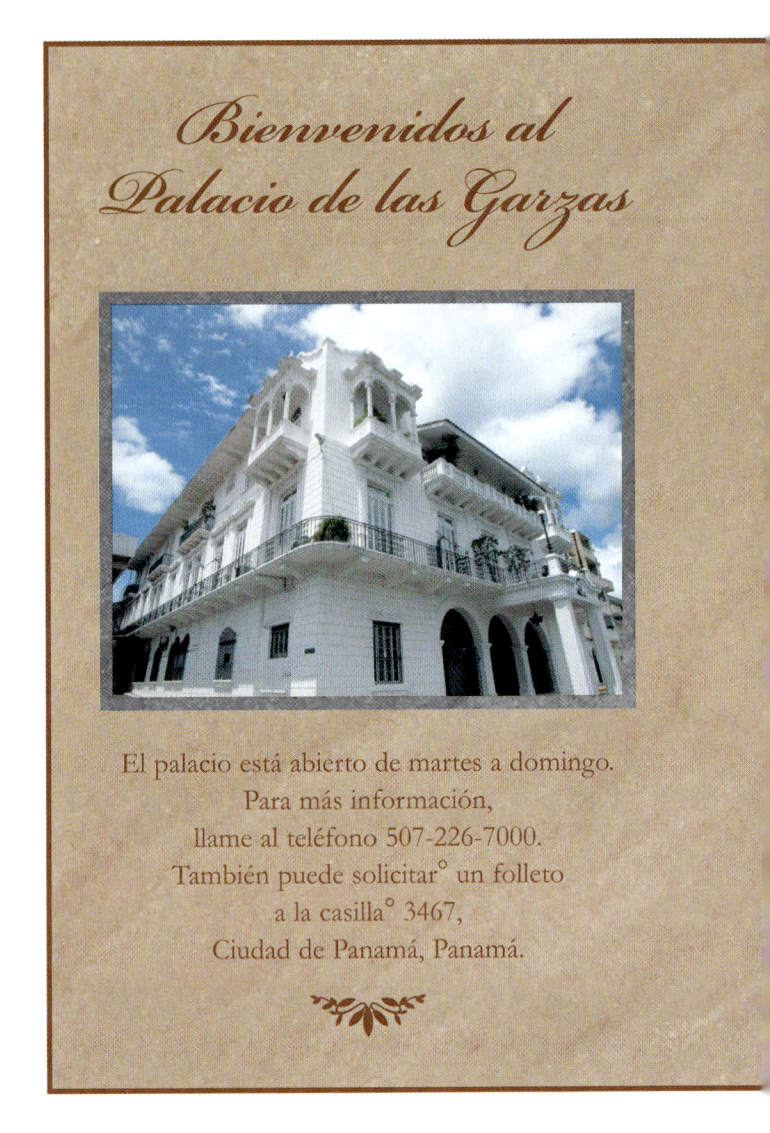

Bienvenidos al Palacio de las Garzas

El palacio está abierto de martes a domingo.
Para más información,
llame al teléfono 507-226-7000.
También puede solicitar° un folleto
a la casilla° 3467,
Ciudad de Panamá, Panamá.

Después de leer

Ordenar
Pon estos eventos en el orden cronológico adecuado.

____ El palacio se convirtió en residencia presidencial.
____ Durante diferentes épocas°, maestros, médicos y banqueros ejercieron su profesión en el palacio.
____ El Dr. Belisario Porras ocupó el palacio por primera vez.
____ Los españoles construyeron el palacio.
____ Se renovó el palacio.
____ Los turistas pueden visitar el palacio de martes a domingo.

recursos
vText
CH pp. 50–51
vhlcentral.com

---

folleto *brochure* atraer *to attract* épocas *time periods*

La vivienda

El Palacio de las Garzas° es la residencia oficial del Presidente de Panamá desde 1903. Fue construido en 1673 para ser la casa de un gobernador español. Con el paso de los años fue almacén, escuela, hospital, aduana, banco y por último, palacio presidencial.

En la actualidad el edificio tiene tres pisos, pero los planos originales muestran una construcción de un piso con un gran patio en el centro. La restauración del palacio comenzó en el año 1922 y los trabajos fueron realizados por el arquitecto Villanueva-Myers y el pintor Roberto Lewis. El palacio, un monumento al estilo colonial, todavía conserva su elegancia y buen gusto, y es una de las principales atracciones turísticas del barrio Casco Viejo°.

Planta baja

EL PATIO DE LAS GARZAS

Una antigua puerta de hierro° recibe a los visitantes. El patio interior todavía conserva los elementos originales de la construcción: piso de mármol°, columnas cubiertas° de nácar° y una magnífica fuente° de agua en el centro. Aquí están las nueve garzas que le dan el nombre al palacio y que representan las nueve provincias de Panamá.

Primer piso

EL SALÓN AMARILLO

Aquí el turista puede visitar una galería de cuarenta y un retratos° de gobernadores y personajes ilustres de Panamá. La principal atracción de este salón es el sillón presidencial, que se usa especialmente cuando hay cambio de presidente. Otros atractivos de esta área son el comedor Los Tamarindos, que se destaca° por la elegancia de sus muebles y sus lámparas de cristal, y el Patio Andaluz, con sus coloridos mosaicos que representan la unión de la cultura indígena y la española.

EL SALÓN DR. BELISARIO PORRAS

Este elegante y majestuoso salón es uno de los lugares más importantes del Palacio de las Garzas. Lleva su nombre en honor al Dr. Belisario Porras, quien fue tres veces presidente de Panamá (1912–1916, 1918–1920 y 1920–1924).

Segundo piso

Es el área residencial del palacio y el visitante no tiene acceso a ella. Los armarios, las cómodas y los espejos de la alcoba fueron comprados en Italia y Francia por el presidente Porras, mientras que las alfombras, cortinas y frazadas° son originarias de España.

solicitar request *casilla* post office box *Garzas* Herons *Casco Viejo* Old Quarter *hierro* iron *mármol* marble *cubiertas* covered *nácar* mother-of-pearl *fuente* fountain *retratos* portraits *se destaca* stands out *frazadas* blankets

Preguntas

Contesta las preguntas.

1. ¿Qué sala es notable por sus muebles elegantes y sus lámparas de cristal?
2. ¿En qué parte del palacio se encuentra la residencia del presidente?
3. ¿Dónde empiezan los turistas su visita al palacio?
4. ¿En qué lugar se representa artísticamente la rica herencia cultural de Panamá?
5. ¿Qué salón honra la memoria de un gran panameño?
6. ¿Qué partes del palacio te gustaría (*would you like*) más visitar? ¿Por qué?

Conversación

En grupos de tres o cuatro estudiantes, hablen sobre lo siguiente:

1. ¿Qué tiene en común el Palacio de las Garzas con otras residencias presidenciales u otras casas muy grandes?
2. ¿Te gustaría vivir en el Palacio de las Garzas? ¿Por qué?
3. Imagina que puedes diseñar tu palacio ideal. Describe los planos para cada piso del palacio.

Practice more at **vhlcentral.com**.

Escritura

Estrategia
Using linking words

You can make your writing sound more sophisticated by using linking words to connect simple sentences or ideas and create more complex sentences. Consider these passages, which illustrate this effect:

Without linking words

En la actualidad el edificio tiene tres pisos. Los planos originales muestran una construcción de un piso con un gran patio en el centro. La restauración del palacio comenzó en el año 1922. Los trabajos fueron realizados por el arquitecto Villanueva-Myers y el pintor Roberto Lewis.

With linking words

En la actualidad el edificio tiene tres pisos, pero los planos originales muestran una construcción de un piso con un gran patio en el centro. La restauración del palacio comenzó en el año 1922 y los trabajos fueron realizados por el arquitecto Villanueva-Myers y el pintor Roberto Lewis.

Linking words

cuando	when
mientras	while
o	or
pero	but
porque	because
pues	since
que	that; who; which
quien	who
sino	but (rather)
y	and

Tema

Escribir un contrato de arrendamiento°

Eres el/la administrador(a)° de un edificio de apartamentos. Prepara un contrato de arrendamiento para los nuevos inquilinos°. El contrato debe incluir estos detalles:

▶ la dirección° del apartamento y del/de la administrador(a)
▶ las fechas del contrato
▶ el precio del alquiler y el día que se debe pagar
▶ el precio del depósito
▶ información y reglas° acerca de:
   la basura
   el correo
   los animales domésticos
   el ruido°
   los servicios de electricidad y agua
   el uso de electrodomésticos
▶ otros aspectos importantes de la vida comunitaria

contrato de arrendamiento *lease* administrador(a) *manager*
inquilinos *tenants* dirección *address* reglas *rules* ruido *noise*

La vivienda

Escuchar

Estrategia
Using visual cues

Visual cues like illustrations and headings provide useful clues about what you will hear.

To practice this strategy, you will listen to a passage related to the following photo. Jot down the clues the photo gives you as you listen.

Preparación

Mira el dibujo. ¿Qué pistas te da para comprender la conversación que vas a escuchar? ¿Qué significa *bienes raíces*?

Ahora escucha

Mira los anuncios de esta página y escucha la conversación entre el señor Núñez, Adriana y Felipe. Luego indica si cada descripción se refiere a la casa ideal de Adriana y Felipe, a la casa del anuncio o al apartamento del anuncio.

Frases	La casa ideal	La casa del anuncio	El apartamento del anuncio
Es barato.	___	___	___
Tiene cuatro alcobas.	___	___	___
Tiene una oficina.	___	___	___
Tiene un balcón.	___	___	___
Tiene una cocina moderna.	___	___	___
Tiene un jardín muy grande.	___	___	___
Tiene un patio.	___	___	___

18G
Bienes raíces

Se vende.
4 alcobas, 3 baños, cocina moderna, jardín con árboles frutales.
B/. 225.000

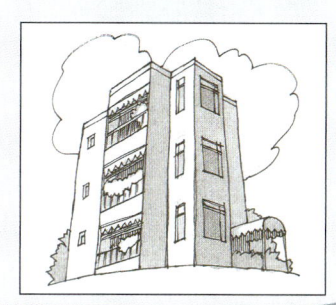

Se alquila.
2 alcobas, 1 baño. Balcón.
Urbanización Las Brisas. B/. 525

Comprensión

Preguntas
1. ¿Cuál es la relación entre el señor Núñez, Adriana y Felipe? ¿Cómo lo sabes?
2. ¿Qué diferencia de opinión hay entre Adriana y Felipe sobre dónde quieren vivir?
3. Usa la información de los dibujos y la conversación para entender lo que dice Adriana al final. ¿Qué significa "todo a su debido tiempo"?

Conversación
En parejas, túrnense para hacer y responder a las preguntas.
1. ¿Qué tienen en común el apartamento y la casa del anuncio con el lugar donde tú vives?
2. ¿Qué piensas de la recomendación del señor Núñez?
3. ¿Dónde prefieres vivir tú, en un apartamento o en una casa? Explica por qué.

Practice more at **vhlcentral.com**.

recursos
vText
vhlcentral.com

En pantalla

En los países hispanos el costo del servicio de electricidad y de los electrodomésticos es muy caro. Es por eso que no es muy común tener muchos electrodomésticos. Por ejemplo, en los lugares donde hace mucho calor, mucha gente no tiene aire acondicionado°; utiliza los ventiladores°, que usan menos electricidad. Muchas personas lavan los platos a mano o barren el piso en vez de usar un lavaplatos o una aspiradora.

Vocabulario útil	
fabrica	manufactures
lavavajillas	lavaplatos
aislante	insulation
campanas	hoods

Identificar
Indica lo que veas en el anuncio.
___ 1. llaves
___ 2. sofá
___ 3. puerta
___ 4. oficina
___ 5. bebé (baby)
___ 6. calle
___ 7. despertador
___ 8. altillo

El apartamento
Trabajen en grupos pequeños. Imaginen que terminaron la escuela y la universidad, consiguieron el trabajo (job) de sus sueños (dreams) y comparten un apartamento en el centro de una gran ciudad. Describan el apartamento, los muebles y los electrodomésticos y digan qué quehaceres hace cada quien.

Anuncio de Balay

Sabemos lo mucho que se agradece°...

... en algunos momentos...

... un poco de silencio.

aire acondicionado *air conditioning* ventiladores *fans*
se agradece *it's appreciated*

La vivienda

Flash Cultura

Video: Flash cultura

En el sur de la Ciudad de México hay una construcción que fusiona° el funcionalismo con elementos de la cultura mexicana. Es la casa y estudio° en que el muralista Diego Rivera y su esposa, Frida Kahlo, vivieron hasta 1934. El creador fue el destacado° arquitecto y pintor mexicano Juan O'Gorman, amigo de la pareja. Como Frida y Diego necesitaban cada uno un lugar tranquilo para trabajar, O'Gorman hizo dos casas, cada una con un taller°, conectadas por un puente° en la parte superior°. En 1981, años después de la muerte de los artistas, se creó ahí el Museo Casa Estudio Diego Rivera y Frida Kahlo. Este museo busca conservar, investigar y difundir° la obra° de estos dos mexicanos, como lo hace el Museo Casa de Frida Kahlo, que vas a ver a continuación.

Vocabulario útil

jardinero	gardener
muros	walls
la silla de ruedas	wheelchair
las valiosas obras	valuable works

Preparación
Imagina que vives con un(a) artista, ¿cómo sería (*would be*) tu casa?

¿Cierto o falso?
Indica si lo que dicen estas oraciones es **cierto** o **falso**.

1. La casa de Frida Kahlo está en el centro de México, D.F.
2. La casa de Frida se transformó en un museo en los años 50.
3. Frida Kahlo vivió sola en su casa.
4. Entre las obras que se exhiben está el cuadro (*painting*) *Las dos Fridas*.
5. El jardinero actual (*current*) jamás conoció ni a Frida ni a Diego.
6. En el museo se exhiben la silla de ruedas y los aparatos ortopédicos de Frida.

fusiona *fuse* estudio *studio* destacado *prominent* taller *art studio*
puente *bridge* parte superior *top* difundir *to spread* obra *work*

La casa de Frida

1 El hogar en que nació la pintora Frida Kahlo en 1907 se caracteriza por su arquitectura típicamente mexicana...

2 Esta casa tiene varios detalles que revelan el amor de esta mexicana por la cultura de su país, por ejemplo, la cocina.

3 Uno de los espacios más atractivos de esta casa es este estudio que Diego instaló...

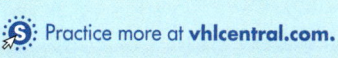

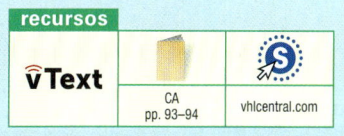

Practice more at vhlcentral.com.

panorama

Lección 3

Panamá

Interactive Map
Video: *Panorama cultural*

El país en cifras

- **Área:** 78.200 km² (30.193 millas²), aproximadamente el área de Carolina del Sur
- **Población:** 3.773.000
- **Capital:** La Ciudad de Panamá—1.527.000
- **Ciudades principales:** Colón, David

SOURCE: Population Division, UN Secretariat

- **Moneda:** balboa; es equivalente al dólar estadounidense.

En Panamá circulan los billetes de dólar estadounidense. El país centroamericano, sin embargo, acuña° su propia moneda. "El peso" es una moneda grande equivalente a cincuenta centavos°. La moneda de cinco centavos es llamada frecuentemente "real".

- **Idiomas:** español (oficial), lenguas indígenas, inglés

Muchos panameños son bilingües. La lengua materna del 14% de los panameños es el inglés.

Bandera de Panamá

Panameños célebres
- **Mariano Rivera,** beisbolista (1969–)
- **Mireya Moscoso,** política (1946–)
- **Rubén Blades,** músico y político (1948–)

acuña mints *centavos* cents *peaje* toll *promedio* average

Mujer kuna lavando una mola

Un turista disfruta del bosque tropical colgado de un cable.

Ruinas de un fuerte panameño

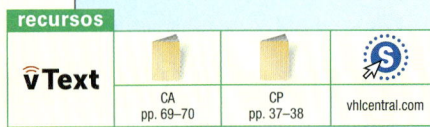

recursos
vText CA pp. 69–70 CP pp. 37–38 vhlcentral.com

¡Increíble pero cierto!

¿Conocías estos datos sobre el Canal de Panamá?
- Gracias al Canal de Panamá, el viaje en barco de Nueva York a Tokio es 3.000 millas más corto.
- Su construcción costó 639 millones de dólares.
- Hoy lo usan en promedio 39 barcos al día.
- El peaje° promedio° cuesta 54.000 dólares.

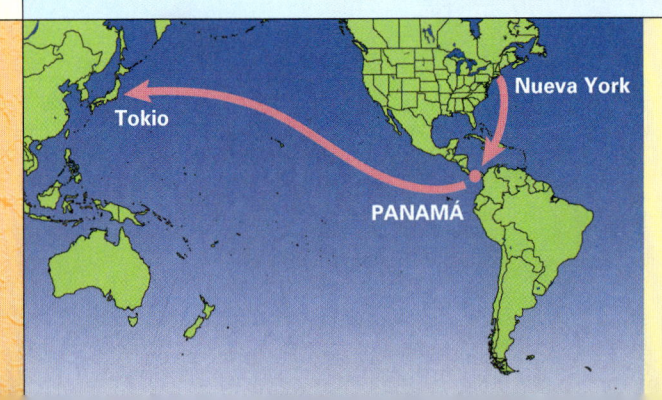

La vivienda

Lugares • El Canal de Panamá

El Canal de Panamá conecta el océano Pacífico con el océano Atlántico. La construcción de este cauce° artificial empezó en 1903 y concluyó diez años después. Es una de las principales fuentes° de ingresos° del país, gracias al dinero que aportan los más de 14.000 buques° que transitan anualmente por esta ruta y a las actividades comerciales que se han desarrollado° en torno a° ella.

Artes • La mola

La mola es una forma de arte textil de los kunas, una tribu indígena que vive principalmente en las islas San Blas. Esta pieza artesanal se confecciona con fragmentos de tela° de colores vivos. Algunos de sus diseños son abstractos, inspirados en las formas del coral, y otros son geométricos, como en las molas más tradicionales. Antiguamente, estos tejidos se usaban sólo como ropa, pero hoy día también sirven para decorar las casas.

Naturaleza • El mar

Panamá, cuyo° nombre significa "lugar de muchos peces°", es un país muy frecuentado por los aficionados del buceo y la pesca. El territorio panameño cuenta con una gran variedad de playas en los dos lados del istmo°, con el mar Caribe a un lado y el océano Pacífico al otro. Algunas zonas costeras están destinadas al turismo. Otras están protegidas por la diversidad de su fauna marina, en la que abundan los arrecifes° de coral, como el Parque Nacional Marino Isla Bastimentos.

COLOMBIA

Vista de la Ciudad de Panamá

¿Qué aprendiste? Responde a cada pregunta con una oración completa.

1. ¿Cuál es la lengua materna del catorce por ciento de los panameños?
2. ¿A qué unidad monetaria (*monetary unit*) es equivalente el balboa?
3. ¿Qué océanos une el Canal de Panamá?
4. ¿Quién es Mariano Rivera?
5. ¿Qué son las molas?
6. ¿Cómo son los diseños de las molas?
7. ¿Para qué se usan las molas?
8. ¿Cómo son las playas de Panamá?
9. ¿Qué significa "Panamá"?

Conexión Internet Investiga estos temas en **vhlcentral.com**.

1. Investiga la historia de las relaciones entre Panamá y los Estados Unidos y la decisión de devolver (*give back*) el Canal de Panamá. ¿Estás de acuerdo con la decisión? Explica tu opinión.
2. Investiga sobre los kunas u otro grupo indígena de Panamá. ¿En qué partes del país viven? ¿Qué lenguas hablan? ¿Cómo es su cultura?

Practice more at **vhlcentral.com**.

cauce *channel* fuentes *sources* ingresos *income* buques *ships* han desarrollado *have developed* en torno a *around* tela *fabric* cuyo *whose* peces *fish* istmo *isthmus* arrecifes *reefs*

vocabulario

Las viviendas

las afueras	suburbs; outskirts
el alquiler	rent (payment)
el ama (*m., f.*) de casa	housekeeper; caretaker
el barrio	neighborhood
el edificio de apartamentos	apartment building
el/la vecino/a	neighbor
la vivienda	housing
alquilar	to rent
mudarse	to move (from one house to another)

Los cuartos y otros lugares

el altillo	attic
el balcón	balcony
la cocina	kitchen
el comedor	dining room
el dormitorio	bedroom
la entrada	entrance
la escalera	stairs; stairway
el garaje	garage
el jardín	garden; yard
la oficina	office
el pasillo	hallway
el patio	patio; yard
la sala	living room
el sótano	basement; cellar

Los muebles y otras cosas

la alfombra	carpet; rug
la almohada	pillow
el armario	closet
el cartel	poster
la cómoda	chest of drawers
las cortinas	curtains
el cuadro	picture
el estante	bookcase; bookshelves
la lámpara	lamp
la luz	light; electricity
la manta	blanket
la mesita	end table
la mesita de noche	night stand
los muebles	furniture
la pared	wall
la pintura	painting; picture
el sillón	armchair
el sofá	couch; sofa

Los electrodomésticos

la cafetera	coffee maker
la cocina, la estufa	stove
el congelador	freezer
el electrodoméstico	electric appliance
el horno (de microondas)	(microwave) oven
la lavadora	washing machine
el lavaplatos	dishwasher
el refrigerador	refrigerator
la secadora	clothes dryer
la tostadora	toaster

La mesa

la copa	wineglass; goblet
la cuchara	(table or large) spoon
el cuchillo	knife
el plato	plate
la servilleta	napkin
la taza	cup
el tenedor	fork
el vaso	glass

Los quehaceres domésticos

arreglar	to neaten; to straighten up
barrer el suelo	to sweep the floor
cocinar	to cook
ensuciar	to get (something) dirty
hacer la cama	to make the bed
hacer quehaceres domésticos	to do household chores
lavar (el suelo, los platos)	to wash (the floor, the dishes)
limpiar la casa	to clean the house
pasar la aspiradora	to vacuum
planchar (la ropa)	to iron (the clothes)
poner la mesa	to set the table
quitar la mesa	to clear the table
quitar el polvo	to dust
sacar la basura	to take out the trash
sacudir los muebles	to dust the furniture

Verbos y expresiones verbales

aconsejar	to advise
insistir (en)	to insist (on)
mandar	to order
recomendar (e:ie)	to recommend
rogar (o:ue)	to beg; to plead
sugerir (e:ie)	to suggest
Es bueno que…	It's good that…
Es importante que…	It's important that…
Es malo que…	It's bad that…
Es mejor que…	It's better that…
Es necesario que…	It's necessary that…
Es urgente que…	It's urgent that…

Relative pronouns	See page 100.
Expresiones útiles	See page 95.

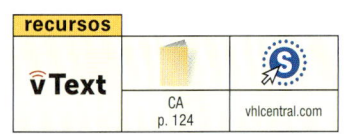

La naturaleza

4

Communicative Goals

I will be able to:
- Talk about and discuss the environment
- Express my beliefs and opinions about issues

VOICE BOARD

contextos
pages 128–131
- Nature
- The environment
- Recycling and conservation

fotonovela
pages 132–135
Jimena, Felipe, Juan Carlos, and Marissa take a trip to the Yucatan Peninsula. While Marissa and Jimena visit a turtle sanctuary and the Mayan ruins of Tulum, the boys take a trip to the jungle.

cultura
pages 136–137
- Andes mountain range
- Santa Marta mountain range

estructura
pages 138–151
- The subjunctive with verbs of emotion
- The subjunctive with doubt, disbelief, and denial
- The subjunctive with conjunctions
- Recapitulación

adelante
pages 152–159
Lectura: Two fables
Escritura: A letter or an article
Escuchar: A speech about the environment
En pantalla
Flash cultura
Panorama: Colombia

A PRIMERA VISTA
- ¿Son estas personas excursionistas?
- ¿Es importante que usen zapatos deportivos?
- ¿Se llevan bien o mal?
- ¿Se divierten o no?

4 contextos

Lección 4

La naturaleza

Audio: Vocabulary Tutorials, Games

Más vocabulario

el animal	animal
el bosque (tropical)	(tropical; rain) forest
el desierto	desert
la naturaleza	nature
la planta	plant
la selva, la jungla	jungle
la tierra	land; soil
el cielo	sky
la estrella	star
la luna	moon
el calentamiento global	global warming
el cambio climático	climate change
la conservación	conservation
la contaminación (del aire; del agua)	(air; water) pollution
la deforestación	deforestation
la ecología	ecology
el/la ecologista	ecologist
el ecoturismo	ecotourism
la energía (nuclear; solar)	(nuclear; solar) energy
la extinción	extinction
la fábrica	factory
el medio ambiente	environment
el peligro	danger
el recurso natural	natural resource
la solución	solution
el gobierno	government
la ley	law
la (sobre)población	(over)population
ecologista	ecological
puro/a	pure
renovable	renewable

Variación léxica

hierba ←→ pasto (*Méx., Perú*); grama (*Venez., Col.*)

recursos

vText
CA p. 125
CP pp. 41–42
CH pp. 55–56
vhlcentral.com

Labels on illustration: el ave, el pájaro; el cráter; el volcán; el pez (sing.), los peces (pl.); la vaca; el árbol; la hierba; la flor; el perro; el gato

La naturaleza

ciento veintinueve 129

(Illustration labels: el sol, la nube, el valle, el sendero, el lago, la piedra, el río)

Práctica

1 **Escuchar** 🎧 Mientras escuchas las frases, anota los sustantivos (*nouns*) que se refieren a las plantas, los animales, la tierra y el cielo.

Plantas	Animales	Tierra	Cielo
_____	_____	_____	_____
_____	_____	_____	_____
_____	_____	_____	_____

2 **¿Cierto o falso?** 🎧 Escucha las oraciones e indica si lo que dice cada una es **cierto** o **falso**, según el dibujo.

1. _____ 4. _____
2. _____ 5. _____
3. _____ 6. _____

3 **Seleccionar** Selecciona la palabra que no está relacionada.

1. estrella • gobierno • luna • sol
2. lago • río • mar • peligro
3. vaca • gato • pájaro • población
4. cielo • cráter • aire • nube
5. desierto • solución • selva • bosque
6. flor • hierba • renovable • árbol

4 **Definir** Trabaja con un(a) compañero/a para definir o describir cada palabra. Sigue el modelo.

> **modelo**
> **Estudiante 1:** ¿Qué es el cielo?
> **Estudiante 2:** El cielo está sobre la tierra y tiene nubes.

1. la población
2. un valle
3. el calentamiento global
4. la naturaleza
5. un desierto
6. la extinción
7. la ecología
8. un sendero

5 **Describir** Trabajen en parejas para describir estas fotos.

El reciclaje

el envase de plástico

Recicla la lata de aluminio. (reciclar)

Recoge la botella de vidrio. (recoger)

Más vocabulario

cazar	to hunt
conservar	to conserve
contaminar	to pollute
controlar	to control
cuidar	to take care of
dejar de (+ inf.)	to stop (doing something)
desarrollar	to develop
descubrir	to discover
destruir	to destroy
estar afectado/a (por)	to be affected (by)
estar contaminado/a	to be polluted
evitar	to avoid
mejorar	to improve
proteger	to protect
reducir	to reduce
resolver (o:ue)	to resolve; to solve
respirar	to breathe

6 Completar Selecciona la palabra o la expresión adecuada para completar cada oración.

contaminar	destruyen	reciclamos
controlan	están afectadas	recoger
cuidan	mejoramos	resolver
descubrir	proteger	se desarrollaron

1. Si vemos basura en las calles, la debemos _____.
2. Los científicos trabajan para _____ nuevas soluciones.
3. Es necesario que todos trabajemos juntos para _____ los problemas del medio ambiente.
4. Debemos _____ el medio ambiente porque hoy día está en peligro.
5. Muchas leyes nuevas _____ el nivel de emisiones que producen las fábricas.
6. Las primeras civilizaciones _____ cerca de los ríos y los mares.
7. Todas las personas _____ por la contaminación.
8. Los turistas deben tener cuidado de no _____ los lugares que visitan.
9. Podemos conservar los recursos si _____ el aluminio, el vidrio y el plástico.
10. La contaminación y la deforestación _____ el medio ambiente.

Practice more at vhlcentral.com.

Comunicación

7 **¿Es importante?** En parejas, lean este párrafo y contesten las preguntas.

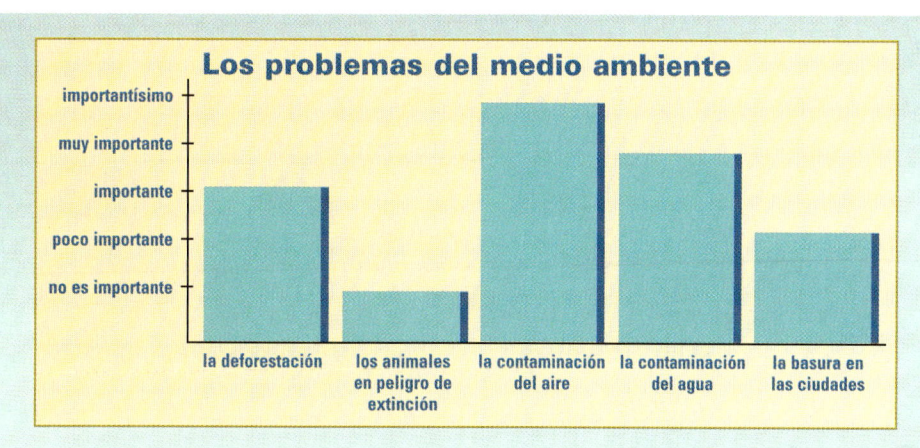

Los problemas del medio ambiente

(Gráfico de barras con niveles: importantísimo, muy importante, importante, poco importante, no es importante)

Categorías: la deforestación, los animales en peligro de extinción, la contaminación del aire, la contaminación del agua, la basura en las ciudades.

Para celebrar el Día de la Tierra, una estación de radio colombiana hizo una pequeña encuesta entre estudiantes de escuela secundaria y les preguntaron sobre los problemas del medio ambiente. Se les preguntó cuáles creían que eran los cinco problemas más importantes del medio ambiente. Ellos también tenían que decidir el orden de importancia de estos problemas, del uno al cinco.

Los resultados probaron (*proved*) que la mayoría de los estudiantes están preocupados por la contaminación del aire. Muchos mencionaron que no hay aire puro en las ciudades. El problema número dos para los estudiantes es que los ríos y los lagos están afectados por la contaminación. La deforestación quedó como el problema número tres, la basura en las ciudades como el número cuatro y los animales en peligro de extinción como el número cinco.

1. Según la encuesta, ¿qué problema consideran el más grave? ¿Qué problema consideran el menos grave?
2. ¿Cómo creen que se puede evitar o resolver el problema más importante?
3. ¿Es necesario resolver el problema menos importante? ¿Por qué?
4. ¿Consideran ustedes que existen los mismos problemas en su comunidad? Den algunos ejemplos.

8 **Situaciones** Trabajen en grupos pequeños para representar estas situaciones.

1. Unos/as representantes de una agencia ambiental (*environmental*) hablan con el/la presidente/a de una fábrica que está contaminando un río o el aire.
2. Un(a) guía de ecoturismo habla con un grupo sobre cómo disfrutar (*enjoy*) de la naturaleza y conservar el medio ambiente.
3. Un(a) representante de la escuela habla con un grupo de nuevos estudiantes sobre la campaña (*campaign*) ambiental de la escuela y trata de reclutar (*tries to recruit*) miembros para un club que trabaja por la protección del medio ambiente.

9 **Escribir una carta** Trabajen en parejas para escribir una carta a una empresa real o imaginaria que esté contaminando el medio ambiente. Expliquen las consecuencias que sus acciones van a tener para el medio ambiente. Sugiéranle algunas ideas para que solucione el problema. Utilicen por lo menos diez palabras de **Contextos**.

4 | fotonovela

Lección 4

Aventuras en la naturaleza

Las chicas visitan un santuario de tortugas, mientras los chicos pasean por la selva.

PERSONAJES   MARISSA   JIMENA

Video: *Fotonovela*
Record and Compare

1

MARISSA Querida tía Ana María, lo estoy pasando muy bien. Es maravilloso que México tenga tantos programas estupendos para proteger a las tortugas. Hoy estamos en Tulum, y ¡el paisaje es espectacular! Con cariño, Marissa.

2

MARISSA Estoy tan feliz de que estés aquí conmigo.

JIMENA Es mucho más divertido cuando se viaja con amigos.

(Llegan Felipe y Juan Carlos)

JIMENA ¿Qué pasó?

JUAN CARLOS No lo van a creer.

3

GUÍA A menos que protejamos a los animales de la contaminación y la deforestación, muchos van a estar en peligro de extinción. Por favor, síganme y eviten pisar las plantas.

6

FELIPE Decidí seguir un río y...

MARISSA No es posible que un guía continúe el recorrido cuando hay dos personas perdidas.

JIMENA Vamos a ver, chicos, ¿qué pasó? Dígannos la verdad.

7

JUAN CARLOS Felipe se cayó. Él no quería contarles.

JIMENA ¡Lo sabía!

8

FELIPE Y ustedes, ¿qué hicieron hoy?

JIMENA Marissa y yo fuimos al santuario de las tortugas.

La naturaleza

JUAN CARLOS **FELIPE** **GUÍA**

4

FELIPE Nos retrasamos sólo cinco minutos... Qué extraño. Estaban aquí hace unos minutos.

JUAN CARLOS ¿Adónde se fueron?

FELIPE No creo que puedan ir muy lejos.

(*Se separan para buscar al grupo.*)

5

FELIPE Juan Carlos encontró al grupo. ¡Yo esperaba encontrarlos también! ¡Pero nunca vinieron por mí! Yo estaba asustado. Regresé al lugar de donde salimos y esperé. Me perdí todo el recorrido.

9

MARISSA Aprendimos sobre las normas que existen para proteger a las tortugas marinas.

JIMENA Pero no cabe duda de que necesitamos aprobar más leyes para protegerlas.

MARISSA Fue muy divertido verlas tan cerca.

10

JUAN CARLOS Entonces se divirtieron. ¡Qué bien!

JIMENA Gracias, y tú, pobrecito, pasaste todo el día con mi hermano. Siempre te mete en problemas.

Expresiones útiles

Talking about the environment

Aprendimos sobre las normas que existen para proteger a las tortugas marinas.
We learned about the regulations that exist to protect sea turtles.

Afortunadamente, ahora la población está aumentando.
Fortunately, the population is now growing.

No cabe duda de que necesitamos aprobar más leyes para protegerlas.
There is no doubt that we need to pass more laws to protect them.

Es maravilloso que México tenga tantos programas estupendos para proteger a las tortugas.
It's marvelous that Mexico has so many wonderful programs to protect the turtles.

A menos que protejamos a los animales de la contaminación y la deforestación, muchos van a estar en peligro de extinción.
Unless we protect animals from pollution and habitat loss, many of them will become endangered.

Additional vocabulary

aumentar
to grow; to get bigger
meterse en problemas
to get into trouble
perdido/a
lost
el recorrido
tour
sobre todo
above all

¿Qué pasó?

1 Seleccionar Selecciona la respuesta más lógica para completar cada oración.

1. México tiene muchos programas para _____ a las tortugas.
   a. destruir   b. reciclar   c. proteger
2. Según la guía, muchos animales van a estar en peligro de _____ si no los protegemos.
   a. reciclaje   b. extinción   c. deforestación
3. La guía les pide a los visitantes que eviten pisar _____.
   a. las plantas   b. las piedras   c. la tierra
4. Felipe no quería contarles a las chicas que se _____.
   a. divirtió   b. alegró   c. cayó
5. Jimena dice que debe haber más _____ para proteger a las tortugas.
   a. playas   b. leyes   c. gobiernos

2 Identificar Identifica quién puede decir estas oraciones. Puedes usar algunos nombres más de una vez.

1. Fue divertido ver a las tortugas y aprender las normas para protegerlas.
2. Tenemos que evitar la contaminación y la deforestación.
3. Estoy feliz de estar aquí, Tulum es maravilloso.
4. Es una lástima que me pierda el recorrido.
5. No es posible que esa historia que nos dices sea verdad.
6. No van a creer lo que le sucedió a Felipe.
7. Tenemos que cuidar las plantas y los animales.
8. Ojalá que mi hermano no se meta en más problemas.

FELIPE   MARISSA
JIMENA
GUÍA   JUAN CARLOS

NOTA CULTURAL

Tulum es una importante zona arqueológica que se localiza en la costa del estado de Quintana Roo, México. La ciudad amurallada (*walled*), construida (*built*) por los mayas, es famosa por su ubicación (*location*) dramática en un acantilado (*cliff*) frente al mar.

3 Preguntas Responde a estas preguntas usando la información de **Fotonovela**.

1. ¿Qué lugar visitan Marissa y Jimena?
2. ¿Adónde fueron Juan Carlos y Felipe?
3. Según la guía, ¿por qué muchos animales están en peligro de extinción?
4. ¿Por qué Jimena y Marissa no creen la historia de Felipe?
5. ¿Qué esperaba Felipe cuando se perdió?

4 El medio ambiente En parejas, discutan algunos problemas ambientales y sus posibles soluciones. Usen estas preguntas y frases en su conversación.

- ¿Hay problemas de contaminación donde vives?
- Tenemos un problema muy grave de contaminación de...
- ¿Cómo podemos resolver los problemas de la contaminación?

Practice more at **vhlcentral.com**.

Ortografía y pronunciación

Los signos de puntuación

In Spanish, as in English, punctuation marks are important because they help you express your ideas in a clear, organized way.

> **No podía ver las llaves. Las buscó por los estantes, las mesas, las sillas, el suelo; minutos después, decidió mirar por la ventana. Allí estaban...**

The **punto y coma (;)**, the **tres puntos (…)**, and the **punto (.)** are used in very similar ways in Spanish and English.

> **Argentina, Brasil, Paraguay y Uruguay son miembros de Mercosur.**

In Spanish, the **coma (,)** is not used before **y** or **o** in a series.

> **13,5%   29,2°   3.000.000 $2.999,99**

In numbers, Spanish uses a **coma** where English uses a decimal point and a **punto** where English uses a comma.

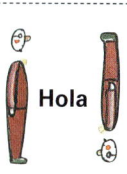

> **¿Cómo te llamas?   ¿Dónde está?   ¡Ven aquí!   Hola**

Questions in Spanish are preceded and followed by **signos de interrogación (¿ ?)**, and exclamations are preceded and followed by **signos de exclamación (¡ !)**.

Práctica Lee el párrafo e indica los signos de puntuación necesarios.

Ayer recibí la invitación de boda de Marta mi amiga colombiana inmediatamente empecé a pensar en un posible regalo fui al almacén donde Marta y su novio tenían una lista de regalos había de todo copas cafeteras tostadoras finalmente decidí regalarles un perro ya sé que es un regalo extraño pero espero que les guste a los dos

¿Palabras de amor? El siguiente diálogo tiene diferentes significados (*meanings*) dependiendo de los signos de puntuación que utilices y el lugar donde los pongas. Intenta encontrar los diferentes significados.

JULIÁN	me quieres
MARISOL	no puedo vivir sin ti
JULIÁN	me quieres dejar
MARISOL	no me parece mala idea
JULIÁN	no eres feliz conmigo
MARISOL	no soy feliz

cultura

EN DETALLE

¡Los Andes se mueven!

Los Andes, la cadena° de montañas más extensa de América, son conocidos como "la espina dorsal° de Suramérica". Sus 7.240 kilómetros (4.500 millas) van desde el norte° de la región entre Venezuela y Colombia, hasta el extremo sur°, entre Argentina y Chile, y pasan por casi todos los países suramericanos. La cordillera° de los Andes, formada hace 27 millones de años, es la segunda más alta del mundo, después de la del Himalaya (aunque° esta última es mucho más "joven", ya que se formó hace apenas cinco millones de años).

Para poder atravesar° de un lado a otro de los Andes, existen varios pasos o puertos° de montaña. Situados a grandes alturas°, son generalmente estrechos° y peligrosos. En algunos de ellos hay, también, vías ferroviarias°.

De acuerdo con° varias instituciones científicas, la cordillera de los Andes se eleva° y se hace más angosta° cada año. La capital de Chile se acerca° a la capital de Argentina a un ritmo° de 19,4 milímetros por año. Si ese ritmo se mantiene°, Santiago y Buenos Aires podrían unirse° en unos... 63 millones de años, ¡casi el mismo tiempo que ha transcurrido° desde la extinción de los dinosaurios!

Arequipa, Perú

Los Andes en números

3 Cordilleras que forman los Andes: Las cordilleras Central, Occidental y Oriental

900 (A.C.°) Año aproximado en que empezó el desarrollo° de la cultura chavín, en los Andes peruanos

600 Número aproximado de volcanes que hay en los Andes

6.960 Metros (**22.835** pies) de altura del Aconcagua (Argentina), el pico° más alto de los Andes

---

cadena *range* espina dorsal *spine* norte *north* sur *south* cordillera *mountain range* aunque *although* atravesar *to cross* puertos *passes* alturas *heights* estrechos *narrow* vías ferroviarias *railroad tracks* De acuerdo con *According to* se eleva *rises* angosta *narrow* se acerca *gets closer* ritmo *rate* se mantiene *keeps going* podrían unirse *could join together* ha transcurrido *has gone by* A.C. *Before Christ* desarrollo *development* pico *peak*

ACTIVIDADES

1 **Escoger** Escoge la opción que completa mejor cada oración.

1. Los Andes son la cadena montañosa más extensa del…
   a. mundo.   b. continente americano.   c. hemisferio norte.

2. "La espina dorsal de Suramérica" es…
   a. los Andes.   b. el Himalaya.   c. el Aconcagua.

3. La cordillera de los Andes se extiende…
   a. de este a oeste.   b. de sur a oeste.   c. de norte a sur.

4. El Himalaya y los Andes tienen…
   a. diferente altura.   b. la misma altura.   c. el mismo color.

5. Es posible atravesar los Andes por medio de…
   a. montañas   b. puertos   c. aviones

6. En algunos de los puertos de montaña de los Andes hay…
   a. puertas.   b. vías ferroviarias.   c. cordilleras.

7. En 63 millones de años, Buenos Aires y Santiago podrían…
   a. separarse.   b. desarrollarse.   c. unirse.

8. El Aconcagua es…
   a. una montaña.   b. un grupo indígena.   c. un volcán.

La naturaleza

ASÍ SE DICE
La naturaleza

el arco iris	rainbow
la cascada; la catarata	waterfall
el cerro; la colina; la loma	hill, hillock
la cima; la cumbre; el tope (Col.)	summit; mountain top
la maleza; los rastrojos (Col.); la yerba mala (Cuba); los hierbajos (Méx.); los yuyos (Arg.)	weeds
la niebla	fog

EL MUNDO HISPANO
Cuerpos° de agua

- **Lago de Maracaibo** es el lago natural más grande de Suramérica y tiene una conexión directa y natural con el mar.
- **Lago Titicaca** es el lago navegable más alto del mundo. Se encuentra a más de 3.800 metros de altitud.
- **Bahía Mosquito** es una bahía bioluminiscente. En sus aguas viven unos microorganismos que emiten luz° cuando sienten que algo agita° el agua.

Cuerpos *Bodies* emiten luz *emit light* agita *shakes*

PERFIL
La Sierra Nevada de Santa Marta

La Sierra Nevada de Santa Marta es una cadena de montañas en la costa norte de Colombia. Se eleva abruptamente desde las costas del mar Caribe y en apenas 42 kilómetros llega a una altura de 5.775 metros (18.947 pies) en sus picos nevados°. Tiene las montañas más altas de Colombia y es la formación montañosa costera° más alta del mundo.

Los pueblos indígenas que habitan allí lograron° mantener los frágiles ecosistemas de estas montañas a través de° un sofisticado sistema de terrazas° y senderos empedrados° que permitieron° el control de las aguas en una región de muchas lluvias, evitando° así la erosión de la tierra. La Sierra fue nombrada Reserva de la Biosfera por la UNESCO en 1979.

nevados *snowcapped* costera *coastal* lograron *managed* a través de *by means of* terrazas *terraces* empedrados *cobblestone* permitieron *allowed* evitando *avoiding*

Conexión Internet

¿Dónde se puede hacer ecoturismo en Latinoamérica?

Go to **vhlcentral.com** to find more cultural information related to this **Cultura** section.

ACTIVIDADES

2 Comprensión Indica si lo que dice cada oración es **cierto** o **falso**. Corrige la información falsa.
1. En Colombia, *weeds* se dice **hierbajos**.
2. El lago Titicaca es el más grande del mundo.
3. La Sierra Nevada de Santa Marta es la formación montañosa costera más alta del mundo.
4. Los indígenas destruyeron el ecosistema de Santa Marta.

3 Maravillas de la naturaleza Escribe un párrafo breve donde describas alguna maravilla de la naturaleza que has (*you have*) visitado y que te impresionó. Puede ser cualquier (*any*) sitio natural: un río, una montaña, una selva, etc.

Practice more at **vhlcentral.com**.

4 estructura Lección 4

4.1 The subjunctive with verbs of emotion

ANTE TODO In the previous lesson, you learned how to use the subjunctive with expressions of will and influence. You will now learn how to use the subjunctive with verbs and expressions of emotion.

Main clause | **Subordinate clause**
Marta **espera** (que) yo **vaya** al lago este fin de semana.

▶ When the verb in the main clause of a sentence expresses an emotion or feeling, such as hope, fear, joy, pity, surprise, etc., the subjunctive is required in the subordinate clause.

Nos alegramos de que te **gusten** las flores.
We are happy that you like the flowers.

Siento que tú no **puedas** venir mañana.
I'm sorry that you can't come tomorrow.

Temo que Ana no **pueda** ir mañana con nosotros.
I'm afraid that Ana won't be able to go with us tomorrow.

Le **sorprende** que Juan **sea** tan joven.
It surprises him that Juan is so young.

Es una lástima que ellos no estén aquí con nosotros.

Me alegro de que te divirtieras.

Common verbs and expressions of emotion

alegrarse (de)	to be happy	**tener miedo (de)**	to be afraid (of)
esperar	to hope; to wish	**es extraño**	it's strange
gustar	to be pleasing; to like	**es una lástima**	it's a shame
molestar	to bother	**es ridículo**	it's ridiculous
sentir (e:ie)	to be sorry; to regret	**es terrible**	it's terrible
sorprender	to surprise	**es triste**	it's sad
temer	to be afraid; to fear	**ojalá (que)**	I hope (that); I wish (that)

Me molesta que la gente no **recicle** el plástico.
It bothers me that people don't recycle plastic.

Es triste que **tengamos** problemas como el cambio climático.
It's sad that we have problems like climate change.

La naturaleza

▶ As with expressions of will and influence, the infinitive, not the subjunctive, is used after an expression of emotion when there is no change of subject from the main clause to the subordinate clause. Compare these sentences.

Temo **llegar** tarde.
I'm afraid I'll arrive late.

Temo que mi novio **llegue** tarde.
I'm afraid my boyfriend will arrive late.

▶ The expression **ojalá (que)** means *I hope* or *I wish*, and it is always followed by the subjunctive. Note that the use of **que** with this expression is optional.

Ojalá (que) se conserven nuestros recursos naturales.
I hope (that) our natural resources will be conserved.

Ojalá (que) recojan la basura hoy.
I hope (that) they collect the garbage today.

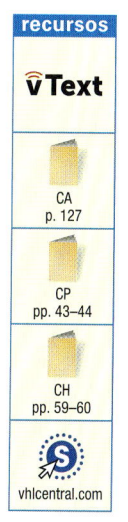

Ojalá que
su aseguradora escuche sus necesidades con la misma atención.

COLMENA
salud - medicina
Con su familia, por su futuro.

Por fin usted se puede poner en manos de una compañía confiable.

¡INTÉNTALO!
Completa las oraciones con las formas correctas de los verbos.

1. Ojalá que ellos __descubran__ (descubrir) nuevas formas de energía.
2. Espero que Ana nos _____ (ayudar) a recoger la basura en la carretera.
3. Es una lástima que la gente no _____ (reciclar) más.
4. Esperamos _____ (proteger) el aire de nuestra comunidad.
5. Me alegro de que mis amigos _____ (querer) conservar la naturaleza.
6. Espero que tú _____ (venir) a la reunión (*meeting*) del Club de Ecología.
7. Es malo _____ (contaminar) el medio ambiente.
8. A mis padres les gusta que nosotros _____ (participar) en la reunión.
9. Es terrible que nuestras ciudades _____ (estar) afectadas por la contaminación.
10. Ojalá que yo _____ (poder) hacer algo para reducir el calentamiento global.

Práctica

1 Completar Completa el diálogo con palabras de la lista. Compara tus respuestas con las de un(a) compañero/a. No vas a usar dos de las palabras.

Bogotá, Colombia

alegro	molesta	salga
encuentre	ojalá	tengo miedo de
estén	pueda	vaya
llegue	reduzcan	visitar

OLGA Me alegro de que tu hermana (1)_____ a Colombia. ¿Va a estudiar?

SARA Sí. Es una lástima que (2)_____ una semana tarde. Ojalá que la universidad la ayude a buscar casa. (3)_____ que no consiga dónde vivir.

OLGA Me (4)_____ que seas tan pesimista, pero sí, yo también espero que (5)_____ gente simpática y que hable mucho español.

SARA Sí, ojalá. Va a hacer un estudio sobre la deforestación en las costas. Es triste que en tantos países los recursos naturales (6)_____ en peligro.

OLGA Pues, me (7)_____ de que no se quede mucho en la capital por la contaminación. (8)_____ tenga tiempo de viajar por el país.

SARA Sí, espero que (9)_____ ir a Medellín.
Sé que también espera (10)_____ la Catedral de Sal de Zipaquirá.

> **NOTA CULTURAL**
>
> Los principales factores que determinan la temperatura de **Bogotá, Colombia,** son su proximidad al ecuador y su altitud, 2.640 metros (8.660 pies) sobre el nivel (*level*) del mar. Con un promedio (*average*) de 13° C (56° F), Bogotá disfruta de un clima templado (*mild*) durante la mayor parte del año. Hay, sin embargo, variaciones considerables entre el día (18° C) y la noche (7° C).

2 Transformar Transforma estos elementos en oraciones completas para formar un diálogo entre Sara y su madre. Añade palabras si es necesario. Luego, con un(a) compañero/a, presenta el diálogo a la clase.

1. Sara, / esperar / (tú) escribirle / Raquel. / Ser / tu / hermana. / Ojalá / no / sentirse / sola

2. molestarme / (tú) decirme / lo que / tener / hacer. / Ahora / mismo / le / estar / escribiendo

3. alegrarme / oírte / decir / eso. / Ser / terrible / estar / lejos / cuando / nadie / recordarte

4. mamá, / ¡yo / tener / miedo de / (ella) no recordarme / mí! / Ser / triste / estar / sin / hermana

5. ser / ridículo / (tú) sentirte / así. / Tú / saber / ella / quererte / mucho

6. ridículo / o / no, / sorprenderme / (todos) preocuparse / ella / y / (nadie) acordarse de / mí

Practice more at **vhlcentral.com.**

Comunicación

3 Comentar En parejas, túrnense para formar oraciones sobre su comunidad, sus clases, su gobierno o algún otro tema, usando expresiones como **me alegro de que, temo que** y **es extraño que.** Luego, reaccionen a los comentarios de su compañero/a.

modelo

Estudiante 1: Me alegro de que vayan a limpiar el río.
Estudiante 2: Yo también. Me preocupa que el agua del río esté tan sucia.

4 Contestar Lee el mensaje electrónico que Raquel le escribió a su hermano. Luego, en parejas, contesten el mensaje usando expresiones como **me sorprende que, me molesta que** y **es una lástima que.**

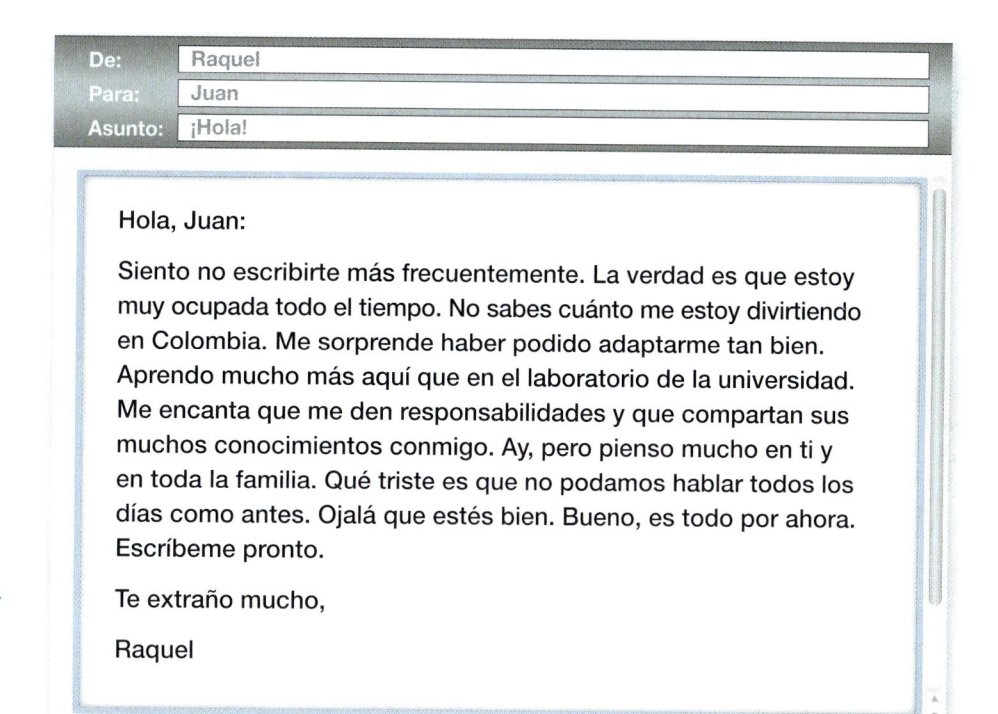

De: Raquel
Para: Juan
Asunto: ¡Hola!

Hola, Juan:

Siento no escribirte más frecuentemente. La verdad es que estoy muy ocupada todo el tiempo. No sabes cuánto me estoy divirtiendo en Colombia. Me sorprende haber podido adaptarme tan bien. Aprendo mucho más aquí que en el laboratorio de la universidad. Me encanta que me den responsabilidades y que compartan sus muchos conocimientos conmigo. Ay, pero pienso mucho en ti y en toda la familia. Qué triste es que no podamos hablar todos los días como antes. Ojalá que estés bien. Bueno, es todo por ahora. Escríbeme pronto.

Te extraño mucho,

Raquel

AYUDA

Echar de menos (a alguien) and **extrañar (a alguien)** are two ways of saying *to miss (someone)*.

Síntesis

5 No te preocupes Estás muy preocupado/a por los problemas del medio ambiente y le comentas a tu compañero/a todas tus preocupaciones. Él/Ella va a darte la solución adecuada a tus preocupaciones. Su profesor(a) les va a dar una hoja distinta a cada uno/a con la información necesaria para completar la actividad.

modelo

Estudiante 1: Me molesta que las personas tiren basura en las calles.
Estudiante 2: Por eso es muy importante que los políticos hagan leyes para conservar las ciudades limpias.

4.2 The subjunctive with doubt, disbelief, and denial

ANTE TODO Just as the subjunctive is required with expressions of emotion, influence, and will, it is also used with expressions of doubt, disbelief, and denial.

Main clause | Subordinate clause
Dudan que su hijo les **diga** la verdad.

▶ The subjunctive is always used in a subordinate clause when there is a change of subject and the expression in the main clause implies negation or uncertainty.

No creo que puedan ir muy lejos.

No es posible que el guía continúe el recorrido sin ustedes.

▶ Here is a list of some common expressions of doubt, disbelief, or denial.

Expressions of doubt, disbelief, or denial

dudar	to doubt	no es seguro	it's not certain
negar (e:ie)	to deny	no es verdad	it's not true
no creer	not to believe	es imposible	it's impossible
no estar seguro/a (de)	not to be sure	es improbable	it's improbable
no es cierto	it's not true; it's not certain	(no) es posible	it's (not) possible
		(no) es probable	it's (not) probable

El gobierno **niega** que el agua **esté** contaminada.
The government denies that the water is contaminated.

Dudo que el gobierno **resuelva** el problema.
I doubt that the government will solve the problem.

Es probable que **haya** menos bosques y selvas en el futuro.
It's probable that there will be fewer forests and jungles in the future.

No es verdad que mi hermano **estudie** ecología.
It's not true that my brother studies ecology.

¡LENGUA VIVA!
In English, the expression *it is probable* indicates a fairly high degree of certainty. In Spanish, however, **es probable** implies uncertainty and therefore triggers the subjunctive in the subordinate clause: **Es muy probable que venga Elena.**

▶ The indicative is used in a subordinate clause when there is no doubt or uncertainty in the main clause. Here is a list of some expressions of certainty.

Expressions of certainty

no dudar	not to doubt	estar seguro/a (de)	to be sure
no cabe duda de	there is no doubt	es cierto	it's true; it's certain
no hay duda de	there is no doubt	es seguro	it's certain
no negar (e:ie)	not to deny	es verdad	it's true
creer	to believe	es obvio	it's obvious

No negamos que **hay** demasiados carros en las carreteras.
We don't deny that there are too many cars on the highways.

Es verdad que Colombia **es** un país bonito.
It's true that Colombia is a beautiful country.

No hay duda de que el Amazonas **es** uno de los ríos más largos.
There is no doubt that the Amazon is one of the longest rivers.

Es obvio que las ballenas **están** en peligro de extinción.
It's obvious that whales are in danger of extinction.

▶ In affirmative sentences, the verb **creer** expresses belief or certainty, so it is followed by the indicative. In negative sentences, however, when doubt is implied, **creer** is followed by the subjunctive.

Creo que **debemos** usar exclusivamente la energía solar.
I believe we should use solar energy exclusively.

No creo que **haya** vida en el planeta Marte.
I don't believe that there is life on the planet Mars.

▶ The expressions **quizás** and **tal vez** are usually followed by the subjunctive because they imply doubt about something.

Quizás haga sol mañana.
Perhaps it will be sunny tomorrow.

Tal vez veamos la luna esta noche.
Perhaps we will see the moon tonight.

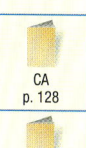

¡INTÉNTALO!

Completa estas oraciones con la forma correcta del verbo.

1. Dudo que ellos _trabajen_ (trabajar).
2. Es cierto que él _____ (comer) mucho.
3. Es imposible que ellos _____ (salir).
4. Es probable que ustedes _____ (ganar).
5. No creo que ella _____ (volver).
6. Es posible que nosotros _____ (ir).
7. Dudamos que tú _____ (reciclar).
8. Creo que ellos _____ (jugar) al fútbol.
9. No niego que ustedes _____ (estudiar).
10. Es posible que ella no _____ (venir) a casa.
11. Es probable que Lucio y Carmen _____ (dormir).
12. Es posible que mi prima Marta _____ (llamar).
13. Tal vez Juan no nos _____ (oír).
14. No es cierto que Paco y Daniel nos _____ (ayudar).

Práctica

1 Escoger Escoge las respuestas correctas para completar el diálogo. Luego dramatiza el diálogo con un(a) compañero/a.

RAÚL Ustedes dudan que yo realmente (1)_____ (estudio/estudie). No niego que a veces me (2)_____ (divierto/divierta) demasiado, pero no cabe duda de que (3)_____ (tomo/tome) mis estudios en serio. Estoy seguro de que cuando me vean graduarme van a pensar de manera diferente. Creo que no (4)_____ (tienen/tengan) razón con sus críticas.

PAPÁ Es posible que tu mamá y yo no (5)_____ (tenemos/tengamos) razón. Es cierto que a veces (6)_____ (dudamos/dudemos) de ti. Pero no hay duda de que te (7)_____ (pasas/pases) toda la noche en Internet y oyendo música. No es nada seguro que (8)_____ (estás/estés) estudiando.

RAÚL Es verdad que (9)_____ (uso/use) mucho la computadora pero, ¡piensen! ¿No es posible que (10)_____ (es/sea) para buscar información para mis clases? ¡No hay duda de que Internet (11)_____ (es/sea) el mejor recurso del mundo! Es obvio que ustedes (12)_____ (piensan/piensen) que no hago nada, pero no es cierto.

PAPÁ No dudo que esta conversación nos (13)_____ (va/vaya) a ayudar. Pero tal vez esta noche (14)_____ (puedes/puedas) trabajar sin música. ¿Está bien?

2 Dudas Carolina es una chica que siempre miente. Expresa tus dudas sobre lo que Carolina está diciendo ahora. Usa las expresiones entre paréntesis para tus respuestas.

modelo
El próximo año Marta y yo vamos de vacaciones por diez meses. (dudar)
¡Ja! Dudo que vayan de vacaciones por ese tiempo. ¡Ustedes no son ricas!

1. Estoy escribiendo una novela en español. (no creer)
2. Mi tía es la directora de *PETA*. (no ser verdad)
3. Dos profesores míos juegan para los Osos *(Bears)* de Chicago. (ser imposible)
4. Mi mejor amiga conoce al chef Bobby Flay. (no ser cierto)
5. Mi padre es dueño del Centro Rockefeller. (no ser posible)
6. Yo ya tengo un doctorado *(doctorate)* en lenguas. (ser improbable)

Practice more at vhlcentral.com.

AYUDA
Here are some useful expressions to say that you don't believe someone.
¡Qué va!
¡Imposible!
¡No te creo!
¡Es mentira!

La naturaleza

Comunicación

3 **Entrevista** En parejas, imaginen que trabajan para un periódico y que tienen que hacerle una entrevista a la ecologista Mary Axtmann, quien colaboró en la fundación del programa Ciudadanos Pro Bosque San Patricio, en Puerto Rico. Escriban seis preguntas para la entrevista después de leer las declaraciones de Mary Axtmann. Al final, inventen las respuestas de Axtmann.

NOTA CULTURAL

La asociación de **Mary Axtmann** trabaja para la conservación del Bosque San Patricio. También ofrece conferencias sobre temas ambientales, hace un censo anual de pájaros y tiene un grupo de guías voluntarios. La comunidad hace todo el trabajo; la asociación no recibe ninguna ayuda del gobierno.

Declaraciones de Mary Axtmann:

"... que el bosque es un recurso ecológico educativo para la comunidad."

"El Bosque San Patricio es un pulmón (*lung*) que produce oxígeno para la ciudad."

"El Bosque San Patricio está en medio de la ciudad de San Juan. Por eso digo que este bosque es una esmeralda (*emerald*) en un mar de concreto."

"El bosque pertenece (*belongs*) a la comunidad."

"Salvamos este bosque mediante (*by means of*) la propuesta (*proposal*) y no la protesta."

4 **Adivinar** Escribe cinco oraciones sobre tu vida presente y futura. Cuatro deben ser falsas y sólo una debe ser cierta. Presenta tus oraciones al grupo. El grupo adivina cuál es la oración cierta y expresa sus dudas sobre las oraciones falsas.

AYUDA

Here are some useful verbs for talking about plans.
esperar → *to hope*
querer → *to want*
pretender → *to intend*
pensar → *to plan*
Note that **pretender** and *pretend* are false cognates. To express *to pretend*, use the verb **fingir**.

modelo

Estudiante 1: Quiero irme un año a la selva a trabajar.
Estudiante 2: Dudo que te guste vivir en la selva.
Estudiante 3: En veinte años voy a ser presidente de los Estados Unidos.
Estudiante 2: No creo que seas presidente de los Estados Unidos en veinte años. ¡Tal vez en cuarenta!

Síntesis

5 **Intercambiar** En grupos, escriban un párrafo sobre los problemas del medio ambiente en su estado o en su comunidad. Compartan su párrafo con otro grupo, que va a ofrecer opiniones y soluciones. Luego presenten su párrafo, con las opiniones y soluciones del otro grupo, a la clase.

4.3 The subjunctive with conjunctions

ANTE TODO Conjunctions are words or phrases that connect other words and clauses in sentences. Certain conjunctions commonly introduce adverbial clauses, which describe *how, why, when,* and *where* an action takes place.

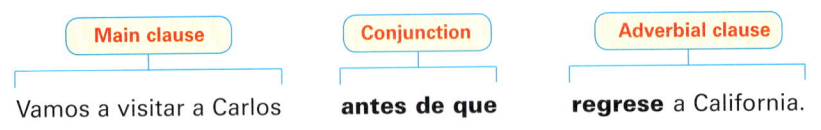

Main clause	Conjunction	Adverbial clause
Vamos a visitar a Carlos	**antes de que**	**regrese** a California.

> Muchos animales van a estar en peligro de extinción, a menos que los protejamos.

> Marissa habla con Jimena antes de que lleguen los chicos.

▶ With certain conjunctions, the subjunctive is used to express a hypothetical situation, uncertainty as to whether an action or event will take place, or a condition that may or may not be fulfilled.

Voy a dejar un recado **en caso de que** Gustavo me **llame**.
I'm going to leave a message in case Gustavo calls me.

Voy al supermercado **para que tengas** algo de comer.
I'm going to the store so that you'll have something to eat.

▶ Here is a list of the conjunctions that always require the subjunctive.

Conjunctions that require the subjunctive

a menos que	unless	en caso (de) que	in case
antes (de) que	before	para que	so that
con tal (de) que	provided that	sin que	without

Algunos animales van a morir **a menos que** haya leyes para protegerlos.
Some animals are going to die unless there are laws to protect them.

Ellos nos llevan a la selva **para que** veamos las plantas tropicales.
They are taking us to the jungle so that we may see the tropical plants.

▶ The infinitive, not **que** + [*subjunctive*], is used after the prepositions **antes de, para**, and **sin** when there is no change of subject. **¡Atención!** While you may use a present participle with the English equivalent of these conjunctions, in Spanish you cannot.

Te llamamos **antes de salir** de la casa.
We will call you before leaving the house.

Te llamamos mañana **antes de que salgas**.
We will call you tomorrow before you leave.

Conjunctions with subjunctive or indicative

> Voy a formar un club de ecología tan pronto como vuelva al DF.

> Cuando veo basura, la recojo.

Conjunctions used with subjunctive or indicative

cuando	when	**hasta que**	until
después de que	after	**tan pronto como**	as soon as
en cuanto	as soon as		

▶ With the conjunctions above, use the subjunctive in the subordinate clause if the main clause expresses a future action or command.

Vamos a resolver el problema **cuando desarrollemos** nuevas tecnologías.
We are going to solve the problem when we develop new technologies.

Después de que ustedes **tomen** sus refrescos, reciclen las botellas.
After you drink your soft drinks, recycle the bottles.

▶ With these conjunctions, the indicative is used in the subordinate clause if the verb in the main clause expresses an action that habitually happens, or that happened in the past.

Contaminan los ríos **cuando construyen** nuevos edificios.
They pollute the rivers when they build new buildings.

Contaminaron el río **cuando construyeron** ese edificio.
They polluted the river when they built that building.

¡INTÉNTALO!

Completa las oraciones con las formas correctas de los verbos.

1. Voy a estudiar ecología cuando __vaya__ (ir) a la universidad.
2. No podemos evitar el cambio climático a menos que todos _____ (trabajar) juntos.
3. No podemos conducir sin _____ (contaminar) el aire.
4. Siempre recogemos mucha basura cuando _____ (ir) al parque.
5. Elisa habló con el presidente del Club de Ecología después de que _____ (terminar) la reunión.
6. Vamos de excursión para _____ (observar) los animales y las plantas.
7. La contaminación va a ser un problema muy serio hasta que nosotros _____ (cambiar) nuestros sistemas de producción y transporte.
8. El gobierno debe crear más parques nacionales antes de que los bosques y ríos _____ (estar) completamente contaminados.
9. La gente recicla con tal de que no _____ (ser) difícil.

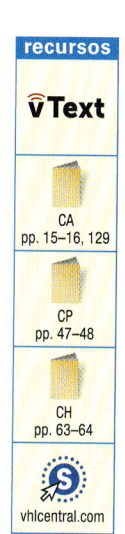

Práctica

1 Completar La señora Montero habla de una excursión que quiere hacer con su familia. Completa las oraciones con la forma correcta de cada verbo.

1. Voy a llevar a mis hijos al parque para que _____ (aprender) sobre la naturaleza.
2. Voy a pasar todo el día allí a menos que _____ (hacer) mucho frío.
3. Podemos explorar el parque en bicicleta sin _____ (caminar) demasiado.
4. Vamos a bajar al cráter con tal de que no se _____ (prohibir).
5. Siempre llevamos al perro cuando _____ (ir) al parque.
6. No pensamos ir muy lejos en caso de que _____ (llover).
7. Vamos a almorzar a la orilla (*shore*) del río cuando nosotros _____ (terminar) de preparar la comida.
8. Mis hijos van a dejar todo limpio antes de _____ (salir) del parque.

2 Frases Completa estas frases de una manera lógica.

1. No podemos controlar la contaminación del aire a menos que…
2. Voy a reciclar los productos de papel y de vidrio en cuanto…
3. Debemos comprar coches eléctricos tan pronto como…
4. Protegemos los animales en peligro de extinción para que…
5. Mis amigos y yo vamos a recoger la basura de la escuela después de que…
6. No podemos desarrollar nuevas fuentes (*sources*) de energía sin…
7. Hay que eliminar la contaminación del agua para…
8. No podemos proteger la naturaleza sin que…

3 Organizaciones colombianas En parejas, lean las descripciones de las organizaciones de conservación. Luego expresen en sus propias (*own*) palabras las opiniones de cada organización.

Organización: Fundación Río Orinoco
Problema: La destrucción de los ríos
Solución: Programa para limpiar las orillas de los ríos y reducir la erosión y así proteger los ríos

Organización: Oficina de Turismo Internacional
Problema: Necesidad de mejorar la imagen del país en el mercado turístico internacional
Solución: Plan para promover el ecoturismo en los 54 parques nacionales, usando agencias de publicidad e implementando un plan agresivo de conservación

Organización: Asociación Nabusimake-Pico Colón
Problema: Un lugar turístico popular en la Sierra Nevada de Santa Marta necesita mejor mantenimiento
Solución: Programa de voluntarios para limpiar y mejorar los senderos

---

AYUDA

Here are some expressions you can use as you complete **Actividad 3**.

Se puede evitar… con tal de que…
Es necesario… para que…
Debemos prohibir… antes de que…
No es posible… sin que…
Vamos a… tan pronto como…
A menos que… no vamos a…

Practice more at **vhlcentral.com**.

La naturaleza

Comunicación

4 **Preguntas** En parejas, túrnense para hacerse estas preguntas.

1. ¿Qué haces cada noche antes de acostarte?
2. ¿Qué haces después de salir de la escuela?
3. ¿Qué piensas hacer tan pronto como te gradúes?
4. ¿Qué quieres hacer mañana, a menos que haga mal tiempo?
5. ¿Qué haces en tus clases sin que los profesores lo sepan?

5 **Comparar** En parejas, comparen una actividad rutinaria que ustedes hacen con algo que van a hacer en el futuro. Usen palabras de la lista.

| antes de | después de que | hasta que | sin (que) |
| antes de que | en caso de que | para (que) | tan pronto como |

modelo

Estudiante 1: El sábado vamos al lago. Tan pronto como volvamos, vamos a estudiar para el examen.
Estudiante 2: Todos los sábados llevo a mi primo al parque para que juegue. Pero el sábado que viene, con tal de que no llueva, lo voy a llevar a las montañas.

Síntesis

6 **Tres en raya (*Tic-Tac-Toe*)** Formen dos equipos. Una persona comienza una frase y otra persona de su equipo la termina usando palabras de la gráfica. El primer equipo que forme tres oraciones seguidas (*in a row*) gana el tres en raya. Hay que usar la conjunción o la preposición y el verbo correctamente. Si no, ¡no cuenta!

¡LENGUA VIVA!
Tic-Tac-Toe has various names in the Spanish-speaking world, including **tres en raya, tres en línea, ta-te-ti, gato, la vieja,** and **triqui-triqui**.

modelo

Equipo 1
Estudiante 1: Dudo que podamos eliminar la deforestación…
Estudiante 2: sin que nos ayude el gobierno.
Equipo 2
Estudiante 1: Creo que podemos conservar nuestros recursos naturales…
Estudiante 2: con tal de que todos hagamos algo para ayudar.

cuando	con tal de que	para que
antes de que	para	sin que
hasta que	en caso de que	antes de

Recapitulación

Completa estas actividades para repasar los conceptos de gramática que aprendiste en esta lección.

1 **Subjuntivo con conjunciones** Escoge la forma correcta del verbo para completar las oraciones. *8 pts.*

1. En cuanto (empiecen/empiezan) las vacaciones, vamos a viajar.
2. Por favor, llámeme a las siete y media en caso de que no (me despierto/me despierte).
3. Toni va a usar su bicicleta hasta que los coches híbridos (cuesten/cuestan) menos dinero.
4. Tan pronto como supe la noticia (*news*) (te llamé/te llame).
5. Debemos conservar el agua antes de que no (queda/quede) nada para beber.
6. ¿Siempre recoges la basura después de que (terminas/termines) de comer en un picnic?
7. Siempre quiero vender mi camioneta cuando (yo) (piense/pienso) en la contaminación.
8. Estudiantes, pueden entrar al parque natural con tal de que no (tocan/toquen) las plantas.

2 **Creer o no creer** Completa estos diálogos con la forma correcta del presente de indicativo o de subjuntivo, según el contexto. *8 pts.*

CAROLA Creo que (1) _____ (nosotras, deber) escribir nuestra presentación sobre el reciclaje.

MÓNICA Hmm, no estoy segura de que el reciclaje (2) _____ (ser) un buen tema. No hay duda de que la gente ya (3) _____ (saber) reciclar.

CAROLA Sí, pero dudo que todos lo (4) _____ (practicar).

• • •

PACO ¿Sabes, Néstor? El sábado voy a ir a limpiar el río con un grupo de voluntarios. ¿Quieres venir?

NÉSTOR No es seguro que (5) _____ (yo, poder) ir. El lunes hay un examen y tengo que estudiar.

PACO ¿Estás seguro de que no (6) _____ (tener) tiempo? Es imposible que (7) _____ (ir) a estudiar todo el fin de semana.

NÉSTOR Pues sí, pero es muy probable que (8) _____ (llover).

RESUMEN GRAMATICAL

4.1 The subjunctive with verbs of emotion
pp. 138–139

Verbs and expressions of emotion

alegrarse (de)	tener miedo (de)
esperar	es extraño
gustar	es una lástima
molestar	es ridículo
sentir (e:ie)	es terrible
sorprender	es triste
temer	ojalá (que)

Main clause		Subordinate clause
Marta **espera**	que	yo **vaya** al lago mañana.
Ojalá		**comamos** en casa.

4.2 The subjunctive with doubt, disbelief, and denial
pp. 142–143

Expressions of doubt, disbelief, or denial (used with subjunctive)

dudar	no es verdad
negar (e:ie)	es imposible
no creer	es improbable
no estar seguro/a (de)	(no) es posible
no es cierto	(no) es probable
no es seguro	

Expressions of certainty (used with indicative)

no dudar	estar seguro/a (de)
no cabe duda de	es cierto
no hay duda de	es seguro
no negar (e:ie)	es verdad
creer	es obvio

▶ The infinitive is used after these expressions when there is no change of subject.

4.3 The subjunctive with conjunctions
pp. 146–147

Conjunctions that require the subjunctive

a menos que	en caso (de) que
antes (de) que	para que
con tal (de) que	sin que

La naturaleza

> ▶ The infinitive is used after the prepositions **antes de**, **para**, and **sin** when there is no change of subject.
>
> Te llamamos **antes de salir** de casa.
>
> Te llamamos mañana **antes de que salgas**.

Conjunctions used with subjunctive or indicative	
cuando	hasta que
después de que	tan pronto como
en cuanto	

3 Reacciones Reacciona a estas oraciones según las pistas (*clues*). Sigue el modelo. **10 pts.**

> **modelo**
> Tú casi nunca reciclas nada.
> (yo, molestar)
> A mí me molesta que tú casi nunca recicles nada.

1. La Ciudad de México tiene un problema grave de contaminación. (ser una lástima)
2. En ese safari permiten tocar a los animales. (ser extraño)
3. Julia y Víctor no pueden ir a las montañas. (yo, sentir)
4. El nuevo programa de reciclaje es un éxito. (nosotros, esperar)
5. A María no le gustan los perros. (ser una lástima)
6. Existen leyes ecologistas en este país. (Juan, alegrarse de)
7. El gobierno no busca soluciones. (ellos, temer)
8. La mayoría de la población no cuida el medio ambiente. (ser triste)
9. Muchas personas cazan animales en esta región. (yo, sorprender)
10. La situación mejora día a día. (ojalá que)

4 Oraciones Forma oraciones con estos elementos. Usa el subjuntivo cuando sea necesario. **10 pts.**

1. ser ridículo / los coches / contaminar tanto
2. no caber duda de / tú y yo / poder / hacer mucho más
3. los ecologistas / temer / los recursos naturales / desaparecer / poco a poco
4. yo / alegrarse de / en mi ciudad / reciclarse / el plástico, el vidrio y el aluminio
5. todos (nosotros) / ir a respirar / mejor / cuando / (nosotros) llegar / a la montaña

5 Escribir Escribe un diálogo de al menos siete oraciones en el que un(a) amigo/a hace comentarios pesimistas sobre la situación del medio ambiente en tu región y tú respondes con comentarios optimistas. Usa verbos y expresiones de esta lección. **14 pts.**

6 Canción Completa estos versos de una canción de Juan Luis Guerra. **¡2 puntos EXTRA!**

> "Ojalá que _____ (llover)
> café en el campo
> pa'° que todos los niños
> _____ (cantar) en el campo."

pa' *short for* para

4 adelante
Lectura
Audio: Synched Reading / Additional Reading

Antes de leer

Estrategia
Recognizing the purpose of a text

When you are faced with an unfamiliar text, it is important to determine the writer's purpose. If you are reading an editorial in a newspaper, for example, you know that the journalist's objective is to persuade you of his or her point of view. Identifying the purpose of a text will help you better comprehend its meaning.

Examinar los textos
Primero, utiliza la estrategia de lectura para familiarizarte con los textos. Después contesta estas preguntas y compara tus respuestas con las de un(a) compañero/a.
- ¿De qué tratan los textos?°
- ¿Son fábulas°, poemas, artículos de periódico…?
- ¿Cómo lo sabes?

Predicciones
Lee estas predicciones sobre la lectura e indica si estás de acuerdo° con ellas. Después compara tus opiniones con las de un(a) compañero/a.
1. Los textos son del género° de ficción.
2. Los personajes son animales.
3. La acción de los textos tiene lugar en un zoológico.
4. Hay alguna moraleja°.

Determinar el propósito
Con un(a) compañero/a, hablen de los posibles propósitos° de los textos. Consideren estas preguntas:
- ¿Qué te dice el género de los textos sobre los posibles propósitos de los textos?
- ¿Piensas que los textos pueden tener más de un propósito? ¿Por qué?

¿De qué tratan los textos? *What are the texts about?*
fábulas *fables*   estás de acuerdo *you agree*
género *genre*   moraleja *moral*   propósitos *purposes*

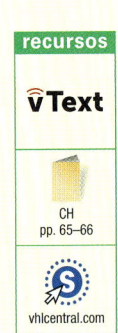

recursos
vText
CH pp. 65–66
vhlcentral.com

Sobre los autores
Félix María Samaniego (1745–1801) nació en España y escribió las *Fábulas morales* que ilustran de manera humorística el carácter humano. Los protagonistas de muchas de sus fábulas son animales que hablan.

El perro y el cocodrilo

Bebiendo un perro en el Nilo°,
al mismo tiempo corría.
"Bebe quieto°", le decía
un taimado° cocodrilo.

Díjole° el perro prudente:
"Dañoso° es beber y andar°;
pero ¿es sano el aguardar
a que me claves el diente°?"

¡Oh qué docto° perro viejo!
Yo venero° su sentir°
en esto de no seguir
del enemigo el consejo.

La naturaleza

Tomás de Iriarte (1750–1791) nació en las islas Canarias y tuvo gran éxito° con su libro *Fábulas literarias*. Su tendencia a representar la lógica a través de° símbolos de la naturaleza fue de gran influencia para muchos autores de su época°.

El pato° y la serpiente

A orillas° de un estanque°,
diciendo estaba un pato:
"¿A qué animal dio el cielo°
los dones que me ha dado°?

"Soy de agua, tierra y aire:
cuando de andar me canso°,
si se me antoja, vuelo°;
si se me antoja, nado".

Una serpiente astuta
que le estaba escuchando,
le llamó con un silbo°,
y le dijo "¡Seo° guapo!

"No hay que echar tantas plantas°;
pues ni anda como el gamo°,
ni vuela como el sacre°,
ni nada como el barbo°;

"y así tenga sabido
que lo importante y raro°
no es entender de todo,
sino ser diestro° en algo".

Nilo *Nile* **quieto** *in peace* **taimado** *sly* **Díjole** *Said to him* **Dañoso** *Harmful* **andar** *to walk* **¿es sano... diente?** *Is it good for me to wait for you to sink your teeth into me?* **docto** *wise* **venero** *revere* **sentir** *wisdom* **éxito** *success* **a través de** *through* **época** *time* **pato** *duck* **orillas** *banks* **estanque** *pond* **cielo** *heaven* **los dones... dado** *the gifts that it has given me* **me canso** *I get tired* **si se... vuelo** *if I feel like it, I fly* **silbo** *hiss* **Seo** *Señor* **No hay... plantas** *There's no reason to boast* **gamo** *deer* **sacre** *falcon* **barbo** *barbel (a type of fish)* **raro** *rare* **diestro** *skillful*

Después de leer

Comprensión
Escoge la mejor opción para completar cada oración.
1. El cocodrilo _____ perro.
   a. está preocupado por el   b. quiere comerse al
   c. tiene miedo del
2. El perro _____ cocodrilo.
   a. tiene miedo del   b. es amigo del
   c. quiere quedarse con el
3. El pato cree que es un animal _____.
   a. muy famoso   b. muy hermoso
   c. de muchos talentos
4. La serpiente cree que el pato es _____.
   a. muy inteligente   b. muy tonto   c. muy feo

Preguntas
Responde a las preguntas.
1. ¿Qué representa el cocodrilo?
   _____
2. ¿Qué representa el pato?
   _____
3. ¿Cuál es la moraleja (*moral*) de "El perro y el cocodrilo"?
   _____
4. ¿Cuál es la moraleja de "El pato y la serpiente"?
   _____

Coméntalo
En parejas, túrnense para hacerse estas preguntas. ¿Estás de acuerdo con las moralejas de estas fábulas? ¿Por qué? ¿Cuál de estas fábulas te gusta más? ¿Por qué? ¿Conoces otras fábulas? ¿Cuál es su propósito?

Escribir
Escribe una fábula para compartir con la clase. Puedes escoger algunos animales de la lista o escoger otros. ¿Qué características deben tener estos animales?
- una abeja (*bee*)
- un gato
- un burro
- un perro
- un águila (*eagle*)
- un pavo real (*peacock*)

Practice more at **vhlcentral.com**.

Escritura

Estrategia
Considering audience and purpose

Writing always has a specific purpose. During the planning stages, a writer must determine to whom he or she is addressing the piece, and what he or she wants to express to the reader. Once you have defined both your audience and your purpose, you will be able to decide which genre, vocabulary, and grammatical structures will best serve your literary composition.

Let's say you want to share your thoughts on local traffic problems. Your audience can be either the local government or the community. You could choose to write a newspaper article, a letter to the editor, or a letter to the city's governing board. But first you should ask yourself these questions:

1. Are you going to comment on traffic problems in general, or are you going to point out several specific problems?
2. Are you simply intending to register a complaint?
3. Are you simply intending to inform others and increase public awareness of the problems?
4. Are you hoping to persuade others to adopt your point of view?
5. Are you hoping to inspire others to take concrete actions?

The answers to these questions will help you establish the purpose of your writing and determine your audience. Of course, your writing can have more than one purpose. For example, you may intend for your writing to both inform others of a problem and inspire them to take action.

Tema
Escribir una carta o un artículo

Escoge uno de estos temas. Luego decide si vas a escribir una carta a un(a) amigo/a, una carta a un periódico, un artículo de periódico o de revista, etc.

1. Escribe sobre los programas que existen para proteger la naturaleza en tu comunidad. ¿Funcionan bien? ¿Participan todos los vecinos de tu comunidad en los programas? ¿Tienes dudas sobre el futuro del medio ambiente en tu comunidad?

2. Describe uno de los atractivos naturales de tu región. ¿Te sientes optimista sobre el futuro del medio ambiente en tu región? ¿Qué están haciendo el gobierno y los ciudadanos° de tu región para proteger la naturaleza? ¿Es necesario hacer más?

3. Escribe sobre algún programa para proteger el medio ambiente a nivel° nacional. ¿Es un programa del gobierno o de una empresa° privada°? ¿Cómo funciona? ¿Quiénes participan? ¿Tienes dudas sobre el programa? ¿Crees que debe cambiarse o mejorarse? ¿Cómo?

ciudadanos *citizens* nivel *level* empresa *company* privada *private*

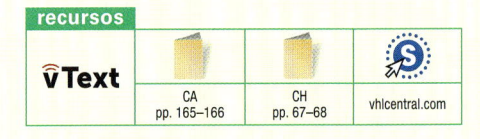

Escuchar

Estrategia
Using background knowledge / Guessing meaning from context

Listening for the general idea, or gist, can help you follow what someone is saying even if you can't hear or understand some of the words. When you listen for the gist, you simply try to capture the essence of what you hear without focusing on individual words.

🎧 To practice these strategies, you will listen to a paragraph written by Jaime Urbinas, an urban planner. Before listening to the paragraph, write down what you think it will be about, based on Jaime Urbinas' profession. As you listen to the paragraph, jot down any words or expressions you don't know and use context clues to guess their meanings.

Preparación

Mira el dibujo. ¿Qué pistas° te da sobre el tema del discurso° de Soledad Morales?

Ahora escucha 🎧

Vas a escuchar un discurso de Soledad Morales, una activista preocupada por el medio ambiente. Antes de escuchar, marca las palabras y frases que tú crees que ella va a usar en su discurso. Después marca las palabras y frases que escuchaste.

Palabras	Antes de escuchar	Después de escuchar
el futuro	_____	_____
el cine	_____	_____
los recursos naturales	_____	_____
el aire	_____	_____
los ríos	_____	_____
la contaminación	_____	_____
las diversiones	_____	_____
el reciclaje	_____	_____

pistas *clues*   discurso *speech*   Subraya *Underline*

Comprensión

Escoger

Subraya° el equivalente correcto de cada palabra.
1. patrimonio (fatherland, heritage, acrimony)
2. ancianos (elderly, ancient, antiques)
3. entrelazadas (destined, interrupted, intertwined)
4. aguantar (to hold back, to destroy, to pollute)
5. apreciar (to value, to imitate, to consider)
6. tala (planting, cutting, watering)

Ahora ustedes

Trabaja con un(a) compañero/a. Escriban seis recomendaciones que creen que la señora Morales va a darle al gobierno colombiano para mejorar los problemas del medio ambiente.

1. _____
2. _____
3. _____
4. _____
5. _____
6. _____

En pantalla Video: TV Clip

En 1990, el periodista argentino Víctor Sueiro vio "un túnel oscuro°, una luz blanca intensa que se hizo más fuerte°" y sintió "una paz° total". Durante cuarenta segundos, una muerte clínica° causada por un paro cardíaco° lo llevó a tener esa famosa visión. Después de "volver de la muerte", se dedicó° a escribir sobre el fin de la vida, los ángeles y misterios similares, y sus libros tuvieron gran éxito. A continuación vas a ver a Sueiro en un anuncio que, con humor, nos hace una invitación ecológica.

Vocabulario útil

derrochando	wasting
energía eléctrica	electric energy
el más allá	the afterlife
una luz blanca	a white light

Preparación
¿Conoces a alguien a quien le ocurrió algo que parecía sobrenatural (*supernatural*)? Explica qué ocurrió (*what happened*), si es posible...

Preguntas
Contesta las preguntas con oraciones completas.
1. ¿Qué vio Víctor Sueiro cuando fue al más allá?
2. ¿Qué le piden que haga? ¿Por qué?
3. ¿Por qué es importante que apague la luz?
4. ¿Qué hace Víctor Sueiro cuando despierta?

Creencias
Víctor Sueiro estuvo clínicamente muerto por 40 segundos. Luego escribió un libro que decía que no debíamos tener miedo del más allá porque hay una luz hermosa al final. ¿Qué opinas de su historia? Usa el subjuntivo en tus respuestas.

modelo
Dudo que estuviera muerto. No creo que recuerde lo que vio...

oscuro *dark*   más fuerte *stronger*   paz *peace*   muerte clínica *clinical death*
paro cardíaco *cardiac arrest*   se dedicó *he devoted himself*

Anuncio de Edenor

Tenemos información de que usted fue al más allá y volvió. ¿Es correcto?

¿Qué me está pidiendo?

¿Qué hacemos?

La naturaleza

Video: Flash cultura

Centroamérica es una región con un gran crecimiento° en el turismo, especialmente ecológico, y no por pocas razones°. Con solamente el uno por ciento° de la superficie terrestre°, esta zona tiene el ocho por ciento de las reservas naturales del planeta. Algunas de estas maravillas son la isla Coiba en Panamá, la Reserva de la Biosfera Maya en Guatemala, el volcán Mombacho en Nicaragua, el parque El Imposible en El Salvador y Pico Bonito en Honduras. En este episodio de Flash cultura vas a conocer más tesoros° naturales en un país ecológico por tradición: Costa Rica.

Vocabulario útil

aguas termales	hot springs
hace erupción	erupts
los poderes curativos	healing powers
rocas incandescentes	incandescent rocks

Preparación
¿Qué sabes de los volcanes de Costa Rica? ¿Y de sus aguas termales? Si no sabes nada, escribe tres predicciones sobre cada tema.

¿Cierto o falso?
Indica si estas oraciones son **ciertas** o **falsas**.
1. Centroamérica es una zona de pocos volcanes.
2. El volcán Arenal está en un parque nacional.
3. El volcán Arenal hace erupción pocas veces.
4. Las aguas termales cerca del volcán vienen del mar.
5. Cuando Alberto sale del agua, tiene calor.
6. Se pueden ver las rocas incandescentes desde algunos hoteles.

crecimiento *growth* razones *reasons* por ciento *percent*
superficie terrestre *earth's surface* tesoros *treasures* rugido *roar*

Naturaleza en Costa Rica

Aquí existen más de cien volcanes. Hoy visitaremos el Parque Nacional Volcán Arenal.

En los alrededores del volcán [...] nacen aguas termales de origen volcánico...

Puedes escuchar cada rugido° del volcán Arenal...

4 panorama

Colombia

Interactive Map
Video: *Panorama cultural*

El país en cifras

▶ **Área:** 1.138.910 km² (439.734 millas²), tres veces el área de Montana
▶ **Población:** 49.385.000

De todos los países de habla hispana, sólo México tiene más habitantes que Colombia. Casi toda la población colombiana vive en las áreas montañosas y la costa occidental° del país. Aproximadamente el 55% de la superficie° del país está sin poblar°.

▶ **Capital:** Bogotá—9.521.000
▶ **Ciudades principales:** Medellín—4.019.000, Cali—2.627.000, Barranquilla—2.015.000, Cartagena—1.076.000

SOURCE: Population Division, UN Secretariat

▶ **Moneda:** peso colombiano
▶ **Idiomas:** español (oficial); lenguas indígenas, criollas y gitanas

Bandera de Colombia

Colombianos célebres
▶ **Edgar Negret,** escultor°, pintor (1920–)
▶ **Juan Pablo Montoya,** automovilista (1975–)
▶ **Fernando Botero,** pintor, escultor (1932–)
▶ **Shakira,** cantante (1977–)

occidental *western* superficie *surface* sin poblar *unpopulated*
escultor *sculptor* dioses *gods* arrojaban *threw* oro *gold*
cacique *chief* llevó *led*

Baile típico de Cartagena
Palacio de San Francisco, Bogotá
Medellín
Cultivo de caña de azúcar cerca de Cali

recursos
vText
CA pp. 71–72
CP pp. 49–50
vhlcentral.com

¡Increíble pero cierto!

En el siglo XVI los exploradores españoles oyeron la leyenda de El Dorado. Esta leyenda cuenta que los indios, como parte de un ritual en honor a los dioses°, arrojaban° oro° a la laguna de Guatavita y el cacique° se sumergía en sus aguas cubierto de oro. Aunque esto era cierto, muy pronto la exageración llevó° al mito de una ciudad de oro.

Laguna de Guatavita

La naturaleza

Lugares • El Museo del Oro

El famoso Museo del Oro del Banco de la República fue fundado° en Bogotá en 1939 para preservar las piezas de orfebrería° de la época precolombina. Tiene más de 30.000 piezas de oro y otros materiales; en él se pueden ver joyas°, ornamentos religiosos y figuras que representaban ídolos. El cuidado con el que se hicieron los objetos de oro refleja la creencia° de las tribus indígenas de que el oro era la expresión física de la energía creadora° de los dioses.

Literatura • Gabriel García Márquez (1927–2014)

Gabriel García Márquez, ganador del Premio Nobel de Literatura en 1982, es considerado uno de los escritores más importantes de la literatura universal. García Márquez publicó su primer cuento° en 1947, cuando era estudiante universitario. Su libro más conocido, *Cien años de soledad*, está escrito en el estilo° literario llamado "realismo mágico", un estilo que mezcla° la realidad con lo irreal y lo mítico°.

Historia • Cartagena de Indias

Los españoles fundaron la ciudad de Cartagena de Indias en 1533 y construyeron a su lado la fortaleza° más grande de las Américas, el Castillo de San Felipe de Barajas. En la ciudad de Cartagena se conservan muchos edificios de la época colonial, como iglesias, monasterios, palacios y mansiones. Cartagena es conocida también por el Festival Internacional de Música y su prestigioso Festival Internacional de Cine.

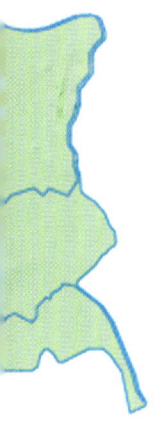

Costumbres • El Carnaval

Durante el Carnaval de Barranquilla, la ciudad vive casi exclusivamente para esta fiesta. Este festival es una fusión de las culturas que han llegado° a las costas caribeñas de Colombia y de sus grupos autóctonos°. El evento más importante es la Batalla° de Flores, un desfile° de carrozas° decoradas con flores. En 2003, la UNESCO declaró este carnaval como Patrimonio de la Humanidad°.

BRASIL

¿Qué aprendiste? Responde a cada pregunta con una oración completa.
1. ¿Cuáles son las principales ciudades de Colombia?
2. ¿Qué país de habla hispana tiene más habitantes que Colombia?
3. ¿Quién es Edgar Negret?
4. ¿Cuándo oyeron los españoles la leyenda de El Dorado?
5. ¿Para qué fue fundado el Museo del Oro?
6. ¿Quién ganó el Premio Nobel de Literatura en 1982?
7. ¿Qué construyeron los españoles al lado de la ciudad de Cartagena de Indias?
8. ¿Cuál es el evento más importante del Carnaval de Barranquilla?

Conexión Internet Investiga estos temas en **vhlcentral.com**.
1. Busca información sobre las ciudades más grandes de Colombia. ¿Qué lugares de interés hay en estas ciudades? ¿Qué puede hacer un(a) turista en estas ciudades?
2. Busca información sobre pintores y escultores colombianos como Edgar Negret, Débora Arango o Fernando Botero. ¿Cuáles son algunas de sus obras más conocidas? ¿Cuáles son sus temas?

Practice more at **vhlcentral.com**.

fundado *founded* orfebrería *goldsmithing* joyas *jewels* creencia *belief* creadora *creative* cuento *story* estilo *style* mezcla *mixes* mítico *mythical* fortaleza *fortress* han llegado *have arrived* autóctonos *indigenous* Batalla *Battle* desfile *parade* carrozas *floats* Patrimonio de la Humanidad *World Heritage*

vocabulario

Audio: Vocabulary Flashcards

La naturaleza

el árbol	tree
el bosque (tropical)	(tropical; rain) forest
el cielo	sky
el cráter	crater
el desierto	desert
la estrella	star
la flor	flower
la hierba	grass
el lago	lake
la luna	moon
la naturaleza	nature
la nube	cloud
la piedra	stone
la planta	plant
el río	river
la selva, la jungla	jungle
el sendero	trail; path
el sol	sun
la tierra	land; soil
el valle	valley
el volcán	volcano

Los animales

el animal	animal
el ave, el pájaro	bird
el gato	cat
el perro	dog
el pez (sing.), los peces (pl.)	fish
la vaca	cow

El medio ambiente

el calentamiento global	global warming
el cambio climático	climate change
la conservación	conservation
la contaminación (del aire; del agua)	(air; water) pollution
la deforestación	deforestation
la ecología	ecology
el/la ecologista	ecologist
el ecoturismo	ecotourism
la energía (nuclear, solar)	(nuclear, solar) energy
el envase	container
la extinción	extinction
la fábrica	factory
el gobierno	government
la lata	(tin) can
la ley	law
el medio ambiente	environment
el peligro	danger
la (sobre)población	(over)population
el reciclaje	recycling
el recurso natural	natural resource
la solución	solution
cazar	to hunt
conservar	to conserve
contaminar	to pollute
controlar	to control
cuidar	to take care of
dejar de (+ *inf.*)	to stop (doing something)
desarrollar	to develop
descubrir	to discover
destruir	to destroy
estar afectado/a (por)	to be affected (by)
estar contaminado/a	to be polluted
evitar	to avoid
mejorar	to improve
proteger	to protect
reciclar	to recycle
recoger	to pick up
reducir	to reduce
resolver (o:ue)	to resolve; to solve
respirar	to breathe
de aluminio	(made) of aluminum
de plástico	(made) of plastic
de vidrio	(made) of glass
ecologista	ecological
puro/a	pure
renovable	renewable

Las emociones

alegrarse (de)	to be happy
esperar	to hope; to wish
sentir (e:ie)	to be sorry; to regret
temer	to fear
es extraño	it's strange
es una lástima	it's a shame
es ridículo	it's ridiculous
es terrible	it's terrible
es triste	it's sad
ojalá (que)	I hope (that); I wish (that)

Las dudas y certezas

(no) creer	(not) to believe
(no) dudar	(not) to doubt
(no) negar (e:ie)	(not) to deny
es imposible	it's impossible
es improbable	it's improbable
es obvio	it's obvious
No cabe duda de	There is no doubt that…
No hay duda de	There is no doubt that…
(no) es cierto	it's (not) certain
(no) es posible	it's (not) possible
(no) es probable	it's (not) probable
(no) es seguro	it's (not) certain
(no) es verdad	it's (not) true

Conjunciones

a menos que	unless
antes (de) que	before
con tal (de) que	provided (that)
cuando	when
después de que	after
en caso (de) que	in case (that)
en cuanto	as soon as
hasta que	until
para que	so that
sin que	without
tan pronto como	as soon as

Expresiones útiles	See page 133.

En la ciudad

5

Communicative Goals
I will be able to:
- Give advice to others
- Give and receive directions
- Discuss daily errands and city life

VOICE BOARD

contextos
pages 162–165
- City life
- Daily chores
- Money and banking
- At a post office

fotonovela
pages 166–169
Maru is racing against the clock to turn in her application for an internship at the **Museo de Antropología**. Between a car that won't start and lines all over town, she'll need some help if she wants to meet her deadline.

cultura
pages 170–171
- City transportation
- Luis Barragán

estructura
pages 172–183
- The subjunctive in adjective clauses
- **Nosotros/as** commands
- Past participles used as adjectives
- **Recapitulación**

adelante
pages 184–191
Lectura: A short story
Escritura: An e-mail message to a friend
Escuchar: A conversation about getting to a department store
En pantalla
Flash cultura
Panorama: Venezuela

A PRIMERA VISTA
- ¿Viven estas personas en un bosque, un pueblo o una ciudad?
- ¿Dónde están, en una calle o en un sendero?
- ¿Es posible que estén afectadas por la contaminación? ¿Por qué?
- ¿Está limpio o sucio el lugar donde están?

5 | contextos

En la ciudad

Audio: Vocabulary Tutorials, Games

Más vocabulario

la frutería	fruit store
la heladería	ice cream shop
la pastelería	pastry shop
la pescadería	fish market
la cuadra	(city) block
la dirección	address
la esquina	corner
el estacionamiento	parking lot
derecho	straight (ahead)
enfrente de	opposite; facing
hacia	toward
cruzar	to cross
doblar	to turn
hacer diligencias	to run errands
quedar	to be located
el cheque (de viajero)	(traveler's) check
la cuenta corriente	checking account
la cuenta de ahorros	savings account
ahorrar	to save (money)
cobrar	to cash (a check)
depositar	to deposit
firmar	to sign
llenar (un formulario)	to fill out (a form)
pagar a plazos	to pay in installments
pagar al contado/ en efectivo	to pay in cash
pedir prestado/a	to borrow
pedir un préstamo	to apply for a loan
ser gratis	to be free of charge

Variación léxica

cuadra ↔ manzana (*Esp.*)
estacionamiento ↔ aparcamiento (*Esp.*)
doblar ↔ girar; virar; dar vuelta
hacer diligencias ↔ hacer mandados

- la peluquería, el salón de belleza
- el banco
- el supermercado
- la panadería
- la joyería
- el cajero automático
- Indica cómo llegar. (indicar)
- Está perdida. (estar)

Lección 5

recursos

vText | CA p. 131 | CP pp. 51–52 | CH pp. 69–70 | vhlcentral.com

En la ciudad

ciento sesenta y tres **163**

(labels on illustration: el letrero, la carnicería, la zapatería, la lavandería)

Práctica

1 Escuchar 🎧 Mira el dibujo. Luego escucha las oraciones e indica si lo que dice cada una es **cierto** o **falso**.

	Cierto	Falso		Cierto	Falso
1.	○	○	6.	○	○
2.	○	○	7.	○	○
3.	○	○	8.	○	○
4.	○	○	9.	○	○
5.	○	○	10.	○	○

2 ¿Quién la hizo? 🎧 Escucha la conversación entre Telma y Armando. Escribe el nombre de la persona que hizo cada diligencia o una X si nadie la hizo. Una diligencia la hicieron los dos.

1. abrir una cuenta corriente
2. abrir una cuenta de ahorros
3. ir al banco
4. ir a la panadería
5. ir a la peluquería
6. ir al supermercado

3 Seleccionar Indica dónde haces estas diligencias.

banco	joyería	pescadería
carnicería	lavandería	salón de belleza
frutería	pastelería	zapatería

1. comprar galletas
2. comprar manzanas
3. lavar la ropa
4. comprar mariscos
5. comprar pollo
6. comprar sandalias

4 Completar Completa las oraciones con las palabras más adecuadas.

1. El banco me regaló un reloj. Fue _____.
2. Me gusta _____ dinero, pero no me molesta gastarlo.
3. La cajera me dijo que tenía que _____ el cheque en el dorso (*on the back*) para cobrarlo.
4. Para pagar con un cheque, necesito tener dinero en mi _____.
5. Mi madre va a un _____ para obtener dinero en efectivo cuando el banco está cerrado.
6. Cada viernes, Julio lleva su cheque al banco y lo _____ para tener dinero en efectivo.
7. Ana _____ su cheque en su cuenta de ahorros.
8. Cuando viajas, es buena idea llevar cheques _____.

En el correo

- la estampilla, el sello
- Hacen cola. (hacer)
- Echa una carta al buzón. (echar)
- el sobre
- Manda/Envía un paquete. (mandar, enviar)
- el cartero
- el correo

¡LENGUA VIVA!
Note that **correo** can mean either *mail* or *post office*. Other ways to say *post office* are **la oficina de correos** and **correos**.

5 Conversación
Completa la conversación entre Juanita y el cartero con las palabras más adecuadas.

CARTERO Buenas tardes, ¿es usted la señorita Ramírez? Le traigo un (1) _____.
JUANITA Sí, soy yo. ¿Quién lo envía?
CARTERO La señora Brito. Y también tiene dos (2) _____.
JUANITA Ay, pero ¡ninguna es de mi novio! ¿No llegó nada de Manuel Fuentes?
CARTERO Sí, pero él echó la carta al (3) _____ sin poner un (4) _____ en el sobre.
JUANITA Entonces, ¿qué recomienda usted que haga?
CARTERO Sugiero que vaya al (5) _____. Con tal de que pague el costo del sello, se le puede dar la carta sin ningún problema.
JUANITA Uy, otra diligencia, y no tengo mucho tiempo esta tarde para (6) _____ cola en el correo, pero voy enseguida. ¡Ojalá que sea una carta de amor!

¡LENGUA VIVA!
In Spanish, **Soy yo** means *That's me* or *It's me*. **¿Eres tú?/¿Es usted?** means *Is that you?*

6 En el banco
Tú eres un(a) empleado/a de banco y tu compañero/a es un(a) estudiante que necesita abrir una cuenta corriente. En parejas, hagan una lista de las palabras que pueden necesitar para la conversación. Después lean estas situaciones y modifiquen su lista original según la situación.

- una pareja de recién casados quiere pedir un préstamo para comprar una casa
- una persona quiere información de los servicios que ofrece el banco
- un(a) estudiante va a estudiar al extranjero (*abroad*) y quiere saber qué tiene que hacer para llevar su dinero de una forma segura
- una persona acaba de ganar 50 millones de dólares en la lotería y quiere saber cómo invertirlos (*invest it*)

Ahora, escojan una de las cuatro situaciones y represéntenla para la clase.

Practice more at **vhlcentral.com**.

En la ciudad

Comunicación

7 **Diligencias** En parejas, decidan quién va a hacer cada diligencia y cuál es la manera más rápida de llegar a los diferentes lugares desde su escuela.

> **modelo**
> cobrar unos cheques
> **Estudiante 1:** Yo voy a cobrar unos cheques. ¿Cómo llego al banco?
> **Estudiante 2:** Conduce hacia el norte hasta cruzar la calle Oak.
> El banco queda en la esquina a la izquierda.

1. enviar un paquete
2. comprar botas nuevas
3. comprar un pastel de cumpleaños
4. lavar unas camisas
5. comprar helado
6. cortarse (*to cut*) el pelo

AYUDA

Note these different meanings:
quedar *to be located; to be left over; to fit*
quedarse *to stay, to remain*

8 **El Hatillo** Trabajen en parejas para representar los papeles de un(a) turista que está perdido/a en El Hatillo y de un(a) residente de la ciudad que quiere ayudarlo/la.

NOTA CULTURAL

El Hatillo es un municipio del área metropolitana de Caracas. Forma parte del Patrimonio Cultural de Venezuela y es muy popular por su arquitectura pintoresca, sus restaurantes y sus tiendas de artesanía.

- Plaza Bolívar
- Plaza Sucre
- banco
- Casa de la Cultura
- farmacia
- iglesia
- terminal
- escuela
- estacionamiento
- joyería
- zapatería
- café Primavera

> **modelo**
> Plaza Sucre, café Primavera
> **Estudiante 1:** Perdón, ¿por dónde queda la Plaza Sucre?
> **Estudiante 2:** Del café Primavera, camine derecho por la calle Sucre
> hasta cruzar la calle Comercio…

1. Plaza Bolívar, farmacia
2. Casa de la Cultura, Plaza Sucre
3. banco, terminal
4. estacionamiento (este), escuela
5. Plaza Sucre, estacionamiento (oeste)
6. joyería, banco
7. farmacia, joyería
8. zapatería, iglesia

9 **Cómo llegar** En grupos, escriban un minidrama en el que unos/as turistas están preguntando cómo llegar a diferentes sitios de la comunidad en la que ustedes viven.

5 fotonovela

Lección 5

Corriendo por la ciudad

Maru necesita entregar unos documentos en el Museo de Antropología.

PERSONAJES: MARU, MIGUEL

Video: *Fotonovela*
Record and Compare

1

MARU Miguel, ¿estás seguro de que tu coche está estacionado en la calle de Independencia? Estoy en la esquina de Zaragoza y Francisco Sosa. OK. Estoy enfrente del salón de belleza.

2

MIGUEL Dobla a la avenida Hidalgo. Luego cruza la calle Independencia y dobla a la derecha. El coche está enfrente de la pastelería.

MARU ¡Ahí está! Gracias, cariño. Hablamos luego.

3

MARU Vamos, arranca. Pensé que podías aguantar unos kilómetros más. Necesito un coche que funcione bien. (*en el teléfono*) Miguel, tu coche está descompuesto. Voy a pasar al banco porque necesito dinero y luego me voy en taxi al museo.

6

MÓNICA ¿Estás bien? Te ves pálida. Sentémonos un minuto.

MARU ¡No tengo tiempo! Tengo que llegar al Museo de Antropología. Necesito entregar...

MÓNICA ¡Ah, sí! ¡Tu proyecto!

7

MÓNICA ¿Puedes mandarlo por correo? El correo está muy cerca de aquí.

MARU El plazo para mandarlo por correo se venció la semana pasada. Tengo que entregarlo personalmente.

8

MARU ¿Me podrías prestar tu coche?

MÓNICA Estás muy nerviosa para manejar con este tráfico. Te acompaño. ¡No, mejor yo te llevo! Mi coche está en el estacionamiento de la calle Constitución.

En la ciudad

ciento sesenta y siete **167**

MÓNICA

4

MARU Hola, Moni. Lo siento, tengo que ir a entregar un paquete y todavía tengo que ir a un cajero.

MÓNICA ¡Uf! Y la cola está súper larga.

5

MARU ¿Me puedes prestar algo de dinero?

MÓNICA Déjame ver cuánto tengo. Estoy haciendo diligencias y me gasté casi todo el efectivo en la carnicería y en la panadería y en la frutería.

9

MARU En esta esquina dobla a la derecha. En el semáforo, a la izquierda y sigue derecho.

MÓNICA Hay demasiado tráfico. No sé si podemos...

10

MARU Hola, Miguel. No, no hubo más problemas. Lo entregué justo a tiempo. Nos vemos más tarde. (a Mónica) ¡Vamos a celebrar!

recursos

vText
CA pp. 55–56
vhlcentral.com

Expresiones útiles

Getting/giving directions
Estoy en la esquina de Zaragoza y Francisco Sosa.
I'm at the corner of Zaragoza and Francisco Sosa.
Dobla a la avenida Hidalgo.
Turn on Hidalgo Avenue.
Luego cruza la calle Independencia y dobla a la derecha.
Then cross Independencia Street and turn right.
El coche está enfrente de la pastelería.
The car is in front of the bakery.
En el semáforo, a la izquierda y sigue derecho.
Left at the light, then straight ahead.

Talking about errands
Voy a pasar al banco porque necesito dinero.
I'm going to the bank because I need money.
No tengo tiempo.
I don't have time.
Estoy haciendo diligencias, y me gasté casi todo el efectivo.
I'm running errands, and I spent most of my cash.

Asking for a favor
¿Me puedes prestar algo de dinero?
Could you lend me some money?
¿Me podrías prestar tu coche?
Could I borrow your car?

Talking about deadlines
Tengo que entregar mi proyecto.
I have to turn in my project.
El plazo para mandarlo por correo se venció la semana pasada.
The deadline to mail it in passed last week.

Additional vocabulary
acompañar *to accompany*
aguantar *to endure, to hold up*
ándale *come on*
pálido/a *pale*
¿Qué onda? *What's up?*

¿Qué paso?

1 **¿Cierto o falso?** Decide si lo que dicen estas oraciones es **cierto** o **falso**. Corrige las oraciones falsas.

	Cierto	Falso
1. Miguel dice que su coche está estacionado enfrente de la carnicería.	○	○
2. Maru necesita pasar al banco porque necesita dinero.	○	○
3. Mónica gastó el efectivo en la joyería y el supermercado.	○	○
4. Maru puede mandar el paquete por correo.	○	○

> **CONSULTA**
> To review the use of verbs like **necesitar**, see **Estructura 3.4**, p. 112.

2 **Ordenar** Pon los sucesos de la **Fotonovela** en el orden correcto.

a. Maru le pide dinero prestado a Mónica. _____
b. Maru entrega el paquete justo a tiempo (*just in time*). _____
c. Mónica dice que hay una cola súper larga en el banco. _____
d. Mónica lleva a Maru en su coche. _____
e. Maru dice que se va a ir en taxi al museo. _____
f. Maru le dice a Mónica que doble a la derecha en la esquina. _____

3 **Otras diligencias** En parejas, hagan una lista de las diligencias que Miguel, Maru y Mónica necesitan hacer para completar estas actividades.

1. enviar un paquete por correo
2. pedir una beca (*scholarship*)
3. visitar una nueva ciudad
4. abrir una cuenta corriente
5. celebrar el cumpleaños de Mónica
6. comprar una nueva computadora portátil

MIGUEL **MARU** **MÓNICA**

4 **Conversación** Un(a) compañero/a y tú son vecinos/as. Uno/a de ustedes acaba de mudarse y necesita ayuda porque no conoce la ciudad. Los/Las dos tienen que hacer algunas diligencias y deciden hacerlas juntos/as. Preparen una conversación breve incluyendo planes para ir a estos lugares.

> **modelo**
> **Estudiante 1:** Necesito lavar mi ropa. ¿Sabes dónde queda una lavandería?
> **Estudiante 2:** Sí. Aquí a dos cuadras hay una. También tengo que lavar mi ropa. ¿Qué te parece si vamos juntos?

▶ un banco
▶ una lavandería
▶ un supermercado
▶ una heladería
▶ una panadería

> **AYUDA**
> **primero** *first*
> **luego** *then*
> **¿Sabes dónde queda…?** *Do you know where…is?*
> **¿Qué te parece?** *What do you think?*
> **¡Cómo no!** *But of course!*

Practice more at **vhlcentral.com**.

En la ciudad

Ortografía y pronunciación

Las abreviaturas

In Spanish, as in English, abbreviations are often used in order to save space and time while writing. Here are some of the most commonly used abbreviations in Spanish.

Audio: Explanation Record and Compare

usted → **Ud.**	ustedes → **Uds.**

As you have already learned, the subject pronouns **usted** and **ustedes** are often abbreviated.

don → **D.**	doña → **Dña.**	doctor(a) → **Dr(a).**
señor → **Sr.**	señora → **Sra.**	señorita → **Srta.**

These titles are frequently abbreviated.

centímetro → **cm**	metro → **m**	kilómetro → **km**
litro → **l**	gramo → **g, gr**	kilogramo → **kg**

The abbreviations for these units of measurement are often used, but without periods.

por ejemplo → **p. ej.**	página(s) → **pág(s).**

These abbreviations are often seen in books.

derecha → **dcha.**	izquierda → **izq., izqda.**
código postal → **C.P.**	número → **n.°**

These abbreviations are often used in mailing addresses.

Banco → **Bco.**	Compañía → **Cía.**
cuenta corriente → **c/c.**	Sociedad Anónima (*Inc.*) → **S.A.**

These abbreviations are frequently used in the business world.

Práctica Escribe otra vez esta información usando las abreviaturas adecuadas.

1. doña María
2. señora Pérez
3. Compañía Mexicana de Inversiones
4. usted
5. Banco de Santander
6. doctor Medina
7. Código Postal 03697
8. cuenta corriente número 20-453

Emparejar En la tabla hay nueve abreviaturas. Empareja los cuadros necesarios para formarlas.

S.	c.	C.	c	co.	U
B	c/	Sr	A.	D	dc
ta.	P.	ña.	ha.	m	d.

recursos

vText CA p. 132 CH p. 71 vhlcentral.com

cultura

EN DETALLE

Paseando en metro

Hoy es el primer día de Teresa en la Ciudad de México Debe tomar el metro para ir del centro de la ciudad a Coyoacán, en el sur. Llega a la estación Zócalo y compra un pasaje por el equivalente a veintitrés centavos° de dólar, ¡qué ganga! Con este pasaje puede ir a cualquier° parte de la ciudad o del área metropolitana.

No sólo en México, sino también en ciudades de Venezuela, Chile, Argentina y España, hay sistemas de transporte público eficientes y muy económicos. También suele haber° varios tipos de transporte: autobús, metro, tranvía°, microbús y tren. Generalmente se pueden comprar abonos° de uno o varios días para un determinado tipo de transporte. En algunas ciudades también existen abonos de transporte combinados que permiten usar, por ejemplo, el metro y el autobús o el autobús y el tren. En estas ciudades, los metros, autobuses y trenes pasan con mucha frecuencia. Las paradas° y estaciones están bien señalizadas°.

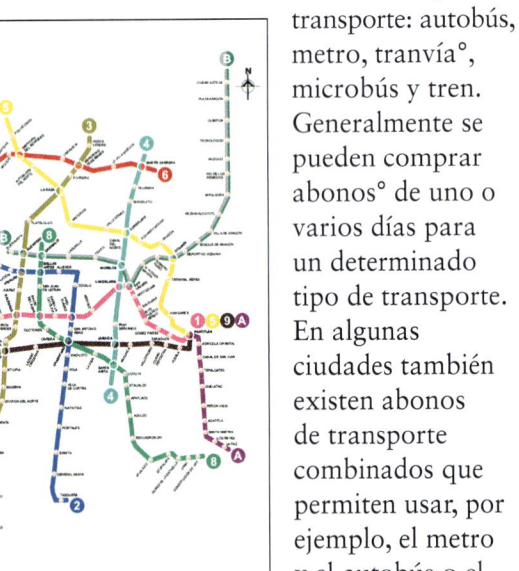

Vaya°, Teresa ya está llegando a Coyoacán. Con lo que ahorró en el pasaje del metro, puede comprarse un helado de mango y unos esquites° en el jardín Centenario.

El metro

El primer metro de Suramérica que se abrió al público fue el de Buenos Aires, Argentina (1º de diciembre de 1913); el último, el de Valparaíso, Chile (23 de noviembre de 2005).

Ciudad	Pasajeros/Día (aprox.)
México D.F., México	4.500.000
Madrid, España	2.700.000
Buenos Aires, Argentina	1.700.000
Caracas, Venezuela	1.650.000
Medellín, Colombia	500.000
Guadalajara, México	230.000

centavos *cents* cualquier *any* suele haber *there usually are* tranvía *streetcar* abonos *passes* paradas *stops* señalizadas *labeled* Vaya *Well* esquites *toasted corn kernels*

ACTIVIDADES

1 **¿Cierto o falso?** Indica si lo que dice cada oración es **cierto** o **falso**. Corrige la información falsa.

1. En la Ciudad de México, el pasaje de metro cuesta 23 dólares.
2. En México, un pasaje se puede usar sólo para ir al centro de la ciudad.
3. En Chile hay varios tipos de transporte público.
4. En ningún caso los abonos de transporte sirven para más de un tipo de transporte.
5. Los trenes, autobuses y metros pasan con mucha frecuencia.
6. Hay pocos letreros en las paradas y estaciones.
7. Los servicios de metro de México y España son los que mayor cantidad de viajeros transportan cada día.
8. La ciudad de Buenos Aires tiene el sistema de metro más viejo de Latinoamérica.
9. El metro que lleva menos tiempo en servicio es el de la ciudad de Medellín, Colombia.

En la ciudad

ASÍ SE DICE
En la ciudad

el aparcamiento (Esp.); el parqueadero (Col., Pan.); el parqueo (Bol., Cuba, Amér. C.)	el estacionamiento
dar un aventón (Méx.); dar botella (Cuba)	to give (someone) a ride
el subterráneo, el subte (Arg.)	el metro

EL MUNDO HISPANO
Apodos de ciudades

Así como Nueva York es la Gran Manzana, muchas ciudades hispanas tienen un apodo°.

- **La tacita° de plata°** A Cádiz, España, se le llama así por sus edificios blancos de estilo árabe.

- **Ciudad de la eterna primavera** Arica, Chile; Cuernavaca, México; y Medellín, Colombia, llevan este sobrenombre por su clima templado° durante todo el año.

- **La docta°** Así se conoce a la ciudad argentina de Córdoba por su gran tradición universitaria.

- **La ciudad de los reyes** Así se conoce Lima, Perú, porque fue la capital del Virreinato° del Perú y allí vivían los virreyes°.

- **Curramba la Bella** A Barranquilla, Colombia, se le llama así por su gente alegre y espíritu festivo.

apodo *nickname* tacita *little cup* plata *silver* templado *mild* docta *erudite* Virreinato *Viceroyalty* virreyes *viceroys*

PERFIL
Luis Barragán: arquitectura y emoción

Para el arquitecto mexicano Luis Barragán (1902–1988) los sentimientos° y emociones que despiertan sus diseños eran muy importantes. Afirmaba° que la arquitectura tiene una dimensión espiritual. Para él, era belleza, inspiración, magia°, serenidad, misterio, silencio, privacidad, asombro°...

Las obras de Barragán muestran un suave° equilibrio entre la naturaleza y la creación humana. Su estilo también combina características de la arquitectura tradicional mexicana con conceptos modernos. Una característica de sus casas es las paredes envolventes° de diferentes colores con muy pocas ventanas.

En 1980, Barragán obtuvo° el Premio Pritzker, algo así como el Premio Nobel de Arquitectura. Está claro que este artista logró° que sus casas transmitieran sentimientos especiales.

Casa Barragán, Ciudad de México, 1947–1948

sentimientos *feelings* Afirmaba *He stated* magia *magic* asombro *amazement* suave *smooth* envolventes *enveloping* obtuvo *received* logró *managed*

Conexión Internet

¿Qué otros arquitectos combinan las construcciones con la naturaleza?

Go to **vhlcentral.com** to find more cultural information related to this **Cultura** section.

ACTIVIDADES

2 Comprensión Responde a las preguntas.
1. ¿En qué país estás si te dicen "Dame botella al parqueo"?
2. ¿Qué ciudades tienen clima templado todo el año?
3. ¿Qué es más importante en los diseños de Barragán: la naturaleza o la creación humana?
4. ¿Qué premio obtuvo Barragán y cuándo?

3 ¿Qué ciudad te gusta? Escribe un párrafo breve sobre el sentimiento que despiertan las construcciones que hay en una ciudad o un pueblo que te guste mucho. Explica cómo es el lugar y cómo te sientes cuando estás allí. Inventa un apodo para este lugar.

Practice more at **vhlcentral.com**.

5.1 The subjunctive in adjective clauses

ANTE TODO In **Lección 4**, you learned that the subjunctive is used in adverbial clauses after certain conjunctions. You will now learn how the subjunctive can be used in adjective clauses (**cláusulas adjetivas**) to express that the existence of someone or something is uncertain or indefinite.

¿Conoces una joyería que esté cerca?

No, no conozco ninguna joyería que esté cerca de aquí.

▶ The subjunctive is used in an adjective (or subordinate) clause that refers to a person, place, thing, or idea that either does not exist or whose existence is uncertain or indefinite. In the examples below, compare the differences in meaning between the statements using the indicative and those using the subjunctive.

Indicative

Necesito **el libro** que **tiene** información sobre Venezuela.
*I need **the book** that has information about Venezuela.*

Quiero vivir en **esta casa** que **tiene** jardín.
*I want to live in **this house** that has a garden.*

En mi barrio, hay **una heladería** que **vende** helado de mango.
*In my neighborhood, **there's an ice cream shop** that sells mango ice cream.*

Subjunctive

Necesito **un libro** que **tenga** información sobre Venezuela.
*I need **a book** that has information about Venezuela.*

Quiero vivir en **una casa** que **tenga** jardín.
*I want to live in **a house** that has a garden.*

En mi barrio no hay **ninguna heladería** que **venda** helado de mango.
*In my neighborhood, **there is no ice cream shop** that sells mango ice cream.*

▶ When the adjective clause refers to a person, place, thing, or idea that is clearly known, certain, or definite, the indicative is used.

Quiero ir **al supermercado** que **vende** productos venezolanos.
I want to go to the supermarket that sells Venezuelan products.

Busco **al profesor** que **enseña** japonés.
I'm looking for the professor who teaches Japanese.

Conozco **a alguien** que **va** a esa peluquería.
I know someone who goes to that beauty salon.

Tengo **un amigo** que **vive** cerca de mi casa.
I have a friend who lives near my house.

¡ATENCIÓN!
Adjective clauses are subordinate clauses that modify a noun or pronoun in the main clause of a sentence. That noun or pronoun is called the *antecedent*.

¡ATENCIÓN!
Observe the important role that the indefinite article vs. the definite article plays in determining the use of the subjunctive in adjective clauses. Read the following sentences and notice why they are different:

¿Conoces *un* restaurante italiano que *esté* cerca de mi casa?

¿Conoces *el* restaurante italiano que *está* cerca de mi casa?

▶ The personal **a** is not used with direct objects that are hypothetical people. However, as you learned in **Descubre, nivel 1, alguien** and **nadie** are always preceded by the personal **a** when they function as direct objects.

Necesitamos **un empleado** que **sepa** usar computadoras.
We need an employee who knows how to use computers.

Necesitamos **al empleado** que **sabe** usar computadoras.
We need the employee who knows how to use computers.

Buscamos **a alguien** que **pueda** cocinar.
We're looking for someone who can cook.

No conocemos **a nadie** que **pueda** cocinar.
We don't know anyone who can cook.

▶ The subjunctive is commonly used in questions with adjective clauses when the speaker is trying to find out information about which he or she is uncertain. However, if the person who responds to the question knows the information, the indicative is used.

—¿Hay un parque que **esté** cerca de nuestro hotel?
Is there a park that's near our hotel?

—Sí, hay un parque que **está** muy cerca del hotel.
Yes, there's a park that's very near the hotel.

▶ **¡Atención!** Here are some verbs which are commonly followed by adjective clauses in the subjunctive:

Verbs commonly used with subjunctive

buscar   haber
conocer   necesitar
no encontrar   querer

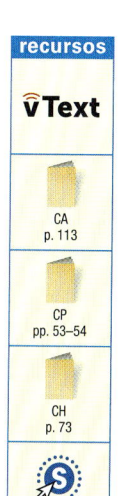

SECCIÓN AMARILLA
Busque cualquier información que necesite.

¡INTÉNTALO! Escoge entre el subjuntivo y el indicativo para completar cada oración.

1. Necesito una persona que ___pueda___ (puede/pueda) cantar bien.
2. Buscamos a alguien que _____ (tiene/tenga) paciencia.
3. ¿Hay restaurantes aquí que _____ (sirven/sirvan) comida japonesa?
4. Tengo una amiga que _____ (saca/saque) fotografías muy bonitas.
5. Hay una carnicería que _____ (está/esté) cerca de aquí.
6. No vemos ningún apartamento que nos _____ (interesa/interese).
7. Conozco a un estudiante que _____ (come/coma) hamburguesas todos los días.
8. ¿Hay alguien que _____ (dice/diga) la verdad?

Práctica

1 Completar Completa estas oraciones con la forma correcta del indicativo o del subjuntivo de los verbos entre paréntesis.

1. Buscamos un hotel que _____ (tener) piscina.
2. ¿Sabe usted dónde _____ (quedar) el Correo Central?
3. ¿Hay algún buzón por aquí donde yo _____ (poder) echar una carta?
4. Ana quiere ir a la carnicería que _____ (estar) en la avenida Lecuna.
5. Encontramos un restaurante que _____ (servir) comida típica venezolana.
6. ¿Conoces a alguien que _____ (saber) mandar un *fax* por computadora?
7. Necesitas al empleado que _____ (entender) este nuevo programa de computación.
8. No hay nada en este mundo que _____ (ser) gratis.

2 Oraciones Marta está haciendo diligencias en Caracas con una amiga. Forma oraciones con estos elementos, usando el presente de indicativo o de subjuntivo. Haz los cambios que sean necesarios.

1. yo / conocer / un / panadería / que / vender / pan / cubano
2. ¿hay / alguien / que / saber / dirección / de / un / buen / carnicería?
3. yo / querer / comprarle / mi / hermana / un / zapatos / que / gustar
4. ella / no / encontrar / nada / que / gustar / en / ese / zapatería
5. ¿tener / dependientas / algo / que / ser / más / barato?
6. ¿conocer / tú / alguno / banco / que / ofrecer / cuentas / corrientes / gratis?
7. nosotras / no / conocer / nadie / que / hacer / tanto / diligencias / como / nosotras
8. nosotras / necesitar / un / línea / de / metro / que / nos / llevar / a / casa

NOTA CULTURAL

El **metro** de Caracas empezó a funcionar en 1983, después de varios años de intensa publicidad para promoverlo (*promote it*). El arte fue un recurso importante en la promoción del metro. En las estaciones se pueden admirar obras (*works*) de famosos escultores venezolanos como Carlos Cruz-Diez y Jesús Rafael Soto.

3 Anuncios clasificados En parejas, lean estos anuncios y luego describan el tipo de persona u objeto que se busca.

CLASIFICADOS

VENDEDOR(A) Se necesita persona dinámica y responsable con buena presencia. Experiencia mínima de un año. Horario de trabajo flexible. Llamar a Joyería Aurora de 10 a 13h y de 16 a 18h. Tel: 263-7553

PELUQUERÍA UNISEX Se busca persona con experiencia en peluquería y maquillaje para trabajar tiempo completo. Llamar de 9 a 13: 30h. Tel: 261-3548

COMPARTIR APARTAMENTO Se necesita compañera para compartir apartamento de 2 alcobas en el Chaco. Alquiler $500 por mes. No fumar. Llamar al 951-3642 entre 19 y 22h.

CLASES DE INGLÉS Profesor de Inglaterra con diez años de experiencia ofrece clases para grupos o instrucción privada para individuos. Llamar al 933-4110 de 16:30 a 18:30.

SE BUSCA CONDOMINIO Se busca condominio en Sabana Grande con 3 alcobas, 2 baños, sala, comedor y aire acondicionado. Tel: 977-2018.

EJECUTIVO DE CUENTAS Se requiere joven profesional con al menos dos años de experiencia en el sector financiero. Se ofrecen beneficios excelentes. Enviar currículum vitae al Banco Unión, Avda. Urdaneta 263, Caracas.

Practice more at **vhlcentral.com**.

Comunicación

4 **Subjuntivo** Completa estas frases de una manera lógica. Luego, con un(a) compañero/a, túrnense para comparar sus respuestas.

> **modelo**
> **Estudiante 1:** Tengo una novia que sabe bailar tango. ¿Y tú?
> **Estudiante 2:** Yo tengo un novio que habla alemán.

1. Algún día deseo un trabajo (*job*) que...
2. Algún día espero tener un apartamento/una casa que...
3. Mis padres buscan un carro que..., pero yo quiero un carro que...
4. Tengo un(a) amigo/a que...
5. Un(a) consejero/a (*advisor*) debe ser una persona que...
6. Me gustaría (*I would like*) conocer a alguien que...
7. En esta clase no hay nadie que...
8. No tengo ningún profesor que...

5 **Encuesta** Tu profesor(a) va a darte una hoja de actividades. Circula por la clase y pregúntales a tus compañeros/as si conocen a alguien que haga cada actividad de la lista. Si responden que sí, pregúntales quién es y anota sus respuestas. Luego informa a la clase de los resultados de tu encuesta.

> **modelo**
> trabajar en un supermercado
> **Estudiante 1:** ¿Conoces a alguien que trabaje en un supermercado?
> **Estudiante 2:** Sí, conozco a alguien que trabaja en un supermercado. Es mi hermano menor.

Actividades	Nombres	Respuestas
1. conocer muy bien su ciudad		
2. hablar japonés		
3. graduarse este año		
4. necesitar un préstamo		
5. pedir prestado un carro		
6. odiar ir de compras		
7. ser venezolano/a		
8. manejar una motocicleta		
9. trabajar en una zapatería		
10. no tener tarjeta de crédito		

Síntesis

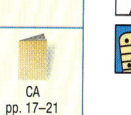

6 **Busca los cuatro** Tu profesor(a) te va a dar una hoja con ocho anuncios clasificados y a tu compañero/a otra hoja con ocho anuncios distintos a los tuyos. Háganse preguntas para encontrar los cuatro anuncios de cada hoja que tienen su respuesta en la otra.

> **modelo**
> **Estudiante 1:** ¿Hay alguien que necesite una alfombra?
> **Estudiante 2:** No, no hay nadie que necesite una alfombra.

5.2 Nosotros/as commands

ANTE TODO You have already learned familiar (**tú**) commands and formal (**usted/ustedes**) commands. You will now learn **nosotros/as** commands, which are used to give orders or suggestions that include yourself and other people.

▶ **Nosotros/as** commands correspond to the English *Let's*.

▶ Both affirmative and negative **nosotros/as** commands are generally formed by using the first-person plural form of the present subjunctive.

Crucemos la calle.
Let's cross the street.

No crucemos la calle.
Let's not cross the street.

▶ The affirmative *Let's* + [*verb*] command may also be expressed with **vamos a** + [*infinitive*]. However, remember that **vamos a** + [*infinitive*] can also mean *we are going to (do something)*. Context and tone of voice determine which meaning is being expressed.

Vamos a cruzar la calle.
Let's cross the street.

Vamos a trabajar mucho.
We're going to work a lot.

▶ To express *Let's go*, the present indicative form of **ir** (**vamos**) is used, not the subjunctive. For the negative command, however, the subjunctive is used.

Vamos a la pescadería.

No **vayamos** a la pescadería.

> Pensemos, ¿adónde fuiste hoy?

> ¡Eso es! ¡El carro de Miguel! Vamos.

▶ Object pronouns are always attached to affirmative **nosotros/as** commands. A written accent is added to maintain the original stress.

Firmemos el cheque.
Firmémoslo.

Escribamos a Ana y Raúl.
Escribámosles.

▶ Object pronouns are placed in front of negative **nosotros/as** commands.

No **les paguemos** el préstamo.

No **se lo digamos** a ellos.

CONSULTA

Remember that stem-changing **-ir** verbs have an additional stem change in the **nosotros/as** and **vosotros/as** forms of the present subjunctive. To review these forms, see **Estructura 3.3**, p. 109.

¡ATENCIÓN!

When **nos** or **se** is attached to an affirmative **nosotros/as** command, the final **-s** is dropped from the verb ending.

Sentémonos allí.
Démoselo a ella.
Mandémoselo a ellos.

• • •

The **nosotros/as** command form of **irse** is **vámonos**. Its negative form is **no nos vayamos**.

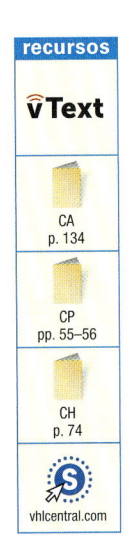

recursos

v̂ Text

CA p. 134

CP pp. 55–56

CH p. 74

vhlcentral.com

¡INTÉNTALO! Indica los mandatos afirmativos y negativos de la primera persona del plural (**nosotros/as**) de estos verbos.

1. estudiar _estudiemos, no estudiemos_
2. cenar _____
3. leer _____
4. decidir _____
5. decir _____
6. cerrar _____
7. levantarse _____
8. irse _____

Práctica

1 Completar Completa esta conversación con mandatos de **nosotros/as**. Luego, representa la conversación con un(a) compañero/a.

MARÍA Sergio, ¿quieres hacer diligencias ahora o por la tarde?
SERGIO No (1)_____ (dejarlas) para más tarde. (2)_____ (Hacerlas) ahora. ¿Qué tenemos que hacer?
MARÍA Necesito comprar sellos.
SERGIO Yo también. (3)_____ (Ir) al correo.
MARÍA Pues, antes de ir al correo, necesito sacar dinero de mi cuenta corriente.
SERGIO Bueno, (4)_____ (buscar) un cajero automático.
MARÍA ¿Tienes hambre?
SERGIO Sí. (5)_____ (Cruzar) la calle y (6)_____ (entrar) en ese café.
MARÍA Buena idea.
SERGIO ¿Nos sentamos aquí?
MARÍA No, no (7)_____ (sentarse) aquí; (8)_____ (sentarse) enfrente de la ventana.
SERGIO ¿Qué pedimos?
MARÍA (9)_____ (Pedir) café y pan dulce.

2 Responder Responde a cada mandato de **nosotros/as** según las indicaciones que están entre paréntesis. Sustituye los sustantivos por los objetos directos e indirectos.

modelo
Vamos a vender el carro. (sí)
Sí, vendámoslo.

1. Vamos a levantarnos a las seis. (sí)
2. Vamos a enviar los paquetes. (no)
3. Vamos a depositar el cheque. (sí)
4. Vamos al supermercado. (no)
5. Vamos a mandar esta postal a nuestros amigos. (no)
6. Vamos a limpiar la habitación. (sí)
7. Vamos a mirar la televisión. (no)
8. Vamos a bailar. (sí)
9. Vamos a pintar la sala. (no)
10. Vamos a comprar estampillas. (sí)

Practice more at **vhlcentral.com**.

Comunicación

3 Preguntar Tú y tu compañero/a están de vacaciones en Caracas con un grupo de la escuela y se hacen sugerencias para resolver las situaciones que se presentan. Inventen mandatos afirmativos o negativos de **nosotros/as.**

> **modelo**
> Se nos olvidaron las tarjetas de crédito.
> Paguemos en efectivo./No compremos más regalos.

A
1. El museo está a sólo una cuadra de aquí.
2. Tenemos hambre.
3. Hay mucha cola en el cine.

B
1. Tenemos muchos cheques de viajero.
2. Tenemos prisa para llegar al cine.
3. Estamos cansados y queremos dormir.

4 Decisiones Trabajen en grupos pequeños. Ustedes están en Caracas por dos días. Lean esta página de una guía turística sobre la ciudad y decidan qué van a hacer hoy por la mañana, por la tarde y por la noche. Hagan oraciones con mandatos afirmativos o negativos de **nosotros/as.**

> **modelo**
> Visitemos el Museo de Arte Contemporáneo Sofía Imber esta tarde. Quiero ver las esculturas de Jesús Rafael Soto.

GUÍA DE Caracas

MUSEOS
- **Museo de Arte Colonial** Avenida Panteón
- **Museo de Arte Contemporáneo Sofía Imber** Parque Central. Esculturas de Jesús Rafael Soto y pinturas de Miró, Chagall y Picasso.
- **Galería de Arte Nacional** Parque Central. Colección de más de 4.000 obras de arte venezolano.

SITIOS DE INTERÉS
- **Plaza Bolívar**
- **Jardín Botánico** Avenida Interna UCV. De 8:00 a 5:00.
- **Parque del Este** Avenida Francisco de Miranda. Parque más grande de la ciudad con terrario.
- **Casa Natal de Simón Bolívar** Esquina de Sociedad de la avenida Universitaria. Casa colonial donde nació El Libertador.

RESTAURANTES
- **El Barquero** Avenida Luis Roche
- **Restaurante El Coyuco** Avenida Urdaneta
- **Restaurante Sorrento** Avenida Francisco Solano
- **Café Tonino** Avenida Andrés Bello

NOTA CULTURAL
Jesús Rafael Soto (1923–2005) fue un escultor y pintor venezolano. Sus obras cinéticas (*kinetic works*) frecuentemente incluyen formas que brillan (*shimmer*) y vibran. En muchas de ellas el espectador se puede integrar a la obra.

Síntesis

5 Situación Tú y un(a) compañero/a tienen problemas económicos. Cada uno/a quiere ahorrar más dinero. Describan cómo gastan el dinero y sugieran algunas ideas para ahorrarlo. Hagan oraciones con mandatos afirmativos o negativos de **nosotros/as.**

> **modelo**
> —Voy al cine mucho.
> —Yo también. Saquemos DVDs de la biblioteca para ahorrar dinero.

5.3 Past participles used as adjectives

ANTE TODO In **Descubre, nivel 1**, you learned about present participles (**estudiando**). Both Spanish and English have past participles (**participios pasados**). The past participles of English verbs often end in **-ed** (*to turn* → *turned*), but many are also irregular (*to buy* → *bought*; *to drive* → *driven*).

▶ In Spanish, regular **-ar** verbs form the past participle with **-ado**. Regular **-er** and **-ir** verbs form the past participle with **-ido**.

INFINITIVE	STEM	PAST PARTICIPLE
bailar	bail-	**bailado**
comer	com-	**comido**
vivir	viv-	**vivido**

▶ **¡Atención!** The past participles of **-er** and **-ir** verbs whose stems end in **-a**, **-e**, or **-o** carry a written accent mark on the **i** of the **-ido** ending.

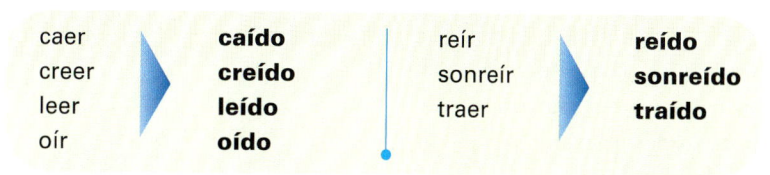

caer	**caído**		reír	**reído**
creer	**creído**		sonreír	**sonreído**
leer	**leído**		traer	**traído**
oír	**oído**			

Irregular past participles

abrir	**abierto**		morir	**muerto**
decir	**dicho**		poner	**puesto**
describir	**descrito**		resolver	**resuelto**
descubrir	**descubierto**		romper	**roto**
escribir	**escrito**		ver	**visto**
hacer	**hecho**		volver	**vuelto**

AYUDA

You already know several past participles used as adjectives: **aburrido, interesado, nublado, perdido,** etc.

•••

Note that all irregular past participles except **dicho** and **hecho** end in **-to**.

▶ In Spanish, as in English, past participles can be used as adjectives. They are often used with the verb **estar** to describe a condition or state that results from an action. Like other Spanish adjectives, they must agree in gender and number with the nouns they modify.

En la entrada hay algunos letreros **escritos** en español.
In the entrance, there are some signs written in Spanish.

Tenemos la mesa **puesta** y la cena **hecha.**
We have the table set and dinner made.

¡INTÉNTALO! Indica la forma correcta del participio pasado de estos verbos.

1. hablar ___hablado___
2. beber _____
3. decidir _____
4. romper _____
5. escribir _____
6. cantar _____
7. oír _____
8. traer _____
9. correr _____
10. leer _____
11. ver _____
12. hacer _____

Práctica

1 **Completar** Completa las oraciones con la forma adecuada del participio pasado del verbo que está entre paréntesis.

1. Hoy mi peluquería favorita está _____ (cerrar).
2. Por eso, voy a otro salón de belleza que está _____ (abrir) todos los días.
3. Queda en la Plaza Bolívar, una plaza muy _____ (conocer).
4. Todos los productos y servicios de esta tienda están _____ (describir) en un catálogo.
5. El nombre del salón está _____ (escribir) en el letrero y en la acera (*sidewalk*).
6. Cuando esta diligencia esté _____ (hacer), necesito pasar por el banco.

NOTA CULTURAL

Simón Bolívar (1783–1830) es considerado el "libertador" de cinco países de Suramérica: Venezuela, Perú, Bolivia, Colombia y Ecuador. Su apellido se ve en nombres como Bolivia, Ciudad Bolívar, la Universidad Simón Bolívar, el bolívar (la moneda venezolana) y en los nombres de muchas plazas y calles.

2 **Preparativos** Tú y tu compañero/a van a hacer un viaje. Túrnense para hacerse estas preguntas sobre los preparativos (*preparations*). Respondan afirmativamente y usen el participio pasado en sus respuestas.

modelo
Estudiante 1: ¿Firmaste el cheque de viajero?
Estudiante 2: Sí, el cheque de viajero ya está firmado.

1. ¿Compraste los pasajes para el avión?
2. ¿Confirmaste las reservaciones para el hotel?
3. ¿Firmaste tu pasaporte?
4. ¿Lavaste la ropa?
5. ¿Resolviste el problema con el banco?
6. ¿Pagaste todas las cuentas?
7. ¿Hiciste todas las diligencias?
8. ¿Hiciste las maletas?

3 **El estudiante competitivo** En parejas, túrnense para hacer el papel de un(a) estudiante que es muy competitivo/a y siempre quiere ser mejor que los demás. Usen los participios pasados de los verbos subrayados.

modelo
Estudiante 1: A veces se me daña la computadora.
Estudiante 2: Yo sé mucho de computadoras. Mi computadora nunca está dañada.

1. Yo no hago la cama todos los días.
2. Casi nunca resuelvo mis problemas.
3. Nunca guardo mis documentos importantes.
4. Es difícil para mí terminar mis tareas.
5. Siempre se me olvida preparar mi almuerzo.
6. Nunca pongo la mesa cuando ceno.
7. No quiero escribir la composición para mañana.
8. Casi nunca lavo mi carro.

En la ciudad

Comunicación

4 **Preguntas** En parejas, túrnense para hacerse estas preguntas.

1. ¿Dejas alguna luz prendida en tu casa por la noche?
2. ¿Está ordenado tu cuarto?
3. ¿Prefieres comprar libros usados o nuevos? ¿Por qué?
4. ¿Tienes mucho dinero ahorrado?
5. ¿Necesitas pedirles dinero prestado a tus padres?
6. ¿Estás preocupado/a por el medio ambiente?
7. ¿Qué haces cuando no estás preparado/a para una clase?
8. ¿Qué haces cuando estás perdido/a en una ciudad?

5 **Describir** Tú y un(a) compañero/a son agentes de policía y tienen que investigar un crimen. Miren el dibujo y describan lo que encontraron en la habitación del señor Villalonga. Usen el participio pasado en la descripción. Luego, comparen su descripción con la de otra pareja.

> **modelo**
> La puerta del baño no estaba cerrada.

AYUDA

You may want to use the past participles of these verbs to describe the illustration:

abrir, desordenar, hacer, poner, tirar (*to throw*), **romper**

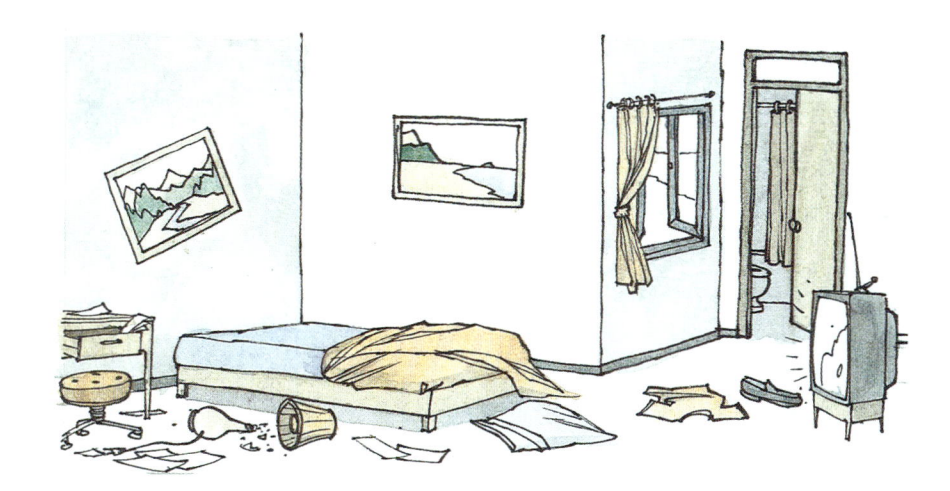

Síntesis

6 **Entre líneas** En parejas, representen una conversación entre un empleado de banco y una clienta. Usen las primeras dos líneas para empezar y la última para terminar, pero inventen las líneas del medio (*middle*). Usen participios pasados.

EMPLEADO Buenos días, señora Ibáñez. ¿En qué la puedo ayudar?
CLIENTA Tengo un problema con este banco. ¡Todavía no está resuelto!
...
CLIENTA ¡No vuelvo nunca a este banco!

Recapitulación

Completa estas actividades para repasar los conceptos de gramática que aprendiste en esta lección.

1 Completar Completa la tabla con la forma correcta de los verbos. **8 pts.**

Infinitivo	Participio (f.)	Infinitivo	Participio (m.)
completar	completada	hacer	
corregir		pagar	pagado
cubrir		pedir	
decir		perder	
escribir		poner	

2 Los novios Completa este diálogo entre dos novios con mandatos en la forma de **nosotros/as**. **10 pts.**

SIMÓN ¿Quieres ir al cine mañana?

CARLA Sí, ¡qué buena idea! (1) _____ (Comprar) los boletos (*tickets*) por Internet.

SIMÓN No, mejor (2) _____ (pedírselos) a mi prima, quien trabaja en el cine y los consigue gratis.

CARLA ¡Fantástico!

SIMÓN Y también quiero visitar la nueva galería de arte el fin de semana que viene.

CARLA ¿Por qué esperar? (3) _____ (Visitarla) esta tarde.

SIMÓN Bueno, pero primero tengo que limpiar mi apartamento.

CARLA No hay problema. (4) _____ (Limpiarlo) juntos.

SIMÓN Muy bien. ¿Y tú no tienes que hacer diligencias hoy? (5) _____ (Hacerlas) también.

CARLA Sí, tengo que ir al correo y al banco. (6) _____ (Ir) al banco hoy, pero no (7) _____ (ir) al correo todavía. Antes tengo que escribir una carta.

SIMÓN (8) _____ (Escribirla) ahora.

CARLA No, mejor no (9) _____ (escribirla) hasta que regresemos de la galería donde venden un papel reciclado muy lindo (*cute*).

SIMÓN ¿Papel lindo? Pues, ¿para quién es la carta?

CARLA No importa. (10) _____ (Empezar) a limpiar.

RESUMEN GRAMATICAL

5.1 The subjunctive in adjective clauses *pp. 172–173*

▶ When adjective clauses refer to something that is known, certain, or definite, the indicative is used.

Necesito **el libro** que **tiene** fotos.

▶ When adjective clauses refer to something that is uncertain or indefinite, the subjunctive is used.

Necesito **un libro** que **tenga** fotos.

5.2 Nosotros/as commands *p. 176*

▶ Same as **nosotros/as** form of present subjunctive.

Affirmative	Negative
Démosle un libro a Lola.	No le demos un libro a Lola.
Démoselo.	No se lo demos.

▶ While the subjunctive form of the verb **ir** is used for the negative **nosotros/as** command, the indicative is used for the affirmative command.

No **vayamos** a la plaza.   **Vamos** a la plaza.

5.3 Past participles used as adjectives *p. 179*

Past participles

Infinitive	Stem	Past participle
bailar	bail-	bail**ado**
comer	com-	com**ido**
vivir	viv-	viv**ido**

Irregular past participles

abrir	abierto	morir	muerto
decir	dicho	poner	puesto
describir	descrito	resolver	resuelto
descubrir	descubierto	romper	roto
escribir	escrito	ver	visto
hacer	hecho	volver	vuelto

▶ Like common adjectives, past participles must agree with the noun they modify.

Hay unos letreros **escritos** en español.

En la ciudad

3 **Verbos** Escribe los verbos en el presente del indicativo o del subjuntivo. **10 pts.**

1. —¿Sabes dónde hay un restaurante donde nosotros (1) _____ (poder) comer paella valenciana? —No, no conozco ninguno que (2) _____ (servir) paella, pero conozco uno que (3) _____ (especializarse) en tapas españolas.
2. Busco vendedores que (4) _____ (ser) bilingües. No estoy seguro de conocer a alguien que (5) _____ (tener) esa característica. Pero ahora que lo pienso, ¡sí! Tengo dos amigos que (6) _____ (trabajar) en el almacén Excelencia. Los voy a llamar. Debo decirles que necesitamos que (ellos) (7) _____ (saber) hablar inglés.
3. Se busca apartamento que (8) _____ (estar) bien situado, que (9) _____ (costar) menos de $800 al mes y que (10) _____ (permitir) tener perros.

4 **La mamá de Pedro** Completa las respuestas de Pedro a las preguntas de su mamá. **10 pts.**

> **modelo**
>
> MAMÁ: ¿Te ayudo a guardar la ropa?
> PEDRO: La ropa ya *está guardada*.

1. **MAMÁ** ¿Cuándo se van a vestir tú y tu hermano para la fiesta?
   PEDRO Nosotros ya _____ _____.
2. **MAMÁ** Hijo, ¿puedes ordenar tu habitación?
   PEDRO La habitación ya _____ _____.
3. **MAMÁ** ¿Ya se murieron tus peces?
   PEDRO No, todavía no _____ _____.
4. **MAMÁ** ¿Te ayudo a hacer tus diligencias?
   PEDRO Gracias, mamá, pero las diligencias ya _____ _____.
5. **MAMÁ** ¿Cuándo terminas tu proyecto?
   PEDRO El proyecto ya _____ _____.

5 **La ciudad ideal** Escribe un párrafo de al menos seis oraciones describiendo cómo es la comunidad ideal donde te gustaría (*you would like*) vivir en el futuro y compárala con la comunidad donde vives ahora. Usa cláusulas adjetivas y el vocabulario de esta lección. **12 pts.**

6 **Adivinanza** Completa la adivinanza y adivina la respuesta. **¡2 puntos EXTRA!**

> " Me llegan las cartas
> y no sé _____ (*to read*)
> y, aunque° me las como,
> no mancho° el papel. "
> ¿Quién soy? _____

aunque *although* no mancho *I don't stain*

Practice more at vhlcentral.com.

adelante

Lectura
Audio: Synched Reading / Additional Reading

Antes de leer

Estrategia
Identifying point of view

You can understand a narrative more completely if you identify the point of view of the narrator. You can do this by simply asking yourself from whose perspective the story is being told. Some stories are narrated in the first person. That is, the narrator is a character in the story, and everything you read is filtered through that person's thoughts, emotions, and opinions. Other stories have an omniscient narrator who is not one of the story's characters and who reports the thoughts and actions of all the characters.

Examinar el texto
Lee brevemente este cuento escrito por Marco Denevi. ¿Crees que se narra en primera persona o tiene un narrador omnisciente? ¿Cómo lo sabes?

_____
_____

Punto de vista
Éstos son fragmentos de *Esquina peligrosa* en los que se cambió el punto de vista° a primera persona. Completa cada oración de manera lógica.

1. Le _____ a mi chofer que me condujese hasta aquel barrio...
2. Al doblar la esquina _____ el almacén, el mismo viejo y sombrío almacén donde _____ había trabajado como dependiente...
3. El recuerdo de _____ niñez me puso nostálgico. Se _____ humedecieron los ojos.
4. Yo _____ la canasta de mimbre, _____ llenándola con paquetes [...] y _____ a hacer el reparto.

recursos
vText
CH pp. 76–78
vhlcentral.com

punto de vista *point of view*

Marco Denevi (1922–1998) fue un escritor y dramaturgo argentino. Estudió derecho y más tarde se convirtió en escritor. Algunas de sus obras, como *Rosaura a las diez*, han sido° llevadas al cine. Denevi se caracteriza por su gran creatividad e ingenio, que jamás dejan de sorprender al lector°.

Esquina peligrosa

Marco Denevi

El señor Epidídimus, el magnate de las finanzas°, uno de los hombres más ricos del mundo, sintió un día el vehemente deseo de visitar el barrio donde había vivido cuando era niño y trabajaba como dependiente de almacén.

Le ordenó a su chofer que lo condujese hasta aquel barrio humilde° y remoto. Pero el barrio estaba tan cambiado que el señor Epidídimus no lo reconoció. En lugar de calles de tierra había bulevares asfaltados°, y las míseras casitas de antaño° habían sido reemplazadas por torres de departamentos°.

Al doblar una esquina vio el almacén, el mismo viejo y sombrío° almacén donde él había trabajado como dependiente cuando tenía doce años.

—Deténgase aquí —le dijo al chofer. Descendió del automóvil y entró en el almacén. Todo se conservaba igual que en la época de su infancia: las estanterías, la anticuada caja registradora°, la balanza de pesas° y, alrededor, el mudo asedio° de la mercadería.

El señor Epidídimus percibió el mismo olor de sesenta años atrás: un olor picante y agridulce a jabón

En la ciudad

han sido *have been* **lector** *reader* **finanzas** *finance* **humilde** *humble, modest* **asfaltados** *paved with asphalt* **antaño** *yesteryear* **torres de departamentos** *apartment buildings* **sombrío** *somber* **anticuada caja registradora** *old-fashioned cash register* **balanza de pesas** *scale* **mudo asedio** *silent siege* **aserrín** *sawdust* **acaroína** *pesticide* **penumbra del fondo** *half-light from the back* **reparto** *delivery* **lodazal** *bog*

amarillo, a aserrín° húmedo, a vinagre, a aceitunas, a acaroína°. El recuerdo de su niñez lo puso nostálgico. Se le humedecieron los ojos. Le pareció que retrocedía en el tiempo.

Desde la penumbra del fondo° le llegó la voz ruda del patrón:

—¿Estas son horas de venir? Te quedaste dormido, como siempre.

El señor Epidídimus tomó la canasta de mimbre, fue llenándola con paquetes de azúcar, de yerba y de fideos, y salió a hacer el reparto°.

La noche anterior había llovido y las calles de tierra estaban convertidas en un lodazal°.

(1974)

© Denevi, Marco, Cartas peligrosas y otros cuentos. Obras Completas, Tomo 5, Buenos Aires, Corregidor, L999, págs. L92–L93.

Después de leer

Comprensión
Indica si las oraciones son **ciertas** o **falsas**. Corrige las falsas.

Cierto   Falso

____ ____ 1. El señor Epidídimus tiene una tienda con la que gana poco dinero.

____ ____ 2. Epidídimus vivía en un barrio humilde cuando era pequeño.

____ ____ 3. Epidídimus le ordenó al chofer que lo llevara a un barrio de gente con poco dinero.

____ ____ 4. Cuando Epidídimus entró al almacén se acordó de experiencias pasadas.

____ ____ 5. Epidídimus les dio órdenes a los empleados del almacén.

Interpretación
Responde a estas preguntas con oraciones completas.

1. ¿Es rico o pobre Epidídimus? ¿Cómo lo sabes?

2. ¿Por qué Epidídimus va al almacén?

3. ¿De quién es la voz "ruda" que Epidídimus escucha? ¿Qué orden crees que le dio a Epidídimus?

4. ¿Qué hace Epidídimus al final?

Coméntalo
En parejas, hablen de sus impresiones y conclusiones. Tomen como guía estas preguntas.

- ¿Te sorprendió el final de este cuento? ¿Por qué?
- ¿Qué va a hacer Epidídimus el resto del día?
- ¿Crees que Epidídimus niño estaba soñando o Epidídimus adulto estaba recordando?
- ¿Por qué crees que el cuento se llama *Esquina peligrosa*?

Practice more at **vhlcentral.com**.

Escritura

Estrategia
Avoiding redundancies

Redundancy is the needless repetition of words or ideas. To avoid redundancy with verbs and nouns, consult a Spanish language thesaurus (**Diccionario de sinónimos**). You can also avoid redundancy by using object pronouns, possessive adjectives, demonstrative adjectives and pronouns, and relative pronouns. Remember that, in Spanish, subject pronouns are generally used only for clarification, emphasis, or contrast. Study the example below:

Redundant:
Susana quería visitar a su amiga. Susana estaba en la ciudad. Susana tomó el tren y perdió el mapa de la ciudad. Susana estaba perdida en la ciudad. Susana estaba nerviosa. Por fin, la amiga de Susana la llamó a Susana y le indicó cómo llegar.

Improved:
Susana, quien estaba en la ciudad, quería visitar a su amiga. Tomó el tren y perdió el mapa. Estaba perdida y nerviosa. Por fin, su amiga la llamó y le indicó cómo llegar.

Tema

Escribir un correo electrónico

Vas a visitar a un(a) amigo/a que vive con su familia en una ciudad que no conoces. Vas a pasar allí una semana. Quieres conocer la ciudad, pero también debes hacer un proyecto para tu clase de literatura.

Escríbele a tu amigo/a un mensaje electrónico describiendo lo que te interesa hacer allí y dale sugerencias de actividades que pueden hacer juntos/as. Menciona lo que necesitas para hacer tu trabajo. Puedes basarte en una visita real o imaginaria.

Considera esta lista de datos que puedes incluir:

▶ El nombre de la ciudad que vas a visitar
▶ Los lugares que más te interesa visitar
▶ Lo que necesitas para hacer tu trabajo:
   acceso a Internet
   saber cómo llegar a la biblioteca pública
   tiempo para estar solo/a
   libros para consultar
▶ Mandatos para las actividades que van a compartir

recursos
vText
CA pp. 167–168
CH pp. 79–80
vhlcentral.com

En la ciudad

Escuchar

> ### Estrategia
> **Listening for specific information/
> Listening for linguistic cues**
>
> As you already know, you don't have to hear or understand every word when listening to Spanish. You can often get the facts you need by listening for specific pieces of information. You should also be aware of the linguistic structures you hear. For example, by listening for verb endings, you can ascertain whether the verbs describe past, present, or future actions, and they can also indicate who is performing the action.
>
> 🎧 To practice these strategies, you will listen to a short paragraph about an environmental issue. What environmental problem is being discussed? What is the cause of the problem? Has the problem been solved, or is the solution under development?

Preparación

Describe la foto. Según la foto, ¿qué información específica piensas que vas a oír en el diálogo?

Ahora escucha 🎧

Lee estas frases y luego escucha la conversación entre Alberto y Eduardo. Indica si cada verbo se refiere a algo en el pasado, en el presente o en el futuro.

Acciones
1. Demetrio / comprar en Macro _____
2. Alberto / comprar en Macro _____
3. Alberto / estudiar psicología _____
4. carro / tener frenos malos _____
5. Eduardo / comprar un anillo para Rebeca _____
6. Eduardo / estudiar _____

Comprensión

Descripciones
Marca las frases que describen correctamente a Alberto.
1. _____ Es organizado en sus estudios.
2. _____ Compró unas flores para su novia.
3. _____ No le gusta tomar el metro.
4. _____ No conoce bien la zona de Sabana Grande y Chacaíto.
5. _____ No tiene buen sentido de la orientación°.
6. _____ Le gusta ir a los lugares que están de moda.

Preguntas
1. ¿Por qué Alberto prefiere ir en metro a Macro?
2. ¿Crees que Alberto y Eduardo viven en una ciudad grande o en un pueblo? ¿Cómo lo sabes?
3. ¿Va Eduardo a acompañar a Alberto? ¿Por qué?

Conversación
En grupos pequeños, hablen de sus tiendas favoritas y de cómo llegar a ellas desde su escuela. ¿En qué lugares tienen la última moda? ¿Los mejores precios? ¿Hay buenas tiendas cerca de su escuela?

sentido de la orientación *sense of direction*

Practice more at **vhlcentral.com**.

En pantalla

Video: TV Clip

El ritmo de las ciudades latinoamericanas ha venido cambiando° especialmente en las ciudades medianas y grandes, como la Ciudad de México, Bogotá o Buenos Aires. Antes, las personas dedicaban tiempo para compartir con sus amigos y familiares y para hablar con ellos (todavía en los pueblos pequeños lo hacen). Pero ahora las múltiples ocupaciones, las largas distancias y las urgencias de la vida moderna hacen que las personas ya no tengan tiempo para hablar con sus seres queridos°, expresar sus sentimientos o simplemente compartir un momento juntos.

Vocabulario útil

al igual que…	just like
de memoria	by heart
dulzura	sweetness
gesto	gesture, expression
libreta	notepad
mensajero	messenger, courier
provocar	to bring on
ritmo	pace

¿Cierto o falso?

Indica si estas oraciones son ciertas o falsas.

1. Las personas del pueblo estaban siempre muy ocupadas.
2. Pedro era el mensajero del pueblo.
3. Pedro daba los mensajes de memoria.
4. El padre de Pedro también fue mensajero.
5. Pedro dejó de ser (*stopped being*) mensajero cuando compró una bicicleta nueva.
6. La vida del pueblo cambió cuando Pedro dejó de llevar los mensajes.

En el futuro…

Antes las personas enviaban cartas pero hoy se comunican por correo electrónico. En el pasado andábamos a caballo o en bicicleta, pero ahora nos transportamos en trenes y en aviones. ¿Cómo va a ser la situación en el futuro? En parejas, redacten un pequeño párrafo en el que predigan cómo pueden cambiar los transportes y las comunicaciones en el futuro. ¡Sean creativos e imaginativos!

ha venido cambiando *has been changing* **seres queridos** *loved ones*

Azucarlito

1. Que cada día te quiere más.

2. Yo ya te lo dije.

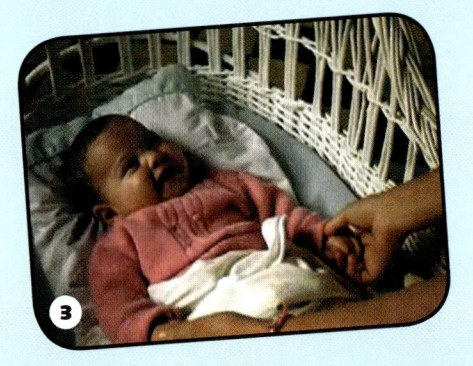

3. Que una sonrisa provoca otra.

Practice more at **vhlcentral.com**.

recursos

vText

vhlcentral.com

En la ciudad ciento ochenta y nueve 189

Flash Cultura

Video: Flash cultura

El Metro del D.F.

En una ciudad tan grande como el D.F., la vida es más fácil gracias al Sistema de Transporte Colectivo Metro y los viajes muchas veces pueden ser interesantes: en el metro se promueve° la cultura. Allí se construyó el primer museo del mundo en un transporte colectivo. También hay programas de préstamo° de libros para motivar a los usuarios a leer en el tiempo muerto° que pasan dentro° del sistema. ¿Quieres saber más? Descubre qué hace tan especial al Metro del D.F. en este episodio de *Flash cultura*.

Vocabulario útil

concurrido	busy, crowded
se esconde	is hidden
transbordo	transfer, change
tranvía	streetcar

Preparación

Imagina que estás en México, D.F., una de las ciudades más grandes del mundo. ¿Qué transporte usas para ir de un lugar a otro? ¿Por qué?

Seleccionar

Selecciona la respuesta correcta.
1. El Bosque de Chapultepec es uno de los lugares más (solitarios/concurridos) de la ciudad.
2. En las estaciones (de transbordo/subterráneas) los pasajeros pueden cambiar de trenes para llegar fácilmente a su destino.
3. Algunas líneas del Metro no son subterráneas, sino superficiales, es decir, (paran/circulan) al nivel de la calle.
4. Dentro de algunas estaciones hay (danzas indígenas/exposiciones de arte).

Viajando en el Metro... puedes conocer más acerca de la cultura de este país.

Para la gente... mayor de 60 años, es el transporte totalmente gratuito.

...el Metro [...] está conectado con los demás sistemas de transporte...

se promueve *is stimulated* préstamo *loan* tiempo muerto *down time* dentro *inside*

Practice more at **vhlcentral.com**.

recursos
vText
CA pp. 97–98
vhlcentral.com

5 panorama

Lección 5

Venezuela

Interactive Map
Video: *Panorama cultural*

El país en cifras

▶ **Área:** 916.445 km² (353.841 millas²), *aproximadamente dos veces el área de California*
▶ **Población:** 31.330.000
▶ **Capital:** Caracas—3.292.000
▶ **Ciudades principales:** Maracaibo—2.911.000, Valencia—2.227.000, Maracay—1.463.000, Barquisimeto—1.243.000
SOURCE: Population Division, UN Secretariat
▶ **Moneda:** bolívar
▶ **Idiomas:** español (oficial), lenguas indígenas (oficiales)

El yanomami es uno de los idiomas indígenas que se habla en Venezuela. La cultura de los yanomami tiene su centro en el sur de Venezuela, en el bosque tropical. Son cazadores° y agricultores y viven en comunidades de hasta 400 miembros.

Bandera de Venezuela

Venezolanos célebres

▶ **Teresa Carreño,** compositora y pianista (1853–1917)
▶ **Rómulo Gallegos,** escritor y político (1884–1969)
▶ **Andrés Eloy Blanco,** poeta (1897–1955)
▶ **Baruj Benacerraf,** científico (1920–2011)

En 1980, Baruj Benacerraf, junto con dos de sus colegas, recibió el Premio Nobel por sus investigaciones en el campo° de la inmunología y las enfermedades autoinmunes. Nacido en Caracas, Benacerraf también vivió en París y los Estados Unidos.

cazadores *hunters* campo *field* caída *drop* Salto Ángel *Angel Falls*
catarata *waterfall* la dio a conocer *made it known*

Isla Margarita

Vista de Caracas

Una piragua

recursos

vText | CA pp. 73–74 | CP pp. 59–60 | vhlcentral.com

¡Increíble pero cierto!

Con una caída° de 979 metros (3.212 pies) desde la meseta de Auyan Tepuy, Salto Ángel°, en Venezuela, es la catarata° más alta del mundo, ¡diecisiete veces más alta que las cataratas del Niágara! James C. Angel la dio a conocer° en 1935. Los indígenas de la zona la denominan "Kerekupai Merú".

En la ciudad

Economía • El petróleo

La industria petrolera° es muy importante para la economía venezolana. La mayor concentración de petróleo del país se encuentra debajo del Lago de Maracaibo. En 1976 se nacionalizaron las empresas° petroleras y pasaron a ser propiedad° del estado con el nombre de *Petróleos de Venezuela*. Este producto representa más del 70% de las exportaciones del país, siendo los Estados Unidos su principal comprador°.

Actualidades • Caracas

El *boom* petrolero de los años cincuenta transformó a Caracas en una ciudad cosmopolita. Sus rascacielos° y excelentes sistemas de transporte la hacen una de las ciudades más modernas de Latinoamérica. El metro, construido en 1983, es uno de los más modernos del mundo y sus extensas carreteras y autopistas conectan la ciudad con el interior del país. El corazón de la capital es el Parque Central, una zona de centros comerciales, tiendas, restaurantes y clubes.

Historia • Simón Bolívar (1783–1830)

A principios del siglo° XIX, el territorio de la actual Venezuela, al igual que gran parte de América, todavía estaba bajo el dominio de la corona° española. El general Simón Bolívar, nacido en Caracas, es llamado "El Libertador" porque fue el líder del movimiento independentista suramericano en el área que hoy es Venezuela, Colombia, Ecuador, Perú y Bolivia.

¿Qué aprendiste? Responde a cada pregunta con una oración completa.

1. ¿Cuál es la moneda de Venezuela?
2. ¿Quién fue Rómulo Gallegos?
3. ¿Cuándo se dio a conocer el Salto Ángel?
4. ¿Cuál es el producto más exportado de Venezuela?
5. ¿Qué ocurrió en 1976 con las empresas petroleras?
6. ¿Cómo se llama la capital de Venezuela?
7. ¿Qué hay en el Parque Central de Caracas?
8. ¿Por qué es conocido Simón Bolívar como "El Libertador"?

Sombreros y hamacas en Ciudad Bolívar

Conexión Internet Investiga estos temas en **vhlcentral.com**.

1. Busca información sobre Simón Bolívar. ¿Cuáles son algunos de los episodios más importantes de su vida? ¿Crees que Bolívar fue un estadista (*statesman*) de primera categoría? ¿Por qué?
2. Prepara un plan para un viaje de ecoturismo por el Orinoco. ¿Qué quieres ver y hacer durante la excursión?

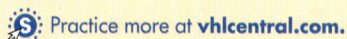

Practice more at **vhlcentral.com**.

industria petrolera *oil industry* empresas *companies* propiedad *property* comprador *buyer* rascacielos *skyscrapers* siglo *century* corona *crown* Tejedor *Weaver* aldea *village*

vocabulario

En la ciudad

el banco	bank
la carnicería	butcher shop
el correo	post office
el estacionamiento	parking lot
la frutería	fruit store
la heladería	ice cream shop
la joyería	jewelry store
la lavandería	laundromat
la panadería	bakery
la pastelería	pastry shop
la peluquería, el salón de belleza	beauty salon
la pescadería	fish market
el supermercado	supermarket
la zapatería	shoe store
hacer cola	to stand in line
hacer diligencias	to run errands

En el correo

el cartero	mail carrier
el correo	mail/post office
el paquete	package
la estampilla, el sello	stamp
el sobre	envelope
echar (una carta) al buzón	to put (a letter) in the mailbox; to mail
enviar, mandar	to send; to mail

En el banco

el cajero automático	ATM
el cheque (de viajero)	(traveler's) check
la cuenta corriente	checking account
la cuenta de ahorros	savings account
ahorrar	to save (money)
cobrar	to cash (a check)
depositar	to deposit
firmar	to sign
llenar (un formulario)	to fill out (a form)
pagar a plazos	to pay in installments
pagar al contado/en efectivo	to pay in cash
pedir prestado/a	to borrow
pedir un préstamo	to apply for a loan
ser gratis	to be free of charge

Cómo llegar

la cuadra	(city) block
la dirección	address
la esquina	corner
el letrero	sign
cruzar	to cross
indicar cómo llegar	to give directions
doblar	to turn
estar perdido/a	to be lost
quedar	to be located
(al) este	(to the) east
(al) norte	(to the) north
(al) oeste	(to the) west
(al) sur	(to the) south
derecho	straight (ahead)
enfrente de	opposite; facing
hacia	toward

Past participles used as adjectives	See page 179.
Expresiones útiles	See page 167.

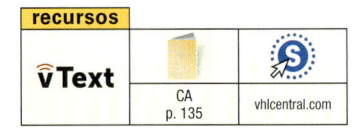

El bienestar

6

Communicative Goals
I will be able to:
- Talk about health, well-being, and nutrition
- Talk about physical activities

VOICE BOARD

contextos
pages 194–197
- Health and well-being
- Exercise and physical activity
- Nutrition

fotonovela
pages 198–201
Marissa, Felipe, Jimena, and Juan Carlos visit the famous Mayan ruins of Chichén Itzá. After exploring the archeological site, they visit a Mayan spa to escape the sun and unwind.

cultura
pages 202–203
- Natural spas
- Fruits and health

estructura
pages 204–215
- The present perfect
- The past perfect
- The present perfect subjunctive
- **Recapitulación**

adelante
pages 216–225
Lectura: The short story, **"Un día de éstos"**
Escritura: A personal wellness plan
Escuchar: A radio program about exercise
En pantalla
Flash cultura
Panorama: Bolivia

A PRIMERA VISTA
- ¿Está la chica en un gimnasio o en un lugar al aire libre?
- ¿Practica ella deportes frecuentemente?
- ¿Es activa o sedentaria?
- ¿Es probable que le importe su salud?

6 contextos
Lección 6

El bienestar

Audio: Vocabulary Tutorials, Games

Más vocabulario

adelgazar	to lose weight; to slim down
aliviar el estrés	to reduce stress
aliviar la tensión	to reduce tension
apurarse, darse prisa	to hurry; to rush
aumentar de peso, engordar	to gain weight
calentarse (e:ie)	to warm up
disfrutar (de)	to enjoy; to reap the benefits (of)
entrenarse	to practice; to train
estar a dieta	to be on a diet
estar en buena forma	to be in good shape
hacer gimnasia	to work out
llevar una vida sana	to lead a healthy lifestyle
mantenerse en forma	to stay in shape
sufrir muchas presiones	to be under a lot of pressure
tratar de (+ inf.)	to try (to do something)
la droga	drug
el/la drogadicto/a	drug addict
activo/a	active
débil	weak
en exceso	in excess; too much
flexible	flexible
fuerte	strong
sedentario/a	sedentary; related to sitting
tranquilo/a	calm; quiet
el bienestar	well-being

Variación léxica

hacer ejercicios aeróbicos ↔ hacer aeróbic (Esp.)
el/la entrenador(a) ↔ el/la monitor(a)

recursos
vText | CA p. 137 | CP pp. 61–62 | CH pp. 81–82 | vhlcentral.com

- el teleadicto
- Hace ejercicios de estiramiento. (hacer)
- la clase de ejercicios aeróbicos
- Suda. (sudar)
- Hace ejercicio. (hacer)
- el entrenador
- el músculo
- la cinta caminadora

El bienestar

ciento noventa y cinco 195

No fumar.

el masaje

Hacen ejercicios aeróbicos. (hacer)

Levanta pesas. (levantar)

Práctica

1 Escuchar 🎧 Mira el dibujo. Luego escucha las oraciones e indica si lo que se dice en cada oración es **cierto** o **falso**.

	Cierto	Falso		Cierto	Falso
1.	○	○	6.	○	○
2.	○	○	7.	○	○
3.	○	○	8.	○	○
4.	○	○	9.	○	○
5.	○	○	10.	○	○

2 Seleccionar 🎧 Escucha el anuncio del gimnasio Sucre. Marca con una **X** los servicios que se ofrecen.

_____ 1. dietas para adelgazar
_____ 2. programa para aumentar de peso
_____ 3. clases de gimnasia
_____ 4. entrenador personal
_____ 5. masajes
_____ 6. programa para dejar de fumar

3 Identificar Identifica el antónimo (*antonym*) de cada palabra.

apurarse	fuerte
disfrutar	mantenerse en forma
engordar	sedentario
estar enfermo	sufrir muchas presiones
flexible	tranquilo

1. activo
2. adelgazar
3. aliviar el estrés
4. débil

5. ir despacio
6. estar sano
7. nervioso
8. ser teleadicto

4 Combinar Combina elementos de cada columna para formar ocho oraciones lógicas sobre el bienestar.

1. David levanta pesas
2. Estás en buena forma
3. Felipe se lastimó
4. José y Rafael
5. Mi hermano
6. Sara hace ejercicios de
7. Mis primas están a dieta
8. Para llevar una vida sana,

a. aumentó de peso.
b. estiramiento.
c. porque quieren adelgazar.
d. porque haces ejercicio.
e. sudan mucho en el gimnasio.
f. un músculo de la pierna.
g. no se debe fumar.
h. y corre mucho.

La nutrición

- la grasa
- la proteína
- los minerales
- el colesterol
- las vitaminas

Más vocabulario

la bebida alcohólica	alcoholic beverage
la cafeína	caffeine
la caloría	calorie
la merienda	afternoon snack
la nutrición	nutrition
el/la nutricionista	nutritionist
comer una dieta equilibrada	to eat a balanced diet
consumir alcohol	to consume alcohol
descafeinado/a	decaffeinated

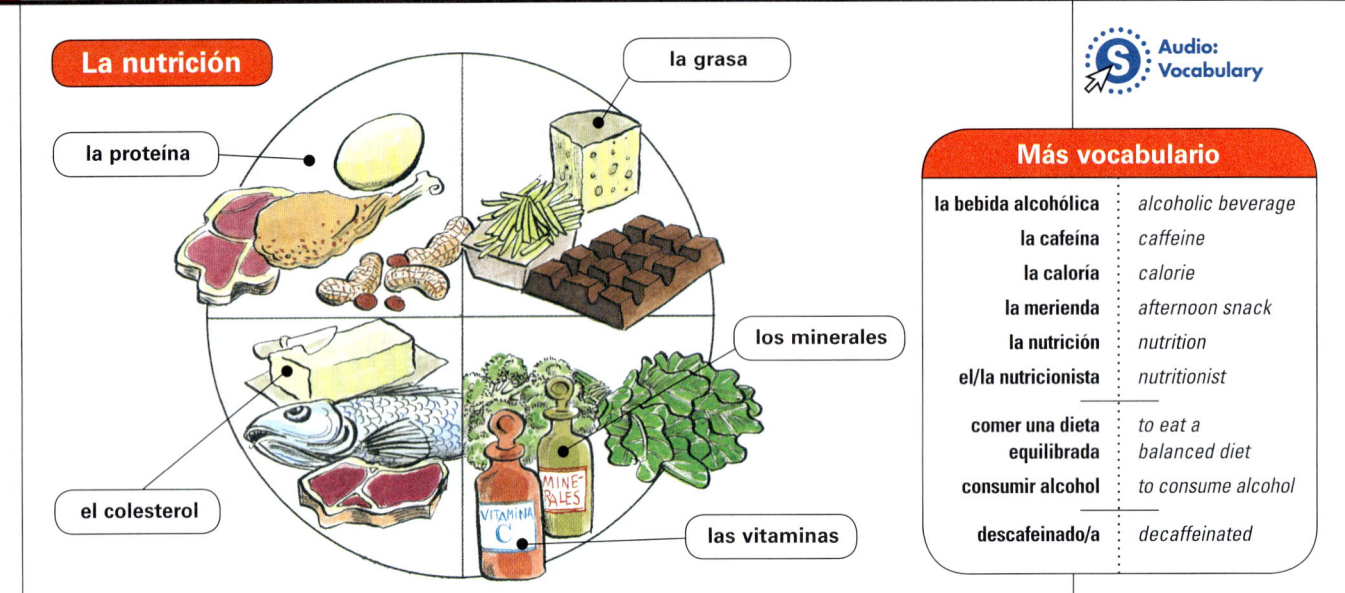

5 Completar Completa cada oración con la palabra adecuada.

1. Después de hacer ejercicio, como pollo o bistec porque contienen _____.
   a. drogas   b. proteínas   c. grasa
2. Para _____, es necesario consumir comidas de todos los grupos alimenticios (*nutrition groups*).
   a. aliviar el estrés   b. correr   c. comer una dieta equilibrada
3. Mis primas _____ una buena comida.
   a. disfrutan de   b. tratan de   c. sudan
4. Mi entrenador no come queso ni papas fritas porque contienen _____.
   a. dietas   b. vitaminas   c. mucha grasa
5. Mi padre no come mantequilla porque él necesita reducir _____.
   a. la nutrición   b. el colesterol   c. el bienestar
6. Mi novio cuenta _____ porque está a dieta.
   a. las pesas   b. los músculos   c. las calorías

---

6 La nutrición En parejas, hablen de los tipos de comida que comen y las consecuencias que tienen para su salud. Luego compartan la información con la clase.

1. ¿Cuántas comidas con mucha grasa comes regularmente? ¿Piensas que debes comer menos comidas de este tipo? ¿Por qué?
2. ¿Comes comidas con muchos minerales y vitaminas? ¿Necesitas consumir más comidas que los contienen? ¿Por qué?
3. ¿Algún miembro de tu familia tiene problemas con el colesterol? ¿Qué haces para evitar problemas con el colesterol?
4. ¿Eres vegetariano/a? ¿Conoces a alguien que sea vegetariano/a? ¿Qué piensas de la idea de no comer carne u otros productos animales? ¿Es posible comer una dieta equilibrada sin comer carne? Explica.
5. ¿Tomas cafeína en exceso? ¿Qué ventajas (*advantages*) y desventajas tiene la cafeína? Da ejemplos de productos que contienen cafeína y de productos descafeinados.
6. ¿Llevas una vida sana? ¿Y tus amigos? ¿Crees que, en general, los estudiantes llevan una vida sana? ¿Por qué?

AYUDA

Some useful words:

sano = saludable
en general = por lo general
estricto
normalmente
muchas veces
a veces
de vez en cuando

Practice more at **vhlcentral.com**.

Comunicación

7 **Un anuncio** En grupos de cuatro, imaginen que son dueños/as de un gimnasio con un equipo (*equipment*) moderno, entrenadores calificados y un(a) nutricionista. Preparen y presenten un anuncio para la televisión que hable del gimnasio y atraiga (*attracts*) a una gran variedad de nuevos clientes. No se olviden de presentar esta información:

- las ventajas de estar en buena forma
- el equipo que tienen
- los servicios y clases que ofrecen
- las características únicas del gimnasio
- la dirección y el teléfono del gimnasio
- el precio para los socios (*members*) del gimnasio

8 **Recomendaciones para la salud** En parejas, imaginen que están preocupados/as por los malos hábitos de un(a) amigo/a que no está bien últimamente (*lately*). Escriban y representen una conversación en la cual hablen de lo que está pasando en la vida de su amigo/a y los cambios que necesita hacer para llevar una vida sana.

9 **El teleadicto** Con un(a) compañero/a, representen los papeles de un(a) nutricionista y un(a) teleadicto/a. La persona sedentaria habla de sus malos hábitos para la comida y de que no hace ejercicio. También dice que toma demasiado café y que siente mucho estrés. El/La nutricionista le sugiere una dieta equilibrada con bebidas descafeinadas y una rutina para mantenerse en buena forma. El/La teleadicto/a le da las gracias por su ayuda.

10 **El gimnasio perfecto** Tú y tu compañero/a quieren encontrar el gimnasio perfecto. Su profesor(a) les va a dar a cada uno/a de ustedes el anuncio de un gimnasio. Túrnense para hacerse preguntas sobre las actividades que se ofrecen en cada uno. Al final, decidan cuál es el mejor gimnasio y compartan su decisión con la clase.

11 **¿Quién es?** Trabajen en grupos. Cada uno/a de ustedes va a elegir a una persona famosa en el área de la salud y el bienestar. Los demás miembros del grupo deben hacer preguntas hasta descubrir a quién eligió cada quien. Recuerden usar el vocabulario de la lección.

> **modelo**
> **Estudiante 1:** ¿Ayudas a otras personas a mantenerse en forma?
> **Estudiante 2:** Sí. Trabajo con muchas personas que antes llevaban una vida sedentaria.
> **Estudiante 3:** ¿Has trabajado en la televisión?
> **Estudiante 2:** Sí. Antes trabajaba en tres diferentes programas de televisión.
> **Estudiante 1:** ¡Ya sé! ¡Eres Jillian Michaels!

6 fotonovela

Lección 6

Chichén Itzá

Los chicos exploran Chichén Itzá y se relajan en un spa.

PERSONAJES   MARISSA   FELIPE

Video: *Fotonovela*
Record and Compare

1

MARISSA ¡Chichén Itzá es impresionante! Qué lástima que Maru y Miguel no hayan podido venir. Sobre todo Maru.
FELIPE Ha estado bajo mucha presión.

2

MARISSA ¿Ustedes ya habían venido antes?
FELIPE Sí. Nuestros papás nos trajeron cuando éramos niños.

3

(*en otro lugar de las ruinas*)
JUAN CARLOS ¡Hace calor!
JIMENA ¡Sí! Hay que estar en buena forma para recorrer las ruinas.

6

FELIPE ¡Gané!
JIMENA Qué calor. Tengo una idea. Vamos.

7

EMPLEADA Ofrecemos varios servicios para aliviar el estrés: masajes, saunas...

8

FELIPE Me gustaría un masaje.
MARISSA Yo prefiero un baño mineral.

El bienestar

JUAN CARLOS   **JIMENA**    **EMPLEADA**

4

JUAN CARLOS Siempre había llevado una vida sana antes de entrar a la universidad.

JIMENA Tienes razón. La universidad hace que seamos muy sedentarios.

JUAN CARLOS ¡Busquemos a Felipe y a Marissa!

5

FELIPE El otro día le gané a Juan Carlos en el parque.

JUAN CARLOS Estaba mirando hacia otro lado; cuando me di cuenta, Felipe ya había empezado a correr.

9

JUAN CARLOS ¿Crees que tienes un poco de tiempo libre la semana que viene? Me gustaría invitarte a salir.

JIMENA ¿Sin Felipe?

JUAN CARLOS Sin Felipe.

10

EMPLEADA ¿Ya tomaron una decisión?

JIMENA Sí.

Expresiones útiles

Wishing a friend were with you
Qué lástima que no hayan podido venir.
What a shame that they were not able to come.
Sobre todo Maru.
Especially Maru.
Él/Ella ha estado bajo mucha presión.
He/She has been under a lot of pressure.
Creo que ellos ya habían venido antes.
I think they had already come (here) before.

Talking about trips
¿Ustedes ya habían venido antes?
Had you been (here) before?
Sí. He querido regresar desde que leí el Chilam Balam.
Yes. I have wanted to come back ever since I read the Chilam Balam.
¿Recuerdas cuando nos trajo papá?
Remember when Dad brought us?
Al llegar a la cima, comenzaste a llorar.
When we got to the top, you started to cry.

Talking about well-being
Siempre había llevado una vida sana antes de entrar a la universidad.
I had always maintained a healthy lifestyle before starting college.
Ofrecemos varios servicios para aliviar el estrés.
We offer many services to relieve stress.
Me gustaría un masaje.
I would like a massage.

Additional vocabulary
la cima *top, peak*
el escalón *step*
el muro *wall*
tomar una decisión *to make a decision*

¿Qué pasó?

1 **Seleccionar** Selecciona la respuesta que completa mejor cada oración.

1. Felipe y Marissa piensan que Maru _____.
   a. debe hacer ejercicio   b. aumentó de peso   c. ha estado bajo mucha presión
2. Felipe y Jimena visitaron Chichén Itzá _____.
   a. para aliviar el estrés   b. cuando eran niños   c. para llevar una vida sana
3. Jimena dice que la universidad hace a los estudiantes _____.
   a. comer una dieta equilibrada   b. ser sedentarios   c. levantar pesas
4. En el spa ofrecen servicios para _____.
   a. sudar   b. aliviar el estrés   c. ser flexibles
5. Felipe elige que le den un _____.
   a. baño mineral   b. almuerzo   c. masaje

2 **Identificar** Identifica quién puede decir estas oraciones.

1. No me di cuenta (*I didn't realize*) de que habías empezado a correr; por eso ganaste.
2. Miguel y Maru no visitaron Chichén Itzá, ¡qué lástima que no hayan podido venir!
3. Se necesita estar en buena forma para visitar este tipo de lugares.
4. Los masajes, saunas y baños minerales que ofrecemos alivian la tensión.
5. Si salimos, no invites a Felipe.
6. Yo corro más rápido que Juan Carlos.

MARISSA   FELIPE   JIMENA   JUAN CARLOS   EMPLEADA

3 **Inventar** En parejas, hagan descripciones de los personajes de la **Fotonovela**. Utilicen las oraciones, la lista de palabras y otras expresiones que sepan.

aliviar el estrés	hacer ejercicios de estiramiento	masaje
bienestar	llevar una vida sana	teleadicto/a
grasa	mantenerse en forma	vitamina

modelo
Estudiante 1: Felipe es activo, flexible y fuerte.
Estudiante 2: Marissa siempre hace ejercicios de estiramiento. Está en buena forma y lleva una vida muy sana...

1. A Juan Carlos le duelen los músculos después de hacer gimnasia.
2. A veces, Maru sufre presiones y estrés en la universidad.
3. A Jimena le encanta salir con amigos o leer un buen libro.
4. Felipe trata de comer una dieta equilibrada.
5. Juan Carlos no es muy flexible.

Practice more at **vhlcentral.com**.

Ortografía y pronunciación

Las letras **b** y **v**

Since there is no difference in pronunciation between the Spanish letters **b** and **v**, spelling words that contain these letters can be tricky. Here are some tips.

nom**b**re	**bl**usa	a**bs**oluto	descu**br**ir

The letter **b** is always used before consonants.

bonita	**bot**ella	**bus**car	**bien**estar

At the beginning of words, the letter **b** is usually used when it is followed by the letter combinations -**on**, -**or**, -**ot**, -**u**, -**ur**, -**us**, -**ien**, and -**ene**.

adelgaza**b**a	disfruta**b**an	i**b**as	í**b**amos

The letter **b** is used in the verb endings of the imperfect tense for -**ar** verbs and the verb **ir**.

voy	**v**amos	estu**v**o	tu**v**ieron

The letter **v** is used in the present tense forms of **ir** and in the preterite forms of **estar** and **tener**.

oct**av**o	hu**ev**o	act**iv**a	gr**av**e

The letter **v** is used in these noun and adjective endings: -**avo/a**, -**evo/a**, -**ivo/a**, -**ave**, -**eve**.

Práctica Completa las palabras con las letras **b** o **v**.
1. Una __ez me lastimé el __razo cuando esta__a __uceando.
2. Manuela se ol__idó sus li__ros en el auto__ús.
3. El nue__o gimnasio tiene clases educati__as.
4. Para tener una __ida sana y saluda__le, necesitas tomar __itaminas.
5. En mi pue__lo hay un __ule__ar que tiene muchos ár__oles.

El ahorcado (*Hangman*) Juega al ahorcado para adivinar las palabras.

1. __ u __ __ s   Están en el cielo.
2. __ u __ __ n   Relacionado con el correo.
3. __ o __ e __ __ a   Está llena de líquido.
4. __ i __ __ e   Fenómeno meteorológico
5. __ e __ __ __ __ __ s   Los "ojos" de la casa

cultura

EN DETALLE

Spas naturales

¿Hay algo mejor que un buen baño° para descansar y aliviar la tensión? Y si el baño se toma en una terma°, el beneficio° es mayor. Los tratamientos con agua y lodo° para mejorar la salud y el bienestar son populares en las Américas desde hace muchos siglos°. Las termas son manantiales° naturales de agua caliente. La temperatura facilita la absorción de minerales y otros elementos que contiene el agua y que son buenos para la salud. El agua de las termas se usa en piscinas, baños y duchas o en el sitio natural en el que surge°: pozas°, estanques° o cuevas°.

En Baños de San Vicente, en Ecuador, son muy populares los tratamientos° con lodo volcánico.

Volcán de lodo El Totumo, Colombia

Ecotermales en Arenal, Costa Rica

El lodo caliente se extiende por el cuerpo para dar masajes. Así también la piel° absorbe los minerales beneficiosos para la salud. La lodoterapia es útil para tratar varias enfermedades; además, hace que la piel se vea radiante.

En Costa Rica, la actividad volcánica también ha dado° origen a fuentes° y pozas termales. Si te gusta cuidarte y amas la naturaleza, recuerda estos nombres: Las Hornillas y Las Pailas. Son pozas naturales de aguas termales que están cerca del volcán Rincón de la Vieja. Un baño termal en medio de un paisaje tan hermoso es una experiencia única.

Otros balnearios°
Todos ofrecen piscinas, baños, pozas y duchas de aguas termales y además...

Lugar	Servicios
El Edén y Yanasara, Curgos (Perú)	cascadas° de aguas termales
Montbrió del Camp, Tarragona (España)	baños de algas°
Puyuhuapi (Chile)	duchas de agua de mar; baños de algas
Termas de Río Hondo, Santiago del Estero (Argentina)	baños de lodo
Tepoztlán, Morelos (México)	temazcales° aztecas
Uyuni, Potosí (Bolivia)	baños de sal

baño *bath* terma *hot spring* beneficio *benefit* lodo *mud* siglos *centuries* manantiales *springs* surge *springs forth* pozas *small pools* estanques *ponds* cuevas *caves* tratamientos *treatments* piel *skin* ha dado *has given* fuentes *springs* balnearios *spas* cascadas *waterfalls* algas *seaweed* temazcales *steam and medicinal herb baths*

ACTIVIDADES

1 **¿Cierto o falso?** Indica si lo que dicen las oraciones es **cierto** o **falso**. Corrige la información falsa.

1. Las aguas termales son beneficiosas para algunas enfermedades, incluido el estrés.
2. Los tratamientos con agua y lodo se conocen sólo desde hace pocos años.
3. Las termas son manantiales naturales de agua caliente.
4. La lodoterapia es un tratamiento con barro.
5. La temperatura de las aguas termales no afecta la absorción de los minerales.
6. Mucha gente va a Baños de San Vicente, Ecuador, por sus playas.
7. Las Hornillas son pozas de aguas termales en Costa Rica.
8. Montbrió del Camp ofrece baños de sal.
9. Es posible ver aguas termales en forma de cascadas.
10. Tepoztlán ofrece temazcales aztecas.

El bienestar

ASÍ SE DICE
El ejercicio

los abdominales	sit-ups
la bicicleta estática	stationary bicycle
el calambre muscular	(muscular) cramp
el (fisi)culturismo; la musculación (Esp.)	bodybuilding
las flexiones de pecho; las lagartijas (Méx.; Col.); las planchas (Esp.)	push-ups
la cinta (trotadora) (Arg.; Chile)	la cinta caminadora

EL MUNDO HISPANO
Creencias° sobre la salud

- **Colombia** Como algunos suelos son de baldosas°, se cree que si uno anda descalzo° se enfrían° los pies y esto puede causar un resfriado o artritis.

- **Cuba** Por la mañana, muchas madres sacan a sus bebés a los patios y a las puertas de las casas. La creencia es que unos cinco minutos de sol ayudan a fijar° el calcio en los huesos y aumentan la inmunidad contra las enfermedades.

- **México** Muchas personas tienen la costumbre de tomar a diario un vaso de jugo del cactus conocido como "nopal". Se dice que es bueno para reducir el colesterol y el azúcar en la sangre y que ayuda a adelgazar.

Creencias *Beliefs* baldosas *tiles* anda descalzo *walks barefoot* se enfrían *get cold* fijar *to set*

PERFIL
Las frutas y la salud

Desde hace muchos años se conocen las propiedades de la papaya para tratar problemas digestivos. Esta fruta, originaria de las Américas, contiene una enzima, la papaína, que actúa de forma semejante° a como lo hacen los jugos gástricos. Una porción de papaya o un vaso de jugo de esta fruta ayuda a la digestión. La papaya también es rica en vitaminas A y C.

La piña° también es una fruta natural de las Américas que es buena para la digestión. La piña contiene bromelina, una enzima que, como la papaína, ayuda a digerir° las proteínas. Esta deliciosa fruta contiene también ácido cítrico, vitaminas y minerales. Además, tiene efectos diuréticos y antiinflamatorios que pueden aliviar las enfermedades reumáticas. La piña ofrece una ayuda fácil y sabrosa para perder peso por su contenido en fibra y su efecto diurético. Una rodaja° o un vaso de jugo de piña fresca antes de comer puede ayudar en cualquier° dieta para adelgazar.

semejante *similar* piña *pineapple* digerir *to digest* rodaja *slice* cualquier *any*

Conexión Internet

¿Qué sistemas de ejercicio son más populares entre los hispanos?

Go to **vhlcentral.com** to find more cultural information related to this **Cultura** section.

ACTIVIDADES

2 Comprensión Responde a las preguntas.
1. Una argentina te dice: "Voy a usar la cinta". ¿Qué va a hacer?
2. Según los colombianos, ¿qué efectos negativos tiene el no usar zapatos en casa?
3. ¿Cómo se llama la enzima de la papaya que ayuda a la digestión?
4. ¿Cómo se aconseja consumir la piña en dietas de adelgazamiento?

3 Para sentirte mejor Entrevista a un(a) compañero/a sobre las cosas que hace todos los días y las cosas que hace al menos una o dos veces a la semana para sentirse mejor. Hablen sobre actividades deportivas, la alimentación y lo que hacen en sus ratos libres.

Practice more at **vhlcentral.com**.

recursos: vText, CH p. 84, vhlcentral.com

6 estructura

6.1 The present perfect

ANTE TODO In **Lección 5**, you learned how to form past participles. You will now learn how to form the present perfect indicative (**el pretérito perfecto del indicativo**), a compound tense that uses the past participle. The present perfect is used to talk about what someone *has done*. In Spanish, it is formed with the present tense of the auxiliary verb **haber** and a past participle.

> Maru ha estado bajo mucha presión.

> He querido regresar desde que leí el *Chilam Balam*.

Present indicative of haber

Singular forms		Plural forms	
yo	**he**	nosotros/as	**hemos**
tú	**has**	vosotros/as	**habéis**
Ud./él/ella	**ha**	Uds./ellos/ellas	**han**

Tú no **has aumentado** de peso.
You haven't gained weight.

Yo ya **he leído** esos libros.
I've already read those books.

¿**Ha asistido** Juan a la clase de yoga?
Has Juan attended the yoga class?

Hemos conocido al entrenador.
We have met the trainer.

▶ The past participle does not change in form when it is part of the present perfect tense; it only changes in form when it is used as an adjective.

Clara **ha abierto** las ventanas.
Clara has opened the windows.

Yo **he cerrado** la puerta del gimnasio.
I've closed the door to the gym.

Las ventanas están **abiertas**.
The windows are open.

La puerta del gimnasio está **cerrada**.
The door to the gym is closed.

▶ In Spanish, the present perfect indicative generally is used just as in English: to talk about what someone has done or what has occurred. It usually refers to the recent past.

He trabajado cuarenta horas esta semana.
I have worked forty hours this week.

¿Cuál es el último libro que **has leído**?
What is the last book that you have read?

CONSULTA

To review what you have learned about past participles, see **Estructura 5.3**, p. 179.

CONSULTA

Remember that the Spanish equivalent of the English *to have just* (*done something*) is **acabar de** + [*infinitive*]. Do not use the present perfect to express that English structure.
Juan acaba de llegar.
Juan has just arrived.

▶ In English, the auxiliary verb and the past participle are often separated. In Spanish, however, these two elements—**haber** and the past participle—cannot be separated by any word.

> Siempre **hemos vivido** en Bolivia.
> *We have always lived in Bolivia.*

> Usted nunca **ha venido** a mi oficina.
> *You have never come to my office.*

> ¿Y Juan Carlos todavía no te ha invitado a salir?

> Últimamente hemos sufrido muchas presiones en la universidad.

▶ The word **no** and any object or reflexive pronouns are placed immediately before **haber.**

> Yo **no he comido** la merienda.
> *I haven't eaten the snack.*

> ¿Por qué **no la has comido**?
> *Why haven't you eaten it?*

> Susana ya **se ha entrenado**.
> *Susana has already practiced.*

> Ellos **no lo han terminado**.
> *They haven't finished it.*

▶ Note that *to have* can be either a main verb or an auxiliary verb in English. As a main verb, it corresponds to **tener,** while as an auxiliary, it corresponds to **haber.**

> **Tengo** muchos amigos.
> *I have a lot of friends.*

> **He tenido** mucho éxito.
> *I have had a lot of success.*

▶ To form the present perfect of **hay,** use the third-person singular of **haber (ha) + habido.**

> **Ha habido** muchos problemas con el nuevo profesor.
> *There have been a lot of problems with the new professor.*

> **Ha habido** un accidente en la calle Central.
> *There has been an accident on Central Street.*

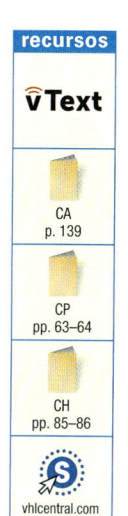

¡INTÉNTALO!

Indica el pretérito perfecto del indicativo de estos verbos.

1. (disfrutar, comer, vivir) yo _he disfrutado, he comido, he vivido_
2. (traer, adelgazar, compartir) tú _____
3. (venir, estar, correr) usted _____
4. (leer, resolver, poner) ella _____
5. (decir, romper, hacer) ellos _____
6. (mantenerse, dormirse) nosotros _____
7. (estar, escribir, ver) yo _____
8. (vivir, correr, morir) él _____

Práctica

1 Completar Estas oraciones describen el bienestar o los problemas de unos estudiantes. Completa las oraciones con el pretérito perfecto del indicativo de los verbos de la lista. No vas a usar uno de los verbos.

> adelgazar   comer   llevar
> aumentar   hacer   sufrir

1. Luisa _____ muchas presiones este año.
2. Juan y Raúl _____ de peso porque no hacen ejercicio.
3. Pero María y yo _____ porque trabajamos en exceso y nos olvidamos de comer.
4. Desde siempre, yo _____ una vida muy sana.
5. Pero tú y yo no _____ gimnasia este semestre.

2 ¿Qué has hecho? Indica si has hecho lo siguiente.

> **modelo**
> escalar una montaña
> Sí, he escalado varias montañas./No, no he escalado nunca una montaña.

1. jugar al baloncesto
2. viajar a Bolivia
3. conocer a una persona famosa
4. levantar pesas
5. comer un insecto
6. recibir un masaje
7. aprender varios idiomas
8. bailar salsa
9. ver una película en español
10. escuchar música latina
11. estar despierto/a 24 horas
12. bucear

AYUDA

You may use some of these expressions in your answers:
una vez *once*
un par de veces *a couple of times*
algunas veces *a few times*
varias veces *several times*
muchas veces *many times, often*

3 La vida sana En parejas, túrnense para hacer preguntas sobre el tema de la vida sana. Sean creativos.

> **modelo**
> encontrar un gimnasio
> **Estudiante 1:** ¿Has encontrado un buen gimnasio cerca de tu casa?
> **Estudiante 2:** Yo no he encontrado un gimnasio, pero sé que debo buscar uno.

1. tratar de estar en forma
2. estar a dieta los últimos dos meses
3. dejar de tomar refrescos
4. hacerse una prueba del colesterol
5. entrenarse cinco días a la semana
6. cambiar de una vida sedentaria a una vida activa
7. tomar vitaminas por las noches y por las mañanas
8. hacer ejercicio para aliviar la tensión
9. consumir mucha proteína
10. dejar de comer comidas grasosas

Practice more at **vhlcentral.com**.

Comunicación

4 Descripción En parejas, describan lo que han hecho y no han hecho estas personas. Usen la imaginación.

1. Jorge y Raúl
2. Luisa 
3. Jacobo 
4. Natalia y Diego 
5. Ricardo 
6. Carmen 

5 Describir En parejas, identifiquen a una persona que lleva una vida muy sana. Puede ser una persona que conocen o un personaje que aparece en una película o programa de televisión. Entre los dos, escriban una descripción de lo que esta persona ha hecho para llevar una vida sana.

modelo
Mario López siempre ha hecho todo lo posible para mantenerse en forma. Él...

NOTA CULTURAL
Nacido en San Diego e hijo de padres mexicanos, el actor **Mario López** se mantiene en forma haciendo ejercicio todos los días.

Síntesis

6 Situación Trabajen en parejas para representar una conversación entre un(a) enfermero/a de la escuela y un(a) estudiante.

- El/La estudiante no se siente nada bien.
- El/La enfermero/a debe averiguar de dónde viene el problema e investigar los hábitos del/de la estudiante.
- El/La estudiante le explica lo que ha hecho en los últimos meses y cómo se ha sentido.
- El/La enfermero/a le da recomendaciones de cómo llevar una vida más sana.

6.2 The past perfect

ANTE TODO The past perfect indicative (**el pretérito pluscuamperfecto del indicativo**) is used to talk about what someone *had done* or what *had occurred* before another past action, event, or state. Like the present perfect, the past perfect uses a form of **haber**—in this case, the imperfect—plus the past participle.

Past perfect indicative

	cerrar	perder	asistir
SINGULAR FORMS			
yo	había cerrado	había perdido	había asistido
tú	habías cerrado	habías perdido	habías asistido
Ud./él/ella	había cerrado	había perdido	había asistido
PLURAL FORMS			
nosotros/as	habíamos cerrado	habíamos perdido	habíamos asistido
vosotros/as	habíais cerrado	habíais perdido	habíais asistido
Uds./ellos/ellas	habían cerrado	habían perdido	habían asistido

Antes de 2012, **había vivido** en La Paz.
Before 2012, I had lived in La Paz.

Cuando llegamos, Luis ya **había salido**.
When we arrived, Luis had already left.

▶ The past perfect is often used with the word **ya** (*already*) to indicate that an action, event, or state had already occurred before another. Remember that, unlike its English equivalent, **ya** cannot be placed between **haber** and the past participle.

Ella **ya había salido** cuando llamaron.
She had already left when they called.

Cuando llegué, Raúl **ya se había acostado**.
When I arrived, Raúl had already gone to bed.

▶ **¡Atención!** The past perfect is often used in conjunction with **antes de** + [*noun*] or **antes de** + [*infinitive*] to describe when the action(s) occurred.

Antes de este año, nunca **había estudiado** química.
Before this year, I had never studied chemistry.

Luis me **había llamado** antes de venir.
Luis had called me before he came.

¡INTÉNTALO! Indica el pretérito pluscuamperfecto del indicativo de cada verbo.

1. Nosotros ya __habíamos cenado__ (cenar) cuando nos llamaron.
2. Antes de tomar esta clase, yo no _____ (estudiar) nunca el español.
3. Antes de ir a México, ellos nunca _____ (ir) a otro país.
4. Eduardo nunca _____ (entrenarse) tanto en el invierno.
5. Tú siempre _____ (llevar) una vida sana antes del año pasado.
6. Antes de conocerte, yo ya te _____ (ver) muchas veces.

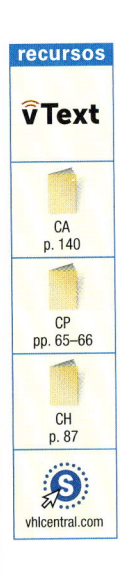

Práctica

1. Completar Completa los minidiálogos con las formas correctas del pretérito pluscuamperfecto del indicativo.

1. **SARA** Antes de cumplir los 13 años, ¿_____ (estudiar) tú otra lengua?
   JOSÉ Sí, _____ (tomar) clases de inglés y de italiano.

2. **DOLORES** Antes de ir a Argentina, ¿_____ (probar) tú y tu familia el mate?
   TOMÁS Sí, ya _____ (tomar) mate muchas veces.

3. **ANTONIO** Antes de este año, ¿_____ (correr) usted en un maratón?
   SRA. VERA No, nunca lo _____ (hacer).

4. **SOFÍA** Antes de su enfermedad, ¿_____ (sufrir) muchas presiones tu tío?
   IRENE Sí… y él nunca _____ (mantenerse) en buena forma.

> **NOTA CULTURAL**
>
> **El mate**, una bebida similar al té, es muy popular en Argentina, Uruguay y Paraguay. Se dice que controla el estrés y la obesidad, y que estimula el sistema inmunológico.

2. Quehaceres Indica lo que ya había hecho cada miembro de la familia antes de la llegada de la madre, la señora Ferrer.

3. Tu vida Indica si ya habías hecho estas cosas antes de cumplir los doce años.

1. hacer un viaje en avión
2. escalar una montaña
3. escribir un poema
4. filmar un video
5. enamorarte
6. tomar clases de aeróbicos
7. montar a caballo
8. ir de pesca
9. tomar café
10. cantar frente a más de cincuenta personas

Practice more at **vhlcentral.com**.

Comunicación

4 Lo dudo Tu profesor(a) va a darte una hoja de actividades. Escribe cinco oraciones, algunas ciertas y algunas falsas, de cosas que habías hecho antes de venir a esta escuela. Luego, en grupos, túrnense para leer sus oraciones. Cada miembro del grupo debe decir "es cierto" o "lo dudo" después de cada una. Escribe la reacción de cada compañero/a en la columna apropiada. ¿Quién obtuvo más respuestas ciertas?

Oraciones	Miguel	Ana	Beatriz
1. Cuando tenía 10 años, ya había manejado el carro de mi papá.	Lo dudo.	Es cierto.	Lo dudo.
2.			
3.			
4.			
5.			

Síntesis

5 Gimnasio Olímpico En parejas, lean el anuncio y contesten las preguntas.

Hasta el año pasado, siempre había mirado la tele sentado en el sofá durante mis ratos libres. ¡Era sedentario y teleadicto! Jamás había practicado ningún deporte y había aumentado mucho de peso.

Este año, he empezado a llevar una dieta equilibrada y voy al gimnasio todos los días. He comenzado a ser una persona muy activa y he adelgazado. Disfruto de una vida sana. ¡Me siento muy feliz!

Manténgase en forma.

¡Acabo de descubrir una nueva vida!

¡Venga al Gimnasio Olímpico hoy mismo!

1. Identifiquen los elementos del pretérito pluscuamperfecto del indicativo en el anuncio.
2. ¿Cómo era la vida del hombre cuando llevaba una vida sedentaria? ¿Cómo es ahora?
3. ¿Se identifican ustedes con algunos de los hábitos, presentes o pasados, de este hombre? ¿Con cuáles?
4. ¿Qué les recomienda el hombre del anuncio a los lectores? ¿Creen que les da buenos consejos?

6.3 The present perfect subjunctive

ANTE TODO The present perfect subjunctive (**el pretérito perfecto del subjuntivo**), like the present perfect indicative, is used to talk about what *has happened*. The present perfect subjunctive is formed using the present subjunctive of the auxiliary verb **haber** and a past participle.

Present perfect indicative			Present perfect subjunctive		
	PRESENT INDICATIVE OF HABER	PAST PARTICIPLE		PRESENT SUBJUNCTIVE OF HABER	PAST PARTICIPLE
yo	he	hablado	yo	haya	hablado

Present perfect subjunctive

		cerrar	perder	asistir
SINGULAR FORMS	yo	**haya** cerrado	**haya** perdido	**haya** asistido
	tú	**hayas** cerrado	**hayas** perdido	**hayas** asistido
	Ud./él/ella	**haya** cerrado	**haya** perdido	**haya** asistido
PLURAL FORMS	nosotros/as	**hayamos** cerrado	**hayamos** perdido	**hayamos** asistido
	vosotros/as	**hayáis** cerrado	**hayáis** perdido	**hayáis** asistido
	Uds./ellos/ellas	**hayan** cerrado	**hayan** perdido	**hayan** asistido

¡ATENCIÓN!
In Spanish the present perfect subjunctive is used to express a recent action.
No creo que lo **hayas dicho** bien.
I don't think that you have said it right.
Espero que él **haya llegado**.
I hope that he has arrived.

▶ The same conditions which trigger the use of the present subjunctive apply to the present perfect subjunctive.

Present subjunctive	Present perfect subjunctive
Espero que **duermas** bien. *I hope that you sleep well.*	Espero que **hayas dormido** bien. *I hope that you have slept well.*
No creo que **aumente** de peso. *I don't think he will gain weight.*	No creo que **haya aumentado** de peso. *I don't think he has gained weight.*

▶ The action expressed by the present perfect subjunctive is seen as occurring before the action expressed in the main clause.

Me alegro de que ustedes **se hayan reído** tanto esta tarde.
I'm glad that you have laughed so much this afternoon.

Dudo que tú **te hayas divertido** mucho con tu suegra.
I doubt that you have enjoyed yourself much with your mother-in-law.

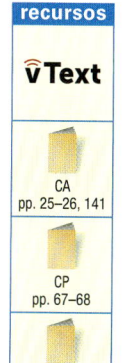

¡INTÉNTALO! Indica el pretérito perfecto del subjuntivo de los verbos entre paréntesis.

1. Me gusta que ustedes __hayan dicho__ (decir) la verdad.
2. No creo que tú _____ (comer) tanto.
3. Es imposible que usted _____ (poder) hacer tal (*such a*) cosa.
4. Me alegro de que tú y yo _____ (merendar) juntas.
5. Es posible que yo _____ (adelgazar) un poco esta semana.
6. Espero que ellas _____ (sentirse) mejor después de la clase.

Práctica

1 **Completar** Laura está preocupada por su familia y sus amigos/as. Completa las oraciones con la forma correcta del pretérito perfecto del subjuntivo de los verbos entre paréntesis.

1. ¡Qué lástima que Julio _____ (sentirse) tan mal en la competencia! Dudo que _____ (entrenarse) lo suficiente.
2. No creo que Lourdes y su amiga _____ (irse) de ese trabajo donde siempre tienen tantos problemas. Espero que Lourdes _____ (aprender) a aliviar el estrés.
3. Es triste que Nuria y yo _____ (perder) el partido. Esperamos que los entrenadores del gimnasio nos _____ (preparar) un buen programa para ponernos en forma.
4. No estoy segura de que Samuel _____ (llevar) una vida sana. Es bueno que él _____ (decidir) mejorar su dieta.
5. Me preocupa mucho que Ana y Rosa _____ (fumar) tanto de jóvenes. Es increíble que ellas todavía no _____ (enfermarse).
6. Me alegro de que mi abuela _____ (disfrutar) de buena salud toda su vida. Es maravilloso que ella _____ (cumplir) noventa años.

2 **Describir** Usa el pretérito perfecto del subjuntivo para hacer dos comentarios sobre la(s) persona(s) que hay en cada dibujo. Usa expresiones como **no creo que, dudo que, es probable que, me alegro de que, espero que** y **siento que**.

modelo
Es probable que Javier haya levantado pesas por muchos años.
Me alegro de que Javier se haya mantenido en forma.

Javier

1. Rosa y Sandra
2. Roberto 
3. Mariela 
4. Lorena y su amigo 
5. la señora Matos 
6. Sonia y René 

Practice more at vhlcentral.com.

CONSULTA

To review verbs of will and influence, see **Estructura 3.4**, p. 112.
To review expressions of doubt, disbelief, and denial, see **Estructura 4.2**, p. 142.

Comunicación

3 **¿Sí o no?** En parejas, comenten estas afirmaciones (*statements*) usando las expresiones de la lista.

| Dudo que... | Es imposible que... | Me alegro de que (no)... |
| Es bueno que (no)... | Espero que (no)... | No creo que... |

modelo
Estudiante 1: Ya llegó el fin del año escolar.
Estudiante 2: Es imposible que haya llegado el fin del año escolar.

1. Recibí una A en la clase de español.
2. Tu mejor amigo/a aumentó de peso recientemente.
3. Lady Gaga dio un concierto ayer con Susan Boyle.
4. Mis padres ganaron un millón de dólares.
5. He aprendido a hablar japonés.
6. Nuestro/a profesor(a) nació en Bolivia.
7. Salí anoche con...
8. El año pasado mi familia y yo fuimos de excursión a...

4 **Viaje por Bolivia** Imaginen que sus amigos, Luis y Julia, están viajando por Bolivia y que les han mandado postales a ustedes. En grupos, lean las postales y conversen de lo que les han escrito Luis y Julia. Usen expresiones como **dudo que, espero que, me alegro de que, temo que, siento que** y **es posible que.**

> 1º de febrero
>
> Hola:
> Estamos aprendiendo sobre la antigua cultura aimará aquí en Tiahuanaco. Julia se enfermó, quizás por algo que comió ayer. Creo que no vamos a poder ir a la región amazónica.
>
> Abrazos,
> Luis

> 13 de febrero
>
> Hola:
> Llegamos a Oruro justo a tiempo para el carnaval. Hemos bailado, escuchado música y disfrutado de las fiestas. ¡Todo fenomenal!
>
> Chau,
> Julia

NOTA CULTURAL

El **aimará** es una de las lenguas oficiales de Bolivia, como el español y el quechua. Aproximadamente la mitad (*half*) de la población del país habla lenguas indígenas.

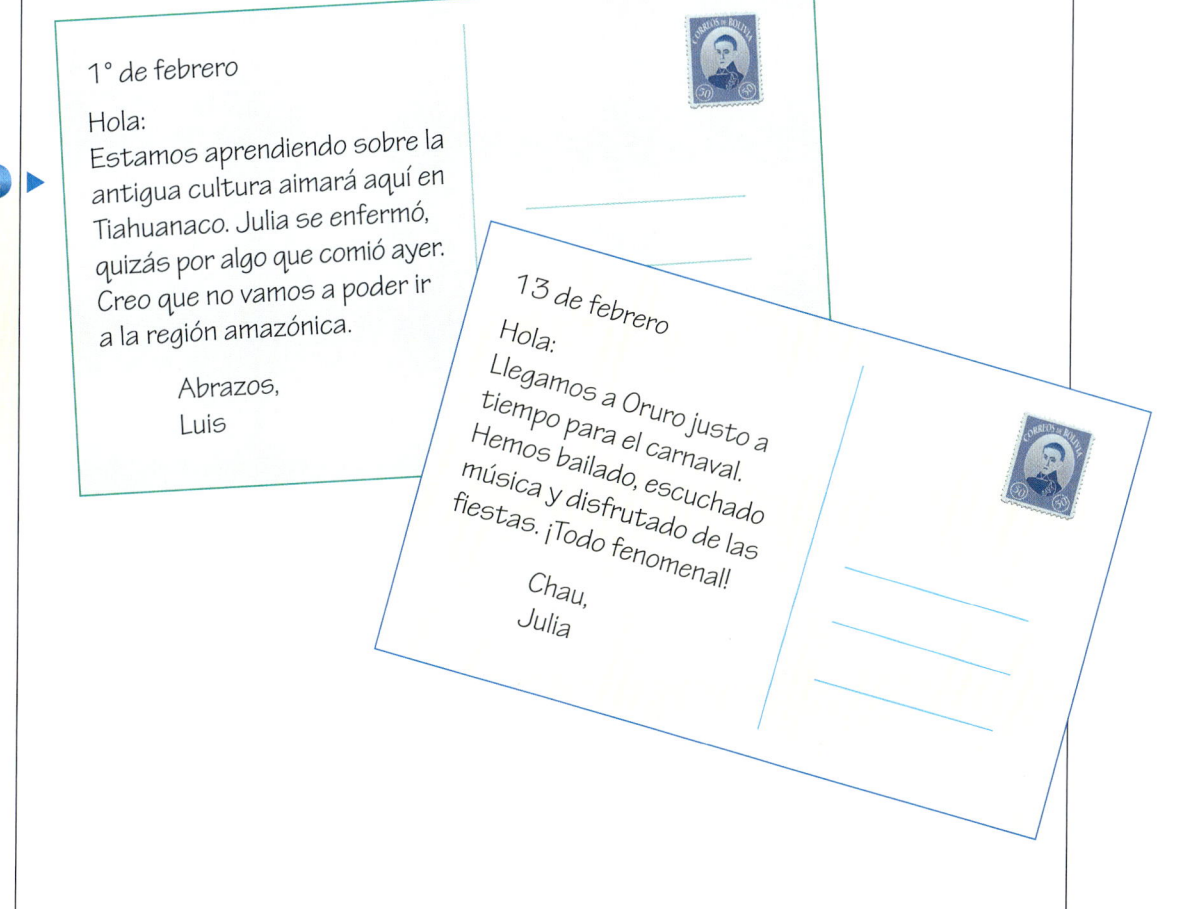

Recapitulación

Diagnostics Remediation Activities

Completa estas actividades para repasar los conceptos de gramática que aprendiste en esta lección.

1 Completar Completa cada tabla con el pretérito pluscuamperfecto del indicativo y el pretérito perfecto del subjuntivo de los verbos. **12 pts.**

PRETÉRITO PLUSCUAMPERFECTO

Infinitivo	tú	nosotros	ustedes
disfrutar			
apurarse			

PRETÉRITO PERFECTO DEL SUBJUNTIVO

Infinitivo	yo	él	ellas
tratar			
entrenarse			

2 Preguntas Completa las preguntas usando el pretérito perfecto del indicativo. **8 pts.**

modelo
—¿<u>Has llamado</u> a tus padres? —Sí, los <u>llamé</u> ayer.

1. —¿Tú _____ ejercicio esta mañana en el gimnasio?
   —No, <u>hice</u> ejercicio en el parque.

2. —Y ustedes, ¿_____ ya? —Sí, <u>desayunamos</u> en el hotel.

3. —Y Juan y Felipe, ¿adónde _____ ? —<u>Fueron</u> al cine.

4. —Paco, ¿(nosotros) _____ la cuenta del gimnasio?
   —Sí, la <u>recibimos</u> la semana pasada.

5. —Señor Martín, ¿_____ algo ya? —Sí, <u>pesqué</u> uno grande. Ya me puedo ir a casa contento.

6. —Inés, ¿_____ mi pelota de fútbol? —Sí, la <u>vi</u> esta mañana en el coche.

7. —Yo no _____ café todavía. ¿Alguien quiere acompañarme? —No, gracias. Yo ya <u>tomé</u> mi café en casa.

8. —¿Ya te _____ el doctor que puedes comer chocolate?
   —Sí, me lo <u>dijo</u> ayer.

RESUMEN GRAMATICAL

6.1 The present perfect pp. 204–205

Present indicative of haber

he	hemos
has	habéis
ha	han

Present perfect: present tense of **haber** + past participle

Present perfect indicative

he empezado	hemos empezado
has empezado	habéis empezado
ha empezado	han empezado

He empezado a ir al gimnasio con regularidad.
I have begun to go to the gym regularly.

6.2 The past perfect p. 208

Past perfect: imperfect tense of **haber** + past participle

Past perfect indicative

había vivido	habíamos vivido
habías vivido	habíais vivido
había vivido	habían vivido

Antes de 2012, yo ya **había vivido** en tres países diferentes.
Before 2012, I had already lived in three different countries.

6.3 The present perfect subjunctive p. 211

Present perfect subjunctive: present subjunctive of **haber** + past participle

Present perfect subjunctive

haya comido	hayamos comido
hayas comido	hayáis comido
haya comido	hayan comido

Espero que **hayas comido** bien.
*I hope that **you have eaten** well.*

3 **Oraciones** Forma oraciones completas con los elementos dados. Usa el pretérito pluscuamperfecto del indicativo y haz todos los cambios necesarios. Sigue el modelo. **8 pts.**

> **modelo**
> yo / ya / conocer / muchos amigos *Yo ya había conocido a muchos amigos.*

1. tú / todavía no / aprender / mantenerse en forma
2. los hermanos Falcón / todavía no / perder / partido de vóleibol
3. Elías / ya / entrenarse / para / maratón
4. nosotros / siempre / sufrir / muchas presiones

4 **Una carta** Completa esta carta con el pretérito perfecto del indicativo o del subjuntivo. **12 pts.**

Queridos papá y mamá:

¿Cómo (1) _____ (estar)? Mamá, espero que no (2) _____ (tú, enfermarse) otra vez. Yo sé que (3) _____ (tú, seguir) los consejos del doctor, pero estoy preocupada.

Y en mi vida, ¿qué (4) _____ (pasar) últimamente (*lately*)? Pues, nada nuevo, sólo trabajo. Los problemas en la compañía, yo los (5) _____ (resolver) casi todos. Pero estoy bien. Es verdad que (6) _____ (yo, adelgazar) un poco, pero no creo que (7) _____ (ser) a causa del estrés. Espero que no (8) _____ (ustedes, sentirse) mal porque no pude visitarlos. Es extraño que no (9) _____ (recibir) mis cartas. Tengo miedo de que (10) _____ (las cartas, perderse).

Me alegro de que papá (11) _____ (tomar) vacaciones para venir a visitarme. ¡Es increíble que nosotros no (12) _____ (verse) en casi un año!

Un abrazo y hasta muy pronto,

Belén

5 **Manteniéndote en forma** Escribe al menos cinco oraciones para describir cómo te has mantenido en forma este semestre. Di qué cosas han cambiado este semestre en relación con el año pasado. Usa las formas verbales que aprendiste en esta lección. **10 pts.**

6 **Poema** Completa este fragmento de un poema de Nezahualcóyotl con el pretérito perfecto del indicativo de los verbos. **¡2 puntos EXTRA!**

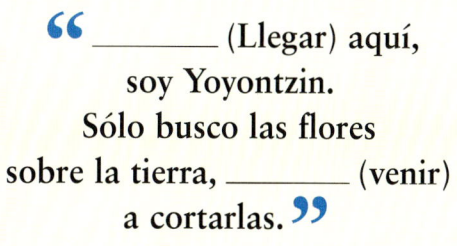

> "_____ (Llegar) aquí,
> soy Yoyontzin.
> Sólo busco las flores
> sobre la tierra, _____ (venir)
> a cortarlas."

adelante

Lección 6

Lectura

Audio: Synched Reading
Additional Reading

Antes de leer

Estrategia
Making inferences

For dramatic effect and to achieve a smoother writing style, authors often do not explicitly supply the reader with all the details of a story or poem. Clues in the text can help you infer those things the writer chooses not to state in a direct manner. You simply "read between the lines" to fill in the missing information and draw conclusions. To practice making inferences, read these statements:

A Liliana le encanta ir al gimnasio. Hace años que empezó a levantar pesas.

Based on this statement alone, what inferences can you draw about Liliana?

El autor
Ve a la página 159 de tu libro y lee la biografía de Gabriel García Márquez.

El título
Sin leer el texto del cuento (*story*), lee el título. Escribe cinco oraciones que empiecen con la frase "Un día de éstos".

El cuento
Éstas son algunas palabras que vas a encontrar al leer *Un día de éstos*. Busca su significado en el diccionario. Según estas palabras, ¿de qué piensas que trata (*is about*) el cuento?

alcalde	lágrimas
dentadura postiza	muela
displicente	pañuelo
enjuto	rencor
guerrera	teniente

recursos
vText
CH pp. 89–91
vhlcentral.com

Un día de éstos
Gabriel García Márquez

El lunes amaneció tibio° y sin lluvia. Don Aurelio Escovar, dentista sin título y buen madrugador°, abrió su gabinete° a las seis. Sacó de la vidriera° una dentadura postiza° montada aún° en el molde de yeso° y puso sobre la mesa un puñado° de instrumentos que ordenó de mayor a menor, como en una exposición. Llevaba una camisa a rayas, sin cuello, cerrada arriba con un botón dorado°, y los pantalones sostenidos con cargadores° elásticos. Era rígido, enjuto, con una mirada que raras veces correspondía a la situación, como la mirada de los sordos°.

Cuando tuvo las cosas dispuestas sobre la mesa rodó la fresa° hacia el sillón de resortes y se sentó a pulir° la dentadura postiza. Parecía no pensar en lo que hacía, pero trabajaba con obstinación, pedaleando en la fresa incluso cuando no se servía de ella.

Después de las ocho hizo una pausa para mirar el cielo por la ventana y vio dos gallinazos° pensativos que se secaban al sol en el caballete° de la casa vecina. Siguió trabajando con la idea de que antes del almuerzo volvería a llover°. La voz destemplada° de su hijo de once años lo sacó de su abstracción.

—Papá.
—Qué.
—Dice el alcalde que si le sacas una muela.
—Dile que no estoy aquí.

Estaba puliendo un diente de oro°. Lo retiró a la distancia del brazo y lo examinó con los ojos a medio cerrar. En la salita de espera volvió a gritar su hijo.

—Dice que sí estás porque te está oyendo.

El dentista siguió examinando el diente. Sólo cuando lo puso en la mesa con los trabajos terminados, dijo:

---

amaneció tibio *dawn broke warm* madrugador *early riser* gabinete *office* vidriera *glass cabinet* dentadura postiza *dentures* montada aún *still set* yeso *plaster* puñado *handful* dorado *gold* sostenidos con cargadores *held up by suspenders* sordos *deaf* rodó la fresa *he turned the drill* pulir *to polish* gallinazos *vultures* caballete *ridge* volvería a llover *it would rain again* voz destemplada *harsh voice* oro *gold* te pega un tiro *he will shoot you* Sin apresurarse *Without haste* gaveta *drawer* Hizo girar *He turned* apoyada *resting* umbral *threshold* mejilla *cheek* hinchada *swollen* barba *beard* marchitos *weary* hervían *were boiling* pomos de loza *ceramic bottles* cancel de tela *cloth screen* se acercaba *was approaching* talones *heels* mandíbula *jaw* cautelosa *cautious* cacerola *saucepan* pinzas *pliers* escupidera *spittoon* aguamanil *washstand* cordal *wisdom tooth* gatillo *pliers* se aferró *clung* barras *arms* descargó *unloaded* vacío helado *icy hollowness* riñones *kidneys* no soltó un suspiro *he didn't let out a breath* muñeca *wrist* amarga ternura *bitter tenderness* teniente *lieutenant* crujido *crunch* a través de *through* sudoroso *sweaty* jadeante *panting* se desabotonó *he unbuttoned* a tientas *blindly* bolsillo *pocket* trapo *cloth* cielorraso desfondado *ceiling with the paint sagging* telaraña polvorienta *dusty spiderweb* haga buches de *rinse your mouth out with* vaina *thing*

El bienestar doscientos diecisiete **217**

—Mejor.
Volvió a operar la fresa. De una cajita de cartón° donde guardaba las cosas por hacer, sacó un puente° de varias piezas y empezó a pulir el oro.
—Papá.
—Qué.
Aún no había cambiado de expresión.
—Dice que si no le sacas la muela te pega un tiro°.
Sin apresurarse°, con un movimiento extremadamente tranquilo, dejó de pedalear en la fresa, la retiró del sillón y abrió por completo la gaveta° inferior de la mesa. Allí estaba el revólver.
—Bueno —dijo—. Dile que venga a pegármelo.
Hizo girar° el sillón hasta quedar de frente a la puerta, la mano apoyada° en el borde de la gaveta. El alcalde apareció en el umbral°. Se había afeitado la mejilla° izquierda, pero en la otra, hinchada° y dolorida, tenía una barba° de cinco días. El dentista vio en sus ojos marchitos° muchas noches de desesperación. Cerró la gaveta con la punta de los dedos y dijo suavemente:
—Siéntese.
—Buenos días —dijo el alcalde.
—Buenos —dijo el dentista.
Mientras hervían° los instrumentos, el alcalde apoyó el cráneo en el cabezal de la silla y se sintió mejor. Respiraba un olor glacial. Era un gabinete pobre: una vieja silla de madera, la fresa de pedal y una vidriera con pomos de loza°. Frente a la silla, una ventana con un cancel de tela° hasta la altura de un hombre. Cuando sintió que el dentista se acercaba°, el alcalde afirmó los talones° y abrió la boca.
Don Aurelio Escovar le movió la cabeza hacia la luz. Después de observar la muela dañada, ajustó la mandíbula° con una presión cautelosa° de los dedos.
—Tiene que ser sin anestesia —dijo.
—¿Por qué?
—Porque tiene un absceso.

El alcalde lo miró en los ojos.
—Está bien —dijo, y trató de sonreír. El dentista no le correspondió. Llevó a la mesa de trabajo la cacerola° con los instrumentos hervidos y los sacó del agua con unas pinzas° frías, todavía sin apresurarse. Después rodó la escupidera° con la punta del zapato y fue a lavarse las manos en el aguamanil°. Hizo todo sin mirar al alcalde. Pero el alcalde no lo perdió de vista.
Era una cordal° inferior. El dentista abrió las piernas y apretó la muela con el gatillo° caliente. El alcalde se aferró° a las barras° de la silla, descargó° toda su fuerza en los pies y sintió un vacío helado° en los riñones°, pero no soltó un suspiro°. El dentista sólo movió la muñeca°. Sin rencor, más bien con una amarga ternura°, dijo:
—Aquí nos paga veinte muertos, teniente°.
El alcalde sintió un crujido° de huesos en la mandíbula y sus ojos se llenaron de lágrimas. Pero no suspiró hasta que no sintió salir la muela. Entonces la vio a través de° las lágrimas. Le pareció tan extraña a su dolor, que no pudo entender la tortura de sus cinco noches anteriores. Inclinado sobre la escupidera, sudoroso°, jadeante°, se desabotonó° la guerrera y buscó a tientas° el pañuelo en el bolsillo° del pantalón. El dentista le dio un trapo° limpio.
—Séquese las lágrimas —dijo.
El alcalde lo hizo. Estaba temblando. Mientras el dentista se lavaba las manos, vio el cielorraso desfondado° y una telaraña polvorienta° con huevos de araña e insectos muertos. El dentista regresó secándose. "Acuéstese —dijo— y haga buches de° agua de sal." El alcalde se puso de pie, se despidió con un displicente saludo militar, y se dirigió a la puerta estirando las piernas, sin abotonarse la guerrera.
—Me pasa la cuenta —dijo.
—¿A usted o al municipio?
El alcalde no lo miró. Cerró la puerta, y dijo, a través de la red metálica:
—Es la misma vaina°.

Después de leer

Comprensión

Completa las oraciones con la palabra o expresión correcta.
1. Don Aurelio Escovar es _____ sin título.
2. Al alcalde le duele _____.
3. Aurelio Escovar y el alcalde se llevan _____.
4. El alcalde amenaza (*threatens*) al dentista con pegarle un _____.
5. Finalmente, Aurelio Escovar _____ la muela al alcalde.
6. El alcalde llevaba varias noches sin _____.

Practice more at **vhlcentral.com**.

Interpretación

En parejas, respondan a estas preguntas. Luego comparen sus respuestas con las de otra pareja.
1. ¿Cómo reacciona don Aurelio cuando escucha que el alcalde amenaza con pegarle un tiro? ¿Qué les dice esta actitud sobre las personalidades del dentista y del alcalde?
2. ¿Por qué creen que don Aurelio y el alcalde no se llevan bien?
3. ¿Creen que era realmente necesario no usar anestesia?
4. ¿Qué piensan que significa el comentario "aquí nos paga veinte muertos, teniente"? ¿Qué les dice esto del alcalde y su autoridad en el pueblo?
5. ¿Cómo se puede interpretar el saludo militar y la frase final del alcalde "es la misma vaina"?

Escritura

Estrategia
Organizing information logically

Many times a written piece may require you to include a great deal of information. You might want to organize your information in one of three different ways:

- chronologically (e.g., events in the history of a country)
- sequentially (e.g., steps in a recipe)
- in order of importance

Organizing your information beforehand will make both your writing and your message clearer to your readers. If you were writing a piece on weight reduction, for example, you would need to organize your ideas about two general areas: eating right and exercise. You would need to decide which of the two is more important according to your purpose in writing the piece. If your main idea is that eating right is the key to losing weight, you might want to start your piece with a discussion of good eating habits. You might want to discuss the following aspects of eating right in order of their importance:

- quantities of food
- selecting appropriate foods from the food pyramid
- healthy recipes
- percentage of fat in each meal
- calorie count
- percentage of carbohydrates in each meal
- frequency of meals

You would then complete the piece by following the same process to discuss the various aspects of the importance of getting exercise.

recursos

vText
CA pp. 169–170
CH pp. 92–93
vhlcentral.com

Tema

Escribir un plan personal de bienestar

Desarrolla un plan personal para mejorar tu bienestar, tanto físico como emocional. Tu plan debe describir:

1. lo que has hecho para mejorar tu bienestar y llevar una vida sana
2. lo que no has podido hacer todavía
3. las actividades que debes hacer en los próximos meses

Considera también estas preguntas:

La nutrición
- ¿Comes una dieta equilibrada?
- ¿Consumes suficientes vitaminas y minerales? ¿Consumes demasiada grasa?
- ¿Quieres aumentar de peso o adelgazar?
- ¿Qué puedes hacer para mejorar tu dieta?

El ejercicio
- ¿Haces ejercicio? ¿Con qué frecuencia?
- ¿Vas al gimnasio? ¿Qué tipo de ejercicios haces allí?
- ¿Practicas algún deporte?
- ¿Qué puedes hacer para mejorar tu bienestar físico?

El estrés
- ¿Sufres muchas presiones?
- ¿Qué actividades o problemas te causan estrés?
- ¿Qué haces (o debes hacer) para aliviar el estrés y sentirte más tranquilo/a?
- ¿Qué puedes hacer para mejorar tu bienestar emocional?

Escuchar

Estrategia

**Listening for the gist/
Listening for cognates**

Combining these two strategies is an easy way to get a good sense of what you hear. When you listen for the gist, you get the general idea of what you're hearing, which allows you to interpret cognates and other words in a meaningful context. Similarly, the cognates give you information about the details of the story that you might not have understood when listening for the gist.

🎧 To practice these strategies, you will listen to a short paragraph. Write down the gist of what you hear and jot down a few cognates. Based on the gist and the cognates, what conclusions can you draw about what you heard?

Preparación

Mira la foto. ¿Qué pistas° te da de lo que vas a oír?

Ahora escucha 🎧

Escucha lo que dice Ofelia Cortez de Bauer. Anota algunos de los cognados que escuchas y también la idea general del discurso°.

_____
_____
_____
_____

Idea general: _____

Ahora contesta las siguientes preguntas.

1. ¿Cuál es el género° del discurso?
2. ¿Cuál es el tema?
3. ¿Cuál es el propósito°?

pistas *clues* discurso *speech* género *genre*
propósito *purpose* público *audience*
debería haber incluido *should have included*

Comprensión

¿Cierto o falso?

Indica si lo que dicen estas oraciones es **cierto** o **falso**. Corrige las oraciones que son falsas.

	Cierto	Falso
1. La señora Bauer habla de la importancia de estar en buena forma y de hacer ejercicio.	○	○
2. Según ella, lo más importante es que lleves el programa sugerido por los expertos.	○	○
3. La señora Bauer participa en actividades individuales y de grupo.	○	○
4. El único objetivo del tipo de programa que ella sugiere es adelgazar.	○	○

Preguntas

Responde a las preguntas.

1. Imagina que el programa de radio sigue. Según las pistas que ella dio, ¿qué vas a oír en la segunda parte?
2. ¿A qué tipo de público° le interesa el tema del que habla la señora Bauer?
3. ¿Sigues los consejos de la señora Bauer? Explica tu respuesta.
4. ¿Qué piensas de los consejos que ella da? ¿Hay otra información que ella debería haber incluido°?

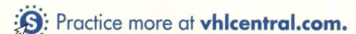

Practice more at **vhlcentral.com**.

En pantalla Video: Short Film

Para Iker, cada persona se parece a un animal. Por ejemplo, su papá es un oso°. A Iker le habría gustado° ser un oso también, pero él es otro animal. Y eso es algo que nadie sabe en la escuela. Iker ha conseguido mantenerlo así gracias a algunos trucos°, pero tiene miedo de que los demás lo sepan. ¿Qué podría° pasar si° sus compañeros descubren el secreto de Iker?

Preparación

¿Cierto o falso?
Lee la lista de **Expresiones útiles** e indica si lo que dice cada oración es **cierto** o **falso**. Corrige las oraciones falsas.

_____ 1. Me prestaste tu balón (*ball*) y yo te lo tengo que devolver.

_____ 2. Si (*If*) quiero disimular algo, se lo digo a todos.

_____ 3. Es común que una hija salga igual a su madre.

_____ 4. Para hacerme un peinado especial, voy al salón de belleza.

_____ 5. Para cocinar el pan, lo meto en el congelador.

_____ 6. Si no hago ejercicios de estiramiento, me siento tieso.

Rasgos de familia
En parejas, túrnense para hacerse estas preguntas.

1. ¿Tienes rasgos particulares? ¿Cuáles son de tu apariencia física (*physical appearance*)? ¿Cuáles son de tu personalidad?
2. ¿Cuáles de tus rasgos son buenos? ¿Cuáles son malos? ¿Cómo determinas que son buenos o malos?
3. ¿Cuáles de tus rasgos particulares, buenos y malos, te hacen una persona única?
4. ¿Es común alguno de esos rasgos en tu familia? ¿Ha pasado de generación en generación?
5. ¿Tienes compañeros que comparten tus mismos rasgos? ¿Qué tienen en común ustedes?
6. ¿Qué animal crees que serías (*you would be*) según (*according to*) tus rasgos? Explica tu respuesta.

recursos
vText
vhlcentral.com

Expresiones útiles

devolver	to return, to give back
disimular	to hide, to disguise
me hubiera gustado	I would have liked
meter	to put (something) in, to introduce
el peinado	hairstyle
salir (igual) a	to take after
si supieran	if they knew
tieso/a	stiff

Para hablar del corto

burlarse (de)	to make fun (of)
esconder(se)	to hide (onself)
la fuerza	strength
orgulloso/a	proud
pelear(se)	to fight (with one another)
el rasgo	feature, characteristic
sentirse cohibido/a	to feel self-conscious

oso *bear* le habría gustado *he would have liked* trucos *tricks* podría *could* si *if*

El bienestar

Escenas: Iker pelos tiesos

IKER: Tito es un mosquito; de esos que nunca dejan de molestar... ni en las noches.

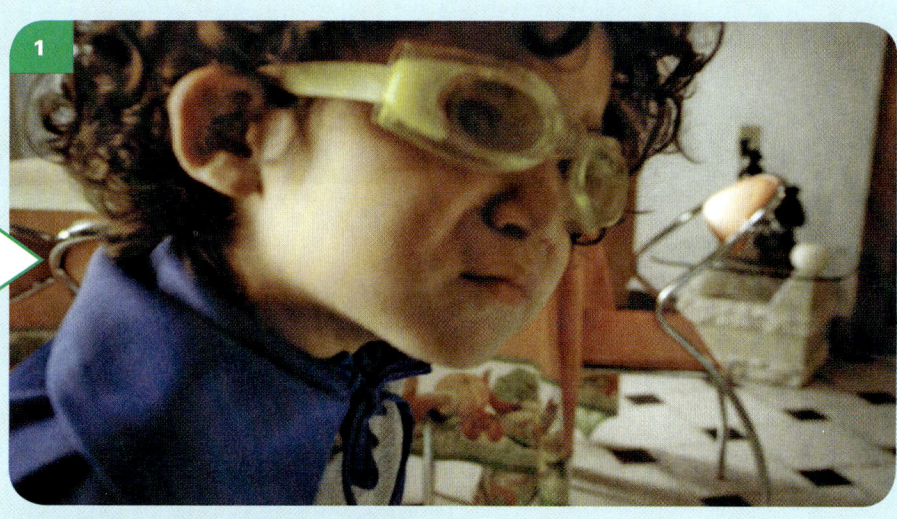

IKER: Mi mamá es un perico (*parrot*), como todas las mamás.

NIÑO 3: Ey, no hay paso. (*Hey, there's no way through.*)
IKER: Pero, ¿por qué?

IKER: ... [yo] salí igual a mi abuelo... soy un puercoespín (*porcupine*).

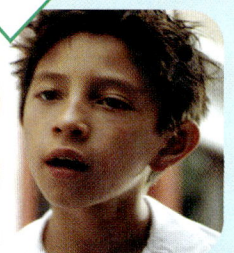

IKER: ¿Qué me dirían si supieran mi secreto?

IKER: ¿Y por qué ese niño está pasando?
NIÑO 5: Porque éste es nuestro territorio.

Comprensión

Escoger
Escoge la opción que mejor completa cada oración.

1. Iker siempre ____ su pelo tieso.
   a. muestra
   b. corta
   c. disimula

2. En la familia de Iker, ____ el mismo rasgo.
   a. no hay dos personas con
   b. él y su abuelo comparten
   c. el abuelo y Tito tienen

3. Para Iker, su ____ es un perico.
   a. hermana
   b. mamá
   c. maestra (*teacher*)

4. Para Iker, es probable que sus compañeros ____ si saben su secreto.
   a. lo acepten
   b. se burlen de él
   c. se escondan

5. Iker se sintió ____ cuando su compañero le dijo que le gustaba su peinado.
   a. aliviado (*relieved*)
   b. cohibido
   c. enojado

6. Al final, Iker estaba ____ de mostrar su peinado natural.
   a. avergonzado
   b. nervioso
   c. orgulloso

Preguntas
En parejas, respondan a estas preguntas con oraciones completas.

1. ¿En qué situaciones se le pone el pelo tieso a Iker?
2. ¿Por qué esconde Iker su peinado natural?
3. ¿Cómo se sintió Iker después de pelearse con los niños en el patio?
4. ¿Se han sentido ustedes cohibidos/as alguna vez?
5. ¿Cuáles son las consecuencias positivas de presentarse ante el mundo tal y como son?
6. ¿Creen que la percepción que tienen de ustedes mismos/as influye en (*influences*) la manera en que ven a los demás? Expliquen su respuesta.

Superhéroes

A. Imagina que un día descubres que tienes un superpoder (*superpower*). Escribe un párrafo donde describas tu experiencia. No te olvides de presentar esta información:

- cuál es tu superpoder
- cómo y cuándo lo descubriste
- quién, además de ti, sabe que tienes ese superpoder
- qué características positivas y negativas implica (*involves*) tener ese superpoder
- cómo has usado tu superpoder para ayudar a otros
- si has decidido usar tu superpoder para mejorar el mundo
- cuál es tu nombre de superhéroe/superheroína

> **modelo**
> Puedo saltar (*leap*) muros de hasta cinco metros de alto. Lo supe un día que mi gato quedó atrapado en el techo de un edificio...

B. En grupos pequeños, compartan sus párrafos. Conversen para decidir quiénes tienen los mejores superpoderes, los más divertidos, los más útiles (*useful*), etc., y quién escogió el mejor nombre de superhéroe/superheroína.

Practice more at **vhlcentral.com**.

El bienestar doscientos veintitrés **223**

Flash Cultura

Video: Flash cultura

¿Cómo sobrevivir° en la selva de concreto de una gran ciudad hispana? Sin duda, los parques públicos son la respuesta cuando se busca un oasis. Los Bosques de Palermo en Buenos Aires, el Bosque de Chapultepec en la Ciudad de México, el Parque Quinta Vergara en Viña del Mar o la Casa de Campo en Madrid son vitales para la salud física y mental de sus habitantes. Unos tienen museos, lagos y zoológicos, otros hasta parques de diversiones° y jardines. En ellos siempre vas a ver gente haciendo ejercicio, relajándose o reunida con familiares y amigos. A continuación conocerás uno de los muchos parques de Madrid, El Retiro, y vas a ver cómo se relajan los madrileños.

Vocabulario útil

árabe	Moorish, Arab
el bullicio	hustle and bustle
combatir el estrés	to fight stress
el ruido	noise

Preparación
¿Sufres de estrés? ¿Qué situaciones te producen estrés? ¿Qué haces para combatirlo?

¿Cierto o falso?
Indica si las oraciones son **ciertas** o **falsas**.

1. Madrid es la segunda ciudad más grande de España, después de Barcelona.
2. Madrid es una ciudad muy poco congestionada (*congested*) gracias a los policías de tráfico.
3. Un turista estadounidense intenta saltearse la cola (*cut the line*) para conseguir unos boletos para un espectáculo.
4. En el Parque del Retiro, puedes descansar, hacer gimnasia, etc.
5. Los baños termales Medina Mayrit son de influencia cristiana.
6. En Medina Mayrit es posible bañarse en aguas termales, tomar el té y hasta comer.

sobrevivir *to survive* parques de diversiones *amusement parks*

¿Estrés? ¿Qué estrés?

1. El tráfico, el ruido de las calles... Todos quieren llegar al trabajo a tiempo.

2. ... es un lugar donde la gente viene a "retirarse", a escapar del estrés y el bullicio de la ciudad.

3. ... en pleno centro de Madrid, encontramos los Baños Árabes [...]

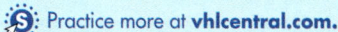

Practice more at vhlcentral.com.

6 panorama
Lección 6

Bolivia

Interactive Map
Video: *Panorama cultural*

El país en cifras

- **Área:** 1.098.580 km² (424.162 millas²), equivalente al área total de Francia y España
- **Población:** 10.854.000

Los indígenas quechua y aimará constituyen más de la mitad° de la población de Bolivia. Estos grupos indígenas han mantenido sus culturas y lenguas tradicionales. Las personas de ascendencia° indígena y europea representan la tercera parte de la población. Los demás son de ascendencia europea nacida en Latinoamérica. Una gran mayoría de los bolivianos, más o menos el 70%, vive en el altiplano°.

- **Capital:** La Paz, sede° del gobierno, capital administrativa—1.864.000; Sucre, sede del Tribunal Supremo, capital constitucional y judicial
- **Ciudades principales:** Santa Cruz de la Sierra—1.916.000, Cochabamba, Oruro, Potosí

SOURCE: Population Division, UN Secretariat

- **Moneda:** peso boliviano
- **Idiomas:** español (oficial), aimará (oficial), quechua (oficial)

Bandera de Bolivia

Bolivianos célebres

- **Jesús Lara,** escritor (1898–1980)
- **Víctor Paz Estenssoro,** político y presidente (1907–2001)
- **María Luisa Pacheco,** pintora (1919–1982)
- **Matilde Casazola,** poeta (1942–)

mitad half *ascendencia* descent *restante* remaining *altiplano* high plateau *sede* seat *paraguas* umbrella *cascada* waterfall

¡Increíble pero cierto!

La Paz es la capital más alta del mundo. Su aeropuerto está situado a una altitud de 4.061 metros (13.325 pies). Ah, y si viajas en carro hasta La Paz, ¡no te olvides del paraguas°! En la carretera, que cruza 9.000 metros de densa selva, te encontrarás con una cascada°.

Plaza 14 de Septiembre

Vista de la ciudad de Sucre

Vista de la ciudad de Oruro

recursos

vText | CA pp. 75–76 | CP pp. 69–70 | vhlcentral.com

Lugares • El lago Titicaca

Titicaca, situado en los Andes de Bolivia y Perú, es el lago navegable más alto del mundo, a una altitud de 3.810 metros (12.500 pies). Con un área de más de 8.300 kilómetros² (3.200 millas²), también es el segundo lago más grande de Suramérica. La mitología inca cuenta que los hijos del dios° Sol emergieron de las profundas aguas del lago Titicaca para fundar su imperio°.

Artes • La música andina

La música andina, compartida por Bolivia, Perú, Ecuador, Chile y Argentina, es el aspecto más conocido de su folclore. Hay muchos conjuntos° profesionales que dan a conocer° esta música popular, de origen indígena, alrededor° del mundo. Algunos de los grupos más importantes y que llevan más de treinta años actuando en escenarios internacionales son Los Kjarkas (Bolivia), Inti Illimani (Chile), Los Chaskis (Argentina) e Illapu (Chile).

Historia • Tiahuanaco

Tiahuanaco, que significa "Ciudad de los dioses", es un sitio arqueológico de ruinas preincaicas situado cerca de La Paz y del lago Titicaca. Se piensa que los antepasados° de los indígenas aimará fundaron este centro ceremonial hace unos 15.000 años. En el año 1100, la ciudad tenía unos 60.000 habitantes. En este sitio se pueden ver el Templo de Kalasasaya, el Monolito Ponce, el Templete Subterráneo, la Puerta del Sol y la Puerta de la Luna. La Puerta del Sol es un impresionante monumento que tiene tres metros de alto y cuatro de ancho° y que pesa unas 10 toneladas.

¿Qué aprendiste? Responde a las preguntas con una oración completa.

1. ¿Cuáles son los tres idiomas oficiales de Bolivia?
2. ¿Dónde vive la mayoría de los bolivianos?
3. ¿Cuál es la capital administrativa de Bolivia?
4. Según la mitología inca, ¿qué ocurrió en el lago Titicaca?
5. ¿De qué países es la música andina?
6. ¿Qué origen tiene esta música?
7. ¿Cómo se llama el sitio arqueológico situado cerca de La Paz y el lago Titicaca?
8. ¿Qué es la Puerta del Sol?

Conexión Internet Investiga estos temas en **vhlcentral.com**.

1. Busca información sobre un(a) boliviano/a célebre. ¿Cuáles son algunos de los episodios más importantes de su vida? ¿Qué ha hecho esta persona? ¿Por qué es célebre?
2. Busca información sobre Tiahuanaco u otro sitio arqueológico en Bolivia. ¿Qué han descubierto los arqueólogos en ese sitio?

Practice more at **vhlcentral.com.**

dios *god* **imperio** *empire* **conjuntos** *groups* **dan a conocer** *make known* **alrededor** *around* **antepasados** *ancestors* **ancho** *wide*

vocabulario

El bienestar

el bienestar	well-being
la droga	drug
el/la drogadicto/a	drug addict
el masaje	massage
el/la teleadicto/a	couch potato
adelgazar	to lose weight; to slim down
aliviar el estrés	to reduce stress
aliviar la tensión	to reduce tension
apurarse, darse prisa	to hurry; to rush
aumentar de peso, engordar	to gain weight
disfrutar (de)	to enjoy; to reap the benefits (of)
estar a dieta	to be on a diet
(no) fumar	(not) to smoke
llevar una vida sana	to lead a healthy lifestyle
sufrir muchas presiones	to be under a lot of pressure
tratar de (+ *inf.*)	to try (to do something)
activo/a	active
débil	weak
en exceso	in excess; too much
flexible	flexible
fuerte	strong
sedentario/a	sedentary; related to sitting
tranquilo/a	calm; quiet

En el gimnasio

la cinta caminadora	treadmill
la clase de ejercicios aeróbicos	aerobics class
el/la entrenador(a)	trainer
el músculo	muscle
calentarse (e:ie)	to warm up
entrenarse	to practice; to train
estar en buena forma	to be in good shape
hacer ejercicio	to exercise
hacer ejercicios aeróbicos	to do aerobics
hacer ejercicios de estiramiento	to do stretching exercises
hacer gimnasia	to work out
levantar pesas	to lift weights
mantenerse en forma	to stay in shape
sudar	to sweat

Audio: Vocabulary Flashcards

La nutrición

la bebida alcohólica	alcoholic beverage
la cafeína	caffeine
la caloría	calorie
el colesterol	cholesterol
la grasa	fat
la merienda	afternoon snack
el mineral	mineral
la nutrición	nutrition
el/la nutricionista	nutritionist
la proteína	protein
la vitamina	vitamin
comer una dieta equilibrada	to eat a balanced diet
consumir alcohol	to consume alcohol
descafeinado/a	decaffeinated

Expresiones útiles See page 199.

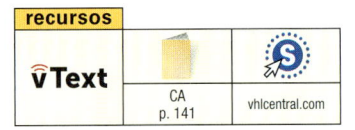

El mundo del trabajo

7

Communicative Goals
I will be able to:
- Talk about my future plans
- Talk about and discuss work
- Interview for a job
- Express agreement and disagreement

pages 228–231
- Professions and occupations
- The workplace
- Job interviews

contextos

pages 232–235
As Marissa prepares to go back to the States, the friends reflect on their plans for the future. In the meantime, Sra. Díaz helps Miguel with a mock job interview, and Maru gets some good news.

fotonovela

pages 236–237
- Work benefits
- César Chávez

cultura

pages 238–249
- The future
- The future perfect
- The past subjunctive
- **Recapitulación**

estructura

pages 250–259
Lectura: A poem
Escritura: An essay about your plans for the future
Escuchar: A job interview
En pantalla
Flash cultura
Panorama: Nicaragua y la República Dominicana

adelante

A PRIMERA VISTA
- ¿Está trabajando la chica en la foto?
- ¿Qué vende?
- ¿Lleva ropa profesional?
- ¿Está descansando o está ocupada?

7 contextos

El mundo del trabajo

Lección 7

Más vocabulario

el/la abogado/a	lawyer
el actor, la actriz	actor
el/la consejero/a	counselor; advisor
el/la contador(a)	accountant
el/la corredor(a) de bolsa	stockbroker
el/la diseñador(a)	designer
el/la electricista	electrician
el/la gerente	manager
el hombre/la mujer de negocios	businessperson
el/la jefe/a	boss
el/la maestro/a	teacher
el/la político/a	politician
el/la psicólogo/a	psychologist
el/la secretario/a	secretary
el/la técnico/a	technician
el ascenso	promotion
el aumento de sueldo	raise
la carrera	career
la compañía, la empresa	company; firm
el empleo	job; employment
los negocios	business; commerce
la ocupación	occupation
el oficio	trade
la profesión	profession
la reunión	meeting
el teletrabajo	telecommuting
el trabajo	job; work
la videoconferencia	videoconference
dejar	to quit; to leave behind
despedir (e:i)	to fire
invertir (e:ie)	to invest
renunciar (a)	to resign (from)
tener éxito	to be successful
comercial	commercial; business-related

Variación léxica

abogado/a ↔ licenciado/a (Amér. C.)
contador(a) ↔ contable (Esp.)

Labels in illustration: el carpintero, el pintor, el arquitecto, el peluquero, el científico, la arqueóloga

recursos

vText | CA p. 143 | CP pp. 73–74 | CH pp. 95–96 | vhlcentral.com

El mundo del trabajo

(Illustration labels: la reportera, el cocinero, el bombero)

Práctica

1. Escuchar 🎧 Escucha la descripción que hace Juan Figueres de su profesión y luego completa las oraciones con las palabras adecuadas.

1. El Sr. Figueres es _____.
   a. actor   b. hombre de negocios   c. pintor
2. El Sr. Figueres es el _____ de una compañía multinacional.
   a. secretario   b. técnico   c. gerente
3. El Sr. Figueres quería _____ con la cual pudiera (*he could*) trabajar en otros países.
   a. una carrera   b. un ascenso   c. un aumento de sueldo
4. El Sr. Figueres viaja mucho porque _____.
   a. tiene reuniones en otros países   b. es político
   c. toma muchas vacaciones

2. ¿Cierto o falso? 🎧 Escucha las descripciones de las profesiones de Ana y Marco. Indica si lo que dice cada oración es **cierto** o **falso**.

1. Ana es maestra de inglés.
2. Ana asiste a muchas reuniones.
3. Ana recibió un aumento de sueldo.
4. Marco hace muchos viajes.
5. Marco quiere dejar su empresa.
6. El jefe de Marco es cocinero.

3. Escoger Escoge la ocupación que corresponde a cada descripción.

la arquitecta	el científico	la electricista
el bombero	el corredor de bolsa	el maestro
la carpintera	el diseñador	la técnica

1. Desarrolla teorías de biología, química, física, etc.
2. Nos ayuda a iluminar nuestras casas.
3. Combate los incendios (*fires*) que destruyen edificios.
4. Ayuda a la gente a invertir su dinero.
5. Enseña a los niños.
6. Diseña ropa.
7. Arregla las computadoras.
8. Diseña edificios.

4. Asociaciones ¿Qué profesiones asocias con estas palabras?

modelo
emociones   *psicólogo/a*

1. pinturas
2. consejos
3. elecciones
4. comida
5. leyes
6. teatro
7. pirámide
8. periódico
9. pelo

5 Conversación
Completa la entrevista con el nuevo vocabulario que se ofrece en la lista de la derecha.

ENTREVISTADOR Recibí la (1)_____ que usted llenó y vi que tiene mucha experiencia.

ASPIRANTE Por eso decidí mandar una copia de mi (2)_____ cuando vi su (3)_____ en el periódico.

ENTREVISTADOR Me alegro de que lo haya hecho. Pero dígame, ¿por qué dejó usted su (4)_____ anterior?

ASPIRANTE Lo dejé porque quiero un mejor (5)_____.

ENTREVISTADOR ¿Y cuánto quiere (6)_____ usted?

ASPIRANTE Pues, eso depende de los (7)_____ que me puedan ofrecer.

ENTREVISTADOR Muy bien. Pues, creo que usted tiene la experiencia necesaria, pero tengo que (8)_____ a dos aspirantes más. Le vamos a llamar la semana que viene.

ASPIRANTE Hasta pronto, y gracias por la (9)_____.

Más vocabulario

el anuncio	advertisement
el/la aspirante	candidate; applicant
los beneficios	benefits
el currículum	résumé
la entrevista	interview
el/la entrevistador(a)	interviewer
el puesto	position; job
el salario, el sueldo	salary
la solicitud (de trabajo)	(job) application
contratar	to hire
entrevistar	to interview
ganar	to earn
obtener	to obtain; to get
solicitar	to apply (for a job)

6 Completar
Escoge la respuesta que completa cada oración.

1. Voy a _____ mi empleo.
   a. tener éxito   b. renunciar a   c. entrevistar
2. Quiero dejar mi _____ porque no me llevo bien con mi jefe.
   a. anuncio   b. gerente   c. puesto
3. Por eso, fui a una _____ con una consejera de carreras.
   a. profesión   b. reunión   c. ocupación
4. Ella me dijo que necesito revisar mi _____.
   a. currículum   b. compañía   c. aspirante
5. ¿Cuándo obtuviste _____ más reciente?, me preguntó.
   a. la reunión   b. la videoconferencia   c. el aumento de sueldo
6. Le dije que deseo trabajar en una empresa con excelentes _____.
   a. beneficios   b. entrevistas   c. solicitudes de trabajo
7. Y quiero tener la oportunidad de _____ en la nueva empresa.
   a. invertir   b. obtener   c. perder

¡LENGUA VIVA!
Trabajo, **empleo**, and **puesto** all can translate as *job*, but each has additional meanings: **trabajo** means *work*, **empleo** means *employment*, and **puesto** means *position*.

7 Preguntas
Responde a cada pregunta con una respuesta breve.

1. ¿En qué te gustaría especializarte?
2. ¿Has leído los anuncios de empleo en el periódico o en Internet?
3. ¿Piensas que una carrera que beneficia a otros es más importante que un empleo con un salario muy bueno? Explica tu respuesta.
4. ¿Tus padres consiguen los puestos que quieren?
5. ¿Has tenido una entrevista de trabajo alguna vez?
6. ¿Crees que una persona debe renunciar a un puesto si no se ofrecen ascensos?
7. ¿Te gustaría (*Would you like*) más un teletrabajo o un trabajo tradicional en una oficina?
8. ¿Piensas que los jefes siempre tienen razón?
9. ¿Quieres crear tu propia empresa algún día? ¿Por qué?
10. ¿Cuál es tu carrera ideal?

Practice more at **vhlcentral.com**.

Comunicación

8 **Una entrevista** Trabaja con un(a) compañero/a para representar los papeles de un(a) aspirante a un puesto y un(a) entrevistador(a).

El/La entrevistador(a) debe describir...
- el puesto,
- las responsabilidades,
- el salario,
- los beneficios.

El/La aspirante debe...
- presentar su experiencia y
- obtener más información sobre el puesto.

Entonces...
- el/la entrevistador(a) debe decidir si va a contratar al/a la aspirante y
- el/la aspirante debe decidir si va a aceptar el puesto.

9 **Un(a) consejero/a de carreras** En parejas, representen los papeles de un(a) consejero/a de carreras y una persona que quiere saber cuál es la mejor ocupación para él/ella. El/La consejero/a debe hacerle preguntas sobre su educación, su experiencia y sus intereses y debe sugerir dos o tres profesiones posibles. Después, intercambien los papeles.

10 **Una feria de trabajo** La clase va a celebrar una feria (*fair*) de trabajo. Unos estudiantes van a buscar empleo y otros van a ser representantes de compañías que buscan empleados.

- Los representantes deben preparar carteles con el nombre de su compañía y los puestos que ofrecen.
- Los que buscan empleo deben circular por la clase y hablar con tres representantes sobre sus experiencias de trabajo y el tipo de trabajo que están buscando.
- Los entrevistadores deben describir los puestos y conseguir los nombres y las referencias de los aspirantes.

fotonovela

Lección 7

La entrevista de trabajo

Los chicos hablan de sus planes para el futuro y la Sra. Díaz prepara a Miguel para unas entrevistas de trabajo.

PERSONAJES   MARISSA    FELIPE

Video: *Fotonovela*
Record and Compare

1

MARISSA En menos de dos meses, ya habré regresado a mi casa en Wisconsin.

FELIPE No pensé que el año terminara tan pronto.

JIMENA ¡Todavía no se ha acabado! Tengo que escribir tres ensayos.

2

MARISSA ¿Qué piensas hacer después de graduarte, Felipe?

JUAN CARLOS Vamos a crear una compañía de asesores de negocios.

FELIPE Les enseñaremos a las empresas a disminuir la cantidad de contaminación que producen.

3

MARISSA Estoy segura de que tendrán mucho éxito.

FELIPE También me gustaría viajar. Me muero por ir a visitarte a los Estados Unidos.

JIMENA Pues date prisa. Pronto estará lejos trabajando como arqueóloga.

6

SRA. DÍAZ Durante la entrevista, tienes que convencer al entrevistador de que tú eres el mejor candidato. ¿Estás listo para comenzar?

MIGUEL Sí.

7

MIGUEL Mucho gusto. Soy Miguel Ángel Lagasca Martínez.

SRA. DÍAZ Encantada, Miguel. Veamos. Hábleme sobre su trabajo en el Museo Guggenheim de Bilbao.

MIGUEL Estuve allí seis meses en una práctica.

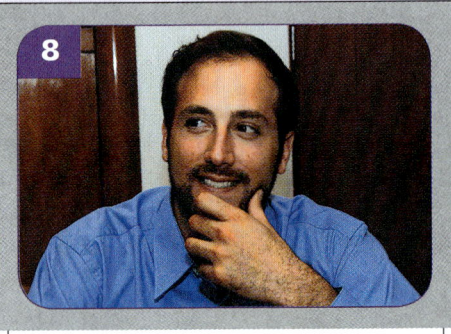

8

SRA. DÍAZ ¿Cuáles son sus planes para el futuro?

MIGUEL Seguir estudiando historia del arte, especialmente la española y la latinoamericana. Me encanta el arte moderno. En el futuro, quiero trabajar en un museo y ser un pintor famoso.

El mundo del trabajo

doscientos treinta y tres **233**

JIMENA   **JUAN CARLOS**    **MIGUEL**    **SRA. DÍAZ**

4

MARISSA No sé cómo vaya a ser mi vida a los 30 años. Probablemente me habré ido de Wisconsin y seré arqueóloga en un país exótico.

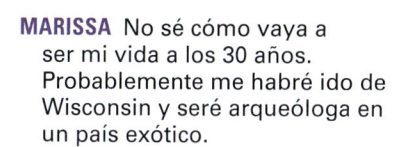

JUAN CARLOS (*a Jimena*) Para entonces ya serás doctora.

5

(*Mientras tanto, en la oficina de la Sra. Díaz*)

MIGUEL Gracias por recibirme hoy.

SRA. DÍAZ De nada, Miguel. Estoy muy feliz de poder ayudarte con las entrevistas de trabajo.

9

SRA. DÍAZ ¿Qué te hace especial, Miguel?

MIGUEL ¿Especial?

SRA. DÍAZ Bueno. Paremos un momento. Necesitas relajarte. Vamos a caminar.

10

MIGUEL Estamos esperando noticias del museo. (*al teléfono*) Hola. ¿Maru? ¡Genial! (*a la Sra. Díaz*) ¡La aceptaron!

SRA. DÍAZ Felicidades. Ahora quiero que tomes ese mismo entusiasmo y lo lleves a la entrevista.

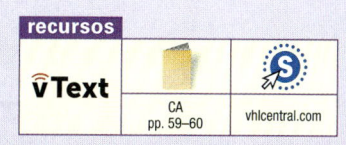

Expresiones útiles

Talking about future plans

En menos de dos meses, ya habré regresado a mi casa en Wisconsin.
In less than two months, I'll have gone back home to Wisconsin.

¿Qué piensas hacer después de graduarte?
What do you plan to do after graduation?

Vamos a crear una compañía de asesores de negocios.
We're going to open a consulting firm.

Les enseñaremos a las empresas a disminuir la cantidad de contaminación que producen.
We'll teach businesses how to reduce the amount of pollution they produce.

No sé cómo vaya a ser mi vida a los treinta años.
I don't know what my life will be like when I am thirty.

Probablemente me habré ido de Wisconsin.
I'll probably have left Wisconsin.

Seré arqueóloga en un país exótico.
I'll be an archeologist in some exotic country.

Reactions

Estoy seguro/a de que tendrán mucho éxito.
I'm sure you'll be very successful.

¡Genial!
Great!

Additional vocabulary

ejercer *to practice/exercise (a degree/profession)*
enterarse *to find out*
establecer *to establish*
extrañar *to miss*
por el porvenir *for/to the future*
el título *title*

recursos

vText   CA pp. 59–60   vhlcentral.com

¿Qué pasó?

1 **¿Cierto o falso?** Indica si lo que dicen estas oraciones es **cierto** o **falso**. Corrige las oraciones falsas.

	Cierto	Falso
1. Juan Carlos y Felipe quieren crear su propia empresa.	○	○
2. En el futuro, Marissa va a viajar porque va a ser psicóloga.	○	○
3. La Sra. Díaz ayuda a Miguel con su currículum.	○	○
4. Miguel quiere seguir estudiando historia del arte.	○	○

2 **Identificar** Identifica quién puede decir estas oraciones.

1. Nosotros vamos a ayudar a que se reduzca la contaminación.
2. Me gustan los hospitales, por eso quiero ser doctora.
3. No imagino cómo será mi vida en el futuro.
4. Quiero ser un pintor famoso, como Salvador Dalí.
5. Lleva ese entusiasmo a la entrevista y serás el mejor candidato.

3 **Profesiones** Los protagonistas de la **Fotonovela** mencionan estas profesiones. En parejas, túrnense para definir cada profesión.

1. arqueólogo/a
2. doctor(a)
3. administrador(a) de empresas
4. artista
5. hombre/mujer de negocios
6. abogado/a
7. pintor(a)
8. profesor(a)

4 **Mis planes** En grupos, hablen de sus planes para el futuro. Utilicen estas preguntas y frases.

- ¿Qué piensas hacer después de graduarte?
- ¿Quieres saber cuáles son mis planes para el futuro?
- ¿Cuáles son tus planes?
- ¿Dónde trabajarás?
- El próximo año/verano, voy a...
- Seré...
- Trabajaré en...

Practice more at **vhlcentral.com**.

NOTA CULTURAL

El pintor español **Salvador Dalí** es uno de los máximos representantes del **surrealismo**, tendencia estética que refleja el subconsciente (*subconscious*) del artista. Las obras de Dalí están llenas de símbolos e imágenes fantásticas que muestran sus sueños y su interpretación de la realidad.

AYUDA

Remember that the indefinite article is not used with professions, unless they are modified by an adjective.
José es **pintor**.
José es **un buen pintor**.

Ortografía y pronunciación
Las letras y, ll y h

The letters **ll** and **y** were not pronounced alike in Old Spanish. Nowadays, however, **ll** and **y** have the same or similar pronunciations in many parts of the Spanish-speaking world. This results in frequent misspellings. The letter **h**, as you already know, is silent in Spanish, and it is often difficult to know whether words should be written with or without it. Here are some of the word groups that are spelled with each letter.

Audio: Explanation Record and Compare

ta*lla*   **se*llo***   **bote*lla***   **amari*llo***

The letter **ll** is used in these endings: **-allo/a, -ello/a, -illo/a**.

***lla*ve**   ***lle*ga**   ***llo*rar**   ***llu*via**

The letter **ll** is used at the beginning of words in these combinations: **lla-, lle-, llo-, llu-**.

ca*y*endo   **le*y*eron**   **o*y*e**   **inclu*y*e**

The letter **y** is used in some forms of the verbs **caer**, **leer**, and **oír** and in verbs ending in **-uir**.

***hiper*activo**   ***hosp*ital**   ***hipo*pótamo**   ***hum*or**

The letter **h** is used at the beginning of words in these combinations: **hiper-, hosp-, hidr-, hipo-, hum-**.

***hia*to**   ***hie*rba**   ***hue*so**   ***hui*r**

The letter **h** is also used in words that begin with these combinations: **hia-, hie-, hue-, hui-**.

Práctica Llena los espacios con **h, ll** o **y**. Después escribe una frase con cada una de las palabras.

1. cuchi___o
2. ___ielo
3. cue___o
4. estampi___a
5. estre___a
6. ___uésped
7. destru___ó
8. pla___a

Adivinanza Aquí tienes una adivinanza (*riddle*). Intenta descubrir de qué se trata.

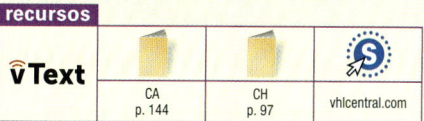

Una cajita chiquita, blanca como la nieve: todos la saben abrir, nadie la sabe cerrar.[1]

Pista: Es una comida.

[1] El huevo

cultura

EN DETALLE

Beneficios en los empleos

Hasta la década de 1990, la mayoría de los países de Centroamérica y Suramérica tenía un sistema de jubilación público. Es decir, las personas no tenían que pagar directamente por su jubilación, sino que el Estado la administraba. Sin embargo, en los últimos años las cosas han cambiado en Hispanoamérica: desde hace más de una década, casi todos los países han incorporado el sistema privado° de jubilación, y en muchos países podemos encontrar los dos sistemas (público y privado) funcionando al mismo tiempo, como en Colombia, Perú o Costa Rica.

¿Qué piensas si te ofrecen un trabajo que te da treinta días de vacaciones pagadas? Los beneficios laborales° en los Estados Unidos, España e Hispanoamérica son diferentes en varios sentidos°. En España, por ejemplo, todos los empleados, por ley°, tienen treinta días de vacaciones pagadas al año. Otro ejemplo lo hallamos en las licencias por maternidad°. En los Estados Unidos se otorgan° doce semanas, dependiendo de cada empresa si esos días son pagados o no. En muchos países hispanoamericanos, sin embargo, las leyes dictan que esta licencia debe ser pagada. Países como Chile y Venezuela ofrecen a las madres trabajadoras° dieciocho semanas de licencia pagada.

Otra diferencia está en los sistemas de jubilación° de los países hispanoamericanos.

El currículum vitae

- El currículum vitae contiene información personal y es fundamental que sea muy detallado°. En ocasiones, mientras más páginas tenga, mejor.
- Normalmente incluye° la educación completa del aspirante, todos los trabajos que ha tenido e incluso sus gustos personales y pasatiempos.
- Puede también incluir detalles que no se suelen incluir en los Estados Unidos: una foto del aspirante, su estado civil e incluso si tiene auto y de qué tipo.

beneficios laborales *job benefits* varios sentidos *many ways* ley *law* licencias por maternidad *maternity leave* se otorgan *are given* madres trabajadoras *working mothers* jubilación *retirement* privado *private* detallado *detailed* incluye *includes*

ACTIVIDADES

1 ¿Cierto o falso? Indica si lo que dicen estas oraciones es **cierto** o **falso**. Corrige la información falsa.

1. Los trabajadores de los Estados Unidos y los de España tienen beneficios laborales diferentes.
2. La licencia por maternidad es igual en Hispanoamérica y los Estados Unidos.
3. En Venezuela, la licencia por maternidad es de cuatro meses y medio.
4. En España, los empleados tienen treinta días de vacaciones al año.
5. Hasta 1990, muchos países hispanoamericanos tenían un sistema de jubilación privado.
6. En Perú sólo tienen un sistema de jubilación privado.
7. En general, el currículum vitae hispano y el estadounidense tienen contenido distinto.
8. En Hispanoamérica, es importante que el currículum vitae tenga pocas páginas.

El mundo del trabajo — doscientos treinta y siete — **237**

ASÍ SE DICE
El trabajo

la chamba (Méx.); el curro (Esp.); el laburo (Arg.); la pega (Chi.)	el trabajo
el/la cirujano/a	surgeon
la huelga	strike
el/la niñero/a	babysitter
el impuesto	tax

EL MUNDO HISPANO
Igualdad° laboral

- **United Fruit Company** fue, por casi cien años, la mayor corporación estadounidense. Monopolizó las exportaciones de frutas de Hispanoamérica, e influenció enormemente la economía y la política de la región hasta 1970.

- **Fair Trade Coffee** trabaja para proteger a los agricultores° de café de los abusos de las grandes compañías multinacionales. Ahora, en lugares como Centroamérica, los agricultores pueden obtener mayores ganancias° a través del comercio directo y los precios justos°.

- **Oxfam International** trabaja en países como Guatemala, Ecuador, Nicaragua y Perú para concientizar a la opinión pública° de que la igualdad entre las personas es tan importante como el crecimiento° económico de las naciones.

Igualdad *Equality* agricultores *farmers* ganancias *profits* justos *fair* concientizar a la opinión pública *to make public opinion aware* crecimiento *growth*

PERFIL
César Chávez

César Estrada Chávez (1927–1993) nació cerca de Yuma, Arizona. De padres mexicanos, empezó a trabajar en el campo a los diez años de edad. Comenzó a luchar contra la discriminación en los años 40, mientras estaba en la Marina°. Fue en esos tiempos cuando se sentó en la sección para blancos en un cine segregacionista y se negó° a moverse.

Junto a su esposa, Helen Fabela, fundó° en 1962 la Asociación Nacional de Trabajadores del Campo° que después se convertiría en la coalición Trabajadores del Campo Unidos. Participó y organizó muchas huelgas en grandes compañías para lograr mejores condiciones laborales° y salarios más altos y justos para los trabajadores. Es considerado un héroe del movimiento laboral estadounidense. Desde el año 2000, la fecha de su cumpleaños es un día festivo pagado° en California y otros estados.

Marina *Navy* se negó *he refused* fundó *he established* Trabajadores del Campo *Farm Workers* condiciones laborales *working conditions* día festivo pagado *paid holiday*

Conexión Internet

¿Qué industrias importantes hay en los países hispanos?

Go to **vhlcentral.com** to find more cultural information related to this **Cultura** section.

ACTIVIDADES

2 Comprensión Responde a las preguntas.
1. ¿Cómo dice un argentino "perdí mi trabajo"?
2. ¿Cuál es el principio fundamental del Fair Trade Coffee?
3. ¿Para qué César Chávez organizó huelgas contra grandes compañías?
4. ¿Qué día es un día festivo pagado en California?

Practice more at **vhlcentral.com**.

3 Sus ambiciones laborales En parejas, hagan una lista con al menos tres ideas sobre las expectativas que tienen sobre su futuro como trabajadores/as. Pueden describir las ideas y ambiciones sobre el trabajo que quieren tener. ¿Conocen bien las reglas que deben seguir para conseguir un trabajo? ¿Les gustan? ¿Les disgustan? Luego van a exponer sus ideas ante la clase para un debate.

recursos
vText
CH p. 98
vhlcentral.com

7 estructura

7.1 The future

ANTE TODO You have already learned ways of expressing the near future in Spanish. You will now learn how to form and use the future tense. Compare the different ways of expressing the future in Spanish and English.

Present indicative
Voy al cine mañana.
I'm going to the movies tomorrow.

Present subjunctive
Ojalá **vaya al cine** mañana.
I hope I will go to the movies tomorrow.

ir a + [infinitive]
Voy a ir al cine.
I'm going to go to the movies.

Future
Iré al cine.
I will go to the movies.

▶ In Spanish, the future is a simple tense that consists of one word, whereas in English it is made up of the auxiliary verb *will* or *shall*, and the main verb.

Future tense

	estudiar	aprender	recibir
SINGULAR FORMS yo	estudiar**é**	aprender**é**	recibir**é**
tú	estudiar**ás**	aprender**ás**	recibir**ás**
Ud./él/ella	estudiar**á**	aprender**á**	recibir**á**
PLURAL FORMS nosotros/as	estudiar**emos**	aprender**emos**	recibir**emos**
vosotros/as	estudiar**éis**	aprender**éis**	recibir**éis**
Uds./ellos/ellas	estudiar**án**	aprender**án**	recibir**án**

▶ **¡Atención!** Note that all of the future endings have a written accent except the **nosotros/as** form.

¿Cuándo **recibirás** el ascenso?
When will you receive the promotion?

Mañana **aprenderemos** más.
Tomorrow we will learn more.

▶ The future endings are the same for regular and irregular verbs. For regular verbs, simply add the endings to the infinitive. For irregular verbs, add the endings to the irregular stem.

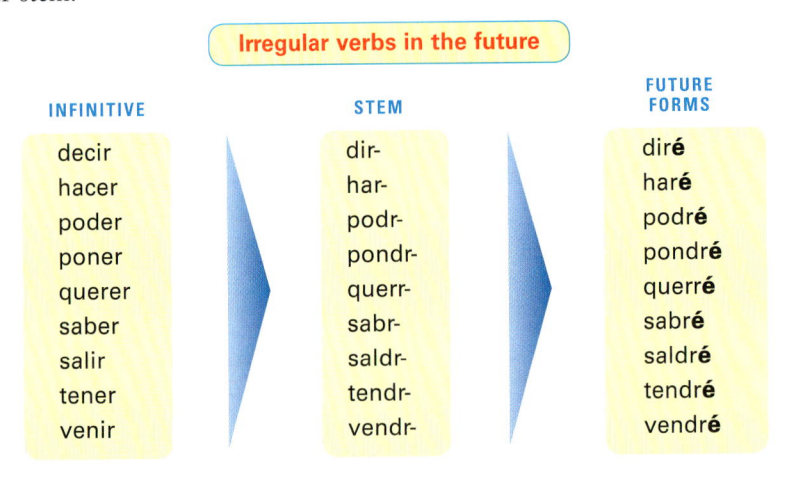

Irregular verbs in the future

INFINITIVE	STEM	FUTURE FORMS
decir	dir-	dir**é**
hacer	har-	har**é**
poder	podr-	podr**é**
poner	pondr-	pondr**é**
querer	querr-	querr**é**
saber	sabr-	sabr**é**
salir	saldr-	saldr**é**
tener	tendr-	tendr**é**
venir	vendr-	vendr**é**

Lección 7

Explanation Tutorial

▶ The future of **hay** (*inf.* **haber**) is **habrá** (*there will be*).

> La próxima semana **habrá** dos reuniones.
> *Next week there will be two meetings.*

> **Habrá** muchos gerentes en la videoconferencia.
> *There will be many managers at the videoconference.*

▶ Although the English word *will* can refer to future time, it also refers to someone's willingness to do something. In this case, Spanish uses **querer** + [*infinitive*], not the future tense.

> **¿Quieres llamarme**, por favor?
> *Will you please call me?*

> **¿Quieren ustedes escucharnos**, por favor?
> *Will you please listen to us?*

COMPARE & CONTRAST

In Spanish, the future tense has an additional use: expressing conjecture or probability. English sentences involving expressions such as *I wonder, I bet, must be, may, might,* and *probably* are often translated into Spanish using the *future of probability*.

> —¿Dónde **estarán** mis llaves?
> *I wonder where my keys are.*

> —¿Qué hora **será**?
> *What time can it be? (I wonder what time it is.)*

> —**Estarán** en la cocina.
> *They're probably in the kitchen.*

> —**Serán** las once o las doce.
> *It must be (It's probably) eleven or twelve.*

Note that although the future tense is used, these verbs express conjecture about *present* conditions, events, or actions.

▶ The future may also be used in the main clause of sentences in which the present subjunctive follows a conjunction of time such as **cuando, después (de) que, en cuanto, hasta que,** and **tan pronto como**.

> **Cuando llegues** a la oficina, **hablaremos**.
> *When you arrive at the office, we will talk.*

> **Saldremos tan pronto como termine** su trabajo.
> *We will leave as soon as you finish your work.*

CONSULTA
To review these conjunctions of time, see **Estructura 4.3**, p. 146.

¡INTÉNTALO!

Conjuga en el futuro los verbos que están entre paréntesis.

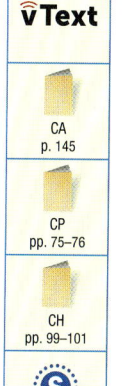

1. (dejar, correr, invertir) yo _dejaré, correré, invertiré_
2. (renunciar, beber, vivir) tú _____
3. (hacer, poner, venir) Lola _____
4. (tener, decir, querer) nosotros _____
5. (ir, ser, estar) ustedes _____
6. (solicitar, comer, repetir) usted _____
7. (saber, salir, poder) yo _____
8. (encontrar, jugar, servir) tú _____

Práctica

1. Planes Celia está hablando de sus planes. Repite lo que dice, usando el tiempo futuro.

> **modelo**
> Voy a consultar el índice de Empresas 500 en la biblioteca.
> Consultaré el índice de Empresas 500 en la biblioteca.

1. Álvaro y yo nos vamos a casar pronto.
2. Julián me va a decir dónde puedo buscar trabajo.
3. Voy a buscar un puesto con un buen sueldo.
4. Voy a leer los anuncios clasificados todos los días.
5. Voy a obtener un puesto en mi especialización.
6. Mis amigos van a estar contentos por mí.

2. La predicción inolvidable Completa el párrafo con el futuro de los verbos.

| asustarse | conseguir | estar | olvidar | tener |
| casarse | escribir | hacerse | ser | terminar |

Nunca (1) _____ lo que me dijo la vidente (*clairvoyant*) antes de que se quedara sin batería mi teléfono celular: "En diez años (2) _____ realidad todos tus deseos. (3) _____ tus estudios, (4) _____ un empleo rápidamente y tu éxito (5) _____ asombroso. (6) _____ con un hombre bueno y hermoso, del que (7) _____ enamorada. Pero, en realidad, (8) _____ una vida muy triste porque un día, cuando menos lo esperes…"

3. Preguntas Imaginen que han aceptado uno de los puestos de los anuncios. En parejas, túrnense para hablar sobre los detalles (*details*) del puesto. Usen las preguntas como guía y hagan también sus propias preguntas.

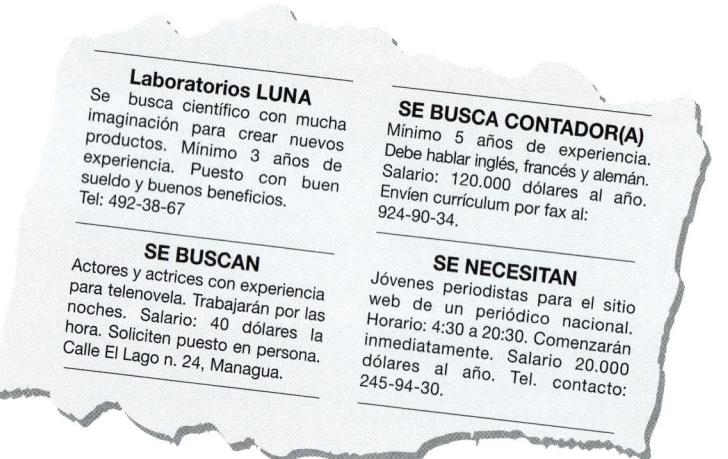

Laboratorios LUNA
Se busca científico con mucha imaginación para crear nuevos productos. Mínimo 3 años de experiencia. Puesto con buen sueldo y buenos beneficios.
Tel: 492-38-67

SE BUSCAN
Actores y actrices con experiencia para telenovela. Trabajarán por las noches. Salario: 40 dólares la hora. Soliciten puesto en persona. Calle El Lago n. 24, Managua.

SE BUSCA CONTADOR(A)
Mínimo 5 años de experiencia. Debe hablar inglés, francés y alemán. Salario: 120.000 dólares al año. Envíen currículum por fax al: 924-90-34.

SE NECESITAN
Jóvenes periodistas para el sitio web de un periódico nacional. Horario: 4:30 a 20:30. Comenzarán inmediatamente. Salario 20.000 dólares al año. Tel. contacto: 245-94-30.

1. ¿Cuál será el trabajo?
2. ¿Qué harás?
3. ¿Cuánto te pagarán?
4. ¿Sabes si te ofrecerán beneficios?
5. ¿Sabes el horario que tendrás? ¿Es importante saberlo?
6. ¿Crees que te gustará? ¿Por qué?
7. ¿Cuándo comenzarás a trabajar?
8. ¿Qué crees que aprenderás?

Practice more at **vhlcentral.com**.

El mundo del trabajo

Comunicación

4 **Conversar** Tú y tu compañero/a viajarán a la República Dominicana con un grupo de estudiantes por siete días. Indiquen lo que harán y no harán. Digan dónde, cómo, con quién o en qué fechas lo harán, usando el anuncio como guía. Pueden usar sus propias ideas también.

modelo
Estudiante 1: ¿Qué haremos el martes?
Estudiante 2: Visitaremos el Jardín Botánico.
Estudiante 1: Pues, tú visitarás el Jardín Botánico y yo caminaré por el Mercado Modelo.

NOTA CULTURAL
En la **República Dominicana** están el punto más alto y el más bajo de las Antillas. El Pico Duarte mide (*measures*) 3.175 metros y el lago Enriquillo está a 45 metros bajo el nivel del mar (*sea level*).

¡Bienvenido a la República Dominicana!

Se divertirá desde el momento en que llegue al **Aeropuerto Internacional de las Américas**.

- Visite la ciudad colonial de **Santo Domingo** con su interesante arquitectura.
- Vaya al **Jardín Botánico** y disfrute de nuestra abundante naturaleza.
- En el **Mercado Modelo** no va a poder resistir la tentación de comprar artesanías.
- No deje de escalar el **Pico Duarte** (se recomiendan 3 días).
- ¿Le gusta bucear? **Cabarete** tiene todo el equipo que usted necesita.
- ¿Desea nadar? **Punta Cana** le ofrece hermosas playas.

5 **Planear** En grupos pequeños, hagan planes para formar una empresa privada. Usen las preguntas como guía. Después presenten su plan a la clase.

1. ¿Cómo se llamará y qué tipo de empresa será?
2. ¿Cuántos empleados tendrá y cuáles serán sus oficios o profesiones?
3. ¿Qué tipo de beneficios se ofrecerán?
4. ¿Quién será el/la gerente y quién será el jefe/la jefa? ¿Por qué?
5. ¿Permitirá su empresa el teletrabajo? ¿Por qué?
6. ¿Dónde pondrán anuncios para conseguir empleados?

Síntesis

recursos
vText
CA p. 29–30

6 **El futuro de Cristina** Tu profesor(a) va a darte una serie incompleta de dibujos sobre el futuro de Cristina. Tú y tu compañero/a tienen dos series diferentes. Háganse preguntas y respondan de acuerdo a los dibujos para completar la historia.

modelo
Estudiante 1: ¿Qué hará Cristina en el año 2020?
Estudiante 2: Ella se graduará en el año 2020.

7.2 The future perfect

ANTE TODO Like other compound tenses you have learned, the future perfect (**el futuro perfecto**) is formed with a form of **haber** and the past participle. It is used to talk about what will have happened by some future point in time.

Future perfect

	hablar	comer	vivir
SINGULAR FORMS			
yo	habré hablado	habré comido	habré vivido
tú	habrás hablado	habrás comido	habrás vivido
Ud./él/ella	habrá hablado	habrá comido	habrá vivido
PLURAL FORMS			
nosotros/as	habremos hablado	habremos comido	habremos vivido
vosotros/as	habréis hablado	habréis comido	habréis vivido
Uds./ellos/ellas	habrán hablado	habrán comido	habrán vivido

¡ATENCIÓN!
As with other compound tenses, the past participle never varies in the future perfect; it always ends in **-o**.

En dos meses, ya habré regresado a Wisconsin.

Tendremos una compañía muy exitosa.

Sí, porque muchas empresas habrán solicitado nuestros servicios.

▶ The phrases **para** + [*time expression*] and **dentro de** + [*time expression*] are used with the future perfect to talk about what will have happened by some future point in time.

Para el lunes, habré hecho todas las preparaciones.
By Monday, I will have made all the preparations.

Dentro de un año, habré renunciado a mi trabajo.
Within a year, I will have resigned from my job.

¡INTÉNTALO! Indica la forma apropiada del futuro perfecto.

1. Para el sábado, nosotros ___habremos obtenido___ (obtener) el dinero.
2. Yo _____ (terminar) el trabajo para cuando lleguen mis amigos.
3. Silvia _____ (hacer) todos los planes para el próximo fin de semana.
4. Para el cinco de junio, ustedes _____ (llegar) a Quito.
5. Para esa fecha, Ernesto y tú _____ (recibir) muchas ofertas.
6. Para el ocho de octubre, nosotros ya _____ (llegar) a Colombia.
7. Para entonces, yo _____ (volver) de la República Dominicana.
8. Para cuando yo te llame, ¿tú _____ (decidir) lo que vamos a hacer?
9. Para las nueve, mi hermana _____ (salir).
10. Para las ocho, tú y yo _____ (limpiar) el piso.

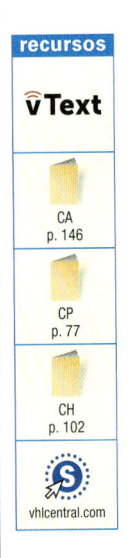

Práctica y Comunicación

1 **¿Qué habrá pasado?** Forma oraciones lógicas combinando ambas (*both*) columnas.

A
1. Para el año 2050, la población del mundo
2. Para la semana que viene, el profesor
3. Antes de cumplir los 40 años, yo
4. Dentro de una semana, ellos
5. Para cuando se dé cuenta, el científico
6. Para fin de año, las termitas

B
a. me habré jubilado.
b. habrá corregido los exámenes.
c. habrá aumentado un 47%.
d. habrán destruido su casa.
e. habrán atravesado el océano Pacífico.
f. habré escrito un libro, plantado un árbol y tenido tres hijos.
g. habrá hecho un gran daño a la humanidad.

2 **Escoger** Juan Luis habla de lo que habrá ocurrido en ciertos momentos del futuro. Escoge los verbos que mejor completen cada oración y ponlos en el futuro perfecto.

casarse	graduarse	romperse	solicitar	viajar
comprar	leer	ser	tomar	

1. Para mañana por la tarde, yo ya _____ mi examen de biología.
2. Para la semana que viene, el profesor _____ nuestras composiciones.
3. Dentro de tres meses, Juan y Marisa _____ en Las Vegas.
4. Dentro de cinco meses, tú y yo _____ de la escuela secundaria.
5. Para finales (*end*) de mayo, yo _____ un trabajo de tiempo parcial.
6. Dentro de un año, tus tíos _____ una casa nueva.
7. Antes de cumplir los 50 años, usted _____ a Europa.
8. Dentro de 25 años, Emilia ya _____ presidenta de los EE.UU.

3 **Encuesta** Tu profesor(a) te va a dar una hoja de actividades. Pregúntales a tres compañeros/as para cuándo habrán hecho las cosas relacionadas con sus futuras carreras que se mencionan en la lista. Toma nota de las respuestas y luego comparte con la clase la información que obtuviste.

Practice more at **vhlcentral.com**.

Síntesis

4 **Competir** En parejas, preparen una conversación hipotética (8 líneas o más) que ocurra en una fiesta. Una persona dice lo que habrá hecho para algún momento del futuro; la otra responde, diciendo cada vez algo más exagerado. Prepárense para representar la conversación delante de la clase.

modelo
Estudiante 1: Cuando tenga 30 años, habré ganado un millón de dólares.
Estudiante 2: Y yo habré llegado a ser multimillonaria.
Estudiante 1: Para el 2020, me habrán escogido como la mejor escritora (*writer*) del país.
Estudiante 2: Pues, yo habré ganado el Premio Nobel de literatura.

7.3 The past subjunctive

ANTE TODO You will now learn how to form and use the past subjunctive (**el pretérito imperfecto de subjuntivo**), also called the imperfect subjunctive. Like the present subjunctive, the past subjunctive is used mainly in multiple-clause sentences which express states and conditions such as will, influence, emotion, commands, indefiniteness, and non-existence.

The past subjunctive

		estudiar	aprender	recibir
SINGULAR FORMS	yo	estudia**ra**	aprendie**ra**	recibie**ra**
	tú	estudia**ras**	aprendie**ras**	recibie**ras**
	Ud./él/ella	estudia**ra**	aprendie**ra**	recibie**ra**
PLURAL FORMS	nosotros/as	estudiá**ramos**	aprendié**ramos**	recibié**ramos**
	vosotros/as	estudia**rais**	aprendie**rais**	recibie**rais**
	Uds./ellos/ellas	estudia**ran**	aprendie**ran**	recibie**ran**

▶ The past subjunctive endings are the same for all verbs.

-ra	-ramos
-ras	-rais
-ra	-ran

▶ The past subjunctive is formed using the **Uds./ellos/ellas** form of the preterite. By dropping the **-ron** ending from this preterite form, you establish the stem of all the past subjunctive forms. To this stem you then add the past subjunctive endings.

INFINITIVE	PRETERITE FORM	PAST SUBJUNCTIVE
hablar	ellos habla~~ron~~	habla**ra**, habla**ras**, hablá**ramos**
beber	ellos bebie~~ron~~	bebie**ra**, bebie**ras**, bebié**ramos**
escribir	ellos escribie~~ron~~	escribie**ra**, escribie**ras**, escribié**ramos**

▶ For verbs with irregular preterites, add the past subjunctive endings to the irregular stem.

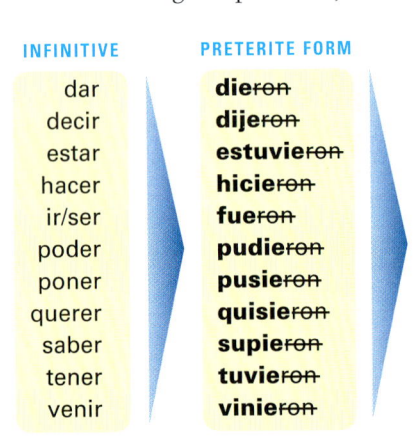

INFINITIVE	PRETERITE FORM	PAST SUBJUNCTIVE
dar	die~~ron~~	die**ra**, die**ras**, dié**ramos**
decir	dije~~ron~~	dije**ra**, dije**ras**, dijé**ramos**
estar	estuvie~~ron~~	estuvie**ra**, estuvie**ras**, estuvié**ramos**
hacer	hicie~~ron~~	hicie**ra**, hicie**ras**, hicié**ramos**
ir/ser	fue~~ron~~	fue**ra**, fue**ras**, fué**ramos**
poder	pudie~~ron~~	pudie**ra**, pudie**ras**, pudié**ramos**
poner	pusie~~ron~~	pusie**ra**, pusie**ras**, pusié**ramos**
querer	quisie~~ron~~	quisie**ra**, quisie**ras**, quisié**ramos**
saber	supie~~ron~~	supie**ra**, supie**ras**, supié**ramos**
tener	tuvie~~ron~~	tuvie**ra**, tuvie**ras**, tuvié**ramos**
venir	vinie~~ron~~	vinie**ra**, vinie**ras**, vinié**ramos**

¡ATENCIÓN!

Note that the **nosotros/as** form of the past subjunctive always has a written accent.

¡LENGUA VIVA!

The past subjunctive has another set of endings:

-se	-semos
-ses	-seis
-se	-sen

It's a good idea to learn to recognize these endings because they are sometimes used in literary and formal contexts.

Deseaba que mi esposo recibiese un ascenso.

¡LENGUA VIVA!

Quisiera, the past subjunctive form of **querer**, is often used to make polite requests.

Quisiera hablar con Marco, por favor.
I would like to speak to Marco, please.

¿Quisieran ustedes algo más?
Would you like anything else?

▶ **-Ir** stem-changing verbs and other verbs with spelling changes follow a similar process to form the past subjunctive.

INFINITIVE	PRETERITE FORM	PAST SUBJUNCTIVE
preferir	prefirie~~ron~~	prefirie**ra**, prefirie**ras**, prefirié**ramos**
repetir	repitie~~ron~~	repitie**ra**, repitie**ras**, repitié**ramos**
dormir	durmie~~ron~~	durmie**ra**, durmie**ras**, durmié**ramos**
conducir	conduje~~ron~~	conduje**ra**, conduje**ras**, condujé**ramos**
creer	creye~~ron~~	creye**ra**, creye**ras**, creyé**ramos**
destruir	destruye~~ron~~	destruye**ra**, destruye**ras**, destruyé**ramos**
oír	oye~~ron~~	oye**ra**, oye**ras**, oyé**ramos**

AYUDA

When a situation that triggers the subjunctive is involved, most cases follow these patterns:
main verb in present indicative →
subordinate verb in present subjunctive
Espero que María **venga** a la reunión.

main verb in past indicative →
subordinate verb in past subjunctive
Esperaba que María **viniera** a la reunión.

▶ The past subjunctive is used in the same contexts and situations as the present subjunctive and the present perfect subjunctive, except that it generally describes actions, events, or conditions that have already happened.

Me pidieron que no **llegara** tarde.
They asked me not to arrive late.

Me sorprendió que ustedes no **vinieran** a la cena.
It surprised me that you didn't come to the dinner.

Salió antes de que yo **pudiera** hablar contigo.
He left before I could talk to you.

Ellos querían que yo **escribiera** una novela romántica.
They wanted me to write a romantic novel.

Cuando llegaste, no creí que tuviéramos muchas cosas en común.

No pensé que el año terminara tan pronto.

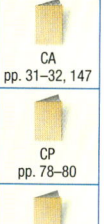

¡INTÉNTALO!

Indica la forma apropiada del pretérito imperfecto de subjuntivo de los verbos entre paréntesis.

1. Quería que tú ___vinieras___ (venir) más temprano.
2. Esperábamos que ustedes _____ (hablar) mucho más en la reunión.
3. No creían que yo _____ (poder) hacerlo.
4. Se opuso a que nosotros _____ (invertir) el dinero ayer.
5. Sentí mucho que ustedes no _____ (estar) con nosotros anoche.
6. No era necesario que ellas _____ (hacer) todo.
7. Me pareció increíble que tú _____ (saber) dónde encontrarlo.
8. No había nadie que _____ (creer) tu historia.
9. Mis padres insistieron en que yo _____ (ir) a la universidad.
10. Queríamos salir antes de que ustedes _____ (llegar).

Práctica

1. Diálogos Completa los diálogos con el pretérito imperfecto de subjuntivo de los verbos entre paréntesis. Después representa los diálogos con un(a) compañero/a.

1. —¿Qué le dijo el consejero a Andrés? Quisiera saberlo.
   —Le aconsejó que _____ (dejar) los estudios de arte y que _____ (estudiar) una carrera que _____ (pagar) mejor.
   —Siempre el dinero. ¿No se enojó Andrés de que le _____ (aconsejar) eso?
   —Sí, y le dijo que no creía que ninguna otra carrera le _____ (ir) a gustar más.

2. —Qué lástima que ellos no te _____ (ofrecer) el puesto de gerente.
   —Querían a alguien que _____ (tener) experiencia en el sector público.
   —Pero, ¿cómo? ¿Y tu maestría? ¿No te molestó que te _____ (decir) eso?
   —No, no tengo experiencia en esa área, pero les gustó mucho mi currículum. Me pidieron que _____ (volver) en un año y _____ (solicitar) el puesto otra vez. Para entonces habré obtenido la experiencia que necesito y podré conseguir el puesto que quiera.

3. —Cuánto me alegré de que tus hijas _____ (venir) ayer a visitarte. ¿Cuándo se van?
   —Bueno, yo esperaba que se _____ (quedar) dos semanas, pero no pueden. Ojalá _____ (poder). Hace mucho que no las veo.

2. Año nuevo, vida nueva El año pasado, Juana y Manuel Sánchez querían cambiar de vida. Aquí tienen las listas con sus buenos propósitos para el Año Nuevo (*New Year's resolutions*). Ellos no consiguieron hacer realidad ninguno. En parejas, lean las listas y escriban por qué creen que no los consiguieron. Usen el pretérito imperfecto de subjuntivo.

modelo

obtener un mejor puesto de trabajo

Era difícil que Manuel consiguiera un mejor puesto porque su esposa le pidió que no cambiara de puesto.

Manuel
- pedir un aumento de sueldo
- tener una vida más sana
- visitar más a su familia
- dejar de fumar

Juana
- querer mejorar su relación de pareja
- terminar los estudios con buenas notas
- cambiar de casa
- ahorrar más

AYUDA

Puedes usar estas expresiones:
No era verdad que…
Era difícil que…
Era imposible que…
No era cierto que…
Su esposo/a no quería que…

Practice more at vhlcentral.com.

Comunicación

3 Reaccionar Manuel acaba de llegar de Nicaragua. Reacciona a lo que te dice usando el pretérito imperfecto de subjuntivo. Escribe las oraciones y luego compáralas con las de un(a) compañero/a.

> **modelo**
> El día que llegué, me esperaban mi abuela y tres primos.
> ¡Qué bien! Me alegré de que vieras a tu familia después de tantos años.

1. Fuimos al volcán Masaya. ¡Y vimos la lava del volcán!
2. Visitamos la Catedral de Managua, que fue dañada por el terremoto (*earthquake*) de 1972.
3. No tuvimos tiempo de ir a la playa, pero pasamos unos días en el Hotel Dariense en Granada.
4. Fui a conocer el nuevo museo de arte y también fui al Teatro Rubén Darío.
5. Nos divertimos haciendo compras en Metrocentro.
6. Eché monedas (*coins*) en la fuente (*fountain*) de la Plaza de la República y pedí un deseo.

NOTA CULTURAL
El nicaragüense **Rubén Darío** (1867–1916) es uno de los poetas más famosos de Latinoamérica. *Cantos de vida y esperanza* es una de sus obras.

Catedral de Managua, Nicaragua

4 Oraciones Escribe cinco oraciones sobre lo que otros esperaban de ti en el pasado y cinco más sobre lo que tú esperabas de ellos. Luego, en grupos, túrnense para compartir sus propias oraciones y para transformar las oraciones de sus compañeros/as. Sigan el modelo.

> **modelo**
> **Estudiante 1:** Mi profesora quería que yo fuera a Granada para estudiar español.
> **Estudiante 2:** Su profesora quería que Mark fuera a Granada para estudiar español.
> **Estudiante 3:** Yo deseaba que mis padres me enviaran a España.
> **Estudiante 4:** Cecilia deseaba que sus padres la enviaran a España.

Síntesis

5 ¡Vaya fiesta! Dos amigos/as fueron a una fiesta y se enojaron. Uno/a quería irse temprano, pero el/la otro/a quería irse más tarde porque estaba hablando con el/la chico/a que le gustaba a su amigo/a. En parejas, inventen una conversación en la que esos/as amigos/as intentan arreglar todos los malentendidos (*misunderstandings*) que tuvieron en la fiesta. Usen el pretérito imperfecto de subjuntivo y después representen la conversación delante de la clase.

> **modelo**
> **Estudiante 1:** ¡Yo no pensaba que fueras tan aburrido/a!
> **Estudiante 2:** Yo no soy aburrido/a, sólo quería que nos fuéramos temprano.

Recapitulación

Diagnostics Remediation Activities

Completa estas actividades para repasar los conceptos de gramática que aprendiste en esta lección.

1 Completar Completa el cuadro con el futuro. **6 pts.**

Infinitivo	yo	ella	nosotros
decir	diré		
poner			pondremos
salir		saldrá	

2 Verbos Completa el cuadro con el pretérito imperfecto de subjuntivo. **6 pts.**

Infinitivo	tú	nosotras	ustedes
dar			dieran
saber		supiéramos	
ir	fueras		

3 La oficina de empleo La nueva oficina de empleo está un poco desorganizada. Completa los diálogos con expresiones de probabilidad, utilizando el futuro perfecto de los verbos. **10 pts.**

SR. PÉREZ No encuentro el currículum de Mario Gómez.
SRTA. MARÍN (1) _____ (Tomarlo) la secretaria.

LAURA ¿De dónde vienen estas ofertas de trabajo?
ROMÁN No estoy seguro. (2) _____ (Salir) en el periódico de hoy.

ROMÁN ¿Has visto la lista nueva de aspirantes?
LAURA No, (3) _____ (tú, ponerla) en el archivo.

SR. PÉREZ José Osorio todavía no ha recibido el informe.
LAURA (4) _____ (Nosotros, olvidarse) de enviarlo por correo.

SRTA. MARÍN ¿Sabes dónde están las solicitudes de los aspirantes?
ROMÁN (5) _____ (Yo, dejarlas) en mi carro.

RESUMEN GRAMATICAL

7.1 The future pp. 238–239

Future tense of estudiar*

estudiaré	estudiaremos
estudiarás	estudiaréis
estudiará	estudiarán

*Same endings for -ar, -er, and -ir verbs.

Irregular verbs in the future

Infinitive	Stem	Future forms
decir	dir-	diré
hacer	har-	haré
poder	podr-	podré
poner	pondr-	pondré
querer	querr-	querré
saber	sabr-	sabré
salir	saldr-	saldré
tener	tendr-	tendré
venir	vendr-	vendré

▶ The future of **hay** is **habrá** (*there will be*).
▶ The future can also express conjecture or probability.

7.2 The future perfect p. 242

Future perfect of vivir

habré vivido	habremos vivido
habrás vivido	habréis vivido
habrá vivido	habrán vivido

▶ The future perfect can also express probability in the past.

7.3 The past subjunctive pp. 244–245

Past subjunctive of aprender*

aprendiera	aprendiéramos
aprendieras	aprendierais
aprendiera	aprendieran

*Same endings for -ar, -er, and -ir verbs.

El mundo del trabajo

Verbs with irregular preterites		
Infinitive	Preterite form	Past subjunctive
dar	dieron	diera
decir	dijeron	dijera
estar	estuvieron	estuviera
hacer	hicieron	hiciera
ir/ser	fueron	fuera
poder	pudieron	pudiera
poner	pusieron	pusiera
querer	quisieron	quisiera
saber	supieron	supiera
tener	tuvieron	tuviera
venir	vinieron	viniera

4 **Una decisión difícil** Completa el párrafo con el pretérito imperfecto de subjuntivo de los verbos. **8 pts.**

> aceptar   estudiar   ir
> contratar graduarse poder
> dejar   invertir   trabajar

Cuando yo tenía doce años, me gustaba mucho pintar y mi profesor de dibujo me aconsejó que (1) _____ a una escuela de arte cuando (2) _____ de la escuela secundaria. Mis padres, por el contrario, siempre quisieron que sus hijos (3) _____ en la empresa familiar, y me dijeron que (4) _____ el arte y que (5) _____ una carrera con más futuro. Ellos no querían que yo (6) _____ mi tiempo y mi juventud en el arte. Mi madre en particular nos sugirió a mi hermana y a mí la carrera de administración de empresas, para que los dos (7) _____ ayudarlos con los negocios en el futuro. No fue fácil que mis padres (8) _____ mi decisión de dedicarme a la pintura, pero están muy felices de tener mis obras en su sala de reuniones.

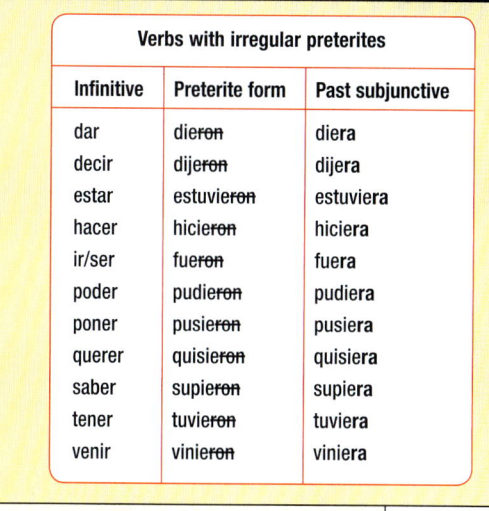

5 **La semana de Rita** Con el futuro de los verbos, completa la descripción que hace Rita de lo que hará la semana próxima. **10 pts.**

El lunes por la mañana (1) _____ (llegar) el traje que pedí por Internet y por la tarde Luis (2) _____ (invitar, a mí) a ir al cine. El martes mi consejero y yo (3) _____ (comer) en La Delicia y a las cuatro (yo) (4) _____ (tener) una entrevista de trabajo en Industrias Levonox. El miércoles por la mañana (5) _____ (ir) a mi clase de inglés y por la tarde (6) _____ (visitar) a Luis. El jueves por la mañana, los gerentes de Levonox (7) _____ (llamar, a mí) por teléfono para decirme si conseguí el puesto. Por la tarde (yo) (8) _____ (cuidar) a mi sobrino Héctor. El viernes Ana y Luis (9) _____ (venir) a casa para trabajar conmigo y el sábado por fin (yo) (10) _____ (descansar).

6 **El futuro** Escribe al menos cinco oraciones describiendo cómo será la vida de varias personas cercanas a ti dentro de diez años. Usa tu imaginación y verbos en futuro y en futuro perfecto. **10 pts.**

7 **Canción** Escribe las palabras que faltan para completar este fragmento de la canción *Lo que pidas* de Julieta Venegas. **¡2 puntos EXTRA!**

> daré   fuera   quisiera   saldré

"Lo que más (1) _____ pedirte
es que te quedes conmigo,
niño te (2) _____ lo que pidas
sólo no te vayas nunca."

Practice more at vhlcentral.com.

7 adelante
Lección 7

Lectura
Audio: Synched Reading / Additional Reading

Antes de leer

Estrategia
Recognizing similes and metaphors

Similes and metaphors are figures of speech that are often used in literature to make descriptions more colorful and vivid.

In English, a simile (**símil**) makes a comparison using the words *as* or *like*. In Spanish, the words **como** and **parece** are most often used. Example: **Estoy tan feliz como un niño con zapatos nuevos.**

A metaphor (**metáfora**) is a figure of speech that identifies one thing with the attributes and qualities of another. Whereas a simile says one thing is like another, a metaphor says that one thing *is* another. In Spanish, **ser** is most often used in metaphors. Example: **La vida es sueño.** (*Life is a dream.*)

Examinar el texto
Lee el texto una vez usando las estrategias de lectura de las lecciones anteriores. ¿Qué te indican sobre el contenido de la lectura? Toma nota de las metáforas y los símiles que aparecen. ¿Qué significan? ¿Qué te dicen sobre el tema de la lectura?

¿Cómo son?

Las dos Fridas, de Frida Kahlo

En parejas, hablen sobre las diferencias entre el **yo interior** de una persona y su **yo social**. ¿Hay muchas diferencias entre su forma de ser "privada" y su forma de ser cuando están con otras personas?

A Julia de Burgos
Julia de Burgos

Julia de Burgos nació en 1914 en Carolina, Puerto Rico. Vivió también en La Habana, en Washington D.C. y en Nueva York, donde murió en 1953. Su poesía refleja temas como la muerte, la naturaleza, el amor y la patria°. Sus tres poemarios más conocidos se titulan Poema en veinte surcos *(1938),* Canción de la verdad sencilla *(1939) y* El mar y tú *(publicado póstumamente).*

Después de leer

Comprensión
Responde a las preguntas.

1. ¿Quiénes son las dos "Julias" presentes en el poema?
2. ¿Qué características tiene cada una?
3. ¿Quién es la que habla de las dos?
4. ¿Qué piensas que ella siente por la otra Julia?
5. ¿Cuáles son los temas más importantes del poema?

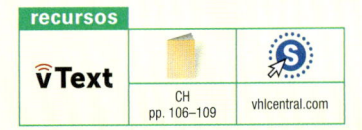

recursos
vText
CH pp. 106–109
vhlcentral.com

El mundo del trabajo

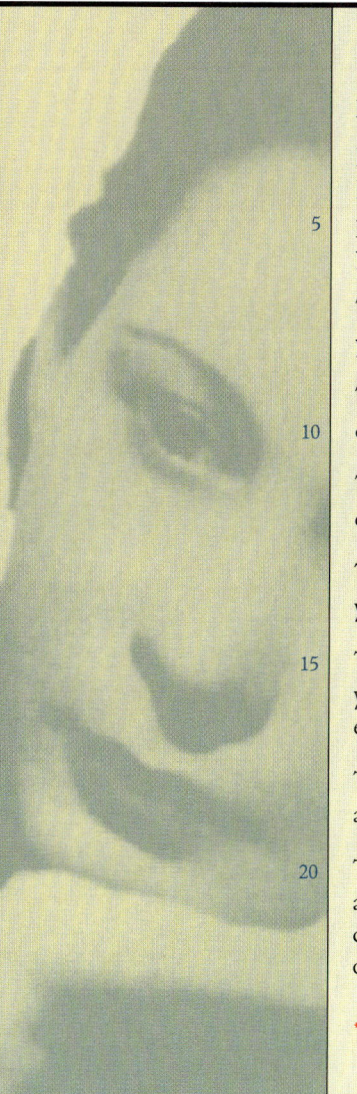

Ya las gentes murmuran que yo soy tu enemiga
porque dicen que en verso doy al mundo tu yo.

Mienten°, Julia de Burgos. Mienten, Julia de Burgos.
La que se alza° en mis versos no es tu voz°: es mi voz;
5   porque tú eres ropaje° y la esencia soy yo;
y el más profundo abismo se tiende° entre las dos.

Tú eres fría muñeca° de mentira social,
y yo, viril destello° de la humana verdad.

Tú, miel° de cortesanas hipocresías; yo no;
10 que en todos mis poemas desnudo° el corazón.

Tú eres como tu mundo, egoísta; yo no;
que en todo me lo juego° a ser lo que soy yo.

Tú eres sólo la grave señora señorona°;
yo no; yo soy la vida, la fuerza°, la mujer.

15 Tú eres de tu marido, de tu amo°; yo no;
yo de nadie, o de todos, porque a todos, a todos,
en mi limpio sentir y en mi pensar me doy.

Tú te rizas° el pelo y te pintas°; yo no;
a mí me riza el viento; a mí me pinta el sol.

20 Tú eres dama casera°, resignada, sumisa,
atada° a los prejuicios de los hombres; yo no;
que yo soy Rocinante* corriendo desbocado°
olfateando° horizontes de justicia de Dios.

*Rocinante: El caballo de Don Quijote de la Mancha, personaje literario de fama universal que se relaciona con el idealismo y el poder de la imaginación frente a la realidad.

25 Tú en ti misma no mandas°; a ti todos te mandan;
en ti mandan tu esposo, tus padres, tus parientes,
el cura°, la modista°, el teatro, el casino,
el auto, las alhajas°, el banquete, el champán,
el cielo y el infierno, y el qué dirán social°.

30 En mí no, que en mí manda mi solo corazón,
mi solo pensamiento; quien manda en mí soy yo.

Tú, flor de aristocracia; y yo la flor del pueblo.
Tú en ti lo tienes todo y a todos se lo debes,
mientras que yo, mi nada a nadie se la debo.

35 Tú, clavada° al estático dividendo ancestral°,
y yo, un uno en la cifra° del divisor social,
somos el duelo a muerte° que se acerca° fatal.

Cuando las multitudes corran alborotadas°
dejando atrás cenizas° de injusticias quemadas,
40 y cuando con la tea° de las siete virtudes,
tras los siete pecados°, corran las multitudes,
contra ti, y contra todo lo injusto y lo inhumano,
yo iré en medio de ellas con la tea en la mano.

patria homeland **Mienten** They are lying **se alza** rises up **voz** voice **ropaje** apparel **se tiende** lays **muñeca** doll **destello** sparkle **miel** honey **desnudo** I uncover **me lo juego** I risk **señorona** matronly **fuerza** strength **amo** master **te rizas** curl **te pintas** put on makeup **dama casera** home-loving lady **atada** tied **desbocado** wildly **olfateando** sniffing **no mandas** are not the boss **cura** priest **modista** dressmaker **alhajas** jewelry **el qué dirán social** what society would say **clavada** stuck **ancestral** ancient **cifra** number **duelo a muerte** duel to the death **se acerca** approaches **alborotadas** rowdy **cenizas** ashes **tea** torch **pecados** sins

Interpretación

Responde a las preguntas.

1. ¿Qué te resulta llamativo (*striking*) en el título de este poema?
2. ¿Por qué crees que se repite el "tú" y el "yo" en el poema? ¿Qué función tiene este desdoblamiento (*split*)?
3. ¿Cómo interpretas los versos "tú eres fría muñeca de mentira social / y yo, viril destello de la humana verdad"? ¿Qué sustantivos (*nouns*) se contraponen en estos dos versos?
4. ¿Es positivo o negativo el comentario sobre la vida social: "miel de cortesanas hipocresías"?
5. Comenta la oposición entre "señorona" y "mujer" que aparece en los versos trece y catorce. ¿Podrías decir qué personas son las que dominan a la "señorona" y qué caracteriza, en cambio, a la mujer?

Monólogo

Imagina que eres un personaje famoso de la historia, la literatura o la vida actual. Escribe un monólogo breve para presentar en clase. Debes escribirlo en segunda persona. Para la representación necesitarás un espejo. Tus compañeros/as deben adivinar quién eres. Sigue el modelo.

modelo

Eres una mujer que vivió hace más de 150 años. La gente piensa que eres una gran poeta. Te gustaba escribir y pasar tiempo con tu familia y, además de poemas, escribías muchas cartas. Me gusta tu poesía porque es muy íntima y personal. (Emily Dickinson)

Escribe sobre estos temas:

- cómo lo/la ven las otras personas
- lo que te gusta y lo que no te gusta de él/ella
- lo que quieres o esperas que haga

Practice more at **vhlcentral.com**.

Escritura

Estrategia
Using note cards

Note cards serve as valuable study aids in many different contexts. When you write, note cards can help you organize and sequence the information you wish to present.

Let's say you are going to write a personal narrative about a trip you took. You would jot down notes about each part of the trip on a different note card. Then you could easily arrange them in chronological order or use a different organization, such as the best parts and the worst parts, traveling and staying, before and after, etc.

Here are some helpful techniques for using note cards to prepare for your writing:

- Label the top of each card with a general subject, such as **el avión** or **el hotel.**
- Number the cards in each subject category in the upper right corner to help you organize them.
- Use only the front side of each note card so that you can easily flip through them to find information.

Study the following example of a note card used to prepare a composition:

En el aeropuerto de Santo Domingo

Cuando llegamos al aeropuerto de Santo Domingo, después de siete horas de viaje, estábamos cansados pero felices. Hacía sol y viento.

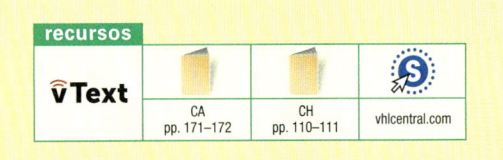

Tema

Escribir una composición

Escribe una composición sobre tus planes profesionales y personales para el futuro. Utiliza el tiempo futuro. No te olvides de hacer planes para estas áreas de tu vida:

Lugar
- ¿Dónde vivirás?
- ¿Vivirás en la misma ciudad siempre? ¿Te mudarás mucho?

Familia
- ¿Te casarás? ¿Con quién?
- ¿Tendrás hijos? ¿Cuántos?

Empleo
- ¿En qué profesión trabajarás?
- ¿Tendrás tu propia empresa?

Finanzas
- ¿Ganarás mucho dinero?
- ¿Ahorrarás mucho dinero? ¿Lo invertirás?

Termina tu composición con una lista de metas profesionales, utilizando el futuro perfecto.

Por ejemplo: **Para el año 2025, habré empezado mi propio negocio. Para el año 2035, habré ganado más dinero que Bill Gates.**

Escuchar

Estrategia

Using background knowledge/Listening for specific information

If you know the subject of something you are going to hear, your background knowledge will help you anticipate words and phrases you're going to hear, and will help you identify important information that you should listen for.

🎧 To practice these strategies, you will listen to a radio advertisement for the **Hotel El Retiro**. Before you listen, write down a list of the things you expect the advertisement to contain. Then make another list of important information you would listen for if you were a tourist considering staying at the hotel. After listening to the advertisement, look at your lists again. Did they help you anticipate the content of the advertisement and focus on key information? Explain your answer.

Preparación

Mira la foto. ¿De qué crees que van a hablar? Haz una lista de la información que esperas oír en este tipo de situación.

Ahora escucha 🎧

Ahora vas a oír una entrevista entre la señora Sánchez y Rafael Ventura Romero. Antes de escuchar la entrevista, haz una lista de la información que esperas oír según tu conocimiento previo° del tema.

1. _____
2. _____
3. _____
4. _____

Mientras escuchas la entrevista, llena el formulario con la información necesaria. Si no oyes un dato° que necesitas, escribe *Buscar en el currículum*. ¿Oíste toda la información que habías anotado en tu lista?

Comprensión

Puesto solicitado _____
Nombre y apellidos del solicitante _____
Dirección _____ **Tel.** _____

Educación _____
Experiencia profesional: Puesto _____
Empresa _____
¿Cuánto tiempo? _____
Referencias:
Nombre _____
Dirección _____ Tel. _____
Nombre _____
Dirección _____ Tel. _____

Preguntas

1. ¿Cuántos años hace que Rafael Ventura trabaja para Dulces González?
2. ¿Cuántas referencias tiene Rafael?
3. ¿Cuándo se gradúa Rafael?
4. ¿Cuál es la profesión de Armando Carreño?
5. ¿Cómo sabes si los resultados de la entrevista han sido positivos para Rafael Ventura?

conocimiento previo *prior knowledge* **dato** *fact; piece of information*

Practice more at **vhlcentral.com**.

En pantalla Video: TV Clip

Cuando queremos lograr nuestros objetivos financieros, los bancos son de gran ayuda. Con servicios como ahorro° y crédito, ellos pueden ayudarnos a cumplir muchos proyectos, desde financiar nuestra carrera universitaria° hasta comprar un auto o la casa de nuestros sueños. Muchos bancos se han convertido en compañías multinacionales que prestan servicios en varios países a la vez°. En el caso de Hispanoamérica, bancos como Santander (España), BBVA, Citibank y Helm tienen sedes° en España, México, Colombia, Argentina, Panamá, Chile, Puerto Rico y Uruguay (entre otros).

Vocabulario útil

banquero/a	banker
cumplir (lograr)	achieve
imprenta	printing house
limonero	lemon tree
máquinas	machines
proyectos	projects

Cuando era chico...

Con base en el comercial, elige la respuesta correcta para cada pregunta. Cuando el hombre era chico…

1. …quería ser:
   a. abogado
   b. astronauta.
   c. banquero.

2. quería comprar:
   a. un auto 128.
   b. una imprenta.
   c. un perro.

3. …quería casarse con:
   a. María.
   b. una banquera.
   c. la maestra Adela

4. … quería que su casa tuviera:
   a. una imprenta.
   b. un jardín.
   c. un limonero en el frente.

En el futuro

¿Cómo te imaginas que será tu vida en veinte años? Haz una lista de los objetivos que quieres lograr para cuando seas mayor. Luego reúnete con un(a) compañero/a para compartir sus proyectos futuros. Por ejemplo:

modelo
En veinte años estaré viviendo en…
Cuando cumpla cuarenta años tendré…

ahorro *savings* carrera universitaria *college education*
a la vez *at the same time* sedes *headquarters*

Banco Comercial

1 Tengo una imprenta.

2 Tuve uno, sí.

3 ¿Tiene un limonero en el frente?

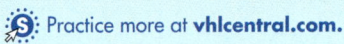

Practice more at vhlcentral.com.

El mundo del trabajo

El mundo del trabajo

Viernes en la tarde, llega el esperado fin de semana… y si el lunes es día festivo°, ¡mejor aún!° En varios países hispanos, además de tener entre quince y treinta días de vacaciones pagadas, hay bastantes días festivos. Por ejemplo, Puerto Rico tiene veintiún días feriados°, Colombia tiene dieciocho y Argentina, México y Chile tienen más de trece. Aunque parece que se trabaja menos, no siempre es el caso: las jornadas laborales° suelen ser más largas en Latinoamérica. Así que la gente aprovecha° los **puentes**° para descansar e incluso para hacer viajes cortos.

Vocabulario útil

el desarrollo	development
el horario	schedule
promover	to promote
las ventas	sales

Preparación
¿Trabajas? ¿Cuáles son tus metas (*goals*) profesionales?

Escoger
Escoge la opción correcta de cada par de afirmaciones.
1. a. Todos los ecuatorianos son muy felices en su trabajo.
   b. En Ecuador, como en todos los países del mundo, hay personas que aman su trabajo y hay otras que lo odian.
2. a. El objetivo principal de la agencia Klein Tours es mostrar al mundo las maravillas de Ecuador.
   b. La agencia de viajes Klein Tours quiere mostrar al mundo que tiene los empleados más fieles y profesionales de toda Latinoamérica.

día festivo *holiday* ¡mejor aún! *even better!* días feriados *holidays* jornadas laborales *working days* aprovecha *make the most of* puentes *long weekends*

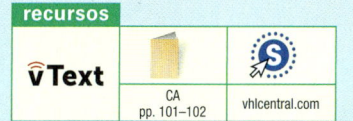

Gabriela, ¿qué es lo más difícil de ser una mujer policía?

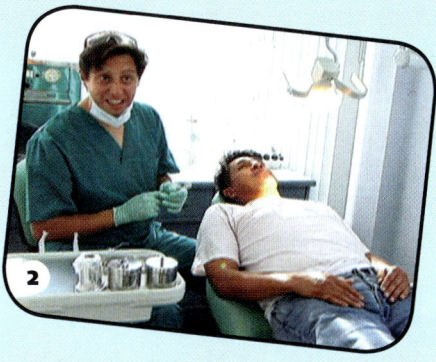

Amo mi trabajo. Imagínate, tengo la sonrisa del mundo entre mis manos.

Nuestra principal estrategia de ventas es promover nuestra naturaleza…

7 adelante

Lección 7

Nicaragua

Interactive Map
Video: *Panorama cultural*

El país en cifras

▶ **Área**: 129.494 km² (49.998 millas²), aproximadamente el área de Nueva York. Nicaragua es el país más grande de Centroamérica. Su terreno es muy variado e incluye bosques tropicales, montañas, sabanas° y marismas°, además de unos 40 volcanes.

▶ **Población**: 6.637.000

▶ **Capital**: Managua—1.895.000
Managua está en una región de una notable inestabilidad geográfica, con muchos volcanes y terremotos°. En décadas recientes, los nicaragüenses han decidido que no vale la pena° construir rascacielos° porque no resisten los terremotos.

▶ **Ciudades principales**: León, Masaya, Granada
SOURCE: Population Division, UN Secretariat

▶ **Moneda**: córdoba

▶ **Idiomas**: español (oficial); lenguas indígenas y criollas (oficiales); inglés

Bandera de Nicaragua

Nicaragüenses célebres

▶ **Rubén Darío**, poeta (1867–1916)
▶ **Violeta Barrios de Chamorro**, política y ex presidenta (1929–)
▶ **Daniel Ortega**, político y presidente (1945–)
▶ **Gioconda Belli**, poeta (1948–)

sabanas *grasslands* marismas *marshes* Pintada *Political graffiti*
terremotos *earthquakes* no vale la pena *it's not worthwhile* rascacielos
skyscrapers agua dulce *freshwater* Surgió *Emerged* maravillas *wonders*

Iglesia en León

Teatro Nacional Rubén Darío en Managua

Calle en Granada

Violeta Barrios de Chamorro

recursos
vText   CA pp. 77–78   CP p. 81   vhlcentral.com

¡Increíble pero cierto!

Ometepe, que en náhuatl significa "dos montañas", es la isla más grande en un lago de agua dulce° en el mundo. Surgió° en el Lago de Nicaragua por la actividad de los volcanes Maderas y Concepción. Por su valor natural y arqueológico, fue nominada para las nuevas siete maravillas° del mundo en 2009.

El mundo del trabajo

Historia • Las huellas° de Acahualinca

La región de Managua se caracteriza por tener un gran número de sitios prehistóricos. Las huellas de Acahualinca son uno de los restos° más famosos y antiguos°. Se formaron hace más de 6.000 años a orillas° del lago Managua. Las huellas, tanto de humanos como de animales, se dirigen° hacia una misma dirección, lo que ha hecho pensar a los expertos que éstos corrían hacia el lago para escapar de una erupción volcánica.

Artes • Ernesto Cardenal (1925–)

Ernesto Cardenal, poeta, escultor y sacerdote° católico, es uno de los escritores más famosos de Nicaragua, país conocido por sus grandes poetas. Ha escrito más de 35 libros y es considerado uno de los principales autores de Latinoamérica. Desde joven creyó en el poder de la poesía para mejorar la sociedad y trabajó por establecer la igualdad° y la justicia en su país. En los años 60, Cardenal estableció la comunidad artística del archipiélago de Solentiname en el lago de Nicaragua. Fue ministro de cultura del país desde 1979 hasta 1988 y participó en la fundación de Casa de los Tres Mundos, una organización creada para el intercambio cultural internacional.

Naturaleza • El lago de Nicaragua

El lago de Nicaragua, con un área de más de 8.000 km^2 (3.100 millas^2), es el lago más grande de Centroamérica. Tiene más de 400 islas e islotes° de origen volcánico, entre ellas la isla Zapatera. Allí se han encontrado numerosos objetos de cerámica y estatuas prehispánicos. Se cree que la isla era un centro ceremonial indígena.

¿Qué aprendiste? Responde a cada pregunta con una oración completa.

1. ¿Por qué no hay muchos rascacielos en Managua?
2. Nombra dos poetas de Nicaragua.
3. ¿Qué significa Ometepe en náhuatl?
4. ¿Cuál es una de las teorías sobre la formación de las huellas de Acahualinca?
5. ¿Por qué es famoso el archipiélago Solentiname?
6. ¿Qué cree Ernesto Cardenal acerca de la poesía?
7. ¿Cómo se formaron las islas del lago de Nicaragua?
8. ¿Qué hay de interés arqueológico en la isla Zapatera?

Conexión Internet Investiga estos temas en **vhlcentral.com**.

1. ¿Dónde se habla inglés en Nicaragua y por qué?
2. ¿Qué información hay ahora sobre la economía y/o los derechos humanos en Nicaragua?

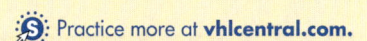

huellas footprints *restos* remains *antiguos* ancient *orillas* shores *se dirigen* are headed *sacerdote* priest *igualdad* equality *islotes* islets

La República Dominicana

Interactive Map
Video: *Panorama cultural*

El país en cifras

- **Área:** 48.730 km² (18.815 millas²), *el área combinada de New Hampshire y Vermont*
- **Población:** 10.867.000

La isla La Española, llamada así tras° el primer viaje de Cristóbal Colón, estuvo bajo el completo dominio de la corona° española hasta 1697, cuando la parte oeste de la isla pasó a ser propiedad° francesa. Hoy día está dividida políticamente en dos países, la República Dominicana en la zona este y Haití en el oeste.

- **Capital:** Santo Domingo—2.381.000
- **Ciudades principales:** Santiago de los Caballeros, La Vega, Puerto Plata, San Pedro de Macorís

SOURCE: Population Division, UN Secretariat

- **Moneda:** peso dominicano
- **Idiomas:** español (oficial), criollo haitiano

Bandera de la República Dominicana

Dominicanos célebres

- **Juan Pablo Duarte,** político y padre de la patria° (1813–1876)
- **Celeste Woss y Gil,** pintora (1891–1985)
- **Juan Luis Guerra,** compositor y cantante de merengue (1957–)

tras *after*   corona *crown*   propiedad *property*   padre de la patria *founding father*   restos *remains*   tumbas *graves*   navegante *sailor*   reemplazó *replaced*

Catedral de Santa María la Menor

Hombres tocando los palos en una misa en Nochebuena

Trabajadores del campo recogen la cosecha de ajos

recursos

vText CA pp. 79–80 CP p. 82 vhlcentral.com

¡Increíble pero cierto!

Los restos° de Cristóbal Colón pasaron por varias ciudades desde su muerte en el siglo XVI hasta el siglo XIX. Por esto, se conocen dos tumbas° de este navegante°: una en la Catedral de Sevilla, España, y otra en el Museo Faro a Colón en Santo Domingo, que reemplazó° la tumba inicial en la catedral de la capital dominicana.

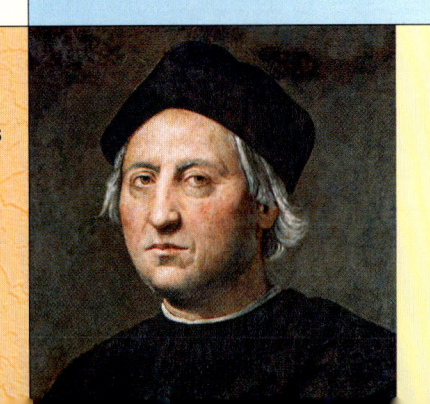

El mundo del trabajo doscientos cincuenta y nueve 259

Ciudades • Santo Domingo

La zona colonial de Santo Domingo, ciudad fundada en 1496, posee° algunas de las construcciones más antiguas del hemisferio. Gracias a las restauraciones°, la arquitectura de la ciudad es famosa no sólo por su belleza sino también por el buen estado de sus edificios. Entre sus sitios más visitados se cuentan° la Calle de las Damas, llamada así porque allí paseaban las señoras de la corte del Virrey; el Alcázar de Colón, un palacio construido entre 1510 y 1514 por Diego Colón, hijo de Cristóbal; y la Fortaleza Ozama, la más vieja de las Américas, construida entre 1502 y 1508.

Deportes • El béisbol

El béisbol es un deporte muy practicado en el Caribe. Los primeros países hispanos en tener una liga fueron Cuba y México, donde se empezó a jugar al béisbol en el siglo° XIX. Hoy día este deporte es una afición° nacional en la República Dominicana. Pedro Martínez (foto, derecha) y David Ortiz son sólo dos de los muchísimos beisbolistas dominicanos que han alcanzado° enorme éxito e inmensa popularidad entre los aficionados.

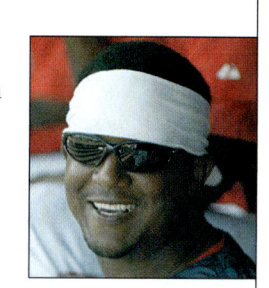

Artes • El merengue

El merengue, un ritmo originario de la República Dominicana, tiene sus raíces° en el campo. Tradicionalmente las canciones hablaban de los problemas sociales de los campesinos°. Sus instrumentos eran la guitarra, el acordeón, el guayano° y la tambora, un tambor° característico del lugar. Entre 1930 y 1960, el merengue se popularizó en las ciudades; adoptó un tono más urbano, en el que se incorporaron instrumentos como el saxofón y el bajo°, y empezaron a formarse grandes orquestas. Uno de los cantantes y compositores de merengue más famosos es Juan Luis Guerra.

¿Qué aprendiste? Responde a cada pregunta con una oración completa.
1. ¿Quién es Juan Luis Guerra?
2. ¿Cuándo se fundó la ciudad de Santo Domingo?
3. ¿Qué es el Alcázar de Colón?
4. Nombra dos beisbolistas famosos de la República Dominicana.
5. ¿De qué hablaban las canciones de merengue tradicionales?
6. ¿Qué instrumentos se utilizaban para tocar (*play*) el merengue?
7. ¿Cuándo se transformó el merengue en un estilo urbano?
8. ¿Qué cantante ha ayudado a internacionalizar el merengue?

Conexión Internet Investiga estos temas en **vhlcentral.com**.

1. Busca más información sobre la isla La Española. ¿Cómo son las relaciones entre la República Dominicana y Haití?
2. Busca más información sobre la zona colonial de Santo Domingo: la Catedral de Santa María, la Casa de Bastidas o el Panteón Nacional. ¿Cómo son estos edificios? ¿Te gustan? Explica tus respuestas.

Practice more at **vhlcentral.com**.

posee *possesses* restauraciones *restorations* se cuentan *are included* siglo *century* afición *pastime* han alcanzado *have reached* raíces *roots* campesinos *rural people* guayano *metal scraper* tambor *drum* bajo *bass*

vocabulario

Las ocupaciones

el/la abogado/a	lawyer
el actor, la actriz	actor
el/la arqueólogo/a	archaeologist
el/la arquitecto/a	architect
el/la bombero/a	firefighter
el/la carpintero/a	carpenter
el/la científico/a	scientist
el/la cocinero/a	cook; chef
el/la consejero/a	counselor; advisor
el/la contador(a)	accountant
el/la corredor(a) de bolsa	stockbroker
el/la diseñador(a)	designer
el/la electricista	electrician
el hombre/la mujer de negocios	businessperson
el/la maestro/a	teacher
el/la peluquero/a	hairdresser
el/la pintor(a)	painter
el/la político/a	politician
el/la psicólogo/a	psychologist
el/la reportero/a	reporter; journalist
el/la secretario/a	secretary
el/la técnico/a	technician

La entrevista

el anuncio	advertisement
el/la aspirante	candidate; applicant
los beneficios	benefits
el currículum	résumé
la entrevista	interview
el/la entrevistador(a)	interviewer
el puesto	position; job
el salario, el sueldo	salary
la solicitud (de trabajo)	(job) application
contratar	to hire
entrevistar	to interview
ganar	to earn
obtener	to obtain; to get
solicitar	to apply (for a job)

Audio: Vocabulary Flashcards

El mundo del trabajo

el ascenso	promotion
el aumento de sueldo	raise
la carrera	career
la compañía, la empresa	company; firm
el empleo	job; employment
el/la gerente	manager
el/la jefe/a	boss
los negocios	business; commerce
la ocupación	occupation
el oficio	trade
la profesión	profession
la reunión	meeting
el teletrabajo	telecommuting
el trabajo	job; work
la videoconferencia	videoconference
dejar	to quit; to leave behind
despedir (e:i)	to fire
invertir (e:ie)	to invest
renunciar (a)	to resign (from)
tener éxito	to be successful
comercial	commercial; business-related

Palabras adicionales

dentro de (diez años)	within (ten years)
en el futuro	in the future
el porvenir	the future
próximo/a	next

Expresiones útiles	See page 233.

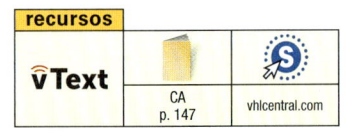

Un festival de arte

8

Communicative Goals
I will be able to:
- Talk about and discuss the arts
- Express what I would like to do
- Express hesitation

VOICE BOARD

contextos
pages 262–265
- The arts
- Movies
- Television

fotonovela
pages 266–269
Jimena and Juan Carlos have their first date, and Felipe tries to accept the new romance. Meanwhile, Miguel has a surprise planned for Maru.

cultura
pages 270–271
- **Museo de Arte Contemporáneo de Caracas**
- Fernando Botero

estructura
pages 272–283
- The conditional
- The conditional perfect
- The past perfect subjunctive
- **Recapitulación**

adelante
pages 284–293
Lectura: Three poems
Escritura: Your favorite famous people
Escuchar: A movie review
En pantalla
Flash cultura
Panorama: El Salvador y Honduras

A PRIMERA VISTA
- ¿Estará trabajando la chica de la foto?
- ¿Es artista o arquitecto?
- ¿Tendrá un oficio?
- ¿Será una persona creativa o no?

8 contextos

Lección 8

Un festival de arte

Audio: Vocabulary Tutorials, Games

Más vocabulario

el/la compositor(a)	composer
el/la director(a)	director; (musical) conductor
el/la dramaturgo/a	playwright
el/la escritor(a)	writer
el personaje (principal)	(main) character
las bellas artes	(fine) arts
el boleto	ticket
la canción	song
la comedia	comedy; play
el cuento	short story
la cultura	culture
el drama	drama; play
el espectáculo	show
el festival	festival
la historia	history; story
la obra	work (of art, music, etc.)
la obra maestra	masterpiece
la ópera	opera
la orquesta	orchestra
aburrirse	to get bored
dirigir	to direct
presentar	to present; to put on (a performance)
publicar	to publish
artístico/a	artistic
clásico/a	classical
dramático/a	dramatic
extranjero/a	foreign
folclórico/a	folk
moderno/a	modern
musical	musical
romántico/a	romantic
talentoso/a	talented

Variación léxica

banda ↔ grupo musical (*Esp.*)
boleto ↔ entrada (*Esp.*)

Hace el papel de Romeo. (hacer)

el público

La Tragedia de Romeo y Julieta

El Teatro

el tejido

la estatua

Esculpe. (esculpir)

el escultor

La Artesanía

La Escultura

Aprecia. (apreciar)

la bailarina

el bailarín

Aplaude. (aplaudir)

La Danza

recursos

vText

CA p. 149

CP pp. 83–84

CH pp. 113–114

vhlcentral.com

Un festival de arte

doscientos sesenta y tres 263

Labels on illustration: La Pintura · la cerámica · Pinta. (pintar) · el poeta · el poema · La Poesía · El músico toca un instrumento. (tocar) · La banda da un concierto. (dar) · la cantante · el baile · La Música

Práctica

1 Escuchar 🎧 Escucha la conversación y contesta las preguntas.

1. ¿Adónde fueron Ricardo y Juanita?
2. ¿Cuál fue el espectáculo que más le gustó a Ricardo?
3. ¿Qué le gustó más a Juanita?
4. ¿Qué dijo Ricardo del actor?
5. ¿Qué dijo Juanita del actor?
6. ¿Qué compró Juanita en el festival?
7. ¿Qué compró Ricardo?
8. ¿Qué poetas le interesaron a Ricardo?

2 Artes 🎧 Escucha las oraciones y escribe el número de cada oración debajo del arte correspondiente.

teatro	artesanía	poesía

música	danza

3 ¿Cierto o falso? Indica si lo que dice cada oración es **cierto** o **falso**.

	Cierto	Falso
1. Las bellas artes incluyen la pintura, la escultura, la música, el baile y el drama.	○	○
2. Un boleto es un tipo de instrumento musical que se usa mucho en las óperas.	○	○
3. El tejido es un tipo de música.	○	○
4. Un cuento es una narración corta que puede ser oral o escrita.	○	○
5. Un compositor es el personaje principal de una obra de teatro.	○	○
6. Publicar es la acción de hablar en público ante grupos grandes.	○	○

4 Artistas Indica la profesión de cada uno de estos artistas.

1. Gael García Bernal
2. Frida Kahlo
3. Shakira
4. Octavio Paz
5. William Shakespeare
6. Miguel de Cervantes
7. Joan Miró
8. Leonard Bernstein
9. Toni Morrison
10. Fred Astaire

5 Los favoritos
En parejas, túrnense para preguntarse cuál es su película o programa favorito de cada categoría.

modelo
película musical
—¿Cuál es tu película musical favorita?
—Mi película musical favorita es High School Musical.

1. película de ciencia ficción
2. programa de entrevistas
3. telenovela
4. película de horror
5. película de acción
6. concurso
7. programa de realidad
8. película de aventuras
9. documental
10. programa de dibujos animados

El cine y la televisión

el canal	channel
el concurso	game show; contest
los dibujos animados	cartoons
el documental	documentary
la estrella (m., f.) de cine	movie star
el premio	prize; award
el programa de entrevistas/realidad	talk/reality show
la telenovela	soap opera
…de acción	action
…de aventuras	adventure
…de ciencia ficción	science fiction
…de horror	horror
…de vaqueros	western

6 Completar
Completa las frases con las palabras adecuadas.

aburrirse	canal	estrella	musical
aplauden	de vaqueros	extranjera	romántica
artística	director	folclórica	talentosa

1. Una película que fue hecha en otro país es una película…
2. Si las personas que asisten a un espectáculo lo aprecian, ellos…
3. Una persona que puede hacer algo muy bien es una persona…
4. Una película que trata del amor y de las emociones es una película…
5. Una persona que pinta, esculpe y/o hace artesanía es una persona…
6. La música que refleja la cultura de una región o de un país es música…
7. Si la acción tiene lugar en el oeste de los EE.UU. durante el siglo XIX, probablemente es una película…
8. Una obra en la cual los actores presentan la historia por medio de (by means of) canciones y bailes es un drama…
9. Cuando una película no tiene una buena historia, el público empieza a…
10. Si quieres ver otro programa de televisión, es necesario que cambies de…

¡ATENCIÓN!
Apreciar means *to appreciate* only in the sense of evaluating what something is worth. Use **agradecer** to express the idea *to be grateful for*.

Ella sabe **apreciar** la buena música. *She appreciates good music.*

Le **agradezco** mucho su ayuda. *I am grateful for your help.*

7 Analogías
En parejas, completen las analogías con las palabras adecuadas. Después, preparen una conversación utilizando al menos seis de las palabras que han encontrado.

1. alegre ↔ triste ⊖ comedia ↔
2. escultor ↔ escultora ⊖ bailarín ↔
3. drama ↔ dramaturgo ⊖ pintura ↔
4. Los Simpson ↔ dibujos animados ⊖ Jeopardy ↔
5. de entrevistas ↔ programa ⊖ de vaqueros ↔
6. aplaudir ↔ público ⊖ hacer el papel ↔
7. poema ↔ literatura ⊖ tejido ↔
8. músico ↔ tocar ⊖ cantante ↔

¡LENGUA VIVA!
Remember that, in Spanish, last names do not have a plural form, although **los** may be used with a family name.

Los Simpson
The Simpsons

Practice more at vhlcentral.com.

Un festival de arte

Comunicación

8 Crucigrama Tu profesor(a) les va a dar un crucigrama (*crossword puzzle*) incompleto. Tú tienes las palabras que necesita tu compañero/a y él/ella tiene las palabras que tú necesitas. Sin revelar las palabras, utilicen pistas (*clues*) que les permitan adivinar las respuestas.

> **modelo**
> **1 horizontal:** Fiesta popular que generalmente tiene lugar en las calles de las ciudades.
> **2 vertical:** Novelas que puedes ver en la televisión.

9 Preguntas Contesta estas preguntas sobre el arte en tu vida. Comparte tus respuestas con un(a) compañero/a de clase.

La música

1. ¿Qué tipo de música prefieres? ¿Por qué?
2. ¿Tocas un instrumento? ¿Cuál?
3. ¿Hay algún instrumento que quisieras aprender a tocar?

El cine

4. ¿Con qué frecuencia vas al cine?
5. ¿Qué tipos de películas prefieres?

Las bellas artes

6. ¿Haces algo que se pueda considerar artístico? ¿Pintas, dibujas, esculpes, haces artesanías, actúas en dramas, tocas un instrumento, cantas o escribes poemas?
7. ¿Con qué frecuencia vas a un museo de arte o asistes a conciertos, al teatro o a lecturas públicas de poesía?
8. ¿Es el arte una parte importante de tu vida? ¿Por qué?

10 Programa Trabajen en grupos pequeños para crear un programa de televisión o un corto (*short film*) para el canal de televisión de la escuela.

▶▶ Primero decidan el género y el propósito del programa o del corto. Cada grupo debe escoger un género distinto. Algunos de los géneros posibles: documental, concurso, programa de realidad, película de acción.

▶ Después, escriban el programa o el corto y preséntenlo a la clase.

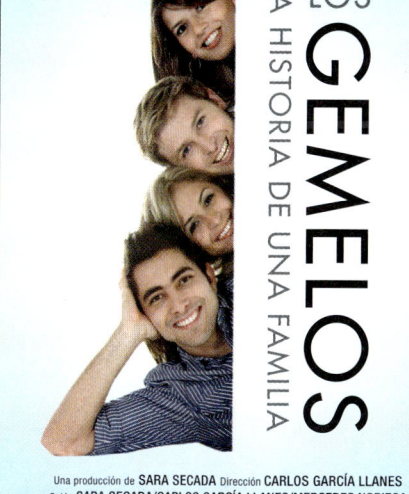

AYUDA
el género *genre*
el propósito *purpose*

8 | fotonovela

Lección 8

Una sorpresa para Maru

Miguel y Maru hacen una visita muy especial al Museo de Arte Popular. Por otra parte, Jimena y Juan Carlos hablan sobre arte.

PERSONAJES   **JUAN CARLOS**   **JIMENA**

Video: *Fotonovela*
Record and Compare

1

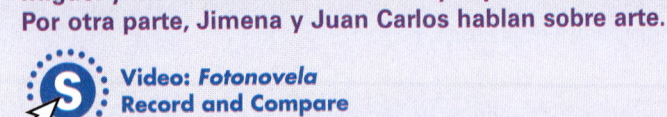

JUAN CARLOS Cuando era niño, iba con frecuencia a espectáculos culturales con mi mamá. A ella le gustan el teatro, los conciertos, la poesía y especialmente la danza.

2

JIMENA Mi mamá hubiera querido que tocara algún instrumento, pero la verdad es que no tengo nada de talento musical y Felipe tampoco.

3

JIMENA Aunque no tengamos talento artístico, mi mamá nos enseñó a apreciar la música.

JUAN CARLOS Creo que tu mamá y la mía se llevarían bien. Tal vez algún día lleguen a conocerse.

6

MIGUEL María Eugenia Castaño Ricaurte, ¿me harías el honor de casarte conmigo?

7

(*Juan Carlos y Jimena hablan de los espectáculos que les gustan*).

JUAN CARLOS ¿Qué clase de espectáculos te gustan?

JIMENA Me gusta la música en vivo y el teatro. Además, me encantan las películas.

8

JIMENA ¿Cuáles son tus películas favoritas?

JUAN CARLOS Las de ciencia ficción y las de terror.

Un festival de arte

MIGUEL **MARU** **FELIPE**

4
(*Mientras tanto, en el Museo de Arte Popular*)

MARU Siempre había querido venir aquí. Me encantan las artesanías de cerámica y sus tejidos. El arte folclórico nos cuenta la historia de su gente y su país.

5
MARU ¿Todo bien, Miguel? ¿Qué tienes allí?
MIGUEL ¿Podría pedirte algo?
MARU Claro.

9
JUAN CARLOS ¿Te gustan las películas de acción?
JIMENA Sí, me fascinan, y también los documentales.
JUAN CARLOS Bueno, podríamos ir a verlos juntos.

10
(*Y... en el museo*)
MARU Sí. ¡Sí acepto casarme contigo! Qué anillo tan hermoso.

Expresiones útiles

Talking about the arts
Mi mamá hubiera querido que tocara algún instrumento.
My mother would have wanted me to play some instrument.
Pero la verdad es que no tengo nada de talento musical.
But the truth is I don't have any musical talent.
Me encantan las artesanías de cerámica y los tejidos.
I love ceramic crafts and weavings.
El arte folclórico nos cuenta la historia de su gente y su país.
Folk art tells us the history of its people and its country.

Getting engaged
¿Podría pedirte algo?
Could I ask you for something?
¿Me harías el honor de casarte conmigo?
Would you do me the honor of marrying me?
Sí. ¡Sí acepto casarme contigo!
Yes. Yes, I'll marry you!
Qué anillo tan hermoso.
What a beautiful ring.

Additional vocabulary
(No) Estoy de acuerdo.
I (dis)agree.

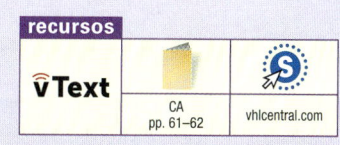

¿Qué pasó?

1 Seleccionar Selecciona la respuesta correcta.

1. Cuando era niño, Juan Carlos iba a los _____ culturales.
   a. premios   b. espectáculos   c. boletos
2. Jimena dice que no tiene talento _____.
   a. musical   b. moderno   c. folclórico
3. A Maru le encanta ver las _____ en cerámica y los tejidos.
   a. bailarinas   b. artesanías   c. bellas artes
4. A Jimena le gusta escuchar música en vivo e ir al _____.
   a. cine   b. festival   c. teatro
5. A Juan Carlos le gustan las películas de _____.
   a. acción y de vaqueros   b. aventuras y de drama   c. ciencia ficción y de terror

2 Identificar Identifica quién puede decir estas oraciones.

1. A mi mamá le gusta mucho la danza, pero también el teatro.
2. ¡Qué bonito es el arte folclórico que hay en este museo!
3. Me gustan mucho las películas.
4. Te voy a invitar a ver documentales, a mí también me gustan.
5. Nunca pude aprender a tocar un instrumento musical.
6. Me haces el hombre más feliz por querer casarte conmigo.

JIMENA   MARU   JUAN CARLOS   MIGUEL

3 Correspondencias ¿A qué eventos culturales asistirán juntos Jimena y Juan Carlos?

| una exposición de cerámica precolombina | un concierto | una ópera |
| una exposición de pintura española | una telenovela | una tragedia |

1. Escucharán música clásica y conocerán a un director muy famoso.
2. El público aplaudirá mucho a la señora que es soprano.
3. Como a Marissa le gusta la historia, la llevarán a ver esto.
4. Como a Miguel le gustaría ver arte, entonces irán con él.

4 El fin de semana Vas a asistir a dos eventos culturales el próximo fin de semana con un(a) compañero/a de clase. Comenten entre ustedes por qué les gustan o les disgustan algunas de las actividades que van sugiriendo. Escojan al final dos actividades que puedan realizar juntos/as. Usen estas frases y expresiones en su conversación.

▶ ¿Qué te gustaría ver/hacer este fin de semana?
▶ ¿Te gustaría asistir a...?
▶ ¡Me encanta(n)... !
▶ Odio..., ¿qué tal si...?

Practice more at vhlcentral.com.

Ortografía y pronunciación
Las trampas ortográficas

Some of the most common spelling mistakes in Spanish occur when two or more words have very similar spellings. This section reviews some of those words.

compro   compró   hablo   habló

There is no accent mark in the **yo** form of –**ar** verbs in the present tense. There is, however, an accent mark in the **Ud./él/ella** form of –**ar** verbs in the preterite.

este (adjective)   **éste** (pronoun)   **esté** (verb)

The demonstrative adjectives **esta** and **este** do not have an accent mark. The demonstrative pronouns **ésta** and **éste** have an accent mark on the first syllable. The verb forms **está** (*present indicative*) and **esté** (*present subjunctive*) have an accent mark on the last syllable.

jo-ven   jó-ve-nes   bai-la-rín   bai-la-ri-na

The location of the stressed syllable in a word determines whether or not a written accent mark is needed. When a plural or feminine form has more syllables than the singular or masculine form, an accent mark must sometimes be added or deleted to maintain the correct stress.

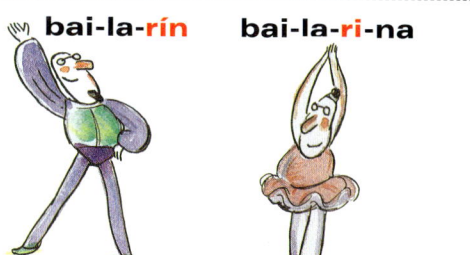

No me gusta la ópera, sino el teatro.
No quiero ir al festival si no vienes conmigo.

The conjunction **sino** (*but rather*) should not be confused with **si no** (*if not*). Note also the difference between **mediodía** (*noon*) and **medio día** (*half a day*) and between **por qué** (*why*) and **porque** (*because*).

Práctica Completa las frases con las palabras adecuadas para cada ocasión.
1. Javier me explicó que _____ lo invitabas, él no iba a venir. (sino/si no)
2. Me gustan mucho las _____ folclóricas. (canciones/canciónes)
3. Marina _____ su espectáculo en El Salvador. (presento/presentó)
4. Yo prefiero _____. (éste/esté)

Palabras desordenadas Ordena las letras para descubrir las palabras correctas. Después, ordena las letras indicadas para descubrir la respuesta a la pregunta.

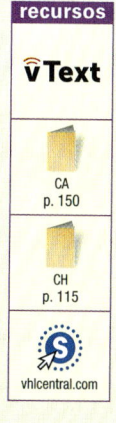

¿Adónde va Manuel?

y u n a s e d ó
q u e r o p
z o g a d e l a
á s e t
h a i t e s a b o n c i

Manuel va ___ _____.[1]

[1] *Respuestas: desayuno, porque, adelgazo, está, habitaciones. Manuel va al teatro.*

cultura

EN DETALLE

Museo de Arte Contemporáneo de Caracas

Una visita al Museo de Arte Contemporáneo de Caracas Sofía Imber (MACCSI) es una experiencia incomparable. Su colección permanente incluye unas 3.000 obras de artistas de todo el mundo. Además, el museo organiza exposiciones temporales° de escultura, dibujo, pintura, fotografía, cine y video. En sus salas se pueden admirar obras de artistas como Matisse, Miró, Picasso, Chagall, Tàpies y Botero.

Exposición Cuerpo plural, MACCSI

En 2004, el museo tuvo que cerrar a causa de un incendio°. Entonces, su valiosa° colección fue trasladada al Museo de Bellas Artes, también en Caracas.

La lección de esquí, de Joan Miró

Además, se realizaron exposiciones en otros lugares, incluso al aire libre, en parques y bulevares.

Cuando el MACCSI reabrió° sus puertas un año después, lo hizo con nuevos conceptos e ideas. Se dio más atención a las cerámicas y fotografías de la colección. También se creó una sala multimedia dedicada a las últimas tendencias° como video-arte y *performance*.

El MACCSI es un importante centro cultural. Además de las salas de exposición, cuenta con° un jardín de esculturas, un auditorio y una biblioteca especializada en arte. También organiza talleres° y recibe a grupos escolares. Un viaje a Caracas no puede estar completo sin una visita a este maravilloso museo.

Otros museos importantes

Museo del Jade (San José, Costa Rica): Tiene la colección de piezas de jade más grande del mundo. La colección tiene un gran valor° y una gran importancia histórica. Incluye muchas joyas° precolombinas.

Museo de Instrumentos Musicales (La Paz, Bolivia): Muestra más de 2.500 instrumentos musicales bolivianos y de otras partes del mundo. Tiene un taller de construcción de instrumentos musicales.

Museo de Culturas Populares (México, D.F., México): El museo investiga y difunde° las diferentes manifestaciones culturales de México, realiza exposiciones y organiza seminarios, cursos y talleres.

Museo del Cine Pablo Ducrós Hicken (Buenos Aires, Argentina): Dedicado a la historia del cine argentino, expone películas, libros, revistas, guiones°, carteles, fotografías, cámaras y proyectores antiguos.

exposiciones temporales *temporary exhibitions* incendio *fire* valiosa *valuable* reabrió *reopened* tendencias *trends* cuenta con *it has* talleres *workshops* valor *value* joyas *jewelry* difunde *spreads* guiones *scripts*

ACTIVIDADES

1 **¿Cierto o falso?** Indica si lo que dice cada oración es **cierto** o **falso**. Corrige la información falsa.

1. La colección permanente del MACCSI tiene sólo obras de artistas venezolanos.
2. Durante el tiempo que el museo cerró a causa de un incendio, se realizaron exposiciones al aire libre.
3. Cuando el museo reabrió, se dio más atención a la pintura.
4. En el jardín del museo también pueden admirarse obras de arte.
5. La importancia del Museo del Jade se debe a las joyas europeas que se exponen en él.
6. En el Museo de Instrumentos Musicales de La Paz también se hacen instrumentos musicales.
7. En Buenos Aires hay un museo dedicado a la historia del cine de Hollywood.

Un festival de arte

ASÍ SE DICE
Arte y espectáculos

las caricaturas (Col., El Salv., Méx.); los dibujitos (Arg.); los muñequitos (Cuba)	los dibujos animados
el coro	choir
el escenario	stage
el estreno	debut, premiere
el/la guionista	scriptwriter

EL MUNDO HISPANO
Artistas hispanos

- **Myrna Báez** (Santurce, Puerto Rico, 1931) Innovó las técnicas de la pintura y el grabado° en Latinoamérica. En 2001, el Museo de Arte de Puerto Rico le rindió homenaje° a sus cuarenta años de carrera artística.

- **Joaquín Cortés** (Córdoba, España, 1969) Bailarín y coreógrafo. En sus espectáculos une° sus raíces gitanas° a influencias musicales de todo el mundo.

- **Tania León** (La Habana, Cuba, 1943) Compositora y directora de orquesta. Fue cofundadora° y directora musical del *Dance Theater of Harlem* y ha compuesto numerosas obras.

- **Rafael Murillo Selva** (Tegucigalpa, Honduras, 1936) Dramaturgo. En su obra refleja preocupaciones sociales y la cultura hondureña.

grabado *engraving* rindió homenaje *paid homage* une *combines* raíces gitanas *gypsy roots* cofundadora *co-founder*

PERFIL
Fernando Botero: un estilo único

El dibujante°, pintor y escultor Fernando Botero es un colombiano de fama internacional. Ha expuesto sus obras en galerías y museos de las Américas, Europa y Asia.

La pintura siempre ha sido su pasión. Su estilo se caracteriza por un cierto aire ingenuo° y unas proporciones exageradas. Mucha gente dice que Botero "pinta gordos", pero esto no es correcto. En su obra no sólo las personas son exageradas; los animales y los objetos también. Botero dice que empezó a pintar personas y cosas voluminosas por intuición. Luego, estudiando la pintura de los maestros italianos, se reafirmó su interés por el volumen y comenzó a usarlo conscientemente° en sus pinturas y esculturas, muchas de las cuales se exhiben en ciudades de todo el mundo. Botero es un trabajador incansable° y es que, para él, lo más divertido del mundo es pintar y crear.

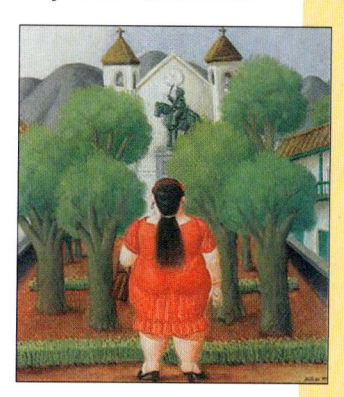

dibujante *drawer* ingenuo *naive* conscientemente *consciously* incansable *tireless*

Conexión Internet

¿Qué otros artistas de origen hispano son famosos?

Go to **vhlcentral.com** to find more cultural information related to this **Cultura** section.

ACTIVIDADES

2 Comprensión Responde a las preguntas.
1. ¿Cómo se dice en español "*The scriptwriter is on stage*"?
2. ¿Cuál fue la contribución de Myrna Báez al arte latinoamericano?
3. ¿En qué actividades artísticas trabaja Tania León?
4. ¿Qué tipo de obras realiza Fernando Botero?
5. ¿Cuáles son dos características del estilo de Botero?

3 Sus artistas favoritos En grupos pequeños, hablen sobre sus artistas favoritos (de cualquier disciplina artística). Hablen de la obra que más les gusta de estos artistas y expliquen por qué.

8 estructura

8.1 The conditional

ANTE TODO The conditional tense in Spanish expresses what you *would do* or what *would happen* under certain circumstances.

The conditional tense

		visitar	comer	aplaudir
SINGULAR FORMS	yo	visitar**ía**	comer**ía**	aplaudir**ía**
	tú	visitar**ías**	comer**ías**	aplaudir**ías**
	Ud./él/ella	visitar**ía**	comer**ía**	aplaudir**ía**
PLURAL FORMS	nosotros/as	visitar**íamos**	comer**íamos**	aplaudir**íamos**
	vosotros/as	visitar**íais**	comer**íais**	aplaudir**íais**
	Uds./ellos/ellas	visitar**ían**	comer**ían**	aplaudir**ían**

> Creo que tu mamá y la mía se llevarían bien.

> Pensé que te gustaría el Museo de Arte Popular.

▶ The conditional tense is formed much like the future tense. The endings are the same for all verbs, both regular and irregular. For regular verbs, you simply add the appropriate endings to the infinitive. **¡Atención!** All forms of the conditional have an accent mark.

▶ For irregular verbs, add the conditional endings to the irregular stems.

INFINITIVE	STEM	CONDITIONAL	INFINITIVE	STEM	CONDITIONAL
decir	dir-	dir**ía**	querer	querr-	querr**ía**
hacer	har-	har**ía**	saber	sabr-	sabr**ía**
poder	podr-	podr**ía**	salir	saldr-	saldr**ía**
poner	pondr-	pondr**ía**	tener	tendr-	tendr**ía**
haber	habr-	habr**ía**	venir	vendr-	vendr**ía**

▶ While in English the conditional is a compound verb form made up of the auxiliary verb *would* and a main verb, in Spanish it is a simple verb form that consists of one word.

Yo no me **pondría** ese vestido.
I would not wear that dress.

¿**Vivirían** ustedes en otro país?
Would you live in another country?

¡ATENCIÓN!
The polite expressions **Me gustaría...** (*I would like...*) and **Te gustaría...** (*You would like...*) are other examples of the conditional.

AYUDA
The infinitive of **hay** is **haber**, so its conditional form is **habría**.

Un festival de arte

▶ The conditional is commonly used to make polite requests.

¿Podrías abrir la ventana, por favor?
Would you open the window, please?

¿Sería tan amable de venir a mi oficina?
Would you be so kind as to come to my office?

▶ In Spanish, as in English, the conditional expresses the future in relation to a past action or state of being. In other words, the future indicates what *will happen* whereas the conditional indicates what *would happen*.

Creo que mañana **hará** sol.
I think it will be sunny tomorrow.

Creía que hoy **haría** sol.
I thought it would be sunny today.

▶ The English *would* is often used with a verb to express the conditional, but it can also mean *used to*, in the sense of past habitual action. To express past habitual actions, Spanish uses the imperfect, not the conditional.

Íbamos al parque los sábados.
We would go to the park on Saturdays.

De adolescentes, **comíamos** mucho.
As teenagers, we used to eat a lot.

AYUDA
Keep in mind the two parallel combinations shown in the example sentences:
1) present tense in main clause → future tense in subordinate clause
2) past tense in main clause → conditional tense in subordinate clause

Sin ti, no sé qué haría.
Sólo tú sabes ordenar mi vida.

COMPARE & CONTRAST

In **Lección 7**, you learned the *future of probability*. Spanish also has the *conditional of probability*, which expresses conjecture or probability about a past condition, event, or action. Compare these Spanish and English sentences.

Serían las once de la noche cuando Elvira me llamó.
It must have been (It was probably) 11 p.m. when Elvira called me.

Sonó el teléfono. ¿**Llamaría** Emilio para cancelar nuestra cita?
The phone rang. I wondered if it was Emilio calling to cancel our date.

Note that English conveys conjecture or probability with phrases such as *I wondered if*, *probably*, and *must have been*. In contrast, Spanish gets these same ideas across with conditional forms.

¡INTÉNTALO!

Indica la forma apropiada del condicional de los verbos.

1. Yo _escucharía, leería, esculpiría_ (escuchar, leer, esculpir)
2. Tú _____ (apreciar, comprender, compartir)
3. Marcos _____ (poner, venir, querer)
4. Nosotras _____ (ser, saber, ir)
5. Ustedes _____ (presentar, deber, aplaudir)
6. Ella _____ (salir, poder, hacer)
7. Yo _____ (tener, tocar, aburrirse)
8. Tú _____ (decir, ver, publicar)

recursos
vText
CA pp. 37–38, 151
CP pp. 85–86
CH pp. 117–118
vhlcentral.com

Práctica

1 **De viaje** A un grupo de artistas le gustaría hacer un viaje a Honduras. En estas oraciones nos cuentan sus planes de viaje. Complétalas con el condicional del verbo entre paréntesis.

1. Me _____ (gustar) llevar algunos libros de poesía de Leticia de Oyuela.
2. Ana _____ (querer) ir primero a Copán para conocer las ruinas mayas.
3. Yo _____ (decir) que fuéramos a Tegucigalpa primero.
4. Nosotras _____ (preferir) ver una obra del Grupo Dramático de Tegucigalpa. Luego _____ (poder) tomarnos un café.
5. Y nosotros _____ (ver) los cuadros del pintor José Antonio Velásquez. Y tú, Luisa, ¿qué _____ (hacer)?
6. Yo _____ (tener) interés en ver o comprar cerámica de José Arturo Machado. Y a ti, Carlos, ¿te _____ (interesar) ver la arquitectura colonial?

> **NOTA CULTURAL**
>
> **Leticia de Oyuela** (1935–2008) fue una escritora hondureña. En sus obras, Oyuela combinaba la historia con la ficción y, a través de sus personajes, cuestionaba y desafiaba (*used to challenge*) las normas sociales.

2 **¿Qué harías?** En parejas, pregúntense qué harían en estas situaciones.

- Estás en un concierto de tu banda favorita y la persona que está sentada delante no te deja ver.

- Un amigo actor te invita a ver una película que acaba de hacer, y no te gusta nada cómo hace su papel.

- Estás invitado/a a los Premios Ariel. Es posible que te vayan a dar un premio, pero ese día estás muy enfermo/a.

- Te invitan, pagándote mucho dinero, para ir a un programa de televisión para hablar de tu vida privada y pelearte (*to fight*) con tu novio/a durante el programa.

> **NOTA CULTURAL**
>
> **Los Premios Ariel** de México son el equivalente a los Premios Oscar en los Estados Unidos. Cada año los entrega la Academia Mexicana de Ciencias y Artes Cinematográficas. Algunas películas que han ganado un premio Ariel son *Amores perros* y *El laberinto del fauno*.

3 **Sugerencias** Matilde busca trabajo. Dile seis cosas que tú harías si fueras ella. Usa el condicional. Luego compara tus sugerencias con las de un(a) compañero/a.

modelo
Si yo fuera tú, buscaría trabajo en el periódico.

> **AYUDA**
>
> Here are two ways of saying *If I were you*:
> **Si yo fuera tú…**
> **Yo en tu lugar…**

Practice more at **vhlcentral.com**.

Un festival de arte doscientos setenta y cinco 275

Comunicación

4 Conversaciones Tu profesor(a) te dará una hoja de actividades. En ella se presentan dos listas con diferentes problemas que supuestamente tienen los estudiantes. En parejas, túrnense para explicar los problemas de su lista; uno/a cuenta lo que le pasa y el/la otro/a dice lo que haría en esa situación usando la frase "Yo en tu lugar...".

> **modelo**
>
> **Estudiante 1:** ¡Qué problema! Mi novio no me habla desde el domingo.
> **Estudiante 2:** Yo en tu lugar, no le diría nada por unos días para ver qué pasa.

5 Luces, cámara y acción En grupos pequeños, elijan una película que les guste y después escriban una lista con las cosas que habrían hecho de manera diferente si hubieran sido los directores. Después, uno del grupo tiene que leer su lista y el resto de la clase tiene que adivinar de qué película se trata.

Yo no contrataría a Robert Downey Jr. para ese papel.

Ni tampoco haría muchas películas sobre el mismo tema.

Tony Stark y Pepper Potts se casarían y tendrían hijos.

Yo cambiaría el final de la historia.

Síntesis

6 Encuesta Tu profesor(a) te dará una hoja de actividades. Circula por la clase y pregúntales a tres compañeros/as qué actividad(es) de las que se describen les gustaría realizar. Usa el condicional de los verbos. Anota las respuestas e informa a la clase de los resultados de la encuesta.

> **modelo**
>
> **Estudiante 1:** ¿Harías el papel de un loco en una obra de teatro?
> **Estudiante 2:** Sí, lo haría. Sería un papel muy interesante.

8.2 The conditional perfect

> Felipe habría venido con nosotros, pero sigue molesto.

> Sí, pensé que ya se le había pasado el enojo.

The conditional perfect

	pintar	comer	vivir
SINGULAR FORMS			
yo	habría pintado	habría comido	habría vivido
tú	habrías pintado	habrías comido	habrías vivido
Ud./él/ella	habría pintado	habría comido	habría vivido
PLURAL FORMS			
nosotros/as	habríamos pintado	habríamos comido	habríamos vivido
vosotros/as	habríais pintado	habríais comido	habríais vivido
Uds./ellos/ellas	habrían pintado	habrían comido	habrían vivido

▶ The conditional perfect is used to express an action that would have occurred, but didn't.

¿No fuiste al espectáculo?
¡Te **habrías divertido**!
You didn't go to the show?
You would have had a good time!

Sandra **habría preferido** ir a la ópera, pero Omar prefirió ir al cine.
Sandra would have preferred to go to the opera, but Omar preferred to see a movie.

¡INTÉNTALO!

Indica las formas apropiadas del condicional perfecto de los verbos.

1. Nosotros _habríamos hecho_ (hacer) todos los quehaceres.
2. Tú _____ (apreciar) mi poesía.
3. Ellos _____ (pintar) un mural.
4. Usted _____ (tocar) el piano.
5. Ellas _____ (poner) la mesa.
6. Tú y yo _____ (resolver) los problemas.
7. Silvia y Alberto _____ (esculpir) una estatua.
8. Yo _____ (presentar) el informe.
9. Ustedes _____ (vivir) en el campo.
10. Tú _____ (abrir) la puerta.

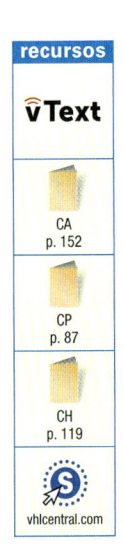

Práctica

1 **Completar** Completa los diálogos con la forma apropiada del condicional perfecto de los verbos de la lista. Luego, en parejas, representen los diálogos.

divertirse	presentar	sentir	tocar
hacer	querer	tener	venir

1. —Tú _____ el papel de Aída mejor que ella. ¡Qué lástima!
   —Sí, mis padres _____ desde California sólo para oírme cantar.
2. —Olga, yo esperaba algo más. Con un poco de dedicación y práctica la orquesta _____ mejor y los músicos _____ más éxito.
   —Menos mal que la compositora no los escuchó. Se _____ avergonzada.
3. —Tania _____ la comedia pero no pudo porque cerraron el teatro.
   —¡Qué lástima! Mi esposa y yo _____ ir a la presentación de la obra. Siempre veo tragedias y sé que _____.

¡LENGUA VIVA!
The expression **Menos mal que...** means *It's a good thing that...* or *It's just as well that...* It is followed by a verb in the indicative.

2 **Combinar** En parejas, imaginen qué harían estas personas en las situaciones presentadas. Combina elementos de cada una de las tres columnas para formar seis oraciones usando el condicional perfecto.

A	B	C
con talento artístico	yo	estudiar...
con más tiempo libre	tú	pintar...
en otra especialización	la gente	esculpir...
con más aprecio de las artes	mis compañeros y yo	viajar...
con más dinero	los artistas	escribir...
en otra película	Alejandro González Iñárritu	publicar...

NOTA CULTURAL
El director de cine **Alejandro González Iñárritu** forma parte de la nueva generación de directores mexicanos. Su película *Amores perros* fue nominada para el Oscar a la mejor película extranjera en 2001 y en 2006, su película *Babel* obtuvo varias nominaciones al Oscar.

3 **¿Qué habrías hecho?** Estos dibujos muestran situaciones poco comunes. No sabemos qué hicieron estas personas, pero tú, ¿qué habrías hecho? Comparte tus respuestas con un(a) compañero/a.

AYUDA
Here are some suggestions:
Habría llevado el dinero a...
Yo habría atacado al oso (*bear*) **con...**
Yo habría...

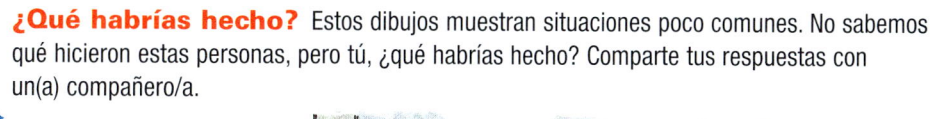

1.
2.
3.
4.

Practice more at vhlcentral.com.

Comunicación

4 Preguntas En parejas, imaginen que tienen cincuenta años y están hablando de sus años de juventud. ¿Qué habrían hecho de manera diferente? Túrnense para hacerse y contestar las preguntas.

> **modelo**
> ¿Te (interesar) aprender a tocar un instrumento?
> **Estudiante 1:** ¿Te habría interesado aprender a tocar un instrumento?
> **Estudiante 2:** Sí, habría aprendido a tocar el piano.

1. ¿Te (gustar) viajar por Latinoamérica?
2. ¿A qué escritores (leer)?
3. ¿Qué clases (tomar)?
4. ¿Qué tipo de música (escuchar)?
5. ¿Qué tipo de amigos/as (tener)?
6. ¿A qué fiestas o viajes no (ir)?
7. ¿Con qué tipo de persona (salir)?
8. ¿Qué tipo de ropa (llevar)?

5 Pobre Mario En parejas, lean la carta que Mario le escribió a Enrique. Digan qué cosas Mario habría hecho de una manera diferente, de haber tenido la oportunidad.

> **modelo**
> Mario no habría hecho este musical.

> Enrique:
>
> Ya llegó el último día del musical. Yo creía que nunca iba a acabar. En general, los cantantes y actores eran bastante malos, pero no tuve tiempo de buscar otros, y además los buenos ya tenían trabajo en otras obras. Ayer todo salió muy mal. Como era la última noche, yo había invitado a unos críticos a ver la obra, pero no pudieron verla. El primer problema fue la cantante principal. Ella estaba enojada conmigo porque no quise pagarle todo el dinero que quería. Dijo que tenía problemas de garganta, y no salió a cantar. Conseguí otra cantante, pero los músicos de la orquesta todavía no habían llegado. Tenían que venir todos en un autobús no muy caro que yo había alquilado, pero el autobús salió a una hora equivocada. Entonces, el bailarín se enojó conmigo porque todo iba a empezar tarde. Quizás tenía razón mi padre. Seguramente soy mejor contador que director teatral.
>
> Escríbeme,
> Mario

> **¡LENGUA VIVA!**
> The useful expression **de haber tenido la oportunidad** means *if I/he/you/etc. had had the opportunity*. You can use this construction in similar instances, such as **De haberlo sabido ayer, te habría llamado**.

Síntesis

6 Yo en tu lugar Primero, cada estudiante hace una lista con tres errores que ha cometido o tres problemas que ha tenido en su vida. Después, en parejas, túrnense para decirse qué habrían hecho en esas situaciones.

> **modelo**
> **Estudiante 1:** El año pasado saqué una mala nota en el examen de biología.
> **Estudiante 2:** Yo no habría sacado una mala nota. Habría estudiado más.

8.3 The past perfect subjunctive

ANTE TODO The past perfect subjunctive (**el pluscuamperfecto del subjuntivo**), also called the pluperfect subjunctive, is formed with the past subjunctive of **haber** + [*past participle*]. Compare the following subjunctive forms.

CONSULTA
To review the past perfect indicative, see **Estructura 6.2**, p. 208.
To review the present perfect subjunctive, see **Estructura 6.3**, p. 211.

Present subjunctive
yo trabaje

Present perfect subjunctive
yo haya trabajado

Past subjunctive
yo trabajara

Past perfect subjunctive
yo hubiera trabajado

Past perfect subjunctive

	pintar	comer	vivir
SINGULAR FORMS			
yo	hubiera pintado	hubiera comido	hubiera vivido
tú	hubieras pintado	hubieras comido	hubieras vivido
Ud./él/ella	hubiera pintado	hubiera comido	hubiera vivido
PLURAL FORMS			
nosotros/as	hubiéramos pintado	hubiéramos comido	hubiéramos vivido
vosotros/as	hubierais pintado	hubierais comido	hubierais vivido
Uds./ellos/ellas	hubieran pintado	hubieran comido	hubieran vivido

▶ The past perfect subjunctive is used in subordinate clauses under the same conditions that you have learned for other subjunctive forms, and in the same way the past perfect is used in English (*I had talked, you had spoken*, etc.). It refers to actions or conditions that had taken place before another action or condition in the past.

No había nadie que **hubiera dormido**.
There wasn't anyone who had slept.

Esperaba que Juan **hubiera ganado** el partido.
I hoped that Juan had won the game.

Dudaba que ellos **hubieran llegado**.
I doubted that they had arrived.

Llegué antes de que la clase **hubiera comenzado**.
I arrived before the class had begun.

¡INTÉNTALO! Indica la forma apropiada del pluscuamperfecto del subjuntivo de cada verbo.

1. Esperaba que ustedes <u>hubieran hecho</u> (hacer) las reservaciones.
2. Dudaba que tú _____ (decir) eso.
3. No estaba seguro de que ellos _____ (ir).
4. No creían que nosotros _____ (hablar) con Ricardo.
5. No había nadie que _____ (poder) comer tanto como él.
6. No había nadie que _____ (ver) el espectáculo.
7. Me molestó que tú no me _____ (llamar) antes.
8. ¿Había alguien que no _____ (apreciar) esa película?
9. No creían que nosotras _____ (bailar) en el festival.
10. No era cierto que yo _____ (ir) con él al concierto.

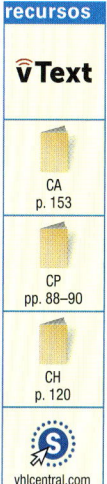

Práctica

1 Completar Completa las oraciones con el pluscuamperfecto del subjuntivo de los verbos.

1. Me alegré de que mi familia _____ (irse) de viaje.
2. Me molestaba que Carlos y Miguel no _____ (venir) a visitarme.
3. Dudaba que la música que yo escuchaba _____ (ser) la misma que escuchaban mis padres.
4. No creían que nosotros _____ (poder) aprender español en un año.
5. Los músicos se alegraban de que su programa le _____ (gustar) tanto al público.
6. La profesora se sorprendió de que nosotros _____ (hacer) la tarea antes de venir a clase.

2 Transformar María está hablando de las emociones que ha sentido ante ciertos acontecimientos (*events*). Transforma sus oraciones según el modelo.

> **modelo**
> Me alegro de que hayan venido los padres de Micaela.
> Me alegré de que hubieran venido los padres de Micaela.

1. Es muy triste que haya muerto la tía de Miguel.
2. Dudo que Guillermo haya comprado una casa tan grande.
3. No puedo creer que nuestro equipo haya perdido el partido.
4. Me alegro de que mi novio me haya llamado.
5. Me molesta que el periódico no haya llegado.
6. Dudo que hayan cerrado el Museo de Arte.

3 El regreso Durante 30 años, el astronauta Emilio Hernández estuvo en el espacio sin tener noticias de la Tierra. Usa el pluscuamperfecto del subjuntivo para indicar lo que Emilio esperaba que hubiera pasado.

> **modelo**
> su esposa / no casarse con otro hombre
> Esperaba que su esposa no se hubiera casado con otro hombre.

1. su hija Diana / conseguir ser una pintora famosa
2. los políticos / acabar con todas las guerras (*wars*)
3. su suegra / irse a vivir a El Salvador
4. su hermano Ramón / tener un empleo por más de dos meses
5. todos los países / resolver sus problemas económicos
6. su esposa / ya pagar el préstamo de la casa

¡LENGUA VIVA!

Both the preterite and the imperfect can be used to describe past thoughts or emotions. In general, the imperfect describes a particular action or mental state without reference to its beginning or end; the preterite refers to the occurrence of an action, thought, or emotion at a specific moment in time.

Pensaba que mi vida era aburrida.

Pensé que había dicho algo malo.

Practice more at **vhlcentral.com**.

Comunicación

4 El robo La semana pasada desaparecieron varias obras del museo. El detective sospechaba (*suspected*) que los empleados del museo le estaban mintiendo. En parejas, siguiendo el modelo, digan qué era lo que pensaba el detective. Después, intenten descubrir qué pasó realmente. Presenten su teoría del robo a la clase.

> **modelo**
> El vigilante (*security guard*) le dijo que alguien había abierto las ventanas de una sala.
> El detective dudaba (no creía, pensaba que no era cierto, etc.) que alguien hubiera abierto las ventanas de la sala.

1. El carpintero le dijo que ese día no había encontrado nada extraño en el museo.
2. La abogada le dijo que ella no había estado en el museo esa tarde.
3. El técnico le dijo que había comprado una casa porque había ganado la lotería.
4. La directora del museo le dijo que había visto al vigilante hablando con la abogada.
5. El vigilante dijo que la directora había dicho que esa noche no tenían que trabajar.
6. El carpintero se acordó de que la directora y el vigilante habían sido novios.

5 Reacciones Imagina que estos acontecimientos (*events*) ocurrieron la semana pasada. Indica cómo reaccionaste ante cada uno. Comparte tu reacción con un(a) compañero/a.

> **modelo**
> Vino a visitarte tu tía de El Salvador.
> Me alegré de que hubiera venido a visitarme.

1. Perdiste tu mochila con tu teléfono celular.
2. Tus padres te dijeron que no puedes usar el auto por un mes entero.
3. Encontraste cincuenta mil dólares cerca del banco.
4. Tus amigos/as te hicieron una fiesta sorpresa.

Síntesis

6 Noticias En grupos, lean estos titulares (*headlines*) e indiquen cuáles hubieran sido sus reacciones si esto les hubiera ocurrido a ustedes. Luego escriban tres titulares más y compártanlos con los demás grupos. Utilicen el pluscuamperfecto del subjuntivo.

> **Un grupo de turistas se encuentra con Elvis en una gasolinera.**
> El cantante los saludó, les cantó unas canciones y después se marchó hacia las montañas, caminando tranquilamente.

> **Tres jóvenes estudiantes se perdieron en un bosque de Maine.**
> Después de estar tres horas perdidos, aparecieron en una gasolinera de un desierto de Australia.

> **Ayer, una joven hondureña, después de pasar tres años en coma, se despertó y descubrió que podía entender el lenguaje de los animales.**
> La joven, de momento, no quiere hablar con la prensa, pero una amiga suya nos dice que está deseando ir al zoológico.

Recapitulación

Completa estas actividades para repasar los conceptos de gramática que aprendiste en esta lección.

1 Completar Completa el cuadro con la forma correcta del condicional de los verbos. **12 pts.**

Infinitivo	tú	nosotros	ellas
pintar			
			querrían
		podríamos	
	habrías		

2 Diálogo Completa el diálogo con la forma adecuada del condicional de los verbos de la lista. **8 pts.**

> dejar   gustar   ir   poder
> encantar   hacer   llover   sorprender

OMAR ¿Sabes? El concierto al aire libre fue un éxito. Yo creía que (1) _____, pero hizo sol.

NIDIA Ah, me alegro. Te dije que Jaime y yo (2) _____, pero tuvimos un imprevisto (*something came up*) y no pudimos. Y a Laura, ¿la viste allí?

OMAR Sí, ella fue. A diferencia de ti, al principio me dijo que ella y su amiga no (3) _____ ir, pero al final aparecieron. Necesitaba relajarse un poco; está muy estresada con sus estudios.

NIDIA A mí no me (4) _____ que se enfermara. Yo, en su lugar, (5) _____ de estudiar obsesivamente y (6) _____ más actividades interesantes fuera de la escuela.

OMAR Estoy de acuerdo. Oye, esta noche voy a ir al teatro. ¿(7) _____ ir conmigo? Jaime también puede acompañarnos. Es una comedia familiar.

NIDIA A nosotros (8) _____ ir. ¿A qué hora es?

OMAR A las siete y media.

RESUMEN GRAMATICAL

8.1 The conditional *pp. 272–273*

The conditional tense* of **aplaudir**	
aplaudir**ía**	aplaudir**íamos**
aplaudir**ías**	aplaudir**íais**
aplaudir**ía**	aplaudir**ían**

*Same endings for **-ar**, **-er**, and **-ir** verbs.

Irregular verbs		
Infinitive	Stem	Conditional
decir	dir–	diría
hacer	har–	haría
poder	podr–	podría
poner	pondr–	pondría
haber	habr–	habría
querer	querr–	querría
saber	sabr–	sabría
salir	saldr–	saldría
tener	tendr–	tendría
venir	vendr–	vendría

8.2 The conditional perfect *p. 276*

pintar	
habría pintado	habríamos pintado
habrías pintado	habríais pintado
habría pintado	habrían pintado

8.3 The past perfect subjunctive *p. 279*

cantar	
hubiera cantado	hubiéramos cantado
hubieras cantado	hubierais cantado
hubiera cantado	hubieran cantado

▶ To form the past perfect subjunctive, take the **Uds./ellos/ellas** form of the preterite of **haber**, drop the ending (**-ron**), and add the past subjunctive endings (**-ra, -ras, -ra, -ramos, -rais, -ran**).

▶ Note that the **nosotros/as** form takes an accent.

3 Fin de curso El espectáculo de fin de curso de la escuela ha sido cancelado por falta de interés y ahora todos se arrepienten (*regret it*). Completa las oraciones con el condicional perfecto. **8 pts.**

1. La profesora de danza _____ (convencer) a los mejores bailarines de que participaran.
2. Tú no _____ (escribir) en el periódico que el comité organizador era incompetente.
3. Los profesores _____ (animar) a todos a participar.
4. Nosotros _____ (invitar) a nuestros amigos y familiares.
5. Tú _____ (publicar) un artículo muy positivo sobre el espectáculo.
6. Los padres de los estudiantes _____ (dar) más dinero y apoyo.
7. Mis compañeros de drama y yo _____ (presentar) una comedia muy divertida.
8. El director _____ (hacer) del espectáculo su máxima prioridad.

4 El arte Estos estudiantes universitarios están decepcionados (*disappointed*) con sus estudios de arte. Escribe oraciones a partir de los elementos dados. Usa el imperfecto del indicativo y el pluscuamperfecto del subjuntivo. Sigue el modelo. **12 pts.**

> **modelo**
> yo / esperar / la universidad / poner / más énfasis en el arte
> Yo esperaba que la universidad hubiera puesto más énfasis en el arte.

1. Sonia / querer / el departamento de arte / ofrecer / más clases
2. no haber nadie / oír / de ningún ex alumno / con éxito en el mundo artístico
3. nosotros / desear / haber / más exhibiciones de trabajos de estudiantes
4. ser una lástima / los profesores / no ser / más exigentes
5. Juanjo / dudar / nosotros / poder / escoger una universidad con menos recursos
6. ser increíble / la universidad / no construir / un museo más grande

5 Una vida diferente Piensa en un(a) artista famoso/a (pintor(a), cantante, actor/actriz, bailarín/bailarina, etc.) y escribe al menos cinco oraciones que describan cómo sería tu vida ahora si fueras esa persona. Usa las tres formas verbales que aprendiste en esta lección ¡y también tu imaginación! **10 pts.**

6 Adivinanza Completa la adivinanza con la forma correcta del condicional del verbo **ser** y adivina la respuesta. **¡2 puntos EXTRA!**

> "Me puedes ver en tu piso,
> y también en tu nariz;
> sin mí no habría ricos
> y nadie _____ (ser) feliz.
> ¿Quién soy?"

Lectura

Antes de leer

Estrategia
Identifying stylistic devices

There are several stylistic devices (**recursos estilísticos**) that can be used for effect in poetic or literary narratives. *Anaphora* consists of successive clauses or sentences that start with the same word(s). *Parallelism* uses successive clauses or sentences with a similar structure. *Repetition* consists of words or phrases repeated throughout the text. *Enumeration* uses the accumulation of words to describe something. Identifying these devices can help you to focus on topics or ideas that the author chose to emphasize.

Contestar
1. ¿Cuál es tu instrumento musical favorito? ¿Sabes tocarlo? ¿Puedes describir su forma?
2. Compara el sonido de ese instrumento con algunos sonidos de la naturaleza. (Por ejemplo: El piano suena como la lluvia).
3. ¿Qué instrumento es el "protagonista" de estos poemas de García Lorca?
4. Localiza en estos tres poemas algunos ejemplos de los recursos estilísticos que aparecen en la **Estrategia**. ¿Qué elementos o temas se enfatizan mediante esos recursos?

Resumen
Completa el párrafo con palabras de la lista.

| artesanía | música | poeta |
| dramaturgo | poemas | talento |

Los _____ se titulan *La guitarra*, *Las seis cuerdas* y *Danza*. Son obras del _____ Federico García Lorca. Estos textos reflejan la importancia de la _____ en la poesía de este escritor. Lorca es conocido por su _____.

Federico García Lorca

El escritor español Federico García Lorca nació en 1898 en Fuente Vaqueros, Granada. En 1919 se mudó a Madrid y allí vivió en una residencia estudiantil, donde se hizo° amigo del pintor Salvador Dalí y del cineasta° Luis Buñuel. En 1920 estrenó° su primera obra teatral, *El maleficio° de la mariposa°*. En 1929 viajó a los Estados Unidos, donde asistió a clases en la Universidad de Columbia. Al volver a España, dirigió la compañía de teatro universitario "La Barraca", un proyecto promovido° por el gobierno de la República para llevar el teatro clásico a los pueblos españoles. Fue asesinado en agosto de 1936 en Víznar, Granada, durante la dictadura° militar de Francisco Franco. Entre sus obras más conocidas están *Poema del cante jondo* (1931) y *Bodas de sangre* (1933). El amor, la muerte y la marginación son algunos de los temas presentes en su obra.

Danza

EN EL HUERTO° DE LA PETENERA°

En la noche del huerto,
seis gitanas°,
vestidas de blanco
bailan.

En la noche del huerto,
coronadas°,
con rosas de papel
y biznagas°.

En la noche del huerto,
sus dientes de nácar°,
escriben la sombra°
quemada.

Y en la noche del huerto,
sus sombras se alargan°,
y llegan hasta el cielo
moradas.

Las seis cuerdas

La guitarra,
hace llorar° a los sueños°.
El sollozo° de las almas°
perdidas,
se escapa por su boca
redonda°.
Y como la tarántula
teje° una gran estrella
para cazar suspiros°,
que flotan en su negro
aljibe° de madera°.

La guitarra

Empieza el llanto°
de la guitarra.
Se rompen las copas
de la madrugada°.
Empieza el llanto
de la guitarra.
Es inútil
callarla°.
Es imposible
callarla.
Llora monótona
como llora el agua,
como llora el viento
sobre la nevada°.
Es imposible
callarla.
Llora por cosas
lejanas°.
Arena° del Sur caliente
que pide camelias blancas.
Llora flecha sin blanco°,
la tarde sin mañana,
y el primer pájaro muerto
sobre la rama°.
¡Oh guitarra!
Corazón malherido°
por cinco espadas°.

Después de leer

Comprensión
Completa cada oración con la opción correcta.

1. En el poema *La guitarra* se habla del "llanto" de la guitarra. La palabra "llanto" se relaciona con el verbo _____.
   a. llover   b. cantar   c. llorar
2. El llanto de la guitarra en *La guitarra* se compara con _____.
   a. el viento   b. la nieve   c. el tornado
3. En el poema *Las seis cuerdas* se personifica a la guitarra como _____.
   a. una tarántula   b. un pájaro   c. una estrella
4. En *Danza*, las gitanas bailan en el _____.
   a. teatro   b. huerto   c. patio

Interpretación
En grupos pequeños, respondan a las preguntas.

1. En los poemas *La guitarra* y *Las seis cuerdas* se personifica a la guitarra. Analicen esa personificación. ¿Qué cosas humanas puede hacer la guitarra? ¿En qué se parece a una persona?
2. ¿Creen que la música de *La guitarra* y *Las seis cuerdas* es alegre o triste? ¿En qué tipo de música te hace pensar?
3. ¿Puede existir alguna relación entre las seis cuerdas de la guitarra y las seis gitanas bailando en el huerto en el poema *Danza*? ¿Cuál?

Conversación
Primero, comenta con un(a) compañero/a tus gustos musicales (instrumentos favoritos, grupos, estilo de música, cantantes). Después, intercambien las experiencias más intensas o importantes que hayan tenido con la música (un concierto, un recuerdo asociado a una canción, etc.).

---

se hizo *he became* cineasta *filmmaker* estrenó *premiered* maleficio *curse; spell* mariposa *butterfly* promovido *promoted* dictadura *dictatorship* huerto *orchard* petenera *Andalusian song* gitanas *gypsies* coronadas *crowned* biznagas *type of plant* nácar *mother-of-pearl* sombra *shadow* se alargan *get longer* llorar *to cry* sueños *dreams* sollozo *sobbing* almas *souls* redonda *round* teje *spins* suspiros *sighs* aljibe *well* madera *wood* llanto *crying* madrugada *dawn* inútil callarla *useless to silence her* nevada *snowfall* lejanas *far-off* Arena *Sand* flecha sin blanco *arrow without a target* rama *branch* malherido *wounded* espadas *swords*

Practice more at **vhlcentral.com**.

Escritura

Estrategia
Finding biographical information

Biographical information can be useful for a great variety of writing topics. Whether you are writing about a famous person, a period in history, or even a particular career or industry, you will be able to make your writing both more accurate and more interesting when you provide detailed information about the people who are related to your topic.

To research biographical information, you may wish to start with general reference sources, such as encyclopedias and periodicals. Additional background information on people can be found in biographies or in nonfiction books about the person's field or industry. For example, if you wanted to write about Sonia Sotomayor, you could find background information from periodicals, including magazine interviews. You might also find information in books or articles related to contemporary politics and Law.

Biographical information may also be available on the Internet, and depending on your writing topic, you may even be able to conduct interviews to get the information you need. Make sure to confirm the reliability of your sources whenever your writing includes information about other people.

You might want to look for the following kinds of information:

- date of birth
- date of death
- childhood experiences
- education
- family life
- place of residence
- life-changing events
- personal and professional accomplishments

Tema

¿A quién te gustaría conocer?

Si pudieras invitar a cinco personas famosas a cenar en tu casa, ¿a quiénes invitarías? Pueden ser de cualquier (*any*) época de la historia y de cualquier profesión. Algunas posibilidades son:

- el arte
- la música
- el cine
- las ciencias
- la historia
- la política

Escribe una composición breve sobre la cena. Explica por qué invitarías a estas personas y describe lo que harías, lo que preguntarías y lo que dirías si tuvieras la oportunidad de conocerlas. Utiliza el condicional.

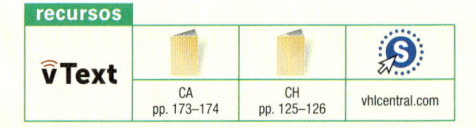

Escuchar

Estrategia

Listening for key words/Using the context

The comprehension of key words is vital to understanding spoken Spanish. Use your background knowledge of the subject to help you anticipate what the key words might be. When you hear unfamiliar words, remember that you can use context to figure out their meaning.

🎧 To practice these strategies, you will now listen to a paragraph from a letter sent to a job applicant. Jot down key words, as well as any other words you figured out from the context.

Preparación

Basándote en el dibujo, ¿qué palabras crees que usaría un crítico en una reseña (*review*) de esta película?

Ahora escucha 🎧

Ahora vas a escuchar la reseña de la película. Mientras escuches al crítico, recuerda que las críticas de cine son principalmente descriptivas. La primera vez que escuchas, identifica las palabras clave (*key*) y escríbelas en la columna A. Luego, escucha otra vez la reseña e identifica el significado de las palabras en la columna B mediante el contexto.

A	B
1. _____	1. estrenar
2. _____	2. a pesar de
3. _____	3. con reservas
4. _____	4. supuestamente
5. _____	5. la trama
6. _____	6. conocimiento

recursos
vText
vhlcentral.com

Comprensión

Cierto o falso

	Cierto	Falso
1. *El fantasma del lago Enriquillo* es una película de ciencia ficción.	○	○
2. Los efectos especiales son espectaculares.	○	○
3. Generalmente se ha visto a Jorge Verdoso en comedias románticas.	○	○
4. Jaime Rebelde es un actor espectacular.	○	○

Preguntas

1. ¿Qué aspectos de la película le gustaron al crítico?
2. ¿Qué no le gustó al crítico de la película?
3. Si a ti te gustaran los actores, ¿irías a ver esta película? ¿Por qué?
4. Para ti, ¿cuáles son los aspectos más importantes de una película? Explica tu respuesta.

Ahora ustedes

Trabajen en grupos. Escojan una película con actores muy famosos que no fue lo que esperaban. Escriban una reseña que describa el papel de los actores, la trama, los efectos especiales, la cinematografía u otros aspectos importantes de la película.

En pantalla

Video: TV Clip

Lo que me prende° es un programa del canal mexicano Once TV que muestra lo que a los jóvenes les apasiona° desde su perspectiva, es decir°, como ellos lo ven. Los episodios muestran desde el gusto de un chico por el grafiti o la afición° de una chica por la natación, hasta la pasión de una joven por el piano, historia que te presentamos a continuación°. Montserrat es una mexicana que ama° tocar este instrumento. Aunque comenzó sus lecciones a los nueve años, la música ha estado dentro de ella desde antes de nacer y es ahora su estilo de vida°.

Vocabulario útil

el detonante	trigger
majestuoso	majestic
la pieza	piece
la prepa(ratoria)	high-school (Mex.)
propedéutico	preparatory (course)
rebasa	exceeds

Indicar

Indica las expresiones que escuches en el anuncio.

____ 1. A mí lo que me prende es tocar el piano.
____ 2. La música siempre me gustó.
____ 3. Su papá y yo le prohibimos escuchar música clásica.
____ 4. Estuve en el instrumento correcto.
____ 5. Siempre tuve tiempo para ir a fiestas.
____ 6. Tomé un año de puro (*of only*) piano.

Las preguntas

En grupos de tres, imaginen que son reporteros y van a entrevistar a Montserrat. Escriban cinco preguntas para ella y luego compártanlas con la clase.

Lo que me prende: Piano

Montse fue una niña muy inquieta° siempre.

Tenía muy poco tiempo para dedicarle° [al piano].

... pero no me di por vencida°.

Lo que me prende *What rocks my world* les apasiona *have a passion for* es decir *that is* afición *interest in* a continuación *next* ama *loves* estilo de vida *lifestyle* inquieta *restless* dedicarle *to devote to it* no me di por vencida *I didn't give up*

Practice more at **vhlcentral.com**.

recursos
vText
vhlcentral.com

Un festival de arte

Flash Cultura

Video: Flash cultura

Todos los países hispanos cuentan con una gran variedad de museos, desde arte clásico o contemporáneo, hasta los que se especializan en la rica historia local que puede venir desde las antiguas° culturas prehispánicas. El Museo de Arte Popular en la Ciudad de México, que viste en el episodio de **Fotonovela**, tiene como misión difundir°, preservar y continuar las técnicas tradicionales de la elaboración de artesanías mexicanas. Algunas de ellas son la cerámica, la joyería°, los textiles y el papel maché. A continuación vas a ver otro tipo de museos en España.

Vocabulario útil

el lienzo	canvas
la muestra	exhibit
la obra maestra	masterpiece
el primer plano	foreground

Preparación

¿Te interesa el arte? Cuando viajas, ¿visitas los museos del lugar al que vas? ¿Cuál es, de entre todas las artes, la que más te gusta o emociona?

¿Cierto o falso?

Indica si las oraciones son **ciertas** o **falsas**.

1. En Madrid, la oferta de arte es muy limitada.
2. En el Triángulo dorado de los museos hay tres museos muy importantes de Madrid.
3. En la obra *Las Meninas* de Velázquez, la perspectiva es muy real.
4. El Museo Reina Sofía está dedicado al arte contemporáneo y antiguo.
5. El lienzo *Guernica* de Picasso es pequeño.
6. La colección del Museo Thyssen era privada y luego fue donada (*donated*) al estado español.
7. El Greco era español.

antiguas *ancient* difundir *to spread* joyería *jewelry* aseguran *assure*

Palacios del arte

... una ciudad [...] con una riquísima y selecta oferta de hoteles, restaurantes [...] y especialmente... ¡arte!

El edificio fue [...] un hospital. Hoy en día, está dedicado al arte contemporáneo.

Muchos aseguran° que es el primer surrealista.

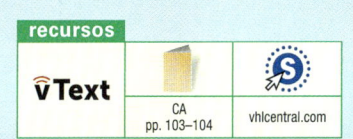

Practice more at vhlcentral.com.

8 panorama
Lección 8

El Salvador

Interactive Map
Video: *Panorama cultural*

El país en cifras

▶ **Área:** 21.040 km² (8.124 millas²), el tamaño° de Massachusetts
▶ **Población:** 6.383.000

El Salvador es el país centroamericano más pequeño y el más densamente poblado. Su población, al igual que la de Honduras, es muy homogénea: casi el 90 por ciento es mestiza.

▶ **Capital:** San Salvador—1.691.000
▶ **Ciudades principales:** Soyapango, Santa Ana, San Miguel, Mejicanos

SOURCE: Population Division, UN Secretariat

▶ **Moneda:** dólar estadounidense
▶ **Idiomas:** español (oficial), náhuatl, lenca

Bandera de El Salvador

Salvadoreños célebres

▶ **Óscar Romero,** arzobispo° y activista por los derechos humanos° (1917–1980)
▶ **Claribel Alegría,** poeta, novelista y cuentista (1924–)
▶ **Roque Dalton,** poeta, ensayista y novelista (1935–1975)
▶ **María Eugenia Brizuela de Ávila,** política (1956–)

Óscar Romero

tamaño *size* arzobispo *archbishop* derechos humanos *human rights*
laguna *lagoon* sirena *mermaid*

Ruinas de Tazumal

Catedral Metropolitana de San Salvador

GUATEMALA
HONDURAS
Lago de Guija
Río Paz
Río Lempa
Santa Ana
Soyapango
Mejicanos
Ilobasco
San Salvador
Río Torola
Río Goascorán
Volcán de San Salvador
Volcán de San Vicente
Río Lempa
San Miguel
Volcán de San Miguel
Océano Pacífico
La Libertad
Golfo de Fonseca

Chorros de la Calera en Juayúa

ESTADOS UNIDOS
OCÉANO ATLÁNTICO
EL SALVADOR
OCÉANO PACÍFICO
AMÉRICA DEL SUR

recursos
vText
CA pp. 81–82
CP p. 91
vhlcentral.com

¡Increíble pero cierto!

El rico folclore salvadoreño se basa sobre todo en sus extraordinarios recursos naturales. Por ejemplo, según una leyenda, las muertes que se producen en la laguna° de Alegría tienen su explicación en la existencia de una sirena° solitaria que vive en el lago y captura a los jóvenes atractivos.

Un festival de arte

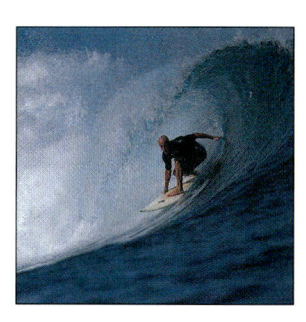

Deportes • El surfing

El Salvador es uno de los destinos favoritos en Latinoamérica para la práctica del surfing. Cuenta con 300 kilómetros de costa a lo largo del Océano Pacífico y sus olas° altas son ideales para quienes practican este deporte. De sus playas, La Libertad es la más visitada por surfistas de todo el mundo, gracias a que está muy cerca de la capital salvadoreña. Sin embargo, los fines de semana muchos visitantes prefieren viajar a la Costa del Bálsamo, donde se concentra menos gente.

Naturaleza • El Parque Nacional Montecristo

El Parque Nacional Montecristo se encuentra en la región norte del país. Se le conoce también como "El Trifinio" porque se ubica° en el punto donde se unen las fronteras de Guatemala, Honduras y El Salvador. Este bosque reúne muchas especies vegetales y animales, como orquídeas, monos araña°, pumas, quetzales y tucanes. Además, las copas° de sus enormes árboles forman una bóveda° que impide° el paso de la luz solar. Este espacio natural se encuentra a una altitud de 2.400 metros (7.900 pies) sobre el nivel del mar y recibe 200 centímetros (80 pulgadas°) de lluvia al año.

Artes • La artesanía de Ilobasco

Ilobasco es un pueblo conocido por sus artesanías. En él se elaboran objetos con arcilla° y cerámica pintada a mano, como juguetes°, adornos° y utensilios de cocina. Además, son famosas sus "sorpresas", que son pequeñas piezas° de cerámica en cuyo interior se representan escenas de la vida diaria. Los turistas realizan excursiones para conocer paso a paso° la fabricación de estos productos.

¿Qué aprendiste? Responde a cada pregunta con una oración completa.

1. ¿Qué tienen en común las poblaciones de El Salvador y Honduras?
2. ¿Qué es el náhuatl?
3. ¿Quién es María Eugenia Brizuela de Ávila?
4. Hay muchos lugares ideales para el surfing en El Salvador. ¿Por qué?
5. ¿A qué altitud se encuentra el Parque Nacional Montecristo?
6. ¿Cuáles son algunos de los animales y las plantas que viven en este parque?
7. ¿Por qué al Parque Nacional Montecristo se le llama también El Trifinio?
8. ¿Por qué es famoso el pueblo de Ilobasco?
9. ¿Qué se puede ver en un viaje a Ilobasco?
10. ¿Qué son las "sorpresas" de Ilobasco?

Conexión Internet Investiga estos temas en **vhlcentral.com**.

1. El Parque Nacional Montecristo es una reserva natural. Busca información sobre otros parques o zonas protegidas en El Salvador. ¿Cómo son estos lugares? ¿Qué tipos de plantas y animales se encuentran allí?
2. Busca información sobre museos u otros lugares turísticos en San Salvador (u otra ciudad de El Salvador).

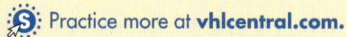

Practice more at **vhlcentral.com**.

olas *waves* se ubica *it is located* monos araña *spider monkeys* copas *tops* bóveda *cap* impide *blocks* pulgadas *inches* arcilla *clay* juguetes *toys* adornos *ornaments* piezas *pieces* paso a paso *step by step*

Honduras

Interactive Map
Video: *Panorama cultural*

El país en cifras

▸ **Área:** 112.492 km^2 (43.870 millas^2), un poco más grande que Tennessee
▸ **Población:** 8.386.000

Cerca del 90 por ciento de la población de Honduras es mestiza. Todavía hay pequeños grupos indígenas como los jicaque, los miskito y los paya, que han mantenido su cultura sin influencias exteriores y que no hablan español.

▸ **Capital:** Tegucigalpa—1.181.000

Tegucigalpa

▸ **Ciudades principales:**
San Pedro Sula, El Progreso, La Ceiba

SOURCE: Population Division, UN Secretariat

▸ **Moneda:** lempira
▸ **Idiomas:** español (oficial), lenguas indígenas, inglés

Bandera de Honduras

Hondureños célebres
▸ **José Antonio Velásquez,** pintor (1906–1983)
▸ **Argentina Díaz Lozano,** escritora (1917–1999)
▸ **Salvador Moncada,** científico (1944–)
▸ **Roberto Sosa,** escritor (1930–2011)

juez *judge* presos *prisoners* madera *wood* hamacas *hammocks*

Guacamayo

Artículos de paja en un mercado de artesanías

Baile tradicional

recursos
vText
CA pp. 83–84
CP p. 92
vhlcentral.com

¡Increíble pero cierto!

¿Irías de compras a una prisión? Hace un tiempo, cuando la Penitenciaría Central de Tegucigalpa aún funcionaba, los presos° hacían objetos de madera°, hamacas° y hasta instrumentos musicales y los vendían en una tienda dentro de la prisión. Allí, los turistas podían regatear con este especial grupo de artesanos.

Lugares • Copán

Copán es una zona arqueológica muy importante de Honduras. Fue construida por los mayas y se calcula que en el año 400 d. C. albergaba° una gran ciudad, con más de 150 edificios y una gran cantidad de plazas, patios, templos y canchas° para el juego de pelota°. Las ruinas más famosas del lugar son los edificios adornados con esculturas pintadas a mano, los cetros° ceremoniales de piedra y el templo Rosalila.

Economía • Las plantaciones de bananas

Desde hace más de cien años, las bananas son la exportación principal de Honduras y han tenido un papel fundamental en su historia. En 1899, la Standard Fruit Company empezó a exportar bananas del país centroamericano hacia Nueva Orleáns. Esta fruta resultó tan popular en los Estados Unidos que generó grandes beneficios° para esta compañía y para la United Fruit Company, otra empresa norteamericana. Estas transnacionales intervinieron muchas veces en la política hondureña gracias al enorme poder° económico que alcanzaron en la nación.

Artes • José Antonio Velásquez (1906–1983)

José Antonio Velásquez fue un famoso pintor hondureño. Era catalogado como primitivista° porque en sus obras representaba aspectos de su vida cotidiana. En la pintura de Velásquez es notorio el énfasis en los detalles°, la falta casi total de los juegos de perspectiva y la pureza en el uso del color. Por todo ello, el artista ha sido comparado con importantes pintores europeos del mismo género°, como Paul Gauguin o Emil Nolde.

San Antonio de Oriente, 1957, José Antonio Velásquez

¿Qué aprendiste? Responde a cada pregunta con una oración completa.

1. ¿Qué es el lempira?
2. ¿Por qué es famoso Copán?
3. ¿Dónde está el templo Rosalila?
4. ¿Cuál es la exportación principal de Honduras?
5. ¿Qué fue la Standard Fruit Company?
6. ¿Cómo es el estilo de José Antonio Velásquez?
7. ¿Qué temas trataba Velásquez en su pintura?

Conexión Internet Investiga estos temas en **vhlcentral.com**.

1. ¿Cuáles son algunas de las exportaciones principales de Honduras, además de las bananas? ¿A qué países exporta Honduras sus productos?
2. Busca información sobre Copán u otro sitio arqueológico en Honduras. En tu opinión, ¿cuáles son los aspectos más interesantes del sitio?

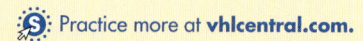

Practice more at **vhlcentral.com**.

albergaba *housed* canchas *courts* juego de pelota *pre-Columbian ceremonial ball game* cetros *scepters* beneficios *profits* poder *power* primitivista *primitivist* detalles *details* género *genre*

vocabulario

Las bellas artes

el baile, la danza	dance
la banda	band
las bellas artes	(fine) arts
el boleto	ticket
la canción	song
la comedia	comedy; play
el concierto	concert
el cuento	short story
la cultura	culture
el drama	drama; play
la escultura	sculpture
el espectáculo	show
la estatua	statue
el festival	festival
la historia	history; story
la música	music
la obra	work (of art, music, etc.)
la obra maestra	masterpiece
la ópera	opera
la orquesta	orchestra
el personaje (principal)	(main) character
la pintura	painting
el poema	poem
la poesía	poetry
el público	audience
el teatro	theater
la tragedia	tragedy
aburrirse	to get bored
aplaudir	to applaud
apreciar	to appreciate
dirigir	to direct
esculpir	to sculpt
hacer el papel (de)	to play the role (of)
pintar	to paint
presentar	to present; to put on (a performance)
publicar	to publish
tocar (un instrumento musical)	to touch; to play (a musical instrument)
artístico/a	artistic
clásico/a	classical
dramático/a	dramatic
extranjero/a	foreign
folclórico/a	folk
moderno/a	modern
musical	musical
romántico/a	romantic
talentoso/a	talented

Los artistas

el bailarín, la bailarina	dancer
el/la cantante	singer
el/la compositor(a)	composer
el/la director(a)	director; (musical) conductor
el/la dramaturgo/a	playwright
el/la escritor(a)	writer
el/la escultor(a)	sculptor
la estrella (m., f.) de cine	movie star
el/la músico/a	musician
el/la poeta	poet

El cine y la televisión

el canal	channel
el concurso	game show; contest
los dibujos animados	cartoons
el documental	documentary
el premio	prize; award
el programa de entrevistas/realidad	talk/reality show
la telenovela	soap opera
… de acción	action
… de aventuras	adventure
… de ciencia ficción	science fiction
… de horror	horror
… de vaqueros	western

La artesanía

la artesanía	craftsmanship; crafts
la cerámica	pottery
el tejido	weaving

Expresiones útiles	See page 267.

Las actualidades

9

Communicative Goals

I will be able to:
- Reflect on experiences, such as travel
- Discuss current events and issues
- Talk about and discuss the media

VOICE BOARD

contextos
pages 296–299
- Current events and politics
- The media
- Natural disasters

fotonovela
pages 300–303
It's time for Marissa to return to the US. Her friends have one last surprise for her, and plan to see each other again in the near future.

cultura
pages 304–305
- Protests and strikes
- Michelle Bachelet and Evo Morales

estructura
pages 306–315
- **Si** clauses
- Summary of the uses of the subjunctive
- **Recapitulación**

adelante
pages 316–325
Lectura: An excerpt from *Don Quijote de la Mancha*
Escritura: How you would change the world
Escuchar: A news brief from Uruguay
En pantalla
Flash cultura
Panorama: Paraguay y Uruguay

A PRIMERA VISTA
- ¿Qué profesión tendrán estas personas? ¿Son reporteros? ¿Periodistas?
- ¿Es una videoconferencia?
- ¿Hacen entrevistas?
- ¿Es posible que hablen con estrellas de cine? ¿Con políticos?

9 contextos
Lección 9

Las actualidades

Audio: Vocabulary Tutorials, Games

Más vocabulario

el acontecimiento	event
las actualidades	news; current events
el artículo	article
la encuesta	poll; survey
el informe	report; paper (written work)
los medios de comunicación	media; means of communication
las noticias	news
la prensa	press
el reportaje	report
el desastre (natural)	(natural) disaster
el huracán	hurricane
la inundación	flood
el terremoto	earthquake
el desempleo	unemployment
la (des)igualdad	(in)equality
la discriminación	discrimination
la guerra	war
la libertad	liberty; freedom
la paz	peace
el racismo	racism
el sexismo	sexism
el SIDA	AIDS
anunciar	to announce; to advertise
comunicarse (con)	to communicate (with)
durar	to last
informar	to inform
luchar (por/contra)	to fight; to struggle (for/against)
transmitir, emitir	to broadcast
(inter)nacional	(inter)national
peligroso/a	dangerous

Variación léxica

informe ←→ trabajo (*Esp.*)
noticiero ←→ informativo (*Esp.*)

Image labels: la tormenta, el ejército, el soldado, el discurso, la huelga, el candidato, el crimen, el choque, la violencia

recursos
vText
CA p. 155
CP pp. 93–94
CH pp. 127–128
vhlcentral.com

Las actualidades

el tornado
el incendio

La política

el/la ciudadano/a	citizen
el deber	responsibility; obligation
los derechos	rights
la dictadura	dictatorship
las elecciones	election
el impuesto	tax
la política	politics
el/la representante	representative
declarar	to declare; to say
elegir (e:i)	to elect
obedecer	to obey
votar	to vote
político/a	political

el diario
el noticiero
la locutora

Práctica

1 Escuchar Escucha las noticias y selecciona la frase que mejor completa las oraciones.

1. Los ciudadanos creen que ___.
   a. hay un huracán en el Caribe
   b. hay discriminación en la imposición de los impuestos
   c. hay una encuesta en el Caribe

2. Los ciudadanos creen que los candidatos tienen ___.
   a. el deber de asegurar la igualdad en los impuestos
   b. el deber de hacer las encuestas
   c. los impuestos

3. La encuesta muestra que los ciudadanos ___.
   a. quieren desigualdad en las elecciones
   b. quieren hacer otra encuesta
   c. quieren igualdad en los impuestos

4. Hay ___ en el Caribe.
   a. un incendio grande b. una tormenta peligrosa c. un tornado

5. Los servicios de Puerto Rico predijeron anoche que ___ podrían destruir edificios y playas.
   a. los vientos b. los terremotos c. las inundaciones

2 ¿Cierto o falso? Escucha las oraciones e indica si lo que dice cada una es **cierto** o **falso**, según el dibujo.

1. _____   3. _____   5. _____
2. _____   4. _____   6. _____

3 Categorías Mira la lista e indica la categoría de cada uno de estos términos. Las categorías son: **desastres naturales, política** y **medios de comunicación**.

1. reportaje   4. candidato/a   7. prensa
2. inundación   5. encuesta   8. elecciones
3. tornado   6. noticiero   9. terremoto

4 Definir Trabaja con un(a) compañero/a para definir estas palabras.

1. guerra   5. discurso   9. huelga
2. crimen   6. acontecimiento   10. racismo
3. ejército   7. sexismo   11. locutor(a)
4. desempleo   8. impuesto   12. libertad

5 Completar
Completa la noticia con los verbos adecuados para cada oración. Conjuga los verbos en el tiempo verbal correspondiente.

1. El grupo _____ a todos los medios de comunicación que iba a organizar una huelga general de los trabajadores.
   a. durar   b. votar   c. anunciar
2. Los representantes les pidieron a los ciudadanos que _____ al presidente.
   a. comer   b. obedecer   c. aburrir
3. La oposición, por otro lado, _____ a un líder para promover la huelga.
   a. publicar   b. emitir   c. elegir
4. El líder de la oposición dijo que si el gobierno ignoraba sus opiniones, la huelga iba a _____ mucho tiempo.
   a. transmitir   b. obedecer   c. durar
5. Hoy día, el líder de la oposición declaró que los ciudadanos estaban listos para _____ por sus derechos.
   a. informar   b. comunicarse   c. luchar

6 Conversación
Completa esta conversación con las palabras adecuadas.

artículo	derechos	peligrosa
choque	dictaduras	transmitir
declarar	paz	violencia

RAÚL Oye, Agustín, ¿leíste el (1)_____ del diario *El País*?
AGUSTÍN ¿Cuál? ¿El del (2)_____ entre dos autobuses?
RAÚL No, el otro, sobre...
AGUSTÍN ¿Sobre la tormenta (3)_____ que viene mañana?
RAÚL No, hombre, el artículo sobre política...
AGUSTÍN ¡Ay, claro! Un análisis de las peores (4)_____ de la historia.
RAÚL ¡Agustín! Deja de interrumpir. Te quería hablar del artículo sobre la organización que lucha por los (5)_____ humanos y la (6)_____.
AGUSTÍN Ah, no lo leí.
RAÚL Parece que te interesan más las noticias sobre la (7)_____, ¿eh?

7 La vida civil
¿Estás de acuerdo con estas afirmaciones? Comparte tus respuestas con la clase.

1. Los medios de comunicación nos informan bien de las noticias.
2. Los medios de comunicación nos dan una visión global del mundo.
3. Los candidatos para las elecciones deben aparecer en todos los medios de comunicación.
4. Nosotros y nuestros representantes nos comunicamos bien.
5. Es importante que todos obedezcamos las leyes.
6. Es importante leer el diario todos los días.
7. Es importante mirar o escuchar un noticiero todos los días.
8. Es importante votar.

AYUDA
You may want to use these expressions:
En mi opinión...
Está claro que...
(No) Estoy de acuerdo.
Según mis padres...
Sería ideal que...

Comunicación

8 Las actualidades En parejas, describan lo que ven en las fotos. Luego, escriban una historia para explicar qué pasó en cada foto.

9 Un noticiero En grupos, trabajen para presentar un noticiero de la tarde. Presenten por lo menos tres reportajes sobre espectáculos, política, crimen y temas sociales.

¡LENGUA VIVA!

Here are four ways to say *to happen*:
acontecer
ocurrir
pasar
suceder

10 Las elecciones Trabajen en parejas para representar una entrevista entre un(a) reportero/a de la televisión y un(a) político/a que va a ser candidato/a en las próximas elecciones.

▶ Antes de la entrevista, hagan una lista de los temas de los que el/la candidato/a va a hablar y de las preguntas que el/la reportero/a le va a hacer.
▶ Durante la entrevista, la clase va a hacer el papel del público.
▶ Después de la entrevista, el/la reportero/a va a hacerle preguntas y pedirle comentarios al público.

9 fotonovela

Lección 9

Hasta pronto, Marissa

Marissa debe regresar a Wisconsin y quiere despedirse de sus amigos.

PERSONAJES: MARISSA,  SR. DÍAZ

Video: *Fotonovela*
Record and Compare

1

MARISSA ¡Hola, don Roberto! ¿Dónde están todos?
SR. DÍAZ Todos me dijeron que te pidiera una disculpa de su parte.
MARISSA (*triste*) Ah. No hay problema. ¿Puedo poner la tele?
SR. DÍAZ Claro.

2

MAITE FUENTES Un incendio en el centro ha ocasionado daños en tres edificios. Los representantes de la policía nos informan que no hay heridos. Aunque las elecciones son en pocas semanas, las encuestas no muestran un líder definido.

3

MARISSA Si hubiera sabido que ellos no iban a estar aquí, me habría despedido anoche.
SR. DÍAZ ¡Ánimo! No es un adiós, Marissa. Vamos a seguir en contacto. Pero, creo que tenemos algo de tiempo antes de que te vayas. Te llevo a comer tu última comida mexicana.

6

SR. DÍAZ Chicos, me dicen que se van a casar. Felicidades.
MIGUEL Nos casamos aquí en México el año que viene. Ojalá usted y su esposa puedan ir. (*a Marissa*) Si tú no estás harta de nosotros, nos encantaría que también vinieras.

7

SRA. DÍAZ Marissa, ¿cuál fue tu experiencia favorita en México?
MARISSA Bueno, si tuviera que elegir una sola experiencia, tendría que ser el Día de Muertos. Chichén Itzá fue muy emocionante también. No puedo decidirme. ¡La he pasado de película!

8

SRA. DÍAZ Mi hermana Ana María me pidió que te diera esto.
MARISSA *No way!*
JUAN CARLOS ¿Qué es?
MARISSA La receta del mole de la tía.

Las actualidades

trescientos uno **301**

MAITE FUENTES  | **DON DIEGO**  | **EMPLEADO**  | **SRA. DÍAZ**  | **JIMENA**  | **MIGUEL**  | **FELIPE**  | **MARU**  | **JUAN CARLOS**

4

EMPLEADO Buenos días, señor Díaz. ¡Qué gusto verlo!

SR. DÍAZ Igualmente. Ella es Marissa. Pasó el año con nosotros. Quería que su última comida en México fuera la mejor de todas.

EMPLEADO Muy amable de su parte, señor. Su mesa está lista. Síganme, por favor.

5

(*La familia Díaz y sus amigos sorprenden a Marissa en el restaurante*).

MARISSA No tenía ni idea. (*a Jimena*) Tu papá me hizo creer que no podría despedirme de ustedes.

9

FELIPE Nosotros también tenemos algo para ti.

MARISSA ¡Mi diccionario! Lo dejo contigo, Felipe. Tenías razón. No lo necesito.

SR. DÍAZ Si queremos llegar a tiempo al aeropuerto, tenemos que irnos ya.

10

MARU Te veremos en nuestra boda.

MARISSA ¡Sí, seguro!

SR. DÍAZ Bueno, vámonos.

MARISSA (*a todos*) Cuídense. Gracias por todo.

Expresiones útiles

Expressing delight and surprise

¡Qué gusto verlo/la!
How nice to see you! (form.)
¡Qué gusto verte!
How nice to see you! (fam.)
¡No tenía ni idea!
I had no idea!
¡Felicidades!
Congratulations!

Playing a joke on someone

Todos me dijeron que te pidiera una disculpa de su parte.
They all told me to ask you to excuse them / forgive them.
Tu papá me hizo creer que no podría despedirme de ustedes.
Your dad made me think I wouldn't be able to say goodbye to you.

Talking about past and future trips

Si tuviera que elegir una sola experiencia, tendría que ser el Día de Muertos.
If I had to pick just one experience, it would have to be the Day of the Dead.
¡La he pasado de película!
I've had an awesome time!
Ojalá usted y su esposa puedan ir.
I hope you and your wife can come.
Si tú no estás harta de nosotros, nos encantaría que también vinieras.
If you aren't sick of us, we'd love you to come, too.
Si queremos llegar a tiempo al aeropuerto, tenemos que irnos ya.
If we want to get to the airport on time, we should go now.

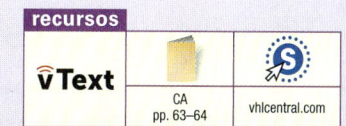

recursos

vText

CA pp. 63–64

vhlcentral.com

¿Qué pasó?

1 **¿Cierto o falso?** Decide si lo que se afirma en las oraciones es **cierto** o **falso.** Corrige las oraciones falsas.

	Cierto	Falso
1. Según la reportera, las elecciones son la próxima semana.	○	○
2. Marissa dice que una de sus experiencias favoritas en México fue el Día de Muertos.	○	○
3. La reportera dice que hay una inundación en el centro.	○	○
4. La Sra. Díaz le envía la receta de los tacos a Marissa.	○	○
5. Marissa le deja su diccionario a Jimena.	○	○

2 **Identificar** Identifica quién puede hacer estas afirmaciones.

1. Espero que disfrutes tu última comida en México.
2. Los voy a extrañar mucho, ¡lo he pasado maravillosamente!
3. El presidente habló sobre los candidatos en estas elecciones.
4. ¿Qué fue lo que más te gustó de México?
5. No faltes a nuestra boda, nos dará mucho gusto verte de nuevo.

MAITE FUENTES
SR. DÍAZ
MARU
MARISSA
SRA. DÍAZ

3 **Preguntas** Responde a las preguntas.

1. ¿Dónde y cuándo se casarán Miguel y Maru?
2. ¿Por qué Marissa no imaginaba que vería a sus amigos en el restaurante?
3. Según lo que dice Maite Fuentes, ¿qué ha ocasionado el incendio en el centro?
4. ¿Por qué el Sr. Díaz le dice a Marissa que tienen que irse ya?
5. ¿Qué dice Marissa sobre la experiencia que vivió en Chichén Itzá?

4 **Las experiencias de Marissa** Trabajen en parejas para representar una conversación en español entre Marissa y un(a) amigo/a con quien se encuentra cuando ella acaba de regresar de México. Hablen de las experiencias buenas y malas que tuvieron durante ese tiempo. Utilicen estas frases y expresiones en la conversación:

- ▶ ¡Qué gusto volver a verte!
- ▶ Gusto de verte.
- ▶ Lo pasé de película/maravillosamente/muy bien.
- ▶ Me divertí mucho.
- ▶ Lo mejor fue...
- ▶ Lo peor fue...

Practice more at vhlcentral.com.

Ortografía y pronunciación
Neologismos y anglicismos

As societies develop and interact, new words are needed to refer to inventions and discoveries, as well as to objects and ideas introduced by other cultures. In Spanish, many new terms have been invented to refer to such developments, and additional words have been "borrowed" from other languages.

Audio: Explanation Record and Compare

bajar un programa download	**borrar** to delete	**correo basura** junk mail
en línea online	**enlace** link	**herramienta** tool
navegador browser	**pirata** hacker	**sistema operativo** operating system

Many Spanish neologisms, or "new words," refer to computers and technology. Due to the newness of these words, more than one term may be considered acceptable.

cederrón, CD-ROM	**escáner**	**fax**	**zoom**

In Spanish, many Anglicisms, or words borrowed from English, refer to computers and technology. Note that the spelling of these words is often adapted to the sounds of the Spanish language.

jazz, yaz	**rap**	**rock**	**walkman**

Music and music technology are another common source of Anglicisms.

gángster	**hippy, jipi**	**póquer**	**whisky, güisqui**

Other borrowed words refer to people or things that are strongly associated with another culture.

chárter	**esnob**	**estrés**	**flirtear**
gol	**hall**	**hobby**	**iceberg**
jersey	**júnior**	**récord**	**yogur**

There are many other sources of borrowed words. Over time, some Anglicisms are replaced by new terms in Spanish, while others are accepted as standard usage.

Práctica Completa el diálogo usando las palabras de la lista.

borrar	correo basura	esnob
chárter	en línea	estrés

GUSTAVO Voy a leer el correo electrónico.
REBECA Bah, yo sólo recibo _____. Lo único que hago con la computadora es _____ mensajes.
GUSTAVO Mira, cariño, hay un anuncio en Internet—un viaje barato a Punta del Este. Es un vuelo _____.
REBECA Últimamente tengo tanto _____. Sería buena idea que fuéramos de vacaciones. Pero busca un hotel muy bueno.
GUSTAVO Rebeca, no seas _____, lo importante es ir y disfrutar. Voy a comprar los boletos ahora mismo _____.

Dibujo Describe el dibujo utilizando por lo menos cinco anglicismos.

cultura

EN DETALLE

Protestas sociales

¿**Cómo reaccionas ante° una situación injusta?** ¿Protestas? Las huelgas y manifestaciones° son expresiones de protesta. Mucha gente asocia las huelgas con "no trabajar", pero no siempre es así.

Hay huelgas donde los empleados del gobierno aplican las regulaciones escrupulosamente, demorando° los procesos administrativos; en otras, los trabajadores aumentan la producción. En países como España, las huelgas muchas veces se anuncian con anticipación° y, en los lugares que van a ser afectados, se ponen carteles con información como: "Esta oficina cerrará el día 14 con motivo de la huelga. Disculpen las molestias°".

Las manifestaciones son otra forma de protesta: la gente sale a la calle llevando carteles con frases y eslóganes. Una forma original de manifestación son los "cacerolazos", en los cuales la gente golpea° cacerolas y sartenes°. Los primeros cacerolazos tuvieron lugar en Chile y más tarde pasaron a otros países. Otras veces, el buen humor ayuda a confrontar temas serios y los manifestantes° marchan bailando, cantando eslóganes y tocando silbatos° y tambores°.

Actualmente° se puede protestar sin salir de casa. Lo único que necesitas es tener una computadora con conexión a Internet para poder participar en manifestaciones virtuales. Y no sólo de tu país, sino de todo el mundo.

Los eslóganes

El pueblo unido jamás será vencido°. Es el primer verso° de una canción que popularizó el grupo chileno Quilapayún.

Basta ya°. Se ha usado en el País Vasco en España durante manifestaciones en contra del terrorismo.

Agua para todos. Se ha gritado en manifestaciones contra la privatización del agua en varios países hispanos.

Ni guerra que nos mate°, ni paz que nos oprima°. Surgió° en la **Movilización Nacional de Mujeres contra la Guerra**, en Colombia (2002) para expresar un no rotundo° a la guerra.

Ni un paso° atrás. Ha sido usado en muchos países, como en Argentina por las Madres de la Plaza de Mayo*.

* Las Madres de la Plaza de Mayo es un grupo de mujeres que tiene hijos o familiares que desaparecieron durante la dictadura militar en Argentina (1976–1983).

ante in the presence of **manifestaciones** *demonstrations* **demorando** *delaying* **con anticipación** *in advance* **Disculpen las molestias.** *We apologize for any inconvenience.* **golpea** *bang* **cacerolas y sartenes** *pots and pans* **manifestantes** *demonstrators* **silbatos** *whistles* **tambores** *drums* **Actualmente** *Currently* **vencido** *defeated* **verso** *line* **Basta ya.** *Enough.* **mate** *kills* **oprima** *oppresses* **Surgió** *It arose* **rotundo** *absolute* **paso** *step*

ACTIVIDADES

1 **¿Cierto o falso?** Indica si lo que dice cada oración es cierto o falso. Corrige la información falsa.

1. En algunas huelgas las personas trabajan más de lo normal.
2. En España, las huelgas se hacen sin notificación previa.
3. En las manifestaciones virtuales se puede protestar sin salir de casa.
4. En algunas manifestaciones la gente canta y baila.
5. "Basta ya" es un eslogan que se ha usado en España en manifestaciones contra el terrorismo.
6. En el año 2002 se llevó a cabo la Movilización Nacional de Mujeres contra la Guerra en Argentina.
7. Los primeros "cacerolazos" se hicieron en Venezuela.
8. "Agua para todos" es un eslogan del grupo Quilapayún.

Las actualidades

ASÍ SE DICE
Periodismo y política

la campaña	campaign
el encabezado	headline
la prensa amarilla	tabloid press
el sindicato	(labor) union
el suceso, el hecho	el acontecimiento

EL MUNDO HISPANO
Hispanos en la historia

- **Sonia Sotomayor** (Nueva York, EE.UU., 1954–) Doctora en Derecho de ascendencia puertorriqueña. Es la primera mujer hispana en ocupar el cargo de Jueza Asociada en la Corte Suprema de los Estados Unidos.

- **Che Guevara** (Rosario, Argentina, 1928–La Higuera, Bolivia, 1967) Ernesto "Che" Guevara es una de las figuras más controversiales del siglo° XX. Médico de profesión, fue uno de los líderes de la revolución cubana y participó en las revoluciones de otros países.

- **Rigoberta Menchú Tum** (Laj Chimel, Guatemala, 1959–) De origen maya, desde niña sufrió la pobreza y la represión, lo que la llevó muy pronto a luchar por los derechos humanos. En 1992 recibió el Premio Nobel de la Paz.

- **José Martí** (La Habana, Cuba, 1853–Dos Ríos, Cuba, 1895) Fue periodista, filósofo, poeta, diplomático e independentista°. Desde su juventud se opuso al régimen colonialista español. Murió luchando por la independencia de Cuba.

siglo century   independentista supporter of independence

PERFIL
El rostro de la revolución estudiantil chilena

Durante el año 2011, cientos de miles de estudiantes chilenos se movilizaron para pedir reformas en el sistema educativo. **Camila Vallejo**, en ese momento a punto de graduarse de la carrera° de geografía, se convirtió en vocera° y líder del movimiento estudiantil.

Camila comenzó a interesarse en la política cuando ingresó en la universidad. Pero nunca imaginó lo que iba a ocurrir en 2011. En pocos meses pasó de ser una estudiante más° a convertirse en una verdadera leyenda: cientos de miles de seguidores° en Twitter, reuniones con el presidente chileno, número uno en varias encuestas sobre "la personalidad del año", presencia en los medios más importantes de todo el mundo, ¡y también críticas y amenazas°!

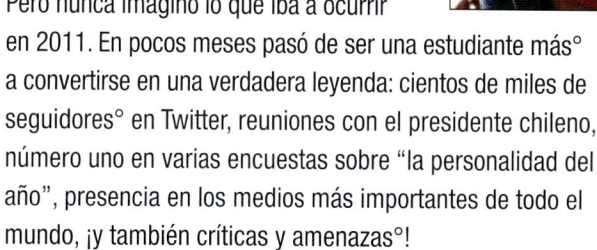

Entre otras reformas, los estudiantes chilenos piden mayor inversión° pública en educación, igualdad de oportunidades y, a nivel secundario°, piden una reforma constitucional para garantizar el derecho a la educación igualitaria, laica°, gratuita° y de calidad.

carrera major   vocera spokesperson   una estudiante más just another student   seguidores followers   amenazas threats   inversión investment   nivel secundario high school level   laica lay (non-religious)   gratuita free

Conexión Internet

¿Qué sabes de la blogger cubana Yoani Sánchez?

Go to **vhlcentral.com** to find more cultural information related to this **Cultura** section.

ACTIVIDADES

2 Comprensión Responde a las preguntas.
1. ¿Cuáles son los sinónimos de **acontecimiento**?
2. ¿En qué es pionera Sonia Sotomayor?
3. ¿Por qué Rigoberta Menchú Tum luchó por los derechos humanos?
4. ¿Por qué es famoso José Martí?

3 Líderes ¿Quién es el/la líder de tu comunidad o región que más admiras? Primero, escribe un breve párrafo explicando quién es, qué hace y por qué lo/la admiras. Luego, lee tu texto a la clase.

Practice more at **vhlcentral.com**.

recursos
vText
CH p. 130
vhlcentral.com

9 estructura

9.1 Si clauses

ANTE TODO **Si** (*If*) clauses describe a condition or event upon which another condition or event depends. Sentences with **si** clauses consist of a **si** clause and a main (or result) clause.

Si pudieras, ¿irías a nuestra boda?

Sí, si tuviera la oportunidad, iría con mucho gusto.

▸ **Si** clauses can speculate or hypothesize about a current event or condition. They express what *would happen* if an event or condition *were to occur*. This is called a contrary-to-fact situation. In such instances, the verb in the **si** clause is in the past subjunctive while the verb in the main clause is in the conditional.

Si **cambiaras** de empleo, **serías** más feliz.
If you changed jobs, you would be happier.

Iría de viaje a Suramérica si **tuviera** dinero.
I would travel to South America if I had money.

▸ **Si** clauses can also describe a contrary-to-fact situation in the past. They can express what *would have happened* if an event or condition *had occurred*. In these sentences, the verb in the **si** clause is in the past perfect subjunctive while the verb in the main clause is in the conditional perfect.

Si **hubiera sido** estrella de cine, **habría sido** rico.
If I had been a movie star, I would have been rich.

No **habrías tenido** hambre si **hubieras desayunado**.
You wouldn't have been hungry if you had eaten breakfast.

▸ **Si** clauses can also express conditions or events that are possible or likely to occur. In such instances, the **si** clause is in the present indicative while the main clause uses a present, near future, future, or command form.

Si **puedes** venir, **llámame**.
If you can come, call me.

Si **puedo** venir, **te llamo**.
If I can come, I'll call you.

Si **terminas** la tarea, **tendrás** tiempo para mirar la televisión.
If you finish your homework, you will have time to watch TV.

Si **terminas** la tarea, **vas a tener** tiempo para mirar la televisión.
If you finish your homework, you are going to have time to watch TV.

¡ATENCIÓN!
Remember the difference between **si** (*if*) and **sí** (*yes*).

¡LENGUA VIVA!
Note that in Spanish the conditional is never used immediately following **si**.

Las actualidades

▶ When the **si** clause expresses habitual past conditions or events, *not* a contrary-to-fact situation, the imperfect is used in both the **si** clause and the main (or result) clause.

Si Alicia me **invitaba** a una fiesta, yo siempre **iba**.
If (Whenever) Alicia invited me to a party, I would (used to) go.

Mis padres siempre **iban** a la playa si **hacía** buen tiempo.
My parents always went to the beach if the weather was good.

▶ The **si** clause may be the first or second clause in a sentence. Note that a comma is used only when the **si** clause comes first.

Si tuviera tiempo, iría contigo.
If I had time, I would go with you.

Iría contigo **si tuviera tiempo.**
I would go with you if I had time.

Summary of si clause sequences

Condition	Si clause	Main clause
Possible or likely	**Si** + present	Present
Possible or likely	**Si** + present	Near future (**ir a** + infinitive)
Possible or likely	**Si** + present	Future
Possible or likely	**Si** + present	Command
Habitual in the past	**Si** + imperfect	Imperfect
Contrary-to-fact (present)	**Si** + past (imperfect) subjunctive	Conditional
Contrary-to-fact (past)	**Si** + past perfect (pluperfect) subjunctive	Conditional perfect

¡INTÉNTALO! Cambia los tiempos y modos de los verbos que aparecen entre paréntesis para practicar todos los tipos de oraciones con **si** que se muestran en la tabla anterior.

1. Si usted ___va___ (ir) a la playa, tenga cuidado con el sol.
2. Si tú _____ (querer), te preparo la merienda.
3. Si _____ (hacer) buen tiempo, voy a ir al parque.
4. Si mis amigos _____ (ir) de viaje, sacaban muchas fotos.
5. Si ella me _____ (llamar), yo la invitaría a la fiesta.
6. Si nosotros _____ (querer) ir al teatro, compraríamos los boletos antes.
7. Si tú _____ (levantarse) temprano, desayunarías antes de ir a clase.
8. Si ellos _____ (tener) tiempo, te llamarían.
9. Si yo _____ (ser) astronauta, habría ido a la Luna.
10. Si él _____ (ganar) un millón de dólares, habría comprado una mansión.
11. Si ustedes me _____ (decir) la verdad, no habríamos tenido este problema.
12. Si ellos _____ (trabajar) más, habrían tenido más éxito.

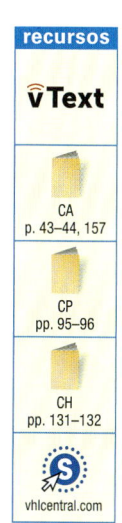

Práctica

1 Emparejar Empareja frases de la columna A con las de la columna B para crear oraciones lógicas.

A
1. Si aquí hubiera terremotos, _____
2. Si me informo bien, _____
3. Si te doy el informe, _____
4. Si la guerra hubiera continuado, _____
5. Si la huelga dura más de un mes, _____

B
a. ¿se lo muestras al director?
b. habrían muerto muchos más.
c. muchos van a pasar hambre.
d. podré explicar el desempleo.
e. no permitiríamos edificios altos.

AYUDA

Remember these forms of **haber**:
(si) hubiera
(if) there were
habría
there would be

2 Minidiálogos Completa los minidiálogos entre Teresa y Anita.

TERESA ¿Qué (1)_____ hecho tú si tu papá te (2)_____ regalado un carro?
ANITA Me (3)_____ muerto de la felicidad.

ANITA Si (4)_____ a Paraguay, ¿qué vas a hacer?
TERESA (5)_____ a visitar a mis parientes.

TERESA Si tú y tu familia (6)_____ un millón de dólares, ¿qué comprarían?
ANITA Si nosotros tuviéramos un millón de dólares, (7)_____ tres casas nuevas.

ANITA Si tú (8)_____ tiempo, ¿irías al cine con más frecuencia?
TERESA Sí, yo (9)_____ con más frecuencia si tuviera tiempo.

¡LENGUA VIVA!

Paraguay es conocido como "El Corazón de América" porque está en el centro de Suramérica. Sus lugares más visitados son la capital Asunción, que está situada a orillas (*on the banks*) del río Paraguay y la ciudad de Itauguá, en donde se producen muchos textiles.

3 Completar En parejas, túrnense para completar las frases de una manera lógica. Luego lean sus oraciones a la clase.

1. Si tuviera un accidente de carro...
2. Me volvería loco/a *(I would go crazy)* si mi familia...
3. Me habría ido a un programa de intercambio en Paraguay si...
4. No volveré a ver las noticias en ese canal si...
5. Habría menos problemas si los medios de comunicación...
6. Si mis padres hubieran insistido en que tomara clases durante el verano...
7. Si me ofrecen un viaje a la Luna...
8. Me habría enojado mucho si...
9. Si hubiera un desastre natural en mi ciudad...
10. Mi familia y yo habríamos viajado a Latinoamérica...

Practice more at **vhlcentral.com.**

Las actualidades

Comunicación

4 **Situaciones** Trabajen en grupos para contestar las preguntas. Después deben comunicar sus respuestas a la clase.

1. ¿Qué harían si fueran de vacaciones con su clase a Uruguay y al llegar no hubiera habitaciones en ningún hotel?
2. ¿Qué hacen si encuentran dinero en la calle?
3. Imaginen que estuvieron en Montevideo por tres semanas. ¿Qué habrían hecho si hubieran presenciado (*witnessed*) un crimen allí?
4. ¿Qué harían si fueran de viaje y las líneas aéreas estuvieran en huelga?
5. ¿Qué hacen si están en la calle y alguien les pide dinero?
6. ¿Qué harían si estuvieran en un país extranjero y un reportero los/las confundiera (*confused*) con unos actores o unas actrices de Hollywood?
7. ¿Qué dirían sus padres si los/las vieran ahora mismo?
8. ¿Qué haría cada uno/a de ustedes si fuera presidente/a o primer(a) ministro/a de este país?

5 **¿Qué harían?** En parejas, túrnense para hablar de lo que hacen, harían o habrían hecho en estas circunstancias.

1. si descubres que tienes un gran talento para la música
2. si hubieras ganado un viaje a Uruguay
3. si mañana tuvieras el día libre
4. si te robaran tu mochila
5. si tuvieras que cuidar a tus padres cuando sean mayores
6. si no tuvieras que preocuparte por el dinero
7. si fueras acusado/a de cometer un crimen
8. si hubieras vivido bajo una dictadura

Síntesis

6 **Entrevista** En grupos, preparen cinco preguntas para hacerle a un(a) candidato/a a la presidencia de su país. Luego, túrnense para hacer el papel de entrevistador(a) y de candidato/a. El/La entrevistador(a) reacciona a cada una de las respuestas del/de la candidato/a.

modelo

Entrevistador(a): ¿Qué haría usted sobre la obesidad infantil?
Candidato/a: Pues, dudo que podamos decirles a los padres cómo alimentar a sus hijos. Creo que ellos deben preocuparse de darles comida saludable.
Entrevistador(a): ¿Entonces usted no haría nada para combatir la obesidad infantil?
Candidato/a: Si yo fuera presidente/a…

9.2 Summary of the uses of the subjunctive

ANTE TODO Since **Lección 3**, you have been learning about subjunctive verb forms and practicing their uses. The following chart summarizes the subjunctive forms you have studied. The chart on the next page summarizes the uses of the subjunctive you have seen and contrasts them with uses of the indicative and the infinitive. These charts will help you review and synthesize what you have learned about the subjunctive in this book.

Espero que lo hayas pasado bien en México.

Sí, si hubiera podido, me habría quedado más tiempo.

Summary of subjunctive forms

-ar verbs

PRESENT SUBJUNCTIVE	PAST SUBJUNCTIVE
hable	hablara
hables	hablaras
hable	hablara
hablemos	habláramos
habléis	hablarais
hablen	hablaran

PRESENT PERFECT SUBJUNCTIVE
haya hablado
hayas hablado
haya hablado

hayamos hablado
hayáis hablado
hayan hablado

PAST PERFECT SUBJUNCTIVE
hubiera hablado
hubieras hablado
hubiera hablado

hubiéramos hablado
hubierais hablado
hubieran hablado

-er verbs

PRESENT SUBJUNCTIVE	PAST SUBJUNCTIVE
beba	bebiera
bebas	bebieras
beba	bebiera
bebamos	bebiéramos
bebáis	bebierais
beban	bebieran

PRESENT PERFECT SUBJUNCTIVE
haya bebido
hayas bebido
haya bebido

hayamos bebido
hayáis bebido
hayan bebido

PAST PERFECT SUBJUNCTIVE
hubiera bebido
hubieras bebido
hubiera bebido

hubiéramos bebido
hubierais bebido
hubieran bebido

-ir verbs

PRESENT SUBJUNCTIVE	PAST SUBJUNCTIVE
viva	viviera
vivas	vivieras
viva	viviera
vivamos	viviéramos
viváis	vivierais
vivan	vivieran

PRESENT PERFECT SUBJUNCTIVE
haya vivido
hayas vivido
haya vivido

hayamos vivido
hayáis vivido
hayan vivido

PAST PERFECT SUBJUNCTIVE
hubiera vivido
hubieras vivido
hubiera vivido

hubiéramos vivido
hubierais vivido
hubieran vivido

CONSULTA

To review the subjunctive, refer to these sections:
Present subjunctive, **Estructura 3.3**, pp. 108–109.
Present perfect subjunctive, **Estructura 6.3**, p. 211.
Past subjunctive, **Estructura 7.3**, pp. 244–245.
Past perfect subjunctive, **Estructura 8.3**, p. 279.

Las actualidades

The subjunctive is used...

1. After verbs and/or expressions of will and influence, when the subject of the subordinate clause is different from the subject of the main clause

   Los ciudadanos **desean** que el candidato presidencial los **escuche.**

2. After verbs and/or expressions of emotion, when the subject of the subordinate clause is different from the subject of the main clause

   Alejandra **se alegró** mucho de que le **dieran** el trabajo.

3. After verbs and/or expressions of doubt, disbelief, and denial

   Dudo que **vaya** a tener problemas para encontrar su maleta.

4. After the conjunctions **a menos que, antes (de) que, con tal (de) que, en caso (de) que, para que,** and **sin que**

   Cierra las ventanas **antes de que empiece** la tormenta.

5. After **cuando, después (de) que, en cuanto, hasta que,** and **tan pronto como** when they refer to future actions

   Tan pronto como haga la tarea, podrá salir con sus amigos.

6. To refer to an indefinite or nonexistent antecedent mentioned in the main clause

   Busco **un** empleado que **haya estudiado** computación.

7. After **si** to express something impossible, improbable, or contrary to fact

   Si hubieras escuchado el noticiero, te habrías informado sobre el terremoto.

The indicative is used...

1. After verbs and/or expressions of certainty and belief

   Es cierto que Uruguay **tiene** unas playas espectaculares.

2. After the conjunctions **cuando, después (de) que, en cuanto, hasta que,** and **tan pronto como** when they do not refer to future actions

   Hay más violencia **cuando hay** desigualdad social.

3. To refer to a definite or specific antecedent mentioned in the main clause

   Busco a la señora que me **informó** del crimen que ocurrió ayer.

4. After **si** to express something possible, probable, or not contrary to fact

   Pronto habrá más igualdad **si luchamos** contra la discriminación.

The infinitive is used...

1. After expressions of will and influence when there is no change of subject from the main clause to the subordinate clause

   Martín **desea ir** a Montevideo este año.

2. After expressions of emotion when there is no change of subject from the main clause to the subordinate clause

   Me alegro de conocer a tu esposo.

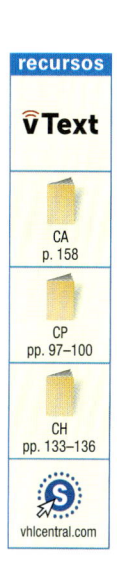

Práctica

1 **Conversación** Completa la conversación con el tiempo verbal adecuado.

EMA Busco al reportero que (1)_____ (publicar) el libro sobre la dictadura de Stroessner.

ROSA Ah, usted busca a Miguel Pérez. Ha salido.

EMA Le había dicho que yo vendría a verlo el martes, pero él me dijo que (2)_____ (venir) hoy.

ROSA No creo que a Miguel se le (3)_____ (olvidar) la cita. Si usted le (4)_____ (pedir) una cita, él me lo habría mencionado.

EMA Pues no, no pedí cita, pero si él me hubiera dicho que era necesario yo lo (5)_____ (hacer).

ROSA Creo que Miguel (6)_____ (ir) a cubrir un incendio hace media hora. No pensaba que nadie (7)_____ (ir) a venir esta tarde. Si quiere, le digo que la (8)_____ (llamar) tan pronto como (9)_____ (llegar). A menos que usted (10)_____ (querer) dejar un recado…
(Entra Miguel)

EMA ¡Miguel! Amor, si hubieras llegado cinco minutos más tarde, no me (11)_____ (encontrar) aquí.

MIGUEL ¡Ema! ¿Qué haces aquí?

EMA Me dijiste que viniera hoy para que (12)_____ (poder) pasar más tiempo juntos.

ROSA *(En voz baja)* ¿Cómo? ¿Serán novios?

NOTA CULTURAL

El general **Alfredo Stroessner** es el dictador que más tiempo ha durado en el poder en un país de Suramérica. Stroessner se hizo presidente de Paraguay en 1954 y el 3 de febrero de 1989 fue derrocado (*overthrown*) en un golpe militar (*coup*). Después de esto, Stroessner se exilió a Brasil, donde murió en 2006 a los 93 años.

---

2 **Escribir** Escribe uno o dos párrafos sobre tu participación en las próximas elecciones del consejo estudiantil. Usa por lo menos cuatro de estas frases.

- Votaré por… con tal de que…
- Quisiera saber…
- Si gana mi candidato/a…
- Espero que la economía…
- Estoy seguro/a de que…
- A menos que…
- Mis padres siempre me dijeron que…
- Si a la gente realmente le importara la familia…
- No habría escogido a ese/a candidato/a si…
- Si le preocuparan más los impuestos…
- Dudo que el/la otro/a candidato/a…
- En las próximas elecciones espero que…

---

3 **Explicar** En parejas, escriban una conversación breve sobre cada tema de la lista. Usen por lo menos un verbo en subjuntivo y otro en indicativo o en infinitivo. Sigan el modelo.

| unas elecciones | una huelga | una inundación | prensa |
| una guerra | un incendio | la libertad | un terremoto |

modelo
un tornado
Estudiante 1: Temo que este año haya tornados por nuestra zona.
Estudiante 2: No te preocupes. Creo que este año no va a haber muchos tornados.

AYUDA

Some useful expressions:
Espero que…
Ojalá que…
Es posible que…
Es terrible que…
Es importante que…

Practice more at **vhlcentral.com**.

Comunicación

4 **Preguntas** En parejas, túrnense para hacerse estas preguntas.

1. ¿Te irías a vivir a un lugar donde pudiera ocurrir un desastre natural? ¿Por qué?
2. ¿Te gustaría que tu vida fuera como la de tus padres? ¿Por qué? Y tus hijos, ¿preferirías que tuvieran experiencias diferentes a las tuyas? ¿Cuáles?
3. ¿Te parece importante que elijamos a una mujer como presidenta? ¿Por qué?
4. Si hubiera una guerra y te llamaran para entrar en el ejército, ¿obedecerías? ¿Lo considerarías tu deber? ¿Qué sentirías? ¿Qué pensarías?
5. Si sólo pudieras recibir noticias de un medio de comunicación, ¿cuál escogerías y por qué? Y si pudieras trabajar en un medio de comunicación, ¿escogerías el mismo?

5 **Consejos** En parejas, lean esta guía turística. Luego túrnense para representar los papeles de un(a) cliente/a y de un(a) agente de viajes. El/La agente le da consejos al/a la cliente/a sobre los lugares que debe visitar y el/la cliente/a da su opinión sobre los consejos.

NOTA CULTURAL

Uruguay tiene uno de los climas más moderados del mundo: la temperatura media es de 22º C (72º F) en el verano y de 13º C (55º F) en el invierno. La mayoría de los días son soleados, llueve moderadamente y nunca nieva.

¡Conozca Uruguay!

La **Plaza Independencia** en **Montevideo**, con su **Puerta de la Ciudadela**, forma el límite entre la ciudad antigua y la nueva. Si le interesan las compras, desde este lugar puede comenzar su paseo por la **Avenida 18 de Julio**, la principal arteria comercial de la capital.

No deje de ir a **Punta del Este**. Conocerá uno de los lugares turísticos más fascinantes del mundo. No se pierda las maravillosas playas, el **Museo de Arte Americano** y la **Catedral Maldonado** (1895) con su famoso altar, obra del escultor **Antonio Veiga**.

Sin duda, querrá conocer la famosa ciudad vacacional de **Piriápolis**, con su puerto que atrae barcos cruceros, y disfrutar de sus playas y lindos paseos.

Tampoco se debe perder la **Costa de Oro**, junto al **Río de la Plata**. Para aquéllos interesados en la historia, dos lugares favoritos son la conocida iglesia **Nuestra Señora de Lourdes** y el chalet de **Pablo Neruda**.

Síntesis

recursos

vText

CA
pp. 45–46

6 **Dos artículos** Tu profesor(a) les va a dar a ti y a tu compañero/a dos artículos. Trabajando en parejas, cada uno escoge y lee un artículo. Luego, háganse preguntas sobre los artículos.

Recapitulación

Diagnostics / Remediation Activities

Completa estas actividades para repasar los conceptos de gramática que aprendiste en esta lección.

1 Condicionales
Empareja las frases de la columna A con las de la columna B para crear oraciones lógicas. **8 pts.**

A
1. Todos estaríamos mejor informados
2. ¿Te sentirás mejor
3. Si esos locutores no tuvieran tanta experiencia,
4. ¿Votarías por un candidato como él
5. Si no te gusta este noticiero,
6. El candidato Díaz habría ganado las elecciones
7. Si la tormenta no se va pronto,
8. Ustedes se pueden ir

B
a. cambia el canal.
b. ya los habrían despedido.
c. si leyéramos el periódico todos los días.
d. la gente no podrá salir a protestar.
e. si no tienen nada más que decir.
f. si te digo que ya terminó la huelga?
g. Leopoldo fue a votar.
h. si supieras que no ha obedecido las leyes?
i. si hubiera hecho más entrevistas para la televisión.

2 Escoger
Escoge la opción correcta para completar cada oración. **10 pts.**

1. Ojalá que aquí (hubiera/hay) un canal independiente.
2. Susana dudaba que (hubieras estudiado/estudias) medicina.
3. En cuanto (termine/terminé) mis estudios, buscaré trabajo.
4. Miguel me dijo que su familia nunca (veía/viera) los noticieros en la televisión.
5. Para estar bien informados, yo les recomiendo que (leen/lean) el diario *El Sol*.
6. Es terrible que en los últimos meses (haya habido/ha habido) tres desastres naturales.
7. Cuando (termine/terminé) mis estudios, encontré trabajo en un diario local.
8. El presidente no quiso (declarar/que declarara) la guerra.
9. Todos dudaban que la noticia (fuera/era) real.
10. Me sorprende que en el mundo todavía (exista/existe) la censura.

RESUMEN GRAMATICAL

9.1 Si clauses *pp. 304–305*

Summary of si clause sequences

Possible or likely	Si + present	+ present + ir a + infinitive + future + command
Habitual in the past	Si + imperfect	+ imperfect
Contrary-to-fact (present)	Si + past subjunctive	+ conditional
Contrary-to-fact (past)	Si + past perfect subjunctive	+ conditional perfect

9.2 Summary of the uses of the subjunctive *pp. 310–311*

Summary of subjunctive forms

- **Present:** (-ar) hable, (-er) beba, (-ir) viva
- **Past:** (-ar) hablara, (-er) bebiera, (-ir) viviera
- **Present perfect:** haya + past participle
- **Past perfect:** hubiera + past participle

The subjunctive is used...

1. After verbs and/or expressions of:
   - Will and influence (when subject changes)
   - Emotion (when subject changes)
   - Doubt, disbelief, denial
2. After **a menos que, antes (de) que, con tal (de) que, en caso (de) que, para que, sin que**
3. After **cuando, después (de) que, en cuanto, hasta que, tan pronto como** when they refer to future actions
4. To refer to an indefinite or nonexistent antecedent
5. After **si** to express something impossible, improbable, or contrary to fact

Las actualidades

NOTA CULTURAL

En algunos países hispanos, las votaciones (*voting*) se realizan los fines de semana porque los gobiernos tratan de promover (*to promote*) la participación de la población rural. Las personas que viven en el campo generalmente van al mercado y a la iglesia los domingos. Por eso es un buen momento para ejercer (*exercise*) su derecho al voto.

3 **Las elecciones** Completa el diálogo con la forma correcta del verbo entre paréntesis eligiendo entre el subjuntivo, el indicativo y el infinitivo, según el contexto. **18 pts.**

SERGIO ¿Ya has decidido por cuál candidato vas a votar en las elecciones del sábado?

MARINA No, todavía no. Es posible que no (1) _____ (yo, votar). Para mí es muy difícil (2) _____ (decidir) quién será el mejor representante. Y tú, ¿ya has tomado una decisión?

SERGIO Sí. Mi amigo Julio nos aconsejó que (3) _____ (leer) la entrevista que le hicieron al candidato Rodríguez en el diario *Tribuna*. En cuanto la (4) _____ (yo, leer), decidí votar por él.

MARINA ¿Hablas en serio? Espero que ya lo (5) _____ (tú, pensar) muy bien. El diario *Tribuna* no siempre es objetivo. Dudo que (6) _____ (ser) una fuente fiable (*reliable source*). No vas a tener una idea clara de las habilidades de cada candidato a menos que (7) _____ (tú, comparar) información de distintas fuentes.

SERGIO Tienes razón, hoy día no hay ningún medio de comunicación que (8) _____ (decir) toda la verdad de forma independiente.

MARINA Tengo una idea. Sugiero que (9) _____ (nosotros, ir) esta noche a mi casa para (10) _____ (ver) juntos el debate de los candidatos por televisión. ¿Qué te parece?

SERGIO Es una buena idea, pero no creo que (11) _____ (yo, tener) tiempo.

MARINA No te preocupes. Voy a grabarlo para que (12) _____ (tú, poder) verlo.

4 **Escribir** Hoy día, cada vez más personas se mantienen informadas a través de Internet. Piensa cómo cambiaría tu vida diaria si no existiera este medio de comunicación. ¿Cómo te informarías de las actualidades del mundo y de las noticias locales? ¿Cómo te llegarían noticias de tus amigos si no existieran el correo electrónico y las redes sociales en línea (*social networking websites*)? Escribe al menos siete oraciones con **si**. **14 pts.**

5 **Canción** Completa estos versos de una canción de Juan Luis Guerra con el pretérito imperfecto de subjuntivo de los verbos en la forma **nosotros/as**. **¡2 puntos EXTRA!**

"Y si aquí, _____ (luchar) juntos por la sociedad y _____ (hablar) menos resolviendo más."

recursos

vText

vhlcentral.com

Practice more at **vhlcentral.com**.

adelante

Lectura
Audio: Synched Reading / Additional Reading

Antes de leer

Estrategia
Recognizing chronological order

Recognizing the chronological order of events in a narrative is key to understanding the cause and effect relationship between them. When you are able to establish the chronological chain of events, you will easily be able to follow the plot. In order to be more aware of the order of events in a narrative, you may find it helpful to prepare a numbered list of the events as you read.

Examinar el texto
Lee el texto usando las estrategias de lectura que has aprendido.
- ¿Ves palabras nuevas o cognados? ¿Cuáles son?
- ¿Qué te dice el dibujo sobre el contenido?
- ¿Tienes algún conocimiento previo° sobre don Quijote?
- ¿Cuál es el propósito° del texto?
- ¿De qué trata° la lectura?

Ordenar
Lee el texto otra vez para establecer el orden cronológico de los eventos. Luego ordena estos eventos según la historia.

_____ Don Quijote lucha contra los molinos de viento pensando que son gigantes.

_____ Don Quijote y Sancho toman el camino hacia Puerto Lápice.

_____ Don Quijote y Sancho descubren unos molinos de viento en un campo.

_____ El primer molino da un mal golpe a don Quijote, a su lanza y a su caballo.

_____ Don Quijote y Sancho Panza salen de su pueblo en busca de aventuras.

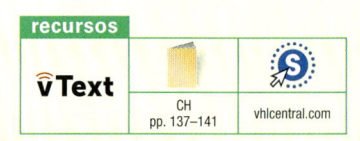

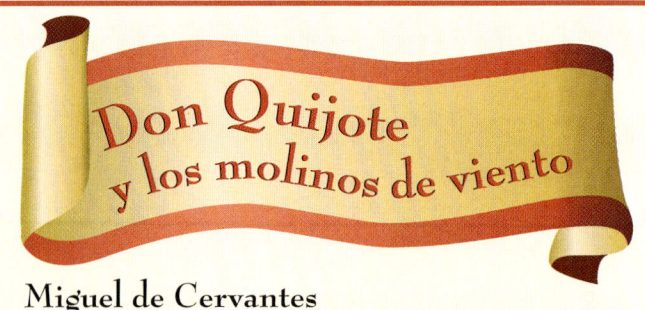

recursos
vText
CH pp. 137–141
vhlcentral.com

Don Quijote y los molinos de viento

Miguel de Cervantes
Fragmento adaptado de
El ingenioso hidalgo don Quijote de la Mancha

Miguel de Cervantes Saavedra, el escritor más universal de la literatura española, nació en Alcalá de Henares en 1547 y murió en Madrid en 1616, tras° haber vivido una vida llena de momentos difíciles, llegando a estar en la cárcel° más de una vez. Su obra, sin embargo, ha disfrutado a través de los siglos de todo el éxito que se merece. Don Quijote representa no sólo la locura° sino también la búsqueda° del ideal. En esta ocasión presentamos el famoso episodio de los molinos de viento°.

Entonces descubrieron treinta o cuarenta molinos de viento que había en aquel campo°. Cuando don Quijote los vio, dijo a su escudero°:
—La fortuna va guiando nuestras cosas mejor de lo que deseamos; porque allí, amigo Sancho Panza, se ven treinta, o pocos más, enormes gigantes con los que pienso hacer batalla y quitarles a todos las vidas, y comenzaremos a ser ricos; que ésta es buena guerra, y es gran servicio de Dios quitar tan malos seres° de la tierra.
—¿Qué gigantes?
—Aquéllos que ves allí —respondió su amo°— de los brazos largos, que algunos normalmente los tienen de casi dos leguas°.

Después de leer

¿Realidad o fantasía?
Indica si las afirmaciones sobre la lectura pertenecen a la realidad o la fantasía.
1. Don Quijote desea matar° a los enemigos.
2. Su escudero no ve a ningún ser sobrenatural.
3. El caballero ataca a unas criaturas cobardes y viles.
4. Don Quijote no ganó la batalla porque los gigantes fueron transformados en molinos de viento.
5. El sabio Frestón transformó los gigantes en molinos de viento.

conocimiento previo *prior knowledge*   propósito *purpose*
¿De qué trata...? *What is... about?*   matar *to kill*

—Mire usted —respondió Sancho— que aquéllos que allí están no son gigantes, sino molinos de viento, y lo que parecen brazos son las aspas°, que movidas por el viento, hacen andar la piedra del molino.

—Bien veo —respondió don Quijote— que no estás acostumbrado a las aventuras: ellos son gigantes; y si tienes miedo, quítate de ahí y reza° mientras yo voy a combatir con ellos en fiera° batalla.

Y diciendo esto, dio de espuelas° a su caballo Rocinante, sin oír las voces que su escudero Sancho le daba, diciéndole que, sin duda alguna, eran molinos de viento, y no gigantes, aquéllos que iba a atacar. Pero él iba tan convencido de que eran gigantes, que ni oía las voces de su escudero Sancho, ni se daba cuenta, aunque estaba ya muy cerca, de lo que eran; antes iba diciendo en voz alta:

—No huyáis°, cobardes° y viles criaturas, que sólo os ataca un caballero°.

Se levantó entonces un poco de viento, y las grandes aspas comenzaron a moverse, y cuando don Quijote vio esto, dijo:

—Pues aunque mováis más brazos que los del gigante Briareo, me lo vais a pagar.

Y diciendo esto, y encomendándose de todo corazón° a su señora Dulcinea, pidiéndole que le ayudase en esta difícil situación, bien cubierto de su rodela°, con la lanza en posición de ataque, fue a todo el galope de Rocinante y embistió° el primer molino que estaba delante: y dándole con la lanza en el aspa, el viento la giró con tanta furia, que la rompió en pequeños fragmentos, llevándose con ella al caballo y al caballero, que fue dando vueltas por el campo. Fue rápidamente Sancho Panza a ayudarle, todo lo rápido que podía correr su asno°, y cuando llegó encontró que no se podía mover: tan grande fue el golpe° que se dio con Rocinante.

—¡Por Dios! —dijo Sancho—. ¿No le dije yo que mirase bien lo que hacía, que sólo eran molinos de viento, y la única persona que podía equivocarse era alguien que tuviese otros molinos en la cabeza?

—Calla°, amigo Sancho —respondió don Quijote—, que las cosas de la guerra, más que otras, cambian continuamente; estoy pensando que aquel sabio° Frestón, que me robó el estudio y los libros, ha convertido estos gigantes en molinos por quitarme la gloria de su vencimiento°: tan grande es la enemistad que me tiene; pero al final, sus malas artes no van a poder nada contra la bondad de mi espada°.

—Dios lo haga como pueda —respondió Sancho Panza.

Y ayudándole a levantarse, volvió a subir sobre Rocinante, que medio despaldado estaba°. Y hablando de la pasada aventura, siguieron el camino del Puerto Lápice.

tras *after* cárcel *jail* locura *insanity* búsqueda *search* molinos de viento *windmills* campo *field* escudero *squire* seres *beings* amo *master* leguas *leagues (measure of distance)* aspas *sails* reza *pray* fiera *vicious* dio de espuelas *he spurred* No huyáis *Do not flee* cobardes *cowards* caballero *knight* encomendándose de todo corazón *entrusting himself with all his heart* rodela *round shield* embistió *charged* asno *donkey* golpe *blow (knock into)* Calla *Be quiet* sabio *magician* vencimiento *defeat* espada *sword* que medio despaldado estaba *whose back was half-broken*

Personajes

1. En este fragmento, se mencionan estos personajes. ¿Quiénes son?
   - don Quijote
   - Rocinante
   - Dulcinea
   - Sancho Panza
   - los gigantes
   - Frestón
2. ¿Qué puedes deducir de los personajes según la información que se da en este episodio?
3. ¿Quiénes son los personajes principales?
4. ¿Cuáles son las diferencias entre don Quijote y Sancho Panza? ¿Qué tienen en común?

¿Un loco o un héroe?

En un párrafo, da tu opinión del personaje de don Quijote, basándote en la aventura de los molinos de viento. Ten en cuenta las acciones, los motivos y los sentimientos de don Quijote en su batalla contra los molinos de viento.

Una entrevista

Trabajen en grupos de tres para preparar una entrevista sobre los acontecimientos de este fragmento de la novela de Cervantes. Un(a) estudiante representará el papel del/de la entrevistador(a) y los otros dos asumirán los papeles de don Quijote y de Sancho Panza, quienes comentarán el episodio desde su punto de vista.

Escritura

Estrategia

Writing strong introductions and conclusions

Introductions and conclusions serve a similar purpose: both are intended to focus the reader's attention on the topic being covered. The introduction presents a brief preview of the topic. In addition, it informs your reader of the important points that will be covered in the body of your writing. The conclusion reaffirms those points and concisely sums up the information that has been provided. A compelling fact or statistic, a humorous anecdote, or a question directed to the reader are all interesting ways to begin or end your writing.

For example, if you were writing a biographical report on Miguel de Cervantes, you might begin your essay with the fact that his most famous work, *Don Quijote de la Mancha*, is the second most widely published book ever. The rest of your introductory paragraph would outline the areas you would cover in the body of your paper, such as Cervantes' life, his works, and the impact of *Don Quijote* on world literature. In your conclusion, you would sum up the most important information in the report and tie this information together in a way that would make your reader want to learn even more about the topic. You could write, for example: "Cervantes, with his wit and profound understanding of human nature, is without peer in the history of world literature."

Introducciones y conclusiones

Trabajen en parejas para escribir una oración de introducción y otra de conclusión sobre estos temas.

1. el episodio de los molinos de viento de *Don Quijote de la Mancha*
2. la definición de la locura
3. la realidad y la fantasía en la literatura

Tema

Escribir una composición

Si tuvieras la oportunidad, ¿qué harías para mejorar el mundo? Escribe una composición sobre los cambios que harías en el mundo si tuvieras el poder° y los recursos necesarios. Piensa en lo que puedes hacer ahora y en lo que podrás hacer en el futuro. Considera estas preguntas:

▸ ¿Pondrías fin a todas las guerras? ¿Cómo?
▸ ¿Protegerías el medio ambiente? ¿Cómo?
▸ ¿Promoverías° la igualdad y eliminarías el sexismo y el racismo? ¿Cómo?
▸ ¿Eliminarías la corrupción en la política? ¿Cómo?
▸ ¿Eliminarías la escasez de viviendas° y el hambre?
▸ ¿Educarías a los demás sobre el SIDA? ¿Cómo?
▸ ¿Promoverías el fin de la violencia entre seres humanos?
▸ ¿Promoverías tu causa en los medios de comunicación? ¿Cómo?
▸ ¿Te dedicarías a alguna causa específica dentro de tu comunidad? ¿Cuál?
▸ ¿Te dedicarías a solucionar problemas nacionales o internacionales? ¿Cuáles?

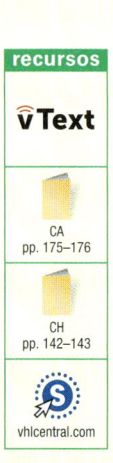

poder *power* **Promoverías** *Would you promote* **escasez de viviendas** *homelessness*

Las actualidades

Escuchar

Estrategia
Recognizing genre/
Taking notes as you listen

If you know the genre or type of discourse you are going to encounter, you can use your background knowledge to write down a few notes about what you expect to hear. You can then make additions and changes to your notes as you listen.

🎧 To practice these strategies, you will now listen to a short toothpaste commercial. Before listening to the commercial, write down the information you expect it to contain. Then update your notes as you listen.

Preparación

Basándote en la foto, anticipa lo que vas a escuchar en el siguiente fragmento. Haz una lista y anota los diferentes tipos de información que crees que vas a oír.

Ahora escucha 🎧

Revisa la lista que hiciste para **Preparación.** Luego escucha el noticiero presentado por Sonia Hernández. Mientras escuchas, apunta los tipos de información que anticipaste y los que no anticipaste.

Tipos de información que anticipaste
1. _____
2. _____
3. _____

Tipos de información que no anticipaste
1. _____
2. _____
3. _____

Comprensión

Preguntas
1. ¿Dónde está Sonia Hernández?
   _____
2. ¿Quién es Jaime Pantufla?
   _____
3. ¿Dónde hubo una tormenta?
   _____
4. ¿Qué tipo de música toca el grupo Dictadura de Metal?
   _____
5. ¿Qué tipo de artista es Ugo Nespolo?
   _____
6. Además de lo que Sonia menciona, ¿de qué piensas que va a hablar en la próxima sección del programa?
   _____

Ahora ustedes
En parejas, usen la presentación de Sonia Hernández como modelo para escribir un breve noticiero para la comunidad donde viven. Incluyan noticias locales, nacionales e internacionales. Luego compartan el papel de locutor(a) y presenten el noticiero a la clase. Pueden grabar el noticiero si quieren.

recursos
vText
vhlcentral.com

Practice more at **vhlcentral.com.**

En pantalla

Video: TV Clip

Este anuncio forma parte de una campaña para motivar a los jóvenes a participar en las elecciones de 2006 en México. Estas elecciones fueron unas de las más reñidas de su historia; apenas las segundas elecciones después de más de setenta años de un gobierno federal encabezado° por un solo partido. Los votantes mexicanos, cada vez más involucrados y mejor informados, tuvieron que decidir entre los cinco candidatos contendientes, cuatro hombres y una mujer. A diferencia de los Estados Unidos, en México, como en muchos países de Latinoamérica, es muy común que haya cinco, seis o más candidatos a la presidencia.

Vocabulario útil

mitad	half
reñidas	hard-fought
cállate	be quiet
te quejas	you complain
concientizar	to raise awareness
campaña	campaign

Preguntas

En grupos de tres, respondan a las preguntas.
1. ¿Qué piensan que promueve (*promotes*) este anuncio?
2. ¿A qué público está dirigido? ¿Cómo lo saben?
3. ¿A qué se refieren cuando dicen "cállate"?
4. ¿Creen que es un anuncio efectivo? ¿Por qué?
5. ¿Qué anuncios conocen que promuevan el mismo mensaje?

Anuncio

En grupos pequeños, imaginen que tienen que crear un anuncio para televisión sobre un problema social o político que les preocupe. Escriban un párrafo donde digan de qué quieren hablar en el anuncio y por qué, qué celebridades quieren que aparezcan en él y dónde les gustaría filmarlo.

encabezado *lead*   andar *to go out with (Mex.)*

Anuncio sobre elecciones

1

A ti no te gustaría que te dijeran...

2

... con quién tienes que andar°...

3

... cuál disco vas a comprar...

Practice more at vhlcentral.com.

recursos
vText
vhlcentral.com

Las actualidades

Flash Cultura

Video: Flash cultura

En los años veinte, menos de 5.000 puertorriqueños vivían en Nueva York. Para el 2007 eran casi 800.000. Además de Nueva York, ciudades como Chicago, Philadelphia, Newark y Providence tienen grandes comunidades puertorriqueñas. Ahora son un poco más de 4.000.000 los que viven en todos los estados, principalmente en el noreste° del país y en el centro de Florida. Los boricuas° en los EE.UU. han creado nuevas manifestaciones de su cultura, como la música salsa en la ciudad de Nueva York y los multitudinarios° desfiles° que se realizan cada año en todo el país, una gran muestra del orgullo° y la identidad de los puertorriqueños.

Vocabulario útil

la estadidad	statehood
la patria	homeland
las relaciones exteriores	foreign policy
la soberanía	sovereignty

Preparación
¿Qué sabes de Puerto Rico? ¿Sabes qué territorios estadounidenses tienen un estatus especial? ¿En qué se diferencian de un estado normal?

¿Cierto o falso?
Indica si las oraciones son **ciertas** o **falsas**.

1. Los puertorriqueños sirven en el ejército de los EE.UU.
2. Puerto Rico es territorio de los EE.UU., pero el congreso estadounidense no tiene autoridad en la isla.
3. En Puerto Rico se usa la misma (*same*) moneda que en los EE.UU.
4. En la isla se pagan sólo impuestos locales.
5. El comercio de la isla está a cargo del gobernador de Puerto Rico.
6. La mayoría de los puertorriqueños quieren que la isla sea una nación independiente.

noreste *northeast* boricuas *people from Puerto Rico* multitudinarios *with mass participation* desfiles *parades* orgullo *pride*

Puerto Rico: ¿nación o estado?

Cuando estás aquí no sabes si estás en un país latinoamericano o si estás en los EE.UU.

... todo lo relacionado a la defensa, las relaciones exteriores [...] está a cargo del gobierno federal de los EE.UU.

—¿Cuál es su preferencia política?
—Yo quiero la estadidad...

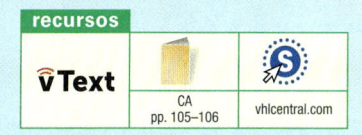

recursos

vText | CA pp. 105–106 | vhlcentral.com

Practice more at **vhlcentral.com**.

9 panorama

Lección 9

Paraguay

Interactive Map
Video: *Panorama cultural*

El país en cifras

▶ **Área:** 406.750 km² (157.046 millas²), el tamaño° de California
▶ **Población:** 7.613.000
▶ **Capital:** Asunción—2.606.000
▶ **Ciudades principales:** Ciudad del Este, San Lorenzo, Lambaré, Fernando de la Mora

SOURCE: Population Division, UN Secretariat

▶ **Moneda:** guaraní
▶ **Idiomas:** español (oficial), guaraní (oficial)

Las tribus indígenas que habitaban la zona antes de la llegada de los españoles hablaban guaraní. Ahora el 90 por ciento de los paraguayos habla esta lengua, que se usa con frecuencia en canciones, poemas, periódicos y libros. Varios institutos y asociaciones, como el Teatro Guaraní, se dedican a preservar la cultura y la lengua guaraníes.

Bandera de Paraguay

Paraguayos célebres

▶ **Agustín Barrios,** guitarrista y compositor (1885–1944)
▶ **Josefina Plá,** escritora y ceramista (1909–1999)
▶ **Augusto Roa Bastos,** escritor (1917–2005)
▶ **Olga Blinder,** pintora (1921–2008)

tamaño *size*   multara *fined*

recursos
vText
CA pp. 85–86
CP p. 101
vhlcentral.com

Paraguayo con alfombras típicas del país

Agricultor indígena de la tribu maca

Itapúa

¡Increíble pero cierto!

¿Te imaginas qué pasaría si el gobierno multara° a los ciudadanos que no van a votar? En Paraguay, es una obligación. Ésta es una ley nacional, que otros países también tienen, para obligar a los ciudadanos a participar en las elecciones. En Paraguay los ciudadanos que no van a votar tienen que pagar una multa al gobierno.

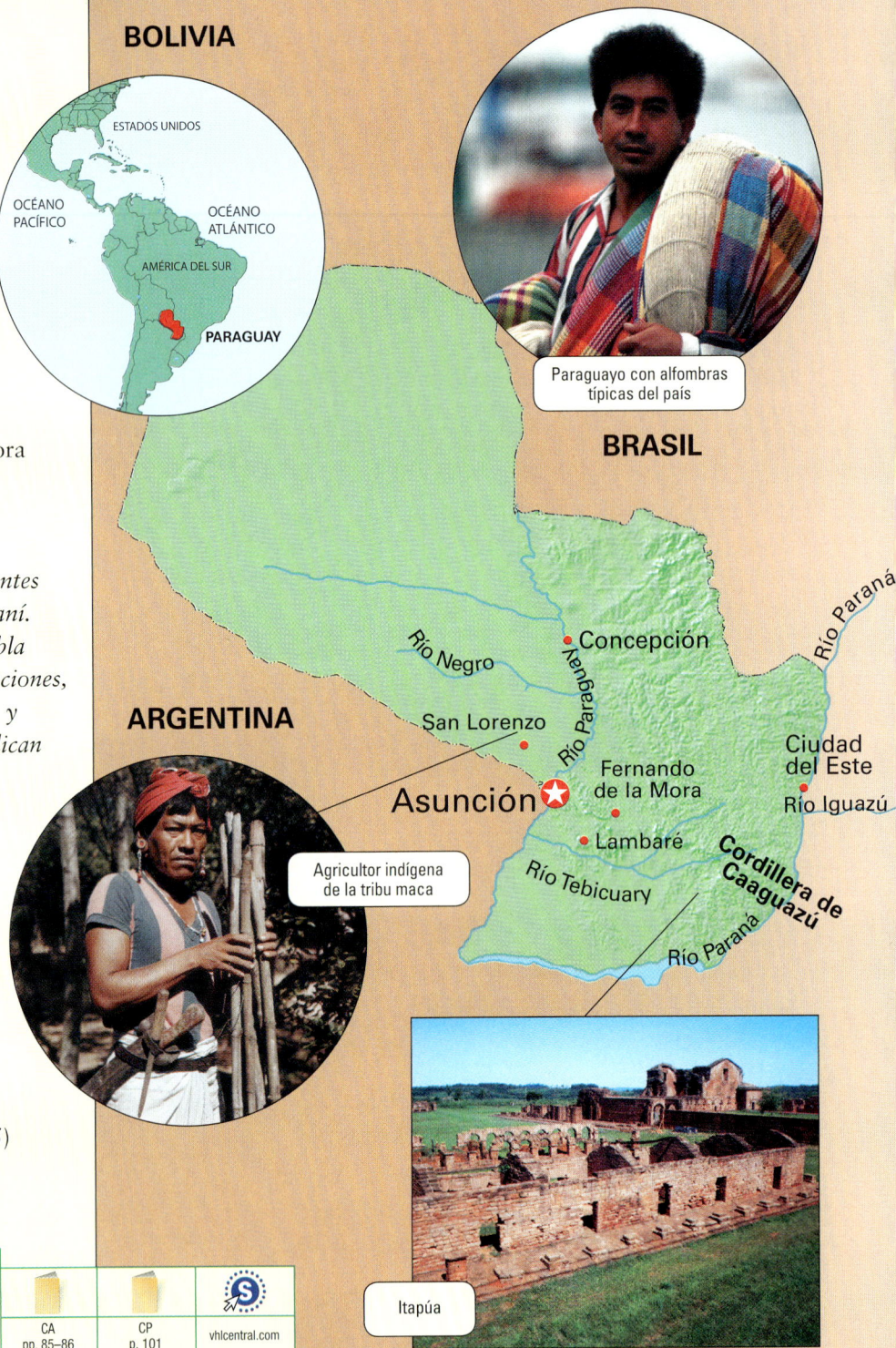

Las actualidades

Artesanía • El ñandutí
La artesanía más famosa de Paraguay se llama ñandutí y es un encaje° hecho a mano originario de Itauguá. En guaraní, la palabra ñandutí significa telaraña° y esta pieza recibe ese nombre porque imita el trazado° que crean los arácnidos. Estos encajes suelen ser° blancos, pero también los hay de colores, con formas geométricas o florales.

Ciencias • La represa Itaipú
La represa° Itaipú es una instalación hidroeléctrica que se encuentra en la frontera entre Paraguay y Brasil. Su construcción inició en 1974 y duró 8 años. La cantidad de concreto que se utilizó durante los primeros cinco años de esta obra fue similar a la que se necesita para construir un edificio de 350 pisos. Cien mil trabajadores paraguayos participaron en el proyecto. En 1984 se puso en funcionamiento la Central Hidroeléctrica de Itaipú y gracias a su cercanía con las famosas Cataratas de Iguazú, muchos turistas la visitan diariamente.

Naturaleza • Los ríos Paraguay y Paraná
Los ríos Paraguay y Paraná sirven de frontera natural entre Argentina y Paraguay, y son las principales rutas de transporte de este último país. El Paraná tiene unos 3.200 kilómetros navegables y por esta ruta pasan barcos de más de 5.000 toneladas, los cuales viajan desde el estuario° del Río de la Plata hasta la ciudad de Asunción. El río Paraguay divide el Gran Chaco de la meseta° Paraná, donde vive la mayoría de los paraguayos.

¿Qué aprendiste? Responde a cada pregunta con una oración completa.
1. ¿Quién fue Augusto Roa Bastos?
2. ¿Cómo se llama la moneda de Paraguay?
3. ¿Qué es el ñandutí?
4. ¿De dónde es originario el ñandutí?
5. ¿Qué forma imita el ñandutí?
6. En total, ¿cuántos años tomó la construcción de la represa Itaipú?
7. ¿A cuántos paraguayos dio trabajo la construcción de la represa?
8. ¿Qué países separan los ríos Paraguay y Paraná?
9. ¿Qué distancia se puede navegar por el Paraná?

Conexión Internet Investiga estos temas en **vhlcentral.com**.
1. Busca información sobre Alfredo Stroessner, el ex presidente de Paraguay. ¿Por qué se le considera un dictador?
2. Busca información sobre la historia de Paraguay. En tu opinión, ¿cuáles fueron los episodios decisivos en su historia?

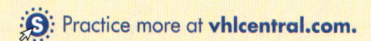

Practice more at **vhlcentral.com**.

encaje *lace* telaraña *spiderweb* trazado *outline; design* suelen ser *are usually* represa *dam* estuario *estuary* meseta *plateau*

Uruguay

Interactive Map
Video: *Panorama cultural*

El país en cifras

- **Área:** 176.220 km² (68.039 millas²), el tamaño° del estado de Washington
- **Población:** 3.430.000
- **Capital:** Montevideo—1.644.000

Casi la mitad° de la población de Uruguay vive en Montevideo. Situada en la desembocadura° del famoso Río de la Plata, esta ciudad cosmopolita e intelectual es también un destino popular para las vacaciones, debido a sus numerosas playas de arena° blanca que se extienden hasta la ciudad de Punta del Este.

- **Ciudades principales:**
  Salto, Paysandú, Las Piedras, Rivera
  SOURCE: Population Division, UN Secretariat
- **Moneda:** peso uruguayo
- **Idiomas:** español (oficial)

Bandera de Uruguay

Uruguayos célebres
- **Horacio Quiroga,** escritor (1878–1937)
- **Juana de Ibarbourou,** escritora (1892–1979)
- **Mario Benedetti,** escritor (1920–2009)
- **Cristina Peri Rossi,** escritora y profesora (1941–)

tamaño *size* mitad *half* desembocadura *mouth* arena *sand*
avestruz *ostrich* no voladora *flightless* medir *measure* cotizado *valued*

Gaucho uruguayo

Entrada a la Ciudad Vieja, Colonia del Sacramento

recursos
vText
CA pp. 87–88
CP p. 102
vhlcentral.com

¡Increíble pero cierto!

En Uruguay hay muchos animales interesantes, entre ellos el ñandú. De la misma familia del avestruz°, el ñandú es el ave no voladora° más grande del hemisferio occidental. Puede llegar a medir° dos metros. Normalmente, van en grupos de veinte o treinta y viven en el campo. Son muy cotizados° por su carne, sus plumas y sus huevos.

Las actualidades

Costumbres • La carne y el mate

En Uruguay y Argentina, la carne es un elemento esencial de la dieta diaria. Algunos platillos representativos de estas naciones son el asado°, la parrillada° y el chivito°. El mate, una infusión similar al té, también es típico de esta región. Esta bebida de origen indígena está muy presente en la vida social y familiar de estos países aunque, curiosamente, no se puede consumir en bares o restaurantes.

Deportes • El fútbol

El fútbol es el deporte nacional de Uruguay. El primer equipo de balompié uruguayo se formó en 1891 y, en 1930, el país suramericano fue la sede° de la primera Copa Mundial de esta disciplina. El equipo nacional ha conseguido grandes éxitos a lo largo de los años: dos campeonatos olímpicos, en 1923 y 1928, y dos campeonatos mundiales, en 1930 y 1950. De hecho, Uruguay y Argentina han presentado su candidatura binacional para que la Copa Mundial de Fútbol de 2030 se celebre en sus países.

Costumbres • El Carnaval

El Carnaval de Montevideo es el de mayor duración en el mundo. A lo largo de 40 días, los uruguayos disfrutan de los desfiles° y la música que inundan las calles de su capital. La celebración más conocida es el Desfile de las Llamadas, en el que participan bailarines al ritmo del candombe, una danza de tradición africana.

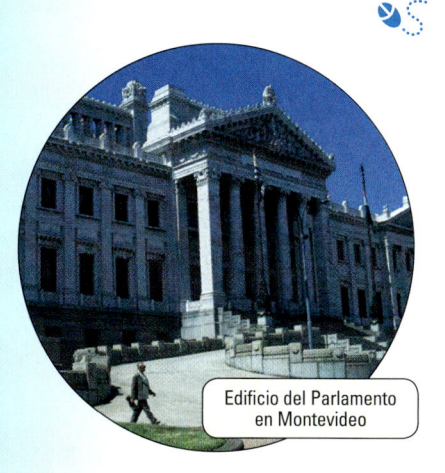

Edificio del Parlamento en Montevideo

¿Qué aprendiste? Responde a cada pregunta con una oración completa.

1. ¿Qué tienen en común los uruguayos célebres mencionados en la página anterior (*previous*)?
2. ¿Cuál es el elemento esencial de la dieta uruguaya?
3. ¿En qué países es importante la producción ganadera?
4. ¿Qué es el mate?
5. ¿Cuándo se formó el primer equipo uruguayo de fútbol?
6. ¿Cuándo se celebró la primera Copa Mundial de fútbol?
7. ¿Cómo se llama la celebración más conocida del Carnaval de Montevideo?
8. ¿Cuántos días dura el Carnaval de Montevideo?

Conexión Internet Investiga estos temas en **vhlcentral.com**.

1. Uruguay es conocido como un país de muchos escritores. Busca información sobre uno de ellos y escribe una biografía.
2. Investiga cuáles son las comidas y bebidas favoritas de los uruguayos. Descríbelas e indica cuáles te gustaría probar y por qué.

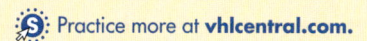

Practice more at **vhlcentral.com**.

asado *barbecued beef* **parrillada** *barbecue* **chivito** *goat* **sede** *site* **desfiles** *parades*

Los medios de comunicación

el acontecimiento	event
las actualidades	news; current events
el artículo	article
el diario	newspaper
el informe	report; paper (written work)
el/la locutor(a)	(TV or radio) announcer
los medios de comunicación	media; means of communication
las noticias	news
el noticiero	newscast
la prensa	press
el reportaje	report
anunciar	to announce; to advertise
comunicarse (con)	to communicate (with)
durar	to last
informar	to inform
transmitir, emitir	to broadcast
(inter)nacional	(inter)national
peligroso/a	dangerous

Las noticias

el choque	collision
el crimen	crime; murder
el desastre (natural)	(natural) disaster
el desempleo	unemployment
la (des)igualdad	(in)equality
la discriminación	discrimination
el ejército	army
la guerra	war
la huelga	strike
el huracán	hurricane
el incendio	fire
la inundación	flood
la libertad	liberty; freedom
la paz	peace
el racismo	racism
el sexismo	sexism
el SIDA	AIDS
el/la soldado	soldier
el terremoto	earthquake
la tormenta	storm
el tornado	tornado
la violencia	violence

La política

el/la candidato/a	candidate
el/la ciudadano/a	citizen
el deber	responsibility; obligation
los derechos	rights
la dictadura	dictatorship
el discurso	speech
las elecciones	election
la encuesta	poll; survey
el impuesto	tax
la política	politics
el/la representante	representative
declarar	to declare; to say
elegir (e:i)	to elect
luchar (por/contra)	to fight; to struggle (for/against)
obedecer	to obey
votar	to vote
político/a	political

Expresiones útiles	See page 301.

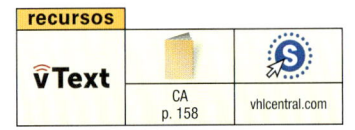

Consulta

Apéndice A
Glossary of Grammatical Terms — pages 328–331

Apéndice B
Verb Conjugation Tables — pages 332–341

Vocabulario
Spanish–English — pages 342–359
English–Spanish — pages 360–376

References — pages 377–388

Índice — pages 389–390

Credits — page 391

Glossary of Grammatical Terms

ADJECTIVE A word that modifies, or describes, a noun or pronoun.

    muchos libros   un hombre **rico**
    many books   *a rich man*

    las mujeres **altas**
    the tall women

  Demonstrative adjective An adjective that specifies which noun a speaker is referring to.

    esta fiesta   **ese** chico
    this party   *that boy*

    aquellas flores
    those flowers

  Possessive adjective An adjective that indicates ownership or possession.

    mi mejor vestido   Éste es **mi** hermano.
    my best dress   *This is my brother.*

  Stressed possessive adjective A possessive adjective that emphasizes the owner or possessor.

    Es un libro **mío**.
    It's my book./It's a book of mine.

    Es amiga **tuya**; yo no la conozco.
    She's a friend of yours; I don't know her.

ADVERB A word that modifies, or describes, a verb, adjective, or other adverb.

    Pancho escribe **rápidamente**.
    Pancho writes quickly.

    Este cuadro es **muy** bonito.
    This picture is very pretty.

ARTICLE A word that points out a noun in either a specific or a non-specific way.

  Definite article An article that points out a noun in a specific way.

    el libro   **la** maleta
    the book   *the suitcase*

    los diccionarios   **las** palabras
    the dictionaries   *the words*

  Indefinite article An article that points out a noun in a general, non-specific way.

    un lápiz   **una** computadora
    a pencil   *a computer*

    unos pájaros   **unas** escuelas
    some birds   *some schools*

CLAUSE A group of words that contains both a conjugated verb and a subject, either expressed or implied.

  Main (or Independent) clause A clause that can stand alone as a complete sentence.

    Pienso ir a cenar pronto.
    I plan to go to dinner soon.

  Subordinate (or Dependent) clause A clause that does not express a complete thought and therefore cannot stand alone as a sentence.

    Trabajo en la cafetería **porque necesito dinero para la escuela**.
    I work in the cafeteria because I need money for school.

COMPARATIVE A construction used with an adjective or adverb to express a comparison between two people, places, or things.

    Este programa es **más interesante que** el otro.
    This program is more interesting than the other one.

    Tomás no es **tan alto como** Alberto.
    Tomás is not as tall as Alberto.

CONJUGATION A set of the forms of a verb for a specific tense or mood or the process by which these verb forms are presented.

    Preterite conjugation of **cantar**:
    cant**é**   cant**amos**
    cant**aste**   cant**asteis**
    cant**ó**   cant**aron**

CONJUNCTION A word used to connect words, clauses, or phrases.

    Susana es de Cuba **y** Pedro es de España.
    Susana is from Cuba and Pedro is from Spain.

    No quiero estudiar, **pero** tengo que hacerlo.
    I don't want to study, but I have to.

Glossary of Grammatical Terms

CONTRACTION The joining of two words into one. The only contractions in Spanish are **al** and **del**.

Mi hermano fue **al** concierto ayer.
My brother went **to the** concert yesterday.

Saqué dinero **del** banco.
I took money **from the** bank.

DIRECT OBJECT A noun or pronoun that directly receives the action of the verb.

Tomás lee **el libro**.	**La** pagó ayer.
Tomás reads **the book**.	She paid **it** yesterday.

GENDER The grammatical categorizing of certain kinds of words, such as nouns and pronouns, as masculine, feminine, or neuter.

Masculine
articles el, un
pronouns él, lo, mío, éste, ése, aquél
adjective simpático

Feminine
articles la, una
pronouns ella, la, mía, ésta, ésa, aquélla
adjective simpática

IMPERSONAL EXPRESSION A third-person expression with no expressed or specific subject.

Es muy importante.   **Llueve** mucho.
It's very important.   *It's raining* hard.

Aquí **se habla** español.
Spanish **is spoken** here.

INDIRECT OBJECT A noun or pronoun that receives the action of the verb indirectly; the object, often a living being, to or for whom an action is performed.

Eduardo **le** dio un libro **a Linda**.
Eduardo gave a book **to Linda**.

La profesora **me** dio una C en el examen.
The professor gave **me** a C on the test.

INFINITIVE The basic form of a verb. Infinitives in Spanish end in -ar, -er, or -ir.

hablar	correr	abrir
to speak	to run	to open

INTERROGATIVE An adjective or pronoun used to ask a question.

¿**Quién** habla?   ¿**Cuántos** compraste?
Who is speaking?   **How many** did you buy?

¿**Qué** piensas hacer hoy?
What do you plan to do today?

INVERSION Changing the word order of a sentence, often to form a question.

Statement: Elena pagó la cuenta del restaurante.
Inversion: ¿Pagó Elena la cuenta del restaurante?

MOOD A grammatical distinction of verbs that indicates whether the verb is intended to make a statement or command or to express a doubt, emotion, or condition contrary to fact.

Imperative mood Verb forms used to make commands.

Di la verdad.   **Caminen** ustedes conmigo.
Tell the truth.   **Walk** with me.

¡**Comamos** ahora!
Let's eat now!

Indicative mood Verb forms used to state facts, actions, and states considered to be real.

Sé que **tienes** el dinero.
I know that **you have** the money.

Subjunctive mood Verb forms used principally in subordinate (dependent) clauses to express wishes, desires, emotions, doubts, and certain conditions, such as contrary-to-fact situations.

Prefieren que **hables** en español.
They prefer that **you speak** in Spanish.

Dudo que Luis **tenga** el dinero necesario.
I doubt that Luis **has** the necessary money.

NOUN A word that identifies people, animals, places, things, and ideas.

hombre	gato
man	cat
México	casa
Mexico	house
libertad	libro
freedom	book

329

Glossary of Grammatical Terms

NUMBER A grammatical term that refers to singular or plural. Nouns in Spanish and English have number. Other parts of a sentence, such as adjectives, articles, and verbs, can also have number.

Singular	Plural
una cosa	unas cosas
a thing	*some things*
el profesor	los profesores
the professor	*the professors*

NUMBERS Words that represent amounts.

Cardinal numbers Words that show specific amounts.

cinco minutos
five minutes

el año dos mil siete
the year 2007

Ordinal numbers Words that indicate the order of a noun in a series.

el **cuarto** jugador   la **décima** hora
*the **fourth** player*   *the **tenth** hour*

PAST PARTICIPLE A past form of the verb used in compound tenses. The past participle may also be used as an adjective, but it must then agree in number and gender with the word it modifies.

Han **buscado** por todas partes.
*They have **searched** everywhere.*

Yo no había **estudiado** para el examen.
*I hadn't **studied** for the exam.*

Hay una ventana **abierta** en la sala.
*There is an **open** window in the living room.*

PERSON The form of the verb or pronoun that indicates the speaker, the one spoken to, or the one spoken about. In Spanish, as in English, there are three persons: first, second, and third.

Person	Singular	Plural
1st	yo *I*	nosotros/as *we*
2nd	tú, Ud. *you*	vosotros/as, Uds. *you*
3rd	él, ella *he, she*	ellos, ellas *they*

PREPOSITION A word or words that describe(s) the relationship, most often in time or space, between two other words.

Anita es **de** California.
*Anita is **from** California.*

La chaqueta está **en** el carro.
*The jacket is **in** the car.*

Marta se peinó **antes de** salir.
*Marta combed her hair **before** going out.*

PRESENT PARTICIPLE In English, a verb form that ends in *-ing*. In Spanish, the present participle ends in **-ndo**, and is often used with **estar** to form a progressive tense.

Mi hermana está **hablando** por teléfono ahora mismo.
*My sister is **talking** on the phone right now.*

PRONOUN A word that takes the place of a noun or nouns.

Demonstrative pronoun A pronoun that takes the place of a specific noun.

Quiero **ésta**.
*I want **this one**.*

¿Vas a comprar **ése**?
*Are you going to buy **that one**?*

Juan prefirió **aquéllos**.
*Juan preferred **those** (over there).*

Object pronoun A pronoun that functions as a direct or indirect object of the verb.

Te digo la verdad.
*I'm telling **you** the truth.*

Me lo trajo Juan.
*Juan brought **it to me**.*

Reflexive pronoun A pronoun that indicates that the action of a verb is performed by the subject on itself. These pronouns are often expressed in English with *-self: myself, yourself,* etc.

Yo **me** bañé antes de salir.
*I bathed **(myself)** before going out.*

Elena **se** acostó a las once y media.
*Elena **went to bed** at eleven-thirty.*

Glossary of Grammatical Terms

Relative pronoun A pronoun that connects a subordinate clause to a main clause.

El chico **que** nos escribió viene a visitar mañana.
*The boy **who** wrote us is coming to visit tomorrow.*

Ya sé **lo que** tenemos que hacer.
*I already know **what** we have to do.*

Subject pronoun A pronoun that replaces the name or title of a person or thing, and acts as the subject of a verb.

Tú debes estudiar más.
***You** should study more.*

Él llegó primero.
***He** arrived first.*

SUBJECT A noun or pronoun that performs the action of a verb and is often implied by the verb.

María va al supermercado.
***María** goes to the supermarket.*

(Ellos) Trabajan mucho.
***They** work hard.*

Esos **libros** son muy caros.
*Those **books** are very expensive.*

SUPERLATIVE A word or construction used with an adjective or adverb to express the highest or lowest degree of a specific quality among three or more people, places, or things.

De todas mis clases, ésta es la **más interesante**.
*Of all my classes, this is the **most interesting**.*

Raúl es el **menos simpático** de los chicos.
*Raúl is the **least pleasant** of the boys.*

TENSE A set of verb forms that indicates the time of an action or state: past, present, or future.

Compound tense A two-word tense made up of an auxiliary verb and a present or past participle. In Spanish, there are two auxiliary verbs: **estar** and **haber**.

En este momento, **estoy estudiando**.
*At this time, **I am studying**.*

El paquete no **ha llegado** todavía.
*The package **has not arrived** yet.*

Simple tense A tense expressed by a single verb form.

María **estaba** mal anoche.
*María **was** ill last night.*

Juana **hablará** con su mamá mañana.
*Juana **will** speak with her mom tomorrow.*

VERB A word that expresses actions or states-of-being.

Auxiliary verb A verb used with a present or past participle to form a compound tense. **Haber** is the most commonly used auxiliary verb in Spanish.

Los chicos **han** visto los elefantes.
*The children **have** seen the elephants.*

Espero que **hayas** comido.
*I hope you **have** eaten.*

Reflexive verb A verb that describes an action performed by the subject on itself and is always used with a reflexive pronoun.

Me compré un carro nuevo.
*I **bought myself** a new car.*

Pedro y Adela **se levantan** muy temprano.
*Pedro and Adela **get (themselves) up** very early.*

Spelling change verb A verb that undergoes a predictable change in spelling, in order to reflect its actual pronunciation in the various conjugations.

practicar	c→qu	practico	practiqué
dirigir	g→j	dirigí	dirijo
almorzar	z→c	almorzó	almorcé

Stem-changing verb A verb whose stem vowel undergoes one or more predictable changes in the various conjugations.

entender (i:ie)	entiendo
pedir (e:i)	piden
dormir (o:ue, u)	d**u**ermo, d**u**rmieron

Verb Conjugation Tables

The verb lists

The list of verbs below, and the model-verb tables that start on page 334 show you how to conjugate every verb taught in **DESCUBRE**. Each verb in the list is followed by a model verb conjugated according to the same pattern. The number in parentheses indicates where in the verb tables you can find the conjugated forms of the model verb. If you want to find out how to conjugate **divertirse**, for example, look up number 33, **sentir**, the model for verbs that follow the **e:ie** stem-change pattern.

How to use the verb tables

In the tables you will find the infinitive, present and past participles, and all the simple forms of each model verb. The formation of the compound tenses of any verb can be inferred from the table of compound tenses, pages 334–335, either by combining the past participle of the verb with a conjugated form of **haber** or by combining the present participle with a conjugated form of **estar**.

abrazar (z:c) like cruzar (37)
abrir like vivir (3) *except* past participle is abierto
aburrir(se) like vivir (3)
acabar de like hablar (1)
acampar like hablar (1)
acompañar like hablar (1)
aconsejar like hablar (1)
acordarse (o:ue) like contar (24)
acostarse (o:ue) like contar (24)
adelgazar (z:c) like cruzar (37)
afeitarse like hablar (1)
ahorrar like hablar (1)
alegrarse like hablar (1)
aliviar like hablar (1)
almorzar (o:ue) like contar (24) *except* (z:c)
alquilar like hablar (1)
andar like hablar (1) *except* preterite stem is anduv-
anunciar like hablar (1)
apagar (g:gu) like llegar (41)
aplaudir like vivir (3)
apreciar like hablar (1)
aprender like comer (2)
apurarse like hablar (1)
arrancar (c:qu) like tocar (43)
arreglar like hablar (1)
asistir like vivir (3)
aumentar like hablar (1)

ayudar(se) like hablar (1)
bailar like hablar (1)
bajar(se) like hablar (1)
bañarse like hablar (1)
barrer like comer (2)
beber like comer (2)
besar(se) like hablar (1)
borrar like hablar (1)
brindar like hablar (1)
bucear like hablar (1)
buscar (c:qu) like tocar (43)
caber (4)
caer(se) (5)
calentarse (e:ie) like pensar (30)
calzar (z:c) like cruzar (37)
cambiar like hablar (1)
caminar like hablar (1)
cantar like hablar (1)
casarse like hablar (1)
cazar (z:c) like cruzar (37)
celebrar like hablar (1)
cenar like hablar (1)
cepillarse like hablar (1)
cerrar (e:ie) like pensar (30)
cobrar like hablar (1)
cocinar like hablar (1)
comenzar (e:ie) (z:c) like empezar (26)
comer (2)
compartir like vivir (3)
comprar like hablar (1)
comprender like comer (2)

comprometerse like comer (2)
comunicarse (c:qu) like tocar (43)
conducir (c:zc) (6)
confirmar like hablar (1)
conocer (c:zc) (35)
conseguir (e:i) (gu:g) like seguir (32)
conservar like hablar (1)
consumir like vivir (3)
contaminar like hablar (1)
contar (o:ue) (24)
controlar like hablar (1)
correr like comer (2)
costar (o:ue) like contar (24)
creer (y) (36)
cruzar (z:c) (37)
cubrir like vivir (3) *except* past participle is cubierto
cuidar like hablar (1)
cumplir like vivir (3)
dañar like hablar (1)
dar (7)
deber like comer (2)
decidir like vivir (3)
decir (e:i) (8)
declarar like hablar (1)
dejar like hablar (1)
depositar like hablar (1)
desarrollar like hablar (1)
desayunar like hablar (1)

descansar like hablar (1)
descargar like llegar (41)
describir like vivir (3) *except* past participle is descrito
descubrir like vivir (3) *except* past participle is descubierto
desear like hablar (1)
despedirse (e:i) like pedir (29)
despertarse (e:ie) like pensar (30)
destruir (y) (38)
dibujar like hablar (1)
dirigir (g:j) like vivir (3) *except* (g:j)
disfrutar like hablar (1)
divertirse (e:ie) like sentir (33)
divorciarse like hablar (1)
doblar like hablar (1)
doler (o:ue) like volver (34) *except* past participle is regular
dormir(se) (o:ue) (25)
ducharse like hablar (1)
dudar like hablar (1)
durar like hablar (1)
echar like hablar (1)
elegir (e:i) like pedir (29) *except* (g:j)
emitir like vivir (3)
empezar (e:ie) (z:c) (26)

Verb Conjugation Tables

enamorarse like hablar (1)
encantar like hablar (1)
encontrar(se) (o:ue) like contar (24)
enfermarse like hablar (1)
engordar like hablar (1)
enojarse like hablar (1)
enseñar like hablar (1)
ensuciar like hablar (1)
entender (e:ie) (27)
entrenarse like hablar (1)
entrevistar like hablar (1)
enviar (envío) (39)
escalar like hablar (1)
escoger (g:j) like proteger (42)
escribir like vivir (3) except past participle is escrito
escuchar like hablar (1)
esculpir like vivir (3)
esperar like hablar (1)
esquiar (esquío) like enviar (39)
establecer (c:zc) like conocer (35)
estacionar like hablar (1)
estar (9)
estornudar like hablar (1)
estudiar like hablar (1)
evitar like hablar (1)
explicar (c:qu) like tocar (43)
explorar like hablar (1)
faltar like hablar (1)
fascinar like hablar (1)
firmar like hablar (1)
fumar like hablar (1)
funcionar like hablar (1)
ganar like hablar (1)
gastar like hablar (1)
grabar like hablar (1)
graduarse (gradúo) (40)
guardar like hablar (1)
gustar like hablar (1)
haber (hay) (10)
hablar (1)
hacer (11)
importar like hablar (1)
imprimir like vivir (3)
informar like hablar (1)
insistir like vivir (3)
interesar like hablar (1)
invertir (e:ie) like sentir (33)
invitar like hablar (1)
ir(se) (12)

jubilarse like hablar (1)
jugar (u:ue) (g:gu) (28)
lastimarse like hablar (1)
lavar(se) like hablar (1)
leer (y) like creer (36)
levantar(se) like hablar (1)
limpiar like hablar (1)
llamar(se) like hablar (1)
llegar (g:gu) (41)
llenar like hablar (1)
llevar(se) like hablar (1)
llover (o:ue) like volver (34) except past participle is regular
luchar like hablar (1)
mandar like hablar (1)
manejar like hablar (1)
mantener(se) (e:ie) like tener (20)
maquillarse like hablar (1)
mejorar like hablar (1)
merendar (e:ie) like pensar (30)
mirar like hablar (1)
molestar like hablar (1)
montar like hablar (1)
morir (o:ue) like dormir (25) except past participle is muerto
mostrar (o:ue) like contar (24)
mudarse like hablar (1)
nacer (c:zc) like conocer (35)
nadar like hablar (1)
navegar (g:gu) like llegar (41)
necesitar like hablar (1)
negar (e:ie) like pensar (30) except (g:gu)
nevar (e:ie) like pensar (30)
obedecer (c:zc) like conocer (35)
obtener (e:ie) like tener (20)
ocurrir like vivir (3)
odiar like hablar (1)
ofrecer (c:zc) like conocer (35)
oír (y) (13)
olvidar like hablar (1)
pagar (g:gu) like llegar (41)
parar like hablar (1)
parecer (c:zc) like conocer (35)
pasar like hablar (1)
pasear like hablar (1)
patinar like hablar (1)

pedir (e:i) (29)
peinarse like hablar (1)
pensar (e:ie) (30)
perder (e:ie) like entender (27)
pescar (c:qu) like tocar (43)
pintar like hablar (1)
planchar like hablar (1)
poder (o:ue) (14)
poner(se) (15)
practicar (c:qu) like tocar (43)
preferir (e:ie) like sentir (33)
preguntar like hablar (1)
preocuparse like hablar (1)
preparar like hablar (1)
presentar like hablar (1)
prestar like hablar (1)
probar(se) (o:ue) like contar (24)
prohibir like vivir (3)
proteger (g:j) (42)
publicar (c:qu) like tocar (43)
quedar(se) like hablar (1)
quemar like hablar (1)
querer (e:ie) (16)
quitar(se) like hablar (1)
recetar like hablar (1)
recibir like vivir (3)
reciclar like hablar (1)
recoger (g:j) like proteger (42)
recomendar (e:ie) like pensar (30)
recordar (o:ue) like contar (24)
reducir (c:zc) like conducir (6)
regalar like hablar (1)
regatear like hablar (1)
regresar like hablar (1)
reír(se) (e:i) (31)
relajarse like hablar (1)
renunciar like hablar (1)
repetir (e:i) like pedir (29)
resolver (o:ue) like volver (34)
respirar like hablar (1)
revisar like hablar (1)
rogar (o:ue) like contar (24) except (g:gu)
romper(se) like comer (2) except past participle is roto
saber (17)
sacar (c:qu) like tocar (43)
sacudir like vivir (3)

salir (18)
saludar(se) like hablar (1)
secar(se) (c:q) like tocar (43)
seguir (e:i) (32)
sentarse (e:ie) like pensar (30)
sentir(se) (e:ie) (33)
separarse like hablar (1)
ser (19)
servir (e:i) like pedir (29)
solicitar like hablar (1)
sonar (o:ue) like contar (24)
sonreír (e:i) like reír(se) (31)
sorprender like comer (2)
subir like vivir (3)
sudar like hablar (1)
sufrir like vivir (3)
sugerir (e:ie) like sentir (33)
suponer like poner (15)
temer like comer (2)
tener (e:ie) (20)
terminar like hablar (1)
tocar (c:qu) (43)
tomar like hablar (1)
torcerse (o:ue) like volver (34) except (c:z) and past participle is regular; e.g. yo tuerzo
toser like comer (2)
trabajar like hablar (1)
traducir (c:zc) like conducir (6)
traer (21)
transmitir like vivir (3)
tratar like hablar (1)
usar like hablar (1)
vender like comer (2)
venir (e:ie) (22)
ver (23)
vestirse (e:i) like pedir (29)
viajar like hablar (1)
visitar like hablar (1)
vivir (3)
volver (o:ue) (34)
votar like hablar (1)

Regular verbs: simple tenses

		INDICATIVE					SUBJUNCTIVE		IMPERATIVE
Infinitive	Present	Imperfect	Preterite	Future	Conditional		Present	Past	
1 hablar	hablo	hablaba	hablé	hablaré	hablaría		hable	hablara	
	hablas	hablabas	hablaste	hablarás	hablarías		hables	hablaras	habla tú (no hables)
Participles:	habla	hablaba	habló	hablará	hablaría		hable	hablara	hable Ud.
hablando	hablamos	hablábamos	hablamos	hablaremos	hablaríamos		hablemos	habláramos	hablemos
hablado	habláis	hablabais	hablasteis	hablaréis	hablaríais		habléis	hablarais	hablad (no habléis)
	hablan	hablaban	hablaron	hablarán	hablarían		hablen	hablaran	hablen Uds.
2 comer	como	comía	comí	comeré	comería		coma	comiera	
	comes	comías	comiste	comerás	comerías		comas	comieras	come tú (no comas)
Participles:	come	comía	comió	comerá	comería		coma	comiera	coma Ud.
comiendo	comemos	comíamos	comimos	comeremos	comeríamos		comamos	comiéramos	comamos
comido	coméis	comíais	comisteis	comeréis	comeríais		comáis	comierais	comed (no comáis)
	comen	comían	comieron	comerán	comerían		coman	comieran	coman Uds.
3 vivir	vivo	vivía	viví	viviré	viviría		viva	viviera	
	vives	vivías	viviste	vivirás	vivirías		vivas	vivieras	vive tú (no vivas)
Participles:	vive	vivía	vivió	vivirá	viviría		viva	viviera	viva Ud.
viviendo	vivimos	vivíamos	vivimos	viviremos	viviríamos		vivamos	viviéramos	vivamos
vivido	vivís	vivíais	vivisteis	viviréis	viviríais		viváis	vivierais	vivid (no viváis)
	viven	vivían	vivieron	vivirán	vivirían		vivan	vivieran	vivan Uds.

All verbs: compound tenses

PERFECT TENSES

INDICATIVE

Present Perfect		Past Perfect		Future Perfect		Conditional Perfect	
he	hablado	había	hablado	habré	hablado	habría	hablado
has	comido	habías	comido	habrás	comido	habrías	comido
ha	vivido	había	vivido	habrá	vivido	habría	vivido
hemos		habíamos		habremos		habríamos	
habéis		habíais		habréis		habríais	
han		habían		habrán		habrían	

SUBJUNCTIVE

Present Perfect		Past Perfect	
haya	hablado	hubiera	hablado
hayas	comido	hubieras	comido
haya	vivido	hubiera	vivido
hayamos		hubiéramos	
hayáis		hubierais	
hayan		hubieran	

Verb Conjugation Tables

PROGRESSIVE TENSES

INDICATIVE

Present Progressive	Past Progressive	Future Progressive	Conditional Progressive
estoy	estaba	estaré	estaría
estás	estabas	estarás	estarías
está	estaba	estará hablando	estaría hablando
estamos	estábamos	estaremos comiendo	estaríamos comiendo
estáis	estabais	estaréis viviendo	estaríais viviendo
están	estaban	estarán	estarían

SUBJUNCTIVE

Present Progressive	Past Progressive
esté	estuviera
estés	estuvieras
esté hablando	estuviera hablando
estemos comiendo	estuviéramos comiendo
estéis viviendo	estuvierais viviendo
estén	estuvieran

Irregular verbs

4. caber
Participles: cabiendo, cabido

	INDICATIVE					SUBJUNCTIVE		IMPERATIVE
	Present	Imperfect	Preterite	Future	Conditional	Present	Past	
	quepo	cabía	**cupe**	**cabré**	**cabría**	**quepa**	**cupiera**	
	cabes	cabías	**cupiste**	**cabrás**	**cabrías**	**quepas**	**cupieras**	cabe tú (no **quepas**)
	cabe	cabía	**cupo**	**cabrá**	**cabría**	**quepa**	**cupiera**	**quepa** Ud.
	cabemos	cabíamos	**cupimos**	**cabremos**	**cabríamos**	**quepamos**	**cupiéramos**	**quepamos**
	cabéis	cabíais	**cupisteis**	**cabréis**	**cabríais**	**quepáis**	**cupierais**	cabed (no **quepáis**)
	caben	cabían	**cupieron**	**cabrán**	**cabrían**	**quepan**	**cupieran**	**quepan** Uds.

5. caer(se)
Participles: cayendo, caído

	Present	Imperfect	Preterite	Future	Conditional	Present	Past	
	caigo	caía	caí	caeré	caería	**caiga**	**cayera**	
	caes	caías	**caíste**	caerás	caerías	**caigas**	**cayeras**	cae tú (no **caigas**)
	cae	caía	**cayó**	caerá	caería	**caiga**	**cayera**	**caiga** Ud.
	caemos	caíamos	**caímos**	caeremos	caeríamos	**caigamos**	**cayéramos**	**caigamos**
	caéis	caíais	**caísteis**	caeréis	caeríais	**caigáis**	**cayerais**	caed (no **caigáis**)
	caen	caían	**cayeron**	caerán	caerían	**caigan**	**cayeran**	**caigan** Uds.

6. conducir (c:zc)
Participles: conduciendo, conducido

	Present	Imperfect	Preterite	Future	Conditional	Present	Past	
	conduzco	conducía	**conduje**	conduciré	conduciría	**conduzca**	**condujera**	
	conduces	conducías	**condujiste**	conducirás	conducirías	**conduzcas**	**condujeras**	conduce tú (no **conduzcas**)
	conduce	conducía	**condujo**	conducirá	conduciría	**conduzca**	**condujera**	**conduzca** Ud.
	conducimos	conducíamos	**condujimos**	conduciremos	conduciríamos	**conduzcamos**	**condujéramos**	**conduzcamos**
	conducís	conducíais	**condujisteis**	conduciréis	conduciríais	**conduzcáis**	**condujerais**	conducid (no **conduzcáis**)
	conducen	conducían	**condujeron**	conducirán	conducirían	**conduzcan**	**condujeran**	**conduzcan** Uds.

Verb Conjugation Tables

		INDICATIVE					SUBJUNCTIVE		IMPERATIVE
Infinitive	Present	Imperfect	Preterite	Future	Conditional	Present	Past	

7 dar
Participles: dando, dado

Present	Imperfect	Preterite	Future	Conditional	Present	Past	Imperative
doy	daba	**di**	daré	daría	**dé**	diera	
das	dabas	diste	darás	darías	des	dieras	da tú (no des)
da	daba	dio	dará	daría	**dé**	diera	**dé** Ud.
damos	dábamos	dimos	daremos	daríamos	demos	diéramos	demos
dais	dabais	disteis	daréis	daríais	**deis**	dierais	dad (no **deis**)
dan	daban	dieron	darán	darían	den	dieran	den Uds.

8 decir (e:i)
Participles: diciendo, dicho

Present	Imperfect	Preterite	Future	Conditional	Present	Past	Imperative
digo	decía	dije	diré	diría	diga	dijera	
dices	decías	dijiste	dirás	dirías	digas	dijeras	di tú (no **digas**)
dice	decía	dijo	dirá	diría	diga	dijera	diga Ud.
decimos	decíamos	dijimos	diremos	diríamos	digamos	dijéramos	digamos
decís	decíais	dijisteis	diréis	diríais	digáis	dijerais	decid (no digáis)
dicen	decían	dijeron	dirán	dirían	digan	dijeran	digan Uds.

9 estar
Participles: estando, estado

Present	Imperfect	Preterite	Future	Conditional	Present	Past	Imperative
estoy	estaba	estuve	estaré	estaría	**esté**	estuviera	
estás	estabas	estuviste	estarás	estarías	**estés**	estuvieras	**está** tú (no **estés**)
está	estaba	estuvo	estará	estaría	**esté**	estuviera	**esté** Ud.
estamos	estábamos	estuvimos	estaremos	estaríamos	estemos	estuviéramos	estemos
estáis	estabais	estuvisteis	estaréis	estaríais	estéis	estuvierais	estad (no estéis)
están	estaban	estuvieron	estarán	estarían	**estén**	estuvieran	**estén** Uds.

10 haber
Participles: habiendo, habido

Present	Imperfect	Preterite	Future	Conditional	Present	Past	Imperative
he	había	hube	habré	habría	haya	hubiera	
has	habías	hubiste	habrás	habrías	hayas	hubieras	
ha	había	hubo	habrá	habría	haya	hubiera	
hemos	habíamos	hubimos	habremos	habríamos	hayamos	hubiéramos	
habéis	habíais	hubisteis	habréis	habríais	hayáis	hubierais	
han	habían	hubieron	habrán	habrían	hayan	hubieran	

11 hacer
Participles: haciendo, hecho

Present	Imperfect	Preterite	Future	Conditional	Present	Past	Imperative
hago	hacía	hice	haré	haría	haga	hiciera	
haces	hacías	hiciste	harás	harías	hagas	hicieras	haz tú (no **hagas**)
hace	hacía	hizo	hará	haría	haga	hiciera	haga Ud.
hacemos	hacíamos	hicimos	haremos	haríamos	hagamos	hiciéramos	hagamos
hacéis	hacíais	hicisteis	haréis	haríais	hagáis	hicierais	haced (no **hagáis**)
hacen	hacían	hicieron	harán	harían	hagan	hicieran	hagan Uds.

12 ir
Participles: yendo, ido

Present	Imperfect	Preterite	Future	Conditional	Present	Past	Imperative
voy	iba	fui	iré	iría	vaya	fuera	
vas	ibas	fuiste	irás	irías	vayas	fueras	ve tú (no **vayas**)
va	iba	fue	irá	iría	vaya	fuera	vaya Ud.
vamos	íbamos	fuimos	iremos	iríamos	vayamos	fuéramos	vamos (no **vayamos**)
vais	ibais	fuisteis	iréis	iríais	vayáis	fuerais	id (no **vayáis**)
van	iban	fueron	irán	irían	vayan	fueran	vayan Uds.

13 oír (y)
Participles: oyendo, oído

Present	Imperfect	Preterite	Future	Conditional	Present	Past	Imperative
oigo	oía	oí	oiré	oiría	oiga	oyera	
oyes	oías	oíste	oirás	oirías	oigas	oyeras	oye tú (no **oigas**)
oye	oía	oyó	oirá	oiría	oiga	oyera	oiga Ud.
oímos	oíamos	**oímos**	oiremos	oiríamos	oigamos	oyéramos	oigamos
oís	oíais	oísteis	oiréis	oiríais	oigáis	oyerais	oíd (no **oigáis**)
oyen	oían	oyeron	oirán	oirían	oigan	oyeran	oigan Uds.

Verb Conjugation Tables

	Infinitive	INDICATIVE							SUBJUNCTIVE		IMPERATIVE
		Present	Imperfect	Preterite	Future	Conditional	Present	Past	
14	poder (o:ue) Participles: pudiendo podido	puedo puedes puede podemos podéis pueden	podía podías podía podíamos podíais podían	pude pudiste pudo pudimos pudisteis pudieron	podré podrás podrá podremos podréis podrán	podría podrías podría podríamos podríais podrían	pueda puedas pueda podamos podáis puedan	pudiera pudieras pudiera pudiéramos pudierais pudieran	puede tú (no puedas) pueda Ud. podamos poded (no podáis) puedan Uds.
15	poner Participles: poniendo puesto	pongo pones pone ponemos ponéis ponen	ponía ponías ponía poníamos poníais ponían	puse pusiste puso pusimos pusisteis pusieron	pondré pondrás pondrá pondremos pondréis pondrán	pondría pondrías pondría pondríamos pondríais pondrían	ponga pongas ponga pongamos pongáis pongan	pusiera pusieras pusiera pusiéramos pusierais pusieran	pon tú (no pongas) ponga Ud. pongamos poned (no pongáis) pongan Uds.
16	querer (e:ie) Participles: queriendo querido	quiero quieres quiere queremos queréis quieren	quería querías quería queríamos queríais querían	quise quisiste quiso quisimos quisisteis quisieron	querré querrás querrá querremos querréis querrán	querría querrías querría querríamos querríais querrían	quiera quieras quiera queramos queráis quieran	quisiera quisieras quisiera quisiéramos quisierais quisieran	quiere tú (no quieras) quiera Ud. queramos quered (no queráis) quieran Uds.
17	saber Participles: sabiendo sabido	sé sabes sabe sabemos sabéis saben	sabía sabías sabía sabíamos sabíais sabían	supe supiste supo supimos supisteis supieron	sabré sabrás sabrá sabremos sabréis sabrán	sabría sabrías sabría sabríamos sabríais sabrían	sepa sepas sepa sepamos sepáis sepan	supiera supieras supiera supiéramos supierais supieran	sabe tú (no sepas) sepa Ud. sepamos sabed (no sepáis) sepan Uds.
18	salir Participles: saliendo salido	salgo sales sale salimos salís salen	salía salías salía salíamos salíais salían	salí saliste salió salimos salisteis salieron	saldré saldrás saldrá saldremos saldréis saldrán	saldría saldrías saldría saldríamos saldríais saldrían	salga salgas salga salgamos salgáis salgan	saliera salieras saliera saliéramos salierais salieran	sal tú (no salgas) salga Ud. salgamos salid (no salgáis) salgan Uds.
19	ser Participles: siendo sido	soy eres es somos sois son	era eras era éramos erais eran	fui fuiste fue fuimos fuisteis fueron	seré serás será seremos seréis serán	sería serías sería seríamos seríais serían	sea seas sea seamos seáis sean	fuera fueras fuera fuéramos fuerais fueran	sé tú (no seas) sea Ud. seamos sed (no seáis) sean Uds.
20	tener Participles: teniendo tenido	tengo tienes tiene tenemos tenéis tienen	tenía tenías tenía teníamos teníais tenían	tuve tuviste tuvo tuvimos tuvisteis tuvieron	tendré tendrás tendrá tendremos tendréis tendrán	tendría tendrías tendría tendríamos tendríais tendrían	tenga tengas tenga tengamos tengáis tengan	tuviera tuvieras tuviera tuviéramos tuvierais tuvieran	ten tú (no tengas) tenga Ud. tengamos tened (no tengáis) tengan Uds.

Verb Conjugation Tables

21 traer

Participles: trayendo, traído

	INDICATIVE					SUBJUNCTIVE		IMPERATIVE
Infinitive	Present	Imperfect	Preterite	Future	Conditional	Present	Past	
traer	**traigo**	traía	**traje**	traeré	traería	**traiga**	**trajera**	
	traes	traías	**trajiste**	traerás	traerías	**traigas**	**trajeras**	trae tú (no **traigas**)
	trae	traía	**trajo**	traerá	traería	**traiga**	**trajera**	**traiga** Ud.
	traemos	traíamos	**trajimos**	traeremos	traeríamos	**traigamos**	**trajéramos**	**traigamos**
	traéis	traíais	**trajisteis**	traeréis	traeríais	**traigáis**	**trajerais**	traed (no **traigáis**)
	traen	traían	**trajeron**	traerán	traerían	**traigan**	**trajeran**	**traigan** Uds.

22 venir

Participles: viniendo, venido

Infinitive	Present	Imperfect	Preterite	Future	Conditional	Present	Past	IMPERATIVE
venir	**vengo**	venía	**vine**	**vendré**	**vendría**	**venga**	**viniera**	
	vienes	venías	**viniste**	**vendrás**	**vendrías**	**vengas**	**vinieras**	**ven** tú (no **vengas**)
	viene	venía	**vino**	**vendrá**	**vendría**	**venga**	**viniera**	**venga** Ud.
	venimos	veníamos	**vinimos**	**vendremos**	**vendríamos**	**vengamos**	**viniéramos**	**vengamos**
	venís	veníais	**vinisteis**	**vendréis**	**vendríais**	**vengáis**	**vinierais**	venid (no **vengáis**)
	vienen	venían	**vinieron**	**vendrán**	**vendrían**	**vengan**	**vinieran**	**vengan** Uds.

23 ver

Participles: viendo, visto

Infinitive	Present	Imperfect	Preterite	Future	Conditional	Present	Past	IMPERATIVE
ver	**veo**	**veía**	**vi**	veré	vería	**vea**	viera	
	ves	**veías**	viste	verás	verías	**veas**	vieras	ve tú (no **veas**)
	ve	**veía**	**vio**	verá	vería	**vea**	viera	**vea** Ud.
	vemos	**veíamos**	vimos	veremos	veríamos	**veamos**	viéramos	**veamos**
	veis	**veíais**	visteis	veréis	veríais	**veáis**	vierais	ved (no **veáis**)
	ven	**veían**	vieron	verán	verían	**vean**	vieran	**vean** Uds.

Stem-changing verbs

24 contar (o:ue)

Participles: contando, contado

	INDICATIVE					SUBJUNCTIVE		IMPERATIVE
Infinitive	Present	Imperfect	Preterite	Future	Conditional	Present	Past	
contar (o:ue)	**cuento**	contaba	conté	contaré	contaría	**cuente**	contara	
	cuentas	contabas	contaste	contarás	contarías	**cuentes**	contaras	**cuenta** tú (no **cuentes**)
	cuenta	contaba	contó	contará	contaría	**cuente**	contara	**cuente** Ud.
	contamos	contábamos	contamos	contaremos	contaríamos	contemos	contáramos	contemos
	contáis	contabais	contasteis	contaréis	contaríais	contéis	contarais	contad (no contéis)
	cuentan	contaban	contaron	contarán	contarían	**cuenten**	contaran	**cuenten** Uds.

25 dormir (o:ue)

Participles: durmiendo, dormido

Infinitive	Present	Imperfect	Preterite	Future	Conditional	Present	Past	IMPERATIVE
dormir (o:ue)	**duermo**	dormía	dormí	dormiré	dormiría	**duerma**	**durmiera**	
	duermes	dormías	dormiste	dormirás	dormirías	**duermas**	**durmieras**	**duerme** tú (no **duermas**)
	duerme	dormía	**durmió**	dormirá	dormiría	**duerma**	**durmiera**	**duerma** Ud.
	dormimos	dormíamos	dormimos	dormiremos	dormiríamos	**durmamos**	**durmiéramos**	**durmamos**
	dormís	dormíais	dormisteis	dormiréis	dormiríais	**durmáis**	**durmierais**	dormid (no **durmáis**)
	duermen	dormían	**durmieron**	dormirán	dormirían	**duerman**	**durmieran**	**duerman** Uds.

26 empezar (e:ie) (z:c)

Participles: empezando, empezado

Infinitive	Present	Imperfect	Preterite	Future	Conditional	Present	Past	IMPERATIVE
empezar (e:ie) (z:c)	**empiezo**	empezaba	**empecé**	empezaré	empezaría	**empiece**	empezara	
	empiezas	empezabas	empezaste	empezarás	empezarías	**empieces**	empezaras	**empieza** tú (no **empieces**)
	empieza	empezaba	empezó	empezará	empezaría	**empiece**	empezara	**empiece** Ud.
	empezamos	empezábamos	empezamos	empezaremos	empezaríamos	**empecemos**	empezáramos	**empecemos**
	empezáis	empezabais	empezasteis	empezaréis	empezaríais	**empecéis**	empezarais	empezad (no **empecéis**)
	empiezan	empezaban	empezaron	empezarán	empezarían	**empiecen**	empezaran	**empiecen** Uds.

Verb Conjugation Tables

| | Infinitive | INDICATIVE |||||| SUBJUNCTIVE || IMPERATIVE |
		Present	Imperfect	Preterite	Future	Conditional	Present	Past	
27	entender (e:ie) Participles: entendiendo entendido	**entiendo** **entiendes** **entiende** entendemos entendéis **entienden**	entendía entendías entendía entendíamos entendíais entendían	entendí entendiste entendió entendimos entendisteis entendieron	entenderé entenderás entenderá entenderemos entenderéis entenderán	entendería entenderías entendería entenderíamos entenderíais entenderían	**entienda** **entiendas** **entienda** entendamos entendáis **entiendan**	entendiera entendieras entendiera entendiéramos entendierais entendieran	**entiende** tú (no **entiendas**) **entienda** Ud. entendamos entended (no entendáis) **entiendan** Uds.
28	jugar (u:ue) (g:gu) Participles: jugando jugado	**juego** **juegas** **juega** jugamos jugáis **juegan**	jugaba jugabas jugaba jugábamos jugabais jugaban	**jugué** jugaste jugó jugamos jugasteis jugaron	jugaré jugarás jugará jugaremos jugaréis jugarán	jugaría jugarías jugaría jugaríamos jugaríais jugarían	**juegue** **juegues** **juegue** **juguemos** **juguéis** **jueguen**	jugara jugaras jugara jugáramos jugarais jugaran	**juega** tú (no **juegues**) **juegue** Ud. **juguemos** jugad (no **juguéis**) **jueguen** Uds.
29	pedir (e:i) Participles: pidiendo pedido	**pido** **pides** **pide** pedimos pedís **piden**	pedía pedías pedía pedíamos pedíais pedían	pedí pediste **pidió** pedimos pedisteis **pidieron**	pediré pedirás pedirá pediremos pediréis pedirán	pediría pedirías pediría pediríamos pediríais pedirían	**pida** **pidas** **pida** **pidamos** **pidáis** **pidan**	pidiera pidieras pidiera pidiéramos pidierais pidieran	**pide** tú (no **pidas**) **pida** Ud. **pidamos** pedid (no **pidáis**) **pidan** Uds.
30	pensar (e:ie) Participles: pensando pensado	**pienso** **piensas** **piensa** pensamos pensáis **piensan**	pensaba pensabas pensaba pensábamos pensabais pensaban	pensé pensaste pensó pensamos pensasteis pensaron	pensaré pensarás pensará pensaremos pensaréis pensarán	pensaría pensarías pensaría pensaríamos pensaríais pensarían	**piense** **pienses** **piense** pensemos penséis **piensen**	pensara pensaras pensara pensáramos pensarais pensaran	**piensa** tú (no **pienses**) **piense** Ud. pensemos pensad (no penséis) **piensen** Uds.
31	reír (e:i) Participles: riendo reído	**río** **ríes** **ríe** **reímos** reís **ríen**	reía reías reía reíamos reíais reían	reí **reíste** **rió** **reímos** **reísteis** **rieron**	reiré reirás reirá reiremos reiréis reirán	reiría reirías reiría reiríamos reiríais reirían	ría rías ría riamos riáis rían	riera rieras riera riéramos rierais rieran	ríe tú (no rías) ría Ud. riamos reíd (no riáis) rían Uds.
32	seguir (e:i) (gu:g) Participles: siguiendo seguido	**sigo** **sigues** **sigue** seguimos seguís **siguen**	seguía seguías seguía seguíamos seguíais seguían	seguí seguiste **siguió** seguimos seguisteis **siguieron**	seguiré seguirás seguirá seguiremos seguiréis seguirán	seguiría seguirías seguiría seguiríamos seguiríais seguirían	siga sigas siga sigamos sigáis sigan	siguiera siguieras siguiera siguiéramos siguierais siguieran	sigue tú (no sigas) siga Ud. sigamos seguid (no sigáis) sigan Uds.
33	sentir (e:ie) Participles: sintiendo sentido	**siento** **sientes** **siente** sentimos sentís **sienten**	sentía sentías sentía sentíamos sentíais sentían	sentí sentiste **sintió** sentimos sentisteis **sintieron**	sentiré sentirás sentirá sentiremos sentiréis sentirán	sentiría sentirías sentiría sentiríamos sentiríais sentirían	sienta sientas sienta sintamos sintáis sientan	sintiera sintieras sintiera sintiéramos sintierais sintieran	siente tú (no sientas) sienta Ud. sintamos sentid (no sintáis) sientan Uds.

Verb Conjugation Tables

Infinitive	INDICATIVE					SUBJUNCTIVE		IMPERATIVE
	Present	Imperfect	Preterite	Future	Conditional	Present	Past	
34 volver (o:ue)	**vuelvo**	volvía	volví	volveré	volvería	**vuelva**	volviera	
	vuelves	volvías	volviste	volverás	volverías	**vuelvas**	volvieras	**vuelve** tú (no **vuelvas**)
Participles:	**vuelve**	volvía	volvió	volverá	volvería	**vuelva**	volviera	**vuelva** Ud.
volviendo	volvemos	volvíamos	volvimos	volveremos	volveríamos	volvamos	volviéramos	volvamos
vuelto	volvéis	volvíais	volvisteis	volveréis	volveríais	volváis	volvierais	volved (no volváis)
	vuelven	volvían	volvieron	volverán	volverían	**vuelvan**	volvieran	**vuelvan** Uds.

Verbs with spelling changes only

Infinitive	INDICATIVE					SUBJUNCTIVE		IMPERATIVE
	Present	Imperfect	Preterite	Future	Conditional	Present	Past	
35 conocer (c:zc)	**conozco**	conocía	conocí	conoceré	conocería	**conozca**	conociera	
	conoces	conocías	conociste	conocerás	conocerías	**conozcas**	conocieras	conoce tú (no **conozcas**)
Participles:	conoce	conocía	conoció	conocerá	conocería	**conozca**	conociera	**conozca** Ud.
conociendo	conocemos	conocíamos	conocimos	conoceremos	conoceríamos	**conozcamos**	conociéramos	**conozcamos**
conocido	conocéis	conocíais	conocisteis	conoceréis	conoceríais	**conozcáis**	conocierais	conoced (no **conozcáis**)
	conocen	conocían	conocieron	conocerán	conocerían	**conozcan**	conocieran	**conozcan** Uds.
36 creer (y)	creo	creía	creí	creeré	creería	crea	**creyera**	
	crees	creías	**creíste**	creerás	creerías	creas	**creyeras**	cree tú (no creas)
Participles:	cree	creía	**creyó**	creerá	creería	crea	**creyera**	crea Ud.
creyendo	creemos	creíamos	**creímos**	creeremos	creeríamos	creamos	**creyéramos**	creamos
creído	creéis	creíais	**creísteis**	creeréis	creeríais	creáis	**creyerais**	creed (no creáis)
	creen	creían	**creyeron**	creerán	creerían	crean	**creyeran**	crean Uds.
37 cruzar (z:c)	cruzo	cruzaba	**crucé**	cruzaré	cruzaría	**cruce**	cruzara	
	cruzas	cruzabas	cruzaste	cruzarás	cruzarías	**cruces**	cruzaras	cruza tú (no **cruces**)
Participles:	cruza	cruzaba	cruzó	cruzará	cruzaría	**cruce**	cruzara	**cruce** Ud.
cruzando	cruzamos	cruzábamos	cruzamos	cruzaremos	cruzaríamos	**crucemos**	cruzáramos	**crucemos**
cruzado	cruzáis	cruzabais	cruzasteis	cruzaréis	cruzaríais	**crucéis**	cruzarais	cruzad (no **crucéis**)
	cruzan	cruzaban	cruzaron	cruzarán	cruzarían	**crucen**	cruzaran	**crucen** Uds.
38 destruir (y)	**destruyo**	destruía	destruí	destruiré	destruiría	**destruya**	**destruyera**	
	destruyes	destruías	destruiste	destruirás	destruirías	**destruyas**	**destruyeras**	**destruye** tú (no **destruyas**)
Participles:	**destruye**	destruía	**destruyó**	destruirá	destruiría	**destruya**	**destruyera**	**destruya** Ud.
destruyendo	destruimos	destruíamos	destruimos	destruiremos	destruiríamos	**destruyamos**	**destruyéramos**	**destruyamos**
destruido	destruís	destruíais	destruisteis	destruiréis	destruiríais	**destruyáis**	**destruyerais**	destruid (no **destruyáis**)
	destruyen	destruían	**destruyeron**	destruirán	destruirían	**destruyan**	**destruyeran**	**destruyan** Uds.
39 enviar (envío)	**envío**	enviaba	envié	enviaré	enviaría	**envíe**	enviara	
	envías	enviabas	enviaste	enviarás	enviarías	**envíes**	enviaras	**envía** tú (no **envíes**)
Participles:	**envía**	enviaba	envió	enviará	enviaría	**envíe**	enviara	**envíe** Ud.
enviando	enviamos	enviábamos	enviamos	enviaremos	enviaríamos	enviemos	enviáramos	enviemos
enviado	enviáis	enviabais	enviasteis	enviaréis	enviaríais	enviéis	enviarais	enviad (no enviéis)
	envían	enviaban	enviaron	enviarán	enviarían	**envíen**	enviaran	**envíen** Uds.

Verb Conjugation Tables

		INDICATIVE					SUBJUNCTIVE		IMPERATIVE
Infinitive	Present	Imperfect	Preterite	Future	Conditional		Present	Past	

40 graduarse (gradúo)
Participles: graduando, graduado

Present	Imperfect	Preterite	Future	Conditional	Present	Past	Imperative
gradúo	graduaba	gradué	graduaré	graduaría	**gradúe**	graduara	
gradúas	graduabas	graduaste	graduarás	graduarías	**gradúes**	graduaras	**gradúa** tú (no **gradúes**)
gradúa	graduaba	graduó	graduará	graduaría	**gradúe**	graduara	**gradúe** Ud.
graduamos	graduábamos	graduamos	graduaremos	graduaríamos	graduemos	graduáramos	graduemos
graduáis	graduabais	graduasteis	graduaréis	graduaríais	graduéis	graduarais	graduad (no graduéis)
gradúan	graduaban	graduaron	graduarán	graduarían	**gradúen**	graduaran	**gradúen** Uds.

41 llegar (g:gu)
Participles: llegando, llegado

Present	Imperfect	Preterite	Future	Conditional	Present	Past	Imperative
llego	llegaba	**llegué**	llegaré	llegaría	**llegue**	llegara	
llegas	llegabas	llegaste	llegarás	llegarías	**llegues**	llegaras	llega tú (no **llegues**)
llega	llegaba	llegó	llegará	llegaría	**llegue**	llegara	**llegue** Ud.
llegamos	llegábamos	llegamos	llegaremos	llegaríamos	**lleguemos**	llegáramos	**lleguemos**
llegáis	llegabais	llegasteis	llegaréis	llegaríais	**lleguéis**	llegarais	llegad (no **lleguéis**)
llegan	llegaban	llegaron	llegarán	llegarían	**lleguen**	llegaran	**lleguen** Uds.

42 proteger (g:j)
Participles: protegiendo, protegido

Present	Imperfect	Preterite	Future	Conditional	Present	Past	Imperative
protejo	protegía	protegí	protegeré	protegería	**proteja**	protegiera	
proteges	protegías	protegiste	protegerás	protegerías	**protejas**	protegieras	protege tú (no **protejas**)
protege	protegía	protegió	protegerá	protegería	**proteja**	protegiera	**proteja** Ud.
protegemos	protegíamos	protegimos	protegeremos	protegeríamos	**protejamos**	protegiéramos	**protejamos**
protegéis	protegíais	protegisteis	protegeréis	protegeríais	**protejáis**	protegierais	proteged (no **protejáis**)
protegen	protegían	protegieron	protegerán	protegerían	**protejan**	protegieran	**protejan** Uds.

43 tocar (c:qu)
Participles: tocando, tocado

Present	Imperfect	Preterite	Future	Conditional	Present	Past	Imperative
toco	tocaba	**toqué**	tocaré	tocaría	**toque**	tocara	
tocas	tocabas	tocaste	tocarás	tocarías	**toques**	tocaras	toca tú (no **toques**)
toca	tocaba	tocó	tocará	tocaría	**toque**	tocara	**toque** Ud.
tocamos	tocábamos	tocamos	tocaremos	tocaríamos	**toquemos**	tocáramos	**toquemos**
tocáis	tocabais	tocasteis	tocaréis	tocaríais	**toquéis**	tocarais	tocad (no **toquéis**)
tocan	tocaban	tocaron	tocarán	tocarían	**toquen**	tocaran	**toquen** Uds.

Vocabulario

Guide to Vocabulary

Contents of the glossary

This glossary contains the words and expressions listed on the **Vocabulario** page found at the end of each lesson in **DESCUBRE,** as well as other useful vocabulary. The number following an entry indicates the **DESCUBRE** level and lesson where the word or expression was introduced. Check the **Estructura** sections of each lesson for words and expressions related to those grammar topics.

Abbreviations used in this glossary

adj.	adjective	*form.*	formal	*pl.*	plural
adv.	adverb	*indef.*	indefinite	*poss.*	possessive
art.	article	*interj.*	interjection	*prep.*	preposition
conj.	conjunction	*i.o.*	indirect object	*pron.*	pronoun
def.	definite	*m.*	masculine	*ref.*	reflexive
d.o.	direct object	*n.*	noun	*sing.*	singular
f.	feminine	*obj.*	object	*sub.*	subject
fam.	familiar	*p.p.*	past participle	*v.*	verb

Note on alphabetization

In current practice, for purposes of alphabetization, **ch** and **ll** are not treated as separate letters, but **ñ** still follows **n**. Therefore, in this glossary you will find that **año**, for example, appears after **anuncio**.

Spanish-English

A

a *prep.* at; to 1.1
  a bordo aboard 1.1
  a dieta on a diet 2.6
  a la derecha to the right 1.2
  a la izquierda to the left 1.2
  a la plancha grilled 1.8
  a la(s) + *time* at + *time* 1.1
  a menos que *conj.*
    unless 2.4
  a menudo *adv.* often 2.1
  a nombre de in the name
    of 1.5
  a plazos in installments 2.5
  ¿A qué hora...? At what
    time...? 1.1
  A sus órdenes. At your
    service. 2.2
  a tiempo *adv.* on time 2.1
  a veces *adv.* sometimes 2.1
  a ver let's see 1.2
abajo *adv.* down
abeja *f.* bee
abierto/a *adj.* open 1.5, 2.5
abogado/a *m., f.* lawyer 2.7
abrazar(se) *v.* to hug; to embrace
  (each other) 2.2
abrazo *m.* hug
abrigo *m.* coat 1.6
abril *m.* April 1.5
abrir *v.* to open 1.3

abuelo/a *m., f.* grandfather;
  grandmother 1.3
abuelos *pl.* grandparents 1.3
aburrido/a *adj.* bored;
  boring 1.5
aburrir *v.* to bore 1.7
aburrirse *v.* to get bored 2.8
acabar de (+ *inf.***)** *v.* to have just
  (done something) 1.6
acampar *v.* to camp 1.5
accidente *m.* accident 2.1
acción *f.* action 2.8
  de acción action (*genre*) 2.8
aceite *m.* oil 1.8
ácido/a *adj.* acid 2.4
acompañar *v.* to go with; to
  accompany 2.5
aconsejar *v.* to advise 2.3
acontecimiento *m.* event 2.9
acordarse (de) (o:ue) *v.* to
  remember 1.7
acostarse (o:ue) *v.* to go to
  bed 1.7
activo/a *adj.* active 2.6
actor *m.* actor 2.7
actriz *f.* actor 2.7
actualidades *f., pl.* news;
  current events 2.9
acuático/a *adj.* aquatic 1.4
adelgazar *v.* to lose weight; to
  slim down 2.6
además (de) *adv.* furthermore;
  besides 2.1
adicional *adj.* additional
adiós *m.* good-bye 1.1

adjetivo *m.* adjective
administración de
  empresas *f.* business
  administration 1.2
adolescencia *f.* adolescence 1.9
¿adónde? *adv.* where (to)?
  (*destination*) 1.2
aduana *f.* customs 1.5
aeróbico/a *adj.* aerobic 2.6
aeropuerto *m.* airport 1.5
afectado/a *adj.* affected 2.4
afeitarse *v.* to shave 1.7
aficionado/a *adj.* fan 1.4
afirmativo/a *adj.* affirmative
afueras *f., pl.* suburbs;
  outskirts 2.3
agencia de viajes *f.* travel
  agency 1.5
agente de viajes *m., f.* travel
  agent 1.5
agosto *m.* August 1.5
agradable *adj.* pleasant
agua *f.* water 1.8
  agua mineral mineral water
    1.8
ahora *adv.* now 1.2
  ahora mismo right now 1.5
ahorrar *v.* to save (*money*) 2.5
ahorros *m.* savings 2.5
aire *m.* air 1.5
ajo *m.* garlic 1.8
al (*contraction of* **a + el**) 1.2
  al aire libre open-air 1.6
  al contado in cash 2.5
  al este to the east 2.5

Vocabulario

Spanish-English

al fondo (de) at the end (of) 2.3
al lado de beside 1.2
al norte to the north 2.5
al oeste to the west 2.5
al sur to the south 2.5
alcoba *f.* bedroom 2.3
alegrarse (de) *v.* to be happy 2.4
alegre *adj.* happy; joyful 1.5
alegría *f.* happiness 1.9
alemán, alemana *adj.* German 1.3
alérgico/a *adj.* allergic 2.1
alfombra *f.* carpet; rug 2.3
algo *pron.* something; anything 1.7
algodón *m.* cotton 1.6
alguien *pron.* someone; somebody; anyone 1.7
algún, alguno/a(s) *adj., pron.* any; some 1.7
alimentación *f.* diet
alimento *m.* food
aliviar *v.* to reduce 2.6
  aliviar el estrés/la tensión to reduce stress/tension 2.6
allí *adv.* there 1.5
  allí mismo right there 2.5
almacén *m.* department store 1.6
almohada *f.* pillow 2.3
almorzar (o:ue) *v.* to have lunch 1.4
almuerzo *m.* lunch 1.8
aló *interj.* hello (*on the telephone*) 2.2
alquilar *v.* to rent 2.3
alquiler *m.* rent (payment) 2.3
alternador *m.* alternator 2.2
altillo *m.* attic 2.3
alto/a *adj.* tall 1.3
aluminio *m.* aluminum 2.4
ama de casa *m., f.* housekeeper; caretaker 2.3
amable *adj.* nice; friendly 1.5
amarillo/a *adj.* yellow 1.6
amigo/a *m., f.* friend 1.3
amistad *f.* friendship 1.9
amor *m.* love 1.9
anaranjado/a *adj.* orange 1.6
andar *v.* **en patineta** to skateboard 1.4
animal *m.* animal 2.4
aniversario (de bodas) *m.* (wedding) anniversary 1.9
anoche *adv.* last night 1.6
anteayer *adv.* the day before yesterday 1.6
antes *adv.* before 1.7
  antes (de) que *conj.* before 2.4
  antes de *prep.* before 1.7
antibiótico *m.* antibiotic 2.1
antipático/a *adj.* unpleasant 1.3
anunciar *v.* to announce; to advertise 2.9

anuncio *m.* advertisement 2.7
año *m.* year 1.5
  año pasado last year 1.6
apagar *v.* to turn off 2.2
aparato *m.* appliance
apartamento *m.* apartment 2.3
apellido *m.* last name 1.3
apenas *adv.* hardly; scarcely 2.1
aplaudir *v.* to applaud 2.8
apreciar *v.* to appreciate 2.8
aprender (a + *inf.***)** *v.* to learn 1.3
apurarse *v.* to hurry; to rush 2.6
aquel, aquella *adj.* that (over there) 1.6
aquél, aquélla *pron.* that (over there) 1.6
aquello *neuter pron.* that; that thing; that fact 1.6
aquellos/as *pl. adj.* those (over there) 1.6
aquéllos/as *pl. pron.* those (ones) (over there) 1.6
aquí *adv.* here 1.1
  Aquí está... Here it is... 1.5
  Aquí estamos en... Here we are at/in... 1.2
  aquí mismo right here 2.2
árbol *m.* tree 2.4
archivo *m.* file 2.2
armario *m.* closet 2.3
arqueólogo/a *m., f.* archaeologist 2.7
arquitecto/a *m., f.* architect 2.7
arrancar *v.* to start (*a car*) 2.2
arreglar *v.* to fix; to arrange 2.2; to neaten; to straighten up 2.3
arriba *adv.* up
arroba *f.* @ symbol 2.2
arroz *m.* rice 1.8
arte *m.* art 1.2
artes *f., pl.* arts 2.8
artesanía *f.* craftsmanship; crafts 2.8
artículo *m.* article 2.9
artista *m., f.* artist 1.3
artístico/a *adj.* artistic 2.8
arveja *m.* pea 1.8
asado/a *adj.* roast 1.8
ascenso *m.* promotion 2.7
ascensor *m.* elevator 1.5
así *adv.* like this; so (*in such a way*) 2.1
  así así so-so
asistir (a) *v.* to attend 1.3
aspiradora *f.* vacuum cleaner 2.3
aspirante *m. f.* candidate; applicant 2.7
aspirina *f.* aspirin 2.1
atún *m.* tuna 1.8
aumentar de peso to gain weight 2.6
aumento *m.* increase 2.7
  aumento de sueldo *m.* pay raise 2.7

aunque *conj.* although
autobús *m.* bus 1.1
automático/a *adj.* automatic
auto(móvil) *m.* auto(mobile) 1.5
autopista *f.* highway 2.2
ave *f.* bird 2.4
avenida *f.* avenue
aventura *f.* adventure 2.8
  de aventura adventure (*genre*) 2.8
avergonzado/a *adj.* embarrassed 1.5
avión *m.* airplane 1.5
¡Ay! *interj.* Oh!
  ¡Ay, qué dolor! Oh, what pain!
ayer *adv.* yesterday 1.6
ayudar(se) *v.* to help (each other) 2.2, 2.3
azúcar *m.* sugar 1.8
azul *adj.* blue 1.6

B

bailar *v.* to dance 1.2
bailarín/bailarina *m., f.* dancer 2.8
baile *m.* dance 2.8
bajar(se) de *v.* to get off of/out of (*a vehicle*) 2.2
bajo/a *adj.* short (*in height*) 1.3
  bajo control under control 1.7
balcón *m.* balcony 2.3
baloncesto *m.* basketball 1.4
banana *f.* banana 1.8
banco *m.* bank 2.5
banda *f.* band 2.8
bandera *f.* flag
bañarse *v.* to bathe; to take a bath 1.7
baño *m.* bathroom 1.7
barato/a *adj.* cheap 1.6
barco *m.* boat 1.5
barrer *v.* to sweep 2.3
  barrer el suelo to sweep the floor 2.3
barrio *m.* neighborhood 2.3
bastante *adv.* enough; rather 2.1; pretty 2.4
basura *f.* trash 2.3
baúl *m.* trunk 2.2
beber *v.* to drink 1.3
bebida *f.* drink 1.8
béisbol *m.* baseball 1.4
bellas artes *f., pl.* fine arts 2.8
belleza *f.* beauty 2.5
beneficio *m.* benefit 2.7
besar(se) *v.* to kiss (each other) 2.2
beso *m.* kiss 1.9
biblioteca *f.* library 1.2
bicicleta *f.* bicycle 1.4
bien *adj., adv.* well 1.1

bienestar *m.* well-being 2.6
bienvenido(s)/a(s) *adj.* welcome 2.3
billete *m.* paper money; ticket
billón *m.* trillion
biología *f.* biology 1.2
bisabuelo/a *m., f.* great-grandfather/great-grandmother 1.3
bistec *m.* steak 1.8
bizcocho *m.* biscuit
blanco/a *adj.* white 1.6
blog *m.* blog 2.2
bluejeans *m., pl.* jeans 1.6
blusa *f.* blouse 1.6
boca *f.* mouth 2.1
boda *f.* wedding 1.9
boleto *m.* ticket 2.8
bolsa *f.* purse, bag 1.6
bombero/a *m., f.* firefighter 2.7
bonito/a *adj.* pretty 1.3
borrador *m.* eraser 1.2
borrar *v.* to erase 2.2
bosque *m.* forest 2.4
   bosque tropical tropical forest; rain forest 2.4
bota *f.* boot 1.6
botella *f.* bottle 1.9
   botella de vino bottle of wine 1.9
botones *m., f. sing.* bellhop 1.5
brazo *m.* arm 2.1
brindar *v.* to toast (*drink*) 1.9
bucear *v.* to scuba dive 1.4
buen, bueno/a *adj.* good 1.3, 1.6
   ¡Buen viaje! Have a good trip! 1.6
   buena forma good shape (*physical*) 2.6
   Buena idea. Good idea. 1.4
   Buenas noches. Good evening. Good night. 1.1
   Buenas tardes. Good afternoon. 1.1
   buenísimo extremely good
   ¿Bueno? Hello. (*on telephone*) 2.2
   Buenos días. Good morning. 1.1
bueno... *interj.* well... 1.2, 2.8
bulevar *m.* boulevard
buscar *v.* to look for 1.2
buzón *m.* mailbox 2.5

C

caballo *m.* horse 1.5
cabaña *f.* cabin 1.5
cabe: no cabe duda de there's no doubt 2.4
cabeza *f.* head 2.1
cada *adj.* each 1.6
caerse *v.* to fall (down) 2.1

café *m.* café 1.4; coffee 1.8; *adj.* brown 1.6
cafeína *f.* caffeine 2.5
cafetera *f.* coffeemaker 2.3
cafetería *f.* cafeteria 1.2
caído *p.p.* fallen 2.5
caja *f.* cash register 1.6
cajero/a *m., f.* cashier 2.5
   cajero automático *m.* ATM 2.5
calcetín (calcetines) *m.* sock(s) 1.6
caldo *m.* soup
calentamiento global *m.* global warming 2.4
calentarse (e:ie) *v.* to warm up 2.6
calidad *f.* quality 1.6
calle *f.* street 2.2
calor *m.* heat 1.4
caloría *f.* calorie 2.6
calzar *v.* to take size... shoes 1.6
cama *f.* bed 1.5
cámara de video *f.* video camera 2.2
cámara digital *f.* digital camera 2.2
camarero/a *m., f.* waiter; waitress 1.8
camarón *m.* shrimp 1.8
cambiar (de) *v.* to change 1.9
cambio climático *m.* climate change 2.4
cambio de moneda *m.* currency exchange
caminar *v.* to walk 1.2
camino *m.* road
camión *m.* truck; bus
camisa *f.* shirt 1.6
camiseta *f.* t-shirt 1.6
campo *m.* countryside 1.5
canadiense *adj.* Canadian 1.3
canal *m.* (TV) channel 2.2, 2.8
canción *f.* song 2.8
candidato/a *m., f.* candidate 2.9
cansado/a *adj.* tired 1.5
cantante *m., f.* singer 2.8
cantar *v.* to sing 1.2
capital *f.* capital city 1.1
capó *m.* hood 2.2
cara *f.* face 1.7
caramelo *m.* caramel 1.9
carne *f.* meat 1.8
   carne de res *f.* beef 1.8
carnicería *f.* butcher shop 2.5
caro/a *adj.* expensive 1.6
carpintero/a *m., f.* carpenter 2.7
carrera *f.* career 2.7
carretera *f.* highway 2.2
carro *m.* car; automobile 2.2
carta *f.* letter 1.4; (playing) card 1.5
cartel *m.* poster 2.3
cartera *f.* wallet 1.6

cartero/a *m., f.* mail carrier 2.5
casa *f.* house; home 1.2
casado/a *adj.* married 1.9
casarse (con) *v.* to get married (to) 1.9
casi *adv.* almost 2.1
catorce *n., adj.* fourteen 1.1
cazar *v.* to hunt 2.4
cebolla *f.* onion 1.8
cederrón *m.* CD-ROM 2.2
celebrar *v.* to celebrate 1.9
celular *adj.* cellular 2.2
cena *f.* dinner 1.8
cenar *v.* to have dinner 1.2
centro *m.* downtown 1.4
   centro comercial *m.* shopping mall 1.6
cepillarse los dientes/el pelo *v.* to brush one's teeth/one's hair 1.7
cerámica *f.* pottery 2.8
cerca de *prep.* near 1.2
cerdo *m.* pork 1.8
cereales *m., pl.* cereal; grains 1.8
cero *m.* zero 1.1
cerrado/a *adj.* closed 1.5, 2.5
cerrar (e:ie) *v.* to close 1.4
césped *m.* grass 2.4
ceviche *m.* marinated fish dish 1.8
   ceviche de camarón *m.* lemon-marinated shrimp 1.8
chaleco *m.* vest
champán *m.* champagne 1.9
champiñón *m.* mushroom 1.8
champú *m.* shampoo 1.7
chaqueta *f.* jacket 1.6
chau *fam. interj.* bye 1.1
cheque *m.* (bank) check 2.5
   cheque de viajero *m.* traveler's check 2.5
chévere *adj., fam.* terrific
chico/a *m., f.* boy; girl 1.1
chino/a *adj.* Chinese 1.3
chocar (con) *v.* to run into
chocolate *m.* chocolate 1.9
choque *m.* collision 2.9
chuleta *f.* chop (*food*) 1.8
   chuleta de cerdo *f.* pork chop 1.8
cibercafé *m.* cybercafé
ciclismo *m.* cycling 1.4
cielo *m.* sky 2.4
cien(to) *n., adj.* one hundred 1.2
ciencia *f.* science 1.2
   de ciencia ficción science fiction (*genre*) 2.8
científico/a *m., f.* scientist 2.7
cierto/a *adj.* certain 2.4
   es cierto it's certain 2.4
   no es cierto it's not certain 2.4
cinco *n., adj.* five 1.1

Vocabulario

cincuenta *n., adj.* fifty 1.2
cine *m.* movie theater 1.4
cinta *f.* (audio)tape
cinta caminadora *f.* treadmill 2.6
cinturón *m.* belt 1.6
circulación *f.* traffic 2.2
cita *f.* date; appointment 1.9
ciudad *f.* city 1.4
ciudadano/a *m., f.* citizen 2.9
Claro (que sí). *fam.* Of course. 2.7
clase *f.* class 1.2
   clase de ejercicios aeróbicos *f.* aerobics class 2.6
clásico/a *adj.* classical 2.8
cliente/a *m., f.* customer 1.6
clínica *f.* clinic 2.1
cobrar *v.* to cash (*a check*) 2.5
coche *m.* car; automobile 2.2
cocina *f.* kitchen; stove 2.3
cocinar *v.* to cook 2.3
cocinero/a *m., f.* cook, chef 2.7
cofre *m.* hood 2.5
cola *f.* line 2.5
colesterol *m.* cholesterol 2.6
color *m.* color 1.3, 1.6
comedia *f.* comedy; play 2.8
comedor *m.* dining room 2.3
comenzar (e:ie) *v.* to begin 1.4
comer *v.* to eat 1.3
comercial *adj.* commercial; business-related 2.7
comida *f.* food; meal 1.8
como *prep., conj.* like; as 1.8
¿cómo? *adv.* what?; how? 1.1
   ¿Cómo es...? What's... like? 1.3
   ¿Cómo está usted? *form.* How are you? 1.1
   ¿Cómo estás? *fam.* How are you? 1.1
   ¿Cómo les fue...? *pl.* How did ... go for you? 2.6
   ¿Cómo se llama (usted)? *form.* What's your name? 1.1
   ¿Cómo te llamas (tú)? *fam.* What's your name? 1.1
cómoda *f.* chest of drawers 2.3
cómodo/a *adj.* comfortable 1.5
compañero/a de clase *m., f.* classmate 1.2
compañero/a de cuarto *m., f.* roommate 1.2
compañía *f.* company; firm 2.7
compartir *v.* to share 1.3
completamente *adv.* completely 2.7
compositor(a) *m., f.* composer 2.8
comprar *v.* to buy 1.2
compras *f., pl.* purchases 1.5
   ir de compras to go shopping 1.5
comprender *v.* to understand 1.3

comprobar (o:ue) *v.* to check
comprometerse (con) *v.* to get engaged (to) 1.9
computación *f.* computer science 1.2
computadora *f.* computer 1.1
   computadora portátil *f.* portable computer; laptop 2.2
comunicación *f.* communication 2.9
comunicarse (con) *v.* to communicate (with) 2.9
comunidad *f.* community 1.1
con *prep.* with 1.2
   Con él/ella habla. This is he/she. (*on telephone*) 2.2
   con frecuencia *adv.* frequently 2.1
   Con permiso. Pardon me.; Excuse me. 1.1
   con tal (de) que *conj.* provided (that) 2.4
concierto *m.* concert 2.8
concordar (o:ue) *v.* to agree
concurso *m.* game show; contest 2.8
conducir *v.* to drive 1.6, 2.2
conductor(a) *m., f.* driver 1.1
conexión inalámbrica *f.* wireless (connection) 2.2
confirmar *v.* to confirm 1.5
   confirmar una reservación to confirm a reservation 1.5
confundido/a *adj.* confused 1.5
congelador *m.* freezer 2.3
congestionado/a *adj.* congested; stuffed-up 2.1
conmigo *pron.* with me 1.4, 1.9
conocer *v.* to know; to be acquainted with 1.6
conocido/a *adj.; p.p.* known
conseguir (e:i) *v.* to get; to obtain 1.4
consejero/a *m., f.* counselor; advisor 2.7
consejo *m.* advice
conservación *f.* conservation 2.4
conservar *v.* to conserve 2.4
construir *v.* to build
consultorio *m.* doctor's office 2.1
consumir *v.* to consume 2.6
contabilidad *f.* accounting 1.2
contador(a) *m., f.* accountant 2.7
contaminación *f.* pollution 2.4
   contaminación del aire/del agua air/water pollution 2.4
contaminado/a *adj.* polluted 2.4
contaminar *v.* to pollute 2.4
contar (o:ue) *v.* to count; to tell 1.4
   contar con *v.* to count (on) 2.3
contento/a *adj.* happy; content 1.5
contestar *v.* to answer 1.2

contigo *fam. pron.* with you 1.9
contratar *v.* to hire 2.7
control *m.* control 1.7
   control remoto *m.* remote control 2.2
controlar *v.* to control 2.4
conversación *f.* conversation 1.2
conversar *v.* to converse, to chat 1.2
copa *f.* goblet 2.3
corazón *m.* heart 2.1
corbata *f.* tie 1.6
corredor(a) de bolsa *m., f.* stockbroker 2.7
correo *m.* mail; post office 2.5
   correo de voz *m.* voice mail 2.2
   correo electrónico *m.* e-mail 1.4
correr *v.* to run 1.3
cortesía *f.* courtesy
cortinas *f., pl.* curtains 2.3
corto/a *adj.* short (*in length*) 1.6
cosa *f.* thing 1.1
costar (o:ue) *f.* to cost 1.6
cráter *m.* crater 2.4
creer *v.* to believe 2.4
   creer en *v.* to believe in 1.3
   no creer en *v.* not to believe in 2.4
creído/a *adj., p.p.* believed 2.5
crema de afeitar *f.* shaving cream 1.7
crimen *m.* crime; murder 2.9
cruzar *v.* to cross 2.5
cuaderno *m.* notebook 1.1
cuadra *f.* (city) block 2.5
cuadro *m.* picture 2.3
¿cuál(es)? *pron.* which?; which one(s)? 1.2
   ¿Cuál es la fecha de hoy? What is today's date? 1.5
cuando *conj.* when 1.7, 2.4
¿cuándo? *adv.* when? 1.2
¿cuánto(s)/a(s)? *adj.* how much/how many? 1.1
   ¿Cuánto cuesta...? How much does... cost? 1.6
   ¿Cuántos años tienes? *fam.* How old are you? 1.3
cuarenta *n., adj.* forty 1.2
cuarto *m.* room 1.2, 1.7
   cuarto de baño *m.* bathroom 1.7
cuarto/a *n., adj.* fourth 1.5
   menos cuarto quarter to (*time*)
   y cuarto quarter after (*time*) 1.1
cuatro *n., adj.* four 1.1
cuatrocientos/as *n., adj.* four hundred 1.2
cubierto *p.p.* covered
cubiertos *m., pl.* silverware
cubrir *v.* to cover

Vocabulario

cuchara *f.* tablespoon; large spoon 2.3
cuchillo *m.* knife 2.3
cuello *m.* neck 2.1
cuenta *f.* bill 1.9; account 2.5
   cuenta corriente *f.* checking account 2.5
   cuenta de ahorros *f.* savings account 2.5
cuento *m.* short story 2.8
cuerpo *m.* body 2.1
cuidado *m.* care 1.3
cuidar *v.* to take care of 2.4
   ¡Cuídense! *form. pl.* Take care! 2.5
cultura *f.* culture 2.8
cumpleaños *m., sing.* birthday 1.9
cumplir años *v.* to have a birthday 1.9
cuñado/a *m., f.* brother-in-law; sister-in-law 1.3
currículum *m.* résumé 2.7
curso *m.* course 1.2

D

danza *f.* dance 2.8
dañar *v.* to damage; to break down 2.1
dar *v.* to give 1.6, 1.9
   dar un consejo to give advice
   darse con *v.* to bump into; to run into (*something*) 2.1
   darse prisa to hurry; to rush 2.6
de *prep.* of; from 1.1
   de algodón (made) of cotton 1.6
   de aluminio (made) of aluminum 2.4
   de buen humor in a good mood 1.5
   de compras shopping 1.5
   de cuadros plaid 1.6
   ¿De dónde eres? *fam.* Where are you from? 1.1
   ¿De dónde es usted? *form.* Where are you from? 1.1
   de excursión hiking 1.4
   de hecho in fact
   de ida y vuelta roundtrip 1.5
   de la mañana in the morning; A.M. 1.1
   de la noche in the evening; at night; P.M. 1.1
   de la tarde in the afternoon; in the early evening; P.M. 1.1
   de lana (made) of wool 1.6
   de lunares polka-dotted 1.6
   de mal humor in a bad mood 1.5
   de mi vida of my life 2.6
   de moda in fashion 1.6

De nada. You're welcome. 1.1
De ninguna manera. No way. 2.7
de niño/a as a child 2.1
de parte de on behalf of 2.2
¿De parte de quién? Who is calling? (*on telephone*) 2.2
de plástico (made) of plastic 2.4
¿de quién...? *pron., sing.* whose...? 1.1
¿de quiénes...? *pron., pl.* whose...? 1.1
de rayas striped 1.6
de repente *adv.* suddenly 1.6
de seda (made) of silk 1.6
de vaqueros western (*genre*) 2.8
de vez en cuando from time to time 2.1
de vidrio (made) of glass 2.4
debajo de *prep.* below; under 1.2
deber *m.* responsibility; obligation 2.9
deber (+ *inf.*) *v.* should; must; ought to 1.3
   Debe ser... It must be... 1.6
debido a due to (the fact that)
débil *adj.* weak 2.6
decidido/a *adj.* decided 2.5
decidir (+ *inf.*) *v.* to decide 1.3
décimo/a *n., adj.* tenth 1.5
decir (e:i) *v.* to say; to tell 1.4, 1.9
   decir la respuesta to say the answer 1.4
   decir la verdad to tell the truth 1.4
   decir mentiras to tell lies 1.4
   decir que to say that 1.4
declarar *v.* to declare; to say 2.9
dedo *m.* finger 2.1
dedo del pie *m.* toe 2.1
deforestación *f.* deforestation 2.4
dejar *v.* to let 2.3; to quit; to leave behind 2.7
   dejar de (+ *inf.*) *v.* to stop (*doing something*) 2.4
   dejar una propina *v.* to leave a tip 1.9
del (*contraction of* **de + el**) of the; from the
delante de *prep.* in front of 1.2
delgado/a *adj.* thin; slender 1.3
delicioso/a *adj.* delicious 1.8
demás *adj.* the rest
demasiado/a *adj., adv.* too much 1.6
dentista *m., f.* dentist 2.1
dentro de (diez años) within (ten years) 2.7; inside
dependiente/a *m., f.* clerk 1.6
deporte *m.* sport 1.4

deportista *m.* sports person
deportivo/a *adj.* sports-related 1.4
depositar *v.* to deposit 2.5
derecha *f.* right 1.2
   a la derecha de to the right of 1.2
derecho *adv.* straight (ahead) 2.5
derechos *m.* rights 2.9
desarrollar *v.* to develop 2.4
desastre (natural) *m.* (natural) disaster 2.9
desayunar *v.* to have breakfast 1.2
desayuno *m.* breakfast 1.8
descafeinado/a *adj.* decaffeinated 2.6
descansar *v.* to rest 1.2
descargar *v.* to download 2.2
descompuesto/a *adj.* not working; out of order 2.2
describir *v.* to describe 1.3
descrito *p.p.* described 2.5
descubierto *p.p.* discovered 2.5
descubrir *v.* to discover 2.4
desde *prep.* from 1.6
desear *v.* to wish; to desire 1.2
desempleo *m.* unemployment 2.9
desierto *m.* desert 2.4
desigualdad *f.* inequality 2.9
desordenado/a *adj.* disorderly 1.5
despacio *adv.* slowly 2.1
despedida *f.* farewell; good-bye
despedir (e:i) *v.* to fire 2.7
   despedirse (e:i) (de) *v.* to say good-bye (to) 1.7
despejado/a *adj.* clear (*weather*)
despertador *m.* alarm clock 1.7
despertarse (e:ie) *v.* to wake up 1.7
después *adv.* afterwards; then 1.7
   después de *prep.* after 1.7
   después de que *conj.* after 2.4
destruir *v.* to destroy 2.4
detrás de *prep.* behind 1.2
día *m.* day 1.1
   día de fiesta *m.* holiday 1.9
diario *m.* diary 1.1; newspaper 2.9
diario/a *adj.* daily 1.7
dibujar *v.* to draw 1.2
dibujo *m.* drawing 2.8
   dibujos animados *m., pl.* cartoons 2.8
diccionario *m.* dictionary 1.1
dicho *p.p.* said 2.5
diciembre *m.* December 1.5
dictadura *f.* dictatorship 2.9
diecinueve *n., adj.* nineteen 1.1
dieciocho *n., adj.* eighteen 1.1
dieciséis *n., adj.* sixteen 1.1

Vocabulario

diecisiete *n., adj.* seventeen 1.1
diente *m.* tooth 1.7
dieta *f.* diet 2.6
   comer una dieta equilibrada to eat a balanced diet 2.6
diez *n., adj.* ten 1.1
difícil *adj.* difficult; hard 1.3
Diga. Hello. (*on telephone*) 2.2
diligencia *f.* errand 2.5
dinero *m.* money 1.6
dirección *f.* address 2.5
   dirección electrónica *f.* e-mail address 2.2
direcciones *f., pl.* directions 2.5
director(a) *m., f.* director; (*musical*) conductor 2.8
dirigir *v.* to direct 2.8
disco compacto *m.* CD 2.2
discriminación *f.* discrimination 2.9
discurso *m.* speech 2.9
diseñador(a) *m., f.* designer 2.7
diseño *m.* design
disfrutar (de) *v.* to enjoy; to reap the benefits (of) 2.6
diversión *f.* fun activity; entertainment; recreation 1.4
divertido/a *adj.* fun 1.7
divertirse (e:ie) *v.* to have fun 1.9
divorciado/a *adj.* divorced 1.9
divorciarse (de) *v.* to get divorced (from) 1.9
divorcio *m.* divorce 1.9
doblar *v.* to turn 2.5
doble *adj.* double
doce *n., adj.* twelve 1.1
doctor(a) *m., f.* doctor 1.3, 2.1
documental *m.* documentary 2.8
documentos de viaje *m., pl.* travel documents
doler (o:ue) *v.* to hurt 2.1
dolor *m.* ache; pain 2.1
   dolor de cabeza *m.* headache 2.1
doméstico/a *adj.* domestic 2.3
domingo *m.* Sunday 1.2
don/doña title of respect used with a person's first name 1.1
donde *conj.* where
¿dónde? *adv.* where? 1.1
   ¿Dónde está...? Where is...? 1.2
dormir (o:ue) *v.* to sleep 1.4
dormirse (o:ue) *v.* to go to sleep; to fall asleep 1.7
dormitorio *m.* bedroom 2.3
dos *n., adj.* two 1.1
   dos veces *adv.* twice; two times 1.6
doscientos/as *n., adj.* two hundred 1.2
drama *m.* drama; play 2.8
dramático/a *m., f..* dramatic 2.8
dramaturgo/a *m., f.* playwright 2.8
droga *f.* drug 2.6
drogadicto/a *m., f.* drug addict 2.6
ducha *f.* shower 1.7
ducharse *v.* to shower; to take a shower 1.7
duda *f.* doubt 2.4
dudar *v.* to doubt 2.4
   no dudar *v.* not to doubt 2.4
dueño/a *m., f.* owner; landlord 1.8
dulces *m., pl.* sweets; candy 1.9
durante *prep.* during 1.7
durar *v.* to last 2.9

E

e *conj.* (used instead of **y** before words beginning with **i** and **hi**) and 1.4
echar *v.* to throw
   echar (una carta) al buzón to put (a letter) in the mailbox; to mail 2.5
ecología *f.* ecology 2.4
ecologista *m., f.* ecologist 2.4
economía *f.* economics 1.2
ecoturismo *m.* ecotourism 2.4
Ecuador *m.* Ecuador 1.1
ecuatoriano/a *adj.* Ecuadorian 1.3
edad *f.* age 1.9
edificio *m.* building 2.3
   edificio de apartamentos *m.* apartment building 2.3
(en) efectivo *m.* cash 1.6
ejercicio *m.* exercise 2.6
   ejercicios aeróbicos *m. pl.* aerobic exercises 2.6
   ejercicios de estiramiento *m. pl.* stretching exercises 2.6
ejército *m.* army 2.9
el *m., sing., def. art.* the 1.1
él *sub. pron.* he 1.1; *pron., obj. of prep.* him 1.9
elecciones *f. pl.* election 2.9
electricista *m., f.* electrician 2.7
electrodoméstico *m.* electric appliance 2.3
elegante *adj.* elegant 1.6
elegir (e:i) *v.* to elect 2.9
ella *sub. pron.* she 1.1; *pron., obj. of prep.* her 1.9
ellos/as *sub. pron.* they 1.1; *pron., obj. of prep.* them 1.9
embarazada *adj.* pregnant 2.1
emergencia *f.* emergency 2.1
emitir *v.* to broadcast 2.9
emocionante *adj.* exciting
empezar (e:ie) *v.* to begin 1.4
empleado/a *m., f.* employee 1.5
empleo *m.* job; employment 2.7
empresa *f.* company; firm 2.7
en *prep.* in; on; at 1.2
   en casa at home 1.7
   en caso (de) que *conj.* in case (that) 2.4
   en cuanto *conj.* as soon as 2.4
   en efectivo in cash 2.5
   en exceso in excess; too much 2.6
   en línea inline 1.4
   ¡En marcha! Let's get going! 2.6
   en mi nombre in my name
   en punto on the dot; exactly; sharp (*time*) 1.1
   ¿en qué? in what?; how? 1.2
   ¿En qué puedo servirles? How can I help you? 1.5
enamorado/a (de) *adj.* in love (with) 1.5
enamorarse (de) *v.* to fall in love (with) 1.9
encantado/a *adj.* delighted; Pleased to meet you. 1.1
encantar *v.* to like very much; to love (*inanimate objects*) 1.7
   ¡Me encantó! I loved it! 2.6
encima de *prep.* on top of 1.2
encontrar (o:ue) *v.* to find 1.4
encontrar(se) (o:ue) *v.* to meet (each other); to run into (each other) 2.2
encuesta *f.* poll; survey 2.9
energía *f.* energy 2.4
   energía nuclear *f.* nuclear energy 2.4
   energía solar *f.* solar energy 2.4
enero *m.* January 1.5
enfermarse *v.* to get sick 2.1
enfermedad *f.* illness 2.1
enfermero/a *m., f.* nurse 2.1
enfermo/a *adj.* sick 2.1
enfrente de *adv.* opposite; facing 2.5
engordar *v.* to gain weight 2.6
enojado/a *adj.* mad; angry 1.5
enojarse (con) *v.* to get angry (with) 1.7
ensalada *f.* salad 1.8
enseguida *adv.* right away 1.9
enseñar *v.* to teach 1.2
ensuciar *v.* to get (*something*) dirty 2.3
entender (e:ie) *v.* to understand 1.4
entonces *adv.* then 1.7
entrada *f.* entrance 2.3; ticket 2.8
entre *prep.* between; among 1.2
entremeses *m., pl.* hors d'oeuvres; appetizers 1.8
entrenador(a) *m., f.* trainer 2.6
entrenarse *v.* to practice; to train 2.6

entrevista *f.* interview 2.7
entrevistador(a) *m., f.* interviewer 2.7
entrevistar *v.* to interview 2.7
envase *m.* container 2.4
enviar *v.* to send; to mail 2.5
equilibrado/a *adj.* balanced 2.6
equipado/a *adj.* equipped 2.6
equipaje *m.* luggage 1.5
equipo *m.* team 1.4
equivocado/a *adj.* wrong 1.5
eres *fam., sing.* you are 1.1
es he/she/it is 1.1
   Es bueno que... It's good that... 2.3
   Es de... He/She is from... 1.1
   es extraño it's strange 2.4
   Es importante que... It's important that... 2.3
   es imposible it's impossible 2.4
   es improbable it's improbable 2.4
   Es la una. It's one o'clock. 1.1
   Es malo que... It's bad that... 2.3
   Es mejor que... It's better that... 2.3
   Es necesario que... It's necessary that... 2.3
   es obvio it's obvious 2.4
   es ridículo it's ridiculous 2.4
   es seguro it's sure 2.4
   es terrible it's terrible 2.4
   es triste it's sad 2.4
   es una lástima it's a shame 2.4
   Es urgente que... It's urgent that... 2.3
   es verdad it's true 2.4
esa(s) *f., adj.* that; those 1.6
ésa(s) *f., pron.* that (one); those (ones) 1.6
escalar *v.* to climb 1.4
   escalar montañas to climb mountains 1.4
escalera *f.* stairs; stairway 2.3
escanear *v.* to scan 2.2
escoger *v.* to choose 1.8
escribir *v.* to write 1.3
   escribir un mensaje electrónico to write an e-mail message 1.4
   escribir una carta to write a letter 1.4
   escribir una postal to write a postcard
escrito *p.p.* written 2.5
escritor(a) *m., f* writer 2.8
escritorio *m.* desk 1.2
escuchar *v.* to listen (to)
   escuchar la radio to listen to the radio 1.2
   escuchar música to listen to music 1.2

escuela *f.* school 1.1
esculpir *v.* to sculpt 2.8
escultor(a) *m., f.* sculptor 2.8
escultura *f.* sculpture 2.8
ese *m., sing., adj.* that 1.6
ése *m., sing., pron.* that (one) 1.6
eso *neuter pron.* that; that thing 1.6
esos *m., pl., adj.* those 1.6
ésos *m., pl., pron.* those (ones) 1.6
España *f.* Spain 1.1
español *m.* Spanish (*language*) 1.2
español(a) *adj.* Spanish 1.3
espárragos *m., pl.* asparagus 1.8
especialización *f.* major 1.2
espectacular *adj.* spectacular 2.6
espectáculo *m.* show 2.8
espejo *m.* mirror 1.7
esperar *v.* to hope; to wish 2.4
   esperar (+ inf.) *v.* to wait (for); to hope 1.2
esposo/a *m., f.* husband; wife; spouse 1.3
esquí (acuático) *m.* (water) skiing 1.4
esquiar *v.* to ski 1.4
esquina *m.* corner 2.5
está he/she/it is; you are 1.2
   Está bien. That's fine. 2.2
   Está (muy) despejado. It's (very) clear. (*weather*)
   Está lloviendo. It's raining. 1.5
   Está nevando. It's snowing. 1.5
   Está (muy) nublado. It's (very) cloudy. (*weather*) 1.5
esta(s) *f., adj.* this; these 1.6
esta noche tonight 1.4
ésta(s) *f., pron.* this (one); these (ones) 1.6
   Ésta es... *f.* This is... (*introducing someone*) 1.1
establecer *v.* to start, to establish 2.7
estación *f.* station; season 1.5
   estación de autobuses *f.* bus station 1.5
   estación del metro *f.* subway station 1.5
   estación de tren *f.* train station 1.5
estacionamiento *m.* parking lot 2.5
estacionar *v.* to park 2.2
estadio *m.* stadium 1.2 **estado civil** *m.* marital status 1.9
Estados Unidos (EE.UU.; E.U.) *m.* United States 1.1
estadounidense *adj.* from the United States 1.3

estampado/a *adj.* print
estampilla *f.* stamp 2.5
estante *m.* bookcase; bookshelves 2.3
estar *v.* to be 1.2
   estar a (veinte kilómetros) de aquí. to be (20 kilometers) from here 2.2
   estar a dieta to be on a diet 2.6
   estar aburrido/a to be bored 1.5
   estar afectado/a (por) to be affected (by) 2.4
   estar bajo control to be under control 1.7
   estar cansado/a to be tired 1.5
   estar contaminado/a to be polluted 2.4
   estar de acuerdo to agree 2.7
   estar de moda to be in fashion 1.6
   estar de vacaciones to be on vacation 1.5
   estar en buena forma to be in good shape 2.6
   estar enfermo/a to be sick 2.1
   estar listo/a to be ready 2.6
   estar perdido/a to be lost 2.5
   estar roto/a to be broken 2.1
   estar seguro/a to be sure 1.5
   estar torcido/a to be twisted; to be sprained 2.1
   Estoy (completamente) de acuerdo. I agree (completely). 2.7
   No estoy de acuerdo. I don't agree. 2.7
   No está nada mal. It's not bad at all. 1.5
estatua *f.* statue 2.8
este *m.* east 2.5; *interj.* um 2.8
este *m., sing., adj.* this 1.6
éste *m., sing., pron.* this (one) 1.6
   Éste es... *m.* This is... (*introducing someone*) 1.1
estéreo *m.* stereo 2.2
estilo *m.* style
estiramiento *m.* stretching 2.6
esto *neuter pron.* this; this thing 1.6
estómago *m.* stomach 2.1
estornudar *v.* to sneeze 2.1
estos *m., pl., adj.* these 1.6
éstos *m., pl., pron.* these (ones) 1.6
estrella *f.* star 2.4
   estrella de cine *m., f.* movie star 2.8
estrés *m.* stress 2.6

Vocabulario Spanish-English

estudiante *m., f.* student 1.1, 1.2
estudiantil *adj.* student 1.2
estudiar *v.* to study 1.2
estufa *f.* stove 2.3
estupendo/a *adj.* stupendous 1.5
etapa *f.* stage 1.9
evitar *v.* to avoid 2.4
examen *m.* test; exam 1.2
   examen médico *m.* physical exam 2.1
excelente *adj.* excellent 1.5
exceso *m.* excess; too much 2.6
excursión *f.* hike; tour; excursion
excursionista *m., f.* hiker
éxito *m.* success 2.7
experiencia *f.* experience 2.9
explicar *v.* to explain 1.2
explorar *v.* to explore
expresión *f.* expression
extinción *f.* extinction 2.4
extranjero/a *adj.* foreign 2.8
extraño/a *adj.* strange 2.4

F

fábrica *f.* factory 2.4
fabuloso/a *adj.* fabulous 1.5
fácil *adj., adv.* easy 1.3
falda *f.* skirt 1.6
faltar *v.* to lack; to need 1.7
familia *f.* family 1.3
famoso/a *adj.* famous 2.7
farmacia *f.* pharmacy 2.1
fascinar *v.* to fascinate 1.7
favorito/a *adj.* favorite 1.4
fax *m.* fax (machine) 2.2
febrero *m.* February 1.5
fecha *f.* date 1.5
feliz *adj.* happy 1.5
   ¡Feliz cumpleaños! Happy birthday! 1.9
   ¡Felicidades! Congratulations! *(for an event such as a birthday or anniversary)* 1.9
   ¡Felicitaciones! Congratulations! *(for an event such as an engagement or a good grade on a test)* 1.9
fenomenal *adj.* great, phenomenal 1.5
feo/a *adj.* ugly 1.3
festival *m.* festival 2.8
fiebre *f.* fever 2.1
fiesta *f.* party 1.9
fijo/a *adj.* fixed, set 1.6
fin *m.* end 1.4
   fin de semana *m.* weekend 1.4
finalmente *adv.* finally 2.6
firmar *v.* to sign *(a document)* 2.5
física *f.* physics 1.2
flan (de caramelo) *m.* baked (caramel) custard 1.9

flexible *adj.* flexible 2.6
flor *f.* flower 2.4
folclórico/a *adj.* folk; folkloric 2.8
folleto *m.* brochure
fondo *m.* end 2.3
forma *f.* shape 2.6
formulario *m.* form 2.5
foto(grafía) *f.* photograph 1.1
francés, francesa *adj.* French 1.3
frecuentemente *adv.* frequently 2.1
frenos *m., pl.* brakes
fresco/a *adj.* cool 1.5
frijoles *m., pl.* beans 1.8
frío/a *adj.* cold 1.5
frito/a *adj.* fried 1.8
fruta *f.* fruit 1.8
frutería *f.* fruit store 2.5
frutilla *f.* strawberry
fuente de fritada *f.* platter of fried food
fuera *adv.* outside
fuerte *adj.* strong 2.6
fumar *v.* to smoke 2.6
   no fumar *v.* not to smoke 2.6
funcionar *v.* to work 2.2; to function
fútbol *m.* soccer 1.4
fútbol americano *m.* football 1.4
futuro/a *adj.* future 2.7
   en el futuro in the future 2.7

G

gafas (de sol) *f., pl.* (sun)glasses 1.6
gafas (oscuras) *f., pl.* (sun)glasses
galleta *f.* cookie 1.9
ganar *v.* to win 1.4; to earn *(money)* 2.7
ganga *f.* bargain 1.6
garaje *m.* garage; (mechanic's) repair shop 2.2; garage *(in a house)* 2.3
garganta *f.* throat 2.1
gasolina *f.* gasoline 2.2
gasolinera *f.* gas station 2.2
gastar *v.* to spend *(money)* 1.6
gato *m.* cat 2.4
gemelo/a *m., f.* twin 1.3
gente *f.* people 1.3
geografía *f.* geography 1.2
gerente *m., f.* manager 2.7
gimnasio *m.* gymnasium 1.4
gobierno *m.* government 2.4
golf *m.* golf 1.4
gordo/a *adj.* fat 1.3
grabadora *f.* tape recorder 1.1
grabar *v.* to record 2.2

gracias *f., pl.* thank you; thanks 1.1
   Gracias por todo. Thanks for everything. 1.9, 2.6
   Gracias una vez más. Thanks again. 1.9
graduarse (de/en) *v.* to graduate (from/in) 1.9
gran, grande *adj.* big; large 1.3
grasa *f.* fat 2.6
gratis *adj.* free of charge 2.5
grave *adj.* grave; serious 2.1
gravísimo/a *adj.* extremely serious 2.4
grillo *m.* cricket
gripe *f.* flu 2.1
gris *adj.* gray 1.6
gritar *v.* to scream 1.7
guantes *m., pl.* gloves 1.6
guapo/a *adj.* handsome; good-looking 1.3
guardar *v.* to save *(on a computer)* 2.2
guerra *f.* war 2.9
guía *m., f.* guide
gustar *v.* to be pleasing to; to like 1.2
   Me gustaría... I would like...
gusto *m.* pleasure 2.8
   El gusto es mío. The pleasure is mine. 1.1
   Gusto de verlo/la. *form.* It's nice to see you. 2.9
   Gusto de verte. *fam.* It's nice to see you. 2.9
   Mucho gusto. Pleased to meet you. 1.1
   ¡Qué gusto volver a verlo/la! *form.* I'm happy to see you again! 2.9
   ¡Qué gusto volver a verte! *fam.* I'm happy to see you again! 2.9

H

haber *(aux.) v.* to have *(done something)* 2.6
   Ha sido un placer. It's been a pleasure. 2.6
habitación *f.* room 1.5
   habitación doble *f.* double room 1.5
   habitación individual *f.* single room 1.5
hablar *v.* to talk; to speak 1.2
hacer *v.* to do; to make 1.4
   Hace buen tiempo. The weather is good. 1.5
   Hace (mucho) calor. It's (very) hot. *(weather)* 1.5
   Hace fresco. It's cool. *(weather)* 1.5
   Hace (mucho) frío. It's very cold. *(weather)* 1.5

Vocabulario

Hace (mucho) sol. It's (very) sunny. (*weather*) 1.5
Hace mal tiempo. The weather is bad. 1.5
Hace (mucho) viento. It's (very) windy. (*weather*) 1.5
hacer cola to stand in line 2.5
hacer diligencias to run errands 2.5
hacer ejercicio to exercise 2.6
hacer ejercicios aeróbicos to do aerobics 2.6
hacer ejercicios de estiramiento to do stretching exercises 2.6
hacer el papel (de) to play the role (of) 2.8
hacer gimnasia to work out 2.6
hacer juego (con) to match (with) 1.6
hacer la cama to make the bed 2.3
hacer las maletas to pack (one's) suitcases 1.5
hacer quehaceres domésticos to do household chores 2.3
hacer turismo to go sightseeing 2.5
hacer un viaje to take a trip 1.5
hacer una excursión to go on a hike; to go on a tour 2.5
hacia *prep.* toward 2.5
hambre *f.* hunger 1.3
hamburguesa *f.* hamburger 1.8
hasta *prep.* until 1.6; toward
Hasta la vista. See you later. 1.1
Hasta luego. See you later. 1.1
Hasta mañana. See you tomorrow. 1.1
hasta que *conj.* until 2.4
Hasta pronto. See you soon. 1.1
hay *v.* there is; there are 1.1
Hay (mucha) contaminación. It's (very) smoggy.
Hay (mucha) niebla. It's (very) foggy.
Hay que It is necessary that 2.5
No hay de qué. You're welcome. 1.1
No hay duda de There's no doubt 2.4
hecho *p.p.* done 2.5
heladería *f.* ice cream shop 2.5
helado *m.* ice cream 1.9
helado/a *adj.* iced 1.8
hermanastro/a *m., f.* stepbrother; stepsister 1.3

hermano/a *m., f.* brother; sister 1.3
hermano/a mayor/menor *m., f.* older/younger brother/sister 1.3
hermanos *m., pl.* siblings (brothers and sisters) 1.3
hermoso/a *adj.* beautiful 1.6
hierba *f.* grass 2.4
hijastro/a *m., f.* stepson; stepdaughter 1.3
hijo/a *m., f.* son; daughter 1.3
hijo/a único/a *m., f.* only child 1.3
hijos *m., pl.* children 1.3
historia *f.* history 1.2; story 2.8
hockey *m.* hockey 1.4
hola *interj.* hello; hi 1.1
hombre *m.* man 1.1
hombre de negocios *m.* businessman 2.7
hora *f.* hour 1.1; the time
horario *m.* schedule 1.2
horno *m.* oven 2.3
horno de microondas *m.* microwave oven 2.3
horror *m.* horror 2.8
de horror horror (*genre*) 2.8
hospital *m.* hospital 2.1
hotel *m.* hotel 1.5
hoy *adv.* today 1.2
hoy día *adv.* nowadays
Hoy es... Today is... 1.2
huelga *f.* (*labor*) strike 2.9
hueso *m.* bone 2.1
huésped *m., f.* guest 1.5
huevo *m.* egg 1.8
humanidades *f., pl.* humanities 1.2
huracán *m.* hurricane 2.9

I

ida *f.* one way (*travel*)
idea *f.* idea 1.4
iglesia *f.* church 1.4
igualdad *f.* equality 2.9
igualmente *adv.* likewise 1.1
impermeable *m.* raincoat 1.6
importante *adj.* important 1.3
importar *v.* to be important to; to matter 1.7
imposible *adj.* impossible 2.4
impresora *f.* printer 2.2
imprimir *v.* to print 2.2
improbable *adj.* improbable 2.4
impuesto *m.* tax 2.9
incendio *m.* fire 2.9
increíble *adj.* incredible 1.5
indicar cómo llegar *v.* to give directions 2.4
individual *adj.* private (*room*) 1.5

infección *f.* infection 2.1
informar *v.* to inform 2.9
informe *m.* report; paper (*written work*) 2.9
ingeniero/a *m., f.* engineer 1.3
inglés *m.* English (*language*) 1.2
inglés, inglesa *adj.* English 1.3
inodoro *m.* toilet 1.7
insistir (en) *v.* to insist (on) 2.3
inspector(a) de aduanas *m., f.* customs inspector 1.5
inteligente *adj.* intelligent 1.3
intercambiar *v.* to exchange
interesante *adj.* interesting 1.3
interesar *v.* to be interesting to; to interest 1.7
internacional *adj.* international 2.9
Internet *m., f.* Internet 2.2
inundación *f.* flood 2.9
invertir (e:ie) *v.* to invest 2.7
invierno *m.* winter 1.5
invitado/a *m., f.* guest (*at a function*) 1.9
invitar *v.* to invite 1.9
inyección *f.* injection 2.1
ir *v.* to go 1.4
ir a (+ *inf.***)** to be going to (*do something*) 1.4
ir de compras to go shopping 1.5
ir de excursión (a las montañas) to go for a hike (in the mountains) 1.4
ir de pesca to go fishing
ir de vacaciones to go on vacation 1.5
ir en autobús to go by bus 1.5
ir en auto(móvil) to go by auto(mobile); to go by car 1.5
ir en avión to go by plane 1.5
ir en barco to go by boat 1.5
ir en metro to go by subway
ir en motocicleta to go by motorcycle 1.5
ir en taxi to go by taxi 1.5
ir en tren to go by train
irse *v.* to go away; to leave 1.7
italiano/a *adj.* Italian 1.3
izquierdo/a *adj.* left 1.2
a la izquierda de to the left of 1.2

J

jabón *m.* soap 1.7
jamás *adv.* never; not ever 1.7
jamón *m.* ham 1.8
japonés, japonesa *adj.* Japanese 1.3
jardín *m.* garden; yard 2.3
jefe, jefa *m., f.* boss 2.7
joven *adj.* young 1.3; *m., f.*

Vocabulario

Spanish-English

youth; young person 1.1
joyería *f.* jewelry store 2.5
jubilarse *v.* to retire (*from work*) 1.9
juego *m.* game
jueves *m., sing.* Thursday 1.2
jugador(a) *m., f.* player 1.4
jugar (u:ue) *v.* to play 1.4
  jugar a las cartas to play cards 1.5
jugo *m.* juice 1.8
  jugo de fruta *m.* fruit juice 1.8
julio *m.* July 1.5
jungla *f.* jungle 2.4
junio *m.* June 1.5
juntos/as *adj.* together 1.9
juventud *f.* youth 1.9

K

kilómetro *m.* kilometer 2.2

L

la *f., sing., def. art.* the 1.1; *f., sing., d.o. pron.* her, it, *form.* you 1.5
laboratorio *m.* laboratory 1.2
lago *m.* lake 2.4
lámpara *f.* lamp 2.3
lana *f.* wool 1.6
langosta *f.* lobster 1.8
lápiz *m.* pencil 1.1
largo/a *adj.* long 1.6
las *f., pl., def. art.* the 1.1; *f., pl., d.o. pron.* them; *form.* you 1.5
lástima *f.* shame 2.4
lastimarse *v.* to injure oneself 2.1
  lastimarse el pie to injure one's foot 2.1
lata *f.* (tin) can 2.4
lavabo *m.* sink 1.7
lavadora *f.* washing machine 2.3
lavandería *f.* laundromat 2.5
lavaplatos *m., sing.* dishwasher 2.3
lavar *v.* to wash 2.3
  lavar (el suelo/los platos) to wash (the floor/the dishes) 2.3
lavarse *v.* to wash oneself 1.7
  lavarse la cara to wash one's face 1.7
  lavarse las manos to wash one's hands 1.7
le *sing., i.o. pron.* to/for him, her, *form.* you 1.6
  Le presento a... *form.* I would like to introduce you to (name). 1.1
lección *f.* lesson 1.1
leche *f.* milk 1.8
lechuga *f.* lettuce 1.8
leer *v.* to read 1.3
  leer correo electrónico to read e-mail 1.4
  leer un periódico to read a newspaper 1.4
  leer una revista to read a magazine 1.4
leído *p.p.* read 2.5
lejos de *prep.* far from 1.2
lengua *f.* language 1.2
  lenguas extranjeras *f., pl.* foreign languages 1.2
lentes (de sol) *m. pl.* (sun)glasses
lentes de contacto *m., pl.* contact lenses
lento/a *adj.* slow 2.2
les *pl., i.o. pron.* to/for them, *form.* you 1.6
letrero *m.* sign 2.5
levantar *v.* to lift 2.6
  levantar pesas to lift weights 2.6
levantarse *v.* to get up 1.7
ley *f.* law 2.4
libertad *f.* liberty; freedom 2.9
libre *adj.* free 1.4
librería *f.* bookstore 1.2
libro *m.* book 1.2
licencia de conducir *f.* driver's license 2.2
limón *m.* lemon 1.8
limpiar *v.* to clean 2.3
  limpiar la casa to clean the house 2.3
limpio/a *adj.* clean 1.5
línea *f.* line
listo/a *adj.* ready; smart 1.5
literatura *f.* literature 1.2
llamar *v.* to call 2.2
  llamar por teléfono to call on the phone
llamarse *v.* to be called; to be named 1.7
llanta *f.* tire 2.2
llave *f.* key 1.5
llegada *f.* arrival 1.5
llegar *v.* to arrive 1.2
llenar *v.* to fill 2.2, 2.5
  llenar el tanque to fill the tank 2.2
  llenar (un formulario) to fill out (a form) 2.5
lleno/a *adj.* full 2.2
llevar *v.* to carry 1.2; to wear; to take 1.6
  llevar una vida sana to lead a healthy lifestyle 2.6
  llevarse bien/mal (con) to get along well/badly (with) 1.9
llover (o:ue) *v.* to rain 1.5
  Llueve. It's raining. 1.5
lluvia *f.* rain 2.4
lo *m., sing. d.o. pron.* him, it, *form.* you 1.5
¡Lo hemos pasado de película! We've had a great time! 2.9
¡Lo hemos pasado maravillosamente! We've had a great time! 2.9
lo mejor the best (thing) 2.9
Lo pasamos muy bien. We had a good time. 2.9
lo peor the worst (thing) 2.9
lo que *conj.* that which; what 2.3
Lo siento. I'm sorry. 1.1
Lo siento muchísimo. I'm so sorry. 1.4
loco/a *adj.* crazy 1.6
locutor(a) *m., f.* (TV or radio) announcer 2.9
lomo a la plancha *m.* grilled flank steak 1.8
los *m., pl., def. art.* the 1.1; *m., pl., d.o. pron.* them, *form.* you 1.5
luchar (contra/por) *v.* to fight; to struggle (against/for) 2.9
luego *adv.* then 1.7; later 1.1
lugar *m.* place 1.4
luna *f.* moon 2.4
lunares *m.* polka dots 1.6
lunes *m., sing.* Monday 1.2
luz *f.* light; electricity 2.3

M

madrastra *f.* stepmother 1.3
madre *f.* mother 1.3
madurez *f.* maturity; middle age 1.9
maestro/a *m., f.* teacher 2.7
magnífico/a *adj.* magnificent 1.5
maíz *m.* corn 1.8
mal, malo/a *adj.* bad 1.3
maleta *f.* suitcase 1.1
mamá *f.* mom 1.3
mandar *v.* to order 2.3; to send; to mail 2.5
manejar *v.* to drive 2.2
manera *f.* way 2.7
mano *f.* hand 1.1
  ¡Manos arriba! Hands up!
manta *f.* blanket 2.3
mantener *v.* to maintain 2.6
  mantenerse en forma to stay in shape 2.6
mantequilla *f.* butter 1.8
manzana *f.* apple 1.8
mañana *f.* morning, A.M. 1.1; *adv.* tomorrow 1.1
mapa *m.* map 1.2
maquillaje *m.* makeup 1.7
maquillarse *v.* to put on makeup 1.7
mar *m.* sea 1.5
maravilloso/a *adj.* marvelous 1.5

Vocabulario

mareado/a *adj.* dizzy; nauseated 2.1
margarina *f.* margarine 1.8
mariscos *m., pl.* shellfish 1.8
marrón *adj.* brown 1.6
martes *m., sing.* Tuesday 1.2
marzo *m.* March 1.5
más *pron., adj., adv.* more 1.2
  más de (+ *number***)** more than 1.8
  más tarde *adv.* later (on) 1.7
  más... que more... than 1.8
masaje *m.* massage 2.6
matemáticas *f., pl.* mathematics 1.2
materia *f.* course 1.2
matrimonio *m.* marriage 1.9
máximo/a *adj.* maximum 2.2
mayo *m.* May 1.5
mayonesa *f.* mayonnaise 1.8
mayor *adj.* older 1.3
  el/la mayor *adj.* the eldest 1.8; the oldest
me *sing., d.o. pron.* me 1.5; *sing., i.o. pron.* to/for me 1.6
  Me duele mucho. It hurts me a lot. 2.1
  Me gusta... I like... 1.2
  Me gustaría(n)... I would like... 2.8
  Me llamo... My name is... 1.1
  Me muero por... I'm dying to (for)...
  No me gustan nada. I don't like them at all. 1.2
mecánico/a *m., f.* mechanic 2.2
mediano/a *adj.* medium
medianoche *f.* midnight 1.1
medias *f., pl.* pantyhose, stockings 1.6
medicamento *m.* medication 2.1
medicina *f.* medicine 2.1
médico/a *m., f.* doctor 1.3; *adj.* medical 2.1
medio/a *adj.* half 1.3
  medio ambiente *m.* environment 2.4
  medio/a hermano/a *m., f.* half-brother; half-sister 1.3
  mediodía *m.* noon 1.1
  medios de comunicación *m., pl.* means of communication; media 2.9
  y media thirty minutes past the hour (*time*) 1.1
mejor *adj.* better 1.8
  el/la mejor *adj.* the best 1.8
mejorar *v.* to improve 2.4
melocotón *m.* peach 1.8
menor *adj.* younger 1.3
  el/la menor *adj.* the youngest 1.8
menos *adv.* less 2.1
  menos cuarto..., menos quince... quarter to... (*time*) 1.1
  menos de (+ *number***)** fewer than 1.8
  menos... que less... than 1.8
mensaje de texto *m.* text message 2.2
mensaje electrónico *m.* e-mail message 1.4
mentira *f.* lie 1.4
menú *m.* menu 1.8
mercado *m.* market 1.6
  mercado al aire libre *m.* open-air market 1.6
merendar (e:ie) *v.* to snack 1.8; to have an afternoon snack
merienda *f.* afternoon snack 2.6
mes *m.* month 1.5
mesa *f.* table 1.2
mesita *f.* end table 2.3
  mesita de noche night stand 2.3
metro *m.* subway 1.5
mexicano/a *adj.* Mexican 1.3
México *m.* Mexico 1.1
mí *pron., obj. of prep.* me 1.9
mi(s) *poss. adj.* my 1.3
microonda *f.* microwave 2.3
  horno de microondas *m.* microwave oven 2.3
miedo *m.* fear 1.3
mientras *adv.* while 2.1
miércoles *m., sing.* Wednesday 1.2
mil *m.* one thousand 1.2
  mil millones *m.* billion
  Mil perdones. I'm so sorry. (*lit.* A thousand pardons.) 1.4
milla *f.* mile 2.2
millón *m.* million 1.2
  millones (de) *m.* millions (of)
mineral *m.* mineral 2.6
minuto *m.* minute 1.1
mío(s)/a(s) *poss. adj. and pron.* my; (of) mine 2.2
mirar *v.* to look (at); to watch 1.2
  mirar (la) televisión to watch television 1.2
mismo/a *adj.* same 1.3
mochila *f.* backpack 1.2
moda *f.* fashion 1.6
módem *m.* modem
moderno/a *adj.* modern 2.8
molestar *v.* to bother; to annoy 1.7
monitor *m.* (computer) monitor 2.2
monitor(a) *m., f.* trainer
montaña *f.* mountain 1.4
montar a caballo to ride a horse 1.5
monumento *m.* monument 1.4
mora *f.* blackberry 1.8
morado/a *adj.* purple 1.6
moreno/a *adj.* brunet(te) 1.3
morir (o:ue) *v.* to die 1.8
mostrar (o:ue) *v.* to show 1.4
motocicleta *f.* motorcycle 1.5
motor *m.* motor
muchacho/a *m., f.* boy; girl 1.3
muchísimo *adj., adv.* very much 1.2
mucho/a *adj., adv.* a lot of; much 1.2; many 1.3
  (Muchas) gracias. Thank you (very much).; Thanks (a lot). 1.1
  muchas veces a lot; many times 2.1
  Muchísimas gracias. Thank you very, very much. 1.9
  Mucho gusto. Pleased to meet you. 1.1
mudarse *v.* to move (*from one house to another*) 2.3
muebles *m., pl.* furniture 2.3
muela *f.* tooth; molar
muerte *f.* death 1.9
muerto *p.p.* died 2.5
mujer *f.* woman 1.1
  mujer de negocios *f.* businesswoman 2.7
  mujer policía *f.* female police officer
multa *f.* fine
mundial *adj.* worldwide
mundo *m.* world 2.4
municipal *adj.* municipal
músculo *m.* muscle 2.6
museo *m.* museum 1.4
música *f.* music 1.2, 2.8
musical *adj.* musical 2.8
músico/a *m., f.* musician 2.8
muy *adv.* very 1.1
  Muy amable. That's very kind of you. 1.5
  (Muy) bien, gracias. (Very) well, thanks. 1.1

N

nacer *v.* to be born 1.9
nacimiento *m.* birth 1.9
nacional *adj.* national 2.9
nacionalidad *f.* nationality 1.1
nada *pron., adv.* nothing 1.1; not anything 1.7
  nada mal not bad at all 1.5
nadar *v.* to swim 1.4
nadie *pron.* no one, nobody, not anyone 1.7
naranja *f.* orange 1.8
nariz *f.* nose 2.1
natación *f.* swimming 1.4
natural *adj.* natural 2.4
naturaleza *f.* nature 2.4
navegador GPS *m.* GPS 2.2
navegar (en Internet) *v.* to surf (the Internet) 2.2

Vocabulario

Spanish-English

Navidad *f.* Christmas 1.9
necesario/a *adj.* necessary 2.3
necesitar (+ *inf.*) *v.* to need 1.2
negar (e:ie) *v.* to deny 2.4
  no negar *v.* not to deny 2.4
negativo/a *adj.* negative
negocios *m., pl.* business; commerce 2.7
negro/a *adj.* black 1.6
nervioso/a *adj.* nervous 1.5
nevar (e:ie) *v.* to snow 1.5
  Nieva. It's snowing. 1.5
ni... ni *conj.* neither... nor 1.7
niebla *f.* fog
nieto/a *m., f.* grandson; granddaughter 1.3
nieve *f.* snow
ningún, ninguno/a(s) *adj., pron.* no; none; not any 1.7
  ningún problema no problem
niñez *f.* childhood 1.9
niño/a *m., f.* child 1.3
no *adv.* no; not 1.1
  ¿no? right? 1.1
  No cabe duda de... There is no doubt... 2.4
  No es así. That's not the way it is. 2.7
  No es para tanto. It's not a big deal. 2.3
  no es seguro it's not sure 2.4
  no es verdad it's not true 2.4
  No está nada mal. It's not bad at all. 1.5
  no estar de acuerdo to disagree
  No estoy seguro. I'm not sure.
  no hay there is not; there are not 1.1
  No hay de qué. You're welcome. 1.1
  No hay duda de... There is no doubt... 2.4
  No hay problema. No problem. 1.7
  ¡No me diga(s)! You don't say! 2.2
  No me gustan nada. I don't like them at all. 1.2
  no muy bien not very well 1.1
  No quiero. I don't want to. 1.4
  No sé. I don't know.
  No se preocupe. *form.* Don't worry. 1.7
  No te preocupes. *fam.* Don't worry. 1.7
  no tener razón to be wrong 1.3
noche *f.* night 1.1
nombre *m.* name 1.1
norte *m.* north 2.5

norteamericano/a *adj.* (North) American 1.3
nos *pl., d.o. pron.* us 1.5; *pl., i.o. pron.* to/for us 1.6
  Nos divertimos mucho. We had a lot of fun. 2.9
  Nos vemos. See you. 1.1
nosotros/as *sub. pron.* we 1.1; *pron., obj. of prep.* us 1.9
noticias *f., pl.* news 2.9
noticiero *m.* newscast 2.9
novecientos/as *n., adj.* nine hundred 1.2
noveno/a *n., adj.* ninth 1.5
noventa *n., adj.* ninety 1.2
noviembre *m.* November 1.5
novio/a *m., f.* boyfriend; girlfriend 1.3
nube *f.* cloud 2.4
nublado/a *adj.* cloudy 1.5
  Está (muy) nublado. It's (very) cloudy. 1.5
nuclear *adj.* nuclear 2.4
nuera *f.* daughter-in-law 1.3
nuestro(s)/a(s) *poss. adj.* our 1.3; *poss. adj. and pron.* (of) ours 2.2
nueve *n., adj.* nine 1.1
nuevo/a *adj.* new 1.6
número *m.* number 1.1; (shoe) size 1.6
nunca *adv.* never; not ever 1.7
nutrición *f.* nutrition 2.6
nutricionista *m., f.* nutritionist 2.6

O

o *conj.* or 1.7
o... o either... or 1.7
obedecer *v.* to obey 2.9
obra *f.* work (*of art, literature, music, etc.*) 2.8
  obra maestra *f.* masterpiece 2.8
obtener *v.* to obtain; to get 2.7
obvio/a *adj.* obvious 2.4
océano *m.* ocean
ochenta *n., adj.* eighty 1.2
ocho *n., adj.* eight 1.1
ochocientos/as *n., adj.* eight hundred 1.2
octavo/a *n., adj.* eighth 1.5
octubre *m.* October 1.5
ocupación *f.* occupation 2.7
ocupado/a *adj.* busy 1.5
ocurrir *v.* to occur; to happen 2.9
odiar *v.* to hate 1.9
oeste *m.* west 2.5
oferta *f.* offer 2.3
oficina *f.* office 2.3
oficio *m.* trade 2.7
ofrecer *v.* to offer 1.6
oído *m.* (*sense*) hearing; inner ear 2.1

oído *p.p.* heard 2.5
oír *v.* to hear 1.4
  Oiga./Oigan. *form., sing./pl.* Listen. (*in conversation*) 1.1
  Oye. *fam., sing.* Listen. (*in conversation*) 1.1
ojalá (que) *interj.* I hope (that); I wish (that) 2.4
ojo *m.* eye 2.1
olvidar *v.* to forget 2.1
once *n., adj.* eleven 1.1
ópera *f.* opera 2.8
operación *f.* operation 2.1
ordenado/a *adj.* orderly 1.5
ordinal *adj.* ordinal (number)
oreja *f.* (outer) ear 2.1
orquesta *f.* orchestra 2.8
ortografía *f.* spelling
ortográfico/a *adj.* spelling
os *fam., pl., d.o. pron.* you 1.5; *fam., pl., i.o. pron.* to/for you 1.6
otoño *m.* autumn 1.5
otro/a *adj.* other; another 1.6
  otra vez *adv.* again

P

paciente *m., f.* patient 2.1
padrastro *m.* stepfather 1.3
padre *m.* father 1.3
padres *m., pl.* parents 1.3
pagar *v.* to pay 1.6, 1.9
  pagar a plazos to pay in installments 2.5
  pagar al contado to pay in cash 2.5
  pagar en efectivo to pay in cash 2.5
  pagar la cuenta to pay the bill 1.9
página *f.* page 2.2
  página principal *f.* home page 2.2
país *m.* country 1.1
paisaje *m.* landscape 1.5
pájaro *m.* bird 2.4
palabra *f.* word 1.1
pan *m.* bread 1.8
  pan tostado *m.* toasted bread 1.8
panadería *f.* bakery 2.5
pantalla *f.* screen 2.2
pantalla táctil *f.* touch screen 2.2
pantalones *m., pl.* pants 1.6
  pantalones cortos *m., pl.* shorts 1.6
pantuflas *f., pl.* slippers 1.7
papa *f.* potato 1.8
  papas fritas *f., pl.* fried potatoes; French fries 1.8
papá *m.* dad 1.3
papás *m., pl.* parents 1.3
papel *m.* paper 1.2; role 2.8

Vocabulario

Spanish-English

papelera *f.* wastebasket 1.2
paquete *m.* package 2.5
par *m.* pair 1.6
  par de zapatos *m.* pair of shoes 1.6
para *prep.* for; in order to; by; used for; considering 2.2
  para que *conj.* so that 2.4
parabrisas *m., sing.* windshield 2.2
parar *v.* to stop 2.2
parecer *v.* to seem 1.6
pared *f.* wall 2.3
pareja *f.* (married) couple; partner 1.9
parientes *m., pl.* relatives 1.3
parque *m.* park 1.4
párrafo *m.* paragraph
parte: de parte de on behalf of 2.2
partido *m.* game; match (*sports*) 1.4
pasado/a *adj.* last; past 1.6
  pasado *p.p.* passed
pasaje *m.* ticket 1.5
  pasaje de ida y vuelta *m.* roundtrip ticket 1.5
pasajero/a *m., f.* passenger 1.1
pasaporte *m.* passport 1.5
pasar *v.* to go through 1.5
  pasar la aspiradora to vacuum 2.3
  pasar por el banco to go by the bank 2.5
  pasar por la aduana to go through customs
  pasar tiempo to spend time
  pasarlo bien/mal to have a good/bad time 1.9
pasatiempo *m.* pastime; hobby 1.4
pasear *v.* to take a walk; to stroll 1.4
  pasear en bicicleta to ride a bicycle 1.4
  pasear por to walk around 1.4
pasillo *m.* hallway 2.3
pasta de dientes *f.* toothpaste 1.7
pastel *m.* cake; pie 1.9
  pastel de chocolate *m.* chocolate cake 1.9
  pastel de cumpleaños *m.* birthday cake
pastelería *f.* pastry shop 2.5
pastilla *f.* pill; tablet 2.1
patata *f.* potato 1.8
  patatas fritas *f., pl.* fried potatoes; French fries 1.8
patinar (en línea) *v.* to (in-line) skate 1.4
patineta *f.* skateboard 1.4
patio *m.* patio; yard 2.3
pavo *m.* turkey 1.8

paz *f.* peace 2.9
pedir (e:i) *v.* to ask for; to request 1.4; to order (*food*) 1.8
  pedir prestado to borrow 2.5
  pedir un préstamo to apply for a loan 2.5
peinarse *v.* to comb one's hair 1.7
película *f.* movie 1.4
peligro *m.* danger 2.4
peligroso/a *adj.* dangerous 2.9
pelirrojo/a *adj.* red-haired 1.3
pelo *m.* hair 1.7
pelota *f.* ball 1.4
peluquería *f.* beauty salon 2.5
peluquero/a *m., f.* hairdresser 2.7
penicilina *f.* penicillin 2.1
pensar (e:ie) *v.* to think 1.4
  pensar (+ *inf.*) *v.* to intend to 1.4; to plan to (*do something*)
  pensar en *v.* to think about 1.4
pensión *f.* boardinghouse
peor *adj.* worse 1.8
  el/la peor *adj.* the worst 1.8
pequeño/a *adj.* small 1.3
pera *f.* pear 1.8
perder (e:ie) *v.* to lose; to miss 1.4
perdido/a *adj.* lost 2.5
Perdón. Pardon me.; Excuse me. 1.1
perezoso/a *adj.* lazy
perfecto/a *adj.* perfect 1.5
periódico *m.* newspaper 1.4
periodismo *m.* journalism 1.2
periodista *m., f.* journalist 1.3
permiso *m.* permission
pero *conj.* but 1.2
perro *m.* dog 2.4
persona *f.* person 1.3
personaje *m.* character 2.8
  personaje principal *m.* main character 2.8
pesas *f. pl.* weights 2.6
pesca *f.* fishing
pescadería *f.* fish market 2.5
pescado *m.* fish (*cooked*) 1.8
pescador(a) *m., f.* fisherman; fisherwoman
pescar *v.* to fish 1.5
peso *m.* weight 2.6
pez (sing.), los peces (pl.) *m.* fish (*live*) 2.4
pie *m.* foot 2.1
piedra *f.* stone 2.4
pierna *f.* leg 2.1
pimienta *f.* black pepper 1.8
pintar *v.* to paint 2.8
pintor(a) *m., f.* painter 2.7
pintura *f.* painting; picture 2.3, 2.8
piña *f.* pineapple 1.8

piscina *f.* swimming pool 1.4
piso *m.* floor (*of a building*) 1.5
pizarra *f.* blackboard 1.2
placer *m.* pleasure 2.6
  Ha sido un placer. It's been a pleasure. 2.6
planchar la ropa to iron the clothes 2.3
planes *m., pl.* plans
planta *f.* plant 2.4
  planta baja *f.* ground floor 1.5
plástico *m.* plastic 2.4
plato *m.* dish (*in a meal*) 1.8; plate 2.3
  plato principal *m.* main dish 1.8
playa *f.* beach 1.5
plaza *f.* city or town square 1.4
plazos *m., pl.* installments 2.5
pluma *f.* pen 1.2
pobre *adj.* poor 1.6
pobreza *f.* poverty
poco/a *adj.* little; few 1.5, 2.1
poder (o:ue) *v.* to be able to; can 1.4
poema *m.* poem 2.8
poesía *f.* poetry 2.8
poeta *m., f.* poet 2.8
policía *f.* police (force) 2.2
política *f.* politics 2.9
político/a *m., f.* politician 2.7; *adj.* political 2.9
pollo *m.* chicken 1.8
  pollo asado *m.* roast chicken 1.8
ponchar *v.* to go flat
poner *v.* to put; to place 1.4; to turn on (*electrical appliances*) 2.2
  poner la mesa to set the table 2.3
  poner una inyección to give an injection 2.1
ponerse (+ *adj.*) *v.* to become (+ *adj.*) 1.7; to put on 1.7
por *prep.* in exchange for; for; by; in; through; around; along; during; because of; on account of; on behalf of; in search of; by way of; by means of 2.2
  por aquí around here 2.2
  por avión by plane
  por ejemplo for example 2.2
  por eso that's why; therefore 2.2
  por favor please 1.1
  por fin *adv.* finally 2.2
  por la mañana in the morning 1.7
  por la noche at night 1.7
  por la tarde in the afternoon 1.7
  por lo menos *adv.* at least 2.1
  ¿por qué? *adv.* why? 1.2

Vocabulario

Spanish-English

Por supuesto. Of course. 2.7
por teléfono by phone; on the phone
por último *adv.* finally 1.7
porque *conj.* because 1.2
portátil *m.* portable 2.2
porvenir *m.* future 2.7
  ¡Por el porvenir! Here's to the future! 2.7
posesivo/a *adj.* possessive 1.3
posible *adj.* possible 2.4
  es posible it's possible 2.4
  no es posible it's not possible 2.4
postal *f.* postcard
postre *m.* dessert 1.9
practicar *v.* to practice 1.2
  practicar deportes to play sports 1.4
precio (fijo) *m.* (fixed; set) price 1.6
preferir (e:ie) *v.* to prefer 1.4
pregunta *f.* question
preguntar *v.* to ask (*a question*) 1.2
premio *m.* prize; award 2.8
prender *v.* to turn on 2.2
prensa *f.* press 2.9
preocupado/a (por) *adj.* worried (about) 1.5
preocuparse (por) *v.* to worry (about) 1.7
preparar *v.* to prepare 1.2
preposición *f.* preposition
presentación *f.* introduction
presentar *v.* to introduce; to present 2.8; to put on (*a performance*) 2.8
  Le presento a... I would like to introduce (*name*) to you. *form.* 1.1
  Te presento a... I would like to introduce (*name*) to you. *fam.* 1.1
presiones *f., pl.* pressures 2.6
prestado/a *adj.* borrowed
préstamo *m.* loan 2.5
prestar *v.* to lend; to loan 1.6
primavera *f.* spring 1.5
primer, primero/a *n., adj.* first 1.5
primo/a *m., f.* cousin 1.3
principal *adj.* main 1.8
prisa *f.* haste 1.3
  darse prisa *v.* to hurry; to rush 2.6
probable *adj.* probable 2.4
  es probable it's probable 2.4
  no es probable it's not probable 2.4
probar (o:ue) *v.* to taste; to try 1.8
probarse (o:ue) *v.* to try on 1.7
problema *m.* problem 1.1
profesión *f.* profession 1.3, 2.7

profesor(a) *m., f.* teacher 1.1, 1.2
programa *m.* 1.1
  programa de computación *m.* software 2.2
  programa de entrevistas/realidad *m.* talk/reality show 2.8
programador(a) *m., f.* computer programmer 1.3
prohibir *v.* to prohibit 2.1; to forbid
pronombre *m.* pronoun
pronto *adv.* soon 2.1
propina *f.* tip 1.9
propio/a *adj.* own 2.7
proteger *v.* to protect 2.4
proteína *f.* protein 2.6
próximo/a *adj.* next 2.7
prueba *f.* test; quiz 1.2
psicología *f.* psychology 1.2
psicólogo/a *m., f.* psychologist 2.7
publicar *v.* to publish 2.8
público *m.* audience 2.8
pueblo *m.* town 1.4
puerta *f.* door 1.2
Puerto Rico *m.* Puerto Rico 1.1
puertorriqueño/a *adj.* Puerto Rican 1.3
pues *conj.* well 1.2, 2.8
puesto *m.* position; job 2.7; *p.p.* put 2.5

Q

que *conj.* that; which; who 2.3
  ¡Qué...! How...! 1.3
  ¡Qué dolor! What pain!
  ¡Qué ropa más bonita! What pretty clothes! 1.6
  ¡Qué sorpresa! What a surprise!
¿qué? *pron.* what? 1.1
  ¿En qué...? In which...? 1.2
  ¿Qué día es hoy? What day is it? 1.2
  ¿Qué hay de nuevo? What's new? 1.1
  ¿Qué hora es? What time is it? 1.1
  ¿Qué les parece? What do you (*pl.*) think?
  ¿Qué pasa? What's happening?; What's going on? 1.1
  ¿Qué pasó? What happened? 2.2
  ¿Qué precio tiene? What is the price?
  ¿Qué tal...? How are you?; How is it going? 1.1; How is/are...? 1.2
  ¿Qué talla lleva/usa? What size do you wear? *form.* 1.6
  ¿Qué tiempo hace? How's the weather? 1.5
quedar *v.* to be left over; to fit (*clothing*) 1.7; to be left behind; to be located 2.5
quedarse *v.* to stay; to remain 1.7
quehaceres domésticos *m., pl.* household chores 2.3
quemado/a *adj.* burned (out) 2.2
querer (e:ie) *v.* to want; to love 1.4
queso *m.* cheese 1.8
quien(es) *pron.* who; whom; that 2.3
  ¿quién(es)? *pron.* who?; whom? 1.1
  ¿Quién es...? Who is...? 1.1
  ¿Quién habla? Who is speaking? (*telephone*) 2.2
química *f.* chemistry 1.2
quince *n., adj.* fifteen 1.1
  menos quince quarter to (*time*) 1.1
  y quince quarter after (*time*) 1.1
quinceañera *f.* young woman's fifteenth birthday celebration; fifteen-year old girl 1.9
quinientos/as *n., adj.* five hundred 1.2
quinto/a *n., adj.* fifth 1.5
quisiera *v.* I would like 2.8
quitar el polvo *v.* to dust 2.3
quitar la mesa *v.* to clear the table 2.3
quitarse *v.* to take off 1.7
quizás *adv.* maybe 1.5

R

racismo *m.* racism 2.9
radio *f.* radio (*medium*) 1.2; *m.* radio (set) 1.2
radiografía *f.* x-ray 2.1
rápido/a *adv.* quickly 2.1
ratón *m.* mouse 2.2
ratos libres *m., pl.* spare (free) time 1.4
raya *f.* stripe 1.6
razón *f.* reason 1.3
rebaja *f.* sale 1.6
recado *m.* (telephone) message 2.2
receta *f.* prescription 2.1
recetar *v.* to prescribe 2.1
recibir *v.* to receive 1.3
reciclaje *m.* recycling 2.4
reciclar *v.* to recycle 2.4
recién casado/a *m., f.* newlywed 1.9
recoger *v.* to pick up 2.4
recomendar (e:ie) *v.* to recommend 1.8, 2.3
recordar (o:ue) *v.* to

Vocabulario

remember 1.4
recorrer *v.* to tour an area
recurso *m.* resource 2.4
  recurso natural *m.* natural resource 2.4
red *f.* network; Web 2.2
reducir *v.* to reduce 2.4
refresco *m.* soft drink 1.8
refrigerador *m.* refrigerator 2.3
regalar *v.* to give (*a gift*) 1.9
regalo *m.* gift 1.6
regatear *v.* to bargain 1.6
región *f.* region; area 2.4
regresar *v.* to return 1.2
regular *adj.* so-so; OK 1.1
reído *p.p.* laughed 2.5
reírse (e:i) *v.* to laugh 1.9
relaciones *f., pl.* relationships
relajarse *v.* to relax 1.9
reloj *m.* clock; watch 1.2
renunciar (a) *v.* to resign (from) 2.7
repetir (e:i) *v.* to repeat 1.4
reportaje *m.* report 2.9
reportero/a *m., f.* reporter; journalist 2.7
representante *m., f.* representative 2.9
reproductor de DVD/CD *m.* DVD/CD player 2.2
reproductor de MP3 *m.* MP3 player 2.2
resfriado *m.* cold (*illness*) 2.1
residencia estudiantil *f.* dormitory 1.2
resolver (o:ue) *v.* to resolve; to solve 2.4
respirar *v.* to breathe 2.4
respuesta *f.* answer
restaurante *m.* restaurant 1.4
resuelto *p.p.* resolved 2.5
reunión *f.* meeting 2.7
revisar *v.* to check 2.2
  revisar el aceite to check the oil 2.2
revista *f.* magazine 1.4
rico/a *adj.* rich 1.6; tasty; delicious 1.8
ridículo/a *adj.* ridiculous 2.4
río *m.* river 2.4
riquísimo/a *adj.* extremely delicious 1.8
rodilla *f.* knee 2.1
rogar (o:ue) *v.* to beg; to plead 2.3
rojo/a *adj.* red 1.6
romántico/a *adj.* romantic 2.8
romper *v.* to break 2.1
  romper con *v.* to break up with 1.9
  romperse la pierna to break one's leg 2.1
ropa *f.* clothing; clothes 1.6
  ropa interior *f.* underwear 1.6
rosado/a *adj.* pink 1.6

roto/a *adj.* broken 2.1, 2.5
rubio/a *adj.* blond(e) 1.3
ruso/a *adj.* Russian 1.3
rutina *f.* routine 1.7
  rutina diaria *f.* daily routine 1.7

S

sábado *m.* Saturday 1.2
saber *v.* to know; to know how 1.6; to taste 1.8
  saber a to taste like 1.8
sabrosísimo/a *adj.* extremely delicious 1.8
sabroso/a *adj.* tasty; delicious 1.8
sacar *v.* to take out
  sacar fotos to take photos 1.5
  sacar la basura to take out the trash 2.3
  sacar(se) un diente to have a tooth removed 2.1
sacudir *v.* to dust 2.3
  sacudir los muebles to dust the furniture 2.3
sal *f.* salt 1.8
sala *f.* living room 2.3; room
  sala de emergencia(s) *f.* emergency room 2.1
salario *m.* salary 2.7
salchicha *f.* sausage 1.8
salida *f.* departure; exit 1.5
salir *v.* to leave 1.4; to go out
  salir (con) to go out (with); to date 1.9
  salir de to leave from
  salir para to leave for (*a place*)
salmón *m.* salmon 1.8
salón de belleza *m.* beauty salon 2.5
salud *f.* health 2.1
saludable *adj.* healthy 2.1
saludar(se) *v.* to greet (each other) 2.2
saludo *m.* greeting 1.1
  saludos a... greetings to... 1.1
sandalia *f.* sandal 1.6
sandía *f.* watermelon
sándwich *m.* sandwich 1.8
sano/a *adj.* healthy 2.1
se *ref. pron.* himself, herself, itself, themselves; *form.* yourself; *form.* yourselves 1.7
se *impersonal* one 2.1
  Se nos dañó... The... broke down. 2.2
  Se hizo... He/She/It became...
  Se nos pinchó una llanta. We had a flat tire. 2.2
secadora *f.* clothes dryer 2.3
secarse *v.* to dry oneself 1.7
sección de (no) fumar *f.*

(non)smoking section 1.8
secretario/a *m., f.* secretary 2.7
secuencia *f.* sequence
sed *f.* thirst 1.3
seda *f.* silk 1.6
sedentario/a *adj.* sedentary; related to sitting 2.6
seguir (e:i) *v.* to follow; to continue 1.4
según *prep.* according to
segundo/a *n., adj.* second 1.5
seguro/a *adj.* sure; safe 1.5
seis *n., adj.* six 1.1
seiscientos/as *n., adj.* six hundred 1.2
sello *m.* stamp 2.5
selva *f.* jungle 2.4
semana *f.* week 1.2
  fin de semana *m.* weekend 1.4
  semana pasada *f.* last week 1.6
semestre *m.* semester 1.2
sendero *m.* trail; path 2.4
sentarse (e:ie) *v.* to sit down 1.7
sentir(se) (e:ie) *v.* to feel 1.7; to be sorry; to regret 2.4
señor (Sr.) *m.* Mr.; sir 1.1
señora (Sra.) *f.* Mrs.; ma'am 1.1
señorita (Srta.) *f.* Miss 1.1
separado/a *adj.* separated 1.9
separarse (de) *v.* to separate (from) 1.9
septiembre *m.* September 1.5
séptimo/a *n., adj.* seventh 1.5
ser *v.* to be 1.1
  ser aficionado/a (a) to be a fan (of) 1.4
  ser alérgico/a (a) to be allergic (to) 2.1
  ser gratis to be free of charge 2.5
serio/a *adj.* serious
servilleta *f.* napkin 2.3
servir (e:i) *v.* to serve 1.8; to help 1.5
sesenta *n., adj.* sixty 1.2
setecientos/as *n., adj.* seven hundred 1.2
setenta *n., adj.* seventy 1.2
sexismo *m.* sexism 2.9
sexto/a *n., adj.* sixth 1.5
sí *adv.* yes 1.1
si *conj.* if 1.4
SIDA *m.* AIDS 2.9
sido *p.p.* been 2.6
siempre *adv.* always 1.7
siete *n., adj.* seven 1.1
silla *f.* seat 1.2
sillón *m.* armchair 2.3
similar *adj.* similar
simpático/a *adj.* nice; likeable 1.3
sin *prep.* without 1.2, 2.4

Vocabulario

Spanish-English

sin duda without a doubt
sin embargo *adv.* however
sin que *conj.* without 2.4
sino *conj.* but (rather) 1.7
síntoma *m.* symptom 2.1
sitio web *m.* website 2.2
situado *p.p.* located
sobre *m.* envelope 2.5; *prep.* on; over 1.2
sobrepoblación *f.* overpopulation 2.4
sobrino/a *m., f.* nephew; niece 1.3
sociología *f.* sociology 1.2
sofá *m.* couch; sofa 2.3
sol *m.* sun 1.4, 1.5, 2.4
solar *adj.* solar 2.4
soldado *m., f.* soldier 2.9
soleado/a *adj.* sunny
solicitar *v.* to apply (*for a job*) 2.7
solicitud (de trabajo) *f.* (job) application 2.7
solo/a *adj.* alone
sólo *adv.* only 1.3
soltero/a *adj.* single 1.9
solución *f.* solution 2.4
sombrero *m.* hat 1.6
Son las dos. It's two o'clock. 1.1
sonar (o:ue) *v.* to ring 2.2
sonreído *p.p.* smiled 2.5
sonreír (e:i) *v.* to smile 1.9
sopa *f.* soup 1.8
sorprender *v.* to surprise 1.9
sorpresa *f.* surprise 1.9
sótano *m.* basement; cellar 2.3
soy I am 1.1
  Soy yo. That's me. 1.1
  Soy de... I'm from... 1.1
su(s) *poss. adj.* his; her; its; *form.* your; their 1.3
subir(se) a *v.* to get on/into (*a vehicle*) 2.2
sucio/a *adj.* dirty 1.5
sucre *m.* former Ecuadorian currency 1.6
sudar *v.* to sweat 2.6
suegro/a *m., f.* father-in-law; mother-in-law 1.3
sueldo *m.* salary 2.7
suelo *m.* floor 2.3
sueño *m.* sleep 1.3
suerte *f.* luck 1.3
suéter *m.* sweater 1.6
sufrir *v.* to suffer 2.1
  sufrir muchas presiones to be under a lot of pressure 2.6
  sufrir una enfermedad to suffer an illness 2.1
sugerir (e:ie) *v.* to suggest 2.3
supermercado *m.* supermarket 2.5
suponer *v.* to suppose 1.4
sur *m.* south 2.5
sustantivo *m.* noun
suyo(s)/a(s) *poss. adj. and pron.* (of) his/her; (of) hers; (of) its; *form.* (of) your, (of) yours; (of) their, (of) theirs 2.2

T

tal vez *adv.* maybe 1.5
talentoso/a *adj.* talented 2.8
talla *f.* size 1.6
  talla grande *f.* large 1.6
taller mecánico *m.* garage; mechanic's repairshop 2.2
también *adv.* also; too 1.2, 1.7
tampoco *adv.* neither; not either 1.7
tan *adv.* so 1.5
  tan pronto como *conj.* as soon as 2.4
  tan... como as... as 1.8
tanque *m.* tank 2.2
tanto *adv.* so much
  tanto... como as much... as 1.8
  tantos/as... como as many... as 1.8
tarde *adv.* late 1.7; *f.* afternoon; evening; P.M. 1.1
tarea *f.* homework 1.2
tarjeta *f.* card
  tarjeta de crédito *f.* credit card 1.6
  tarjeta postal *f.* postcard
taxi *m.* taxi 1.5
taza *f.* cup 2.3
te *sing., fam., d.o. pron.* you 1.5; *sing., fam., i.o. pron.* to/for you 1.6
  ¿Te gusta(n)...? Do you like...? 1.2
  ¿Te gustaría? Would you like to? 2.8
  Te presento a... *fam.* I would like to introduce... to you. 1.1
té *m.* tea 1.8
  té helado *m.* iced tea 1.8
teatro *m.* theater 2.8
teclado *m.* keyboard 2.2
técnico/a *m., f.* technician 2.7
tejido *m.* weaving 2.8
teleadicto/a *m., f.* couch potato 2.6
teléfono (celular) *m.* (cell) telephone 2.2
telenovela *f.* soap opera 2.8
teletrabajo *m.* telecommuting 2.7
televisión *f.* television 1.2, 2.2
  televisión por cable *f.* cable television 2.2
televisor *m.* television set 2.2
temer *v.* to fear 2.4
temperatura *f.* temperature 2.1
temprano *adv.* early 1.7
tenedor *m.* fork 2.3
tener *v.* to have 1.3
  tener... años to be... years old 1.3
    Tengo... años. I'm... years old. 1.3
  tener (mucho) calor to be (very) hot 1.3
  tener (mucho) cuidado to be (very) careful 1.3
  tener dolor to have a pain 2.1
  tener éxito to be successful 2.7
  tener fiebre to have a fever 2.1
  tener (mucho) frío to be (very) cold 1.3
  tener ganas de (+ *inf.*) to feel like (*doing something*) 1.3
  tener (mucha) hambre to be (very) hungry 1.3
  tener (mucho) miedo (de) to be (very) afraid (of); to be (very) scared (of) 1.3
  tener miedo (de) que to be afraid that
  tener planes to have plans
  tener (mucha) prisa to be in a (big) hurry 1.3
  tener que (+ *inf.*) to have to (*do something*) 1.3
  tener razón to be right 1.3
  tener (mucha) sed to be (very) thirsty 1.3
  tener (mucho) sueño to be (very) sleepy 1.3
  tener (mucha) suerte to be (very) lucky 1.3
  tener tiempo to have time 1.4
  tener una cita to have a date; to have an appointment 1.9
tenis *m.* tennis 1.4
tensión *f.* tension 2.6
tercer, tercero/a *n., adj.* third 1.5
terminar *v.* to end; to finish 1.2
  terminar de (+ *inf.*) *v.* to finish (*doing something*) 1.4
terremoto *m.* earthquake 2.9
terrible *adj.* terrible 2.4
ti *pron., obj. of prep., fam.* you
tiempo *m.* time 1.4; weather 1.5
  tiempo libre free time
tienda *f.* shop; store 1.6
  tienda de campaña *f.* tent
tierra *f.* land; soil 2.4
tío/a *m., f.* uncle; aunt 1.3
tíos *m. pl.* aunts and uncles 1.3
título *m.* title
tiza *f.* chalk 1.2
toalla *f.* towel 1.7
tobillo *m.* ankle 2.1

tocar *v.* to play (*a musical instrument*) 2.8; to touch 2.4
todavía *adv.* yet; still 1.5
todo *m.* everything 1.5
 Todo está bajo control. Everything is under control. 1.7
todo(s)/a(s) *adj.* all 1.4; whole
 en todo el mundo throughout the world 2.4
 todo derecho straight (ahead) 2.5
 todos los días *adv.* every day 2.1
todos *m., pl.* all of us; everybody; everyone
 ¡Todos a bordo! All aboard! 1.1
tomar *v.* to take; to drink 1.2
 tomar clases to take classes 1.2
 tomar el sol to sunbathe 1.4
 tomar en cuenta to take into account
 tomar fotos to take photos 1.5
 tomar la temperatura to take someone's temperature 2.1
tomate *m.* tomato 1.8
tonto/a *adj.* silly; foolish 1.3
torcerse (o:ue) (el tobillo) *v.* to sprain (one's ankle) 2.1
torcido/a *adj.* twisted; sprained 2.1
tormenta *f.* storm 2.9
tornado *m.* tornado 2.9
tortilla (de maíz) *f.* (corn) tortilla 1.8
tos *f., sing.* cough 2.1
toser *v.* to cough 2.1
tostado/a *adj.* toasted 1.8
tostadora *f.* toaster 2.3
trabajador(a) *adj.* hard-working 1.3
trabajar *v.* to work 1.2
trabajo *m.* job; work 2.7
traducir *v.* to translate 1.6
traer *v.* to bring 1.4
tráfico *m.* traffic 2.2
tragedia *f.* tragedy 2.8
traído *p.p.* brought 2.5
traje (de baño) *m.* (bathing) suit 1.6
tranquilo/a *adj.* calm; quiet 2.6
 Tranquilo/a. Relax. 1.7
transmitir *v.* to broadcast 2.9
tratar de (+ *inf.*) *v.* to try (*to do something*) 2.6
Trato hecho. You've got a deal. 2.8
trece *n., adj.* thirteen 1.1
treinta *n., adj.* thirty 1.1, 1.2
 y treinta thirty minutes past the hour (*time*) 1.1
tren *m.* train 1.5

tres *n., adj.* three 1.1
trescientos/as *n., adj.* three hundred 1.2
trimestre *m.* trimester; quarter 1.2
triste *adj.* sad 1.5
tú *fam. sub. pron.* you 1.1
 Tú eres... You are... 1.1
tu(s) *fam. poss. adj.* your 1.3
turismo *m.* tourism 1.5
turista *m., f.* tourist 1.1
turístico/a *adj.* touristic
tuyo(s)/a(s) *fam. poss. adj. and pron.* your; (of) yours 2.2

U

u *conj.* (used instead of **o** before words beginning with **o** and **ho**) or
Ud. *form., sing., sub. pron.* you 1.1
Uds. *form., pl., sub. pron.* you 1.1
último/a *adj.* last
un, un(a) *indef. art.* a; an 1.1
uno/a *n., adj.* one 1.1
 a la una at one o'clock 1.1
 una vez *adv.* once; one time 1.6
 una vez más one more time 1.9
unos/as *pl. indef. art.* some; *pron.* some 1.1
único/a *adj.* only 1.3
universidad *f.* university; college 1.2
urgente *adj.* urgent 2.3
usar *v.* to wear; to use 1.6
usted (Ud.) *form., sing., sub. pron.* you 1.1
ustedes (Uds.) *form., pl., sub. pron.* you 1.1
útil *adj.* useful
uva *f.* grape 1.8

V

vaca *f.* cow 2.4
vacaciones *f. pl.* vacation 1.5
valle *m.* valley 2.4
vamos let's go 1.4
vaquero *m.* cowboy 2.8
 de vaqueros *m., pl.* western (*genre*) 2.8
varios/as *adj., pl.* various; several 1.8
vaso *m.* glass 2.3
veces *f., pl.* times 1.6
vecino/a *m., f.* neighbor 2.3
veinte *n., adj.* twenty 1.1
veinticinco *n., adj.* twenty-five 1.1
veinticuatro *n., adj.* twenty-four 1.1

veintidós *n., adj.* twenty-two 1.1
veintinueve *n., adj.* twenty-nine 1.1
veintiocho *n., adj.* twenty-eight 1.1
veintiséis *n., adj.* twenty-six 1.1
veintisiete *n., adj.* twenty-seven 1.1
veintitrés *n., adj.* twenty-three 1.1
veintiún, veintiuno/a *n., adj.* twenty-one 1.1
vejez *f.* old age 1.9
velocidad *f.* speed 2.2
 velocidad máxima *f.* speed limit 2.2
vendedor(a) *m., f.* salesperson 1.6
vender *v.* to sell 1.6
venir *v.* to come 1.3
ventana *f.* window 1.2
ver *v.* to see 1.4
 a ver let's see 1.2
 ver películas to see movies 1.4
verano *m.* summer 1.5
verbo *m.* verb
verdad *f.* truth
 ¿verdad? right? 1.1
verde *adj.* green 1.6
verduras *pl., f.* vegetables 1.8
vestido *m.* dress 1.6
vestirse (e:i) *v.* to get dressed 1.7
vez *f.* time 1.6
viajar *v.* to travel 1.2
viaje *m.* trip 1.5
viajero/a *m., f.* traveler 1.5
vida *f.* life 1.9
video *m.* video 1.1, 2.2
videoconferencia *f.* videoconference 2.7
videojuego *m.* video game 1.4
vidrio *m.* glass 2.4
viejo/a *adj.* old 1.3
viento *m.* wind 1.5
viernes *m., sing.* Friday 1.2
vinagre *m.* vinegar 1.8
vino *m.* wine 1.8
 vino blanco *m.* white wine 1.8
 vino tinto *m.* red wine 1.8
violencia *f.* violence 2.9
visitar *v.* to visit 1.4
 visitar monumentos to visit monuments 1.4
visto *p.p.* seen 2.5
vitamina *f.* vitamin 2.6
viudo/a *m., f.* widower; widow 1.9; *adj.* widowed 1.9
vivienda *f.* housing 2.3
vivir *v.* to live 1.3
vivo/a *adj.* bright; lively; living

Vocabulario

volante *m.* steering wheel 2.2
volcán *m.* volcano 2.4
vóleibol *m.* volleyball 1.4
volver (o:ue) *v.* to return 1.4
   volver a ver(te/lo/la) *v.* to see (you/him/her) again 2.9
vos *pron.* you
vosotros/as *sub. pron., fam., pl.* you 1.1
votar *v.* to vote 2.9
vuelta *f.* return trip
vuelto *p.p.* returned 2.5
vuestro(s)/a(s) *poss. adj., fam.* your 1.3; *poss. adj. and pron., fam.* (of) yours 2.2

W

walkman *m.* walkman

Y

y *conj.* and 1.1
   y cuarto quarter after (*time*) 1.1
   y media half-past (*time*) 1.1
   y quince quarter after (*time*) 1.1
   y treinta thirty (minutes past the hour) 1.1
   ¿Y tú? *fam.* And you? 1.1
   ¿Y usted? *form.* And you? 1.1
ya *adv.* already 1.6
yerno *m.* son-in-law 1.3
yo *sub. pron.* I 1.1
   Yo soy... I'm... 1.1
yogur *m.* yogurt 1.8

Z

zanahoria *f.* carrot 1.8
zapatería *f.* shoe store 2.5
zapatos de tenis *m., pl.* tennis shoes, sneakers 1.6

Vocabulario

English-Spanish

A

a **un, uno/a** *m., f., sing.; indef. art.* 1.1
@ symbol **arroba** *f.* 2.2
A.M. **mañana** *f.* 1.1
able: be able to **poder (o:ue)** *v.* 1.4
aboard **a bordo** 1.1
accident **accidente** *m.* 2.1
accompany **acompañar** *v.* 2.5
account **cuenta** *f.* 2.5
  checking account **cuenta corriente** *f.* 2.5
  on account of **por** *prep.* 2.2
  savings account **cuenta de ahorros** *f.* 2.5
accountant **contador(a)** *m., f.* 2.7
accounting **contabilidad** *f.* 1.2
ache **dolor** *m.* 2.1
acid **ácido/a** *adj.* 2.4
acquainted: to be acquainted with **conocer** *v.* 1.6
action (genre) **de acción** *f.* 2.8
active **activo/a** *adj.* 2.6
actor **actor** *m.*, **actriz** *f.* 2.7
addict (drug) **drogadicto/a** *m., f.* 2.6
additional **adicional** *adj.*
address **dirección** *f.* 2.5
adjective **adjetivo** *m.*
adolescence **adolescencia** *f.* 1.9
adventure (genre) **de aventura** *f.* 2.8
advertise **anunciar** *v.* 2.9
advertisement **anuncio** *m.* 2.7
advice **consejo** *m.* 1.6
  give advice **dar consejos** 1.6
advise **aconsejar** *v.* 2.3
advisor **consejero/a** *m., f.* 2.7
aerobic **aeróbico/a** *adj.* 2.6
  aerobics class **clase de ejercicios aeróbicos** *f.* 2.6
  to do aerobics **hacer ejercicios aeróbicos** 2.6
affected **afectado/a** *adj.* 2.4
  be affected (by) **estar afectado/a (por)** 2.4
affirmative **afirmativo/a** *adj.*
afraid: be (very) afraid (of) **tener (mucho) miedo (de)** 1.3
  be afraid that **tener miedo (de) que**
after **después de** *prep.* 1.7; **después de que** *conj.* 2.4
afternoon **tarde** *f.* 1.1
again **otra vez** *adv.*
age **edad** *f.* 1.9
agree **concordar (o:ue)** *v.;* **estar de acuerdo** 2.7
  I agree (completely). **Estoy (completamente) de acuerdo.** 2.7

I don't agree. **No estoy de acuerdo.** 2.7
agreement **acuerdo** *m.* 2.7
AIDS **SIDA** *m.* 2.9
air **aire** *m.* 2.4
  air pollution **contaminación del aire** *f.* 2.4
airplane **avión** *m.* 1.5
airport **aeropuerto** *m.* 1.5
alarm clock **despertador** *m.* 1.7
all **todo(s)/a(s)** *adj.* 1.4
  All aboard! **¡Todos a bordo!** 1.1
  all of us **todos** 1.1
  all over the world **en todo el mundo**
allergic **alérgico/a** *adj.* 2.1
  be allergic (to) **ser alérgico/a (a)** 2.1
alleviate **aliviar** *v.*
almost **casi** *adv.* 2.1
alone **solo/a** *adj.*
along **por** *prep.* 2.2
already **ya** *adv.* 1.6
also **también** *adv.* 1.2, 1.7
alternator **alternador** *m.* 2.2
although **aunque** *conj.*
aluminum **aluminio** *m.* 2.4
  (made) of aluminum **de aluminio** 2.4
always **siempre** *adv.* 1.7
American (North) **norteamericano/a** *adj.* 1.3
among **entre** *prep.* 1.2
amusement **diversión** *f.*
and **y** 1.1, **e** (before words beginning with **i** or **hi**) 1.4
  And you? **¿Y tú?** *fam.* 1.1; **¿Y usted?** *form.* 1.1
angry **enojado/a** *adj.* 1.5
  get angry (with) **enojarse** *v.* **(con)** 1.7
animal **animal** *m.* 2.4
ankle **tobillo** *m.* 2.1
anniversary **aniversario** *m.* 1.9
  wedding anniversary **aniversario de bodas** *m.* 1.9
announce **anunciar** *v.* 2.9
announcer (TV/radio) **locutor(a)** *m., f.* 2.9
annoy **molestar** *v.* 1.7
another **otro/a** *adj.* 1.6
answer **contestar** *v.* 1.2; **respuesta** *f.*
antibiotic **antibiótico** *m.* 2.1
any **algún, alguno(s)/a(s)** *adj., pron.* 1.7
anyone **alguien** *pron.* 1.7
anything **algo** *pron.* 1.7
apartment **apartamento** *m.* 2.3
  apartment building **edificio de apartamentos** *m.* 2.3
appear **parecer** *v.*
appetizers **entremeses** *m., pl.* 1.8
applaud **aplaudir** *v.* 2.8

apple **manzana** *f.* 1.8
appliance (electric) **electrodoméstico** *m.* 2.3
applicant **aspirante** *m., f.* 2.7
application **solicitud** *f.* 2.7
  job application **solicitud de trabajo** *f.* 2.7
apply (for a job) **solicitar** *v.* 2.7
  apply for a loan **pedir un préstamo** 2.5
appointment **cita** *f.* 1.9
  have an appointment **tener una cita** 1.9
appreciate **apreciar** *v.* 2.8
April **abril** *m.* 1.5
aquatic **acuático/a** *adj.* 1.4
archaeologist **arqueólogo/a** *m., f.* 2.7
architect **arquitecto/a** *m., f.* 2.7
area **región** *f.* 2.4
arm **brazo** *m.* 2.1
armchair **sillón** *m.* 2.3
army **ejército** *m.* 2.9
around **por** *prep.* 2.2
  around here **por aquí** 2.2
arrange **arreglar** *v.* 2.2
arrival **llegada** *f.* 1.5
arrive **llegar** *v.* 1.2
art **arte** *m.* 1.2
  arts **artes** *f., pl.* 2.8
  fine arts **bellas artes** *f., pl.* 2.8
article **artículo** *m.* 2.9
artist **artista** *m., f.* 1.3
artistic **artístico/a** *adj.* 2.8
as **como** *prep.* 1.8
  as... as **tan... como** 1.8
  as a child **de niño/a** 2.1
  as many... as **tantos/as... como** 1.8
  as much...as **tanto... como** 1.8
  as soon as **en cuanto** *conj.* 2.4; **tan pronto como** *conj.* 2.4
ask (a question) **preguntar** *v.* 1.2
ask for **pedir (e:i)** *v.* 1.4
asparagus **espárragos** *m., pl.* 1.8
aspirin **aspirina** *f.* 2.1
at **a** *prep.* 1.1; **en** *prep.* 1.2
  at + time **a la(s) +** *time* 1.1
  at home **en casa** 1.7
  at least **por lo menos** 2.1
  at night **por la noche** 1.7
  at the end (of) **al fondo (de)** 2.3
  At what time...? **¿A qué hora...?** 1.1
  At your service. **A sus órdenes.** 2.2
ATM **cajero automático** *m.* 2.5
attend **asistir (a)** *v.* 1.3
attic **altillo** *m.* 2.3
attract **atraer** *v.* 1.4
audience **público** *m.* 2.8
August **agosto** *m.* 1.5
aunt **tía** *f.* 1.3

Vocabulario

English-Spanish

aunts and uncles **tíos** *m., pl.* 1.3
automatic **automático/a** *adj.*
automobile **automóvil** *m.* 1.5; **carro** *m.*, **coche** *m.* 2.2
autumn **otoño** *m.* 1.5
avenue **avenida** *f.*
avoid **evitar** *v.* 2.4
award **premio** *m.* 2.8

B

backpack **mochila** *f.* 1.2
bad **mal, malo/a** *adj.* 1.3
 It's bad that... **Es malo que...** 2.3
 It's not at all bad. **No está nada mal.** 1.5
bag **bolsa** *f.* 1.6
bakery **panadería** *f.* 2.5
balanced **equilibrado/a** *adj.* 2.6
 eat a balanced diet **comer una dieta equilibrada** 2.6
balcony **balcón** *m.* 2.3
ball **pelota** *f.* 1.4
banana **banana** *f.* 1.8
band **banda** *f.* 2.8
bank **banco** *m.* 2.5
bargain **ganga** *f.* 1.6; **regatear** *v.* 1.6
baseball *(game)* **béisbol** *m.* 1.4
basement **sótano** *m.* 2.3
basketball *(game)* **baloncesto** *m.* 1.4
bathe **bañarse** *v.* 1.7
bathing suit **traje** *m.* **de baño** 1.6
bathroom **baño** *m.* 1.7; **cuarto de baño** *m.* 1.7
be **ser** *v.* 1.1; **estar** *v.* 1.2
 be... years old **tener... años** 1.3
beach **playa** *f.* 1.5
beans **frijoles** *m., pl.* 1.8
beautiful **hermoso/a** *adj.* 1.6
beauty **belleza** *f.* 2.5
 beauty salon **peluquería** *f.* 2.5; **salón de belleza** *m.* 2.5
because **porque** *conj.* 1.2
 because of **por** *prep.* 2.2
become (+ *adj.*) **ponerse** (+ *adj.*) *v.* 1.7; **convertirse (e:ie)** *v.*
bed **cama** *f.* 1.5
 go to bed **acostarse (o:ue)** *v.* 1.7
bedroom **alcoba** *f.*, **dormitorio** *m.* 2.3; **recámara** *f.*
beef **carne de res** *f.* 1.8
been **sido** *p.p.* 2.6
beer **cerveza** *f.* 1.8
before **antes** *adv.* 1.7; **antes de** *prep.* 1.7; **antes (de) que** *conj.* 2.4
beg **rogar (o:ue)** *v.* 2.3
begin **comenzar (e:ie)** *v.* 1.4; **empezar (e:ie)** *v.* 1.4
behalf: on behalf of **de parte de** 2.2
behind **detrás de** *prep.* 1.2
believe (in) **creer** *v.* **(en)** 1.3, 2.4
 not to believe **no creer** 2.4
believed **creído** *p.p.* 2.5
bellhop **botones** *m., f. sing.* 1.5
below **debajo de** *prep.* 1.2
belt **cinturón** *m.* 1.6
benefit **beneficio** *m.* 2.7
beside **al lado de** *prep.* 1.2
besides **además (de)** *adv.* 2.1
best **el/la mejor** *adj.* 1.8; **lo mejor** *neuter* 2.9
better **mejor** *adj.* 1.8
 It's better that... **Es mejor que...** 2.3
between **entre** *prep.* 1.2
beverage **bebida** *f.*
 alcoholic beverage **bebida alcohólica** *f.* 2.6
bicycle **bicicleta** *f.* 1.4
big **gran, grande** *adj.* 1.3
bill **cuenta** *f.* 1.9
billion **mil millones** *m.*
biology **biología** *f.* 1.2
bird **ave** *f.* 2.4; **pájaro** *m.* 2.4
birth **nacimiento** *m.* 1.9
birthday **cumpleaños** *m., sing.* 1.9
 have a birthday **cumplir años** 1.9
biscuit **bizcocho** *m.*
black **negro/a** *adj.* 1.6
blackberry **mora** *f.* 1.8
blackboard **pizarra** *f.* 1.2
blanket **manta** *f.* 2.3
block (city) **cuadra** *f.* 2.5
blond(e) **rubio/a** *adj.* 1.3
blouse **blusa** *f.* 1.6
blue **azul** *adj.* 1.6
boarding house **pensión** *f.*
boat **barco** *m.* 1.5
body **cuerpo** *m.* 2.1
bone **hueso** *m.* 2.1
book **libro** *m.* 1.2
bookcase **estante** *m.* 2.3
bookshelves **estante** *m.* 2.3
bookstore **librería** *f.* 1.2
boot **bota** *f.* 1.6
bore **aburrir** *v.* 1.7
bored **aburrido/a** *adj.* 1.5
 be bored **estar aburrido/a** 1.5
 get bored **aburrirse** *v.* 2.8
boring **aburrido/a** *adj.* 1.5
born: be born **nacer** *v.* 1.9
borrow **pedir prestado** 2.5
borrowed **prestado/a** *adj.*
boss **jefe** *m.*, **jefa** *f.* 2.7
bother **molestar** *v.* 1.7
bottle **botella** *f.* 1.9
 bottle of wine **botella de vino** *f.* 1.9
bottom **fondo** *m.*
boulevard **bulevar** *m.*
boy **chico** *m.* 1.1; **muchacho** *m.* 1.3
boyfriend **novio** *m.* 1.3
brakes **frenos** *m., pl.*
bread **pan** *m.* 1.8
break **romper** *v.* 2.1
 break (one's leg) **romperse (la pierna)** 2.1
 break down **dañar** *v.* 2.1
 break up (with) **romper** *v.* **(con)** 1.9
 The... broke down. **Se nos dañó el/la...** 2.2
breakfast **desayuno** *m.* 1.2, 1.8
 have breakfast **desayunar** *v.* 1.2
breathe **respirar** *v.* 2.4
bring **traer** *v.* 1.4
broadcast **transmitir** *v.* 2.9; **emitir** *v.* 2.9
brochure **folleto** *m.*
broken **roto/a** *adj.* 2.1, 2.5
 be broken **estar roto/a** 2.1
brother **hermano** *m.* 1.3
 brothers and sisters **hermanos** *m., pl.* 1.3
brother-in-law **cuñado** *m.* 1.3
brought **traído** *p.p.* 2.5
brown **café** *adj.* 1.6; **marrón** *adj.* 1.6
brunet(te) **moreno/a** *adj.* 1.3
brush **cepillar** *v.* 1.7
 brush one's hair **cepillarse el pelo** 1.7
 brush one's teeth **cepillarse los dientes** 1.7
build **construir** *v.* 1.4
building **edificio** *m.* 2.3
bump into *(something accidentally)* **darse con** 2.1; *(someone)* **encontrarse** *v.* 2.2
burned (out) **quemado/a** *adj.* 2.2
bus **autobús** *m.* 1.1
 bus station **estación** *f.* **de autobuses** 1.5
business **negocios** *m. pl.* 2.7
 business administration **administración** *f.* **de empresas** 1.2
 business-related **comercial** *adj.* 2.7
businessperson **hombre/mujer de negocios** *m., f.* 2.7
busy **ocupado/a** *adj.* 1.5
but **pero** *conj.* 1.2; *(rather)* **sino** *conj. (in negative sentences)* 1.7
butcher shop **carnicería** *f.* 2.5
butter **mantequilla** *f.* 1.8
buy **comprar** *v.* 1.2
by **por** *prep.* 2.2; **para** *prep.* 2.2
 by means of **por** *prep.* 2.2
 by phone **por teléfono** 2.2
 by plane **en avión** 1.5
 by way of **por** *prep.* 2.2
bye **chau** *interj. fam.* 1.1

Vocabulario — English-Spanish

C

cabin **cabaña** f. 1.5
cable television **televisión** f. **por cable** 2.2
café **café** m. 1.4
cafeteria **cafetería** f. 1.2
caffeine **cafeína** f. 2.6
cake **pastel** m. 1.9
   chocolate cake **pastel de chocolate** m. 1.9
call **llamar** v. 2.2
   be called **llamarse** v. 1.7
   call on the phone **llamar por teléfono**
calm **tranquilo/a** adj. 2.6
calorie **caloría** f. 2.6
camera **cámara** f. 2.2
camp **acampar** v. 1.5
can (tin) **lata** f. 2.4; **poder (o:ue)** v. 1.4
Canadian **canadiense** adj. 1.3
candidate **aspirante** m., f. 2.7; **candidato/a** m., f. 2.9
candy **dulces** m., pl. 1.9
capital city **capital** f. 1.1
car **coche** m. 2.2; **carro** m. 2.2; **auto(móvil)** m. 1.5
caramel **caramelo** m. 1.9
card **tarjeta** f.; (playing) **carta** f. 1.5
care **cuidado** m. 1.3
   Take care! **¡Cuídense!** form. pl. 2.6
   take care of **cuidar** v. 2.4
career **carrera** f. 2.7
careful: be (very) careful **tener (mucho) cuidado** 1.3
caretaker **ama** m., f. **de casa** 2.3
carpenter **carpintero/a** m., f. 2.7
carpet **alfombra** f. 2.3
carrot **zanahoria** f. 1.8
carry **llevar** v. 1.2
cartoons **dibujos** m, pl. **animados** 2.8
case: in case (that) **en caso (de) que** conj. 2.4
cash (a check) **cobrar** v. 2.5
   cash **(en) efectivo** 1.6
   pay in cash **pagar al contado** 2.5; **pagar en efectivo** 2.5
cash register **caja** f. 1.6
cashier **cajero/a** m., f.
cat **gato** m. 2.4
CD **disco** m. **compacto** 2.2
CD player **reproductor de CD** m. 2.2
CD-ROM **cederrón** m. 2.2
celebrate **celebrar** v. 1.9
celebration **celebración** f.
   young woman's fifteenth birthday celebration **quinceañera** f. 1.9
cellar **sótano** m. 2.3

cellular **celular** adj. 2.2
   cellular telephone **teléfono celular** m. 2.2
cereal **cereales** m., pl. 1.8
certain **cierto/a** adj.; **seguro/a** adj. 2.4
   it's (not) certain **(no) es cierto/seguro** 2.4
chalk **tiza** f. 1.2
champagne **champán** m. 1.9
change **cambiar** v. (de) 1.9
channel (TV) **canal** m. 2.2, 2.8
character (fictional) **personaje** m. 2.2, 2.8
   main character **personaje principal** m. 2.8
chat **conversar** v. 1.2
chauffeur **conductor(a)** m., f. 1.1
cheap **barato/a** adj. 1.6
check **comprobar (o:ue)** v.; **revisar** v. 2.2; (bank) **cheque** m. 2.5
   check the oil **revisar el aceite** 2.2
checking account **cuenta** f. **corriente** 2.5
cheese **queso** m. 1.8
chef **cocinero/a** m., f. 2.7
chemistry **química** f. 1.2
chest of drawers **cómoda** f. 2.3
chicken **pollo** m. 1.8
child **niño/a** m., f. 1.3
childhood **niñez** f. 1.9
children **hijos** m., pl. 1.3
Chinese **chino/a** adj. 1.3
chocolate **chocolate** m. 1.9
   chocolate cake **pastel** m. **de chocolate** 1.9
cholesterol **colesterol** m. 2.6
choose **escoger** v. 1.8
chop (food) **chuleta** f. 1.8
Christmas **Navidad** f. 1.9
church **iglesia** f. 1.4
citizen **ciudadano/a** m., f. 2.9
city **ciudad** f. 1.4
class **clase** f. 1.2
   take classes **tomar clases** 1.2
classical **clásico/a** adj. 2.8
classmate **compañero/a** m., f. **de clase** 1.2
clean **limpio/a** adj. 1.5; **limpiar** v. 2.3
   clean the house **limpiar la casa** 2.3
clear (weather) **despejado/a** adj.
   clear the table **quitar la mesa** 2.3
   It's (very) clear. (weather) **Está (muy) despejado.**
clerk **dependiente/a** m., f. 1.6
climate change **cambio climático** m. 2.4
climb **escalar** v. 1.4
   climb mountains **escalar montañas** 1.4

clinic **clínica** f. 2.1
clock **reloj** m. 1.2
close **cerrar (e:ie)** v. 1.4
closed **cerrado/a** adj. 1.5
closet **armario** m. 2.3
clothes **ropa** f. 1.6
clothes dryer **secadora** f. 2.3
clothing **ropa** f. 1.6
cloud **nube** f. 2.4
cloudy **nublado/a** adj. 1.5
   It's (very) cloudy. **Está (muy) nublado.** 1.5
coat **abrigo** m. 1.6
coffee **café** m. 1.8
coffeemaker **cafetera** f. 2.3
cold **frío** m. 1.5; (illness) **resfriado** m. 2.1
   be (feel) (very) cold **tener (mucho) frío** 1.3
   It's (very) cold. (weather) **Hace (mucho) frío.** 1.5
college **universidad** f. 1.2
collision **choque** m. 2.9
color **color** m. 1.3, 1.6
comb one's hair **peinarse** v. 1.7
come **venir** v. 1.3
comedy **comedia** f. 2.8
comfortable **cómodo/a** adj. 1.5
commerce **negocios** m., pl. 2.7
commercial **comercial** adj. 2.7
communicate (with) **comunicarse** v. (con) 2.9
communication **comunicación** f. 2.9
   means of communication **medios** m. pl. **de comunicación** 2.9
community **comunidad** f. 1.1
company **compañía** f. 2.7; **empresa** f. 2.7
comparison **comparación** f.
completely **completamente** adv. 2.7
composer **compositor(a)** m., f. 2.8
computer **computadora** f. 1.1
computer disc **disco** m.
computer monitor **monitor** m. 2.2
computer programmer **programador(a)** m., f. 1.3
computer science **computación** f. 1.2
concert **concierto** m. 2.8
conductor (musical) **director(a)** m., f. 2.8
confirm **confirmar** v. 1.5
   confirm a reservation **confirmar una reservación** 1.5
confused **confundido/a** adj. 1.5
congested **congestionado/a** adj. 2.1
Congratulations! (for an event such as a birthday or anniversary) **¡Felicidades!** 1.9; (for an event such as an engagement or a good grade on a test) **¡Felicitaciones!** 1.9

Vocabulario — English-Spanish

conservation **conservación** *f.* 2.4
conserve **conservar** *v.* 2.4
considering **para** *prep.* 2.2
consume **consumir** *v.* 2.6
container **envase** *m.* 2.4
contamination **contaminación** *f.*
content **contento/a** *adj.* 1.5
contest **concurso** *m.* 2.8
continue **seguir (e:i)** *v.* 1.4
control **control** *m.*; **controlar** *v.* 2.4
    be under control **estar bajo control** 1.7
conversation **conversación** *f.* 1.1
converse **conversar** *v.* 1.2
cook **cocinar** *v.* 2.3; **cocinero/a** *m., f.* 2.7
cookie **galleta** *f.* 1.9
cool **fresco/a** *adj.* 1.5
    Be cool. **Tranquilo/a.** 1.7
    It's cool. *(weather)* **Hace fresco.** 1.5
corn **maíz** *m.* 1.8
corner **esquina** *f.* 2.5
cost **costar (o:ue)** *v.* 1.6
cotton **algodón** *f.* 1.6
    (made of) cotton **de algodón** 1.6
couch **sofá** *m.* 2.3
couch potato **teleadicto/a** *m., f.* 2.6
cough **tos** *f.* 2.1; **toser** *v.* 2.1
counselor **consejero/a** *m., f.* 2.7
count (on) **contar** *v.* **(con)** 1.4, 2.3
country *(nation)* **país** *m.* 1.1
countryside **campo** *m.* 1.5
couple (married) **pareja** *f.* 1.9
course **curso** *m.* 1.2; **materia** *f.* 1.2
courtesy **cortesía** *f.*
cousin **primo/a** *m., f.* 1.3
cover **cubrir** *v.*
covered **cubierto** *p.p.*
cow **vaca** *f.* 2.4
crafts **artesanía** *f.* 2.8
craftsmanship **artesanía** *f.* 2.8
crater **cráter** *m.* 2.4
crazy **loco/a** *adj.* 1.6
create **crear** *v.*
credit **crédito** *m.* 1.6
    credit card **tarjeta** *f.* **de crédito** 1.6
crime **crimen** *m.* 2.9
cross **cruzar** *v.* 2.5
culture **cultura** *f.* 2.8
cup **taza** *f.* 2.3
currency exchange **cambio** *m.* **de moneda**
current events **actualidades** *f., pl.* 2.9
curtains **cortinas** *f., pl.* 2.3
custard *(baked)* **flan** *m.* 1.9
custom **costumbre** *f.* 1.1
customer **cliente/a** *m., f.* 1.6
customs **aduana** *f.* 1.5
customs inspector **inspector(a)** *m., f.* **de aduanas** 1.5
cybercafé **cibercafé** *m.* 2.2
cycling **ciclismo** *m.* 1.4

D

dad **papá** *m.* 1.3
daily **diario/a** *adj.* 1.7
    daily routine **rutina** *f.* **diaria** 1.7
damage **dañar** *v.* 2.1
dance **bailar** *v.* 2.1; **danza** *f.* 2.8; **baile** *m.* 2.8
dancer **bailarín/bailarina** *m., f.* 2.8
danger **peligro** *m.* 2.4
dangerous **peligroso/a** *adj.* 2.9
date *(appointment)* **cita** *f.* 1.9; *(calendar)* **fecha** *f.* 1.5; *(someone)* **salir** *v.* **con (alguien)** 1.9
    have a date **tener una cita** 1.9
daughter **hija** *f.* 1.3
daughter-in-law **nuera** *f.* 1.3
day **día** *m.* 1.1
    day before yesterday **anteayer** *adv.* 1.6
deal **trato** *m.* 2.8
    It's not a big deal. **No es para tanto.** 2.3
    You've got a deal! **¡Trato hecho!** 2.8
death **muerte** *f.* 1.9
decaffeinated **descafeinado/a** *adj.* 2.6
December **diciembre** *m.* 1.5
decide **decidir (+** *inf.***)** *v.* 1.3
decided **decidido/a** *adj., p.p.* 2.5
declare **declarar** *v.* 2.9
deforestation **deforestación** *f.* 2.4
delicious **delicioso/a** *adj.* 1.8; **rico/a** *adj.* 1.8; **sabroso/a** *adj.* 1.8
delighted **encantado/a** *adj.* 1.1
dentist **dentista** *m., f.* 2.1
deny **negar (e:ie)** *v.* 2.4
    not to deny **no negar** 2.4
department store **almacén** *m.* 1.6
departure **salida** *f.* 1.5
deposit **depositar** *v.* 2.5
describe **describir** *v.* 1.3
described **descrito** *p.p.* 2.5
desert **desierto** *m.* 2.4
design **diseño** *m.*
designer **diseñador(a)** *m., f.* 2.7
desire **desear** *v.* 1.2
desk **escritorio** *m.* 1.2
dessert **postre** *m.* 1.9
destroy **destruir** *v.* 2.4
develop **desarrollar** *v.* 2.4
diary **diario** *m.* 1.1
dictatorship **dictadura** *f.* 2.9
dictionary **diccionario** *m.* 1.1
die **morir (o:ue)** *v.* 1.8
died **muerto** *p.p.* 2.5
diet **dieta** *f.* 2.6; **alimentación** *f.*
    balanced diet **dieta equilibrada** *f.* 2.6
    be on a diet **estar a dieta** 2.6
difficult **difícil** *adj.* 1.3
digital/video camera **cámara** *f.* **digital/de video** 2.2
dining room **comedor** *m.* 2.3
dinner **cena** *f.* 1.2, 1.8
    have dinner **cenar** *v.* 1.2
direct **dirigir** *v.* 2.8
directions **indicaciones** *f., pl.* 2.5
    give directions **indicar cómo llegar** *v.* 2.5
director **director(a)** *m., f.* 2.8
dirty **sucio/a** *adj.* 1.5
    get *(something)* dirty **ensuciar** *v.* 2.3
disagree **no estar de acuerdo**
disaster **desastre** *m.* 2.9
discover **descubrir** *v.* 2.4
discovered **descubierto** *p.p.* 2.5
discrimination **discriminación** *f.* 2.9
dish **plato** *m.* 1.8, 2.3
    main dish **plato principal** *m.* 1.8
dishwasher **lavaplatos** *m., sing.* 2.3
disk **disco** *m.*
disorderly **desordenado/a** *adj.* 1.5
dive **bucear** *v.* 1.4
divorce **divorcio** *m.* 1.9
divorced **divorciado/a** *adj.* 1.9
    get divorced (from) **divorciarse (de)** *v.* 1.9
dizzy **mareado/a** *adj.* 2.1
do **hacer** *v.* 1.4
    do aerobics **hacer ejercicios aeróbicos** 2.6
    do household chores **hacer quehaceres domésticos** 2.3
    do stretching exercises **hacer ejercicios de estiramiento** 2.6
doctor **doctor(a)** *m., f.* 1.3, 2.1; **médico/a** *m., f.* 1.3
documentary *(film)* **documental** *m.* 2.8
dog **perro** *m.* 2.4
domestic **doméstico/a** *adj.*
    domestic appliance **electrodoméstico** *m.* 2.3
done **hecho** *p.p.* 2.5
door **puerta** *f.* 1.2
dormitory **residencia** *f.* **estudiantil** 1.2
double **doble** *adj.* 1.5
    double room **habitación** *f.* **doble** 1.5
doubt **duda** *f.* 2.4; **dudar** *v.* 2.4
    not to doubt **no dudar** 2.4
    There is no doubt... **No cabe duda de...** 2.4; **No hay duda de...** 2.4
down **abajo**

Vocabulario

English-Spanish

download **descargar** v. 2.2
downtown **centro** m. 1.4
drama **drama** m. 2.8
dramatic **dramático/a** adj. 2.8
draw **dibujar** v. 1.2
drawing **dibujo** m. 2.8
dress **vestido** m. 1.6
   get dressed **vestirse (e:i)** v. 1.7
drink **beber** v. 1.3; **tomar** v. 1.2; **bebida** f. 1.8
drive **conducir** v. 1.6; **manejar** v. 2.2
driver **conductor(a)** m., f. 1.1
drug **droga** f. 2.6
drug addict **drogadicto/a** m., f. 2.6
dry oneself **secarse** v. 1.7
during **durante** prep. 1.7; **por** prep. 2.2
dust **sacudir** v. 2.3; **quitar el polvo** 2.3
   dust the furniture **sacudir los muebles** 2.3
DVD player **reproductor** m. **de DVD** 2.2

E

each **cada** adj. 1.6
eagle **águila** f.
ear (outer) **oreja** f. 2.1
early **temprano** adv. 1.7
earn **ganar** v. 2.7
earthquake **terremoto** m. 2.9
ease **aliviar** v.
east **este** m. 2.5
   to the east **al este** 2.5
easy **fácil** adj. 1.3
eat **comer** v. 1.3
ecologist **ecologista** m., f. 2.4
ecology **ecología** f. 2.4
economics **economía** f. 1.2
ecotourism **ecoturismo** m. 2.4
Ecuador **Ecuador** m. 1.1
Ecuadorian **ecuatoriano/a** adj. 1.3
effective **eficaz** adj.
egg **huevo** m. 1.8
eight **ocho** n., adj. 1.1
eight hundred **ochocientos/as** n., adj. 1.2
eighteen **dieciocho** n., adj. 1.1
eighth **octavo/a** n., adj. 1.5
eighty **ochenta** n., adj. 1.2
either... or **o... o** conj. 1.7
eldest **el/la mayor** adj. 1.8
elect **elegir** v. 2.9
election **elecciones** f. pl. 2.9
electric appliance **electrodoméstico** m. 2.3
electrician **electricista** m., f. 2.7
electricity **luz** f. 2.3
elegant **elegante** adj. 1.6
elevator **ascensor** m. 1.5
eleven **once** n., adj. 1.1

e-mail **correo** m. **electrónico** 1.4
   e-mail address **dirrección** f. **electrónica** 2.2
   e-mail message **mensaje** m. **electrónico** 1.4
   read e-mail **leer el correo electrónico** 1.4
embarrassed **avergonzado/a** adj. 1.5
embrace (each other) **abrazar(se)** v. 2.2
emergency **emergencia** f. 2.1
   emergency room **sala** f. **de emergencia** 2.1
employee **empleado/a** m., f. 1.5
employment **empleo** m. 2.7
end **fin** m. 1.4; **terminar** v. 1.2
end table **mesita** f. 2.3
energy **energía** f. 2.4
engaged: get engaged (to) **comprometerse** v. **(con)** 1.9
engineer **ingeniero/a** m., f. 1.3
English (language) **inglés** m. 1.2; **inglés, inglesa** adj. 1.3
enjoy **disfrutar** v. **(de)** 2.6
enough **bastante** adv. 2.1
entertainment **diversión** f. 1.4
entrance **entrada** f. 2.3
envelope **sobre** m. 2.5
environment **medio ambiente** m. 2.4
equality **igualdad** f. 2.9
equipped **equipado/a** adj. 2.6
erase **borrar** v. 2.2
eraser **borrador** m. 1.2
errand **diligencia** f. 2.5
establish **establecer** v.
evening **tarde** f. 1.1
event **acontecimiento** m. 2.9
every day **todos los días** 2.1
everybody **todos** m., pl.
everything **todo** m. 1.5
   Everything is under control. **Todo está bajo control.** 1.7
exactly **en punto** 1.1
exam **examen** m. 1.2
excellent **excelente** adj. 1.5
excess **exceso** m. 2.6
   in excess **en exceso** 2.6
exchange **intercambiar** v.
   in exchange for **por** 2.2
exciting **emocionante** adj.
excursion **excursión** f.
excuse **disculpar** v.
   Excuse me. (May I?) **Con permiso.** 1.1; (I beg your pardon.) **Perdón.** 1.1
exercise **ejercicio** m. 2.6; **hacer** v. **ejercicio** 2.6
exit **salida** f. 1.5
expensive **caro/a** adj. 1.6
experience **experiencia** f. 2.9
explain **explicar** v. 1.2
explore **explorar** v.
expression **expresión** f.

extinction **extinción** f. 2.4
extremely delicious **riquísimo/a** adj. 1.8
extremely serious **gravísimo/a** adj. 2.4
eye **ojo** m. 2.1

F

fabulous **fabuloso/a** adj. 1.5
face **cara** f. 1.7
facing **enfrente de** prep. 2.5
fact: in fact **de hecho**
fall (season) **otoño** m. 1.5
factory **fábrica** f. 2.4
fall (down) **caerse** v. 2.1
   fall asleep **dormirse (o:ue)** v. 1.7
   fall in love (with) **enamorarse** v. **(de)** 1.9
fallen **caído** p.p. 2.5
family **familia** f. 1.3
famous **famoso/a** adj. 2.7
fan **aficionado/a** adj. 1.4
   be a fan (of) **ser aficionado/a (a)** 1.4
far from **lejos de** prep. 1.2
farewell **despedida** f. 1.1
fascinate **fascinar** v. 1.7
fashion **moda** f. 1.6
   be in fashion **estar de moda** 1.6
fast **rápido/a** adj.
fat **gordo/a** adj. 1.3; **grasa** f. 2.6
father **padre** m. 1.3
father-in-law **suegro** m. 1.3
favorite **favorito/a** adj. 1.4
fax (machine) **fax** m. 2.2
fear **miedo** m. 1.3; **temer** v. 2.4
February **febrero** m. 1.5
feel **sentir(se) (e:ie)** v. 1.7
   feel like (doing something) **tener ganas de (+** inf.**)** 1.3
festival **festival** m. 2.8
fever **fiebre** f. 2.1
   have a fever **tener fiebre** 2.1
few **pocos/as** adj., pl.
   fewer than **menos de (+** number**)** 1.8
field: major field of study **especialización** f.
fifteen **quince** n., adj. 1.1
   fifteen-year-old girl **quinceañera** f. 1.9
   young woman's fifteenth birthday celebration **quinceañera** f. 1.9
fifth **quinto/a** n., adj. 1.5
fifty **cincuenta** n., adj. 1.2
fight (for/against) **luchar** v. **(por/contra)** 2.9
figure (number) **cifra** f.
file **archivo** m. 2.2

Vocabulario

English-Spanish

fill **llenar** *v.* 2.2
   fill out (a form) **llenar (un formulario)** 2.5
   fill the tank **llenar el tanque** 2.2
finally **finalmente** *adv.* 2.6; **por último** 1.7; **por fin** 2.2
find **encontrar (o:ue)** *v.* 1.4
   find (each other) **encontrar(se)** *v.*
fine **multa** *f.*
   That's fine. **Está bien.** 2.2
fine arts **bellas artes** *f., pl.* 2.8
finger **dedo** *m.* 2.1
finish **terminar** *v.* 1.2
   finish (doing something) **terminar** *v.* **de (+ *inf.*)** 1.4
fire **incendio** *m.* 2.9; **despedir (e:i)** *v.* 2.7
firefighter **bombero/a** *m., f.* 2.7
firm **compañía** *f.* 2.7; **empresa** *f.* 2.7
first **primer, primero/a** *n., adj.* 1.5
fish (*food*) **pescado** *m.* 1.8; (*live*) **pez** *sing.*, **peces** *pl. m.* 2.4; **pescar** *v.* 1.5
fish market **pescadería** *f.* 2.5
fisherman **pescador** *m.*
fisherwoman **pescadora** *f.*
fishing **pesca** *f.* 1.5
fit (*clothing*) **quedar** *v.* 1.7
five **cinco** *n., adj.* 1.1
five hundred **quinientos/as** *n., adj.* 1.2
fix (*put in working order*) **arreglar** *v.* 2.2
fixed **fijo/a** *adj.* 1.6
flag **bandera** *f.*
flank steak **lomo** *m.* 1.8
flat tire: We had a flat tire. **Se nos pinchó una llanta.** 2.2
flexible **flexible** *adj.* 2.6
flood **inundación** *f.* 2.9
floor (*of a building*) **piso** *m.* 1.5; **suelo** *m.* 2.3
   ground floor **planta baja** *f.* 1.5
   top floor **planta alta** *f.*
flower **flor** *f.* 2.4
flu **gripe** *f.* 2.1
fog **niebla** *f.*
folk **folklórico/a** *adj.* 2.8
follow **seguir (e:i)** *v.* 1.4
food **comida** *f.* 1.8; **alimento** *m.*
foolish **tonto/a** *adj.* 1.3
foot **pie** *m.* 2.1
football **fútbol** *m.* **americano** 1.4
for **para** *prep.* 2.2; **por** *prep.* 2.2
   for example **por ejemplo** 2.2
   for me **para mí** 1.8
forbid **prohibir** *v.*
foreign **extranjero/a** *adj.* 2.8
   foreign languages **lenguas** *f. pl.* **extranjeras** 1.2
forest **bosque** *m.* 2.4

forget **olvidar** *v.* 2.1
fork **tenedor** *m.* 2.3
form **formulario** *m.* 2.5
forty **cuarenta** *n., adj.* 1.2
four **cuatro** *n., adj.* 1.1
four hundred **cuatrocientos/as** *n., adj.* 1.2
fourteen **catorce** *n., adj.* 1.1
fourth **cuarto/a** *n., adj.* 1.5
free **libre** *adj.* 1.4
   be free (of charge) **ser gratis** 2.5
   free time **tiempo libre**; 1.4 **ratos libres** 1.4
freedom **libertad** *f.* 2.9
freezer **congelador** *m.* 2.3
French **francés, francesa** *adj.* 1.3
French fries **papas** *f., pl.* **fritas**; **patatas** *f., pl.* **fritas** 1.8
frequently **frecuentemente** *adv.* 2.1; **con frecuencia** *adv.* 2.1
Friday **viernes** *m., sing.* 1.2
fried **frito/a** *adj.* 1.8
   fried potatoes **papas** *f., pl.* **fritas**; **patatas** *f., pl.* **fritas** 1.8
   platter of fried food **fuente** *f.* **de fritada**
friend **amigo/a** *m., f.* 1.3
friendly **amable** *adj.* 1.5
friendship **amistad** *f.* 1.9
from **de** *prep.* 1.1; **desde** *prep.* 1.6
   from the United States **estadounidense** *adj.* 1.3
   from time to time **de vez en cuando** 2.1
   He/She/It is from… **Es de…** 1.1
   I'm from… **Soy de…** 1.1
fruit **fruta** *f.* 1.8
fruit juice **jugo** *m.* **de fruta** 1.8
fruit store **frutería** *f.* 2.5
full **lleno/a** *adj.* 2.2
fun **divertido/a** *adj.* 1.7
   fun activity **diversión** *f.* 1.4
   have fun **divertirse (e:ie)** *v.* 1.9
function **funcionar** *v.*
furniture **muebles** *m., pl.* 2.3
furthermore **además (de)** *adv.* 2.1
future **futuro** *adj.* 2.7; **porvenir** *m.* 2.7
   Here's to the future! **¡Por el porvenir!** 2.7
   in the future **en el futuro** 2.7

G

gain weight **aumentar** *v.* **de peso** 2.6; **engordar** *v.* 2.6
game **juego** *m.*; (*match*) **partido** *m.* 1.4
game show **concurso** *m.* 2.8
garage (*in a house*) **garaje** *m.* 2.3; (*repair shop*) **garaje** *m.* 2.2; **taller (mecánico)** *m.* 2.2

garden **jardín** *m.* 2.3
garlic **ajo** *m.* 1.8
gas station **gasolinera** *f.* 2.2
gasoline **gasolina** *f.* 2.2
geography **geografía** *f.* 1.2
German **alemán, alemana** *adj.* 1.3
get **conseguir (e:i)** *v.* 1.4; **obtener** *v.* 2.7
   get along well/badly (with) **llevarse bien/mal (con)** 1.9
   get bored **aburrirse** *v.* 2.8
   get off/out of (a vehicle) **bajar(se)** *v.* **de** 2.2
   get on/into (a vehicle) **subir(se)** *v.* **a** 2.2
   get up **levantarse** *v.* 1.7
gift **regalo** *m.* 1.6
girl **chica** *f.* 1.1; **muchacha** *f.* 1.3
girlfriend **novia** *f.* 1.3
give **dar** *v.* 1.6, 1.9; (*as a gift*) **regalar** 1.9
glass (*drinking*) **vaso** *m.* 2.3; **vidrio** *m.* 2.4
   (made) of glass **de vidrio** 2.4
glasses **gafas** *f., pl.* 1.6
   sunglasses **gafas** *f., pl.* **de sol** 1.6
global warming **calentamiento global** *m.* 2.4
gloves **guantes** *m., pl.* 1.6
go **ir** *v.* 1.4
   be going to (do something) **ir a (+ *inf.*)** 1.4
   go away **irse** 1.7
   go by boat **ir en barco** 1.5
   go by bus **ir en autobús** 1.5
   go by car **ir en auto(móvil)** 1.5
   go by motorcycle **ir en motocicleta** 1.5
   go by taxi **ir en taxi** 1.5
   go by the bank **pasar por el banco** 2.5
   go down **bajar(se)** *v.*
   go on a hike (in the mountains) **ir de excursión (a las montañas)** 1.4
   go out **salir** *v.* 1.9
   go out (with) **salir** *v.* **(con)** 1.9
   go up **subir** *v.*
   go with **acompañar** *v.* 2.5
   Let's go. **Vamos.** 1.4
goblet **copa** *f.* 2.3
golf **golf** *m.* 1.4
good **buen, bueno/a** *adj.* 1.3, 1.6
   Good afternoon. **Buenas tardes.** 1.1
   Good evening. **Buenas noches.** 1.1
   Good idea. **Buena idea.** 1.4
   Good morning. **Buenos días.** 1.1
   Good night. **Buenas noches.** 1.1

Vocabulario — English-Spanish

It's good that... **Es bueno que...** 2.3
good-bye **adiós** m. 1.1
   say good-bye (to) **despedirse** v. (e:i) (de) 1.7
good-looking **guapo/a** adj. 1.3
government **gobierno** m. 2.4
GPS **navegador GPS** m. 2.2
graduate (from/in) **graduarse** v. (de/en) 1.9
grains **cereales** m., pl. 1.8
granddaughter **nieta** f. 1.3
grandfather **abuelo** m. 1.3
grandmother **abuela** f. 1.3
grandparents **abuelos** m., pl. 1.3
grandson **nieto** m. 1.3
grape **uva** f. 1.8
grass **césped** m. 2.4; **hierba** f. 2.4
grave **grave** adj. 2.1
gray **gris** adj. 1.6
great **fenomenal** adj. 1.5
great-grandfather **bisabuelo** m. 1.3
great-grandmother **bisabuela** f. 1.3
green **verde** adj. 1.6
greet (each other) **saludar(se)** v. 2.2
greeting **saludo** m. 1.1
   Greetings to... **Saludos a...** 1.1
grilled (food) **a la plancha** 1.8
   grilled flank steak **lomo a la plancha** m. 1.8
ground floor **planta baja** f. 1.5
guest (at a house/hotel) **huésped** m., f. 1.5; (invited to a function) **invitado/a** m., f. 1.9
guide **guía** m., f. 2.4
gymnasium **gimnasio** m. 1.4

H

hair **pelo** m. 1.7
hairdresser **peluquero/a** m., f. 2.7
half **medio/a** adj. 1.3
   half-past... (time) **...y media** 1.1
half-brother **medio hermano** 1.3
half-sister **media hermana** 1.3
hallway **pasillo** m. 2.3
ham **jamón** m. 1.8
hamburger **hamburguesa** f. 1.8
hand **mano** f. 1.1
   Hands up! **¡Manos arriba!**
handsome **guapo/a** adj. 1.3
happen **ocurrir** v. 2.9
happiness **alegría** v. 1.9
happy **alegre** adj. 1.5; **contento/a** adj. 1.5; **feliz** adj. 1.5
   be happy **alegrarse** v. (de) 2.4

Happy birthday! **¡Feliz cumpleaños!** 1.9
hard **difícil** adj. 1.3
hard-working **trabajador(a)** adj. 1.3
hardly **apenas** adv. 2.1
haste **prisa** f. 1.3
hat **sombrero** m. 1.6
hate **odiar** v. 1.9
have **tener** v. 1.3
   Have a good trip! **¡Buen viaje!** 1.1
   have a tooth removed **sacar(se) un diente** 2.1
   have time **tener tiempo** 1.4
   have to (do something) **tener que (+ inf.)** 1.3; **deber (+ inf.)** v.
he **él** sub. pron. 1.1
head **cabeza** f. 2.1
headache **dolor de cabeza** m. 2.1
health **salud** f. 2.1
healthy **saludable** adj. 2.1; **sano/a** adj. 2.1
   lead a healthy lifestyle **llevar una vida sana** 2.6
hear **oír** v. 1.4
heard **oído** p.p. 2.5
hearing (sense) **oído** m. 2.1
heart **corazón** m. 2.1
heat **calor** m. 1.5
Hello. **Hola.** 1.1; (on the telephone) **Aló.** 2.2; **¿Bueno?** 2.2; **Diga.** 2.2
help **ayudar** v. 2.3; **servir (e:i)** v. 1.5
   help each other **ayudarse** v. 2.2
her **su(s)** poss. adj. 1.3; **suyo(s)/a(s)** poss. adj. 2.2; **la** f., sing., d.o. pron. 1.5
   to/for her **le** f., sing., i.o. pron. 1.6
here **aquí** adv. 1.1
   Here it is. **Aquí está.** 1.5
   Here we are at/in... **Aquí estamos en...**
hers **suyo(s)/a(s)** poss. pron. 2.2
Hi. **Hola.** 1.1
highway **autopista** f. 2.2; **carretera** f. 2.2
hike **excursión** f. 1.4
   go on a hike **hacer una excursión; ir de excursión** 1.4
hiker **excursionista** m., f.
hiking **de excursión** 1.4
him **lo** m., sing., d.o. pron. 1.5
   to/for him **le** m., sing., i.o. pron. 1.6
hire **contratar** v. 2.7
his **su(s)** poss. adj. 1.3; (of) his **suyo(s)/a(s)** poss. adj. and pron. 2.2

history **historia** f. 1.2, 2.8
hobby **pasatiempo** m. 1.4
hockey **hockey** m. 1.4
holiday **día** m. **de fiesta** 1.9
home **casa** f. 1.2
   home page **página** f. **principal** 2.2
homework **tarea** f. 1.2
hood **capó** m. 2.2; **cofre** m. 2.2
hope **esperar** v. (+ inf.) 1.2; **esperar** v. 2.4
   I hope (that) **ojalá (que)** 2.4
horror (genre) **de horror** m. 2.8
hors d'oeuvres **entremeses** m., pl. 1.8
horse **caballo** m. 1.5
hospital **hospital** m. 2.1
hot: be (feel) (very) hot **tener (mucho) calor** 1.3
   It's (very) hot. **Hace (mucho) calor.** 1.5
hotel **hotel** m. 1.5
hour **hora** f. 1.1
house **casa** f. 1.2
household chores **quehaceres** m. pl. **domésticos** 2.3
housekeeper **ama** m., f. **de casa** 2.3
housing **vivienda** f. 2.3
How...! **¡Qué...!** 1.3
how? **¿cómo?** adv. 1.1
   How are you? **¿Qué tal?** 1.1; **¿Cómo estás?** fam. 1.1; **¿Cómo está usted?** form. 1.1
   How can I help you? **¿En qué puedo servirles?** 1.5
   How did it go for you...? **¿Cómo le/les fue...?** 2.6
   How is it going? **¿Qué tal?** 1.1
   How is/are...? **¿Qué tal...?** 1.2
   How is the weather? **¿Qué tiempo hace?** 2.6
   How much/many? **¿Cuánto(s)/a(s)?** adj. 1.1
   How much does... cost? **¿Cuánto cuesta...?** 1.6
   How old are you? **¿Cuántos años tienes?** fam. 1.3
however **sin embargo**
hug (each other) **abrazar(se)** v. 2.2
humanities **humanidades** f., pl. 1.2
hundred **cien, ciento** n., adj. 1.2
hunger **hambre** f. 1.3
hungry: be (very) hungry **tener (mucha) hambre** 1.3
hunt **cazar** v. 2.4
hurricane **huracán** m. 2.9
hurry **apurarse** v. 2.6; **darse prisa** 2.6
   be in a (big) hurry **tener (mucha) prisa** 1.3
hurt **doler (o:ue)** v. 2.1

Vocabulario

English-Spanish

It hurts me a lot... **Me duele mucho...** 2.1
husband **esposo** *m.* 1.3

I

I **yo** *sub. pron.* 1.1
  I am... **Yo soy...** 1.1
  I hope/wish (that) **Ojalá (que)** *interj.* 2.4
ice cream **helado** *m.* 1.9
  ice cream shop **heladería** *f.* 2.5
iced **helado/a** *adj.* 1.8
  iced tea **té** *m.* **helado** 1.8
idea **idea** *f.* 1.4
if **si** *conj.* 1.4
illness **enfermedad** *f.* 2.1
important **importante** *adj.* 1.3
  be important to **importar** *v.* 1.7
  It's important that... **Es importante que...** 2.3
impossible **imposible** *adj.* 2.4
  it's impossible **es imposible** 2.4
improbable **improbable** *adj.* 2.4
  it's improbable **es improbable** 2.4
improve **mejorar** *v.* 2.4
in **en** *prep.* 1.2; **por** *prep.* 2.2
  in a good/bad mood **de buen/mal humor** 1.5
  in front of **delante de** *prep.* 1.2
  in love (with) **enamorado/a (de)** *adj.* 1.5
  in search of **por** *prep.* 2.2
  in the afternoon **de la tarde** 1.1; **por la tarde** 1.7
  in the direction of **para** *prep.* 1.1
  in the early evening **de la tarde** 1.1
  in the evening **de la noche** 1.1; **por la tarde** 1.7
  in the morning **de la mañana** 1.1; **por la mañana** 1.7
increase **aumento** *m.* 2.7
incredible **increíble** *adj.* 1.5
inequality **desigualdad** *f.* 2.9
infection **infección** *f.* 2.1
inform **informar** *v.* 2.9
injection **inyección** *f.* 2.1
  give an injection **poner una inyección** 2.1
injure (oneself) **lastimarse** *v.* 2.1
  injure (one's foot) **lastimarse** *v.* **(el pie)** 2.1
inner ear **oído** *m.* 2.1
inside **dentro** *adv.*
insist (on) **insistir** *v.* **(en)** 2.3
installments: pay in installments **pagar a plazos** 2.5

intelligent **inteligente** *adj.* 1.3
intend to **pensar** *v.* **(+ *inf.*)** 1.4
interest **interesar** *v.* 1.7
interesting **interesante** *adj.* 1.3
  be interesting to **interesar** *v.* 1.7
international **internacional** *adj.* 2.9
Internet **Internet** *m., f.* 2.2
interview **entrevista** *f.* 2.7; **entrevistar** *v.* 2.7
interviewer **entrevistador(a)** *m., f.* 2.7
introduction **presentación** *f.*
  I would like to introduce (*name*) to you. **Le presento a...** *form.* 1.1; **Te presento a...** *fam.* 1.1
invest **invertir (e:ie)** *v.* 2.7
invite **invitar** *v.* 1.9
iron (clothes) **planchar** *v.* **(la ropa)** 2.3
it **lo/la** *sing., d.o., pron.* 1.5
  It's me. **Soy yo.** 1.1
Italian **italiano/a** *adj.* 1.3
its **su(s)** *poss. adj.* 1.3, **suyo(s)/a(s)** *poss. pron.* 2.2

J

jacket **chaqueta** *f.* 1.6
January **enero** *m.* 1.5
Japanese **japonés, japonesa** *adj.* 1.3
jeans **bluejeans** *m., pl.* 1.6
jewelry store **joyería** *f.* 2.5
job **empleo** *m.* 2.7; **puesto** *m.* 2.7; **trabajo** *m.* 2.7
  job application **solicitud** *f.* **de trabajo** 2.7
jog **correr** *v.*
journalism **periodismo** *m.* 1.2
journalist **periodista** *m., f.* 1.3; **reportero/a** *m., f.* 2.7
joy **alegría** *f.* 1.9
  give joy **dar alegría** 1.9
joyful **alegre** *adj.* 1.5
juice **jugo** *m.* 1.8
July **julio** *m.* 1.5
June **junio** *m.* 1.5
jungle **selva** *f.*; **jungla** *f.* 2.4
just **apenas** *adv.*
  have just (*done something*) **acabar de (+ *inf.*)** 1.6

K

key **llave** *f.* 1.5
keyboard **teclado** *m.* 2.2
kilometer **kilómetro** *m.* 2.2
kind: That's very kind of you. **Muy amable.** 1.5
kiss **beso** *m.* 1.9

kiss each other **besarse** *v.* 2.2
kitchen **cocina** *f.* 2.3
knee **rodilla** *f.* 2.1
knife **cuchillo** *m.* 2.3
know **saber** *v.* 1.6; **conocer** *v.* 1.6
  know how **saber** *v.* 1.6

L

laboratory **laboratorio** *m.* 1.2
lack **faltar** *v.* 1.7
lake **lago** *m.* 2.4
lamp **lámpara** *f.* 2.3
land **tierra** *f.* 2.4
landlord **dueño/a** *m., f.* 1.8
landscape **paisaje** *m.* 1.5
language **lengua** *f.* 1.2
laptop (computer) **computadora** *f.* **portátil** 2.2
large **grande** *adj.* 1.3; (*clothing size*) **talla** *f.* **grande** 1.6
last **durar** *v.* 2.9; **pasado/a** *adj.* 1.6; **último/a** *adj.*
  last name **apellido** *m.* 1.3
  last night **anoche** *adv.* 1.6
  last week **semana** *f.* **pasada** 1.6
  last year **año** *m.* **pasado** 1.6
late **tarde** *adv.* 1.7
later (on) **más tarde** 1.7
  See you later. **Hasta la vista.** 1.1; **Hasta luego.** 1.1
laugh **reírse (e:i)** *v.* 1.9
laughed **reído** *p.p.* 2.5
laundromat **lavandería** *f.* 2.5
law **ley** *f.* 2.4
lawyer **abogado/a** *m., f.* 2.7
lazy **perezoso/a** *adj.*
learn **aprender** *v.* **(a + *inf.*)** 1.3
least: at least **por lo menos** *adv.* 2.1
leave **salir** *v.* 1.4; **irse** *v.* 1.7
  leave a tip **dejar una propina** 1.9
  leave behind **dejar** *v.* 2.7
  leave for (*a place*) **salir para**
  leave from **salir de**
left **izquierdo/a** *adj.* 1.2
  be left over **quedar** *v.* 1.7
  to the left of **a la izquierda de** 1.2
leg **pierna** *f.* 2.1
lemon **limón** *m.* 1.8
lend **prestar** *v.* 1.6
less **menos** *adv.* 2.1
  less... than **menos... que** 1.8
  less than **menos de (+ *number*)** 1.8
lesson **lección** *f.* 1.1
let **dejar** *v.* 2.3
  let's see **a ver** 1.2
letter **carta** *f.* 1.4, 2.5
lettuce **lechuga** *f.* 1.8

367

Vocabulario

English-Spanish

liberty **libertad** *f.* 2.9
library **biblioteca** *f.* 1.2
license *(driver's)* **licencia** *f.* **de conducir** 2.2
lie **mentira** *f.* 1.4
life **vida** *f.* 1.9
 of my life **de mi vida** 2.6
lifestyle: lead a healthy lifestyle **llevar una vida sana** 2.6
lift **levantar** *v.* 2.6
 lift weights **levantar pesas** 2.6
light **luz** *f.* 2.3
like **como** *prep.* 1.8; **gustar** *v.* 1.2
 Do you like... **¿Te gusta(n)...?** *fam.* 1.2
 I don't like them at all. **No me gustan nada.** 1.2
 I like... **Me gusta(n)...** 1.2
 like this **así** *adv.* 2.1
 like very much **encantar** *v.*; **fascinar** *v.* 1.7
likeable **simpático/a** *adj.* 1.3
likewise **igualmente** *adv.* 1.1
line **línea** *f.*; **cola** *(queue)* *f.* 2.5
listen (to) **escuchar** *v.* 1.2
 Listen! *(command)* **¡Oye!** *fam., sing.* 1.1; **¡Oiga/Oigan!** *form., sing./pl.* 1.1
 listen to music **escuchar música** 1.2
 listen to the radio **escuchar la radio** 1.2
literature **literatura** *f.* 1.2
little *(quantity)* **poco/a** *adj.* 1.5; **poco** *adv.* 2.1
live **vivir** *v.* 1.3
living room **sala** *f.* 2.3
loan **préstamo** *m.* 2.5; **prestar** *v.* 1.6, 2.5
lobster **langosta** *f.* 1.8
located **situado/a** *adj.*
 be located **quedar** *v.* 2.5
long **largo/a** *adj.* 1.6
look (at) **mirar** *v.* 1.2
 look for **buscar** *v.* 1.2
lose **perder (e:ie)** *v.* 1.4
 lose weight **adelgazar** *v.* 2.6
lost **perdido/a** *adj.* 2.5
 be lost **estar perdido/a** 2.5
lot: a lot **muchas veces** *adv.* 2.1
 a lot of **mucho/a** *adj.* 1.2, 1.3
love *(another person)* **querer (e:ie)** *v.* 1.4; *(inanimate objects)* **encantar** *v.* 1.7; **amor** *m.* 1.9
 in love **enamorado/a** *adj.* 1.5
 I loved it! **¡Me encantó!** 2.6
luck **suerte** *f.* 1.3
lucky: be (very) lucky **tener (mucha) suerte** 1.3
luggage **equipaje** *m.* 1.5
lunch **almuerzo** *m.* 1.8
 have lunch **almorzar (o:ue)** *v.* 1.4

M

ma'am **señora (Sra.)** *f.* 1.1
mad **enojado/a** *adj.* 1.5
magazine **revista** *f.* 1.4
magnificent **magnífico/a** *adj.* 1.5
mail **correo** *m.* 2.5; **enviar** *v.*, **mandar** *v.* 2.5; **echar (una carta) al buzón** 2.5
mailbox **buzón** *m.* 2.5
mail carrier **cartero/a** *m., f.* 2.5
main **principal** *adj.* 1.8
maintain **mantener** *v.* 2.6
major **especialización** *f.* 2
make **hacer** *v.* 1.4
 make the bed **hacer la cama** 2.3
makeup **maquillaje** *m.* 1.7
 put on makeup **maquillarse** *v.* 1.7
man **hombre** *m.* 1.1
manager **gerente** *m., f.* 2.7
many **mucho/a** *adj.* 1.3
 many times **muchas veces** 2.1
map **mapa** *m.* 1.2
March **marzo** *m.* 1.5
margarine **margarina** *f.* 1.8
marinated fish **ceviche** *m.* 1.8
 lemon-marinated shrimp **ceviche de camarón** *m.* 1.8
marital status **estado** *m.* **civil** 1.9
market **mercado** *m.* 1.6
 open-air market **mercado** *m.* **al aire libre** 1.6
marriage **matrimonio** *m.* 1.9
married **casado/a** *adj.* 1.9
 get married (to) **casarse** *v.* **(con)** 1.9
marvelous **maravilloso/a** *adj.* 1.5
marvelously **maravillosamente** *adv.* 2.9
massage **masaje** *m.* 2.6
masterpiece **obra maestra** *f.* 2.8
match *(sports)* **partido** *m.* 1.4
 match (with) **hacer juego (con)** 1.6
mathematics **matemáticas** *f., pl.* 1.2
matter **importar** *v.* 1.7
maturity **madurez** *f.* 1.9
maximum **máximo/a** *adj.* 2.2
May **mayo** *m.* 1.5
maybe **tal vez** *adv.* 1.5; **quizás** *adv.* 1.5
mayonnaise **mayonesa** *f.* 1.8
me **me** *sing., d.o. pron.* 1.5; **mí** *pron., obj. of prep.* 1.9
 to/for me **me** *sing., i.o. pron.* 1.6
meal **comida** *f.* 1.8
means of communication **medios** *m. pl.* **de comunicación** 2.9
meat **carne** *f.* 1.8
mechanic **mecánico/a** *m., f.* 2.2

mechanic's repair shop **taller** *m.* **mecánico** 2.2
media **medios** *m., pl.* **de comunicación** 2.9
medical **médico/a** *adj.* 2.1
medication **medicamento** *m.* 2.1
medicine **medicina** *f.* 2.1
medium **mediano/a** *adj.*
meet (each other) **encontrar(se)** *v.* 2.2; **conocerse** *v.* 1.8
meeting **reunión** *f.* 2.7
menu **menú** *m.* 1.8
message *(telephone)* **recado** *m.* 2.2; **mensaje** *m.*
Mexican **mexicano/a** *adj.* 1.3
Mexico **México** *m.* 1.1
microwave **microonda** *f.* 2.3
 microwave oven **horno** *m.* **de microondas** 2.3
middle age **madurez** *f.* 1.9
midnight **medianoche** *f.* 1.1
mile **milla** *f.* 2.2
milk **leche** *f.* 1.8
million **millón** *m.* 1.2
 million of **millón de** *m.* 1.2
mine **mío(s)/a(s)** *poss. pron.* 2.2
mineral **mineral** *m.* 2.6
 mineral water **agua** *f.* **mineral** 1.8
minute **minuto** *m.* 1.1
mirror **espejo** *m.* 1.7
Miss **señorita (Srta.)** *f.* 1.1
miss **perder (e:ie)** *v.* 1.4
mistaken **equivocado/a** *adj.*
modem **módem** *m.*
modern **moderno/a** *adj.* 2.8
mom **mamá** *f.* 1.3
Monday **lunes** *m., sing.* 1.2
money **dinero** *m.* 1.6
monitor **monitor** *m.* 2.2
month **mes** *m.* 1.5
monument **monumento** *m.* 1.4
moon **luna** *f.* 2.4
more **más** 1.2
 more... than **más... que** 1.8
 more than **más de** (+ *number*) 1.8
morning **mañana** *f.* 1.1
mother **madre** *f.* 1.3
mother-in-law **suegra** *f.* 1.3
motor **motor** *m.*
motorcycle **motocicleta** *f.* 1.5
mountain **montaña** *f.* 1.4
mouse **ratón** *m.* 2.2
mouth **boca** *f.* 2.1
move *(from one house to another)* **mudarse** *v.* 2.3
movie **película** *f.* 1.4
 movie star **estrella** *f.* **de cine** 2.8
 movie theater **cine** *m.* 1.4
MP3 player **reproductor** *m.* **de MP3** 2.2
Mr. **señor (Sr.)**; **don** *m.* 1.1
Mrs. **señora (Sra.)**; **doña** *f.* 1.1

Vocabulario

English-Spanish

much **mucho/a** *adj.* 1.2, 1.3
   very much **muchísimo/a** *adj.* 1.2
municipal **municipal** *adj.*
murder **crimen** *m.* 2.9
muscle **músculo** *m.* 2.6
museum **museo** *m.* 1.4
mushroom **champiñón** *m.* 1.8
music **música** *f.* 1.2, 2.8
musical **musical** *adj.* 2.8
musician **músico/a** *m., f.* 2.8
must **deber** *v.* (+ *inf.*) 1.3
   It must be... **Debe ser...** 1.6
my **mi(s)** *poss. adj.* 1.3; **mío(s)/a(s)** *poss. adj. and pron.* 2.2

N

name **nombre** *m.* 1.1
   be named **llamarse** *v.* 1.7
   in the name of **a nombre de** 1.5
   last name **apellido** *m.*
   My name is... **Me llamo...** 1.1
napkin **servilleta** *f.* 2.3
national **nacional** *adj.* 2.9
nationality **nacionalidad** *f.* 1.1
natural **natural** *adj.* 2.4
   natural disaster **desastre** *m.* **natural** 2.9
   natural resource **recurso** *m.* **natural** 2.4
nature **naturaleza** *f.* 2.4
nauseated **mareado/a** *adj.* 2.1
near **cerca de** *prep.* 1.2
neaten **arreglar** *v.* 2.3
necessary **necesario/a** *adj.* 2.3
   It is necessary that... **Hay que...** 2.3, 2.5
neck **cuello** *m.* 2.1
need **faltar** *v.* 1.7; **necesitar** *v.* (+ *inf.*) 1.2
negative **negativo/a** *adj.*
neighbor **vecino/a** *m., f.* 2.3
neighborhood **barrio** *m.* 2.3
neither **tampoco** *adv.* 1.7
   neither... nor **ni... ni** *conj.* 1.7
nephew **sobrino** *m.* 1.3
nervous **nervioso/a** *adj.* 1.5
network **red** *f.* 2.2
never **nunca** *adv.* 1.7; **jamás** *adv.* 1.7
new **nuevo/a** *adj.* 1.6
newlywed **recién casado/a** *m., f.* 1.9
news **noticias** *f., pl.* 2.9; **actualidades** *f., pl.* 2.9
newscast **noticiero** *m.* 2.9
newspaper **periódico** *m.* 1.4; **diario** *m.* 2.9
next **próximo/a** *adj.* 2.7
   next to **al lado de** *prep.* 1.2
nice **simpático/a** *adj.* 1.3; **amable** *adj.* 1.5

niece **sobrina** *f.* 1.3
night **noche** *f.* 1.1
   night stand **mesita** *f.* **de noche** 2.3
nine **nueve** *n., adj.* 1.1
nine hundred **novecientos/as** *n., adj.* 1.2
nineteen **diecinueve** *n., adj.* 1.1
ninety **noventa** *n., adj.* 1.2
ninth **noveno/a** *n., adj.* 1.5
no **no** *adv.* 1.1; **ningún, ninguno/a(s)** *adj.* 1.7
   no one **nadie** *pron.* 1.7
   No problem. **No hay problema.** 1.7
   no way **de ninguna manera** 2.7
nobody **nadie** *pron.* 1.7
none **ningún, ninguno/a(s)** *pron.* 1.7
noon **mediodía** *m.* 1.1
nor **ni** *conj.* 1.7
north **norte** *m.* 2.5
   to the north **al norte** 2.5
nose **nariz** *f.* 2.1
not **no** 1.1
   not any **ningún, ninguno/a(s)** *adj.* 1.7
   not anyone **nadie** *pron.* 1.7
   not anything **nada** *pron.* 1.7
   not bad at all **nada mal** 1.5
   not either **tampoco** *adv.* 1.7
   not ever **nunca** *adv.* 1.7; **jamás** *adv.* 1.7
   Not very well. **No muy bien.** 1.1
   not working **descompuesto/a** *adj.* 2.2
notebook **cuaderno** *m.* 1.1
nothing **nada** *pron.* 1.1, 1.7
noun **sustantivo** *m.*
November **noviembre** *m.* 1.5
now **ahora** *adv.* 1.2
nowadays **hoy día** *adv.*
nuclear **nuclear** *adj.* 2.4
   nuclear energy **energía nuclear** *f.* 2.4
number **número** *m.* 1.1
nurse **enfermero/a** *m., f.* 2.1
nutrition **nutrición** *f.* 2.6
nutritionist **nutricionista** *m., f.* 2.6

O

obey **obedecer** *v.* 2.9
obligation **deber** *m.* 2.9
obtain **conseguir (e:i)** *v.* 1.4; **obtener** *v.* 2.7
obvious **obvio/a** *adj.* 2.4
   it's obvious **es obvio** 2.4
occupation **ocupación** *f.* 2.7
occur **ocurrir** *v.* 2.9
o'clock: It's... o'clock. **Son las...** 1.1

   It's one o'clock. **Es la una.** 1.1
October **octubre** *m.* 1.5
of **de** *prep.* 1.1
   Of course. **Claro que sí.** 2.7; **Por supuesto.** 2.7
offer **oferta** *f.* 2.3; **ofrecer** *v.* 1.6
office **oficina** *f.* 2.3
   doctor's office **consultorio** *m.* 2.1
often **a menudo** *adv.* 2.1
Oh! **¡Ay!**
oil **aceite** *m.* 1.8
OK **regular** *adj.* 1.1
   It's okay. **Está bien.**
old **viejo/a** *adj.* 1.3
   old age **vejez** *f.* 1.9
older **mayor** *adj.* 1.3
   older brother/sister **hermano/a mayor** *m., f.* 1.3
oldest **el/la mayor** *adj.* 1.8
on **en** *prep.* 1.2; **sobre** *prep.* 1.2
   on behalf of **por** *prep.* 2.2
   on the dot **en punto** 1.1
   on time **a tiempo** 2.1
   on top of **encima de** *prep.* 1.2
once **una vez** 1.6
one **un, uno/a** *m., f., sing. pron.* 1.1
   one hundred **cien(to)** *n., adj.* 1.2
   one million **un millón** *m.* 1.2
   one more time **una vez más** 1.9
   one thousand **mil** *n., adj.* 1.2
   one time **una vez** 1.6
onion **cebolla** *f.* 1.8
only **sólo** *adv.* 1.3; **único/a** *adj.* 1.3
   only child **hijo/a único/a** *m., f.* 1.3
open **abierto/a** *adj.* 1.5, 2.5; **abrir** *v.* 1.3
open-air **al aire libre** 1.6
opera **ópera** *f.* 2.8
operation **operación** *f.* 2.1
opposite **enfrente de** *prep.* 2.5
or **o** *conj.* 1.7; **u** *conj. (before words beginning with* **o** *or* **ho**)
orange **anaranjado/a** *adj.* 1.6; **naranja** *f.* 1.8
orchestra **orquesta** *f.* 2.8
order **mandar** 2.3; *(food)* **pedir (e:i)** *v.* 1.8
   in order to **para** *prep.* 2.2
orderly **ordenado/a** *adj.* 1.5
ordinal *(numbers)* **ordinal** *adj.*
other **otro/a** *adj.* 1.6
ought to **deber** *v.* (+ *inf.*) 1.3
our **nuestro(s)/a(s)** *poss. adj.* 1.3
ours **nuestro(s)/a(s)** *poss. pron.* 2.2

Vocabulario — English-Spanish

out of order **descompuesto/a** *adj.* 2.2
outskirts **afueras** *f., pl.* 2.3
oven **horno** *m.* 2.3
over **sobre** *prep.* 1.2
overpopulation **sobrepoblación** *f.* 2.4
own **propio/a** *adj.* 2.7
owner **dueño/a** *m., f.* 1.8

P

P.M. **tarde** *f.* 1.1
pack (one's suitcases) **hacer las maletas** 1.5
package **paquete** *m.* 2.5
page **página** *f.* 2.2
pain **dolor** *m.* 2.1
   have a pain **tener dolor** 2.1
paint **pintar** *v.* 2.8
painter **pintor(a)** *m., f.* 2.7
painting **pintura** *f.* 2.3, 2.8
pair **par** *m.* 1.6
   pair of shoes **par de zapatos** *m.* 1.6
pants **pantalones** *m., pl.* 1.6
pantyhose **medias** *f., pl.* 1.6
paper **papel** *m.* 1.2; (report) **informe** *m.* 2.9
Pardon me. (May I?) **Con permiso.** 1.1; (Excuse me.) **Perdón.** 1.1
parents **padres** *m., pl.* 1.3; **papás** *m., pl.* 1.3
park **estacionar** *v.* 2.2; **parque** *m.* 1.4
parking lot **estacionamiento** *m.* 2.5
partner (one of a married couple) **pareja** *f.* 1.9
party **fiesta** *f.* 1.9
passed **pasado/a** *adj., p.p.*
passenger **pasajero/a** *m., f.* 1.1
passport **pasaporte** *m.* 1.5
past **pasado** *adj.* 1.6
pastime **pasatiempo** *m.* 1.4
pastry shop **pastelería** *f.* 2.5
path **sendero** *m.* 2.4
patient **paciente** *m., f.* 2.1
patio **patio** *m.* 2.3
pay **pagar** *v.* 1.6
   pay in cash **pagar al contado/ pagar en efectivo** 2.5
   pay in installments **pagar a plazos** 2.5
   pay the bill **pagar la cuenta** 1.9
pea **arveja** *m.* 1.8
peace **paz** *f.* 2.9
peach **melocotón** *m.* 1.8
pear **pera** *f.* 1.8
pen **pluma** *f.* 1.2
pencil **lápiz** *m.* 1.1
penicillin **penicilina** *f.* 2.1

people **gente** *f.* 1.3
pepper (black) **pimienta** *f.* 1.8
per **por** *prep.* 2.2
perfect **perfecto/a** *adj.* 1.5
perhaps **quizás; tal vez** *adv.*
permission **permiso** *m.*
person **persona** *f.* 1.3
pharmacy **farmacia** *f.* 2.1
phenomenal **fenomenal** *adj.* 1.5
photograph **foto(grafía)** *f.* 1.1
physical (exam) **examen** *m.* **médico** 2.1
physician **doctor(a)** *m., f.* 1.3; **médico/a** *m., f.* 1.3
physics **física** *f.* 1.2
pick up **recoger** *v.* 2.4
picture **cuadro** *m.* 2.3; **pintura** *f.* 2.3
pie **pastel** *m.* 9
pill (tablet) **pastilla** *f.* 2.1
pillow **almohada** *f.* 2.3
pineapple **piña** *f.* 1.8
pink **rosado/a** *adj.* 1.6
place **lugar** *m.* 1.4; **poner** *v.* 1.4
plaid **de cuadros** 1.6
plans **planes** *m., pl.*
   have plans **tener planes**
plant **planta** *f.* 2.4
plastic **plástico** *m.* 2.4
   (made) of plastic **de plástico** 2.4
plate **plato** *m.* 2.3
play **drama** *m.* 2.8; **comedia** *f.* 2.8; **jugar (u:ue)** *v.* 1.4; (a musical instrument) **tocar** *v.* 2.8
play cards **jugar a las cartas** 1.5
play sports **practicar deportes** 1.4
play a role **hacer el papel de** 2.8
player **jugador(a)** *m., f.* 1.4
playwright **dramaturgo/a** *m., f.* 2.8
plead **rogar (o:ue)** *v.* 2.3
pleasant **agradable** *adj.*
please **por favor** 1.1
   Pleased to meet you. **Mucho gusto.** 1.1; **Encantado/a.** *adj.* 1.1
pleasing: be pleasing to **gustar** *v.* 1.2; 1.7
pleasure **gusto** *m.* 1.1; **placer** *m.* 2.6
   It's a pleasure to… **Gusto de (+ inf.)** 2.9
   It's been a pleasure. **Ha sido un placer.** 2.6
   The pleasure is mine. **El gusto es mío.** 1.1
poem **poema** *m.* 2.8
poet **poeta** *m., f.* 2.8
poetry **poesía** *f.* 2.8
police (force) **policía** *f.* 2.2
political **político/a** *adj.* 2.9

politician **político/a** *m., f.* 2.7
politics **política** *f.* 2.9
polka-dotted **de lunares** 1.6
poll **encuesta** *f.* 2.9
pollute **contaminar** *v.* 2.4
polluted **contaminado/a** *adj.* 2.4
   be polluted **estar contaminado/a** 2.4
pollution **contaminación** *f.* 2.4
pool **piscina** *f.* 1.4
poor **pobre** *adj.* 1.6
population **población** *f.* 2.4
pork **cerdo** *m.* 1.8
   pork chop **chuleta** *f.* **de cerdo** 1.8
portable **portátil** *adj.* 2.2
   portable computer **computadora** *f.* **portátil** 2.2
position **puesto** *m.* 2.7
possessive **posesivo/a** *adj.* 1.3
possible **posible** *adj.* 2.4
   it's (not) possible **(no) es posible** 2.4
postcard **postal** *f.*
poster **cartel** *m.* 2.3
post office **correo** *m.* 2.5
potato **papa** *f.* 1.8; **patata** *f.* 1.8
pottery **cerámica** *f.* 2.8
practice **entrenarse** *v.* 2.6; **practicar** *v.* 1.2
prefer **preferir (e:ie)** *v.* 1.4
pregnant **embarazada** *adj.* 2.1
prepare **preparar** *v.* 1.2
preposition **preposición** *f.*
prescribe (medicine) **recetar** *v.* 2.1
prescription **receta** *f.* 2.1
present **regalo** *m.*; **presentar** *v.* 2.8
press **prensa** *f.* 2.9
pressure **presión** *f.*
   be under a lot of pressure **sufrir muchas presiones** 2.6
pretty **bonito/a** *adj.* 1.3; **bastante** *adv.* 2.4
price **precio** *m.* 1.6
   fixed/set price **precio** *m.* **fijo** 1.6
print **estampado/a** *adj.*; **imprimir** *v.* 2.2
printer **impresora** *f.* 2.2
private (room) **individual** *adj.*
prize **premio** *m.* 2.8
probable **probable** *adj.* 2.4
   it's (not) probable **(no) es probable** 2.4
problem **problema** *m.* 1.1
profession **profesión** *f.* 1.3, 2.7
professor **profesor(a)** *m., f.*
program **programa** *m.* 1.1
programmer **programador(a)** *m., f.* 1.3
prohibit **prohibir** *v.* 2.1

Vocabulario

English-Spanish

promotion *(career)* **ascenso** *m.* 2.7
pronoun **pronombre** *m.*
protect **proteger** *v.* 2.4
protein **proteína** *f.* 2.6
provided (that) **con tal (de) que** *conj.* 2.4
psychologist **psicólogo/a** *m., f.* 2.7
psychology **psicología** *f.* 1.2
publish **publicar** *v.* 2.8
Puerto Rican **puertorriqueño/a** *adj.* 1.3
Puerto Rico **Puerto Rico** *m.* 1.1
pull a tooth **sacar una muela**
purchases **compras** *f., pl.* 1.5
purple **morado/a** *adj.* 1.6
purse **bolsa** *f.* 1.6
put **poner** *v.* 1.4; **puesto** *p.p.* 2.5
  put (a letter) in the mailbox **echar (una carta) al buzón** 2.5
  put on *(a performance)* **presentar** *v.* 2.8
  put on *(clothing)* **ponerse** *v.* 1.7
  put on makeup **maquillarse** *v.* 1.7

Q

quality **calidad** *f.* 1.6
quarter **trimestre** *m.* 1.2
  quarter after *(time)* **y cuarto** 1.1; **y quince** 1.1
  quarter to *(time)* **menos cuarto** 1.1; **menos quince** 1.1
question **pregunta** *f.* 1.2
quickly **rápido** *adv.* 2.1
quiet **tranquilo/a** *adj.* 2.6
quit **dejar** *v.* 2.7
quiz **prueba** *f.* 1.2

R

racism **racismo** *m.* 2.9
radio *(medium)* **radio** *f.* 1.2; radio (set) **radio** *m.* 2.2
rain **llover (o:ue)** *v.* 1.5; **lluvia** *f.* 2.4
  It's raining. **Llueve.** 1.5; **Está lloviendo.** 1.5
raincoat **impermeable** *m.* 1.6
rain forest **bosque** *m.* **tropical** 2.4
raise *(salary)* **aumento de sueldo** *m.* 2.7
rather **bastante** *adv.* 2.1
read **leer** *v.* 1.3; **leído/a** *p.p.* 2.5
  read a magazine **leer una revista** 1.4

read a newspaper **leer un periódico** 1.4
read e-mail **leer correo electrónico** 1.4
ready **listo/a** *adj.* 1.5
  (Are you) ready? **¿(Están) listos?** 2.6
reality show **programa de realidad** *m.* 2.8
reap the benefits (of) **disfrutar** *v.* **(de)** 2.6
receive **recibir** *v.* 1.3
recommend **recomendar (e:ie)** *v.* 1.8, 2.3
record **grabar** *v.* 2.2
recreation **diversión** *f.* 1.4
recycle **reciclar** *v.* 2.4
recycling **reciclaje** *m.* 2.4
red **rojo/a** *adj.* 1.6
red-haired **pelirrojo/a** *adj.* 1.3
reduce **reducir** *v.* 2.4
  reduce stress/tension **aliviar el estrés/la tensión** 2.6
refrigerator **refrigerador** *m.* 2.3
region **región** *f.* 2.4
regret **sentir (e:ie)** *v.* 2.4
relatives **parientes** *m., pl.* 1.3
relax **relajarse** *v.* 1.9; **Tranquilo/a.** 1.7
remain **quedarse** *v.* 1.7
remember **acordarse (o:ue)** *v.* **(de)** 1.7; **recordar (o:ue)** *v.* 1.4
remote control **control remoto** *m.* 2.2
rent **alquilar** *v.* 2.3; *(payment)* **alquiler** *m.* 2.3
repeat **repetir (e:i)** *v.* 1.4
report **informe** *m.* 2.9; **reportaje** *m.* 2.9
reporter **reportero/a** *m., f.* 2.7
representative **representante** *m., f.* 2.9
request **pedir (e:i)** *v.* 1.4
reservation **reservación** *f.* 1.5
resign (from) **renunciar (a)** *v.* 2.7
resolve **resolver (o:ue)** *v.* 2.4
resolved **resuelto** *p.p.* 2.5
resource **recurso** *m.* 2.4
responsibility **deber** *m.* 2.9; **responsabilidad** *f.*
rest **descansar** *v.* 1.2
restaurant **restaurante** *m.* 1.4
résumé **currículum** *m.* 2.7
retire *(from work)* **jubilarse** *v.* 1.9
return **regresar** *v.* 1.2; **volver (o:ue)** *v.* 1.4
  return trip **vuelta** *f.*
returned **vuelto** *p.p.* 2.5
rice **arroz** *m.* 1.8
rich **rico/a** *adj.* 1.6
ride: ride a bicycle **pasear en bicicleta** 1.4
  ride a horse **montar a caballo** 1.5
ridiculous **ridículo/a** *adj.* 2.4
  it's ridiculous **es ridículo** 2.4
right **derecha** *f.* 1.2
  be right **tener razón** 1.3
  right? *(question tag)* **¿no?** 1.1; **¿verdad?** 1.1
  right away **enseguida** *adv.* 1.9
  right here **aquí mismo** 2.2
  right now **ahora mismo** 1.5
  right there **allí mismo** 2.5
  to the right of **a la derecha de** 1.2
rights **derechos** *m.* 2.9
ring *(a doorbell)* **sonar (o:ue)** *v.* 2.2
river **río** *m.* 2.4
road **camino** *m.*
roast **asado/a** *adj.* 1.8
  roast chicken **pollo** *m.* **asado** 1.8
rollerblade **patinar en línea** *v.*
romantic **romántico/a** *adj.* 2.8
room **habitación** *f.* 1.5; **cuarto** *m.* 1.2, 1.7
  living room **sala** *f.* 2.3
roommate **compañero/a** *m., f.* **de cuarto** 1.2
roundtrip **de ida y vuelta** 1.5
  roundtrip ticket **pasaje** *m.* **de ida y vuelta** 1.5
routine **rutina** *f.* 1.7
rug **alfombra** *f.* 2.3
run **correr** *v.* 1.3
  run errands **hacer diligencias** 2.5
  run into *(have an accident)* **chocar (con)** *v.*; *(meet accidentally)* **encontrar(se) (o:ue)** *v.* 2.2; *(run into something)* **darse (con)** 2.1; *(each other)* **encontrar(se) (o:ue)** *v.* 2.2
rush **apurarse** *v.* 2.6; **darse prisa** 2.6
Russian **ruso/a** *adj.* 1.3

S

sad **triste** *adj.* 1.5, 2.4
  it's sad **es triste** 2.4
safe **seguro/a** *adj.* 1.5
said **dicho** *p.p.* 2.5
salad **ensalada** *f.* 1.8
salary **salario** *m.* 2.7; **sueldo** *m.* 2.7
sale **rebaja** *f.* 1.6
salesperson **vendedor(a)** *m., f.* 1.6
salmon **salmón** *m.* 1.8
salt **sal** *f.* 1.8
same **mismo/a** *adj.* 1.3
sandal **sandalia** *f.* 1.6
sandwich **sándwich** *m.* 1.8

Vocabulario — English-Spanish

Saturday **sábado** *m.* 1.2
sausage **salchicha** *f.* 1.8
save *(on a computer)* **guardar** *v.* 2.2; *(money)* **ahorrar** *v.* 2.5
savings **ahorros** *m.* 2.5
   savings account **cuenta** *f.* **de ahorros** 2.5
say **decir** *v.* 1.4; **declarar** *v.* 2.9
   say that **decir que** *v.* 1.4, 1.9
   say the answer **decir la respuesta** 1.4
scan **escanear** *v.* 2.2
scarcely **apenas** *adv.* 2.1
scared: be (very) scared (of) **tener (mucho) miedo (de)** 1.3
schedule **horario** *m.* 1.2
school **escuela** *f.* 1.1
science **ciencia** *f.* 1.2
science fiction **ciencia ficción** *f.* 2.8
scientist **científico/a** *m., f.* 2.7
screen **pantalla** *f.* 2.2
scuba dive **bucear** *v.* 1.4
sculpt **esculpir** *v.* 2.8
sculptor **escultor(a)** *m., f.* 2.8
sculpture **escultura** *f.* 2.8
sea **mar** *m.* 1.5
season **estación** *f.* 1.5
seat **silla** *f.* 1.2
second **segundo/a** *n., adj.* 1.5
secretary **secretario/a** *m., f.* 2.7
sedentary **sedentario/a** *adj.* 2.6
see **ver** *v.* 1.4
   see (you/him/her) again **volver a ver(te/lo/la)** 2.9
   see movies **ver películas** 1.4
   See you. **Nos vemos.** 1.1
   See you later. **Hasta la vista.** 1.1; **Hasta luego.** 1.1
   See you soon. **Hasta pronto.** 1.1
   See you tomorrow. **Hasta mañana.** 1.1
seem **parecer** *v.* 1.6
seen **visto** *p.p.* 2.5
sell **vender** *v.* 1.6
semester **semestre** *m.* 1.2
send **enviar** *v.* 2.5; **mandar** *v.* 2.5
separate (from) **separarse** *v.* **(de)** 1.9
separated **separado/a** *adj.* 1.9
September **septiembre** *m.* 1.5
sequence **secuencia** *f.*
serious **grave** *adj.* 2.1
serve **servir (e:i)** *v.* 1.8
set *(fixed)* **fijo/a** *adj.* 1.6
   set the table **poner la mesa** 2.3
seven **siete** *n., adj.* 1.1
seven hundred **setecientos/as** *n., adj.* 1.2
seventeen **diecisiete** *n., adj.* 1.1
seventh **séptimo/a** *n., adj.* 1.5
seventy **setenta** *n., adj.* 1.2

several **varios/as** *adj. pl.* 1.8
sexism **sexismo** *m.* 2.9
shame **lástima** *f.* 2.4
   it's a shame **es una lástima** 2.4
shampoo **champú** *m.* 1.7
shape **forma** *f.* 2.6
   be in good shape **estar en buena forma** 2.6
   stay in shape **mantenerse en forma** 2.6
share **compartir** *v.* 1.3
sharp *(time)* **en punto** 1.1
shave **afeitarse** *v.* 1.7
shaving cream **crema** *f.* **de afeitar** 1.7
she **ella** *sub. pron.* 1.1
shellfish **mariscos** *m., pl.* 1.8
ship **barco** *m.*
shirt **camisa** *f.* 1.6
shoe **zapato** *m.* 1.6
   shoe size **número** *m.* 1.6
   shoe store **zapatería** *f.* 2.5
   tennis shoes **zapatos** *m., pl.* **de tenis** 1.6
shop **tienda** *f.* 1.6
shopping: to go shopping **ir de compras** 1.5
shopping mall **centro comercial** *m.* 1.6
short *(in height)* **bajo/a** *adj.* 1.3; *(in length)* **corto/a** *adj.* 1.6
short story **cuento** *m.* 2.8
shorts **pantalones cortos** *m., pl.* 1.6
should *(do something)* **deber** *v.* **(+ inf.)** 1.3
show **espectáculo** *m.* 2.8; **mostrar (o:ue)** *v.* 1.4
   game show **concurso** *m.* 2.8
shower **ducha** *f.* 1.7; **ducharse** *v.* 1.7
shrimp **camarón** *m.* 1.8
siblings **hermanos/as** *m., f. pl.* 1.3
sick **enfermo/a** *adj.* 2.1
   be sick **estar enfermo/a** 2.1
   get sick **enfermarse** *v.* 2.1
sign **firmar** *v.* 2.5; **letrero** *m.* 2.5
silk **seda** *f.* 1.6
   (made of) silk **de seda** 1.6
silly **tonto/a** *adj.* 1.3
since **desde** *prep.*
sing **cantar** *v.* 1.2
singer **cantante** *m., f.* 2.8
single **soltero/a** *adj.* 1.9
   single room **habitación** *f.* **individual** 1.5
sink **lavabo** *m.* 1.7
sir **señor (Sr.)** *m.* 1.1
sister **hermana** *f.* 1.3
sister-in-law **cuñada** *f.* 1.3
sit down **sentarse (e:ie)** *v.* 1.7
six **seis** *n., adj.* 1.1
six hundred **seiscientos/as** *n., adj.* 1.2

sixteen **dieciséis** *n., adj.* 1.1
sixth **sexto/a** *n., adj.* 1.5
sixty **sesenta** *n., adj.* 1.2
size **talla** *f.* 1.6
   shoe size **número** *m.* 1.6
skate (in-line) **patinar (en línea)** 1.4
skateboard **andar en patineta** *v.* 1.4
ski **esquiar** *v.* 1.4
skiing **esquí** *m.* 1.4
   waterskiing **esquí** *m.* **acuático** 1.4
skirt **falda** *f.* 1.6
sky **cielo** *m.* 2.4
sleep **dormir (o:ue)** *v.* 1.4; **sueño** *m.* 1.3
   go to sleep **dormirse (o:ue)** *v.* 1.7
sleepy: be (very) sleepy **tener (mucho) sueño** 1.3
slender **delgado/a** *adj.* 1.3
slim down **adelgazar** *v.* 2.6
slippers **pantuflas** *f., pl.* 1.7
slow **lento/a** *adj.* 2.2
slowly **despacio** *adv.* 2.1
small **pequeño/a** *adj.* 1.3
smart **listo/a** *adj.* 1.5
smile **sonreír (e:i)** *v.* 1.9
smiled **sonreído** *p.p.* 2.5
smoggy: It's (very) smoggy. **Hay (mucha) contaminación.**
smoke **fumar** *v.* 1.8, 2.6
   not to smoke **no fumar** 2.6
smoking section **sección** *f.* **de fumar** 1.8
   nonsmoking section *f.* **sección de no fumar** 1.8
snack **merendar (e:ie)** *v.* 1.8, 2.6
   afternoon snack **merienda** *f.* 2.6
   have a snack **merendar (e:ie)** *v.*
sneakers **zapatos de tenis** *m., pl.* 1.6
sneeze **estornudar** *v.* 2.1
snow **nevar (e:ie)** *v.* 1.5; **nieve** *f.*
snowing: It's snowing. **Nieva.** 1.5; **Está nevando.** 1.5
so *(in such a way)* **así** *adv.* 2.1; **tan** *adv.* 1.5
   so much **tanto** *adv.*
   so-so **regular** 1.1, **así así**
   so that **para que** *conj.* 2.4
soap **jabón** *m.* 1.7
soap opera **telenovela** *f.* 2.8
soccer **fútbol** *m.* 1.4
sociology **sociología** *f.* 1.2
sock(s) **calcetín (calcetines)** *m.* 1.6
sofa **sofá** *m.* 2.3
soft drink **refresco** *m.* 1.8
software **programa** *m.* **de computación** 2.2

Vocabulario — English-Spanish

soil **tierra** *f.* 2.4
solar **solar** *adj.* 2.4
   solar energy **energía** *f.* **solar** 2.4
soldier **soldado** *m., f.* 2.9
solution **solución** *f.* 2.4
solve **resolver (o:ue)** *v.* 2.4
some **algún, alguno(s)/a(s)** *adj., pron.* 1.7; **unos/as** *pron.; m., f., pl. indef. art.* 1.1
somebody **alguien** *pron.* 1.7
someone **alguien** *pron.* 1.7
something **algo** *pron.* 1.7
sometimes **a veces** *adv.* 2.1
son **hijo** *m.* 1.3
song **canción** *f.* 2.8
son-in-law **yerno** *m.* 1.3
soon **pronto** *adv.* 2.1
   See you soon. **Hasta pronto.** 1.1
sorry: be sorry **sentir (e:ie)** *v.* 2.4
   I'm sorry. **Lo siento.** 1.4
   I'm so sorry. **Mil perdones** 1.4; **Lo siento muchísimo.** 1.4
soup **sopa** *f.* 1.8
south **sur** *m.* 2.5
   to the south **al sur** 2.5
Spain **España** *f.* 1.1
Spanish (language) **español** *m.* 1.2; **español(a)** *adj.* 1.3
spare time **ratos libres** *m.* 1.4
speak **hablar** *v.* 1.2
spectacular **espectacular** *adj.* 2.6
speech **discurso** *m.* 2.9
speed **velocidad** *f.* 2.2
   speed limit **velocidad** *f.* **máxima** 2.2
spelling **ortografía** *f.*; **ortográfico/a** *adj.*
spend (money) **gastar** *v.* 1.6
spoon (table or large) **cuchara** *f.* 2.3
sport **deporte** *m.* 1.4
   sports-related **deportivo/a** *adj.* 1.4
spouse **esposo/a** *m., f.* 1.3
sprain (one's ankle) **torcerse (o:ue)** *v.* **(el tobillo)** 2.1
sprained **torcido/a** *adj.* 2.1
   be sprained **estar torcido/a** 2.1
spring **primavera** *f.* 1.5
square (city or town) **plaza** *f.* 1.4
stadium **estadio** *m.* 1.2
stage **etapa** *f.* 1.9
stairs **escalera** *f.* 2.3
stairway **escalera** *f.* 2.3
stamp **estampilla** *f.* 2.5; **sello** *m.* 2.5
stand in line **hacer cola** 2.5
star **estrella** *f.* 2.4
start **establecer** *v.* 2.7; (a vehicle) **arrancar** *v.* 2.2
station **estación** *f.* 1.5

statue **estatua** *f.* 2.8
status: marital status **estado** *m.* **civil** 1.9
stay **quedarse** *v.* 1.7
   stay in shape **mantenerse en forma** 2.6
steak **bistec** *m.* 1.8
steering wheel **volante** *m.* 2.2
step **etapa** *f.*
stepbrother **hermanastro** *m.* 1.3
stepdaughter **hijastra** *f.* 1.3
stepfather **padrastro** *m.* 1.3
stepmother **madrastra** *f.* 1.3
stepsister **hermanastra** *f.* 1.3
stepson **hijastro** *m.* 1.3
stereo **estéreo** *m.* 2.2
still **todavía** *adv.* 1.5
stockbroker **corredor(a)** *m., f.* **de bolsa** 2.7
stockings **medias** *f., pl.* 1.6
stomach **estómago** *m.* 2.1
stone **piedra** *f.* 2.4
stop **parar** *v.* 2.2
   stop (doing something) **dejar de (+ inf.)** 2.4
store **tienda** *f.* 1.6
storm **tormenta** *f.* 2.9
story **cuento** *m.* 2.8; **historia** *f.* 2.8
stove **cocina** *f.* 2.3; **estufa** *f.* 2.3
straight **derecho** *adv.* 2.5
   straight (ahead) **derecho** 2.5
straighten up **arreglar** *v.* 2.3
strange **extraño/a** *adj.* 2.4
   it's strange **es extraño** 2.4
strawberry **frutilla** *f.*, **fresa** *f.*
street **calle** *f.* 2.2
stress **estrés** *m.* 2.6
stretching **estiramiento** *m.* 2.6
   do stretching exercises **hacer ejercicios de estiramiento** 2.6
strike (labor) **huelga** *f.* 2.9
stripe **raya** *f.* 1.6
striped **de rayas** 1.6
stroll **pasear** *v.* 1.4
strong **fuerte** *adj.* 2.6
struggle (for/against) **luchar** *v.* **(por/contra)** 2.9
student **estudiante** *m., f.* 1.1, 1.2; **estudiantil** *adj.* 1.2
study **estudiar** *v.* 1.2
stuffed-up (sinuses) **congestionado/a** *adj.* 2.1
stupendous **estupendo/a** *adj.* 1.5
style **estilo** *m.*
suburbs **afueras** *f., pl.* 2.3
subway **metro** *m.* 1.5
   subway station **estación** *f.* **del metro** 1.5
success **éxito** *m.* 2.7
successful: be successful **tener éxito** 2.7

such as **tales como**
suddenly **de repente** *adv.* 1.6
suffer **sufrir** *v.* 2.1
   suffer an illness **sufrir una enfermedad** 2.1
sugar **azúcar** *m.* 1.8
suggest **sugerir (e:ie)** *v.* 2.3
suit **traje** *m.* 1.6
suitcase **maleta** *f.* 1.1
summer **verano** *m.* 1.5
sun **sol** *m.* 1.5, 2.4
sunbathe **tomar el sol** 1.4
Sunday **domingo** *m.* 1.2
sunglasses **gafas** *f., pl.* **de sol** 1.6
sunny: It's (very) sunny. **Hace (mucho) sol.** 1.5
supermarket **supermercado** *m.* 2.5
suppose **suponer** *v.* 1.4
sure **seguro/a** *adj.* 1.5
   be sure **estar seguro/a** 1.5
surf (the Internet) **navegar** *v.* **(en Internet)** 2.2
surprise **sorprender** *v.* 1.9; **sorpresa** *f.* 1.9
survey **encuesta** *f.* 2.9
sweat **sudar** *v.* 2.6
sweater **suéter** *m.* 1.6
sweep (the floor) **barrer** *v.* **(el suelo)** 2.3
sweets **dulces** *m., pl.* 1.9
swim **nadar** *v.* 1.4
swimming **natación** *f.* 1.4
swimming pool **piscina** *f.* 1.4
symptom **síntoma** *m.* 2.1

T

table **mesa** *f.* 1.2
tablespoon **cuchara** *f.* 2.3
tablet (pill) **pastilla** *f.* 2.1
take **tomar** *v.* 1.2; **llevar** *v.* 1.6
   take a bath **bañarse** *v.* 1.7
   take a shoe size **calzar** *v.* 1.6
   take a shower **ducharse** *v.* 1.7
   take care of **cuidar** *v.* 2.4
   take off **quitarse** *v.* 1.7
   take out the trash *v.* **sacar la basura** 2.3
   take photos **tomar fotos** 1.5; **sacar fotos** 1.5
   take someone's temperature **tomar la temperatura** 2.1
talented **talentoso/a** *adj.* 2.8
talk *v.* **hablar** 1.2
talk show **programa** *m.* **de entrevistas** 2.8
tall **alto/a** *adj.* 1.3
tank **tanque** *m.* 2.2
tape (audio) **cinta** *f.*
tape recorder **grabadora** *f.* 1.1
taste **probar (o:ue)** *v.* 1.8; **saber** *v.* 1.8
   taste like **saber a** 1.8

Vocabulario — English-Spanish

tasty **rico/a** *adj.* 1.8; **sabroso/a** *adj.* 1.8
tax **impuesto** *m.* 2.9
taxi **taxi** *m.* 1.5
tea **té** *m.* 1.8
teach **enseñar** *v.* 1.2
teacher **profesor(a)** *m., f.* 1.1, 1.2; **maestro/a** *m., f.* 2.7
team **equipo** *m.* 1.4
technician **técnico/a** *m., f.* 2.7
telecommuting **teletrabajo** *m.* 2.7
telephone **teléfono** *m.* 2.2
  cellular telephone **teléfono** *m.* **celular** 2.2
television **televisión** *f.* 1.2, 2.2
  television set **televisor** *m.* 2.2
tell **contar (o:ue)** *v.* 1.4; **decir** *v.* 1.4
  tell (that) **decir (que)** 1.4, 1.9
  tell lies **decir mentiras** 1.4
  tell the truth **decir la verdad** 1.4
temperature **temperatura** *f.* 2.1
ten **diez** *n., adj.* 1.1
tennis **tenis** *m.* 1.4
tennis shoes **zapatos** *m., pl.* **de tenis** 1.6
tension **tensión** *f.* 2.6
tent **tienda** *f.* **de campaña**
tenth **décimo/a** *n., adj.* 1.5
terrible **terrible** *adj.* 2.4
  it's terrible **es terrible** 2.4
terrific **chévere** *adj.*
test **prueba** *f.* 1.2; **examen** *m.* 1.2
text message **mensaje** *m.* **de texto** 2.2
Thank you. **Gracias.** 1.1
  Thank you very much. **Muchas gracias.** 1.1
  Thank you very, very much. **Muchísimas gracias.** 1.9
  Thanks (a lot). **(Muchas) gracias.** 1.1
  Thanks again. **Gracias una vez más.** (*lit.* Thanks one more time.) 1.9
  Thanks for everything. **Gracias por todo.** 1.9, 2.6
that **que, quien(es), lo que** *conj.* 2.3
  that (one) **ése, ésa, eso** *pron.* 1.6; **ese, esa** *adj.* 1.6
  that (over there) **aquél, aquélla, aquello** *pron.* 1.6; **aquel, aquella** *adj.* 1.6
  that which **lo que** *conj.* 2.3
  That's me. **Soy yo.** 1.1
  That's not the way it is. **No es así.** 2.7
  that's why **por eso** 2.2
the **el** *m., sing.* **la** *f., sing.*, **los** *m. pl.* **las** *f. pl.* 1.1
theater **teatro** *m.* 2.8
their **su(s)** *poss. adj.* 1.3; **suyo(s)/a(s)** *poss. adj.* 2.2
theirs **suyo(s)/a(s)** *poss. pron.* 2.2
them **los/las** *pl., d.o. pron.* 1.5; **ellos/as** *pron., obj. of prep.* 1.9
  to/for them **les** *pl., i.o. pron.* 1.6
then **después** (*afterward*) *adv.* 1.7; **entonces** (*as a result*) *adv.* 1.7; **luego** (*next*) *adv.* 1.7; **pues** *adv.* 2.6
there **allí** *adv.* 1.5
  There is/are… **Hay…** 1.1
  There is/are not… **No hay…** 1.1
therefore **por eso** *adv.* 2.2
these **éstos, éstas** *pron.* 1.6; **estos, estas** *adj.* 1.6
they **ellos** *m. pron.*, **ellas** *f. pron.* 1.1
thin **delgado/a** *adj.* 1.3
thing **cosa** *f.* 1.1
think **pensar (e:ie)** *v.* 1.4; (*believe*) **creer** *v.*
  think about **pensar en** *v.* 1.4
third **tercero/a** *n., adj.* 1.5
thirst **sed** *f.* 1.3
thirsty: be (very) thirsty **tener (mucha) sed** 1.3
thirteen **trece** *n., adj.* 1.1
thirty **treinta** *n., adj.* 1.1; 1.2
thirty (*minutes past the hour*) **y treinta; y media** 1.1
this **este, esta** *adj.*; **éste, ésta, esto** *pron.* 1.6
  This is… (*introduction*) **Éste/a es…** 1.1
  This is he/she. (*on the telephone*) **Con él/ella habla.** 2.2
those **ésos, ésas** *pron.* 1.6; **esos, esas** *adj.* 1.6
those (*over there*) **aquéllos, aquéllas** *pron.* 1.6; **aquellos, aquellas** *adj.* 1.6
thousand **mil** *m.* 1.6
three **tres** *n., adj.* 1.1
three hundred **trescientos/as** *n., adj.* 1.2
throat **garganta** *f.* 2.1
through **por** *prep.*
throughout: throughout the world **en todo el mundo** 2.4
Thursday **jueves** *m., sing.* 1.2
thus (*in such a way*) **así** *adj.*
ticket **boleto** *m.* 2.8; **pasaje** *m.* 1.5
tie **corbata** *f.* 1.6
time **vez** *f.* 1.6; **tiempo** *m.* 1.4
  have a good/bad time **pasarlo bien/mal** 1.9
  We had a great time. **Lo pasamos de película.** 2.9
  What time is it? **¿Qué hora es?** 1.1
  (At) What time…? **¿A qué hora…?** 1.1
times **veces** *f., pl.* 1.6
  many times **muchas veces** 2.1
  two times **dos veces** 1.6
tip **propina** *f.* 1.9
tire **llanta** *f.* 2.2
tired **cansado/a** *adj.* 1.5
  be tired **estar cansado/a** 1.5
to **a** *prep.* 1.1
toast **pan** *m.* **tostado**; (*drink*) **brindar** *v.* 1.9
toasted **tostado/a** *adj.* 1.8
  toasted bread **pan** *m.* **tostado** 1.8
toaster **tostadora** *f.* 2.3
today **hoy** *adv.* 1.2
  Today is… **Hoy es…** 1.2
toe **dedo** *m.* **del pie** 2.1
together **juntos/as** *adj.* 1.9
toilet **inodoro** *m.* 1.7
tomato **tomate** *m.* 1.8
tomorrow **mañana** *f.* 1.1
  See you tomorrow. **Hasta mañana.** 1.1
tonight **esta noche** *adv.* 1.4
too **también** *adv.* 1.2, 1.7
  too much **demasiado** *adv.* 1.6; **en exceso** 2.6
tooth **diente** *m.* 1.7
toothpaste **pasta** *f.* **de dientes** 1.7
tornado **tornado** *m.* 2.9
tortilla **tortilla** *f.* 1.8
touch **tocar** *v.* 2.4, 2.8
touch screen **pantalla táctil** *f.* 2.4
tour **excursión** *f.* 1.4
  tour an area **recorrer** *v.*
tourism **turismo** *m.* 1.5
tourist **turista** *m., f.* 1.1; **turístico/a** *adj.*
toward **hacia** *prep.* 2.5; **para** *prep.* 2.2
towel **toalla** *f.* 1.7
town **pueblo** *m.* 1.4
trade **oficio** *m.* 2.7
traffic **circulación** *f.* 2.2; **tráfico** *m.* 2.2
traffic signal **semáforo** *m.*
tragedy **tragedia** *f.* 2.8
trail **sendero** *m.* 2.4
train **entrenarse** *v.* 2.6; **tren** *m.* 1.5
  train station **estación** *f.* **de tren** 1.5
trainer **entrenador/a** *m., f.* 2.6
translate **traducir** *v.* 1.6
trash **basura** *f.* 2.3
travel **viajar** *v.* 1.2
travel agent **agente** *m., f.* **de viajes** 1.5
traveler **viajero/a** *m., f.* 1.5
  traveler's check **cheque de viajero** *m.* 2.5
treadmill **cinta caminadora** *f.* 2.6
tree **árbol** *m.* 2.4
trillion **billón** *m.*

Vocabulario

English-Spanish

trimester **trimestre** *m.* 1.2
trip **viaje** *m.* 1.5
   take a trip **hacer un viaje** 1.5
tropical forest **bosque** *m.* **tropical** 2.4
true **verdad** *adj.* 2.4
   it's (not) true **(no) es verdad** 2.4
trunk **baúl** *m.* 2.2
truth **verdad** *f.*
try **intentar** *v.;* **probar (o:ue)** *v.* 1.8
   try *(to do something)* **tratar de (+** *inf.***)** 2.6
   try on **probarse (o:ue)** *v.* 1.7
t-shirt **camiseta** *f.* 1.6
Tuesday **martes** *m., sing.* 1.2
tuna **atún** *m.* 1.8
turkey **pavo** *m.* 1.8
turn **doblar** *v.* 2.5
   turn off *(electricity/appliance)* **apagar** *v.* 2.2
   turn on *(electricity/appliance)* **poner** *v.* 2.2; **prender** *v.* 2.2
twelve **doce** *n., adj.* 1.1
twenty **veinte** *n., adj.* 1.1
twenty-eight **veintiocho** *n., adj.* 1.1
twenty-five **veinticinco** *n., adj.* 1.1
twenty-four **veinticuatro** *n., adj.* 1.1
twenty-nine **veintinueve** *n., adj.* 1.1
twenty-one **veintiún, veintiuno/a** *n., adj.* 1.1
twenty-seven **veintisiete** *n., adj.* 1.1
twenty-six **veintiséis** *n., adj.* 1.1
twenty-three **veintitrés** *n., adj.* 1.1
twenty-two **veintidós** *n., adj.* 1.1
twice **dos veces** *adv.* 1.6
twin **gemelo/a** *m., f.* 1.3
twisted **torcido/a** *adj.* 2.1
   be twisted **estar torcido/a** 2.1
two **dos** *n., adj.* 1.1
   two times **dos veces** 1.6
two hundred **doscientos/as** *n., adj.* 1.2

U

uncle **tío** *m.* 1.3
under **bajo** *adv.* 1.7; **debajo de** *prep.* 1.2
understand **comprender** *v.* 1.3; **entender (e:ie)** *v.* 1.4
underwear **ropa interior** *f.* 1.6
unemployment **desempleo** *m.* 2.9
United States **Estados Unidos (EE.UU.)** *m. pl.* 1.1

university **universidad** *f.* 1.2
unless **a menos que** *conj.* 2.4
unmarried **soltero/a** *adj.*
unpleasant **antipático/a** *adj.* 1.3
until **hasta** *prep.* 1.6; **hasta que** *conj.* 2.4
up **arriba** *adv.* 2.6
urgent **urgente** *adj.* 2.3
   It's urgent that... **Es urgente que...** 2.3
us **nos** *pl., d.o. pron.* 1.5
   to/for us **nos** *pl., i.o. pron.* 1.6
use **usar** *v.* 1.6
used for **para** *prep.* 2.2
useful **útil** *adj.*

V

vacation **vacaciones** *f. pl.* 1.5
   be on vacation **estar de vacaciones** 1.5
   go on vacation **ir de vacaciones** 1.5
vacuum **pasar la aspiradora** 2.3
vacuum cleaner **aspiradora** *f.* 2.3
valley **valle** *m.* 2.4
various **varios/as** *adj. pl.* 1.8
vegetables **verduras** *pl., f.* 1.8
verb **verbo** *m.*
very **muy** *adv.* 1.1
   very much **muchísimo** *adv.* 1.2
   (Very) well, thank you. **(Muy) bien, gracias.** 1.1
video **video** *m.* 1.1, 2.2
video camera **cámara** *f.* **de video** 2.2
videoconference **videoconferencia** *f.* 2.7
video game **videojuego** *m.* 1.4
vinegar **vinagre** *m.* 1.8
violence **violencia** *f.* 2.9
visit **visitar** *v.* 1.4
   visit monuments **visitar monumentos** 1.4
vitamin **vitamina** *f.* 2.6
voice mail **correo de voz** *m.* 2.2
volcano **volcán** *m.* 2.4
volleyball **vóleibol** *m.* 1.4
vote **votar** *v.* 2.9

W

wait (for) **esperar** *v.* **(+** *inf.***)** 1.2
waiter/waitress **camarero/a** *m., f.* 1.8
wake up **despertarse (e:ie)** *v.* 1.7
walk **caminar** *v.* 1.2
   take a walk **pasear** *v.* 1.4
   walk around **pasear por** 1.4
walkman **walkman** *m.*
wall **pared** *f.* 2.3

wallet **cartera** *f.* 1.6
want **querer (e:ie)** *v.* 1.4
   I don't want to. **No quiero.** 1.4
war **guerra** *f.* 2.9
warm (oneself) up **calentarse** *v.* 2.6
wash **lavar** *v.* 2.3
   wash one's face/hands **lavarse la cara/las manos** 1.7
   wash oneself *v.* **lavarse** 1.7
   wash the floor, the dishes **lavar el suelo, los platos** 2.3
washing machine **lavadora** *f.* 2.3
wastebasket **papelera** *f.* 1.2
watch **mirar** *v.* 1.2; **reloj** *m.* 1.2
   watch television **mirar (la) televisión** 1.2
water **agua** *f.* 1.8
   water pollution **contaminación del agua** *f.* 2.4
waterskiing **esquí acuático** *m.* 1.4
way **manera** *f.* 2.7
we **nosotros(as)** *sub. pron.* 1.1
weak **débil** *adj.* 2.6
wear **llevar** *v.* 1.6; **usar** *v.* 1.6
weather **tiempo** *m.*
   The weather is bad. **Hace mal tiempo.** 1.5
   The weather is good. **Hace buen tiempo.** 1.5
weaving **tejido** *m.* 2.8
Web **red** *f.* 2.2
website **sitio** *m.* **web** 2.2
wedding **boda** *f.* 1.9
Wednesday **miércoles** *m., sing.* 1.2
week **semana** *f.* 1.2
weekend **fin** *m.* **de semana** 1.4
weight **peso** *m.* 2.6
   lift weights **levantar pesas** 2.6
welcome **bienvenido(s)/a(s)** *adj.* 2.3
well **pues** *adv.* 1.2, 2.8; **bueno** *adv.* 1.2, 2.8
   (Very) well, thanks. **(Muy) bien, gracias.** 1.1
   well organized **ordenado/a** *adj.*
well-being **bienestar** *m.* 2.6
west **oeste** *m.* 2.5
   to the west **al oeste** 2.5
western *(genre)* **de vaqueros** 2.8
what **lo que** *pron.* 2.3
   What a pleasure to...! **¡Qué gusto (+** *inf.***)...!** 2.9
what? **¿qué?** *pron.* 1.1
   At what time...? **¿A qué hora...?** 1.1
   What day is it? **¿Qué día es hoy?** 1.2
   What do you guys think? **¿Qué les parece?** 1.9
   What happened? **¿Qué pasó?** 2.2

Vocabulario

English-Spanish

What is today's date? **¿Cuál es la fecha de hoy?** 1.5
What nice clothes! **¡Qué ropa más bonita!** 1.6
What size do you take? **¿Qué talla lleva (usa)?** *form.* 1.6
What time is it? **¿Qué hora es?** 1.1
What's going on? **¿Qué pasa?** 1.1
What's happening? **¿Qué pasa?** 1.1
What's... like? **¿Cómo es...?** 1.3
What's new? **¿Qué hay de nuevo?** 1.1
What's the weather like? **¿Qué tiempo hace?** 1.5
What's wrong? **¿Qué pasó?** 2.2
What's your name? **¿Cómo se llama usted?** *form.* 1.1
What's your name? **¿Cómo te llamas (tú)?** *fam.* 1.1
when **cuando** *conj.* 1.7, 2.4
When? **¿Cuándo?** *adv.* 1.2
where **donde** *prep.*
where (to)? *(destination)* **¿adónde?** *adv.* 1.2; *(location)* **¿dónde?** *adv.* 1.1
Where are you from? **¿De dónde eres (tú)?** *fam.* 1.1; **¿De dónde es (usted)?** *form.* 1.1
Where is...? **¿Dónde está...?** 1.2
which **que** *pron.*, **lo que** *pron.* 2.3
which? **¿cuál?** *pron.* 1.2; **¿qué?** *adj.* 1.2
 In which...? **¿En qué...?** 1.2
 which one(s)? **¿cuál(es)?** *pron.* 1.2
while **mientras** *conj.* 2.1
white **blanco/a** *adj.* 1.6
 white wine **vino blanco** *m.* 1.8
who **que** *pron.* 2.3; **quien(es)** *pron.* 2.3
who? **¿quién(es)?** *pron.* 1.1
 Who is...? **¿Quién es...?** 1.1
 Who is calling? *(on the telephone)* **¿De parte de quién?** 2.2
 Who is speaking? *(on the telephone)* **¿Quién habla?** 2.2
whom **quien(es)** *pron.* 2.3
whole **todo/a** *adj.* whose **¿de quién(es)?** *pron., adj.* 1.1
why? **¿por qué?** *adv.* 1.2
widower/widow **viudo/a** *m., f., adj.* 1.9
wife **esposa** *f.* 1.3
win **ganar** *v.* 1.4
wind **viento** *m.* 1.5

window **ventana** *f.* 1.2
windshield **parabrisas** *m., sing.* 2.2
windy: It's (very) windy. **Hace (mucho) viento.** 1.5
wine **vino** *m.* 1.8
 red wine **vino tinto** *m.* 1.8
 white wine **vino blanco** *m.* 1.8
wineglass **copa** *f.* 2.3
winter **invierno** *m.* 1.5
wireless (connection) **conexión inalámbrica** *f.* 2.2
wish **desear** *v.* 1.2; **esperar** *v.* 2.4
 I wish (that) **ojalá (que)** 2.4
with **con** *prep.* 1.2
 with me **conmigo** 1.4; 1.9
 with you **contigo** *fam.* 1.9
within (ten years) **dentro de** *prep.* **(diez años)** 2.7
without **sin** *prep.* 1.2, 2.4, 2.6; **sin que** *conj.* 2.4
woman **mujer** *f.* 1.1
wool **lana** *f.* 1.6
 (made of) wool **de lana** 1.6
word **palabra** *f.* 1.1
work **trabajar** *v.* 1.2; **funcionar** *v.* 2.2; **trabajo** *m.* 2.7; *(of art, literature, music, etc.)* **obra** *f.* 2.8
 work out **hacer gimnasia** 2.6
world **mundo** *m.* 2.4
worldwide **mundial** *adj.*
worried (about) **preocupado/a (por)** *adj.* 1.5
worry (about) **preocuparse** *v.* **(por)** 1.7
 Don't worry. **No se preocupe.** *form.* 1.7; **No te preocupes.** *fam.* 1.7; **Tranquilo.**
worse **peor** *adj.* 1.8
worst **el/la peor** *adj.* **lo peor** *neuter* 1.8, 2.9
Would you like to...? **¿Te gustaría...?** *fam.* 1.4
write **escribir** *v.* 1.3
 write a letter/e-mail message **escribir una carta/un mensaje electrónico** 1.4
writer **escritor(a)** *m., f.* 2.8
written **escrito** *p.p.* 2.5
wrong **equivocado/a** *adj.* 1.5
 be wrong **no tener razón** 1.3

X

x-ray **radiografía** *f.*

Y

yard **jardín** *m.* 2.3; **patio** *m.* 2.3
year **año** *m.* 1.5
 be... years old **tener... años** 1.3
yellow **amarillo/a** *adj.* 1.6
yes **sí** *interj.* 1.1
yesterday **ayer** *adv.* 1.6
yet **todavía** *adv.* 1.5
yogurt **yogur** *m.* 1.8
you **tú** *fam.*, **usted (Ud.)** *form. sing.*, **vosotros/as** *m., f. fam.*, **ustedes (Uds.)** *form., pl.* 1.1; (to, for) you **te** *fam. sing.*, **os** *fam., pl.*, **le** *form. sing.*, **les** *form., pl.* 1.6
you **te** *fam., sing.*, **lo/la** *form., sing.*, **os** *fam., pl.*, **los/las** *form., pl, d.o. pron.* 1.5
You are... **Tú eres...** 1.1
You don't say! **¡No me digas!** *fam.*; **¡No me diga!** *form.* 2.2
You're welcome. **De nada.** 1.1; **No hay de qué.** 1.1
young **joven** *adj.* 1.3
 young person **joven** *m., f.* 1.1
 young woman **señorita (Srta.)** *f.*
younger **menor** *adj.* 1.3
 younger brother/sister **hermano/a menor** *m., f.* 1.3
youngest **el/la menor** *adj.* 1.8
your **su(s)** *poss. adj. form.* 1.3; **tu(s)** *poss. adj. fam. sing.* 1.3; **vuestro(s)/a(s)** *poss. adj. form. pl.* 1.3; **suyo(s)/a(s)** *poss. adj. form.* 2.2; **tuyo(s)/a(s)** *poss. adj. fam. sing.* 2.2
yours **suyo(s)/a(s)** *poss. pron. form.* 2.2; **tuyo(s)/a(s)** *poss. pron. fam. sing.* 2.2; **vuestro(s)/a(s)** *poss. pron. fam.* 2.2
youth **juventud** *f.* 1.9

Z

zero **cero** *m.* 1.1

MATERIAS / ACADEMIC SUBJECTS

MATERIAS	ACADEMIC SUBJECTS
la administración de empresas	business administration
la agronomía	agriculture
el alemán	German
el álgebra	algebra
la antropología	anthropology
la arqueología	archaeology
la arquitectura	architecture
el arte	art
la astronomía	astronomy
la biología	biology
la bioquímica	biochemistry
la botánica	botany
el cálculo	calculus
el chino	Chinese
las ciencias políticas	political science
la computación	computer science
las comunicaciones	communications
la contabilidad	accounting
la danza	dance
el derecho	law
la economía	economics
la educación	education
la educación física	physical education
la enfermería	nursing
el español	Spanish
la filosofía	philosophy
la física	physics
el francés	French
la geografía	geography
la geología	geology
el griego	Greek
el hebreo	Hebrew
la historia	history
la informática	computer science
la ingeniería	engineering
el inglés	English
el italiano	Italian
el japonés	Japanese
el latín	Latin
las lenguas clásicas	classical languages
las lenguas romances	Romance languages
la lingüística	linguistics
la literatura	literature
las matemáticas	mathematics
la medicina	medicine
el mercadeo/ la mercadotecnia	marketing
la música	music
los negocios	business
el periodismo	journalism
el portugués	Portuguese
la psicología	psychology
la química	chemistry
el ruso	Russian
los servicios sociales	social services
la sociología	sociology
el teatro	theater
la trigonometría	trigonometry

LOS ANIMALES / ANIMALS

LOS ANIMALES	ANIMALS
la abeja	bee
la araña	spider
la ardilla	squirrel
el ave (f.), el pájaro	bird
la ballena	whale
el burro	donkey
la cabra	goat
el caimán	alligator
el camello	camel
la cebra	zebra
el ciervo, el venado	deer
el cochino, el cerdo, el puerco	pig
el cocodrilo	crocodile
el conejo	rabbit
el coyote	coyote
la culebra, la serpiente, la víbora	snake
el elefante	elephant
la foca	seal
la gallina	hen
el gallo	rooster
el gato	cat
el gorila	gorilla
el hipopótamo	hippopotamus
la hormiga	ant
el insecto	insect
la jirafa	giraffe
el lagarto	lizard
el león	lion
el lobo	wolf
el loro, la cotorra, el papagayo, el perico	parrot
la mariposa	butterfly
el mono	monkey
la mosca	fly
el mosquito	mosquito
el oso	bear
la oveja	sheep
el pato	duck
el perro	dog
el pez	fish
la rana	frog
el ratón	mouse
el rinoceronte	rhinoceros
el saltamontes, el chapulín	grasshopper
el tiburón	shark
el tigre	tiger
el toro	bull
la tortuga	turtle
la vaca	cow
el zorro	fox

EL CUERPO EL CUERPO HUMANO Y LA SALUD

THE HUMAN BODY AND HEALTH

El cuerpo humano / The human body

la barba	beard
el bigote	mustache
la boca	mouth
el brazo	arm
la cabeza	head
la cadera	hip
la ceja	eyebrow
el cerebro	brain
la cintura	waist
el codo	elbow
el corazón	heart
la costilla	rib
el cráneo	skull
el cuello	neck
el dedo	finger
el dedo del pie	toe
la espalda	back
el estómago	stomach
la frente	forehead
la garganta	throat
el hombro	shoulder
el hueso	bone
el labio	lip
la lengua	tongue
la mandíbula	jaw
la mejilla	cheek
el mentón, la barba, la barbilla	chin
la muñeca	wrist
el músculo	muscle
el muslo	thigh
las nalgas, el trasero, las asentaderas	buttocks
la nariz	nose
el nervio	nerve
el oído	(inner) ear
el ojo	eye
el ombligo	navel, belly button
la oreja	(outer) ear
la pantorrilla	calf
el párpado	eyelid
el pecho	chest
la pestaña	eyelash
el pie	foot
la piel	skin
la pierna	leg
el pulgar	thumb
el pulmón	lung
la rodilla	knee
la sangre	blood
el talón	heel
el tobillo	ankle
el tronco	torso, trunk
la uña	fingernail
la uña del dedo del pie	toenail
la vena	vein

Los cinco sentidos / The five senses

el gusto	taste
el oído	hearing
el olfato	smell
el tacto	touch
la vista	sight

La salud / Health

el accidente	accident
alérgico/a	allergic
el antibiótico	antibiotic
la aspirina	aspirin
el ataque cardiaco, el ataque al corazón	heart attack
el cáncer	cancer
la cápsula	capsule
la clínica	clinic
congestionado/a	congested
el consultorio	doctor's office
la curita	adhesive bandage
el/la dentista	dentist
el/la doctor(a), el/la médico/a	doctor
el dolor (de cabeza)	(head)ache, pain
embarazada	pregnant
la enfermedad	illness, disease
el/la enfermero/a	nurse
enfermo/a	ill, sick
la erupción	rash
el examen médico	physical exam
la farmacia	pharmacy
la fiebre	fever
la fractura	fracture
la gripe	flu
la herida	wound
el hospital	hospital
la infección	infection
el insomnio	insomnia
la inyección	injection
el jarabe	(cough) syrup
mareado/a	dizzy, nauseated
el medicamento	medication
la medicina	medicine
las muletas	crutches
la operación	operation
el/la paciente	patient
el/la paramédico/a	paramedic
la pastilla, la píldora	pill, tablet
los primeros auxilios	first aid
la pulmonía	pneumonia
los puntos	stitches
la quemadura	burn
el quirófano	operating room
la radiografía	x-ray
la receta	prescription
el resfriado	cold (illness)
la sala de emergencia(s)	emergency room
saludable	healthy, healthful
sano/a	healthy
el seguro médico	medical insurance
la silla de ruedas	wheelchair
el síntoma	symptom
el termómetro	thermometer
la tos	cough
la transfusión	transfusion

la vacuna	vaccination	el horario de clases	class schedule
la venda	bandage	la oración, las oraciones	sentence(s)
el virus	virus	el párrafo	paragraph
		la persona	person
cortar(se)	to cut (oneself)	presente	present
curar	to cure, to treat	la prueba	test, quiz
desmayar(se)	to faint	siguiente	following
enfermarse	to get sick	la tarea	homework
enyesar	to put in a cast		
estornudar	to sneeze	**Expresiones útiles**	**Useful expressions**
guardar cama	to stay in bed	Abra(n) su(s) libro(s).	Open your book(s).
hinchar(se)	to swell	Cambien de papel.	Change roles.
internar(se) en el hospital	to check into the hospital	Cierre(n) su(s) libro(s).	Close your book(s).
lastimarse (el pie)	to hurt (one's foot)	¿Cómo se dice ___ en español?	How do you say ___ in Spanish?
mejorar(se)	to get better; to improve	¿Cómo se escribe ___ en español?	How do you write ___ in Spanish?
operar	to operate	¿Comprende(n)?	Do you understand?
quemar(se)	to burn	(No) comprendo.	I (don't) understand.
respirar (hondo)	to breathe (deeply)	Conteste(n) las preguntas.	Answer the questions.
romperse (la pierna)	to break (one's leg)	Continúe(n), por favor.	Continue, please.
sangrar	to bleed	Escriba(n) su nombre.	Write your name.
sufrir	to suffer	Escuche(n) el audio.	Listen to the audio.
tomarle la presión a alguien	to take someone's blood pressure	Estudie(n) la Lección tres.	Study Lesson three.
tomarle el pulso a alguien	to take someone's pulse	Haga(n) la actividad (el ejercicio) número cuatro.	Do activity (exercise) number four.
torcerse (el tobillo)	to sprain (one's ankle)	Lea(n) la oración en voz alta.	Read the sentence aloud.
vendar	to bandage	Levante(n) la mano.	Raise your hand(s).
		Más despacio, por favor.	Slower, please.

EXPRESIONES ÚTILES PARA LA CLASE
USEFUL CLASSROOM EXPRESSIONS

Palabras útiles
Useful words

ausente	absent	No sé.	I don't know.
el departamento	department	Páse(n)me los exámenes.	Pass me the tests.
el dictado	dictation	¿Qué significa ___?	What does ___ mean?
la conversación, las conversaciones	conversation(s)	Repita(n), por favor.	Repeat, please.
		Siénte(n)se, por favor.	Sit down, please.
la expresión, las expresiones	expression(s)	Siga(n) las instrucciones.	Follow the instructions.
el examen, los exámenes	test(s), exam(s)	¿Tiene(n) alguna pregunta?	Do you have any questions?
la frase	sentence	Vaya(n) a la página dos.	Go to page two.
la hoja de actividades	activity sheet		

COUNTRIES & NATIONALITIES
PAÍSES Y NACIONALIDADES

North America
Norteamérica

Canada	Canadá	*canadiense*
Mexico	México	*mexicano/a*
United States	Estados Unidos	*estadounidense*

Central America
Centroamérica

Belize	Belice	*beliceño/a*
Costa Rica	Costa Rica	*costarricense*
El Salvador	El Salvador	*salvadoreño/a*
Guatemala	Guatemala	*guatemalteco/a*
Honduras	Honduras	*hondureño/a*
Nicaragua	Nicaragua	*nicaragüense*
Panama	Panamá	*panameño/a*

References

The Caribbean
Cuba
Dominican Republic
Haiti
Puerto Rico

South America
Argentina
Bolivia
Brazil
Chile
Colombia
Ecuador
Paraguay
Peru
Uruguay
Venezuela

Europe
Armenia
Austria
Belgium
Bosnia
Bulgaria
Croatia
Czech Republic
Denmark
England
Estonia
Finland
France
Germany
Great Britain (United Kingdom)
Greece
Hungary
Iceland
Ireland
Italy
Latvia
Lithuania
Netherlands (Holland)
Norway
Poland
Portugal
Romania
Russia
Scotland
Serbia
Slovakia
Slovenia
Spain
Sweden
Switzerland
Ukraine
Wales

Asia
Bangladesh
Cambodia
China
India
Indonesia
Iran
Iraq
Israel

El Caribe
Cuba
República Dominicana
Haití
Puerto Rico

Suramérica
Argentina
Bolivia
Brasil
Chile
Colombia
Ecuador
Paraguay
Perú
Uruguay
Venezuela

Europa
Armenia
Austria
Bélgica
Bosnia
Bulgaria
Croacia
República Checa
Dinamarca
Inglaterra
Estonia
Finlandia
Francia
Alemania
Gran Bretaña (Reino Unido)
Grecia
Hungría
Islandia
Irlanda
Italia
Letonia
Lituania
Países Bajos (Holanda)
Noruega
Polonia
Portugal
Rumania
Rusia
Escocia
Serbia
Eslovaquia
Eslovenia
España
Suecia
Suiza
Ucrania
Gales

Asia
Bangladés
Camboya
China
India
Indonesia
Irán
Iraq, Irak
Israel

cubano/a
dominicano/a
haitiano/a
puertorriqueño/a

argentino/a
boliviano/a
brasileño/a
chileno/a
colombiano/a
ecuatoriano/a
paraguayo/a
peruano/a
uruguayo/a
venezolano/a

armenio/a
austríaco/a
belga
bosnio/a
búlgaro/a
croata
checo/a
danés, danesa
inglés, inglesa
estonio/a
finlandés, finlandesa
francés, francesa
alemán, alemana
británico/a
griego/a
húngaro/a
islandés, islandesa
irlandés, irlandesa
italiano/a
letón, letona
lituano/a
holandés, holandesa
noruego/a
polaco/a
portugués, portuguesa
rumano/a
ruso/a
escocés, escocesa
serbio/a
eslovaco/a
esloveno/a
español(a)
sueco/a
suizo/a
ucraniano/a
galés, galesa

bangladesí
camboyano/a
chino/a
indio/a
indonesio/a
iraní
iraquí
israelí

Japan	Japón	*japonés, japonesa*
Jordan	Jordania	*jordano/a*
Korea	Corea	*coreano/a*
Kuwait	Kuwait	*kuwaití*
Lebanon	Líbano	*libanés, libanesa*
Malaysia	Malasia	*malasio/a*
Pakistan	Pakistán	*pakistaní*
Russia	Rusia	*ruso/a*
Saudi Arabia	Arabia Saudí	*saudí*
Singapore	Singapur	*singapurés, singapuresa*
Syria	Siria	*sirio/a*
Taiwan	Taiwán	*taiwanés, taiwanesa*
Thailand	Tailandia	*tailandés, tailandesa*
Turkey	Turquía	*turco/a*
Vietnam	Vietnam	*vietnamita*

Africa / África

Algeria	Argelia	*argelino/a*
Angola	Angola	*angoleño/a*
Cameroon	Camerún	*camerunés, camerunesa*
Congo	Congo	*congolés, congolesa*
Egypt	Egipto	*egipcio/a*
Equatorial Guinea	Guinea Ecuatorial	*ecuatoguineano/a*
Ethiopia	Etiopía	*etíope*
Ivory Coast	Costa de Marfil	*marfileño/a*
Kenya	Kenia, Kenya	*keniano/a, keniata*
Libya	Libia	*libio/a*
Mali	Malí	*maliense*
Morocco	Marruecos	*marroquí*
Mozambique	Mozambique	*mozambiqueño/a*
Nigeria	Nigeria	*nigeriano/a*
Rwanda	Ruanda	*ruandés, ruandesa*
Somalia	Somalia	*somalí*
South Africa	Sudáfrica	*sudafricano/a*
Sudan	Sudán	*sudanés, sudanesa*
Tunisia	Tunicia, Túnez	*tunecino/a*
Uganda	Uganda	*ugandés, ugandesa*
Zambia	Zambia	*zambiano/a*
Zimbabwe	Zimbabue	*zimbabuense*

Australia and the Pacific / Australia y el Pacífico

Australia	Australia	*australiano/a*
New Zealand	Nueva Zelanda	*neozelandés, neozelandesa*
Philippines	Filipinas	*filipino/a*

MONEDAS DE LOS PAÍSES HISPANOS / CURRENCIES OF HISPANIC COUNTRIES

País / Country	Moneda / Currency
Argentina	el peso
Bolivia	el boliviano
Chile	el peso
Colombia	el peso
Costa Rica	el colón
Cuba	el peso
Ecuador	el dólar estadounidense
El Salvador	el dólar estadounidense
España	el euro
Guatemala	el quetzal
Guinea Ecuatorial	el franco
Honduras	el lempira
México	el peso
Nicaragua	el córdoba
Panamá	el balboa, el dólar estadounidense
Paraguay	el guaraní
Perú	el nuevo sol
Puerto Rico	el dólar estadounidense
República Dominicana	el peso
Uruguay	el peso
Venezuela	el bolívar

EXPRESIONES Y REFRANES / EXPRESSIONS AND SAYINGS

Expresiones y refranes con partes del cuerpo / Expressions and sayings with parts of the body

A cara o cruz	Heads or tails
A corazón abierto	Open heart
A ojos vistas	Clearly, visibly
Al dedillo	Like the back of one's hand
¡Choca/Vengan esos cinco!	Put it there!/Give me five!
Codo con codo	Side by side
Con las manos en la masa	Red-handed
Costar un ojo de la cara	To cost an arm and a leg
Darle a la lengua	To chatter/To gab
De rodillas	On one's knees
Duro de oído	Hard of hearing
En cuerpo y alma	In body and soul
En la punta de la lengua	On the tip of one's tongue
En un abrir y cerrar de ojos	In a blink of the eye
Entrar por un oído y salir por otro	In one ear and out the other
Estar con el agua al cuello	To be up to one's neck with/in
Estar para chuparse los dedos	To be delicious/To be finger-licking good
Hablar entre dientes	To mutter/To speak under one's breath
Hablar por los codos	To talk a lot/To be a chatterbox
Hacer la vista gorda	To turn a blind eye on something
Hombro con hombro	Shoulder to shoulder
Llorar a lágrima viva	To sob/To cry one's eyes out
Metérsele (a alguien) algo entre ceja y ceja	To get an idea in your head
No pegar ojo	Not to sleep a wink
No tener corazón	Not to have a heart
No tener dos dedos de frente	Not to have an ounce of common sense
Ojos que no ven, corazón que no siente	Out of sight, out of mind
Perder la cabeza	To lose one's head
Quedarse con la boca abierta	To be thunderstruck
Romper el corazón	To break someone's heart
Tener buen/mal corazón	Have a good/bad heart
Tener un nudo en la garganta	Have a knot in your throat
Tomarse algo a pecho	To take something too seriously
Venir como anillo al dedo	To fit like a charm/To suit perfectly

Expresiones y refranes con animales / Expressions and sayings with animals

A caballo regalado no le mires el diente.	Don't look a gift horse in the mouth.
Comer como un cerdo	To eat like a pig
Cuando menos se piensa, salta la liebre.	Things happen when you least expect it.
Llevarse como el perro y el gato	To fight like cats and dogs
Perro ladrador, poco mordedor./Perro que ladra no muerde.	His/her bark is worse than his/her bite.
Por la boca muere el pez.	Talking too much can be dangerous.
Poner el cascabel al gato	To stick one's neck out
Ser una tortuga	To be a slowpoke

Expresiones y refranes con alimentos / Expressions and sayings with food

Agua que no has de beber, déjala correr.	If you're not interested, don't ruin it for everybody else.
Con pan y vino se anda el camino.	Things never seem as bad after a good meal.
Contigo pan y cebolla.	You are all I need.
Dame pan y dime tonto.	I don't care what you say, as long as I get what I want.
Descubrir el pastel	To let the cat out of the bag
Dulce como la miel	Sweet as honey
Estar como agua para chocolate	To furious/To be at the boiling point
Estar en el ajo	To be in the know
Estar en la higuera	To have one's head in the clouds
Estar más claro que el agua	To be clear as a bell
Ganarse el pan	To earn a living/To earn one's daily bread
Llamar al pan, pan y al vino, vino.	Not to mince words.
No hay miel sin hiel.	Every rose has its thorn./There's always a catch.
No sólo de pan vive el hombre.	Man doesn't live by bread alone.
Pan con pan, comida de tontos.	Variety is the spice of life.
Ser agua pasada	To be water under the bridge
Ser más bueno que el pan	To be kindness itself
Temblar como un flan	To shake/tremble like a leaf

Expresiones y refranes con colores / Expressions and sayings with colors

Estar verde	To be inexperienced/wet behind the ears
Poner los ojos en blanco	To roll one's eyes
Ponerle a alguien un ojo morado	To give someone a black eye
Ponerse rojo	To turn red/To blush
Ponerse rojo de ira	To turn red with anger
Ponerse verde de envidia	To be green with envy
Quedarse en blanco	To go blank
Verlo todo de color de rosa	To see the world through rose-colored glasses

Refranes

A buen entendedor, pocas palabras bastan.
Ande o no ande, caballo grande.
A quien madruga, Dios le ayuda.
Cuídate, que te cuidaré.

De tal palo tal astilla.
Del dicho al hecho hay mucho trecho.
Dime con quién andas y te diré quién eres.
El saber no ocupa lugar.

Sayings

A word to the wise is enough.
Bigger is always better.

The early bird catches the worm.
Take care of yourself, and then I'll take care of you.
A chip off the old block.
Easier said than done.

A man is known by the company he keeps.
One never knows too much.

Lo que es moda no incomoda.
Más vale maña que fuerza.
Más vale prevenir que curar.
Más vale solo que mal acompañado.
Más vale tarde que nunca.
No es oro todo lo que reluce.
Poderoso caballero es don Dinero.

You have to suffer in the name of fashion.
Brains are better than brawn.

Prevention is better than cure.

Better alone than with people you don't like.
Better late than never.
All that glitters is not gold.

Money talks.

COMMON FALSE FRIENDS

False friends are Spanish words that look similar to English words but have very different meanings. While recognizing the English relatives of unfamiliar Spanish words you encounter is an important way of constructing meaning, there are some Spanish words whose similarity to English words is deceptive. Here is a list of some of the most common Spanish false friends.

actualmente ≠ actually
actualmente = nowadays, currently
actually = de hecho, en realidad, en efecto

argumento ≠ argument
argumento = plot
argument = discusión, pelea

armada ≠ army
armada = navy
army = ejército

balde ≠ bald
balde = pail, bucket
bald = calvo/a

batería ≠ battery
batería = drum set
battery = pila

bravo ≠ brave
bravo = wild; fierce
brave = valiente

cándido/a ≠ candid
cándido/a = innocent
candid = sincero/a

carbón ≠ carbon
carbón = coal
carbon = carbono

casual ≠ casual
casual = accidental, chance
casual = informal, despreocupado/a

casualidad ≠ casualty
casualidad = chance, coincidence
casualty = víctima

colegio ≠ college
colegio = school
college = universidad

collar ≠ collar (of a shirt)
collar = necklace
collar = cuello (de camisa)

comprensivo/a ≠ comprehensive
comprensivo/a = understanding
comprehensive = completo, extensivo

constipado ≠ constipated
estar constipado/a = to have a cold
to be constipated = estar estreñido/a

crudo/a ≠ crude
crudo/a = raw, undercooked
crude = burdo/a, grosero/a

divertir ≠ to divert
divertirse = to enjoy oneself
to divert = desviar

educado/a ≠ educated
educado/a = well-mannered
educated = culto/a, instruido/a

embarazada ≠ embarrassed
estar embarazada = to be pregnant
to be embarrassed = estar avergonzado/a; dar/tener vergüenza

eventualmente ≠ eventually
eventualmente = possibly
eventually = finalmente, al final

éxito ≠ exit
éxito = success
exit = salida

físico/a ≠ physician
físico/a = physicist
physician = médico/a

fútbol ≠ football
fútbol = soccer
football = fútbol americano

lectura ≠ lecture
lectura = reading
lecture = conferencia

librería ≠ library
librería = bookstore
library = biblioteca

máscara ≠ mascara
máscara = mask
mascara = rímel

molestar ≠ to molest
molestar = to bother, to annoy
to molest = abusar

oficio ≠ office
oficio = trade, occupation
office = oficina

rato ≠ rat
rato = while, time
rat = rata

realizar ≠ to realize
realizar = to carry out; to fulfill
to realize = darse cuenta de

red ≠ red
red = net
red = rojo/a

revolver ≠ revolver
revolver = to stir, to rummage through
revolver = revólver

sensible ≠ sensible
sensible = sensitive
sensible = sensato/a, razonable

suceso ≠ success
suceso = event
success = éxito

sujeto ≠ subject (topic)
sujeto = fellow; individual
subject = tema, asunto

LOS ALIMENTOS / FOODS

Frutas / Fruits

la aceituna	olive
el aguacate	avocado
el albaricoque, el damasco	apricot
la banana, el plátano	banana
la cereza	cherry
la ciruela	plum
el dátil	date
la frambuesa	raspberry
la fresa, la frutilla	strawberry
el higo	fig
el limón	lemon; lime
el melocotón, el durazno	peach
la mandarina	tangerine
el mango	mango
la manzana	apple
la naranja	orange
la papaya	papaya
la pera	pear
la piña	pineapple
el pomelo, la toronja	grapefruit
la sandía	watermelon
las uvas	grapes

Vegetales / Vegetables

la alcachofa	artichoke
el apio	celery
la arveja, el guisante	pea
la berenjena	eggplant
el brócoli	broccoli
la calabaza	squash; pumpkin
la cebolla	onion
el champiñón, la seta	mushroom
la col, el repollo	cabbage
la coliflor	cauliflower
los espárragos	asparagus
las espinacas	spinach
los frijoles, las habichuelas	beans
las habas	fava beans
las judías verdes, los ejotes	string beans, green beans
la lechuga	lettuce
el maíz, el choclo, el elote	corn
la papa, la patata	potato
el pepino	cucumber
el pimentón	bell pepper
el rábano	radish
la remolacha	beet
el tomate, el jitomate	tomato
la zanahoria	carrot

El pescado y los mariscos / Fish and shellfish

la almeja	clam
el atún	tuna
el bacalao	cod
el calamar	squid
el cangrejo	crab
el camarón, la gamba	shrimp
la langosta	lobster
el langostino	prawn
el lenguado	sole; flounder
el mejillón	mussel
la ostra	oyster
el pulpo	octopus
el salmón	salmon
la sardina	sardine
la vieira	scallop

La carne / Meat

la albóndiga	meatball
el bistec	steak
la carne de res	beef
el chorizo	hard pork sausage
la chuleta de cerdo	pork chop
el cordero	lamb
los fiambres	cold cuts, food served cold
el filete	fillet
la hamburguesa	hamburger
el hígado	liver
el jamón	ham
el lechón	suckling pig, roasted pig
el pavo	turkey
el pollo	chicken
el cerdo	pork
la salchicha	sausage
la ternera	veal
el tocino	bacon

Otras comidas / Other foods

el ajo	garlic
el arroz	rice
el azúcar	sugar
el batido	milkshake
el budín	pudding
el cacahuete, el maní	peanut
el café	coffee
los fideos	noodles, pasta
la harina	flour
el huevo	egg
el jugo, el zumo	juice
la leche	milk
la mermelada	marmalade, jam
la miel	honey
el pan	bread
el queso	cheese
la sal	salt
la sopa	soup
el té	tea
la tortilla	omelet (Spain), tortilla (Mexico)
el yogur	yogurt

Cómo describir la comida / Ways to describe food

a la plancha, a la parrilla	grilled
ácido/a	sour
al horno	baked
amargo/a	bitter
caliente	hot
dulce	sweet
duro/a	tough
frío/a	cold
frito/a	fried
fuerte	strong, heavy
ligero/a	light
picante	spicy
sabroso/a	tasty
salado/a	salty

References

DÍAS FESTIVOS / HOLIDAYS

enero / January
- Año Nuevo (1) — New Year's Day
- Día de los Reyes Magos (6) — Three Kings Day (Epiphany)
- Día de Martin Luther King, Jr. — Martin Luther King, Jr. Day

febrero / February
- Día de San Blas (Paraguay) (3) — St. Blas Day (Paraguay)
- Día de San Valentín, Día de los Enamorados (14) — Valentine's Day
- Día de los Presidentes — Presidents' Day
- Carnaval — Carnival (Mardi Gras)

marzo / March
- Día de San Patricio (17) — St. Patrick's Day
- Nacimiento de Benito Juárez (México) (21) — Benito Juárez's Birthday (Mexico)

abril / April
- Semana Santa — Holy Week
- Pésaj — Passover
- Pascua — Easter
- Declaración de la Independencia de Venezuela (19) — Declaration of Independence of Venezuela
- Día de la Tierra (22) — Earth Day

mayo / May
- Día del Trabajo (1) — Labor Day
- Cinco de Mayo (5) (México) — Cinco de Mayo (May 5th) (Mexico)
- Día de las Madres — Mother's Day
- Independencia Patria (Paraguay) (15) — Independence Day (Paraguay)
- Día Conmemorativo — Memorial Day

junio / June
- Día de los Padres — Father's Day
- Día de la Bandera (14) — Flag Day
- Día del Indio (Perú) (24) — Native People's Day (Peru)

julio / July
- Día de la Independencia de los Estados Unidos (4) — Independence Day (United States)
- Día de la Independencia de Venezuela (5) — Independence Day (Venezuela)
- Día de la Independencia de la Argentina (9) — Independence Day (Argentina)
- Día de la Independencia de Colombia (20) — Independence Day (Colombia)
- Nacimiento de Simón Bolívar (24) — Simón Bolívar's Birthday
- Día de la Revolución (Cuba) (26) — Revolution Day (Cuba)
- Día de la Independencia del Perú (28) — Independence Day (Peru)

agosto / August
- Día de la Independencia de Bolivia (6) — Independence Day (Bolivia)
- Día de la Independencia del Ecuador (10) — Independence Day (Ecuador)
- Día de San Martín (Argentina) (17) — San Martín Day (anniversary of his death) (Argentina)
- Día de la Independencia del Uruguay (25) — Independence Day (Uruguay)

septiembre / September
- Día del Trabajo (EE. UU.) — Labor Day (U.S.)
- Día de la Independencia de Costa Rica, El Salvador, Guatemala, Honduras y Nicaragua (15) — Independence Day (Costa Rica, El Salvador, Guatemala, Honduras, Nicaragua)
- Día de la Independencia de México (16) — Independence Day (Mexico)
- Día de la Independencia de Chile (18) — Independence Day (Chile)
- Año Nuevo Judío — Jewish New Year
- Día de la Virgen de las Mercedes (Perú) (24) — Day of the Virgin of Mercedes (Peru)

octubre / October
- Día de la Raza (12) — Columbus Day
- Noche de Brujas (31) — Halloween

noviembre / November
- Día de los Muertos (2) — All Souls Day
- Día de los Veteranos (11) — Veterans' Day
- Día de la Revolución Mexicana (20) — Mexican Revolution Day
- Día de Acción de Gracias — Thanksgiving
- Día de la Independencia de Panamá (28) — Independence Day (Panama)

diciembre / December
- Día de la Virgen (8) — Day of the Virgin
- Día de la Virgen de Guadalupe (México) (12) — Day of the Virgin of Guadalupe (Mexico)
- Januká — Chanukah
- Nochebuena (24) — Christmas Eve
- Navidad (25) — Christmas
- Año Viejo (31) — New Year's Eve

NOTE: In Spanish, dates are written with the day first, then the month. Christmas Day is **el 25 de diciembre**. In Latin America and in Europe, abbreviated dates also follow this pattern. Halloween, for example, falls on 31/10. You may also see the numbers in dates separated by periods: 27.4.16. When referring to centuries, roman numerals are always used. The 16th century, therefore, is **el siglo XVI**.

PESOS Y MEDIDAS / WEIGHTS AND MEASURES

Longitud / Length

El sistema métrico / Metric system

milímetro = 0,001 metro / millimeter = 0.001 meter
centímetro = 0,01 metro / centimeter = 0.01 meter
decímetro = 0,1 metro / decimeter = 0.1 meter
metro / meter
decámetro = 10 metros / dekameter = 10 meters
hectómetro = 100 metros / hectometer = 100 meters
kilómetro = 1.000 metros / kilometer = 1,000 meters

U.S. system / El sistema estadounidense

inch / **pulgada**
foot = 12 inches / **pie = 12 pulgadas**
yard = 3 feet / **yarda = 3 pies**
mile = 5,280 feet / **milla = 5.280 pies**

El equivalente estadounidense / U.S. equivalent

= 0.039 inch
= 0.39 inch
= 3.94 inches
= 39.4 inches
= 32.8 feet
= 328 feet
= .62 mile

Metric equivalent / El equivalente métrico

= 2.54 centimeters
= 2,54 centímetros
= 30.48 centimeters
= 30,48 centímetros
= 0.914 meter
= 0,914 metro
= 1,609 kilometers
= 1.609 kilómetros

Superficie / Surface Area

El sistema métrico / Metric system

metro cuadrado / square meter
área = 100 metros cuadrados / area = 100 square meters
hectárea = 100 áreas / hectare = 100 ares

U.S. system / El sistema estadounidense

El equivalente estadounidense / U.S. equivalent

= 10.764 square feet
= 0.025 acre
= 2.471 acres

Metric equivalent / El equivalente métrico

yarda cuadrada = 9 pies cuadrados = 0,836 metros cuadrados
square yard = 9 square feet = 0.836 square meters
acre = 4.840 yardas cuadradas = 0,405 hectáreas
acre = 4,840 square yards = 0.405 hectares

Capacidad / Capacity

El sistema métrico / Metric system

mililitro = 0,001 litro / milliliter = 0.001 liter
centilitro = 0,01 litro / centiliter = 0.01 liter
decilitro = 0,1 litro / deciliter = 0.1 liter
litro / liter
decalitro = 10 litros / dekaliter = 10 liters
hectolitro = 100 litros / hectoliter = 100 liters
kilolitro = 1.000 litros / kiloliter = 1,000 liters

U.S. system / El sistema estadounidense

ounce / **onza**
cup = 8 ounces / **taza = 8 onzas**
pint = 2 cups / **pinta = 2 tazas**
quart = 2 pints / **cuarto = 2 pintas**
gallon = 4 quarts / **galón = 4 cuartos**

El equivalente estadounidense / U.S. equivalent

= 0.034 ounces
= 0.34 ounces
= 3.4 ounces
= 1.06 quarts
= 2.64 gallons
= 26.4 gallons
= 264 gallons

Metric equivalent / El equivalente métrico

= 29.6 milliliters
= 29,6 mililitros
= 236 milliliters
= 236 mililitros
= 0.47 liters
= 0,47 litros
= 0.95 liters
= 0,95 litros
= 3.79 liters
= 3,79 litros

Peso / Weight

El sistema métrico / Metric system

miligramo = 0,001 gramo / milligram = 0.001 gram
gramo / gram
decagramo = 10 gramos / dekagram = 10 grams
hectogramo = 100 gramos / hectogram = 100 grams
kilogramo = 1.000 gramos / kilogram = 1,000 grams
tonelada (métrica) = 1.000 kilogramos / metric ton = 1,000 kilograms

U.S. system / El sistema estadounidense

ounce / **onza**
pound = 16 ounces / **libra = 16 onzas**
ton = 2,000 pounds / **tonelada = 2.000 libras**

El equivalente estadounidense / U.S. equivalent

= 0.035 ounce
= 0.35 ounces
= 3.5 ounces
= 2.2 pounds
= 1.1 tons

Metric equivalent / El equivalente métrico

= 28.35 grams
= 28,35 gramos
= 0.45 kilograms
= 0,45 kilogramos
= 0.9 metric tons
= 0,9 toneladas métricas

Temperatura / Temperature

Grados centígrados / Degrees Celsius
To convert from Celsius to Fahrenheit, multiply by $\frac{9}{5}$ and add 32.

Grados Fahrenheit / Degrees Fahrenheit
To convert from Fahrenheit to Celsius, subtract 32 and multiply by $\frac{5}{9}$.

NÚMEROS

Números ordinales

primer, primero/a	1º/1ª
segundo/a	2º/2ª
tercer, tercero/a	3º/3ª
cuarto/a	4º/4ª
quinto/a	5º/5ª
sexto/a	6º/6ª
séptimo/a	7º/7ª
octavo/a	8º/8ª
noveno/a	9º/9ª
décimo/a	10º/10ª

Fracciones

$\frac{1}{2}$	un medio, la mitad
$\frac{1}{3}$	un tercio
$\frac{1}{4}$	un cuarto
$\frac{1}{5}$	un quinto
$\frac{1}{6}$	un sexto
$\frac{1}{7}$	un séptimo
$\frac{1}{8}$	un octavo
$\frac{1}{9}$	un noveno
$\frac{1}{10}$	un décimo
$\frac{2}{3}$	dos tercios
$\frac{3}{4}$	tres cuartos
$\frac{5}{8}$	cinco octavos

Decimales

un décimo	0,1
un centésimo	0,01
un milésimo	0,001

NUMBERS

Ordinal numbers

first	1st
second	2nd
third	3rd
fourth	4th
fifth	5th
sixth	6th
seventh	7th
eighth	8th
ninth	9th
tenth	10th

Fractions

one half	
one third	
one fourth (quarter)	
one fifth	
one sixth	
one seventh	
one eighth	
one ninth	
one tenth	
two thirds	
three fourths (quarters)	
five eighths	

Decimals

one tenth	0.1
one hundredth	0.01
one thousandth	0.001

OCUPACIONES / OCCUPATIONS

el/la abogado/a	lawyer
el actor, la actriz	actor
el/la administrador(a) de empresas	business administrator
el/la agente de bienes raíces	real estate agent
el/la agente de seguros	insurance agent
el/la agricultor(a)	farmer
el/la arqueólogo/a	archaeologist
el/la arquitecto/a	architect
el/la artesano/a	artisan
el/la auxiliar de vuelo	flight attendant
el/la basurero/a	garbage collector
el/la bibliotecario/a	librarian
el/la bombero/a	firefighter
el/la cajero/a	bank teller, cashier
el/la camionero/a	truck driver
el/la cantinero/a	bartender
el/la carnicero/a	butcher
el/la carpintero/a	carpenter
el/la científico/a	scientist
el/la cirujano/a	surgeon
el/la cobrador(a)	bill collector
el/la cocinero/a	cook, chef
el/la comprador(a)	buyer
el/la consejero/a	counselor, advisor
el/la contador(a)	accountant
el/la corredor(a) de bolsa	stockbroker
el/la diplomático/a	diplomat
el/la diseñador(a) (gráfico/a)	(graphic) designer
el/la electricista	electrician
el/la empresario/a de pompas fúnebres	funeral director
el/la especialista en dietética	dietician
el/la fisioterapeuta	physical therapist
el/la fotógrafo/a	photographer
el/la higienista dental	dental hygienist
el hombre/la mujer de negocios	businessperson
el/la ingeniero/a en computación	computer engineer
el/la intérprete	interpreter
el/la juez(a)	judge
el/la maestro/a	elementary school teacher
el/la marinero/a	sailor
el/la obrero/a	manual laborer
el/la obrero/a de la construcción	construction worker
el/la oficial de prisión	prison guard
el/la optometrista	optometrist
el/la panadero/a	baker
el/la paramédico/a	paramedic
el/la peluquero/a	hairdresser
el/la piloto	pilot
el/la pintor(a)	painter
el/la plomero/a	plumber
el/la político/a	politician
el/la programador(a)	computer programer
el/la psicólogo/a	psychologist
el/la quiropráctico/a	chiropractor
el/la redactor(a)	editor
el/la reportero/a	reporter
el/la sastre	tailor
el/la secretario/a	secretary
el/la supervisor(a)	supervisor
el/la técnico/a (en computación)	(computer) technician
el/la vendedor(a)	sales representative
el/la veterinario/a	veterinarian

Índice

A

abbreviations (5) 169
accents (1), (2) 25, 61
   on homonyms (2) 61
accidental occurrences with se (1) 36
adjectives
   past participles used as adjectives (5) 179
   stressed possessive (2) 74
adverbs (1) 40
anglicisms, frequently used (9) 301
animals (4) 128, 160
appliances, household (3) 90, 126
art terms (8) 262, 294
artisans (8) 262, 294
artists (8) 262, 294

B

b (6) 201
bank terms (5) 162, 192
body parts (1) 18, 52

C

capitalization (3) 97
car terms (2) 56, 88
chores
   daily (5) 162, 192
   household (3) 90, 126
city life (5) 162, 192
commands
   familiar (tú) (2) 64
   formal (Ud. and Uds.) (3) 104
   with nosotros/as (5) 176
computer terms (2), (9) 54, 88, 303
conditional (8) 272
conditional perfect (8) 276
conjunctions
   requiring subjunctive (4) 146
   requiring subjunctive or indicative (4) 147
Cultura
   ¡Los Andes se mueven! (4) 136
   Beneficios en los empleos (7) 236
   César Chávez (7) 237
   Los cibercafés (2) 63
   Curanderos y chamanes (1) 27
   Dos nuevos líderes en Latinoamérica (9) 305
   Fernando Botero: un estilo único (8) 271
   Las frutas y la salud (6) 203
   Las islas flotantes del lago Titicaca (3) 99
   Luis Barragán: arquitectura y emoción (5) 171
   Museo de Arte Contemporáneo de Caracas (8) 270
   Paseando en metro (5) 170
   El patio central (3) 98
   Protestas sociales (9) 304
   Servicios de salud (1) 26
   La Sierra Nevada de Santa Marta (4) 137
   Spas naturales (6) 202
   El teléfono celular (2) 62
current events (9) 296, 326

D

directions, getting and giving (5) 167
downtown shops (5) 162, 192

E

ecology terms (4) 128, 160
emergencies, health-related (1) 18, 52
entertainment, related verbs (8) 262, 294
environmental terms (4) 128, 130, 160
exercise terms (6) 194, 226

F

familiar (tú) commands (2) 64
fitness terms (6) 194, 226
formal (Ud. and Uds.) commands (3) 104
furniture (3) 90, 126
future (7) 238
future perfect (7) 240

H

h (7) 233
hacer with time expressions (1) 23
health
   conditions (1) 18, 52
   emergencies (1) 18, 52
   fitness terms (6) 194, 226
   stress terms (6) 194, 226
housing
   appliances (3) 90, 126
   chores (3) 90, 126
   electronics (2), (9) 54, 88, 303
   furniture (3) 90, 126
   general terms (3) 90, 126
   rooms (3) 90, 126
   table settings (3) 92, 126
   types (3) 90, 126

I

if clauses (9) 306
imperfect and preterite contrasted (1) 32
imperfect (past) subjunctive (7) 244
imperfect tense, regular and irregular verbs (1) 28
impersonal constructions with se (1) 36
Internet terms (2), (9) 54, 88, 303
interview terms (7) 230, 260
irregular verbs
   imperfect tense (1) 28

J

job terms (7) 230, 260

L

ll (7) 233

M

mail terms (5) 164, 192
media (9) 296–297, 326
medical terms (1) 18, 52
movies (8) 264, 294
music (8) 262, 294

N

natural disasters (9) 296–297, 326
nature terms (4) 128, 160
neologisms (9) 303
news topics (9) 296–297, 326
nosotros/as commands (5) 176
nutrition (6) 196, 226

O

occupations (7) 228, 260

P

Panorama
   Argentina (2) 86
   Bolivia (6) 224
   Colombia (4) 158
   Costa Rica (1) 50
   El Salvador (8) 290
   Honduras (8) 290
   Nicaragua (7) 256
   Panamá (3) 124
   Paraguay (9) 322
   República Dominicana (7) 258
   Uruguay (9) 324
   Venezuela (5) 190
para and por, uses (2) 68
parts of the body (1) 18, 52
past participles as adjectives (5) 179
past perfect (pluperfect) subjunctive (8) 279
past perfect tense (6) 208
past (imperfect) subjunctive (7) 244
perfect tenses
   conditional perfect (8) 276
   future perfect (7) 242
   past perfect (6) 208

Índice

past perfect subjunctive (8) **279**
present perfect (6) **204**
present perfect subjunctive (6) **211**
place settings (3) **92, 126**
pluperfect (*past perfect*) subjunctive (8) **279**
politics (9) **297, 326**
por and **para**, uses (2) **68**
possessive pronouns (2) **74**
post office terms (5) **164, 192**
present perfect subjunctive (6) **211**
present perfect tense (6) **204**
present subjunctive (3) **108**
preterite and imperfect contrasted (1) **32**
professions (7) **228, 260**
pronouns
    possessive (2) **74**
    relative (3) **100**
punctuation (4) **135**

R

reciprocal reflexives (2) **72**
relative pronouns (3) **100**

S

se constructions
    accidental occurrences (1) **36**
    impersonal expressions (1) **36**
    reciprocal reflexives (2) **72**
    unplanned occurrences (1) **36**
shape, staying in (6) **194, 226**
shops downtown (5) **162–163, 192**
si clauses (9) **306**
sickness vocabulary (1) **18, 52**
spelling traps (8) **269**
stress (tension) terms (6) **194, 226**
stressed possessive adjectives (2) **74**
subjunctive
    in adjective clauses (5) **172**
    past (*imperfect*) (7) **244**
    past perfect (8) **279**
    present (3) **108**
    present perfect (6) **204**
    summary of uses (9) **310**
    to express indefiniteness and non-existence (5) **172**
    with conjunctions (4) **146–147**
    with expressions of doubt, disbelief, and denial (4) **142**
    with verbs and expressions of emotion (4) **138**
    with verbs and expressions of will and influence (3) **112**

T

table settings (3) **92, 126**
technology terms (2) **54, 88**
telephone, talking on the (2) **59**
television terms (8) **264, 294**
time expressions with **hacer** (1) **23**
topics in the news (9) **296, 326**

U

unplanned occurrences with **se** (1) **36**

V

v (6) **201**

W

work-related terms (2), (7) **54, 88, 228, 230, 260**
written accents (1), (2) **25, 61**

Y

y (7) **235**

Credits

Text Credits
80–81 © TUTE.
184–185 © Denevi, Marco, *Cartas peligrosas y otros cuentos. Obras Completas, Tomo 5*, Buenos Aires, Corregidor, 1999, págs. 192-193.
216–217 Gabriel García Márquez. "Un día de éstos", LOS FUNERALES DE LA MAMÁ GRANDE © Gabriel García Márquez, 1962.
250–251 Julia de Burgos. "A Julia de Burgos" from *Song of the Simple Truth: The Complete Poems of Julia de Burgos*. Willimantic: Curbstone Press, 1995. By permission of Northwestern University Press.
284–285 © Herederos de Federico García Lorca.

Film Credits
220–222 By permission of Instituto Mexicano de Cinematografía (IMCINE).

Television Credits
48 By permission of Jean Marie Boursicot.
84 By permission of Davivienda.
122 By permission of Jean Marie Boursicot.
156 By permission of Edenor S.A.
188 By permission of Azucarlito, Bokeh and CAMARA\TBWA.
254 By permission of Banco Comercial. Image of Diego D'Angelos used by permission of Marcela Gil, Agencia Montecristo.
288 By permission of OWCE TV MÉXICO. Instituto Politécnico Nacional.
320 By permission of Armando David Ortigosa Kurian.

Photo and Art Credits
All images © Vista Higher Learning unless otherwise noted. Fotonovela photos provided by Carolina Zapata.

Cover: (full pg) © Trujillo/Getty Images.

Front Matter (SE): i © Trujillo/Getty Images; xx (l) © Bettmann/Corbis; (r) © Ann Cecil/Lonely Planet Images/Getty Images; xxi (l) © Lawrence Manning/Corbis; (r) © Design Pics Inc./Alamy; xxii Carlos Gaudier; xxiii (l) © Digital Vision/Getty Images; (r) © andres/Big Stock Photo; xxiv © Fotolia IV/Fotolia.com; xxv (l) © Goodshoot/Corbis; (r) © Ian Shaw/Alamy; xxvi © Shelly Wall/Shutterstock.com; xxvii (t) © Colorblind/Corbis; (b) © moodboard/Fotolia.com; xxviii (t) © Digital Vision/Getty Images; (b) © Purestock/Getty Images.

Front Matter (TAE): T1 © Trujillo/Getty Images; T8 © Mike Flippo/Shutterstock.com; T9 (l) © Jordache/Dreamstime.com; (r) © Jose Luis Pelaez Inc/Getty Images; T24 © SimmiSimons/iStockphoto; T25 © monkeybusinessimages/Big Stock Photo.

Lección preliminar: 1 (full pg) Liliana P. Bobadilla; 6 © Jack Hollingsworth/Getty Images; 8 © AFP/Getty Images; 9 © Sylvain Cazenave/Corbis; 13 The Kobal Collection at Art Resource; 16 © Radius Images/Corbis.

Lesson One: 17 (full pg) © Steve Cole/iStockphoto; 26 (t) Ali Burafi; (b) © Ricardo Figueroa/AP Wide World Photos; 27 (t) Templo Mayor Library Mexico/Dagli Orti/The Art Archive at Art Resource; (m) © face to face Bildagentur GmbH/Alamy; (b) © AFP/Getty Images; 31 © ISO K° - photography/Fotolia.com; 35 © Tom Grill/Corbis; 41 Martín Bernetti; (inset) Martín Bernetti; 44 © Corel Collection/Corbis; 45 © Galen Rowell/Mountain Light; 46 © Anthony Redpath/Masterfile; 47 Paula Díez; 50 (tl, mm, mr) Oscar Artavia Solano; (tr) © Axiom Photographic Limited/SuperStock; (ml) © Bill Gentile/Corbis; (b) © Bob Winsett/Corbis; 51 (tl) © Frank Burek/Corbis; (tr) © Martin Rogers/Corbis; (m) © Jacques M. Chenet/Corbis; (b) Oscar Artavia Solano.

Lesson Two: 53 (full pg) Paula Díez; 62 (l) © Ariel Skelley/Getty Images; (r) Paula Díez; 63 (t) © Zsolt Nyulaszi/Shutterstock.com; (b) © Brent Winebrenner/Lonely Planet Images; 67 © LdF/iStockphoto; 71 Katie Wade; 72 (l, r) Paula Díez; 76 (t) © gmnicholas/iStockphoto; (ml, bm) Martín Bernetti; (mm) © Auris/iStockphoto; (mr, br) Liliana P. Bobadilla; (bl) © LdF/iStockphoto; 82 © Chad Johnston/Masterfile; 83 © morchella/Fotolia.com; 86 (t, b) Ali Burafi; (ml) María Eugenia Corbo; (mm) © Galen Rowell/Corbis; (mr) Lauren Krolick; 87 (tl) María Eugenia Corbo; (tr, b) Ali Burafi; 87 (m) © Eduardo Rivero/Shutterstock.com.

Credits

Lesson Three: 89 (full pg) © Rolf Bruderer/Corbis; 93 (t) © TerryJ/iStockphoto; (b) © Harry Neave/Fotolia.com; 98 (l) © Dusko Despotovic/Corbis; (r) Martín Bernetti; 99 (l) Maribel Garcia; (r) Martín Bernetti; 101 (l) © Monkeybusinessimages/Dreamstime.com; (r) Anne Loubet; 102 © Blend Images/Alamy; 118 © Danny Lehman/Corbis; 120 © Mike Kemp/Age Fotostock; 121 Martín Bernetti; 124 (tl) © Kevin Schafer/Corbis; (tr) © Danny Lehman/Corbis; (m) © Hernan H. Hernandez A./Shutterstockcom; 125 (tl, tr) © Danny Lehman/Corbis; (m) Photo courtesy of www.Tahiti-Tourisme.com; (b) © Claudio Lovo/Shutterstock.com.

Lesson Four: 127 (full pg) Paula Díez; 129 (tl) © gaccworship/Big Stock Photo; (tr) © GOODSHOOT/Alamy; (bl) © National Geographic Singles 65/Inmagine; (br) © Les Cunliffe/123RF; 136 (t) Lauren Krolik; (b) © Digital Vision/Fotosearch; 137 (t) © Cédric Hunt; (bl) Doug Myerscough; (br) © David South/Alamy; 140 Mauricio Osorio; 145 (t, b) Mary Axtmann; 154 © Rinderart/Dreamstime.com; 158 (tl, ml) Carolina Villegas; (tr) © Cédric Hunt; (mr) Mauricio Osorio; (b) © Adam Woolfitt/Corbis; 159 (tl) © Gianni Dagli Orti/Corbis; (tr) © Reuters/Corbis; (bl, br) © Jeremy Horner/Corbis.

Lesson Five: 161 (full pg) Lauren Krolick; 170 (l) www.metro.df.gob.mx; (r) Ali Burafi; 171 (t, b) D.R. ® LUIS BARRAGAN/BARRAGAN FOUNDATION/PROLITTERIS/SOMAAP/MEXICO/2011; 177 Paula Díez; 185 © Radius Images/Alamy; 186 © Masterfile; 187 Paula Díez; 190 (t) © Janne Hämäläinen/Shutterstock.com; (ml) © Alexander Chaikin/Shutterstock.com; (mr) © Buddy Mays/Corbis; (b) © Vladimir Melnik/Shutterstock.com; 191 (tl) © Reuters/Corbis; (tr) © Royalty Free/Corbis; (bl) © Pablo Corral V./Corbis; (br) © Mireille Vautier/Alamy.

Lesson Six: 193 (full pg) © Thinkstock/Getty Images; 197 © Javier Larrea/Age Fotostock; 202 (l) © Krysztof Dydynski/Getty Images; (r) Oscar Artavia Solano; 203 (t, b) Oscar Artavia Solano; 210 © diego_cervo/iStockphoto; 216–217 © Tom Grill/Corbis; 218 © Kemter/iStockphoto; 219 © Redbaron/Dreamstime.com; 224 (tl, b) Martín Bernetti; (tr) © SIME/eStock Photo; (m) © INTERFOTO/Alamy; 225 (t) © Daniel Wiedemann/Shutterstock.com; (m) © Anders Ryman/Alamy; (b) Martín Bernetti.

Lesson Seven: 227 (full pg) Fabián D. Montoya; 231 (t) © Orange Line Media/Shutterstock.com; (b) Paula Díez; 236 (t) © PhotoAlto/Alamy; (b) Martín Bernetti; 237 (t) © 2002 USPS; (b) © Galen Rowell/Corbis; 246 © pezography/Big Stock Photo; 247 © rj lerich/Big Stock Photo; 250–251 (t) Public domain; 250 (b) Kahlo, Frida (1907–1954) © ARS, NY. *Las dos Fridas*. 1939. Oil on Canvas. 5'8.5" x 5'8.5" Museo Nacional de Arte Moderno, Mexico City, Mexico. Photo credit: © Schalkwijk/Art Resource.; 252 © SCPhotog/Big Stock Photo; 253 Paula Díez; 256 (tl) © Holger Mette/Shutterstock.com; (tr) © rj lerich/Shutterstock.com; (mt) © tobe_dw/Shutterstock.com; (mb) © Bill Gentile/Corbis; (b) © Scott B. Rosen/Alamy; 257 (t) © Grigory Kubatyan/Shutterstock.com; (m) © Claudia Daut/Reuters/Corbis; (b) © holdeneye/Shutterstock.com; 258 (tr) © Reinhard Eisele/Corbis; (m) © Richard Bickel/Corbis; (b) Columbus, Christopher (Italian Cristoforo Colombo). Navigator, discoverer of America. Genoa 1451-Valladolid 20.5.1506. Portrait. Painting by Ridolfo Ghirlandaio (1483–1561). © akg-images/The Image Works; 259 (t) © Jeremy Horner/Corbis; (m) © Reuters/Corbis; (b) © Lawrence Manning/Corbis.

Lesson Eight: 261 (full pg) Paula Díez; 265 © Andres Rodriguez/Fotolia.com; 270 (l) © Exposicion Cuerpo Plural, Museo de Arte Contemporaneo, Caracas, Venezuala, octubre 2005 (Sala 1). Fotografia Morella Munoz-Tebar. Archivo MAC.; (r) Joan Miró. *La lección de esquí.* © 2012 Successió Miró/Artists Rights Society (ARS), New York/ADAGP, Paris. Photo credit: © Art Resource, NY.; 271 (t) © Eric Robert/VIP Production/Corbis; (b) © Fernando Botero. La plaza. 1999. Óleo sobre lienzo. Museo de Antioquia; 274 Martín Bernetti; 275 The Kobal Collection at Art Resource; 284–285 Martín Bernetti; 286 Martín Bernetti; 290 (tl) © José F. Poblete/Corbis; (tr) © L. Kragt Bakker/Shutterstock.com; (ml) © Leif Skoogfors/Corbis; (mr) © Andre Nantel/Shutterstock.com; (b) © Royalty Free/Corbis; 291 (t) Photos Courtesy of www.Tahiti-Tourisme.com; (m) © Royalty Free/Corbis; (b) © Romeo A. Escobar, La Sala de La Miniatura, San Salvador. www.ilobasco.net.; 292 (tl) © Stuart Westmorland/Corbis; (tr) © ImageState/Alamy; (ml) © Sandra A. Dunlap/Shutterstock.com; (mr) © ImageState/Alamy; (b) Martín Bernetti; 293 (t) © Macduff Everton/Corbis; (m) © MAYELA LOPEZ/AFP/Getty Images; (b) © José Antonio Velásquez. *San Antonio de Oriente*. 1957. Colección: Art Museum of the Americas, Organization of American States, Washington, D.C. © Coleccion: Art of the Americas, Organization of American States. Washington D.C.

Lesson Nine: 295 (full pg) © Douglas Kirkland/Corbis; 299 (t) © robert paul van beets/Shutterstock.com; (b) Janet Dacksdorf; 304 (l) José Blanco; (r) © Homer Sykes/Alamy; 305 © HECTOR RETAMAL/AFP/Getty Images; 308 Martín Bernetti; 313 (l) © Rolf Richardson/Alamy; 318 © Reuters/Corbis; 319 © John Lund/Corbis; 322 (t) © Peter Guttman/Corbis; (ml) © Paul Almasy/Corbis; (b) © Carlos Carrion/Corbis; 323 (t) © JTB MEDIA CREATION, Inc./Alamy; (m) © Joel Creed; Ecoscene/Corbis; (b) © Hugh Percival/Fotolia.com; 324 (t) © Reuters/Corbis; (ml, b) María Eugenia Corbo; (mr) © Bettmann/Corbis; 325 (t) Janet Dracksdorf; (mr) © JUAN MABROMATA/AFP/Getty Images; (ml) © Andres Stapff/Reuters/Corbis; (b) © Wolfgang Kaehler/Corbis.